Berichte

Band 7

Bundesamt
für Bauwesen und
Raumordnung

Raumordnungsbericht 2000

Bonn 2000

Dieser Bericht ist ein Gemeinschaftsprodukt des wissenschaftlichen Bereiches des BBR.

Projektleitung und wissenschaftliche Redaktion:	Horst Lutter

Textbeiträge:
- Brigitte Adam
- Brigitte Ahlke
- Ferdinand Böltken
- Hansjörg Bucher
- Fabian Dosch
- Markus Eltges
- Hans-Peter Gatzweiler
- Eleonore Irmen
- Helmuth Güttler
- Dieter Kanzlerski
- Dietrich Kampe
- Jens Kurnol
- Steffen Maretzke
- Mathias Metzmacher
- Hanno Osenberg
- Arnd Motzkus
- Doris Pick
- Karl-Peter Schön
- Gerhard Stiens
- Gerhard Wagner
- Uwe-Jens Walther
- Gerd Würdemann
- Michael Zarth

Kartographie und graphische Gestaltung:
- Antonia Blach
- Dirk Gebhardt
- Thomas Pütz
- Wolf-Dieter Rase
- Irmgard Schmalenbach
- Thaddäus Schneider
- Anja Wollweber

Satz: Marion Kickartz

Herausgeber, Herstellung und Selbstverlag
Bundesamt für Bauwesen und Raumordnung

Schutzgebühr 15,00 DM
einschl. CD-ROM
zuzüglich Versandkosten

Schriftleitung
Prof. Dr. Wendelin Strubelt
Dr. Hans-Peter Gatzweiler
Dr. Robert Kaltenbrunner

Auszugsweiser Nachdruck
mit genauer Quellenangabe gestattet.
Es wird um Zusendung
von zwei Belegexemplaren gebeten.

Vertrieb
Selbstverlag des Bundesamtes
für Bauwesen und Raumordnung
Am Michaelshof 8, 53177 Bonn
Postfach 20 01 30, 53131 Bonn
Telefon: 0 18 88 - 4 01 - 22 09
Telefax: 0 18 88 - 4 01 - 22 92
E-Mail: selbstverlag@bbr.bund.de

und Buchhandel

ISSN 1436 – 0055 (Schriftenreihe)
ISBN 3 – 87994 – 057– 6

Vorwort

Räumliche Entwicklungen von Gesellschaften, gekennzeichnet durch Prozesse der räumlichen Verteilung von Bevölkerung, Arbeitsplätzen und Infrastruktur – das Titelblatt versucht dies auszudrücken – verfolgen höchst komplexe Pfade. Die Komponenten dieser Entwicklungen können sich gegenseitig beeinflussen, positiv wie negativ. Sie stellen ein äußerst interaktives System von Wirkungszusammenhängen dar, die sich konkret in Raum- bzw. Flächenansprüchen niederschlagen.

Raumordnung als staatliche Vorsorge- und Entwicklungsaufgabe will und soll die sozialen und wirtschaftlichen Ansprüche an den Raum mit seinen ökologischen Funktionen in Einklang bringen und damit die Voraussetzungen schaffen für eine nachhaltige, zukunftsfähige Entwicklung des Bundesgebietes insgesamt – sowie Europas. Raumordnung konzentriert sich dabei auf folgende Bereiche:

– Die Erarbeitung von längerfristigen Konzeptionen und Leitbildern, planerischen Vorgaben und Maßnahmen, um z.B. Zersiedlungen der Landschaft und Überlastungen von Räumen zu vermeiden und Ressourcen zu sichern; (Stichwort: Nachhaltigkeit)

– Die Entwicklung der Regionen in ökonomischer, ökologischer und sozialer Hinsicht, um größeren Abwanderungen aus wirtschaftsschwachen oder überlasteten Räumen entgegenzuwirken; (Stichwort: Räumliche Balance)

· Den Ausgleich zwischen den wirtschaftsschwächeren und wirtschaftsstarken Räumen, um eine möglichst gleichwertige räumliche Entwicklung zu gewährleisten. (Stichwort: Gleichwertigkeit)

Raumordnung als gesellschaftspolitisch wichtige und fachlich vielfältige Aufgabe kann nicht erfüllt werden ohne regelmäßige Informationen über den Stand und die absehbare Entwicklung der Raum- und Siedlungsstruktur. Das Raumordnungsgesetz (ROG) schreibt deshalb Raumordnungsberichte vor, die dem Parlament vorzulegen sind. Nach § 21 ROG werden die Raumordnungsberichte vom BBR dem BMVBW zur Vorlage an den Deutschen Bundestag erstattet.

Der Raumordnungsbericht 2000 stützt sich auf das räumliche Informationssystem des BBR, das für die wissenschaftliche Politikberatung des für die Raumordnung zuständigen Bundesministers und anderer Ministerien genutzt wird. Der Raumordnungsbericht ist eine Möglichkeit, diese Informationen der Politik, den Fachbehörden von Bund und Ländern und auch einer breiteren Fachöffentlichkeit zur Verfügung zu stellen. Raumordnungsberichte haben in diesem Sinne Tradition. Es gibt sie seit über 40 Jahren. Der Raumordnungsbericht 2000, den das BBR als ersten Bericht in eigener Verantwortung der Bundesregierung vorlegt, knüpft an diese Tradition an.

Der Raumordnungsbericht 2000 weist die fachliche Differenzierung auf, die zur Beurteilung der verschiedenen, die Raumentwicklung prägenden Aspekte notwendig ist. Er ist wissenschaftlich fundiert, wie es eine Analyse der Zusammenhänge der vielfältigen Einzelfaktoren der Raumentwicklung erfordert. Gleichwohl können die einzelnen Fachaspekte nicht in der je spezifischen fachlichen Tiefe behandelt werden, die für eine Beurteilung aller Einzelaspekte einer Fachpolitik erforderlich wären. Dies wird in anderen Berichten geleistet. Für die Raumordnung als interdisziplinäre Querschnittsaufgabe steht der Überblick über das räumliche Zusammenwirken aller raumrelevanten Politiken im Vordergrund, erst an zweiter Stelle die differenzierte Darstellung der einzelnen Fachpolitiken.

Der Raumordnungsbericht 2000 ist ein Faktenbericht. Er enthält eine Fülle von Informationen, Maßnahmen und Beispielen zur Beurteilung von Zustand und Entwicklungen in den Regionen Deutschlands. Aufgabe der Regierung und des Parlaments ist es, daraus Urteile und Schlussfolgerungen für die Politik zu ziehen.

Diese Veröffentlichung dient vor allem der Information und der Diskussion in der Fachöffentlichkeit. Den Charakter des Berichtes als Informations- und Arbeitsmaterial unterstreicht die Beigabe einer CD-ROM, die den gesamten Bericht als Datei enthält. Auch im Internet-Angebot des BBR ist der Bericht als Ganzes verfügbar. Auf diese Weise soll der Bericht Anregungen zur Diskussion auf den verschiedenen politischen und fachlichen Ebenen bieten. Das BBR erfüllt damit auch seine Aufgabe als national focal point für räumliche Forschung der Bundesrepublik Deutschland im Konzert der europäischen Vielfalt – im weiten Feld der räumlichen Entwicklung.

Dr. Wendelin Strubelt
Vizepräsident und Professor des Bundesamtes für Bauwesen und Raumordnung

Bonn, Juni 2000

Inhalt

Einführung — 1

Teil 1 Raumentwicklung — 5

Komponenten der Raumstruktur — 7

Räumliche Verteilung und Entwicklung der Bevölkerung — 9
Regionale Bevölkerungsdynamik seit der deutschen Einheit — 11
Natürliche Bevölkerungsentwicklung — 12
Wanderungen — 14
Private Haushalte — 16

Räumliche Verteilung und Entwicklung der Arbeitsplätze — 17
Regionale Arbeitsplatzstruktur — 19
Arbeitsplatzentwicklung und regionaler Strukturwandel — 21
Regionale Investitionstätigkeit — 23

Räumliche Verteilung von Netzinfrastruktur — 25
Verkehrsinfrastruktur — 25
Energieinfrastruktur — 29
Telekommunikationsinfrastruktur — 33

Flächennutzungsstruktur — 35
Siedlungsflächenentwicklung — 37
Freiraumnutzungen — 40

Raum- und Siedlungsstruktur — 43

Verdichtete Siedlungsstruktur und Städtesystem — 45
Europäisches Städtesystem — 45
Struktur des deutschen Städtesystems — 46
Raumordnerische Funktionszuweisungen im städtischen Siedlungssystem — 49
West-Ost-Unterschiede im städtischen Siedlungssystem — 51
Aktueller Suburbanisierungsprozess — 52
Beispiel: Suburbanisierungstendenzen im Raum Leipzig — 55

Siedlungs- und Verkehrskorridore — 57
Siedlungs- und Verkehrskorridore in Europa — 57
Bandartige Siedlungsentwicklung in Deutschland — 57
Siedlungs- und Verkehrskorridore als raumordnerisches Dilemma — 59

Ländliche Räume — 63
Typen ländlicher Räume — 63
Stadt-Land-Unterschiede — 66
Ländliche Räume im europäischen Vergleich — 67
Beispiel: Der Kreis Bitburg-Prüm als prosperierender ländlicher Raum — 71
Beispiel: Der Kreis Uckermark als strukturschwacher ländlicher Raum — 72

Räumliche Verflechtungen — 73

Mobilitätsmuster der Bevölkerung — 75
Räumliche Schwerpunkte des Pkw-Verkehrs — 76
Pendelverflechtungen im Berufsverkehr — 77
Beispiel: Kleinräumige Verflechtungen in der Region Rhein-Main — 79

Transportverflechtungen der Wirtschaft — 83
- Allgemeine Entwicklung des Güterverkehrs — 83
- Güterverkehrsverflechtungen — 84
- Beispiel: Lieferverflechtungen in der Automobilindustrie – Das Beispiel BMW — 86

Grenzüberschreitende Pendelverflechtungen — 89
- Pendelverflechtungen zwischen Deutschland und seinen Nachbarstaaten — 89
- Beispiel: Berufspendler im deutsch-niederländischen Grenzgebiet — 92

Regionale Qualitäten und Probleme — 95

Sozialstrukturelle räumliche Problemlagen — 97
- Räumliche Unterschiede im Wohlstandsniveau — 97
- Räume mit Alterungstendenzen — 100
- Räume mit Integrationsbedarf von Ausländern und Aussiedlern — 102

Wirtschaftsräumliche Entwicklungspotenziale und Strukturprobleme — 105
- Wirtschaftsräumliche Entwicklungspotenziale und -engpässe — 105
- Arbeitsmarktprobleme — 109

Infrastrukturversorgung als Standortfaktor für Haushalte und Betriebe — 113
- Versorgung mit unternehmensnaher Infrastruktur — 113
- Haushaltsorientierte Infrastrukturversorgung — 119

Räumliche Arbeitsteilung in der Ver- und Entsorgung — 129
- Technische Ver- und Entsorgung — 129
- Privatisierung und Liberalisierung von öffentlichen Dienstleistungen — 138
- Handels- und Dienstleistungszentren auf der „Grünen Wiese" — 142

Umfang und Qualität der regionalen Wohnungsversorgung — 145
- Regionale Wohnungsmarktentwicklung und Wohnungsversorgung — 145
- Wohnungsbestandsentwicklung — 148
- Regionale Wohnqualitäten — 151

Landschaftsentwicklung und Bodennutzung — 153
- Kulturlandschaften und Naturräume — 153
- Agrarlandschaften — 158
- Abbau von Bodenschätzen — 161
- Hochwassergefährdete Gebiete — 163

Ausblick: Tendenzen der künftigen Raumentwicklung — 165

Allgemeine Rahmenbedingungen — 167
- Globalisierungsprozess — 167
- Europäische Integration — 168
- Technischer Fortschritt — 168

Sektorale regionale Trends — 169
- Regionale Bevölkerungsentwicklung — 170
- Regionale Arbeitsmarktentwicklung — 174
- Regionale Wohnungsmarktentwicklung — 177
- Trends der Siedlungsflächenentwicklung — 180

Trends der Raumentwicklung — 183
- Entwicklung des Städtesystems — 183
- Entwicklung der ländlichen Räume — 188

Teil 2 Instrumente der Raumordnung — 195

Raumordnerische Zusammenarbeit — 197

Raumordnerische Zusammenarbeit in Deutschland — 199
- Das neue Raumordnungsgesetz — 199
- Landes- und Regionalplanung — 201
- Raumordnungspolitischer Orientierungsrahmen — 205
- Raumordnungspolitischer Handlungsrahmen — 205
- Aktionsprogramm „Modellvorhaben der Raumordnung" — 206

Raumordnerische Zusammenarbeit in Europa — 211
- Europäisches Raumentwicklungskonzept EUREK — 211
- Grenzüberschreitende Zusammenarbeit — 214
- Transnationale Zusammenarbeit (INTERREG II C) — 216
- CEMAT und die raumordnerische Zusammenarbeit im Rahmen des Europarates — 222

Raumbedeutsame Fachplanungen und -politiken — 225

Raumbedeutsame Fachplanungen und -politiken in Deutschland — 227
- Einführung und Überblick — 227
- Finanzausgleich und weitere Elemente der Ausgleichspolitik — 234
- Großräumige Verkehrspolitik — 235
- Arbeitsmarktpolitik — 243
- Wirtschaftsförderungspolitik — 245
- Hochschulbereich und Forschung — 251
- Stadtentwicklung und Wohnen — 255
- Agrarpolitik — 264
- Umweltpolitik — 265

Raumbedeutsame europäische Fachpolitiken — 271
- Europäische Strukturpolitik — 272
- Gemeinschaftliche Agrarpolitik — 277
- Transeuropäische Netze — 280
- Forschungs- und Technologiepolitik — 283
- Umweltpolitik — 285

Anhang

Stellungnahme der Bundesregierung — 289

Raumordnungsgesetz — 299

Kontaktadressen — 309

Glossar — 315

Karten, Abbildungen und Tabellen

Einführung

Karte 1	Siedlungsstrukturelle Gebietstypen	3

Teil 1 *Raumentwicklung*

Komponenten der Raumstruktur

Abbildung 1	Komponenten der Raumstruktur	8

Räumliche Verteilung und Entwicklung der Bevölkerung

Abbildung 2	Bevölkerungsbewegungen 1991–1997 im Ost-West-Vergleich	11
Abbildung 3	Haushaltsgrößen nach Siedlungsstrukturtypen	16
Karte 2	Bevölkerungsdichte in Europa 1995	9
Karte 3	Bevölkerungsdichte in Deutschland 1998	10
Karte 4	Natürlicher Saldo	13
Karte 5	Gesamt-Wanderungssaldo	14
Tabelle 1	Räumliche Bevölkerungsverteilung seit der deutschen Einigung	11

Räumliche Verteilung und Entwicklung der Arbeitsplätze

Abbildung 4	Sektoraler Strukturwandel	18
Abbildung 5	Besatz mit Dienstleistungen nach Raumtypen 1997	20
Abbildung 6	Entwicklung der Erwerbstätigen 1991–1996	22
Abbildung 7	Entwicklung der Investitionsquote 1960–1998	23
Karte 6	Bruttoinlandsprodukt 1995	17
Karte 7	Erwerbstätigenbesatz 1997	19
Karte 8	Industriebeschäftigung 1997	19
Karte 9	Dienstleistungsbeschäftigung 1997	20
Karte 10	Technische Berufe 1998	21
Karte 11	Investitionen 1995–1997	24

Räumliche Verteilung von Netzinfrastruktur

Abbildung 8	Entwicklung des Motorisierungsgrades 1991–1999	29
Abbildung 9	Ausstattung der Haushalte mit Telefon 1991–1997	34
Karte 12	Europäische Verkehrsnetze	26
Karte 13	Bundesverkehrswege 1998	28
Karte 14	Gas und Fernwärme	30
Karte 15	Europäischer Gastransport 1996	31
Karte 16	Öffentliche Stromversorgung	32
Karte 17	Europäischer Stromverbund	33

Flächennutzungsstruktur

Abbildung 10	Siedlungs- und Verkehrsfläche 1950 und 1997 im früheren Bundesgebiet	35
Abbildung 11	Wohnfläche je Einwohner 1950 und 1997 im früheren Bundesgebiet	35
Abbildung 12	Entwicklung der Siedlungsfläche, Bevölkerung und Erwerbstätigen 1960–1997	37
Abbildung 13	Siedlungsfläche nach einzelnen Nutzungsarten 1997	38
Abbildung 14	Zunahme von Siedlungsflächenarten 1985–1997	39
Abbildung 15	Entwicklung der Siedlungs- und Verkehrsflächen 1993–1997	39
Abbildung 16	Tägliche Veränderung der Bodennutzungen 1993–1997	
Karte 18	Bodenbedeckung	36
Karte 19	Siedlungs- und Verkehrsfläche 1997	38
Karte 20	Baulandpreise 1997	40
Karte 21	Landwirtschaftsfläche 1997	41
Karte 22	Naturnahe Flächen 1997	41
Karte 23	Waldfläche 1997	41
Karte 24	Abbaufläche 1997	41
Tabelle 2	Siedlungs- und Verkehrsfläche 1997	37
Tabelle 3	Flächennutzung nach Hauptnutzungsarten	42
Luftbild 1	Rheinbach 1938	44
Luftbild 2	Rheinbach 1985	44

Verdichtete Siedlungsstruktur und Städtesystem

Abbildung 17	Urbanisierung in europäischen Ländern	45
Abbildung 18	Auswirkungen der Gebietsreform in den neuen Ländern; Änderung der Anzahl von Kreisen und Gemeinden 1992 und 1997	51
Abbildung 19	Auswirkungen der Gebietsreform in den neuen Ländern; Änderung der Größenstruktur von Kreisen und Gemeinden 1992 und 1997	52
Abbildung 20	Radiuserweiterung der Bevölkerungsentwicklung	53
Abbildung 21	Suburbanisierungstendenzen in Ost und West	54
Karte 25	Großstädte in Europa 1995	46
Karte 26	Gateway-Funktion europäischer Städte	47
Karte 27	Zentrenstrukturen 1997	48
Karte 28	Verdichtungsräume	49
Karte 29	Erreichbarkeit von Oberzentren 1999	50
Karte 30	Bevölkerungsentwicklung im Leipziger Umland 1989–1997	56

Siedlungs- und Verkehrskorridore

Karte 31	Siedlungs- und Verkehrskorridore	58
Karte 32	Siedlungsstruktur und Flächennutzung im Rhein-Main-Neckar-Raum	60
Karte 33	Verkehrsentwicklung im Rhein-Main-Neckar-Raum 1963–1995	61

Ländliche Räume

Abbildung 22	Beschäftigtenentwicklung (1985–1995) und Arbeitslosigkeit (1996) in europäischen Regionen	69
Abbildung 23	Bevölkerungsentwicklung im Kreis Uckermark	72
Karte 34	Typen ländlicher Räume	65
Karte 35	Lage von Bitburg-Prüm	71
Karte 36	Lage von Uckermark	72

Mobilitätsmuster der Bevölkerung

Abbildung 24	Personenverkehrsleistung 1999	75
Abbildung 25	Pkw-Jahresfahrleistung nach Kreistypen	77
Abbildung 26	Berufspendelverflechtungen in der Region Rhein-Main	81
Karte 37	Motorisierungsgrad 1999	76
Karte 38	Berufspendelverflechtungen 1996	78
Karte 39	Verkehrsaufwand in der Region Rhein-Main 1995	80

Transportverflechtungen der Wirtschaft

Abbildung 27	Entwicklung des Güteraufkommens im Bundesgebiet 1960–1997	83
Abbildung 28	Entwicklung der Güterverkehrsleistung im Bundesgebiet 1960–1997	83
Abbildung 29	Hauptverkehrsbeziehungen im Güterverkehr	85
Abbildung 30	Entwicklung des Grenzüberschreitenden Güterverkehr 1960–1997	85
Karte 40	Grenzüberschreitender Güterfernverkehr 1997	86
Karte 41	BMW-Zuliefererkette	87

Grenzüberschreitende Pendelverflechtungen

Abbildung 31	Pendelverflechtungen Deutschlands mit dem Ausland 1991–1999	90
Abbildung 32	Pendelverflechtungen mit dem benachbarten Ausland	90
Karte 42	Pendelverflechtungen im deutsch-niederländischen Grenzraum	93

Sozialstrukturelle räumliche Problemlagen

Abbildung 33	Ausländeranteil 1996 nach siedlungsstrukturellen Kreistypen	103
Karte 43	Bruttojahreslohn 1997	97
Karte 44	Kaufkraft 1998	98
Karte 45	Sozialhilfe 1998	99
Karte 46	Hochbetagte 1997	101
Karte 47	Ausländer 1997	103
Tabelle 4	Sozialhilfeempfänger 1996–1998	100

Wirtschaftsräumliche Entwicklungspotenziale und Strukturprobleme

Abbildung 34	Regionalprofile ausgewählter Agglomerationsräume	107
Abbildung 35	Regionalprofile ausgewählter Verstädterter Räume	108
Abbildung 36	Regionalprofile ausgewählter Ländlicher Räume	109
Karte 48	Arbeitslosenquote 1997–1999	110
Karte 49	Frauenarbeitslosigkeit 1999	110
Karte 50	Langzeitarbeitslosigkeit 1999	110
Karte 51	Jugendarbeitslosigkeit 1999	110
Karte 52	Unterbeschäftigungsquote 1996–1998	111
Karte 53	Betriebliche Ausbildungsplätze 1996–1998	112

Infrastrukturversorgung als Standortfaktor für Haushalt und Betriebe

Karte 54	Wissenstransfereinrichtungen 1997/98	114
Karte 55	Innovationszentrum 1997	115
Karte 56	Erreichbarkeit von Agglomerationszentren 1998	116
Karte 57	Erreichbarkeit von Flughäfen 1999	117
Karte 58	Erreichbarkeit von KLV-Terminals 1999	118
Karte 59	Erreichbarkeit von IC-Bahnhöfen 1999	119
Karte 60	Erreichbarkeit von Oberzentren in Hessen	120
Karte 61	Verkehrsverbünde 1999	121
Karte 62	Studenten an Hochschulen 1997/98	123
Karte 63	Krankenhäuser 1996	124
Karte 64	Plätze in Theatern 1996/97	126
Karte 65	Freizeiteinrichtungen	127
Tabelle 5	Fahrgastaufkommen in Verkehrsverbünden	122

Räumliche Arbeitsteilung in der Ver- und Entsorgung

Karte 66	Blockheizkraftwerke 1998	130
Karte 67	Windenergie	131
Karte 68	Wassergewinnung 1995	132
Karte 69	Wasserabgabe 1995	133
Karte 70	Abwasserentsorgung 1995	134
Karte 71	Abfallentsorgung 1996/1998	136
Karte 72	Industriestrompreise 1999	139
Karte 73	Wasserpreise 1997	140
Karte 74	Geplante Factory Outlet Center 1999	143
Karte 75	Shopping-Center	144
Tabelle 6	Einwohnerspezifische Siedlungsabfallmengen – Reststoffe und Wertstoffe 1997 – in ausgewählten Bundesländern	135

Umfang und Qualität der regionalen Wohnungsversorgung

Abbildung 37	Wohnungsfertigstellungen 1991–1998	148
Karte 76	Wohnfläche 1998	146
Karte 77	Entwicklung der Wohnfläche 1994–1998	147
Karte 78	Wohnungsfertigstellungen 1995–1998	149
Karte 79	Ein- und Zweifamilienhäuser 1998	150
Karte 80	Geschosswohnungen 1998	150
Karte 81	Neubau Ein- und Zweifamilienhäuser 1995–1998	150
Karte 82	Neubau Geschosswohnungen 1995–1998	150
Tabelle 7	Wohnfläche pro Kopf nach Wohnstatus und zusammengefassten Kreistypen 1998	147
Tabelle 8	Wohnungsbestand und Bautätigkeit nach Siedlungsstrukturtypen	149

Landschaftsentwicklung und Bodennutzung

Karte 83	Landschaftsattraktivität und Fremdenverkehr	155
Karte 84	Zerschneidungsgrad	156
Karte 85	Verkehrlich hoch belastete Räume	157
Karte 86	Intensiv genutzte Agrarräume	158
Karte 87	Intensivtierhaltung – Schweine 1996	159
Karte 88	Intensivtierhaltung – Geflügel 1996	159
Karte 89	Ökologischer Landbau 1998	160
Karte 90	Abbau von Bodenschätzen	162
Karte 91	Mitteldeutsches Braunkohlenrevier	163
Karte 92	Hochwassergefährdete Gebiete – Beispiel Mannheim/Ludwigshafen	164

Ausblick: Tendenzen der künftigen Raumentwicklung

Abbildung 38	Struktur der Trendabschätzungen	165

Sektorale regionale Trends

Karte 93	Synthese: Demographische Entwicklung bis 2015	173
Karte 94	Synthese: Arbeitsmarktentwicklung bis 2010	175
Karte 95	Synthese: Wohnungsmarktentwicklung bis 2010	179
Karte 96	Synthese: Entwicklung der Siedlungsfläche bis 2010	181

Trends der Raumentwicklung

Karte 97	Wirtschaftliche Dynamik im Städtesystem	185
Karte 98	Siedlungsstrukturelle Dynamik im Städtesystem	187
Karte 99	Wirtschaftliche Entwicklung ländlicher Räume	190
Karte 100	Entwicklung der Siedlungsstruktur ländlicher Räume	193

Teil 2   *Instrumente der Raumordnung*

Raumordnerische Zusammenarbeit

Abbildung 39	Räumliches Planungssystem	197

Raumordnerische Zusammenarbeit in Deutschland

Karte 101	Stand der Regionalplanung 1998	202
Karte 102	Zentrale Orte 1998	203
Karte 103	Regionale Freiraumstruktur	204
Karte 104	Modellvorhaben der Raumordnung	209
Tabelle 9	Stand der Pläne und Programme der Landesplanung 1998	201

Raumordnerische Zusammenarbeit in Europa

Abbildung 40a	INTERREG II C-Räume mit deutscher Beteiligung	219
Abbildung 40b	INTERREG II C-Räume mit deutscher Beteiligung	220
Abbildung 40c	INTERREG II C-Räume mit deutscher Beteiligung	221
Karte 105	Grenzüberschreitende Zusammenarbeit	215
Karte 106	Rückhalteräume am Rhein	218
Karte 107	Mitgliedstaaten des Europarates	223

Raumbedeutsame Fachplanungen und -politiken in Deutschland

Abbildung 41	Entwicklung des Bruttoinlandsproduktes	228
Abbildung 42	Raumwirksame Fördermittel 1991–1998 (ohne EU-Strukturpolitik)	231
Abbildung 43	Bestand und Veränderung der Bundesbeschäftigten 1991–1998	232
Abbildung 44	Ausgaben im Rahmen der Finanzausgleichspolitik 1991–1998	234
Abbildung 45	Ausgaben für die großräumige Verkehrspolitik 1991–1998	235
Abbildung 46	Ausgaben der Arbeitsmarktpolitik nach Ländern 1991–1998	243
Abbildung 47	Ausgaben für Wirtschaftsförderung 1991–1998 (ohne EU-Strukturpolitik)	245
Abbildung 48	Ausgaben für Forschung und Hochschule 1991–1998	251
Abbildung 49	Ausgaben für Stadtentwicklung und Wohnen 1991–1998 (ohne Darlehensprogramme)	254
Abbildung 50	Darlehensförderung im Bereich Stadtentwicklung und Wohnen 1991–1998	260
Abbildung 51	Ausgaben im Rahmen der Agrarpolitik 1991–1998	265
Abbildung 52	Geförderte Flächen im Rahmen von Agrarumweltmaßnahmen	269
Karte 108	Verkehrsprojekte Deutsche Einheit (VDE)	237
Karte 109	ABM	244
Karte 110	Berufliche Bildung	244
Karte 111	Fördergebiete der Gemeinschaftsaufgabe	247
Karte 112	GRW – Förderung des Fremdenverkehrs	248
Karte 113	ERP-Existenzgründungskredite 1997	249
Karte 114	KfW-Mittelstandsprogramm	249
Karte 115	ERP-Programme	249
Karte 116	ERP-Umweltprogramm	249
Karte 117	GRW – Förderung der gewerblichen Wirtschaft	250
Karte 118	Hochschulbau 1991–1997	252
Karte 119	ERP-Innovationsprogramm	253
Karte 120	Sozialer Wohnungsbau 1991–1998	257
Karte 121	Städtebauförderung (Verpflichtungsrahmen) 1991–1998	262
Karte 122	GRW – wirtschaftsnahe Infrastruktur 1991–1998	264
Karte 123	Großschutzgebiete	266
Karte 124	Vorrangflächen für den Naturschutz aus Bundessicht	269
Tabelle 10	Raumwirksame Mittel im Zeitraum 1991–1998	230
Tabelle 11	Stand der VDE-Schienenprojekte – April 1999	239
Tabelle 12	Stand der VDE-Autobahnprojekte – April 1999	240
Tabelle 13	Eigenheimzulage 1995–1998 nach Ländern	259

Tabelle 14	Naturschutzflächen in Deutschland	267
Tabelle 15	FFH-Gebietsvorschläge und -meldungen (Stand: 15.2.2000)	267
Tabelle 16	Flächenschutz durch Agrarumweltprogramme in Deutschland 1997	269

Raumbedeutsame europäische Fachpolitiken

Abbildung 53	Haushalt der Europäischen Union 1997	271
Abbildung 54	Garantiemittel 1998 nach Ländern	279
Karte 125	EU-Fördergebiete 1994–1999	273
Karte 126	Gebiete der europäischen Strukturpolitik 2000–2006	276
Karte 127	Vorrangige Projekte der transeuropäischen Verkehrsnetze	281
Tabelle 17	Verteilung der EU-Strukturfondsmittel auf die Länder 1994–1999	274
Tabelle 18	Strukturfondsmittel 2000–2006 nach Mitgliedstaaten (ohne Kohäsionsfonds)	275
Tabelle 19	Stand der Ausweisung von FFH-Gebieten in Europa am 14.9.1999 (NATURA 2000 Barometer)	285

Einführung

Die gesetzliche Grundlage des *Bundesraumordnungsberichtes* ist mit dem novellierten Raumordnungsgesetz (ROG) vom 1.1.1998 neu geregelt. Nach § 21 ROG erstattet das – am 1.1.1998 durch Fusion neu gegründete – Bundesamt für Bauwesen und Raumordnung (BBR) den Raumordnungsbericht dem für Raumordnung zuständigen Bundesministerium zur Vorlage an den Deutschen Bundestag. Frühere Raumordnungsberichte wurden von der Bundesregierung direkt verfasst und vorgelegt. Der *Raumordnungsbericht 1993* war der letzte nach diesem Verfahren vorgelegte Bericht der Bundesregierung. Der *Raumordnungsbericht 2000 (ROB 2000)* ist der erste nach dem neuen Verfahren erstellte Bericht des Bundes. Die Berichterstellung erfolgt in eigener Verantwortung des BBR.

Das Raumordnungsgesetz fordert Berichte über:

1. die bei der räumlichen Entwicklung des Bundesgebietes zugrunde zu legenden Tatsachen (Bestandsaufnahme, Entwicklungstendenzen),
2. die im Rahmen der angestrebten räumlichen Entwicklung durchgeführten und beabsichtigten raumbedeutsamen Planungen und Maßnahmen,
3. die räumliche Verteilung der raumbedeutsamen Planungen und Maßnahmen des Bundes und der Europäischen Gemeinschaft im Bundesgebiet,
4. die Auswirkungen der Politik der Europäischen Gemeinschaft auf die räumliche Entwicklung im Bundesgebiet.

Mit dem ROB 2000 wird versucht, alle geforderten Inhalte in einem Bericht zu vereinen, auch wenn der Bericht dadurch einen relativ großen Umfang erhält. Außerdem deckt dieser Bericht einen relativ großen Zeitraum ab. So gab es nach der Deutschen Einheit eine intensive Berichtsphase mit den Raumordnungsberichten von 1990, 1991 und 1993. Diese war erforderlich, um möglichst zeitnah über die aktuellen räumlichen Tendenzen und Probleme im vereinten Deutschland zu berichten. Außerdem strukturierte und füllte sich die gesamtdeutsche Datenbasis erst nach und nach. Der ROB 2000 wurde im Jahr 1999 erarbeitet. Redaktionsschluss war der 31. März 2000.

Die Grundstruktur des ROB 2000 knüpft an die Tradition der früheren Raumordnungsberichte an. Er unterscheidet in zwei Teilen die Darstellung der *Raumentwicklung* anhand des räumlichen Informationssystems „Laufende Raumbeobachtung" des BBR und der *Instrumente der Raumordnung*, die im Berichtszeitraum eingesetzt wurden. Die interne Gliederung orientiert sich jedoch stärker als in anderen Raumordnungsberichten am Querschnittscharakter der Raumordnung und weniger an den raumwirksamen Politikbereichen. Die einzelnen Fachaspekte, wie z.B. Arbeitsmarkt, Verkehrs- und Energieversorgung sind in Kapitel integriert, die fachübergreifende, raumstrukturelle Gegebenheiten oder Problemlagen darstellen. Dementsprechend tauchen einige Fachaspekte in mehreren Zusammenhängen auf und nicht kompakt in einem Fachkapitel, z.B. Verkehr. Nur bei der Darstellung der Instrumente der Raumordnung im Kapitel „Raumwirksame Fachplanungen und -politiken" ist die klassische fachpolitische Gliederung beibehalten worden.

Der *Teil 1* des ROB 2000 enthält die quantitativ-analytische Darstellung der *Raumentwicklung in Deutschland* und der sich daraus ergebenden regionalen Problemlagen zum aktuellen Stand (je nach Datenlage 1998 oder 1999) und in der Vergangenheitsentwicklung (in der Regel ab 1991 bis 1993). Vergleiche mit anderen europäischen Regionen fließen ein. Die Unterschiede in den alten und neuen Ländern werden herausgearbeitet. Wo möglich, werden konkrete regionale Beispiele angeführt.

In einem einführenden Kapitel werden die einzelnen *Komponenten der Raumstruktur* – Bevölkerung, Arbeitsplätze und Netzinfrastrukturen – in ihrer räumlichen Verteilung und der sich daraus ergebenden Flächennutzung dargestellt. Über die räumliche Konzentration der Standorte für Wohnungen, Betriebe, Infrastruktureinrichtungen und -trassen prägen diese Einzelkomponenten die *Raum- und Siedlungsstruktur*. Diese wird im folgenden Kapitel für einzelne Raumtypen wie den Verdichtungsräumen, den Siedlungs- und Verkehrskorridoren und den ländlichen Räumen zusammengefasst beschrieben. Die Zusammenhänge der Raum- und Siedlungsstruktur äußern sich über die Mobilität der Bevölkerung und den Gütertransport der Wirtschaft, die in einem eigenen Kapitel *Räumliche Verflechtungen* behandelt werden.

Im Kapitel *Regionale Qualitäten und Probleme* erfolgt anhand von indikatorengestützten Regionalanalysen die problemorientierte Darstellung ausgewählter Aspekte der Raumentwicklung. Es werden die Regionen Deutschlands unter Beachtung des jeweiligen Raumtyps und der großräumigen Lage nach den verschiedenen raumrelevanten Themenbereichen analysiert. Unterschiede der regionalen Sozial- und Wirtschaftsstruktur, der Versorgung mit Infrastruktur und Wohnungen sowie der natürlichen Lebensbedingungen werden herausgearbeitet. Auf bestehende räumliche Disparitäten, insbesondere zwischen den alten und neuen Ländern, und deren Veränderungen im Berichtszeitraum wird hingewiesen. Die Auseinandersetzung mit politischen Schlussfolgerungen und Lösungsstrategien zu den Problemlagen ist jedoch nicht Gegenstand dieses Kapitels.

Der Teil 1 schließt ab mit einem *Ausblick* auf die zu erwartende künftige Raumentwicklung. Nach einer Beschreibung der wesentlichen raumrelevanten Rahmenbedingungen werden die Trends anhand von Regionalprognosen zur Bevölkerungs-, Arbeitsmarkt-, Wohnungsmarkt- und Siedlungsflächenentwicklung aufgezeigt. Die möglichen Auswirkungen auf die künftigen Problemlagen der Städte und Verdichtungsräume sowie der ländlichen Räume werden dargestellt. Dieses Kapitel enthält Annahmen und Hypothesen, die die Diskussion um die zukünftige Ausrichtung der Raumordnungspolitik befruchten und anregen sollen.

Der *Teil 2 des ROB 2000* enthält eine kompakte Darstellung der *Instrumente der Raumordnung* und der im Berichtszeitraum ergriffenen raumwirksamen Maßnahmen und Planungen des Bundes und der Europäischen Gemeinschaft. Die grundlegenden Aufgaben und Ziele der Raumordnung haben sich in den letzten zehn Jahren zwar nicht geändert. Dennoch bleiben veränderte soziale, gesellschaftliche und wirtschaftliche Rahmenbedingungen nicht ohne Auswirkungen auf die Strategien und Instrumente der Raumordnung. Deshalb werden in diesem Teil des ROB 2000 die im Berichtszeitraum fortentwickelten *gesetzlichen Grundlagen, Umsetzungsstrategien* und *Aktionen der Raumordnungspolitik* sowie die aktuell gültigen raumordnerischen *Planungs- und Handlungskonzepte* auf den verschiedenen Planungsebenen dargestellt. Die räumliche Entwicklung in Deutschland wird ganz wesentlich auch durch Maßnahmen einzelner *Fachplanungen und -politiken* beeinflusst. Die fachplanerischen Maßnahmen des Bundes wie die *Finanzausgleichspolitik, die großräumige Verkehrs- und regionale Wirtschaftspolitik* mit ihrer regional-spezifischen Ausrichtung, aber auch raumwirksame Maßnahmen aus den Bereichen der *Arbeitsmarkt-, Forschungs- und Entwicklungs-, Stadtentwicklungs-, Wohnungs-, Agrar- und Umweltpolitik*, werden vor allem mit ihren finanziellen Implikationen dargestellt. Dieser Berichtsteil entspricht damit auch dem gesetzlichen Auftrag, über die Regionalisierung raumwirksamer Bundesmittel zu berichten.

Die Auswahl der im ROB 2000 dargestellten Einzelthemen und -sachverhalte orientiert sich neben der Raumrelevanz, die grundsätzlich gegeben sein soll, auch an der *Datenlage* und den Möglichkeiten der analytischen Aufbereitung. Dies führt dazu, dass auch einzelne Themen fehlen können bzw. nicht alle Themen in derselben fachlichen Tiefe behandelt werden. Auch über die *Sichtweise des Bundes* grenzen sich die Themen ein. Da der regionale Vergleich im gesamten Bundesgebiet im Vordergrund steht, werden nur bundesweit flächendeckend darstellbare Sachverhalte aufgenommen, die eine überörtliche und regional übergreifende Relevanz haben. Für innerregional differenzierende Informationen stehen die entsprechenden Raumordnungs- bzw. Landesentwicklungsberichte der Länder zur Verfügung. Der Bundesraumordnungsbericht vermag diese nur um die vergleichende Bundessicht zu ergänzen.

Zur Beschreibung vergleichbarer räumlicher Gegebenheiten und der Beobachtung räumlicher Entwicklungstendenzen auf Bundesebene dienen die *siedlungsstrukturellen Gebietstypen des BBR*. Mit ihnen wird ein hierarchisch strukturiertes, raumstrukturelles Gliederungsschema und Analyseraster vorgegeben, das als gemeinsamer Bezugspunkt regionalwissenschaftlicher und raumordnerischer Fragestellungen eine weite Verbreitung und Akzeptanz gefunden hat und deren Bestimmungsmethode in BBR-Veröffentlichungen mehrfach be-

Einführung

Siedlungsstrukturelle Gebietstypen

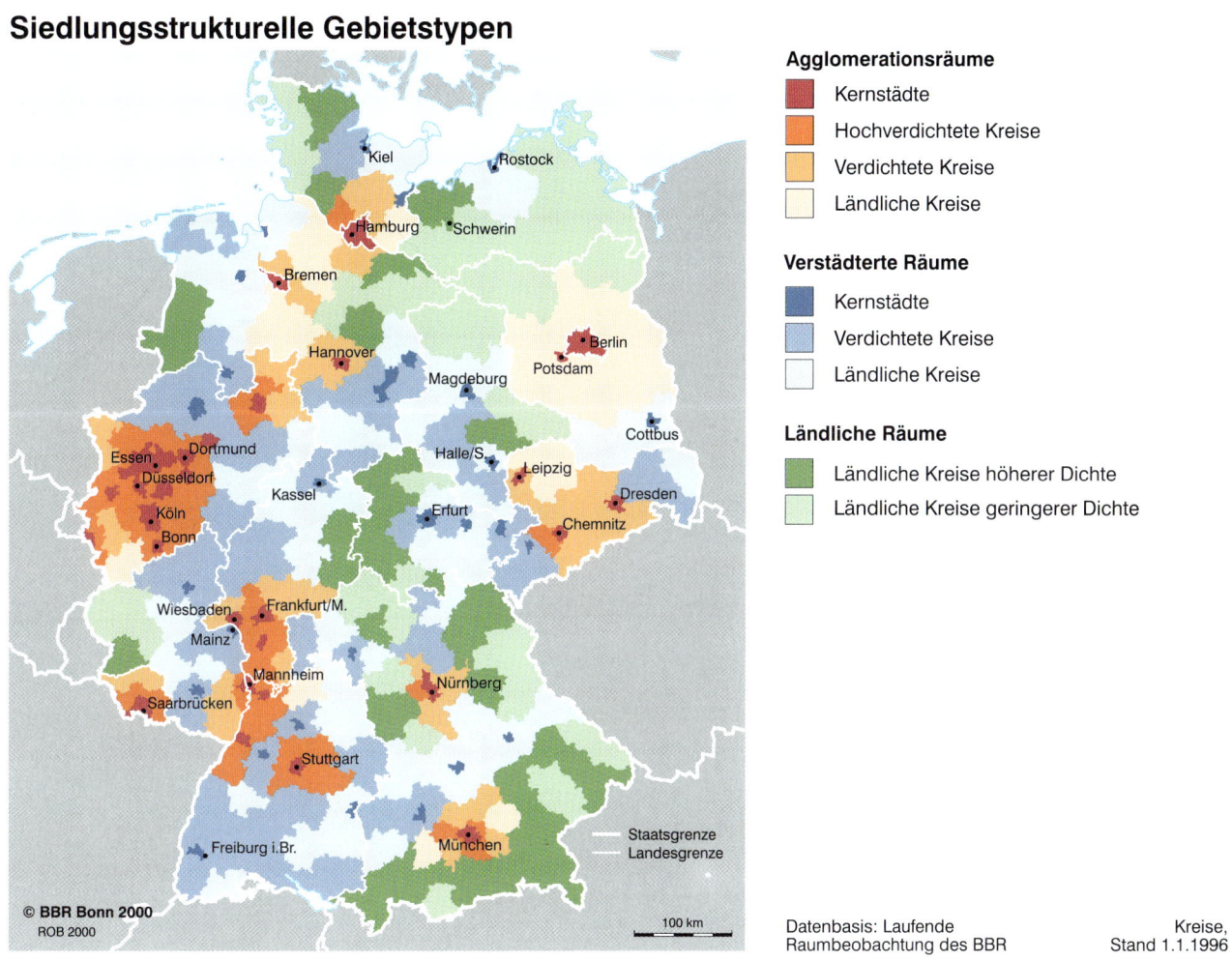

Karte 1
Die Karte zeigt die siedlungsstrukturelle Differenzierung in Deutschland unter Berücksichtigung von Kernstadt-Umland-Beziehungen.

schrieben wurde. Im ROB 2000 verwendet werden die Gebietstypen auf der Ebene von *Raumordnerischen Analyseregionen* und *Kreisen*.

Die *Regionstypen* dienen dem Vergleich großräumiger Disparitäten und Entwicklungstendenzen. Räumliche Basis sind die 97 *raumordnerischen Analyseregionen*, die den funktionalräumlichen Zusammenhang von oberzentralen Kernstädten und ihrem Umland abbilden. Sie orientieren sich weitgehend an den Planungsregionen der Länder orientieren. Diese Analyseregionen werden nach den Kriterien „Größe des Oberzentrums" und „Bevölkerungsdichte" zu drei Regionstypen zusammengefasst: Agglomerationsräume, verstädterte und ländliche Räume. *Agglomerationsräume* fassen Regionen mit großen Oberzentren und hoher Bevölkerungsdichte zusammen (rötliche Farbgebung in der Karte), *verstädterte Räume* sind Regionen mittlerer und höherer Dichte (bläuliche Farbgebung in der Karte) und *ländliche Räume* umfassen Regionen geringerer Dichte, die i. d. R. auch über kein größeres Oberzentrum verfügen (grünliche Farbgebung in der Karte).

Mit den *Kreistypen* wird eine interne Gliederung der Regionstypen vorgenommen, die insbesondere der Beobachtung der Entwicklungstendenzen von Kernstadt-Umland-Beziehungen in verschiedenen regionalen Zusammenhängen dient. Es wird zunächst nach Kernstädten und nach sonstigen Kreisen bzw. Kreisregionen unterschieden. Als *Kernstädte*, die i. d. R. das Oberzentrum der Analyseregionen bilden, werden kreisfreie Städte mit mehr als 100 000 Einwohnern ausgewiesen. Kreisfreie Städte unterhalb dieser Größenordnung werden mit dem ihnen verflochtenen Landkreis zu Kreisregionen zusammengefasst. Die Landkreise bzw. Kreisregionen werden dann je nach ihrer Bevölkerungsdichte – als generellem Maß der siedlungsstrukturellen Gegebenheiten – klassifiziert und *hochverdichtete*, *verdichtete* und *ländliche* Kreise unterschieden.

Teil 1
Raumentwicklung

Komponenten der Raumstruktur

Die Raumstruktur ist geprägt durch die räumliche Verteilung von *Bevölkerung, Arbeitsplätzen* und *Infrastruktur*. Sie sind die wesentlichen siedlungsstrukturbildenden Komponenten und vermitteln sich im Raum über Standorte für das Wohnen, Betriebsstandorte für Industrie und Gewerbe und Standorte für Infrastruktureinrichtungen und -netze wie z.B. Verkehrs- und Energienetze. Die Summe der Einzelstandorte in ihrem räumlichen Zusammenhang bildet das Grundgerüst der Raumstruktur. Sie sind Hauptbestandteile der bebauten Umwelt, die in die Freifläche eingebettet ist, und gleichzeitig die aktiven Komponenten der Raumentwicklung, deren Ansprüche an den Raum immer stärker in Konkurrenz zum Natur- und Freiraumschutz und zur Land- und Forstwirtschaft treten.

Die Entwicklung der Raumstruktur wird bestimmt durch die Entwicklung der Einzelkomponenten und deren Veränderungen im Raum. Dabei sind die gegenseitigen Abhängigkeiten von Bedeutung.

Die räumliche Verteilung der *Bevölkerung* ändert sich durch die natürliche Bevölkerungsentwicklung und durch Wanderungen. Der Saldo von Geburten und Sterbefällen in einer Region bestimmt den künftigen Bedarf und die Struktur an Wohnungen, der aus der regionsinternen Entwicklung erwächst. Zu- und Abwanderungen von Bevölkerung beeinflussen diese natürliche Bevölkerungsentwicklung regional sehr unterschiedlich. Insbesondere die kleinräumigen Binnenwanderungsprozesse, z.B. aus den Kernstädten ins nähere und weitere Umland, haben gründliche Veränderungen der Raum- und Siedlungsstruktur bewirkt (Stichwort: Suburbanisierung).

Im wechselseitigen Prozess mit der regionalen Bevölkerungsverteilung haben sich die *Arbeitsplätze* räumlich verteilt. Einerseits sind sie an die räumliche Nähe zu den Absatzmärkten und Kunden gebunden, andererseits an die Arbeitsmärkte und Wohnstandorte der Arbeitskräfte. Gleichzeitig ist der Arbeitsplatz aber auch ein häufiges Wanderungsmotiv für die Arbeitskräfte. Der räumlich enge Zusammenhang zwischen Wohnung und Arbeitsstätte ist von daher grundsätzlich in der Raumstruktur angelegt, wenngleich dieser durch die Mobilitätsentwicklung immer mehr aufgeweicht wird.

Auch die räumliche Verteilung von *Infrastruktur* ist an die Standortstrukturen der anderen Raumstrukturkomponenten gekoppelt. Sie sollen die einzelnen und wechselseitigen Aktivitäten der Bevölkerung und Wirtschaft ermöglichen und sicherstellen und sind deshalb auf deren Standorte ausgerichtet. So bestimmt z.B. die räumliche Dichte der Bevölkerung und der Arbeitsplätze Umfang und Struktur des Verkehrsaufkommens, das über die Verkehrsnetze abzuwickeln ist. Das Mobilitätsverhalten der Bevölkerung (z.B. im Berufspendelverkehr) und die räumlichen Verflechtungen der produzierenden Betriebe (z.B. im Gütertransport) spielen dabei eine große Rolle.

Die räumliche Verteilung von Bevölkerung, Arbeitsplätzen und Infrastruktur drückt sich konkret durch die Inanspruchnahme von Flächen für Wohnzwecke, Betriebe und Produktionsanlagen sowie z.B. für Verkehrs- und Energieinfrastruktur aus. Die Siedlungs- und Verkehrsflächen bilden zusammen mit den land- und forstwirtschaftlich genutzten Flächen im wesentlichen die *Flächennutzungsstruktur* des Bundesgebietes. Sie sind ebenfalls einem ständigen Wandel unterworfen. So werden für Siedlungs- und Verkehrszwecke ständig neue Flächen in Anspruch genommen, während die landwirtschaftlich genutzte Fläche ständig zurückgeht. Diese Änderungen können örtlich dynamisch und gravierend sein, wie z.B. momentan in den neuen Ländern. Im bundesweiten Maßstab sind diese Änderungen jedoch nur mittel- und langfristig spürbar. Raumentwicklung ist insofern ein sehr langsam ablaufender Prozess, der geprägt ist durch eine jahrhundertlange Vorgeschichte und einen gewaltigen unbeweglichen Bestand.

Dieser vielfältige, wechselseitige Prozess, ist – vereinfacht – in der Graphik (s. Abb. 1: Komponenten der Raumstruktur, S. 8) verdeutlicht, um auch dem fachlich nicht geschulten Leser den Gegenstand der Raumordnung etwas näher zu bringen. Er stellt den Hintergrund für die Gliederung dieses Kapitels dar, die wesentlichen Einzelkomponenten der Raum- und Siedlungsstruktur *Bevölkerung, Arbeitsplätze* und *Infrastruktur* in ihrer räumlichen Verteilung und ihrer zeitlichen Entwicklung der letzten sieben bis zehn Jahre.

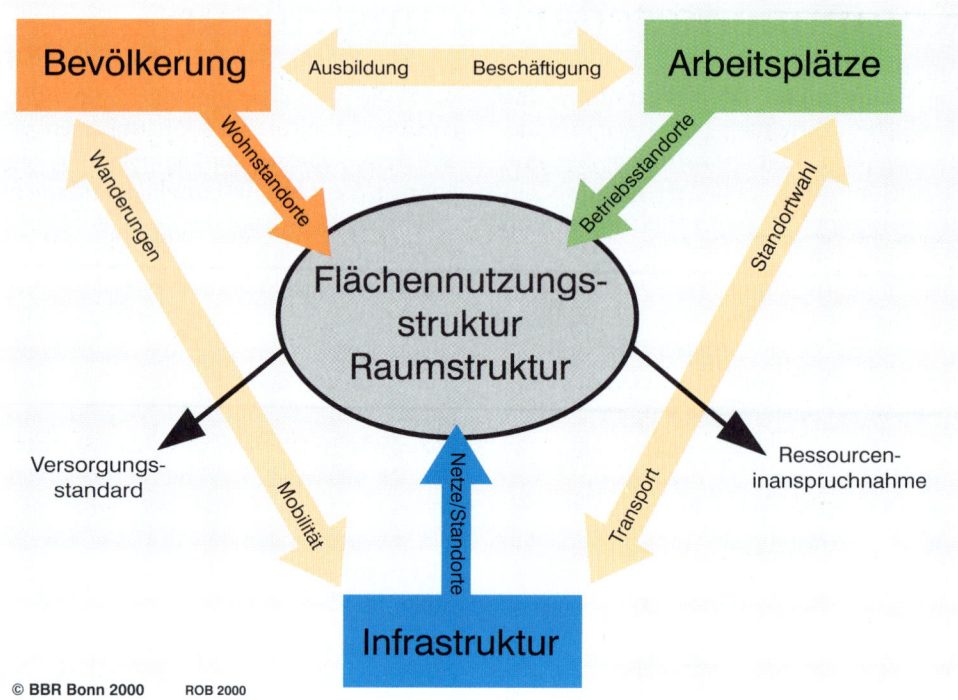

Abbildung 1
Komponenten der Raumstruktur

Die Graphik soll veranschaulichen, dass und wie die Siedlungs- und Raumstruktur durch die Standorte und Raumansprüche der Bevölkerung, der Arbeitsplätze und die verschiedenen Infrastrukturen geprägt werden. Die räumliche Verteilung der Bevölkerung drückt sich konkret über die Wohnstandorte und die für die Wohnhäuser in Anspruch genommenen Flächen aus. Die räumliche Verteilung der Arbeitsplätze ist gekoppelt an die Wohnstandorte der Bevölkerung und somit der Arbeitskräfte. Der Grad der räumlichen Mischung von Wohn- und Betriebsstandorten ist – in Abhängigkeit von der Mobilitätsentwicklung – einem ständigen historischen Wandel unterworfen. Aufgabe der materiellen Infrastruktur (z. B. öffentliche Einrichtungen , Verkehrs- und Energienetze ist es, Bevölkerung und Arbeitsplätze an ihren Standorten zu versorgen) bzw. sie zu verbinden. Deshalb orientiert sich die räumliche Verteilung der Infrastruktur auch an der räumlichen Konzentration von Bevölkerung und Arbeitsplätzen.
Unterschiedliche räumliche Konzentrationen von Bevölkerung, Arbeitsplätzen und Infrastruktur erzeugen Raumstrukturen mit einer Spannweite von hoher Verdichtung in Agglomerationsräumen bis zu dünnbesiedelten, ländlichen Räumen. Dichte und Konzentration der Raumstruktur werden dabei immer bestimmt durch die Intensität der Nutzung der besiedelten Fläche (Siedlungsdichte) sowie das Verhältnis von Siedlungsfläche zu Freifläche (im wesentlichen die land- und forstwirtschaftlich genutzten Flächen).
Zwischen den Einzelkomponenten bestehen vielfältige wechselseitige Beziehungen, die die Veränderung der Raumstruktur, die Raumentwicklung beeinflussen. So verändern z. B. private Haushalte und Betriebe durch Standortverlagerungen die Flächennutzungsstruktur, räumliche Nutzungsdichten und Verflechtungen. Durch die Mobilität der Bevölkerung, z. B. im Berufspendelverkehr, und den Gütertransport der Betriebe wird Verkehrsinfrastruktur in Anspruch genommen bzw. Bedarf zu deren Ausbau erzeugt. Gleichzeitig wirkt sich das Vorhandensein von Infrastruktur bzw. deren Ausbau auf die Standortwahl von privaten Haushalten und Betrieben aus.
Die Raumordnung entwickelt Leitbilder für eine gewünschte Raumentwicklung (z. B. die „Dezentrale Konzentration" der Siedlungsstruktur oder den „Großräumigen Verbund zu schützender Freiräume") und versucht, die Raumentwicklung in dieser Richtung zu beeinflussen.

Räumliche Verteilung und Entwicklung der Bevölkerung

Die Bundesrepublik Deutschland ist – auch im internationalen Vergleich – ein sehr dicht besiedeltes Gebiet. Innerhalb des Landes gibt es deutliche siedlungsstrukturelle Unterschiede mit einerseits großen Agglomerationen hoher Bevölkerungsdichte und mit andererseits ländlichen Regionen geringerer Dichte. 80 % der Bevölkerung konzentrieren sich auf lediglich ein Drittel der Fläche. Zwischen der Bevölkerungsdynamik und der Siedlungsstruktur bestehen wechselseitige Beziehungen: Einerseits ist die Siedlungsstruktur das Ergebnis früherer Bevölkerungsbewegungen, andererseits ist sie Ausgangspunkt für künftige Bevölkerungsbewegungen.

Innerhalb Europas haben nur noch die Benelux-Staaten, Südengland und Norditalien ähnlich dichte Siedlungsstrukturen wie Deutschland. In den anderen europäischen Staaten konzentriert sich die Bevölkerung in den Hauptstadtregionen und an den Küsten, insbesondere des Mittelmeeres. Außerdem fallen Bevölkerungskonzentrationen entlang der großen Flüsse, die gleichzeitig transnationale Verkehrskorridore sind, auf. In der Alpenregion herrscht insgesamt gesehen eine geringe Bevölkerungsdichte. Würde man die Bevölkerung jedoch nur auf die besiedelbare Fläche in den Tälern beziehen, so gehörte dieser Raum ebenfalls zu den am dichtest besiedelten Regionen in Europa. Die geringsten Bevölkerungsdichten in Europa finden sich in Skandinavien, Schottland und Irland sowie in Griechenland, Zentralspanien, Südwestfrankreich und Ostdeutschland.

Die Siedlungsstrukturen der alten und der neuen Länder wiesen zum Zeitpunkt der Einigung 1990 großräumig leichte, kleinräumig jedoch erhebliche Unterschiede auf. Im Westen lebten im Durchschnitt ca. 250 Personen, im Osten etwa 150 Personen auf dem Quadratkilometer. Der Osten war und ist weniger dicht besiedelt, doch ist dort das siedlungsstrukturelle Gefälle zwischen den Agglomerationen des Südens und den ländlichen Räumen des Nordens steiler. Innerhalb der Agglomerationen des Ostens ist die starke Konzentration der Bevölkerung auf die Kernstädte besonders auffällig. Ursache für diese Besonderheit ist der Umstand, dass in der DDR so gut wie kein Suburbanisierungsprozess stattfand.

Dort waren die Städte herausragende Orte der baulichen Verdichtung, während im angrenzenden Umland wenig Siedlungstätigkeit stattfand. Im Westen dagegen entstand um die großen Städte herum – ringförmig nach außen abnehmend – ein hochverdichtetes Umland mit ganz spezifi-

Bevölkerungsdichte in Europa

Bevölkerungsdichte in der EU 1995 in Einwohner je km²

- bis unter 50
- 50 bis unter 100
- 100 bis unter 250
- 250 bis unter 500
- 500 und mehr

Datenbasis: Laufende Raumbeobachtung des BBR, eurostat

NUTS III-Regionen, Stand 1.1.1995

Karte 2
Deutschland ist eins der am dichtest besiedelten Länder Europas. Gleichzeitig zählen einige Regionen im Nordosten Deutschlands zu den dünner besiedelten Regionen in Europa.

Bevölkerungsdichte in Deutschland

Einwohner je km² 1998

- bis unter 50
- 50 bis unter 100
- 100 bis unter 250
- 250 bis unter 500
- 500 und mehr

Häufigkeiten: 532 | 1406 | 1742 | 799 | 709

Datenbasis: Laufende Raumbeobachtung des BBR

Anmerkung: Zur besseren Vergleichbarkeit wurde die Bevölkerungsdichte auf Ebene der Gemeinden und folgenden Gemeindeverbänden dargestellt: Ämter in Schleswig-Holstein, Brandenburg und Mecklenburg-Vorpommern, Samtgemeinden in Niedersachsen, Verbandsgemeinden in Rheinland-Pfalz, Verwaltungsgemeinschaften in Baden-Württemberg, Bayern, Sachsen, Sachsen-Anhalt und Thüringen, Verwaltungsverbände in Sachsen und Kirchspiellandgemeinden in Schleswig-Holstein.

Gemeinden, Stand 31.12.1998

Karte 3
Die Siedlungsstruktur in Deutschland ist geprägt durch die Extreme dichtbesiedelter Agglomerationen und dünnbesiedelter ländlicher Regionen. In den alten Ländern führte der Suburbanisierungsprozess zu hohen Bevölkerungsdichten in den Umländern der Agglomerationen. In den neuen Ländern hat dieser gerade erst begonnen.

schen Bevölkerungs- und Haushaltsstrukturen sowie besonderer Bausubstanz und Flächennutzung.

Regionale Bevölkerungsdynamik seit der deutschen Einheit

Durch *natürliche Bewegungen* (Geburten, Sterbefälle) sowie durch *räumliche Bewegungen* (Zuzüge, Fortzüge) wird die regionale Bevölkerungsverteilung langfristigen Änderungen unterworfen. Als Grundtendenzen dieser vier Komponenten der Bevölkerungsdynamik ergaben sich in den ersten Jahren nach der Einigung eine Ost-West-Verlagerung der Bevölkerung (der Anteil der neuen Länder an der Bevölkerung sank von 22,8 % auf 21,3 % am Jahresende 1997 – s. Tabelle 1) sowie eine Verstärkung des siedlungsstrukturellen Gefälles im Osten und dessen Verringerung im Westen. Dies geschah im Osten durch deutliche Zunahmen der Agglomerationen zu Lasten der verstädterten und ländlichen Räume, im Westen durch Gewinne der verstädterten und ländlichen Räume bei leicht sinkenden Anteilen der Agglomerationen.

Charakteristisch für den Osten waren Bevölkerungsabnahmen aus zweierlei Gründen: *Geburtendefiziten* und zugleich *Wanderungsverlusten*. Seit Mitte der 90er Jahre führen kleinräumige Wanderungen in den Umlandregionen der Agglomerationen zu Wanderungsgewinnen. Auch Außenwanderungen dämpfen die kleiner werdenden Binnenwanderungsverluste. Im Westen hatten fast alle Regionen Bevölkerungszuwächse durch Wanderungsgewinne, z.T. durch Geburtenüberschüsse vergrößert, z.T. durch Sterbeüberschüsse abgeschwächt. Regionen, die ein doppelt gespeistes Wachstum (sowohl Geburtenüberschüsse als auch Wanderungsgewinne) erlebten, liegen vor allem im Süden und im Nordwesten der alten Länder.

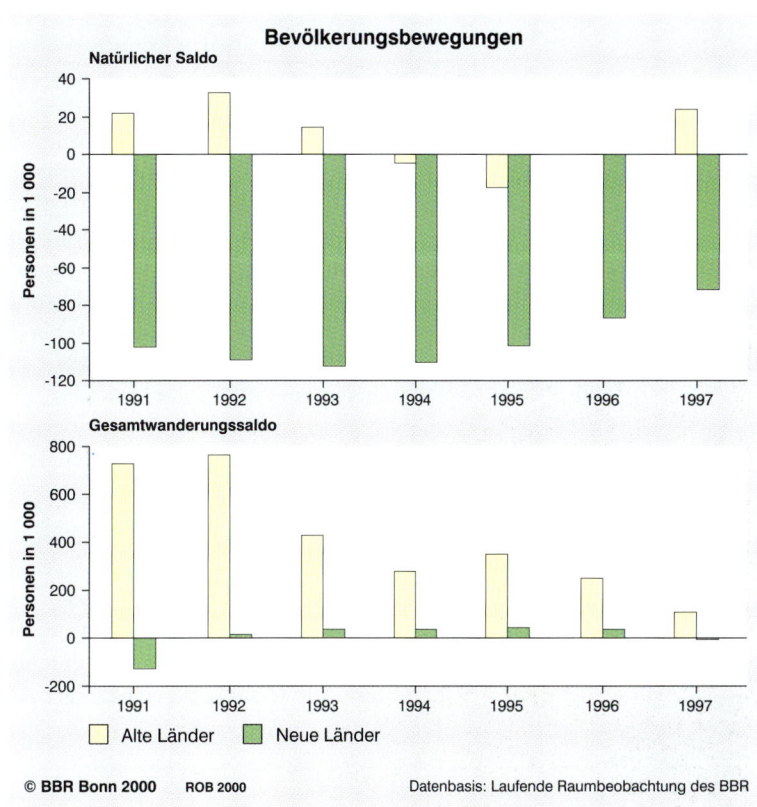

Abbildung 2
Bevölkerungsbewegungen 1991–1997 im Ost-West-Vergleich

	Regionale Anteile der Bevölkerung in %			
	Alte Länder		Neue Länder	
Raumkategorie	1990	1997	1990	1997
Agglomerationsräume	**54,3**	**53,6**	**45,8**	**46,8**
Kernstädte	44,6	43,1	58,5	57,6
hochverdichtete Kreise	36,1	36,7	3,1	3,0
verdichtete Kreise	15,3	15,9	16,9	16,9
ländliche Kreise	4,0	4,3	21,5	22,4
Verstädterte Räume	**34,7**	**35,2**	**33,8**	**33,1**
Kernstädte	15,8	15,1	25,2	23,7
verdichtete Kreise	57,8	58,2	38,8	39,1
ländliche Kreise	26,4	26,7	36,0	37,2
Ländliche Räume	**11,0**	**11,2**	**20,4**	**20,1**
ländliche Kreise höherer Dichte	69,9	70,0	40,4	40,3
ländliche Kreise geringerer Dichte	30,1	30,0	59,6	59,7
Deutschland	**77,2**	**78,7**	**22,8**	**21,3**

© BBR Bonn 2000   ROB 2000   Datenbasis: Laufende Raumbeobachtung des BBR

Tabelle 1
Räumliche Bevölkerungsverteilung seit der deutschen Einigung

Natürliche Bevölkerungsentwicklung

Fruchtbarkeit

Räumliche Unterschiede in der *Geburtenhäufigkeit* weisen auch Zusammenhänge mit der Siedlungsstruktur aus: In hochverdichteten Regionen, dort insbesondere in Kernstädten, werden unterdurchschnittlich viele Kinder geboren, in ländlich geprägten Regionen oder in weniger verdichteten Umlandkreisen dagegen mehr. In den neuen Ländern zeigte sich bis 1989 dieser Zusammenhang ebenfalls. Hohe Geburtenraten konzentrierten sich fast ausschließlich auf die nördlichen und mittleren Regionen der neuen Länder. Das dort erreichte Niveau kam in den alten Ländern überhaupt nicht mehr vor.

In der Folge der politischen Umwälzungen seit 1989 kam es in den neuen Ländern zu einem drastischen Rückgang der Geburten um ca. 60 % zwischen 1989 und 1994. Davon entfielen rund 50 % auf die veränderte Fruchtbarkeit und etwa 10 % auf die Abwanderung von Frauen im gebärfähigen Alter. Die zusammengefasste Geburtenziffer – sie gibt an, wieviele Kinder von 1 000 Frauen während deren Lebensabschnittes zwischen 15 und 45 Jahren geboren würden, wenn während dieser gesamten dreißig Jahre das aktuell beobachtete Niveau gilt – lag 1994 bei 772, ein im internationalen Vergleich äußerst niedriger Wert, der bei weitem nicht für eine Bestandserhaltung der Bevölkerung ausreicht.

Geburtenrückgang in Ostdeutschland um 60 %

Verbunden mit dieser Niveauverschiebung nach unten war eine Veränderung der räumlichen Muster der Fruchtbarkeit. Die zwischenzeitliche Abnahme der Fruchtbarkeit war dort besonders stark, wo sie bisher ein hohes Niveau hatte. Dadurch verringerten sich die regionalen Unterschiede. Zeitweilig hatten die ländlich geprägten Regionen eine unterdurchschnittliche und die hochverdichteten Regionen eine überdurchschnittliche Fruchtbarkeit. In den Agglomerationen hatten die Kernstädte – im Vergleich zu den Umlandregionen – eine höhere Fruchtbarkeit. Mit dem Wiederanstieg der Fruchtbarkeit stellt sich seither auch das alte siedlungsstrukturelle Muster wieder ein.

Trotz optimistischer Annahmen zum Wiederanstieg der Fruchtbarkeit wird die Zukunft der neuen Länder von Bevölkerungsabnahmen geprägt sein. Die Ost-West-Teilung der Bevölkerungsdynamik bleibt bestehen. Innerhalb des Ostens nimmt die Bedeutung der Sterbeüberschüsse für die Gesamttendenz eher noch zu. Der Verlust der Jugend mit seinen negativen Konsequenzen für die langfristige räumliche Entwicklung droht für die neuen Länder zu einem nachhaltigen Problem zu werden.

Sterblichkeit

Regionale Unterschiede in der Sterblichkeit erklären sich größtenteils aus dem Tatbestand, dass die Risikofaktoren der Sterblichkeit erhebliche regionale Unterschiede aufweisen. Die *Lebenserwartung* variiert in den Raumordnungsregionen der alten Länder um immerhin über fünf Jahre. Das sind fast acht Prozent ihres derzeitigen Wertes. Die überdurchschnittliche Sterblichkeit der Männer zeigt ihrerseits räumliche Muster.

Erläuterung: Demographische Entwicklung

Die Dynamik der Bevölkerungsbewegungen wird durch die demographischen Ereignisse *Geburten*, *Sterbefälle* und *Wanderungen* ausgelöst. Die demographischen Ereignisse werden auf eine *Strukturkomponente* und auf eine *Verhaltenskomponente* zurückgeführt. Die Strukturkomponente ergibt sich aus der Bevölkerungsgruppe, der das demographische Ereignis widerfährt. Die Verhaltenskomponente gibt die Häufigkeit an, mit der das Ereignis bei der Bevölkerungsgruppe auftritt.

Beispiel: Die Zahl der Geburten hängt ab von der Zahl der Frauen im gebärfähigen Alter (Strukturkomponente) und der durchschnittlichen Kinderzahl je Frau (Verhaltenskomponente). Ein Rückgang der Geburtenzahl kann verursacht sein durch die Abnahme der Zahl der Frauen im gebärfähigen Alter (= Struktureffekt) oder durch den Rückgang der durchschnittlichen Kinderzahl je Frau (= Verhaltenseffekt).

Die Begriffe *Fertilität*, *Mortalität* und *Mobilität* beziehen sich jeweils auf die isolierten Verhaltenskomponenten. Sie sind um strukturelle Besonderheiten bereinigte Raten, z.B. Zahl der Geburten je 1 000 Frauen eines bestimmten Alters (Fertilität), die Zahl der Verstorbenen eines Alters je 1 000 dieser Gruppe (Mortalität), die Zahl der Fortzüge eines Alters je 1 000 dieser Gruppe (Mobilität).

Verhaltens- und Struktureffekte können sich gegenseitig verstärken oder abschwächen. Beispiel: Obwohl seit vielen Jahren die Fertilitätsrate in allen Regionen unterhalb des Bestandserhaltungsniveaus liegt, findet in etlichen Regionen noch natürliches Wachstum durch Geburtenüberschüsse statt. Dafür verantwortlich sind gleich zwei Struktureffekte.

1. Die geburtenstarken Jahrgänge der 60er Jahre sind (noch) in der Familienbildungsphase und führen zu hohen Geburtenzahlen.
2. Die geburtenschwachen Jahrgänge des I. Weltkriegs, zusätzlich dezimiert durch ihre Teilnahme am II. Weltkrieg, führen derzeit zu niedrigen Zahlen von Todesfällen. Wegen dieser altersstrukturellen Besonderheiten liegen vorübergehend Geburtenüberschüsse vor, obwohl seit 25 Jahren 100 Frauen nur etwa 60 bis 70 Töchter zur Welt bringen, der Verhaltenseffekt somit zu einer Reduzierung der Generationen um jeweils etwa ein Drittel führt.

Natürlicher Saldo

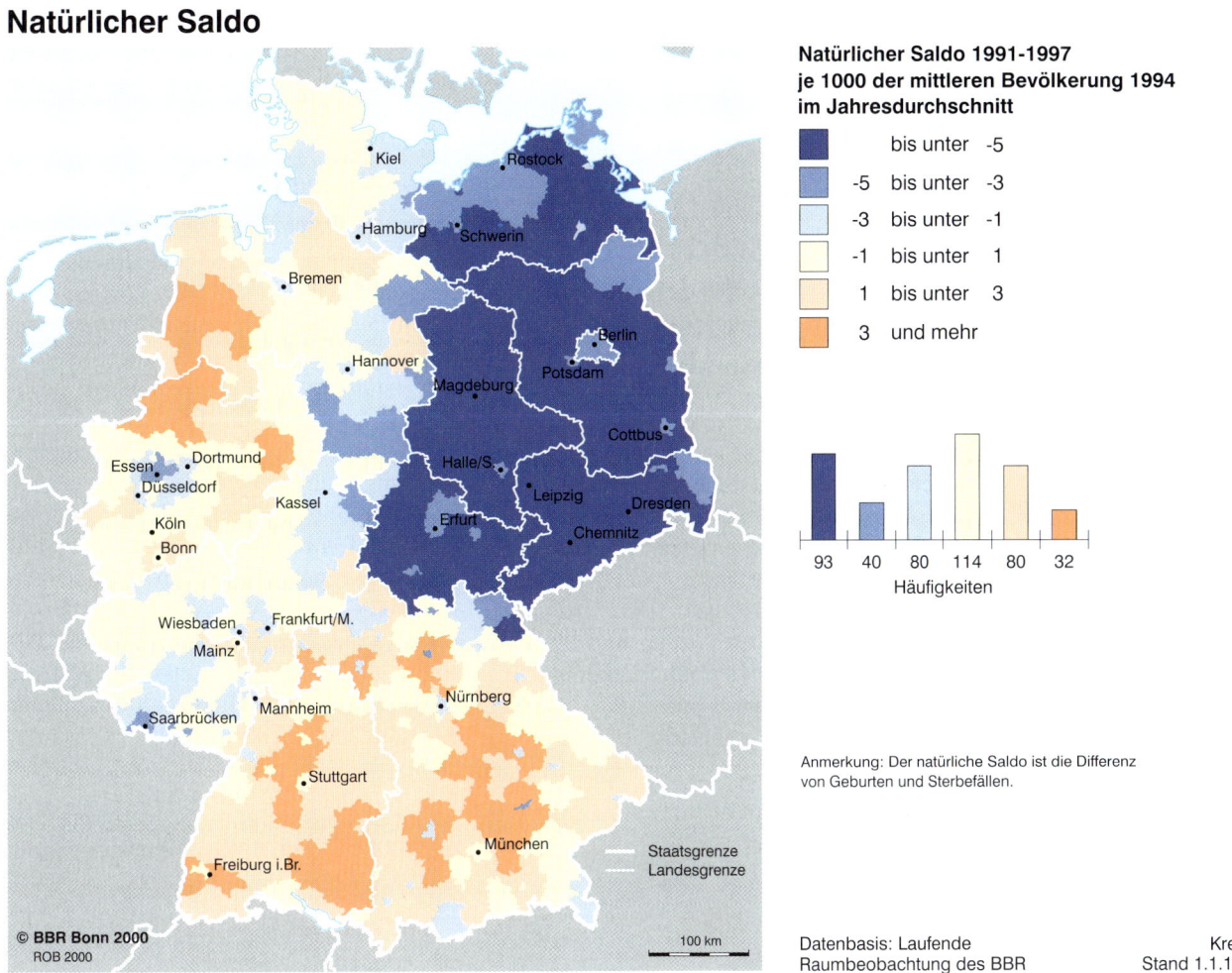

Karte 4
Die Regionen der neuen Länder haben durchweg hohe Sterbeüberschüsse. Geburtenüberschüsse beschränken sich auf einzelne Regionen im Nordwesten und Süden. Sie liegen oft im suburbanen Raum.

Frauen leben im Bundesdurchschnitt etwa sechseinhalb Jahre länger als Männer, je nach Region schwankt der Wert jedoch zwischen fünfeinhalb und fast acht Jahren. Dadurch erhalten die demographischen Besonderheiten der Alten, die Sexualproportion (mit hohem Frauenüberschuss), der Familienstand (mit hohen Anteilen der Verwitweten) und die Haushaltsgrößenstruktur (mit hohem Anteil von Ein- und Zweipersonenhaushalten) ebenfalls eine räumliche Dimension.

Im Gegensatz zur Fruchtbarkeit zeigt die Lebenserwartung keinen eindeutigen Zusammenhang mit der Siedlungsstruktur. So haben innerhalb der hochverdichteten Räume die Bewohner der altindustrialisierten Regionen des Ruhrgebiets und des Saarlandes niedrigere Lebenserwartungen, aber auch ländliche, peripher gelegene Regionen. Einflüsse von Umweltfaktoren auf die Sterblichkeit sind großräumig nicht nachweisbar. Hohe Lebenserwartungen in Regionen, die zugleich auch bevorzugte Zielgebiete von Altenwanderungen sind, legen die Vermutung nahe, dass ein Teil dieser Disparitäten durch die Abwanderung „guter Risiken" und ein Zurückbleiben „schlechter Risiken" zustande kam. Denn Personen, die nach dem Ausscheiden aus dem Berufsleben ihren Wohnort wechseln, unterscheiden sich in ihrer Sozialstruktur von den immobilen Personen. Zahlreiche Studien haben nachgewiesen, dass auch sozioökonomische Größen zumindest Teile der regionalen Sterblichkeitsunterschiede erklären können. Regionen, die bei den Altenwanderungen bevorzugt werden, importieren dadurch eine höhere Lebenserwartung. Die regionalen Unterschiede werden größer.

Die Gesamtschau von Geburten und Sterbefällen als „natürlicher Saldo" der Bevölkerungsentwicklung zeigt in den Kreisen der Bundesrepublik Deutschland seit der Einigung ein differenziertes Bild von wachsenden, abnehmenden und stagnierenden Räumen. Etwa die Hälfte aller Kreise hatte Sterbeüberschüsse, der Rest je zur Hälfte Geburtenüberschüsse oder eine ausgeglichene Bilanz der natürlichen Bewegungen. Die Kreise der neuen Länder hatten durchweg mindestens hohe, zumeist sogar sehr hohe Sterbeüberschüsse. Die Geburtenüberschüsse beschränken sich auf bestimmte Regionen im Westen und Süden, dort vorwiegend auf den suburbanen Raum mit seiner jüngeren Bevölkerung. Natürliches Wachstum kommt lediglich aufgrund einer günstigen Altersstruktur zustande. Denn in allen Kreisen liegt die Fruchtbarkeit unterhalb des langfristigen Bestandserhaltungsniveaus.

Die natürliche Bevölkerungsentwicklung reicht bei weitem nicht zum Bestandserhalt

Wanderungen

Mit der räumlichen Differenzierung kommt als zusätzliche Komponente der Bevölkerungsentwicklung die *Wanderung* zwischen den Regionen hinzu. Wanderungen führen zu quantitativen wie auch qualitativen Veränderungen der regionalen Bevölkerung. Auf der Ebene von Regionen haben Wanderungen für die Bevölkerungsentwicklung eine größere Bedeutung als die Geburten und Sterbefälle. Dies gilt für die Zahl der Einwohner und deren Altersaufbau. Die Gruppe der Wandernden hat in der Regel eine andere Altersstruktur als die Gesamtbevölkerung bzw. die sesshaften Personen. Dies kann den Prozess der Alterung der Bevölkerung einer Region beschleunigen oder abschwächen.

Gesamt-Wanderungssaldo

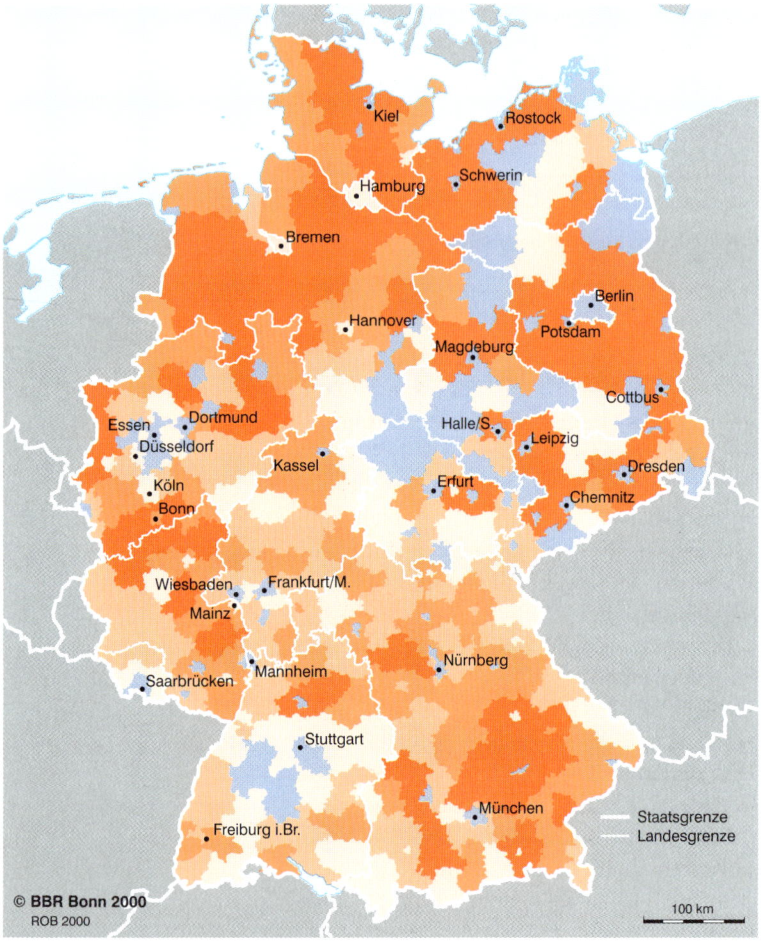

Binnen- und Außenwanderungssaldo 1994–1997 je 1 000 Einwohner 1995 im Jahresdurchschnitt

	bis unter 0
	0 bis unter 3
	3 bis unter 6
	6 bis unter 9
	9 und mehr

102 84 81 80 92
Häufigkeiten

Anmerkung: Der Wanderungssaldo ist die Differenz der Zuzüge und Fortzüge einer Region.

Datenbasis: Laufende Raumbeobachtung des BBR   Kreise, Stand 1.1.1996

Karte 5
Die meisten Regionen in Deutschland hatten Wanderungsgewinne aufgrund der Zuwanderungen aus dem Ausland. Wanderungsverluste treten vor allem in den neuen Ländern und in Kernstädten der Verdichtungsräume auf.

In der Mitte der 90er Jahre, nach der Konsolidierung des Wanderungsgeschehens im Gefolge der deutschen Wiedervereinigung hat ein Viertel aller Kreise in Deutschland Wanderungsverluste, zwei Fünftel dagegen hohe bis sehr hohe Wanderungsgewinne. Kreise mit Wanderungsverlusten lagen fast ausschließlich in den neuen Ländern, im Westen hatten lediglich einige Agglomerationen wegen starker Suburbanisierung hohe Abwanderungen zu verzeichnen, die im Saldo auch zu Bevölkerungsverlusten

Ost-West-Wanderungsgeschehen konsolidiert sich

führten. Hauptursache des positiven Wanderungssaldos sind die internationalen Wanderungsgewinne. Das regionale Muster der Kreise mit Wanderungsgewinnen hat sich in den 90er Jahren gewandelt, insbesondere durch das Hinzutreten der Aussiedler. Deren bevorzugte Zielgebiete sind nicht – wie bei den Arbeitsmigranten – die großen Agglomerationen im Süden und Westen, sondern Regionen mittlerer Verdichtung insbesondere im Nordwesten.

Binnenwanderungen

Bei den Wanderungen zwischen den Regionen Deutschlands sind die Altersjahrgänge zwischen 18 und 30 Jahren besonders mobil. Von ihnen wechseln jährlich acht bis zwölf Prozent ihren Wohnstandort über die Grenze von Kreisen hinweg, gegenüber etwa nur drei Prozent bei der Gesamtbevölkerung. Mit zunehmendem Lebensalter sinkt die Mobilitätsbereitschaft erheblich – auf etwa ein Prozent bei den über 50-Jährigen. Wanderungen zeigen Besonderheiten bei den zurückgelegten Distanzen und bei den Wanderungsmotiven. Auch die Herkunfts-Ziel-Verflechtungen zeigen für Bevölkerungsgruppen spezielle Muster. Die 18- bis unter 25-Jährigen ziehen bevorzugt in Kernstädte und tragen zur Aufrechterhaltung der Bevölkerungskonzentration bei. Alle anderen Altersgruppen zeigen Tendenzen zur Dekonzentration mit Wanderungsgewinnen in weniger verdichteten und Wanderungsverlusten in den höher verdichteten Regionen.

Eine spezielle Form der Binnenwanderungen ist der kleinräumige *Suburbanisierungsprozess*. Stadt-Umland-Wanderungen sind eines der bedeutsamsten Wanderungsmuster für die Herausbildung der gegenwärtigen Siedlungsstruktur in den alten Ländern. Mit Suburbanisierung meint man intraregionale Wanderungen zwischen den Kernstädten und ihrem Umland, die per Saldo zu einem Bedeutungsgewinn des Umlandes und zu einem Bedeutungsverlust der Kernstädte führen. Wanderungsmotive sind vorwiegend in den Bereichen Wohnungsversorgung und Wohnumfeld zu suchen. Oftmals ist die Randwanderung mit der Schaffung von Wohneigentum verknüpft. Die Suburbanisierung wird schwerpunktmäßig von jungen Familien getragen, bei denen der Haushaltsvorstand etwa bis 35 Jahre alt ist.

Das Volumen der Binnenwanderungen insgesamt wie das der Suburbanisierung ist zwar seit Mitte der 70er Jahre erheblich zurückgegangen. Die tendenzielle Richtung einer Dekonzentration, also mit relativen Bedeutungsverlusten der Kernstädte gegenüber dem Umland, gilt jedoch nach wie vor. Aus der Gruppe der 30- bis unter 50-Jährigen und der unter 18-Jährigen, die die Hauptgruppe der Stadt-Umland-Wanderer bilden, verließen in den 80er Jahren immerhin etwa 4 % jährlich die Kernstädte. Die Ursachen für die Abschwächung des Suburbanisierungsprozesses sind in den verschlechterten Rahmenbedingungen für den Wohnungsbau, insbesondere in den Bau- und Bodenkosten, zu suchen.

In der ehemaligen DDR fand ein Suburbanisierungsprozess ähnlich dem in Westdeutschland nicht statt. Dort führte im Gegenteil der Wohnungsbau mit hohen Fertigstellungsergebnissen in den Städten zu einer umgekehrten Wanderungsbewegung junger Familien in die Neubaugebiete. Das kleinräumige Gefälle in der Altersstruktur verläuft im Osten daher genau umgekehrt: Die Städte haben dort eine etwas jüngere Bevölkerung. Die demographische Revolution im Zuge des Transformationsprozesses führte zu einem besonders starken Rückgang der Fruchtbarkeit in den weniger verdichteten Regionen. Die bisherigen regionalen Unterschiede in der Altersstruktur wurden dadurch sogar noch verstärkt. Das Bevölkerungspotenzial für einen Suburbanisierungsprozess der ostdeutschen Städte ist daher besonders groß. Bereits Mitte der 90er Jahre hat in der Umgebung der Städte Ostdeutschlands ebenfalls ein Suburbanisierungsprozess begonnen. Es wird erwartet, dass sich nunmehr ein Umland mit höherer Verdichtung herausbildet.

Außenwanderungen

Ab 1970 liegt die westdeutsche Fruchtbarkeitsrate unter dem Bestandserhaltungsniveau. Seit fast 30 Jahren sind deshalb die Zuwanderungen aus dem Ausland der Motor der Bevölkerungsdynamik in der (alten) Bundesrepublik Deutschland. Zwar verlor die Bevölkerung in den 80er Jahren eine dreiviertel Million Personen durch Sterbeüberschüsse, doch kamen gleichzeitig über 3 Mio. Menschen durch Zuwanderung ins Land.

Die Bedeutung der Außenwanderungen gegenüber der natürlichen Bevölkerungsentwicklung einer Region ist abhängig von der vorherrschenden Siedlungs- und Bevölkerungsstruktur sowie der Angebotsseite der Wohnungsmärkte. Dagegen ist die Arbeitsmarktsituation überraschenderweise nur von untergeordneter Bedeutung. Zuziehende Ausländer bevorzugen als Wohnstandorte die hochverdichteten Regionen und dort wiederum die Kernstädte. Die Fortzüge ins Ausland kommen ebenfalls überwiegend aus den Kernstädten der Agglomerationen. So werden die siedlungsstrukturellen Unterschiede zwischen den verdichteten und dünnbesiedelten Regionen durch die Wanderungsverflechtungen mit dem Ausland verstärkt, indem bereits hochverdichtete Regionen und Orte mit hoher Zentralität besonders hohe Zuwanderungen erfahren.

Der Zustrom von *Aussiedlern* aus Osteuropa fügte seit Ende der 80er Jahre diesen bekannten Mustern neue hinzu. Auslöser war die Tatsache, dass ein großer Teil dieser Menschen über Aufnahmelager in die Bundesrepublik Deutschland kam, somit bei der Einreise eine hohe räumliche Konzentration aufwies. Diese Zuwanderung verteilte sich zwar über nachfolgende Binnenwanderungen wieder räumlich, doch zeigen die Binnenwanderungsströme aus den Kreisen mit Aufnahmelagern ein neues, von bisherigen Erfahrungen abweichendes Muster. Überproportional beteiligt an den Aussiedler-Binnenwanderungen ist der Nordwesten Deutschlands, dort wiederum die weniger verdichteten bis ländlichen Kreise. Die bisherige Konzentration der internationalen Wanderungen auf die Agglomerationen wird insofern durch die letztendliche Ansiedlung der Aussiedler in Zielregionen mittlerer Verdichtung wieder abgeschwächt.

Weiterführende Literatur:

Deutscher Bundestag (Hrsg.): Zweiter Bericht der Enquete-Kommission „Demographischer Wandel" – Herausforderungen unserer älter werdenden Gesellschaft an den einzelnen und die Politik. – Bonn 1998

Bucher, H.: Der Geburtenrückgang in den neuen Ländern – seine Auswirkungen auf die regionale Bevölkerungsdynamik. In: 50. Deutscher Geographentag Potsdam, Band 2 Raumentwicklung und Sozialverträglichkeit. hrsg. v. G. Heinritz, J. Ossenbrügge und R. Wiessner. – Stuttgart 1996, S. 11–20

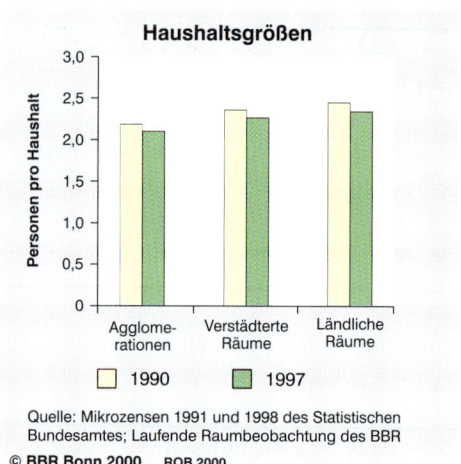

Abbildung 3
Haushaltsgrößen nach Siedlungsstrukturtypen

Private Haushalte

Für mehrere Politikbereiche ist nicht das Individuum, sondern der private Haushalt die relevante demographische Einheit. Dies gilt insbesondere für die Aktivitäten der Haushalte auf den Wohnungsmärkten, zumal gemeinsames Wohnen (mit gemeinsamem Wirtschaften) ein definitorisches Element der privaten Haushalte darstellt. Private Haushalte werden i.d.R. nach zusätzlichen Merkmalen (Mitgliederzahl, Stellung im Haushalt) differenziert oder auch typisiert (nach familiären Beziehungen, nach der Generationenzahl).

Die Struktur privater Haushalte ist im Zeitverlauf sehr starken Änderungen unterworfen gewesen. Die Trends waren und sind ein Haushaltsverkleinerungsprozess und eine Vergrößerung der Vielfalt der Haushaltstypen. Der Haushaltsverkleinerungsprozess manifestiert sich in steigenden Anteilen der Haushalte mit einer Person oder mit zwei Personen, dem gegenüber mit sinkenden Anteilen der Haushalte mit vier oder mehr Personen. Die Vielfalt der Haushaltstypen zeigt sich in abnehmenden (gleichwohl noch hohen) Anteilen der klassischen Einfamilienhaushalte bei gleichzeitiger Zunahme der „neuen Haushaltstypen" (Alleinerziehende, nichteheliche Lebensgemeinschaften, WGs usw.).

Haushaltsstrukturen zeigen räumliche Unterschiede, die eng mit den Siedlungsstrukturen verknüpft sind. Die Agglomerationen und dort wiederum die Kernstädte sind die Vorläufer der beiden Trends. Dort ist der Anteil kleiner Haushalte schon besonders hoch und ist die Vielfalt der Haushaltstypen größer als in den weniger dicht besiedelten Teilen des Landes.

Räumliche Verteilung und Entwicklung der Arbeitsplätze

Nach der Wiedervereinigung vollzogen sich in Deutschland beachtliche Veränderungen in der *Erwerbstätigenentwicklung* und *-struktur*. Während die westdeutschen Regionen bis 1992 eine Zunahme der Erwerbstätigenzahl auf 29,1 Mio. (=+1,2 Mio.) realisieren konnten, gingen in Ostdeutschland zwischen 1989 und 1993 3,5 Mio. Arbeitsplätze verloren. Damit reduzierte sich die Zahl der Erwerbstätigen in Ostdeutschland um knapp 37 % auf 6,5 Mio. Nach dem vereinigungsbedingten Beschäftigungshoch in Westdeutschland und der bereits stark reduzierten Beschäftigung in Ostdeutschland beläuft sich der Erwerbstätigenrückgang im Zeitraum von 1992 bis 1997 in der gesamten Bundesrepublik auf rund 1,98 Mio. Stellen. Davon entfielen knapp 1,64 Mio. Stellen auf die alten und 340 000 Arbeitsplätze auf die neuen Länder. In beiden Fällen entsprach der Rückgang in etwa dem Bundesdurchschnitt von ungefähr 5,5 %. Dieser Arbeitsplatzabbau schlägt sich 1998 in einer gesamtdeutschen Arbeitslosenquote von durchschnittlich 11,1 % nieder. Von den im Jahresdurchschnitt knapp 4,28 Mio. registrierten Arbeitslosen entfallen 32 % auf Ostdeutschland, was einer Arbeitslosenquote von 18,2 % entspricht, und 68 % auf Westdeutschland (Arbeitslosenquote: 9,3 %).

Die wirtschaftliche Entwicklung wird durch die Beschäftigungsentwicklung nur unvollkommen abgebildet. Aus diesem Grund wird zusätzlich auf die Wirtschaftsleistung aus der Volkswirtschaftlichen Gesamtrechnung zurückgegriffen. Berechnungen zum Niveau des *Bruttoinlandsproduktes* je Erwerbstätigen (BIP) zeigen, dass die neuen Länder nach wie vor erhebliche Produktivitätsrückstände aufweisen. Zwar verringerte sich – bedingt durch die umfangreiche Investitionstätigkeit und den Beschäftigungsabbau bis 1993 – die Diskrepanz im Bruttoinlandsprodukt je Erwerbstätigen zwischen West und Ost deutlich, allerdings flachte der Produktivitätsfortschritt in den darauf folgenden Jahren ab. So erreicht Ostdeutschland im Jahr 1998 im Bruttoinlandsprodukt je Erwerbstätigen 59 % (nominal) des Westniveaus. Im europäischen Vergleich wird die Diskrepanz zwischen West- und Ostdeutschland noch deutlicher: Während die westdeutschen Länder zu den wirtschaftsstärksten Regionen der EU gehören und lediglich Teile Ostbayerns, Nordniedersachsens und von Rheinland-Pfalz unter dem europäischen Durchschnitt des Bruttoinlandsproduktes je Einwohner liegen, zählen die ostdeutschen Länder insgesamt zu den Regionen mit der geringsten Wirtschaftskraft in der EU.

Bruttoinlandsprodukt

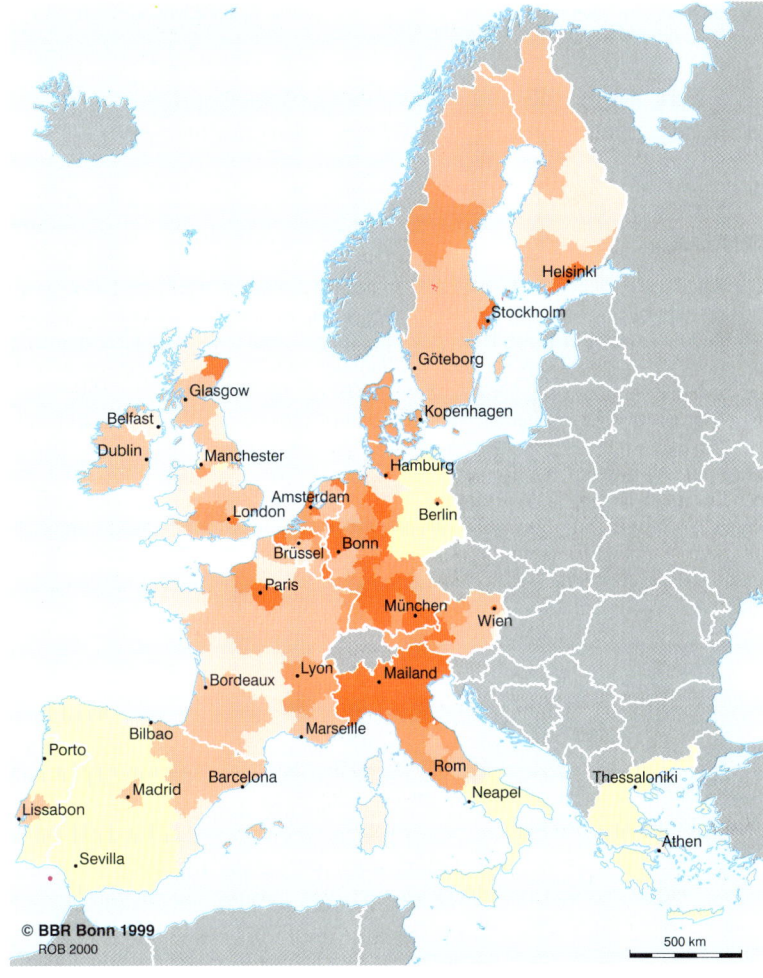

BIP in Kaufkraftstandards je Einwohner 1995 in Ecu

- bis unter 12 500
- 12 500 bis unter 15 000
- 15 000 bis unter 17 500
- 17 500 bis unter 20 000
- 20 000 und mehr

Datenbasis: Laufende Raumbeobachtung des BBR, eurostat

NUTS III, Stand 1.1.1995

Karte 6
Das Bruttoinlandsprodukt (BIP) als Maß für die Leistungsfähigkeit der Wirtschaft eines Landes bildet innerhalb Deutschlands die europäischen Extremsituationen ab.

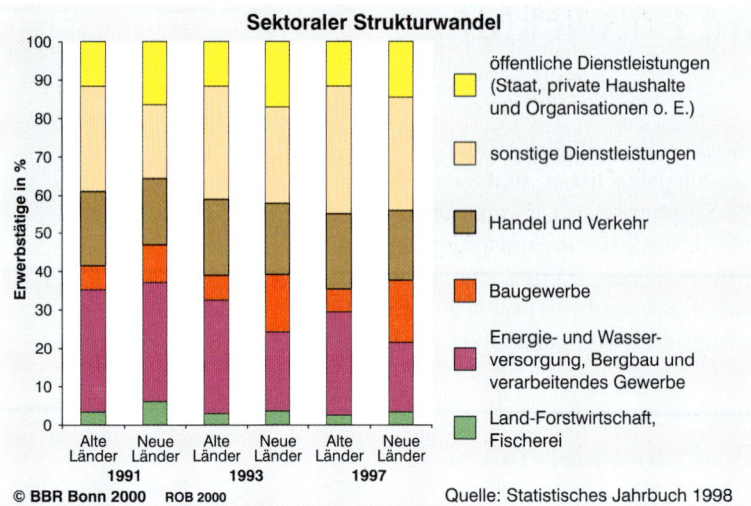

Abbildung 4
Sektoraler Strukturwandel in den alten und neuen Bundesländern.
Entwicklung der Erwerbstätigen nach Wirtschaftsbereichen 1991–1997.

Erläuterung:

Die Angaben beziehen sich im folgenden auf die *Erwerbstätigen*, die hier begrifflich mit *Beschäftigung* und *Arbeitsplätzen* synonym verwendet werden; ihre Bedeutung ist jedoch per Definition unterschiedlich. Erwerbstätige sind Personen, die in einem Arbeitsverhältnis stehen, einschließlich Soldaten und Soldatinnen sowie mithelfende Familienangehörige, oder selbständig ein Gewerbe oder eine Landwirtschaft betreiben oder einen freien Beruf ausüben. Sozialversicherungspflichtig Beschäftigte sind Arbeiter und Angestellte und Personen in beruflicher Ausbildung, die in gesetzlicher Renten-, Kranken- und/oder Arbeitslosenversicherung pflichtversichert sind. Damit umfassen die Erwerbstätigen auch die nicht sozialversicherungspflichtig Beschäftigten wie Beamte, mithelfende Familienangehörige, Selbständige oder geringfügig Beschäftigte (z. B. „630 DM-Jobs"). Gesetzlich nicht pflichtversicherte Teilzeitbeschäftigte können sich auch einen Arbeitsplatz teilen.

Die wirtschaftliche Entwicklung in der Bundesrepublik Deutschland ist durch eine Abnahme des produzierenden Gewerbes (sekundärer Sektor) und eine Zunahme des Dienstleistungssektors (tertiärer Sektor) charakterisiert. Das produzierende Gewerbe hat zwischen 1991 und 1997 seinen Erwerbstätigenanteil von 38,8 % auf 33,2 % reduziert. Demgegenüber konnte der Dienstleistungssektor seinen Beschäftigungsanteil im gleichen Zeitraum von 57,2 % auf 64,0 % erhöhen. In beiden Teilen Deutschlands geht das Wachstum des Dienstleistungssektors aber auch auf eine Umverteilung von Arbeitsplätzen, z. B. durch „outsourcing", zurück. Hierunter ist die Auslagerung ursprünglich durch das produzierende Gewerbe selbst erbrachter Dienstleistungen in selbständige Dienstleistungsunternehmen zu verstehen.

Die sektorale Wirtschaftsstruktur Ostdeutschlands unterscheidet sich nach wie vor stark von der westdeutschen. In Ostdeutschland haben das verarbeitende Gewerbe und die sonstigen weitgehend marktbestimmten Dienstleistungen, zu denen Kreditinstitute, Finanzdienstleistungen, Versicherungen, komsumbezogene und produktionsorientierte Dienstleistungen gehören, wesentlich geringere Erwerbstätigenanteile als in Westdeutschland. So liegt der Anteil der Erwerbstätigen im verarbeitenden Gewerbe mit 18,1 % deutlich unter dem westdeutschen Anteil von 26,9 %, ebenso wie der Anteil der sonstigen Dienstleistungen mit 29,4 % unterrepräsentiert ist (West: 33,4 %). Beim Baugewerbe und bei den öffentlichen Dienstleistungen sind die Verhältnisse genau umgekehrt. Der Beschäftigtenanteil des ostdeutschen Baugewerbes ist mit 16,4 % sogar fast dreimal so hoch. Die Land- und Forstwirtschaft (primärer Sektor) hat in den neuen Ländern ihre Bedeutung, die sie zu DDR-Zeiten hatte, verloren.

Vordergründig könnte man den überdurchschnittlichen Dienstleistungsanteil von 62,1 % in Ostdeutschland als Indiz für eine positive Bewältigung des Strukturwandels deuten. Aber die im Bergbau und verarbeitenden Gewerbe verlorengegangenen Arbeitsplätze, die sich zwischen 1991 und 1997 auf 1,2 Mio. Erwerbstätige beziffern lassen, konnten bislang nicht kompensiert werden. Wegen der angespannten öffentlichen Finanzlage ist mit einem Abbau von Arbeitsplätzen auch im öffentlichen Sektor zu rechnen. Aufgrund der komplementären Verflechtungsbeziehungen verläuft die Entwicklung der sonstigen Dienstleistungen nicht losgelöst vom verarbeitenden Gewerbe; so hängen die haushaltsorientierten Dienstleistungen mittelbar und die produktionssorientierten Dienstleistungen unmittelbar vom verarbeitenden Gewerbe ab. Die westdeutschen Erfahrungen legen obendrein die Vermutung nahe, dass im tertiären Sektor Rationalisierungs- und Verlagerungspotentiale erst zu einem geringen Teil ausgeschöpft wurden. Ebenso wie im Baugewerbe ist die Entwicklung der sonstigen Dienstleistungen mit Vorsicht zu beurteilen, da hier weite Teile durch Transfers aus dem Westen gestützt sind. Das intensive Baugeschehen im Infrastrukturbereich und in der Wohnungsversorgung erfordert außerdem einen hohen Anteil von Planungs-, Vermittlungs- und Verwaltungsleistungen (z. B. Architektur- und Ingenieurbüros, Grundstücks- und Wohnungswesen, Immobilien).

Regionale Arbeitsplatzstruktur

In vielen ostdeutschen Regionen entspricht der *Beschäftigtenbesatz* von 403 Erwerbstätigen je 1 000 Einwohner ungefähr dem westdeutschen Niveau (417), in einigen Regionen (z.B. Sachsen) wird dieser sogar übertroffen. Innerhalb Ostdeutschlands zeichnet sich eine Tendenz zur heteroge-

Arbeitsplatzabbau vor allem in ostdeutschen Agglomerationen

nen Entwicklung in einem Nebeneinander von prosperierenden und strukturschwachen Regionen ab. So trat in einigen Regionen mit Hilfe des Baugewerbes und der öffentlichen Dienstleistungen eine Beschäftigungsstabilisierung ein, während andere Regionen weiterhin Beschäftigung verloren haben.

Von dem Beschäftigungsabbau nach 1993 waren vor allem die ostdeutschen und in geringerem Maße die westdeutschen Agglomerationen betroffen. Dennoch ist es bei der hohen Konzentration der Arbeitsplätze auf die Agglomerationen geblieben. So stellen in Ost- und Westdeutschland die Agglomerationen nach wie vor mit 426 Erwerbstätigen je 1 000 Einwohner die Mehrzahl der Arbeitsplätze. Die Vergleichswerte der verstädterten und ländlichen Räume liegen bei 404 bzw. 395 Erwerbstätigen je 1 000 Einwohner.

Die regionale Verteilung der *Industriebeschäftigung* ist in Westdeutschland durch ein großräumiges Süd-Nord-Gefälle gekennzeichnet, das in der Zeit nach 1990 jedoch an Kontur verloren hat und durch ein West-Ost-Gefälle überlagert wird. Die flächendeckende Deindustrialisierung der ostdeutschen Regionen drückt sich in einer geringen Besatzkennziffer von 130 Erwerbstätigen in der Industrie je 1 000 Einwohner aus. Nur die Regionen Dessau (153) Süd- und Ost-Thüringens (149), Lausitz-Spreewald (143), Halle a.d. Saale (142), Oberlausitz-Niederschlesien (150), Oberes Elbtal/Osterzgebirge (155), Chemnitz-Erzgebirge (159) und Südwestsachsen (162) übertreffen den westdeutschen Industriebesatz von durchschnittlich 140 Erwerbstätigen je 1 000 Einwohner.

Erwerbstätigenbesatz

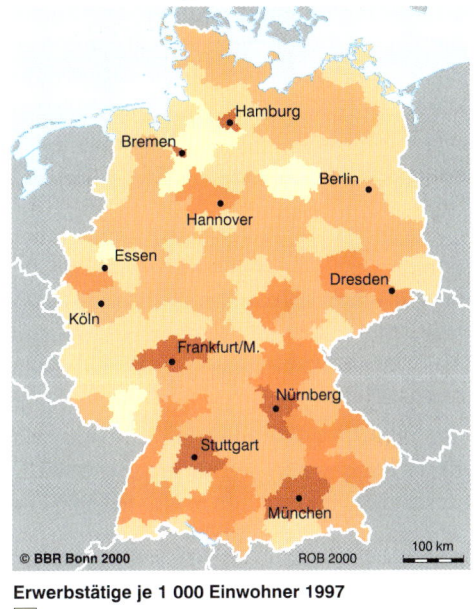

Karte 7
Der Indikator beschreibt die Erwerbsbeteiligung der Bevölkerung. Sie liegt in den Aggomerationsräumen höher als in den ländlichen Räumen und im Süden tendenziell höher als im Norden.

Industriebeschäftigung

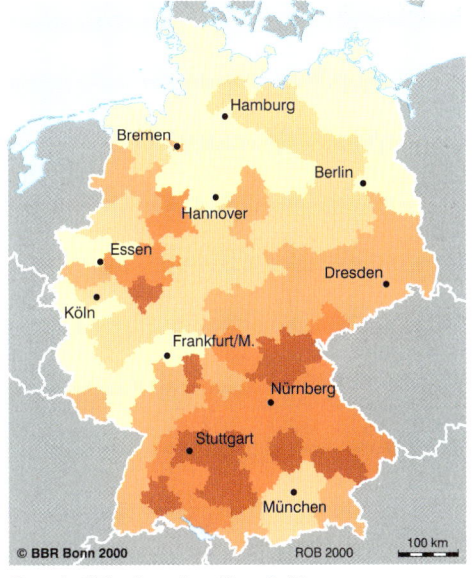

Karte 8
Der Indikator beschreibt die Erwerbsbeteiligung der Bevölkerung in der Industrie. Ein großräumiges Süd-Nord-Gefälle wird von einem West-Ost-Gefälle überlagert.

In Ostdeutschland wird die Industriebeschäftigung zunehmend durch das Umland der Kernstädte getragen, das sich aufgrund der Standortpräferenzen der Industrie günstiger entwickelt. Zieht man ausschließlich die Beschäftigten im verarbeitenden Gewerbe heran – d.h. ohne die Beschäftigten im Baugewerbe – so werden die Ost-West-Unterschiede noch deutlicher. Im verarbeitenden Gewerbe erreicht das Umland der ostdeutschen Kernstädte lediglich 70 % des jeweiligen Westniveaus, die Kernstädte und die weniger verdichteten Regionen sogar nur die Hälfte.

Ein klares großräumliches Muster der *Beschäftigung im Dienstleistungssektor* (Erwerbstätige im tertiären Sektor je 1 000 Einwohner) zwischen Ost- und Westdeutschland ist nicht erkennbar. Unterschiede gibt es aber, wenn man den Agglomerationen die verstädterten und ländlichen Räume gegenüberstellt. Die Agglomerationen weisen insgesamt mit 288 Erwerbstätigen im tertiären Sektor je 1 000 Einwohner im Vergleich zu den verstädterten (243) und ländlichen Räumen (230) eine überdurchschnittliche Erwerbsbeteiligung der Bevölkerung im Dienstleistungssektor auf.

Eine weitere Differenzierung der räumlichen Verteilung der Dienstleistungsarbeitsplätze besteht innerhalb der Agglomerationen. Beide Teile Deutschlands zeigen eine erhebliche Diskrepanz zwi-

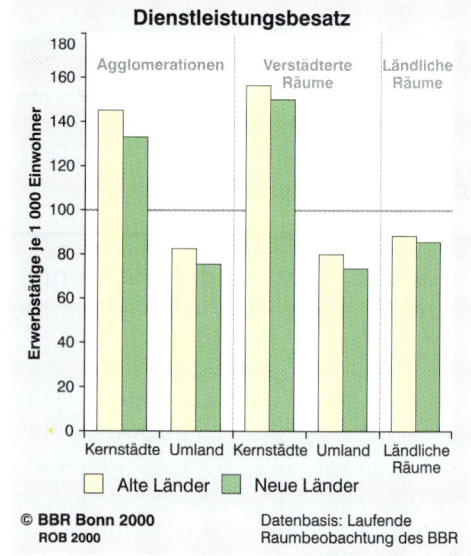

Abbildung 5
Besatz mit Dienstleistungen nach Raumtypen 1997. Erwerbstätige im tertiären Sektor je 1 000 Einwohner (Deutschland insgesamt = 100)

schen den Kernstädten und dem Umland. Die west- und ostdeutschen Kernstädte liegen mit durchschnittlich 376 tertiären Arbeitsplätzen je 1 000 Einwohner deutlich über dem Besatz ihres Umlandes (216). Hierbei heben sich die westdeutschen Kernstädte mit 383 Erwerbstätigen im tertiären Sektor je 1 000 Einwohner von den ostdeutschen Kernstädten (352) nochmals

Dienstleistungsarbeitsplätze konzentrieren sich noch in Kernstädten

deutlich ab. Die Zentren der Agglomerationen Ost- wie Westdeutschlands (z.B. München, Rhein-Main, Hamburg, Berlin, Dresden) kristallisieren sich mehr und mehr als „Schrittmacher" des Strukturwandels heraus, da gerade dort der Dienstleistungssektor sehr stark wächst.

Ein wichtiger Standortfaktor für die Wettbewerbs-, Anpassungs- und Innovationsfähigkeit von Unternehmen ist das Vorhandensein *höher qualifizierter Beschäftigter*. Sie sind ein wichtiges Indiz für das Entstehen höherwertiger und moderner Tätigkeitsstrukturen, die einen hohen Anteil von

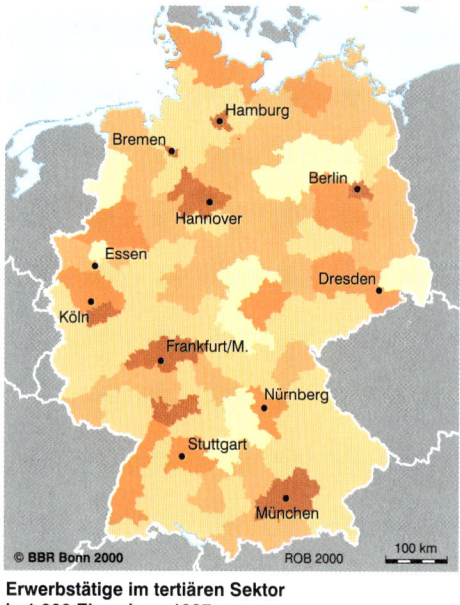

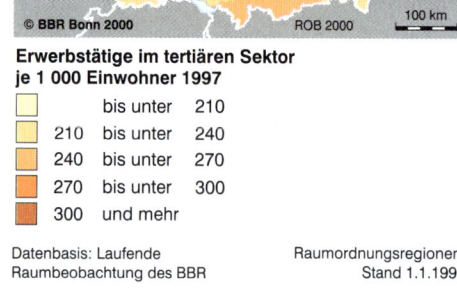

Karte 9
Der Indikator beschreibt die Erwerbsbeteiligung der Bevölkerung im Dienstleistungssektor. Sie folgt der Bevölkerungsdichte und ist dort hoch, wo sich die Nachfrage konzentriert.

Forschungs- und Entwicklungsaktivitäten (FuE) enthalten. Daher ist die Entwicklungsdynamik gerade in klassischen Technologieregionen mit Hochschulen (z.B. Aachen, Dresden) und/oder in forschungsintensiven Regionen (z.B. Bodensee-Oberschwaben, Darmstadt, Stuttgart, München) besonders stark. Diese Regionen weisen einen überdurchschnittlichen Anteil der Beschäftigten in technischen Berufen mit Fachhochschul- und Universitätsabschluss auf. Neben der Verfügbarkeit des Humankapitals werden durch Hochschulen, Technologiezentren und außeruniversitäre Forschungsinstitute auch Informationen und Wissen bereitgestellt, mit denen wirtschaftsfördernde Effekte und eine Erhöhung der technologischen Wettbewerbsfähigkeit einhergehen. Solche Innovationspotenziale konzentrieren sich vorwiegend auf die Agglomerationsräume.

Hinsichtlich der sektoralen Spezialisierung und des Besatzes mit *FuE-intensiven Wirtschaftszweigen* (High-Tech-Industrien) bestehen zwischen den Verdichtungsräumen deutliche Unterschiede. München ragt durch einen hohen Besatz und ein diversifiziertes Angebot forschungsintensiver Industrien im Bereich Luft- und Raumfahrt, Feinmechanik/Optik, EDV, Straßenfahrzeugbau und Elektrotechnik besonders heraus. In Hamburg und Stuttgart haben jeweils drei FuE-intensive Industrien herausragendes Gewicht: Stuttgart im Maschinenbau, Straßenfahrzeugbau und in der Elektrotechnik, Hamburg im Maschinenbau, in der Luft- und Raumfahrttechnik sowie in der feinmechanischen und optischen Industrie. Die Region Rhein-Main erreicht durch die hohe Spezialisierung in der chemischen Industrie, die vorwiegend auf Darmstadt konzentriert ist, eine recht hohe Forschungsintensität. Einige Regionen weisen eine besondere Spezialisierung auf zwei FuE-intensive Industrien auf: Bremen im Straßenfahrzeugbau und in der Luft- und Raumfahrt, Düsseldorf und Rhein-Neckar jeweils im Maschinenbau und in der chemischen Industrie, Köln-Bonn im Straßenfahrzeugbau und in der Chemie und Karlsruhe in der Elektrotechnik und Feinmechanik/Optik.

Diese polyzentrische Verteilung der innovativen Potentiale im Raum macht – anders als beispielsweise in Frankreich oder Großbritannien, deren Innovationspotenziale sich auf Paris und London konzentrieren – das breite Spektrum der technologischen

Technische Berufe

Anteil der Beschäftigten in technischen Berufen mit FH- oder Universitätsabschluß 1998 in %

- bis unter 1,0
- 1,0 bis unter 1,6
- 1,6 bis unter 2,4
- 2,4 bis unter 3,1
- 3,1 und mehr

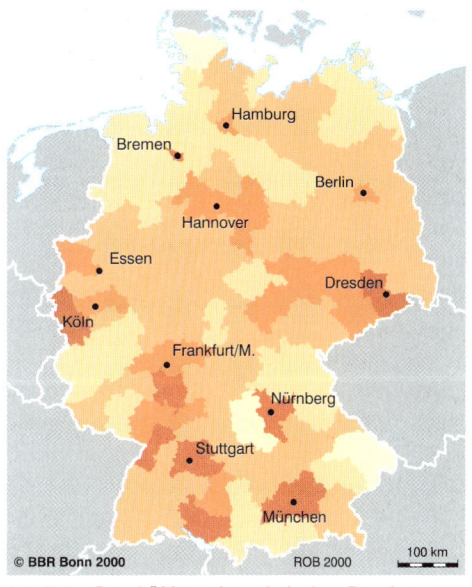

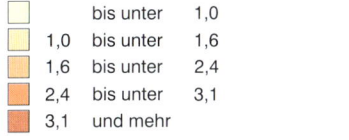

Datenbasis: Laufende Raumbeobachtung des BBR

Raumordnungsregionen, Stand 1.1.1996

Karte 10
Der Anteil der Beschäftigten in technischen Berufen mit Hochschulausbildung zeigt das Qualitätsniveau der Erwerbstätigen (Humankapital) und die Innovationspotenziale der regionalen Wirtschaft an. Sie konzentrieren sich vorwiegend auf die Agglomerationsräume.

und sektoralen Kompetenzen in Deutschland sichtbar. Dabei ist die FuE-Intensität in weniger forschungsgeprägten deutschen Regionen immer noch größer als in anderen europäischen Regionen außerhalb der Metropolen wie z.B. Paris und London.

Arbeitsplatzentwicklung und regionaler Strukturwandel

Die Arbeitsplatzentwicklung weist deutliche regionale Unterschiede auf. Seit Mitte der 70er Jahre ist in Westdeutschland die Tendenz zur Verlagerung von Arbeitsplätzen von den Agglomerationen zu verstädterten und ländlichen Räumen zu erkennen (*interregionale Dekonzentration*). Deutlich stärker ausgeprägt ist aber eine *intraregionale Dekonzentration* von Arbeitsplätzen, d.h. eine Verlagerung von Arbeitsplätzen aus den Kernstädten in das Umland (Suburbanisierung). Der Erwerbstätigenberechnung des Arbeitskreises „Erwerbstätigenberechnung des Bundes und der Länder“ 1998 zufolge bescherte der „Vereinigungsboom“ den westdeutschen Kernstädten bis Mitte 1992 zunächst einen beträchtlichen Erwerbstätigenzuwachs. Der dann einsetzende Beschäftigungsabbau konzentrierte sich vorwiegend auf die westdeutschen Kernstädte in den Agglomerationen und verstädterten Räumen. Fast 63 % aller weggefallen Arbeitsplätze in Westdeutschland schlugen dort zu Buche.

Im Osten wurde der drastische Arbeitsplatzabbau bis Mitte 1993 mit einem Anteil von 76 % im besonderen Maße von den Umlandkreisen sowie den ländlich geprägten Kreisen getragen. Die Beschäftigung ging auf weniger als 89 % des Bedeutungsniveaus von 1991 zurück. Die Kernstädte dagegen mußten in den ersten Jahren der Wiedervereinigung geringere Beschäftigungsverluste als ihr Umland hinnehmen. Nach 1993 gewannen die Umlandkreise und ländlich geprägten Kreise in ihrer Gesamtheit an Arbeitsplätzen (+ 4,1 %), und der Beschäftigungsabbau ging nunmehr ganz zu Lasten der Kernstädte (- 4,6 %). Aber auch in einigen Landkreisen mit den sogenannten „industriellen Kernen" des Bergbaus und des verarbeitenden Gewerbes ging die Zahl der Erwerbstätigen nach 1993 weiter zurück. Neben dem Kreis Bitterfeld (- 11,9 %) ist dies beispielsweise im Kreis Oberspreewald-Lausitz (- 8,8 %) und im Spree-Neiße-Kreis (- 9,1 %) der Fall.

Vor allem die Umlandkreise der ostdeutschen Agglomerationen verzeichnen nach 1993 einen beträchtlichen Zuwachs an Arbeitsplätzen (+ 8,3 %). Dies weist auf einen im Zeitraffer ablaufenden Suburbanisierungsprozess von Arbeitsplätzen in Ostdeutschland hin. Die Umlandkreise in den Agglomerationen weisen wegen günstigerer Standortbedingungen weniger Investi-

Stärkerer Arbeitsplatzzuwachs im Umland

tionshemmnisse als die Kernstädte auf. Aufgrund der Flächenknappheit, der Verkehrsengpässe, zeitaufwendiger Planungs- und Genehmigungsverfahren sowie ungeklärter Eigentumsfragen in den Kernstädten sind sie bevorzugter Standort der Produktion und der Distribution (u. a. Einzel- und Großhandel, Transport), da dort u. a. ein breites Angebot an Gewerbeflächen mit guter verkehrsmäßiger Anbindung schnell erschlossen werden konnte.

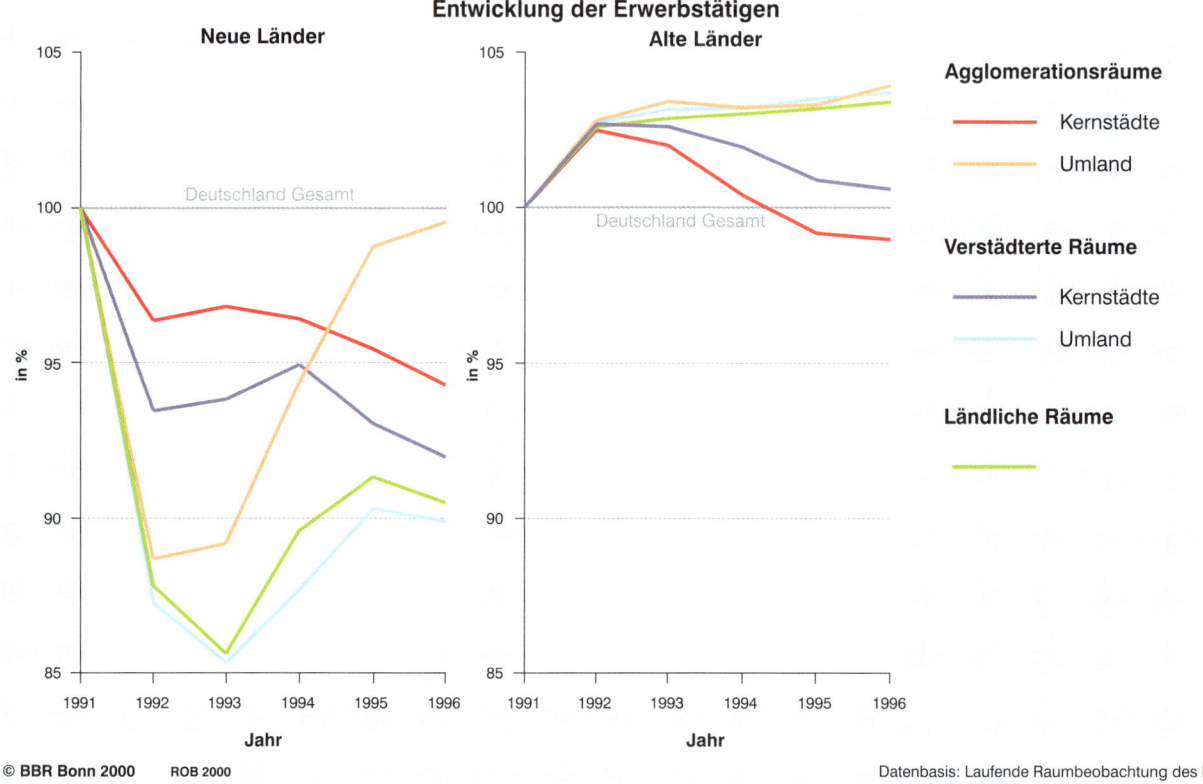

Abbildung 6
Entwicklung der Erwerbstätigen 1991–1996

Der Indikator misst die Abweichung der Entwicklung der Erwerbstätigen des siedlungsstrukturellen Typs von der Gesamtentwicklung der Erwerbstätigen in Deutschland (= 100).

Die Suburbanisierung der Arbeitsplätze zeigt sich in beiden Teilen Deutschlands mehr oder weniger stark ausgeprägt, und dies über alle Wirtschaftsbereiche. Die räumliche Entwicklungsdynamik des Dienstleistungssektors stimmt im wesentlichen mit der im produzierenden Gewerbe und mit der Bevölkerungsentwicklung überein. Dies verwundert nicht, da produktionsorientierte Dienstleistungen unmittelbar von der regionalen Nachfrage der Industrie abhängig sind.

Die Suburbanisierungstendenzen haben nichts an der räumlichen Verteilung der wirtschaftlichen Aktivitäten geändert. Die Kernstädte der Agglomerationen zeichnen sich nach wie vor durch einen hohen Anteil an Arbeitsplätzen und eine hohe wirtschaftliche Leistungsfähigkeit und Produktivität aus. Mit knapp 110 000 DM Bruttowertschöpfung je Einwohner liegen sie über dem gesamtdeutschen Durchschnitt von etwa 91 000 DM. Spezifische Standortvorteile, wie Informationsdichte, Kontaktmöglichkeiten, Qualifikation der Beschäftigten, überregionale Verkehrsanbindung, urbanes Milieu haben für hochwertige Dienstleistungen und hochproduktive Wirtschaftsaktivitäten, die zum Teil in einem weltweiten Markt eingebunden sind, eine entscheidende Bedeutung.

In ihrer Rolle als Wirtschaftszentren und gesamtwirtschaftliche Wachstumspole üben die Kernstädte im Rahmen der funktionalen Arbeitsteilung Wachstumseffekte auf ihr Umland und andere Regionen aus. So gründet eine überdurchschnittliche Beschäftigungsentwicklung im Umland oftmals auf positiven Impulsen aus den Kernstädten, die beispielsweise aus der Verlagerung von Fertigungs- und Distributionsaktivitäten oder der Diffusion von neuem Wissen über Kontrollverflechtungen resultieren. Daher geht in den meisten Fällen mit einer günstigen Beschäftigungsentwicklung der Zentren auch eine günstige Entwicklung des Umlandes einher. Umgekehrt korrespondiert eine gehemmte Entwicklung der Kernstädte häufig mit einer ungünstigen Entwicklung des Umlandes. Diese „Motorrolle" trifft auf die Kernstädte der Agglomerationen Ostdeutschlands nur mit Einschränkungen zu, da sie in geringerem Maße über unternehmerische Entscheidungszentralen im Produktions- und Dienstleistungsbereich verfügen.

Regionale Investitionstätigkeit

Private und öffentliche *Investitionen* sind maßgebende Bestimmungsgrößen für das regionale Einkommens- und Beschäftigungswachstum. So ist eine erfolgreiche Bewältigung des Transformationsprozesses in Ostdeutschland ohne den Aufbau einer leistungsfähigen Wirtschafts- und Infrastruktur nicht möglich. Seit 1991 sind in etwa 1,1 Billionen Mark öffentliche Nettoleistungen in die neuen Länder geflossen. Ein Fünftel der Bruttozuwendungen werden dort im Rahmen von Förderprogrammen in die private Wirtschaft investiert. Eine Modernisierung des privaten Anlagebestandes ist allerdings ohne staatliche Investitionen in die öffentliche Infrastruktur zum Scheitern verurteilt, da die wirtschaftsnahe Infrastruktur eine wichtige Rahmenbedingung für den unternehmerischen Produktionsprozess darstellt. Die massive Investitionstätigkeit in Ostdeutschland führte 1991 zum ersten Mal wieder zu einem Anstieg der gesamtdeutschen *Investitionsquote* auf 23,4 %, nachdem sie zwischen 1960 und 1991 im früheren Bundesgebiet von 29,1 % auf 22,0 % gesunken war. In der Zeit nach 1991 verharrte dann die Investitionsquote im gesamten Bundesgebiet auf einem relativ konstanten Niveau.

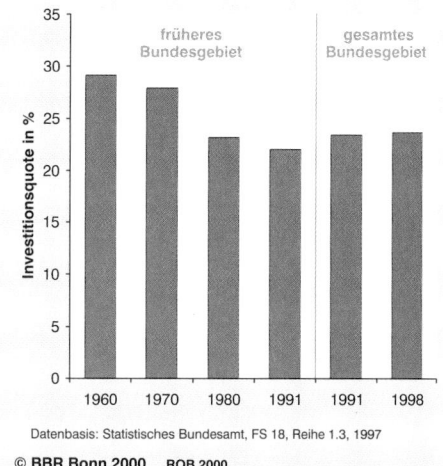

Abbildung 7
Entwicklung der Investitionsquote (Anteil der Bruttoinvestition am Bruttoinlandsprodukt in %)

Die räumliche Verteilung der privaten Investitionstätigkeit dokumentiert die Bewertung von Standortqualitäten durch die investierenden Unternehmen und prägt wesentlich die Raumstruktur. Allerdings müssen betriebliche Investitionen im Rahmen eines kapital- und technologieintensiveren Wirtschaftens sowie einer Modernisierung der technischen Anlagen nicht unbedingt neue Beschäftigung schaffen. Sie können aber die Position der Unternehmen im Wettbewerb und damit bestehende Arbeitsplätze sichern.

Investitionen

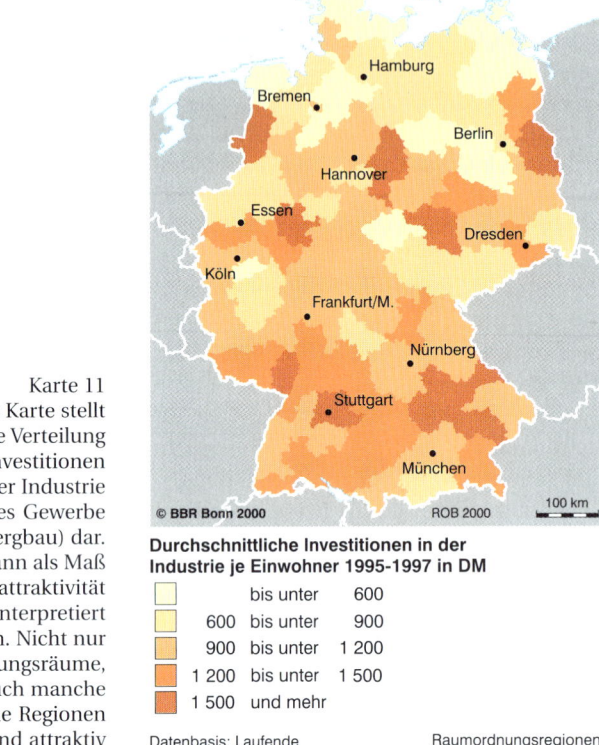

Karte 11
Die Karte stellt die räumliche Verteilung der privaten Investitionen in der Industrie (verarbeitendes Gewerbe und Bergbau) dar. Dies kann als Maß für die Standortattraktivität der Regionen interpretiert werden. Nicht nur die Verdichtungsräume, auch manche ländliche Regionen sind attraktiv für private Investitionen.

Weiterführende Literatur:

DIW (Hrsg.): Ballungsräume Ostdeutschlands als Wachstumspole? Wochenbericht 29, Berlin 1997

DIW (Hrsg.): Zur wirtschaftlichen Entwicklung in westdeutschen Ballungsräumen. Wochenbericht 42, Berlin 1996

Gatzweiler, H.P.; Irmen, E.: Die Entwicklung der Regionen in der Bundesrepublik Deutschland. In: Friedrichs, J. (Hrsg.): Die Städte in den 90er Jahren. Demographische, ökonomische und soziale Entwicklungen. – Opladen 1997, S. 37–66

Institut für Wirtschaftsforschung Halle (Hrsg.): Transferleistungen, Wirtschaftsstruktur und Wachstum in den neuen Bundesländern. – Halle 1997

Niedersächsisches Institut für Wirtschaftsforschung (Hrsg.): Zur regionalen Konzentration von Innovationspotenzialen in Deutschland. – Hannover/Mannheim 1996

Da ein Großteil der betrieblichen Investitionen den Charakter von Ersatz- und Erweiterungsinvestitionen haben, korrespondiert die regionale Verteilung der Investitionen im verarbeitenden Gewerbe und im Bergbau mit dem bereits vorhandenen Kapitalstock. So ziehen in beiden Teilen Deutschlands einige Verdichtungsräume aufgrund des über Jahre akkumulierten Kapitalstocks und dem Vorherrschen kapitalintensiver Branchen (z.B. Mineralölverarbeitung, Automobilindustrie, Montanindustrie, Werftindustrie) den Hauptteil der unternehmerischen Investitionen auf sich. In der räumlichen Dekonzentration der Industrie deutet sich jedoch, insbesondere in Westdeutschland, eine Angleichung der Investitionstätigkeit zwischen den Verdichtungsräumen und den bisher schwach industrialisierten, ländlichen Räumen an. Einige ländliche Regionen der alten Länder – wie zum Beispiel das Emsland oder Oberfranken-Ost – weisen mit 1 503 DM je Einwohner bzw. 1 166 DM je Einwohner sogar eine höhere Investitionsintensität als so mancher Verdichtungsraum auf.

Bedingt durch die Transferzahlungen und den Aufholprozess wird in einigen ostdeutschen Regionen mehr investiert als im westdeutschen Durchschnitt. Mit durchschnittlich 2 744 DM je Einwohner wurde in der Region Halle an der Saale am meisten investiert. Die privaten Investitionen im verarbeitenden Gewerbe und Bergbau je Einwohner sind außerdem in den Regionen Lausitz-Spreewald (1 185 DM), Oderland-Spree (1 543 DM), Dessau (1 437 DM), Oberes Elbtal (1 336 DM) und Uckermark-Barnim (1 466 DM) höher als der Durchschnitt Westdeutschlands (1 111 DM). Das vorrangige Ziel der Aufbaupolitik, durch Transferzahlungen und Kapitalförderungen den Aufbau des unternehmerischen Kapitalstockes soweit voranzutreiben, dass Einkommens- und Beschäftigungseffekte ohne Hilfe „von außen" möglich sind, haben die neuen Länder noch nicht erreicht. Auch ist die unternehmerische Investitionstätigkeit im verarbeitenden Gewerbe vorrangig auf Branchen konzentriert, die auf lokalen und regionalen Absatzmärkten vertreten sind (Nahrungs- und Genussmittel, Gewinnung von Steinen und Erden, Baugewerbe, Stahlbau). Solche Branchen setzen sich nicht oder nur in geringem Maße dem internationalen Preis- und Qualitätswettbewerb aus und damit gleichzeitig einem geringeren Investitionsrisiko als überregional orientierte Branchen und international agierende Unternehmen. Dies gilt umso mehr für traditionell binnenorientierte Wirtschaftszweige und Dienstleistungsbranchen wie Handel und Verkehr, in die ebenfalls in Ostdeutschland viel investiert wurde.

Die Investitionen der Industrie in Ostdeutschland konzentrieren sich räumlich vorwiegend auf das Umland der Verdichtungsräume, die hinsichtlich der Flächenverfügbarkeit und Verkehrssituation gegenüber den Zentren Standortvorteile aufweisen. Eine geringe Investitionsintensität ergibt sich für ländlich-strukturschwache Räume wie Vorpommern und oder die Mecklenburgischen Seenplatte, wo sich die periphere Lage, eine wenig diversifizierte Wirtschaftsstruktur und Infrastrukturdefizite als Standortnachteile für den Aufbau der Wirtschaft erweisen. In gering industrialisierten Gebieten (z.B. Nordthüringen) oder altindustrialisierten Regionen mit großen Umweltproblemen (z.B. Uranerzbergbau im Erzgebirge) ist das Investitionsniveau mit weniger als 700 DM je Einwohner ebenfalls unterdurchschnittlich. Ostdeutsche Regionen mit traditionellen industriellen Kernbereichen – wie z.B. das Chemie-Dreieck Halle-Leuna-Bitterfeld – zeigen dagegen eine hohe Investitionstätigkeit. Sie sind Standorte von Großinvestoren.

Räumliche Verteilung von Netzinfrastruktur

Materielle Infrastruktur wie Verkehrs-, Energie- und Telekommunikationseinrichtungen sind integrale Bestandteile der Raum- und Siedlungsstruktur. Neben der *personellen und institutionellen Infrastruktur* dient sie der Versorgung von Haushalten und Unternehmen mit Basisdienstleistungen. Sie stellt die wesentliche räumliche Voraussetzung zur Gestaltung des Lebens, Arbeitens und Wirtschaftens dar und stellt die dafür erforderlichen Standort- und Kommunikationsbedingungen her. Materielle Infrastruktureinrichtungen sind bezüglich Standort und Kapazität auf die anderen Komponenten der Siedlungsstruktur (Wohn- und Betriebsstandorte) ausgerichtet. Gleichzeitig sind sie wichtige Faktoren der Entwicklungsdynamik der Raum- und Siedlungsstruktur, weil sie wichtige Voraussetzungen für die Standortwahl von Haushalten und Betrieben darstellen. So besteht ein enges wechselseitiges Abhängigkeitsverhältnis zwischen der räumlichen Verteilung der Infrastruktur und den anderen Komponenten der Siedlungsstruktur.

Betrachtet wird hier nur die *großräumige Netzinfrastruktur*, die für den überörtlichen und -regionalen Austausch von Personen, Gütern, Energie und Informationen von Bedeutung ist. Sie bildet das Rückgrat der dezentralen Raum- und Siedlungsstruktur in Deutschland und ist damit Voraussetzung für das Funktionieren einer räumlich arbeitsteiligen Gesellschaft und Wirtschaft innerhalb Deutschlands sowie in ihren Verflechtungen mit den anderen europäischen Staaten und mit der ganzen Welt. Die flächendeckende Verfügbarkeit dieser Infrastruktur stellt in Deutschland grundsätzlich kein Problem mehr dar. Die Grundversorgung nahezu aller Bürger in allen Regionen Deutschlands ist gewährleistet. Jeder hat seine Straße vor der Haustür, seinen Stromanschluss und die Möglichkeit, ein Telefon oder einen PC anzuschließen. Unterschiede bestehen aber wohl in der Angebotsvielfalt und -qualität und manchmal auch im Preis der jeweiligen Dienstleistung.

Aber auch die Affinität der Netzstruktur zur Siedlungsstruktur ist unterschiedlich. So zeichnet die Dichte des Straßennetzes, auch des Autobahnnetzes, noch sehr genau die Siedlungsdichte nach, weil die räumliche Verteilung von Bevölkerung und Arbeitsplätzen die räumlichen Nachfrageschwerpunkte für den Straßenverkehr bestimmen, für die das Straßennetz ausgelegt ist. Jeder möchte sein Ziel auf dem möglichst kürzesten Weg erreichen. Beim Stromnetz, insbesondere bei den hochgespannten Transportleitungen, spielt die Nähe zu den Nachfrageschwerpunkten schon eine geringere Rolle. Hier wird oft bewusst der siedlungsferne Transportweg gesucht, um die Siedlungsgebiete von Freileitungen freizuhalten. Der zurückzulegende „Weg" spielt für den Strom kaum eine Rolle. Fast aufgelöst ist schließlich der Zusammenhang von Siedlungsstruktur und großräumiger Telekommunikationsinfrastruktur. So hat das Glasfasernetz mit den höchsten Übertragungsleistungen eine gleichmäßige Netzstruktur, die das ganze Bundesgebiet mit ähnlich großen Netzmaschen überdeckt. Auch der zurückzulegende „Weg" im World-Wide-Web ist für die Informations-Bits praktisch unerheblich.

Verkehrsinfrastruktur

Mit der Entwicklung der modernen Verkehrsmittel sind die Möglichkeiten der Raumüberwindung ständig erweitert worden. Die Standortwahl von privaten Haushalten und Betrieben wird immer unabhängiger davon, ob der Wohn- oder Betriebsstandort sich im räumlichen Zentrum der privaten oder unternehmerischen Aktivitäten befindet. Gleichzeitig steigen die zurückgelegten Entfernungen und damit die Abhängigkeit von der Qualität der Verkehrsinfrastruktur. In diesem Spannungsverhältnis entwickelt sich der Verkehr – als Ausdruck der *räumlichen Verflechtungen* innerhalb der Siedlungsstruktur – immer dynamischer.

Die Verkehrsinfrastruktur dient der Realisierung der Mobilitätsbedürfnisse der Bevölkerung und Wirtschaft mit den verschiedenen Verkehrsmitteln. Sie verbindet die standortfesten Elemente der Siedlungsstruktur und ist insofern integraler Bestandteil der Raum- und Siedlungsstruktur. Die liniengebundenen (Straßen, Schienen, Wasserstraßen) wie die standortgebundenen (Häfen, Flughäfen, Bahnhöfe usw.) Verkehrsinfrastruktureinrichtungen sind in ihrer räumlichen Verteilung in hohem Maße auf die anderen Komponenten der

26 Teil I – Raumentwicklung

Europäische Verkehrsnetze

Dichte der Autobahnen in km je 100 km² innerhalb der Europäischen Union

- bis unter 0,5
- 0,5 bis unter 1,5
- 1,5 bis unter 2,5
- 2,5 bis unter 5,0
- 5,0 und mehr

— Eisenbahn
— Hochgeschwindigkeitsstrecke (Neubaustrecke)
— Hochgeschwindigkeitsstrecke (Ausbaustrecke)
--- Fährverbindung

Anmerkungen: Bei der dargestellten Schienennetzinfrastruktur handelt es sich um eine Auswahl. In Teilen Osteuropas sind keine Daten hierzu verfügbar.

© BBR Bonn 2000
ROB 2000

Datenbasis: Laufende Raumbeobachtung des BBR, eurostat

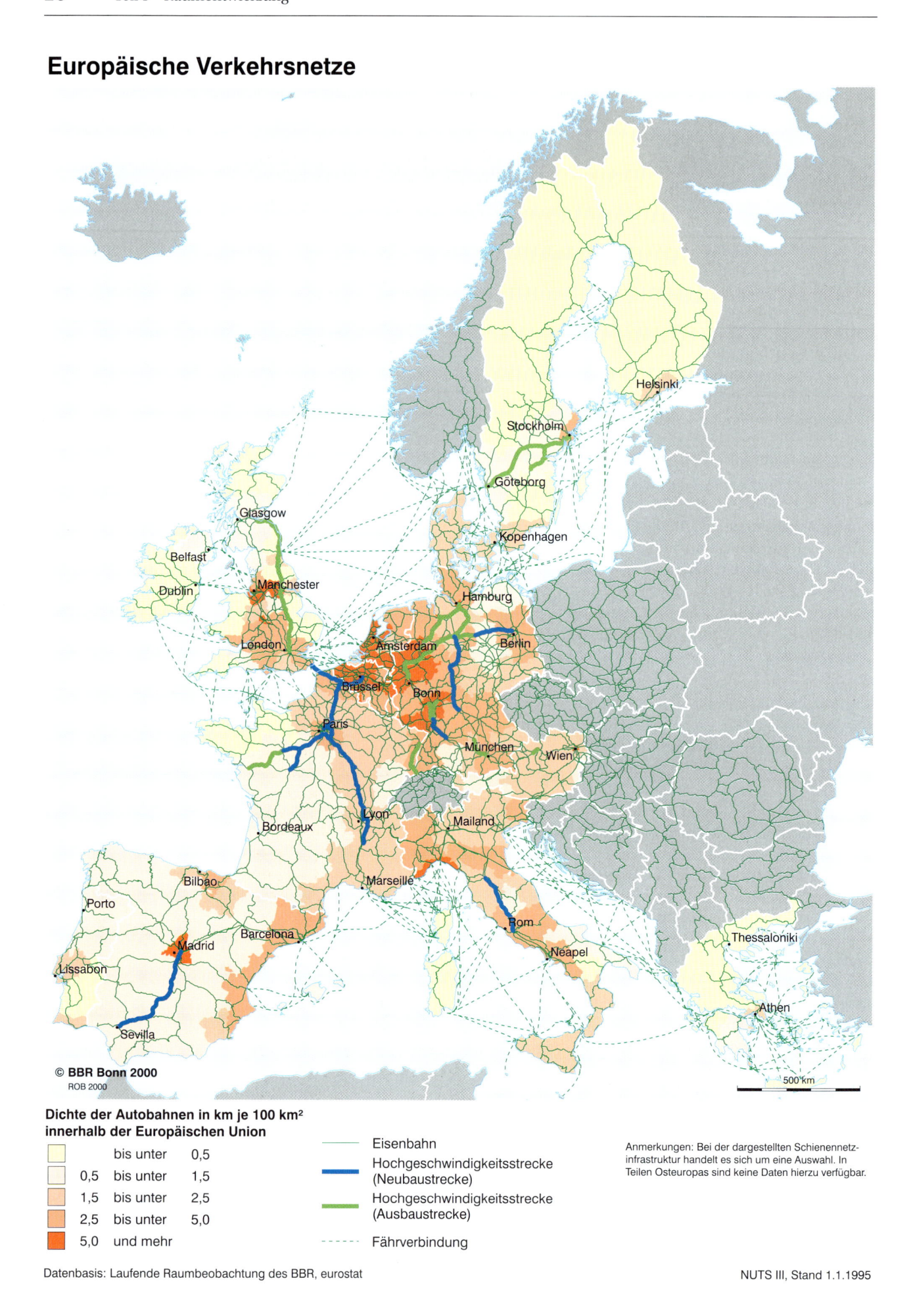

NUTS III, Stand 1.1.1995

Karte 12
Die deutschen Fernverkehrsnetze sind in Europa nach den Niederlanden und Belgien die dichtesten. Der Ausbau und Neubau der Hochgeschwindigkeitsstrecken der Bahn erfolgt in Deutschland dezentraler als in anderen europäischen Staaten.

Raum- und Siedlungsstruktur ausgerichtet. Ihre Größe, Angebotsvielfalt und -qualität ist abhängig von der Siedlungsdichte, der Größe der Städte und der Verdichtungsräume.

Im europäischen Vergleich verfügt Deutschland neben Holland und Belgien über die höchste Netzdichte bei der Fernverkehrsinfrastruktur. Die Netzstruktur in Deutschland ist maschenartig wegen der dezentralen Zentrenstruktur. Dies wird auch an den bisher realisierten Hochgeschwindigkeitsstrecken der Bahn offensichtlich. Während in den anderen europäischen Staaten nur einzelne, auf die Hauptstädte ausgerichtete Strecken in Betrieb sind, ist in Deutschland bereits eine netzartige, nicht hierarchische Struktur erkennbar.

Der Ausbau der Verkehrsinfrastruktur passt sich in der Regel der Verkehrsmengenentwicklung und den technischen Entwicklungen an. Hohe Verkehrsmengen gibt es vor allem dort, wo auch die Bevölkerungs- und Arbeitsplatzdichte hoch ist. Somit ist auch die Dichte der Netzinfrastrukturen in den Verdichtungsräumen besonders hoch. Infrastrukturausbau wurde und wird aber auch als Vorleistung für eine gewünschte Entwicklung betrieben. Dabei können verkehrstechnische und -organisatorische Ziele (z.B. räumliche Verkehrslenkung, Verkehrsverlagerung auf andere Verkehrsmittel) aber auch regionalpolitische Ziele (z.B. Verbesserung der An- und Verbindung von Zentren, Verkehrsentlastung von Zentren) im Vordergrund stehen.

Netzbildung der Bundesverkehrswege

Die *Bundesverkehrswege* (Bundeswasserstraßen, Bundesstraßen und -autobahnen, Schienen des Personen- und Güterfernverkehrs der DB) als Teil der gesamten Verkehrsinfrastruktur sind grundsätzlich auf den überörtlichen Verbindungsbedarf, den Fernverkehr, ausgerichtet. Ihre Hauptfunktion ist die Verbindung der Großstädte und zentralen Orte oberster Stufe (Oberzentren) in Deutschland sowie die Verknüpfung mit den Fernverkehrsnetzen der Nachbarländer.

Die höchste *Netzdichte* findet sich in den Aufkommensschwerpunkten des Personen- und Güterverkehrs, den Großstädten und Verdichtungsräumen. Sie sind die bedeutenden Quell- und Zielpunkte des Verkehrs wegen der hohen Konzentration von Bevölkerung und Arbeitsplätzen und den damit verbundenen sozialen, wirtschaftlichen und kulturellen Aktivitäten. Nah- und Regionalverkehre überlagern sich hier mit dem Fernverkehr und treffen gemeinsam auf die Fernverkehrsinfrastruktur. Dies führt zu hohen Auslastungen der Verkehrswege und schließlich immer wieder zu Engpässen. Ein kontinuierlicher Ausbau ist die Folge. Insofern sind diese zentralen Räume auch die Räume mit der höchsten Zu- und Ausbaudynamik bei der Verkehrsinfrastruktur. Wegen der hohen Dichte auch der anderen Raumnutzungen verschärfen sich in den Großstädten und Verdichtungsräumen aber auch die mit dem Verkehrswegebau verbundenen Konflikte und Probleme.

Gleichzeitig haben die zentralen Räume wichtige *Knotenpunktfunktionen* für den großräumigen Verkehr, insbesondere dem schienengebundenen Personenfernverkehr. Wichtige Fernverkehrsverbindungen führen über diese Knotenpunkte, so dass auch der Durchgangsverkehr sich in den Großstädten und Verdichtungsräumen konzentriert. Während die Knotenpunkte des schienengebundenen Personenverkehrs systembedingt in den Stadtkernen liegen, sind die Knotenpunkte des Straßenfernverkehrs – z.B. die großen Autobahnkreuze – weitgehend in den Randzonen zu finden. Wegen der Ausdehnung der Siedlungen in diesen Bereichen und der hohen Flächeninanspruchnahme der Straßenfernverkehrsinfrastruktur steigen auch hier die Konflikte und Probleme beim Aus- und Neubau.

Der großräumige Durchgangsverkehr zwischen den Großstädten und Verdichtungsräumen sowie der Transitverkehr durch Deutschland konzentrieren sich ansonsten auf wenige *Fernverkehrskorridore*. Oft sind hier deshalb Wasserstraßen, Schienen und Fernstraßen räumlich stark gebündelt. Der Rheinkorridor in Deutschland hat den höchsten Bündelungsgrad von Fernverkehrsinfrastrukturen in ganz Europa. Am Beispiel des Rhein-Main-Neckar-Raumes zwischen Frankfurt und Karlsruhe erkennt man, dass in einem Korridor von ca. 25 km Breite mehrere stark frequentierte Autobahnen und Schienenstrecken in Nord-Süd-Richtung parallel verlaufen. Auch die Knotenpunktfunktionen von Frankfurt/Wiesbaden, Mannheim/Ludwigshafen und Karlsruhe werden deutlich.

Die räumliche Verteilung der für den großräumigen, internationalen Verkehr wichtigen *Umschlagsplätze* (See-, Binnenhäfen und Flughäfen) im Bundesgebiet ist einerseits ebenfalls an den Aufkommensschwerpunkten orientiert, andererseits aber an Standortvoraussetzungen geknüpft, die sich aus den spezifischen Bedingungen des See- und Luftverkehrs ergeben. Die Einbindung der Standorte dieser hochrangigen Fernverkehrseinrichtungen in die Straßen- und Schienennetze ist deshalb von besonderer Bedeutung. Auch die kombinierte Verkehrsmittelbenutzung auf Straße und Schiene erfordert eine eigene Infrastruktur. Während für den Personenfernverkehr die dafür notwendigen Infrastruktureinrichtungen im Bereich der Bahnhöfe ausreichend zur Verfügung stehen, sind für den Güterfernverkehr eigene Umschlagsbahnhöfe in akzeptabler Entfernung zu den Aufkommensschwerpunkten des Güterverkehrs erforderlich. Durch Ausbau von Bahnhöfen des *Kombinierten Ladungsverkehrs* (KLV) in den 90er Jahren wurden an vielen neuen Standorten eine flächenhaft gute Erschließung erreicht (vgl.: Karte 57: Erreichbarkeit von KLV-Terminals, S. 118). Gleichwohl bleiben in den neuen Ländern und in einigen ländlichen Gebieten im Westen einige „Versorgungslücken".

Motorisierung

Die Betriebsmittel der Straßeninfrastruktur sind die *Kraftfahrzeuge (Kfz)*. Die Ausbauplanung und Dimensionierung des Straßennetzes richtet sich in erster Linie nach dem täglichen Kfz-Aufkommen auf der je-

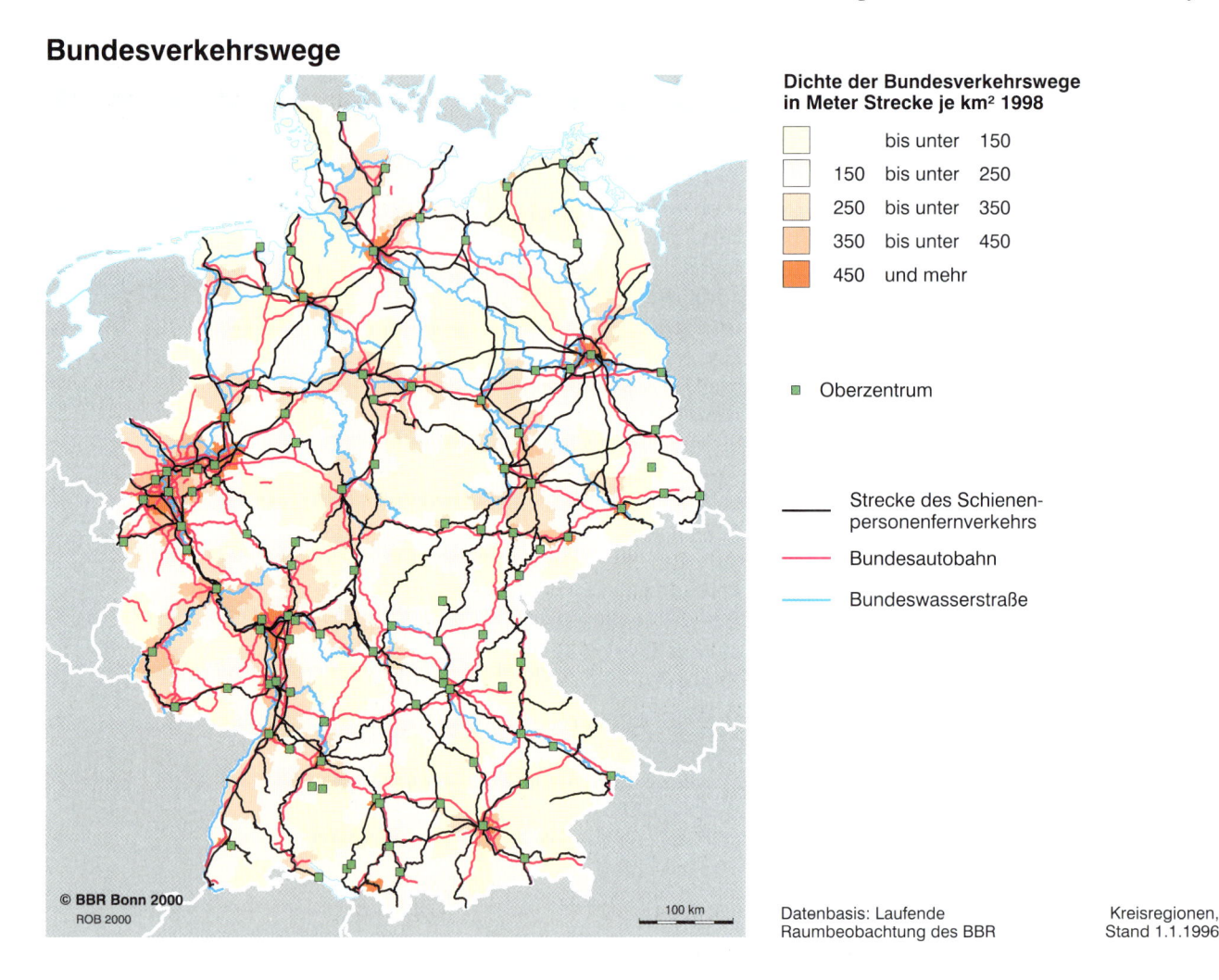

Bundesverkehrswege

Dichte der Bundesverkehrswege in Meter Strecke je km² 1998

- bis unter 150
- 150 bis unter 250
- 250 bis unter 350
- 350 bis unter 450
- 450 und mehr

■ Oberzentrum

— Strecke des Schienenpersonenfernverkehrs
— Bundesautobahn
— Bundeswasserstraße

Datenbasis: Laufende Raumbeobachtung des BBR
Kreisregionen, Stand 1.1.1996

Karte 13
Die Karte zeigt die hohe Übereinstimmung der Netzdichte der Fernverkehrswege mit der Siedlungsdichte.
Alle Oberzentren sind in das Autobahn- und Fernschienennetz eingebunden.

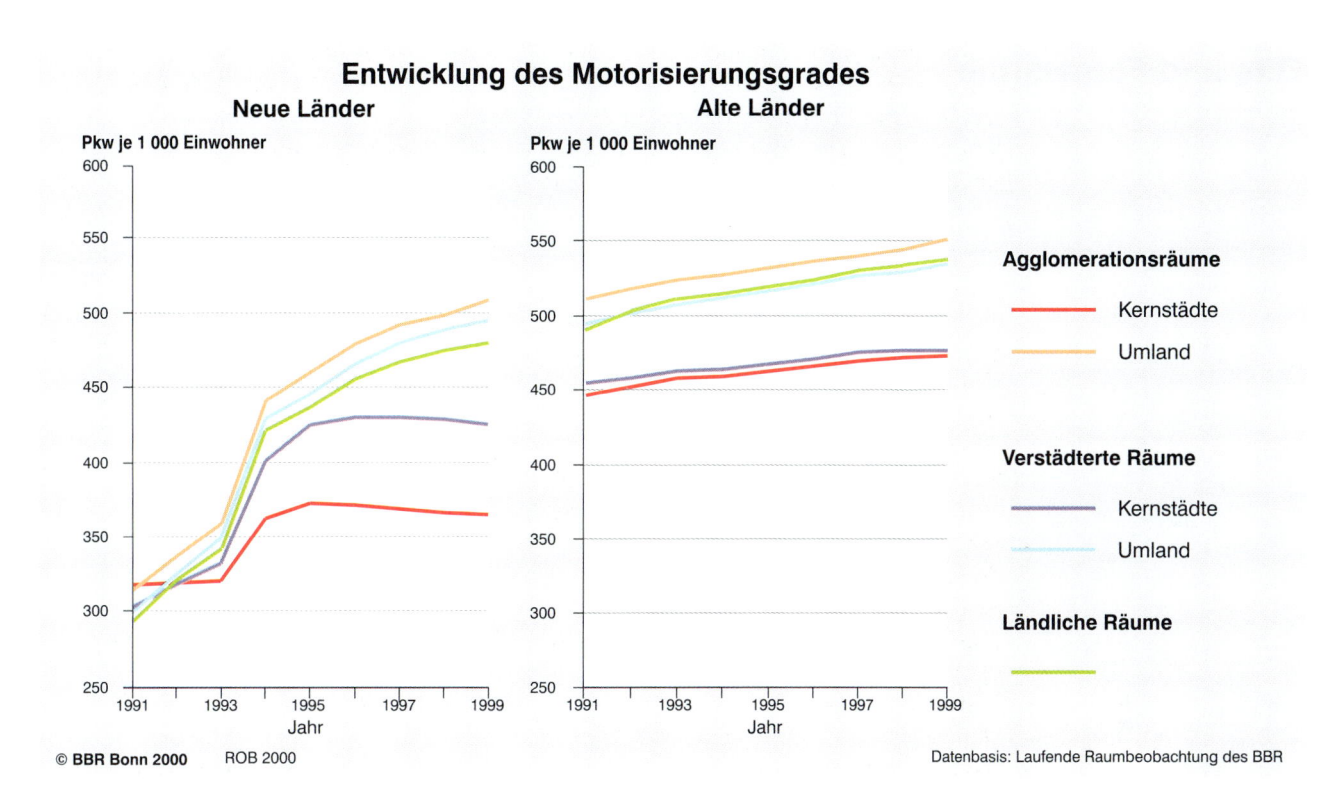

Entwicklung des Motorisierungsgrades

Neue Länder / **Alte Länder**
Pkw je 1 000 Einwohner

Agglomerationsräume
— Kernstädte
— Umland

Verstädterte Räume
— Kernstädte
— Umland

Ländliche Räume

© BBR Bonn 2000   ROB 2000   Datenbasis: Laufende Raumbeobachtung des BBR

Abbildung 8
Entwicklung
des Motorisierungsgrades
1991–1999

weiligen Relation, um einen reibungslosen Verkehrsablauf zu garantieren. Die Anzahl der Kfz ist in den letzten Jahrzehnten kontinuierlich gestiegen, in den neuen Ländern mit enormen Zuwächsen, was – trotz ebenfalls kontinuierlichen Straßenausbaues – in vielen Bereichen zu Engpässen im Straßennetz geführt hat. Am Beispiel der Entwicklung der Personenkraftwagen (Pkw) wird deutlich, dass Anzahl und Zuwächse auch

Höchste Motorisierung im Umland der Städte

siedlungsstrukturelle Hintergründe haben können. So ist der Motorisierungsgrad der Bevölkerung in den Umländern der Großstädte und Verdichtungsräume größer als in den Kernstädten und den ländlichen Räumen. Auch die Dynamik der Zuwächse ist hier größer. Neben der spezifischen Haushaltsstruktur (höherer Anteil von Mehrpersonenhaushalten) und der höheren Einkommen der hier wohnenden Bevölkerung zeigt sich aber auch die höhere Pkw-Abhängigkeit der Siedlungsstruktur.

Energieinfrastruktur

Lange Zeit bestimmte die regionale Verfügbarkeit *fossiler Energieträger* – insbesondere von Kohle – die wirtschaftlichen Wachstumsmöglichkeiten. In den letzten Jahrzehnten ist jedoch die Bedeutung der regionalen Verfügbarkeit deutlich zurückgegangen. Auf Grund der Entwicklung einer räumlich integrierten, leistungsfähigen Energieinfrastruktur ist die Bereitstellung der jeweils benötigten Energiemengen heute keine Frage mehr der Verfügbarkeit, sondern nur noch eine Frage der Beschaffungskosten und des Preises.

Gasinfrastruktur

Erdgas erschließt im Westen wie im Osten zunehmend mehr Siedlungsflächen, die noch vor wenigen Jahren aufgrund der geringen Bevölkerungsdichte für nicht wirtschaftlich gehalten worden sind. Hinzu kommt, dass verbesserte Techniken das Vordringen der dezentralen Nah-Wärmeversorgung in kleinen Siedlungseinheiten begünstigen und somit Erdgas immer mehr in hoch effizienten Anlagen mit Kraft-Wärme-Kopplung zum Einsatz kommt. Wie stark Erdgas expandiert zeigen folgende Zahlen: Ende 1998 sind 15,3 Mio. Wohnungen entsprechend 42 % des Bestandes mit einer Erdgasheizung ausgestattet. Bei den Neubauwohnungen hat die Erdgasheizung inzwischen einen Marktanteil von 73 % erreicht. Die Ende 1999 rund 7 500 Block-Heiz-Kraft-Werke (BHKW) werden überwiegend mit Erdgas betrieben.

Die *flächenhafte Erschließung mit Erdgas* wurde begünstigt durch die geographisch unterschiedlichen Bezugsquellen. Neben

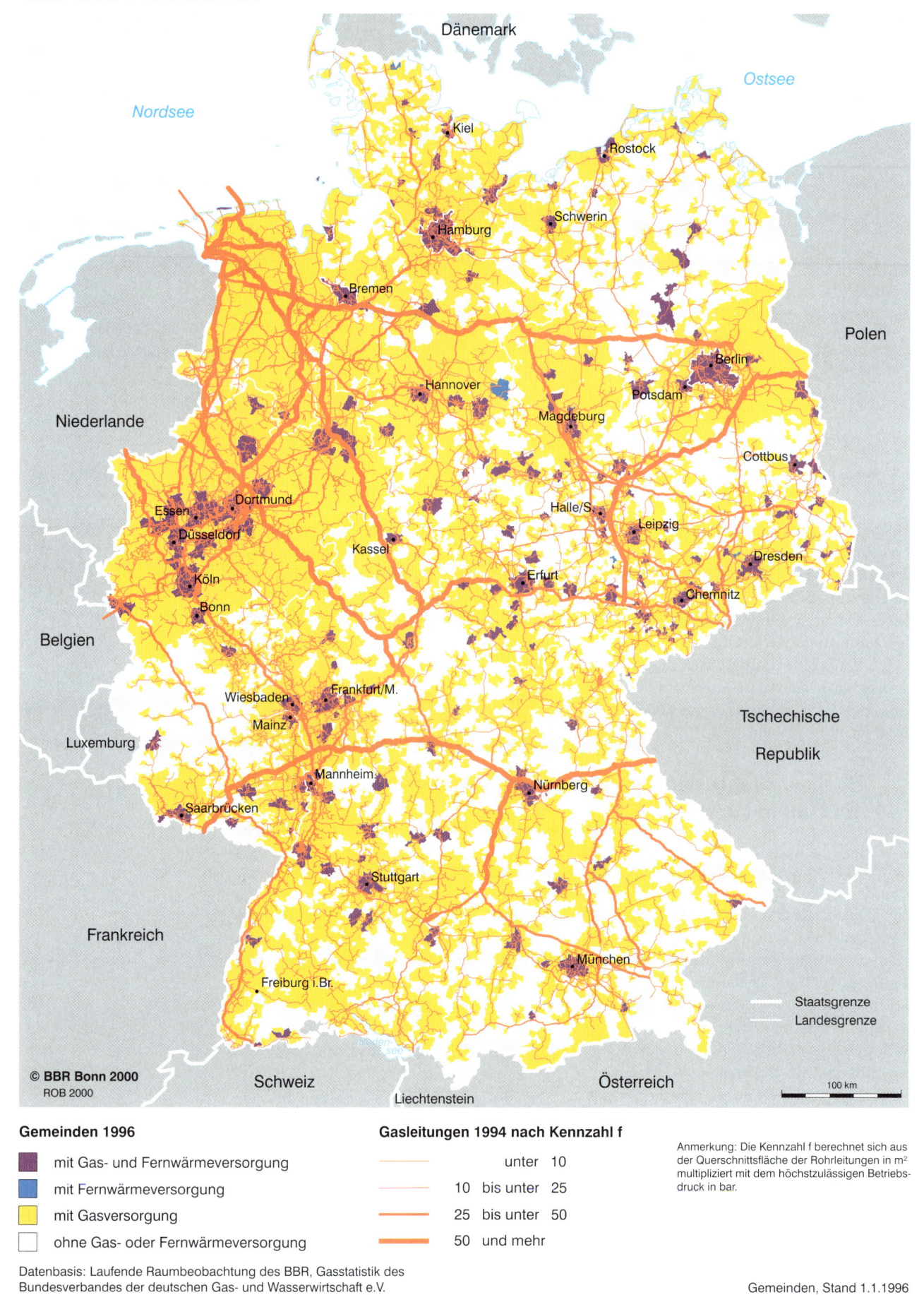

Gas und Fernwärme

Gemeinden 1996
- mit Gas- und Fernwärmeversorgung
- mit Fernwärmeversorgung
- mit Gasversorgung
- ohne Gas- oder Fernwärmeversorgung

Gasleitungen 1994 nach Kennzahl f
- unter 10
- 10 bis unter 25
- 25 bis unter 50
- 50 und mehr

Anmerkung: Die Kennzahl f berechnet sich aus der Querschnittsfläche der Rohrleitungen in m² multipliziert mit dem höchstzulässigen Betriebsdruck in bar.

Datenbasis: Laufende Raumbeobachtung des BBR, Gasstatistik des Bundesverbandes der deutschen Gas- und Wasserwirtschaft e.V.

Gemeinden, Stand 1.1.1996

© BBR Bonn 2000
ROB 2000

Karte 14
Die Gaserschließung erfolgt ausgehend von den dichteren Siedlungsstrukturen bis in die ländlichen Räume, wobei die Räume mit inländischen Gasvorkommen und die im Bereich der großen internationalen Transportleitungen begünstigt sind. Fernwärme gibt es vorwiegend in größeren Städten, traditionell herrscht in den neuen Ländern ein höherer Anschlussgrad vor als in den alten Ländern.

Europäischer Gastransport

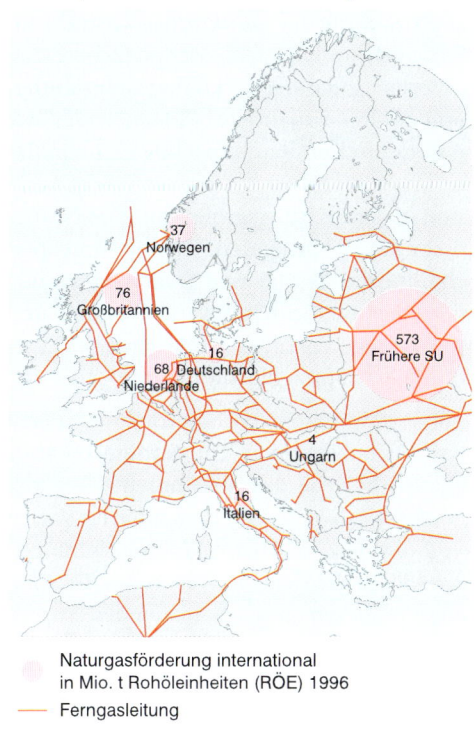

Naturgasförderung international
in Mio. t Roheinheiten (RÖE) 1996
— Ferngasleitung

Quellen: International Energy Agency (IEA) und Europäische Kommission, DG XVII: Trans-European-Energy Networks, September 1997, S. 33 (Auszug)

Karte 15
Die Karte zeigt die Vernetzung der europäischen Naturgasvorkommen durch transeuropäische Ferngasleitungen.

- *Ferntransportleitungen* (Hochdruckleitungen), die das Erdgas aus den inländischen und ausländischen Bezugsquellen an überregional bedeutsamen Abnahmepunkten wie z.B. Verdichtungsräume liefern,

- *Regionalleitungen* (überwiegend Hochdruck- und Mitteldruckleitungen), die das Erdgas in Regionen mit Verdichtungsansätzen und in den ländlichen Räumen verteilen,

- *Ortsleitungen* (überwiegend Mitteldruck- und Niederdruckleitungen), die das Erdgas in den Städten und Gemeinden an den Verbraucher weiterverteilen.

Strominfrastruktur

Bei der *Stromversorgung* ist eine Vorratshaltung nicht möglich. Von den Kraftwerken muss immer soviel Strom erzeugt werden, wie augenblicklich nachgefragt wird. Um die Nachfrage jederzeit möglichst kostengünstig decken zu können, werden unterschiedliche Kraftwerkstypen (Grund-, Mittel-, und Spitzenlastkraftwerke) eingesetzt. Ihre räumliche Verteilung ist überwiegend von der jeweiligen Einsatzenergie abhängig. So ist bis in jüngste Zeit die Frage des kostengünstigen Standorts von großen Wärmekraftwerken, die mit fossilen Energieträgern befeuert werden, brennstofforientiert, d.h. orientiert an das Vorkommen der zu verstromenden Einsatzenergie, entschieden worden. Die Kosten für den Brennstofftransport waren früher eine so dominante Größe, dass es wirtschaftlicher war, den Strom über weite Strecken zu transportieren als beispielsweise die äquivalente Menge Kohle.

Am stärksten ausgeprägt ist die Standortabhängigkeit bei *Braunkohlekraftwerken*. Wegen des relativ hohen Ballastes und des geringen Brennstoffwertes ist ein Transport von Braunkohle als Alternative zum Stromtransport auch unter günstigen Rahmenbedingungen völlig unwirtschaftlich. Sämtliche Standorte von Braunkohlekraftwerken sind daher an die Standorte des Rheinischen-, Helmstedter-, Mitteldeutschen- und Lausitzer Reviers gebunden. Auch bei den Standorten der *Steinkohlekraftwerke* ist eine gewisse Brennstoff-

der Gewinnung vor allem im norddeutschen Raum, die im Jahre 1998 mit 20 % zur Bedarfsdeckung beitrug, sind es die Ferngasleitungen aus Russland, die im Osten an der bayerischen, sächsischen und brandenburgischen Grenze hereintreten und die

Erschließung der Fläche mit Erdgas schreitet voran

neuen Länder und den süddeutschen Raum versorgen, sowie die norwegischen und holländischen Ferngasleitungen, die mit Erdgas aus der Nordsee gespeist werden und vor allem den nördlichen und westlichen Teil der alten Länder erschließen.

Der Transport des Erdgases erfolgt über eine dreistufig organisierte Netzinfrastruktur:

Öffentliche Stromversorgung

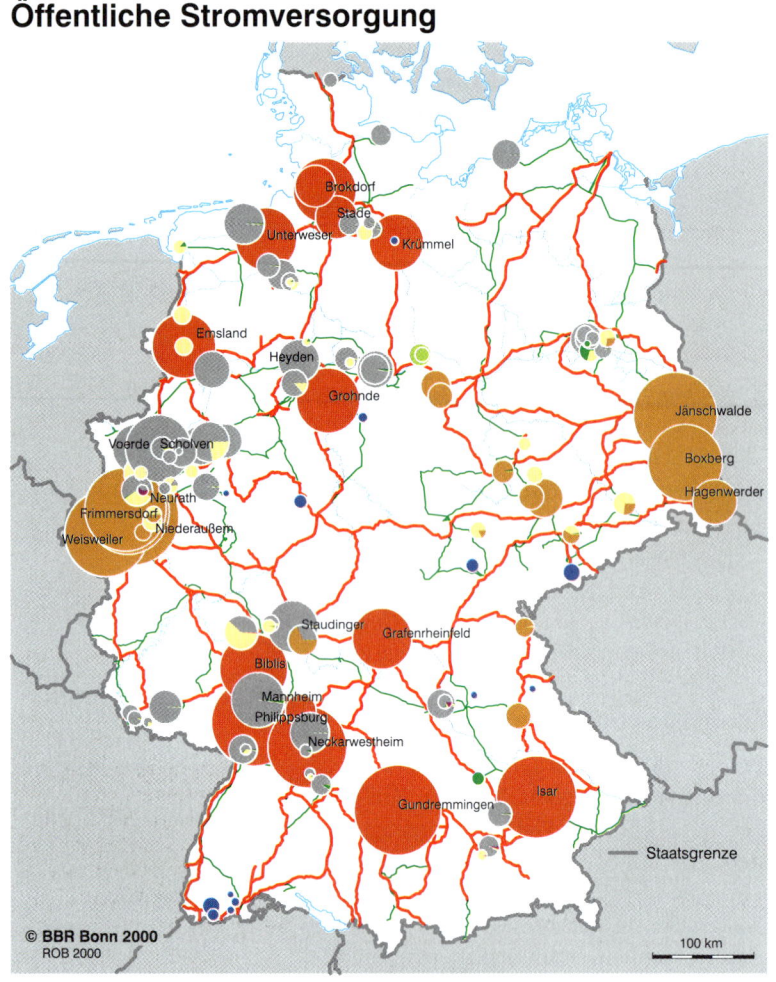

Kraftwerke ab 100 MW Brutto-Engpassleistung 1996

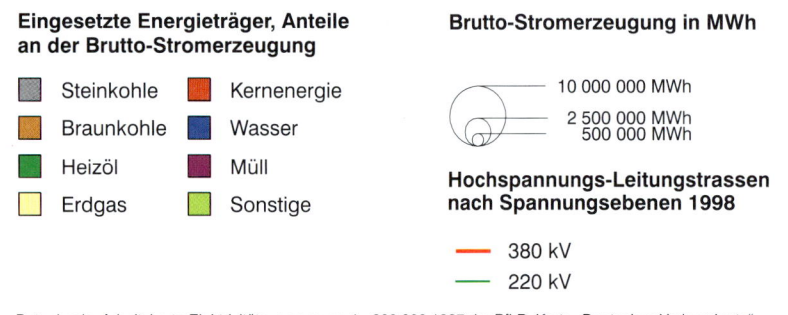

Eingesetzte Energieträger, Anteile an der Brutto-Stromerzeugung

- Steinkohle
- Braunkohle
- Heizöl
- Erdgas
- Kernenergie
- Wasser
- Müll
- Sonstige

Brutto-Stromerzeugung in MWh

- 10 000 000 MWh
- 2 500 000 MWh
- 500 000 MWh

Hochspannungs-Leitungstrassen nach Spannungsebenen 1998

- 380 kV
- 220 kV

Datenbasis: Arbeitskarte Elektrizitätsversorgung 1 : 200 000 1987 der BfLR, Karte „Deutsches Verbundnetz", 1998 der Deutschen Verbundgesellschaft e.V., Statistik für das Jahr 1996 der Vereinigung Deutscher Elektrizitätswerke e.V.

Karte 16
Die Kraftwerke konzentrieren sich räumlich stark. Man erkennt die Brennstofforientierung der Kohlekraftwerke und die Kühlwasserorientierung der Kernkraftwerke. Das Hochspannungsnetz verbindet die großen Kraftwerke.

Steinkohle. Der Einsatz von *Heizöl- und Gaskraftwerken* ist in der Vergangenheit durch das Verstromungsgesetz, das den Einsatz deutscher Steinkohle bei der Stromerzeugung gesichert hat, erschwert worden. Diese Beschränkungen sind aufgehoben.

Die Standorte der *Kernkraftwerke* sind – sofern es die nuklearspezifischen Sicherheitskriterien zulassen – kühlwasserorientiert und bilden zudem im süddeutschen wie norddeutschen Raum wichtige Stützpunkte im Verbundnetz. *Laufwasserkraftwerke* sind in der Leistungsgröße von 100 MW und mehr kaum vorhanden, jedoch Pumpspeicherkraftwerke, die eine Ergänzung zu den thermischen Großkraftwerken bilden und gleichzeitig wichtige Funktionen im Verbundnetz (Spitzenlast) erfüllen.

Zur Versorgungssicherheit trägt die Vielfalt der Einsatzenergien zur Stromerzeugung ebenso bei wie das Zusammenwirken der großen Kraftwerke mit dem überregionalen Verbundnetz (Hochspannungsleitungen 220 kV und 380 kV). Sie bilden das Rückgrat einer sicheren und ausreichenden Stromversorgung.

Die *Stromnetze* sind dreistufig aufgebaut:

- *Verbundnetze* (220–380 kV Hochspannung), die den Strom aus den Wärmekraftwerken an Ruhr, Rhein und Weser sowie den Wasserkraftwerken in den Alpen in teilweise wechselnden Richtungen transportieren und den Strom zu den Agglomerationsräumen liefern,

- *Regionalnetze* (60–110 kV Mittelspannung), die den Strom innerhalb der Regionen an die Siedlungsschwerpunkte verteilen,

- *Ortsnetze* (380 V–1kV Niederspannung), die den Strom in den Städten und Gemeinden, zumeist unterirdisch, zum Verbraucher bringen.

Heute sind in das *westeuropäische Verbundnetz* gegenseitiger Hilfe (Union für die Koordinierung des Transports elektrischer Energie – UCTE) – zum Ausgleich von Stromausfällen und zur wirtschaftlichen Optimierung des Energieeinsatzes – alle west-, nord- und südeuropäischen Länder vom Nordkap bis zur Südspitze der Iberischen Halbinsel und Sizilien zusammengeschlossen. Dabei stellen Unterwasserkabel den engeren Stromverbund zwischen Skandinavien (NORDEL) und Großbritannien (GB) her.

orientierung gegeben. Nur besondere Rahmenbedingungen ermöglichen außerhalb der Reviere (Saar-, Ruhrgebiet, Ibbenbüren) eine kostengünstige Stromproduktion. Sie resultiert im norddeutschen Raum (Küste, Salzgitter, Wolfsburg, Berlin) ebenso wie im süddeutschen Raum (Frankfurt, Mannheim, Stuttgart, Erlangen/Nürnberg) aus den billigen Schiffstransporten hochwertiger inländischer oder importierter

Komponenten der Raumstruktur 33

Bis zum Jahr 1995 mussten die überregionalen Verbundnetze der alten und neuen Bundesländer getrennt arbeiten. Erst nach den hergestellten 380-kV-Verbindungen zwischen Helmstedt und Wolmirstedt, Rednitz und Remtendorf, Mecklar-Vieselbach sowie weiteren Modernisierungsmaßnahmen konnten beide Verbundnetze parallel betrieben werden. Die neuen Länder, die früher in das osteuropäische Verbundnetz (VES) integriert waren, sind durch diese Hochspannungsverbindungen in das westeuropäische Verbundnetz (UCTE) voll eingebunden. Vor allem wegen unterschied-

Rapider Ausbau des europäischen Stromverbundes

licher Frequenztoleranzen konnte die elektrische Wiedervereinigung erst einige Jahre später vollzogen werden. Während im VES-Netz die Frequenzregelung zentral durch Regelkraftwerke im westlichen Teil der ehemaligen Sowjetunion vorgenommen wurde, erfolgt die Frequenzregelung im UCTE-Netz dezentral, d.h. jeder Verbundpartner trägt grundsätzlich die Verantwortung für das Gleichgewicht zwischen Erzeugung und Verbrauch in seinem Arbeitsbereich und harmonisiert Frequenz- und Leistungsregelung mit dem Verfahren der UCTE.

Die Verbunderweiterungen haben in den letzten Jahren mehr und mehr an Bedeutung gewonnen. Durch intensive Vorbereitungsmaßnahmen, die die technischen, stromwirtschaftlichen und organisatorischen Voraussetzungen für eine Aufnahme des Parallelbetriebs mit dem UCTE-Verbund schaffen, ist das Zusammenschalten der elektrischen Netze mit CENTREL (Verbundunternehmen der Länder Polen, Tschechische Republik, Slowakische Republik, Ungarn) 1995 ermöglicht worden. Außerdem sind Kroatien und Slowenien dauerhaft synchron im UCTE-Verbund integriert. Aufgrund von Kriegszerstörungen gehören die Teilnetze des ehemaligen Jugoslawien, die sich meist in einem Inselbetrieb mit Albanien und Griechenland befinden, noch nicht dazu. Weitere synchrone Erweiterungen mit Rumänien, Bulgarien und einem geringen Teil des ukrainischen Netzes (Lemberg–Energo) zeichnen sich ab.

Europäischer Stromverbund

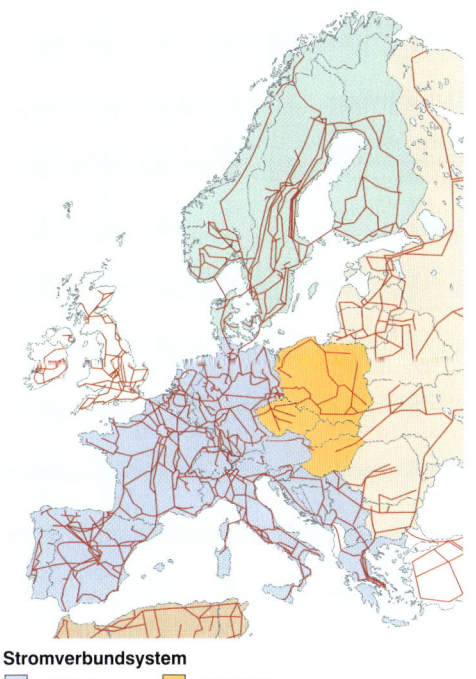

Stromverbundsystem
- UCPTE
- NORDEL
- EES/VES
- CENTREL
- COMELEC
- GB

— Stromverbundleitung

Quellen: Deutsche Verbundgesellschaft e.V. und Europäische Kommission, DG XVII: Trans-European-Energy Networks, September 1997, S. 19 (Auszug)

Karte 17
Die unterschiedlichen Stromverbundsysteme in Europa werden durch das transeuropäische Stromverbundnetz nach und nach miteinander verbunden.

Die räumliche Ausdehnung des Verbundnetzes wird eine wesentliche Verstärkung des Handels mit Strom mit sich bringen. Bislang war jedes Verbundunternehmen zunächst einmal dafür verantwortlich, den Bedarf in seinem eigenen Arbeitsbereich sicherzustellen. Es konnte praktisch nur den Überschuss auf dem internationalen Märkten anbieten. In Zukunft wird aber ein liberalisierter europäischer Strommarkt entstehen, der Elemente des Geld- und Warenterminmarktes enthält.

Telekommunikationsinfrastruktur

Die Bedeutung der Telekommunikationsinfrastruktur für die Raumentwicklung wächst mit dem zunehmenden Anteil von informationsbezogenen Tätigkeiten an der gesamten Wertschöpfung. Im Gegensatz zur Verkehrs- und teilweise auch zur Energieinfrastruktur ist Telekommunikationsinfrastruktur aber wesentlich gekennzeichnet durch ihre „Unsichtbarkeit": In der Regel werden nur ihre Zugangspunkte wie *Telefone* und *Computer* wahrgenommen. Dieser Umstand wird durch die zunehmende Durchdringung aller gesellschaftlichen Bereiche mit drahtlosen Techniken wie Mobilfunk und Satellitenübertragungen noch verstärkt.

Kabelnetze

Grundlegende, *kabelgebundene Telekommunikationsinfrastruktur* ist in Deutschland flächenhaft vorhanden: Vorwiegend über Kupferkabel, gerade in den neuen Ländern aber auch bereits über Glasfaser, ist jeder Haushalt und jedes Unternehmen an das sog. Festnetz anschließbar. Die „Teledichte", das heißt hier die Zahl von Festnetzkanälen pro 100 Einwohner, liegt dementsprechend bei etwa 56 %.

Für den großräumigen, erdgebundenen Datentransfer ist das *Glasfasernetz* als Haupttransportleitung (backbones) in Ergänzung zu den traditionellen Kupferkabeln von überragender Bedeutung. Durch den frühen Einstieg in die Glasfasertechnik verfügt die Deutsche Telekom AG nach eigenen Angaben weltweit über das dichteste Glasfasernetz. Von 1990 bis 1998 vervierfachte sich die Netzlänge fast von 40 000 km auf 157 000 km. Die neuen Wettbewerber der Deutschen Telekom kamen Ende 1998 auf einen Stand von rund 35 000 km Glasfaserkabel. Von den damit insgesamt Ende 1998 verlegten Glasfaserkabeln entfiel somit auf diese Unternehmen ein Anteil von rund 18 %.

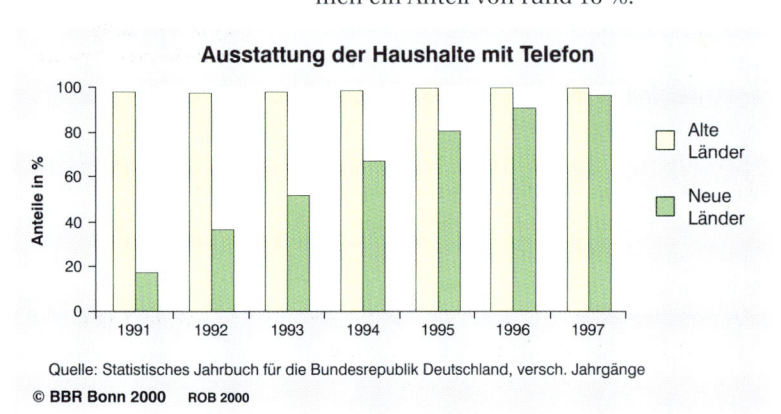

Abbildung 9
Ausstattung der Haushalte mit Telefon 1991–1997

Zur besseren Nutzung der herkömmlichen Kupferleitungen und zur Erhöhung der Übertragungsgeschwindigkeiten werden ständig *neue Übertragungstechniken* entwickelt, durch die z. B. der normale Telefonanschluß einen um den Faktor 10 schnelleren Zugang in das Internet ermöglicht. Diese Dienste können insbesondere für grafikintensive Anwendungen z. B. in der Medienwirtschaft von Interesse sein. Da diese Dienste bald über Satellit angeboten werden, kann von einer flächendeckenden Verfügbarkeit ausgegangen werden.

Der Ausbau des europäischen Telekommunikationsinfrastruktur erfolgt nachfrageorientiert. Durch die Liberalisierung der Märkte in der EU ist die Wettbewerbsintensität in den westeuropäischen Wirtschaftszentren beträchtlich gestiegen, was deutlich bessere Angebote und gesunkene Preise insbesondere für Großkunden bewirkt. Die großräumigen kabelgebundenen Telekommunikationsinfrastrukturen konzentrieren sich entsprechend auf die Achsen zwischen den Zentren. Wichtigste Knoten dieser Netze in Deutschland sind Frankfurt, Düsseldorf und Karlsruhe. Hamburg, Berlin und München und an diesen Achsen liegende Verdichtungsräume werden derzeit verstärkt in die Angebotsstrategien der Wettbewerber einbezogen.

Telefonanschlüsse

Der Ausbaustand der Telekommunikation in Ostdeutschland unterschied sich 1989 fundamental von dem in den alten Ländern. So hatten vor der Wende rechnerisch 100 von 1 000 Einwohnern in der DDR einen Telefonanschluss, während es in der Bundesrepublik Deutschland ca. 500 waren. Zu diesem quantitativen Nachholbedarf kam noch ein qualitativer hinzu: Zwei Drittel der technischen Anlagen in Ostdeutschland waren älter als 40 Jahre, öffentlicher Mobilfunk und Kabelfernsehen waren nicht vorhanden.

Zwischen 1990 und 1997 hat die Deutsche Telekom insgesamt 50 Mrd. DM in den neuen Ländern investiert. Innerhalb dieser sieben Jahre wurde die Zahl der analogen Telefonanschlüsse von 1,8 Mio. auf 7,6 Mio. mehr als vervierfacht. Hinzu kommen noch

Telekommunikationsausstattung in Ost- und Westdeutschland ausgeglichen

mehr als eine Million ISDN-Kanäle. Mobilfunk und Datendienste stehen praktisch flächendeckend zur Verfügung. 4,6 Mio. Haushalte sind mit Kabelfernsehen versorgt. Während die Wartezeit auf einen Telefonanschluss vor 1990 teilweise mehr als zehn Jahre betrug, erhalten jetzt die Bürger – unabhängig vom Wohnort – einen Anschluss innerhalb von fünf Tagen.

Diese Entwicklung lässt sich beispielhaft an der Ausstattung von Haushalten mit Telefonen ablesen.

Flächennutzungsstruktur

Die räumliche Verteilung von Bevölkerung, Arbeitsplätzen und der darauf ausgerichteten Infrastruktur drückt sich konkret durch die Inanspruchnahme von Flächen aus. Die Flächen für Wohnen und Arbeiten, Mobilität, innerörtliche Erholung und Freizeit bilden die *Siedlungs- und Verkehrsfläche*, die etwa 12 % der Gesamtfläche der Bundesrepublik Deutschland ausmacht und vor allem in den Kernstädten der Agglomerationsräume mehr als 50 % des Stadtgebietes einnimmt. Zur Siedlungs- und Verkehrsfläche zählen auch die Trassen und Korridore der bandartigen Netzinfrastrukturen (vor allem Autobahnen, sonstige übergemeindliche Straßen, Bahnanlagen) sowie der Infrastruktureinrichtungen zur Versorgung von Bevölkerung und Wirtschaft. Den weitaus größten Anteil am Bundesgebiet haben die *land- und forstwirtschaftlich genutzten Flächen* mit mehr als 85 %. Die restlichen 3 % bedecken Wasserflächen, Brachen oder Ödland.

Wie differenziert und kleinstrukturiert die Flächennutzung in Deutschland ist, zeigt eine detaillierte Erhebung des Statistischen Bundesamtes zur Bodenbedeckung (CORINE landcover, Teil eines Europaweiten Projekts) (s. Karte 18: Bodenbedeckung, S. 36). Obwohl die Erfassungsuntergrenze mit 25 ha nur relativ großräumige Nutzungen erfasst, werden etwa 130 000 verschiedene homogen bedeckte Bodenflächen unterschieden. Vergleichsweise homogene Bodenbedeckung ist in den Agrarlandschaften der Börden, dem Grünland der Geest und des Alpenvorlandes sowie der großen Waldflächen des Pfälzer Waldes, Schwarzwaldes und Thüringer Waldes zu erkennen. Demgegenüber weist beispielsweise das Bergische Land eine besonders kleinräumige Bodenbedeckung auf. Neben den Stadtregionen sind Korridore linienhafter Infrastrukturen zu erkennen – z.B. entlang der Achse Minden-Bielefeld-Dortmund – sowie Rohstoffgewinnungs- und Bergbaugebiete, insbesondere südöstlich von Cottbus.

Deutschland ist – im europäischen Vergleich – ein dichtbesiedelter Industriestaat, und – wie aus der Karte 18 „Bodenbedeckung" ersichtlich – verteilen sich die Siedlungsflächen dezentral konzentriert. Innerhalb des europäischen Binnenmarktes ist diese dezentral konzentrierte Siedlungsstruktur in Deutschland ein Wettbewerbsvorteil, den es zu sichern und weiterzuentwickeln gilt. Sie gleicht zwischen konkurrierenden Raumnutzungsansprüchen aus und führt zu einer verbesserten Allokation von Flächennutzungen.

Der gesellschaftliche und wirtschaftsstrukturelle Wandel stellt weiterhin hohe Ansprüche an die Verfügbarkeit von Flächen. Die Standortentscheidungen der Unternehmen und der privaten Haushalte, die jeweiligen Produktionsstrukturen und Konsummuster, aber auch die Infrastrukturmaßnahmen der öffentlichen Hand wirken auf die Entwicklung der Siedlungsstrukturen ein. Diese Ansprüche an die nicht vermehrbare Ressource Fläche sind nicht frei von Nutzungskonflikten. Das neue Raumordnungsgesetz vom 1.1.1998 hat mit dem Postulat den sparsamen und schonenden Umgang mit Grund und Boden einer nachhaltigen Raumentwicklung bekräftigt. Im Mittelpunkt des neuen Bundesbodenschutzgesetzes (BBodSchG i.d.F.v. 1.3.1999) steht die nachhaltige Sicherung oder Wiederherstellung der Funktionen des Bodens durch Gefahrenabwehr, Sanierung und Vorsorge. Bodenschutz und ein sparsamer Umgang mit Fläche sind also vielfach gesetzlich verankert. Warum die

---

Erläuterung: Flächenerhebung „Bodennutzung" des Statistischen Bundesamtes

Bestandsaufnahme der vorliegenden Verhältnisse der Bodennutzung zum Stichtag nach dem Belegenheitsprinzip (Aufbereitung vierjährlich, Erfassungsstichtag ist jeweils der 31.12. des Vorjahres). Erhebungsgrundlage bildet das Liegenschaftskataster und das ihm zugrunde liegende „Verzeichnis der flächenbezogenen Nutzungsarten im Liegenschaftskataster und ihrer Begriffsbestimmungen" (Ausgabe 1991).

Erhebungsmerkmale sind die Bodenflächen nach Art der tatsächlichen Nutzung. Für die statistische Auswertung werden die zu jedem Flurstück im Liegenschaftskataster gespeicherten Informationen über die Flurstücksfläche sowie über die Art der vorherrschenden Nutzung abgefragt. Bundesweit wird nach 17 Nutzungsarten differenziert. Im einzelnen unterscheidet man zwischen Gebäude- und Freifläche, Betriebsfläche, Erholungsfläche, Verkehrsfläche, Landwirtschaftsfläche, Waldfläche, Wasserfläche und Flächen anderer Nutzung sowie einigen Unterpositionen dieser Nutzungsarten.

Dezentral konzentrierte Verteilung der Siedlungsflächen

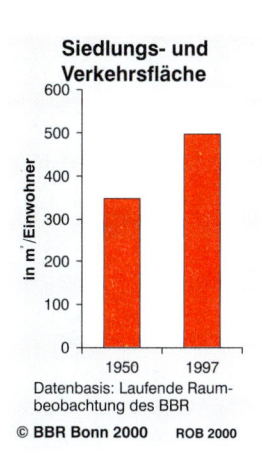

Abbildung 10
Siedlungs- und Verkehrsfläche 1950 und 1997 im früheren Bundesgebiet

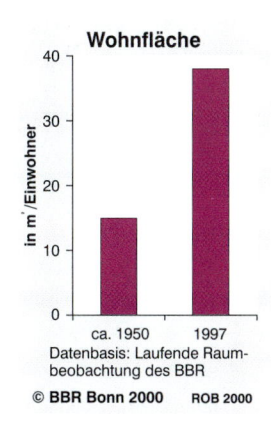

Abbildung 11
Wohnfläche je Einwohner 1950 und 1997 im früheren Bundesgebiet

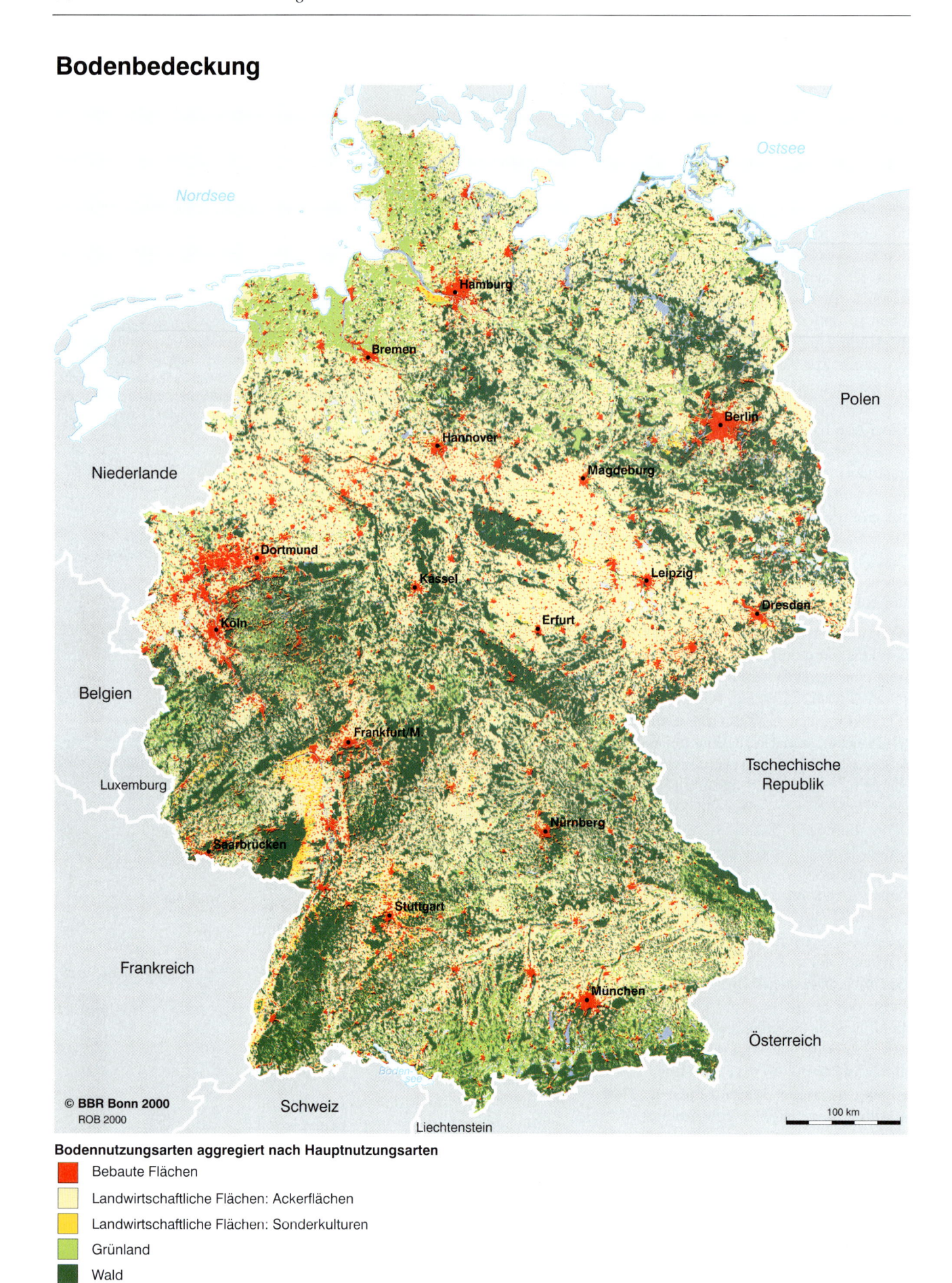

Bodenbedeckung

Bodennutzungsarten aggregiert nach Hauptnutzungsarten

- Bebaute Flächen
- Landwirtschaftliche Flächen: Ackerflächen
- Landwirtschaftliche Flächen: Sonderkulturen
- Grünland
- Wald
- Wasserflächen
- sonstige Flächen (z. B. Abbauflächen, Moore, Sümpfe, Dünen, Gletscher usw.)

Datenbasis: Statistisches Bundesamt (CORINE landcover)
ROB 2000

Komponenten der Raumstruktur 37

Karte 18
Die Karte zeigt die kleinräumig differenzierte Bodenbedeckung in Deutschland mit hohen Anteilen an land- und forstwirtschaftlich genutzten Flächen und einer dezentral konzentrierten Siedlungsstruktur.

Umsetzung dieser Ziele so wichtig ist, zeigt der Blick auf die langfristige Siedlungsflächenentwicklung.

Siedlungsflächenentwicklung

Die Zunahme der Flächen für Siedlungs- und Verkehrszwecke zeichnete sich in der Vergangenheit – kurzfristige Schwankungen ausgenommen – durch eine bemerkenswerte Konstanz aus. Dies gilt nicht nur für die 2. Hälfte des 20. Jahrhunderts, sondern lässt sich seit dem Beginn der industriellen Revolution nachweisen. In den vergangenen 40 Jahren hat sich die Siedlungsfläche in den alten Ländern bei kontinuierlichem Wachstum fast verdoppelt. Im gleichen Zeitraum nahm die Bevölkerung nur um rund 30 %, die Zahl der Erwerbstätigen sogar lediglich um 10 % zu. Insgesamt betrachtet zeigt die längerfristige Entwicklung einen konstanten, von der Einwohnerentwicklung weitgehend abgekoppelten Trend der Siedlungsflächenzunahme.

Obwohl die Gesamtbevölkerung auch in der 2. Hälfte des ausgehenden Jahrhunderts deutlich stieg, standen 1997 jedem Bürger im früheren Bundesgebiet statt 350 m² wie im Jahr 1950 nunmehr fast 500 m² Siedlungsfläche (Infrastrukturflächen für Ar-

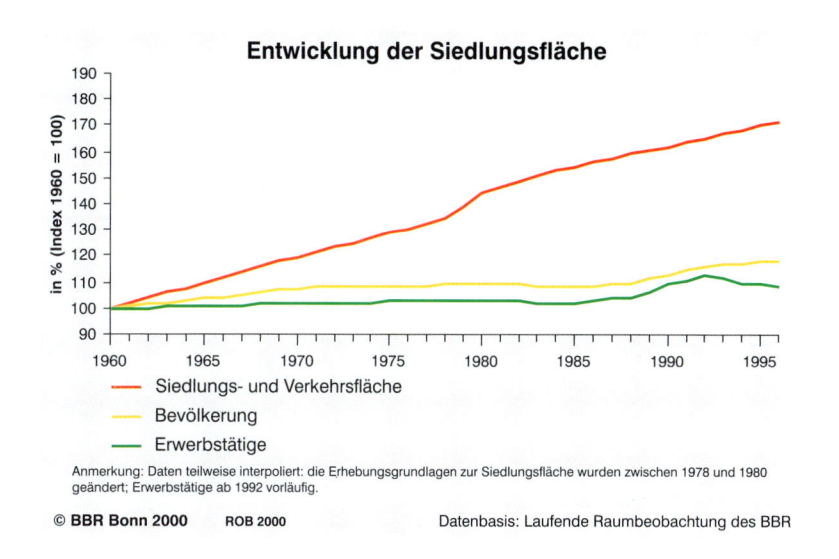

Abbildung 12
Entwicklung der Siedlungsfläche, Bevölkerung und Erwerbstätigen 1960–1997

beit, Wohnen, Mobilität und Freizeit) zur Verfügung. Als Folge verteilt sich die Bevölkerung auf viel größere Siedlungsflächen.

500 m² Siedlungsfläche je Einwohner

In diesem Zeitraum stieg auch die individuelle Wohnflächeninanspruchnahme von weniger als 15 m²/E auf nunmehr 38 m²/E.

Raumkategorie	Siedlungs- und Verkehrsfläche 1997					
	Deutschland		Alte Länder		Neue Länder	
	in 1000 ha	in % der Gesamtfläche	in 1000 ha	in % der Gesamtfläche	in 1000 ha	in % der Gesamtfläche
Agglomerationsräume	1 617	16,8	1 324	19,6	293	10,2
Kernstädte	458	52,2	405	52,4	53	50,6
hochverdichtete Kreise	493	19,9	483	20,0	10	15,1
verdichtete Kreise	381	12,3	312	13,2	69	9,4
ländliche Kreise	286	9,0	124	10,3	161	8,2
Verstädterte Räume	1 726	11,3	1 401	12,0	325	9,2
Kernstädte	143	34,0	106	36,3	37	28,9
verdichtete Kreise	896	12,1	775	12,5	121	9,8
ländliche Kreise	687	9,3	520	10,0	167	7,7
Ländliche Räume	862	8,0	575	8,9	287	6,5
ländliche Kreise höherer Dichte	432	9,1	352	9,3	80	8,3
ländliche Kreise geringerer Dichte	430	7,1	223	8,5	207	6,0
Deutschland	4 205	11,8	3 300	13,3	905	8,4

Tabelle 2
Siedlungs- und Verkehrsfläche 1997

Siedlungs- und Verkehrsfläche

Anteil der Siedlungs- und Verkehrsfläche an der Gesamtfläche 1997 in %

- bis unter 10
- 10 bis unter 20
- 20 bis unter 30
- 30 bis unter 40
- 40 und mehr

Häufigkeiten: 156, 153, 46, 34, 50

Datenbasis: Laufende Raumbeobachtung des BBR
Kreise, Stand 1.1.1996

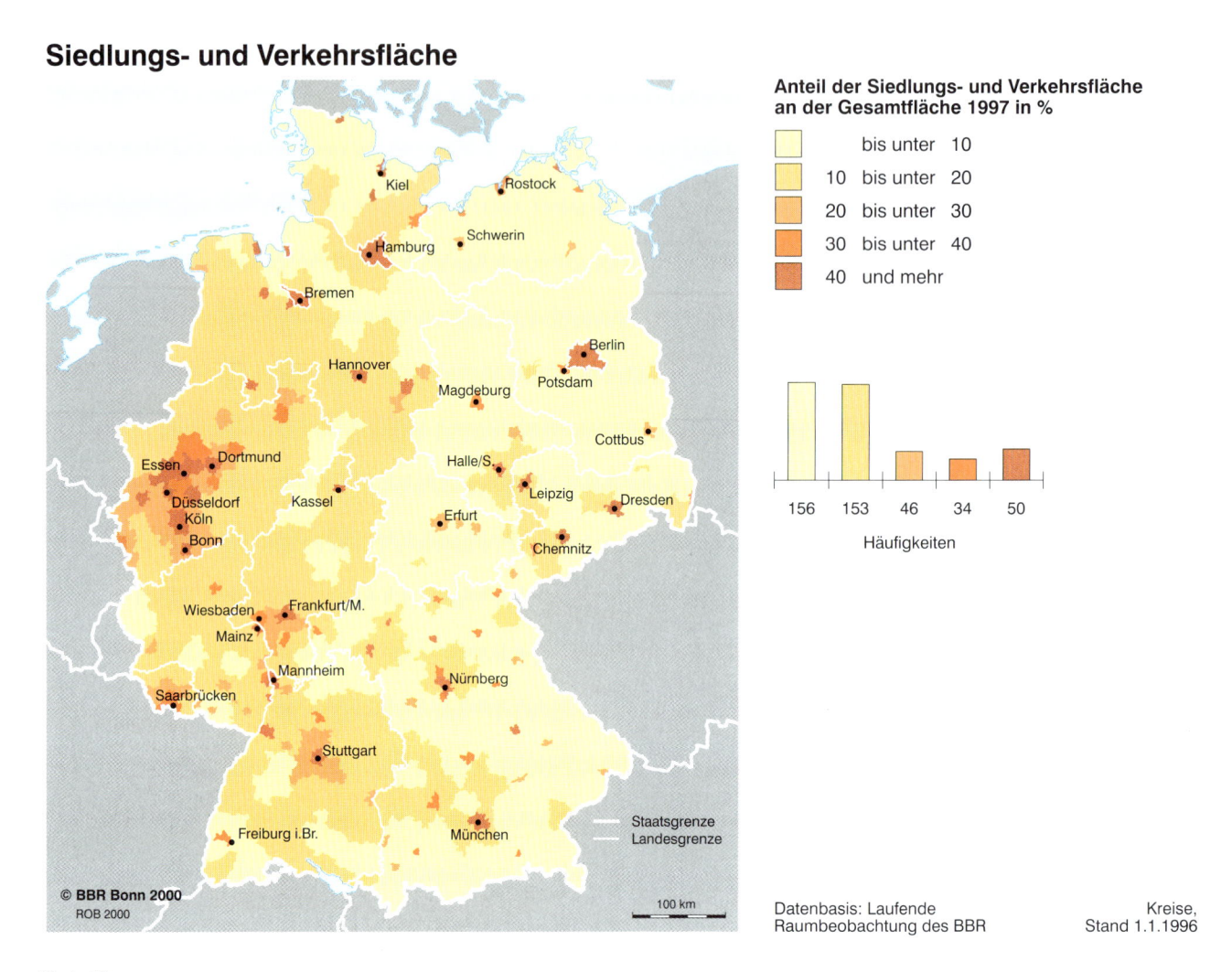

Karte 19
Die höchsten Anteile an Siedlungs- und Verkehrsfläche haben die Kernstädte der Agglomerationsräume und deren Umland, ebenfalls hohe Anteile auch die übrigen größeren Städte. In der Tendenz sind die Anteile im Westen Deutschlands höher als im Osten.

Abbildung 13
Siedlungsfläche nach einzelnen Nutzungsarten 1997

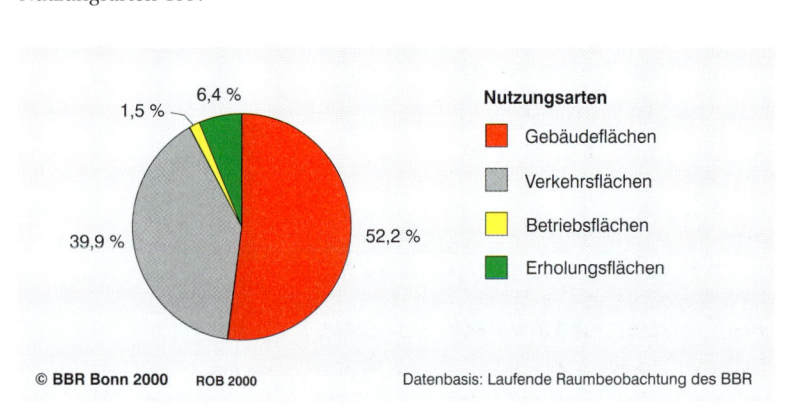

- Gebäudeflächen: 52,2 %
- Verkehrsflächen: 39,9 %
- Betriebsflächen: 1,5 %
- Erholungsflächen: 6,4 %

Datenbasis: Laufende Raumbeobachtung des BBR

Die *Siedlungsflächenzunahme* in den vergangenen Jahrzehnten ist eine Folge des gewachsenen materiellen Wohlstands mit stark gestiegenen individuellen Raumnutzungsansprüchen. Darin unterscheidet sie sich von vielen Ländern mit rasantem Bevölkerungswachstum und Verstädterungsproblemen.

Nach der *Flächennutzungsstatistik* (vgl. Erläuterungen dazu in der Erläuterungsbox, S. 35) sind 1997 4,2 Mio. ha oder 11,8 % des Bundesgebietes Siedlungs- und Verkehrsfläche. In den alten Ländern nimmt die Siedlungsfläche mit 13,3 % gegenüber 8,4 % in den neuen Ländern einen deutlich höheren Anteil ein. Etwas mehr als die Hälfte entfällt auf Gebäude- und zugehörige Freiflächen, 40 % entfallen auf Verkehrsflächen. Flächen für Erholung und Freizeit im Siedlungsbereich nehmen 6,4 % ein. Die Siedlungs- und Verkehrsfläche ist in etwa zur Hälfte versiegelt; d.h. ca. 2,1 Mio. ha oder knapp 6 % des Bundesgebiets sind versiegelte Fläche.

Neben den Stadtstaaten weisen Nordrhein-Westfalen mit 20 % und das Saarland mit etwa 19 % besonders hohe Siedlungsflächenanteile auf. Differenziert nach siedlungsstrukturellen Kreistypen haben die neuen Länder gegenüber dem früheren

Bundesgebiet im Umland der Kernstädte noch deutlich geringere Siedlungsflächenanteile (s. Karte 19 und Tab. 2: Siedlungs- und Verkehrsfläche 1997). In einigen Großstädten wie München, Berlin, Herne oder Gelsenkirchen nimmt die Siedlungs- und Verkehrsfläche bereits mehr als 70 % ein.

Das *Siedlungsflächenwachstum* in den letzten Jahren entwickelte sich in den beiden Landesteilen unterschiedlich: Während im alten Bundesgebiet die Zunahme Mitte der 90er Jahre (1993–1997) mit knapp 1 % pro Jahr nur geringfügig gegenüber dem Vergleichszeitraum Anfang der 90er Jahre (1989–1993) anstieg, lagen die Zuwachsraten in den neuen Ländern, bei deutlich niedrigerem Ausgangsniveau, mit über 1,5 % pro Jahr erheblich höher. Unter den alten Ländern verzeichnete insbesondere Bayern überdurchschnittliche Zuwachsraten zwischen 1993 und 1997.

Während bis Mitte der 80er Jahre insbesondere die *Verkehrsflächen* überproportional am Siedlungsflächenwachstum beteiligt waren, dominieren seit knapp zwei Jahrzehnten die *Bauflächen*. Seitdem verläuft der Ausbau der Verkehrsflächen im Vergleich zu den Bau- und Freiflächen unterproportional. Überproportional und damit stärker als Wohnbauflächen wuchsen die Flächen für Arbeitsstätten, das sind Flächen für Handel, Dienstleistungen, öffentliche Verwaltung, Industrie, Gewerbe und zugehörige Betriebsflächen. Es sind also keineswegs nur die Wohnbauflächen, welche die Zunahme der Siedlungsflächen dominieren.

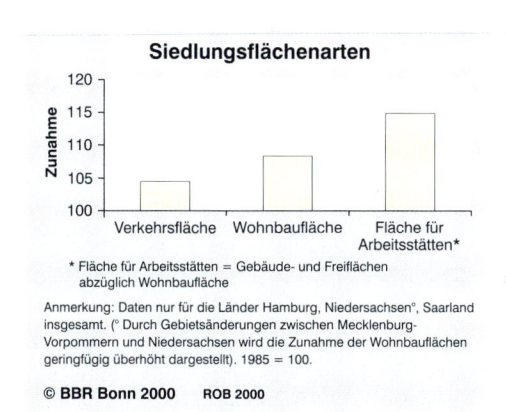

Abbildung 14
Zunahme von Siedlungsflächenarten 1985–1997

Entscheidend zur Zunahme der Siedlungs- und Verkehrsfläche hat ganz offensichtlich der anhaltende, flächenzehrende *Suburba-*

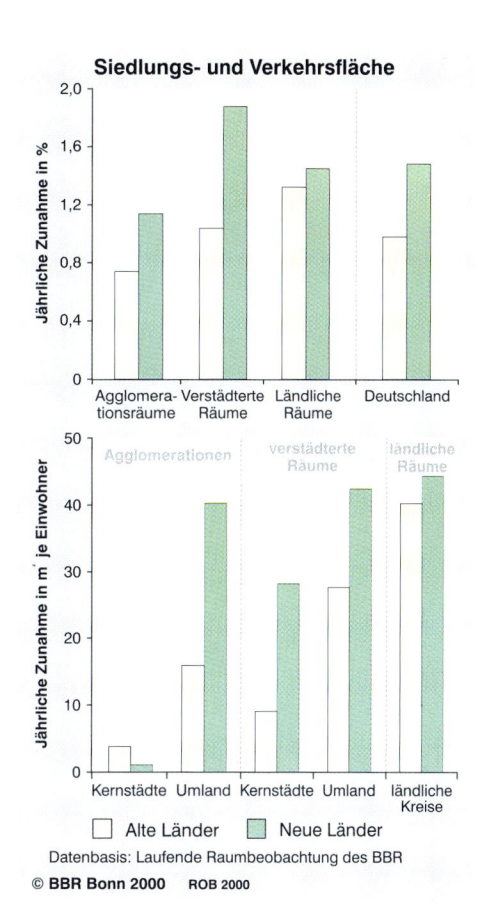

Abbildung 15
Entwicklung der Siedlungs- und Verkehrsflächen 1993–1997

nisierungsprozess von Bevölkerung und Arbeitsplätzen, d.h. die starke Zunahme der Zahl der Einwohner und Arbeitsplätze in den Umlandräumen der großen Städte und Verdichtungsräume beigetragen. Die Probleme der Suburbanisierung haben sich nach der Deutschen Einheit eher verschärft als abgeschwächt. Anfang der 90er Jahre stieg die Neuinanspruchnahme von Flächen für Siedlungszwecke, insbesondere der Flächen für Arbeitsstätten, trotz umfangreicher Potenziale an baureifen innerstädtischen Brachflächen weiter an.

Die Siedlungstätigkeit konzentriert sich – auch als Folge der weiter zunehmenden Mobilität – immer mehr auf die weiteren Einzugsbereiche der Agglomerationen und das Umland der verstädterten Räume. Ur-

Siedlungstätigkeit konzentriert sich auf das Umland

sächlich ist ein Mangel an baureifem Bauland in den Agglomerationen verbunden mit hohen Baulandpreisen einerseits und hoher Baulandverfügbarkeit, geringeren Baulandpreisen und guten Erreichbarkeiten im Umland andererseits. Die Subur-

Karten 21–24
Die Karten zeigen die Anteile der verschiedenen Freiflächennutzungsarten Landwirtschaft, Wald, Natur/Erholung und Abbau von bodennahen Rohstoffen in Deutschland. Die waldreichsten Gebiete finden sich im Süden und Osten des Bundesgebietes; die meisten Landwirtschaftsflächen konzentrieren sich im Norden.

banisierungswelle verlagert sich also immer weiter von den Zentren weg.

Maßgeblichen Einfluss auf das Siedlungsflächenwachstum haben die *Baulandpreise*. Die Bedeutung des Bodenpreises für die Siedlungsflächenentwicklung ist jedoch ambivalent. Einerseits ist der hohe Bodenpreis mit ein Hauptgrund für die starke Zunahme und Ausweitung der Siedlungsfläche, vor allem in die regionalplanerisch unerwünschten Zwischenräume der Siedlungsachsen im Umland der Kernstädte. Der wenig flächensparsame Ein- und Zweifamilienhausbau weicht – wie schon in der Vergangenheit und trotz restriktiver Vorgaben der Regionalplanung – noch weiter

Baulandpreise steuern die Siedlungsentwicklung

in das ländliche Umland, meist in kleinere Gemeinden ohne zentralörtliche Bedeutung aus. Es kommt zu einer weiteren Ausdehnung der Siedlungsfläche und in der Regel dort auch zu steigenden Bodenpreisen, einer räumlichen Ausdehnung der Hochpreisräume.

Andererseits bewirkt der Bodenpreis aber auch einen sparsamen Umgang mit der Fläche. Mit zunehmender Siedlungsdichte steigen die Bodenpreise, zugleich werden die Grundstücke kleiner. Diese Zusammenhänge gelten zumindest für den flächenaufwendigen Ein- und Zweifamilienhausbau. Der Bodenpreis spielt also für den haushälterischen Umgang mit Fläche zumindest auf den Wohnbaulandmarkt eine wichtige Rolle.

Betrachtet man die Baulandmärkte, so bestehen größere Unterschiede zwischen den alten und neuen Ländern noch bei den Preisen. Im Durchschnitt der neuen Länder war 1997 mit knapp 130 DM/m² nur etwa die Hälfte des Preises für individuell nutzbares Wohnbauland zu entrichten wie in den alten Ländern mit rd. 260 DM/m².

Freiraumnutzungen

Das Siedlungsflächenwachstum erfolgte 1993 bis 1997 fast ausschließlich auf Kosten der *Landwirtschaftsflächen*, die um 133 ha/Tag zurückgingen (s. Abb. 16: Tägliche Veränderungen der Bodennutzungen, S. 42). Nach wie vor besonders hohe Anteile der Landwirtschaftsflächen an der Katasterfläche haben die Kreise in Norddeutschland und den Bördelandschaften. So nimmt die Landwirtschaftsfläche in Schleswig-Holstein 73 % ein. In den neuen Ländern ist der

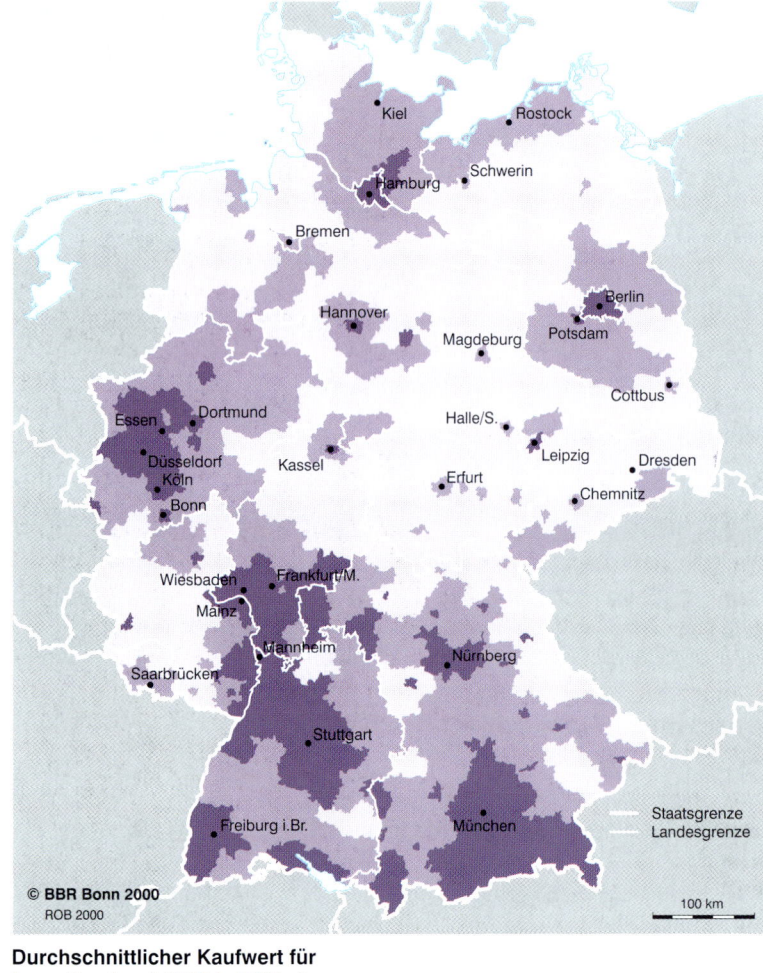

Baulandpreise

Durchschnittlicher Kaufwert für baureifes Land 1997 in DM/m²

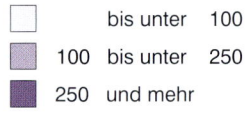

- bis unter 100
- 100 bis unter 250
- 250 und mehr

Datenbasis: Laufende Raumbeobachtung des BBR
Kreise, Stand 1.1.1996

Karte 20
Die Unterschiede im Kaufpreis für baureifes Land zwischen den alten und neuen Ländern sind noch sehr groß. Die höchsten Baulandpreise bezahlt man in den westdeutschen Agglomerationsräumen und deren erweiterten Umländern, insbesondere in Süddeutschland.

Komponenten der Raumstruktur

Landwirtschaftsfläche

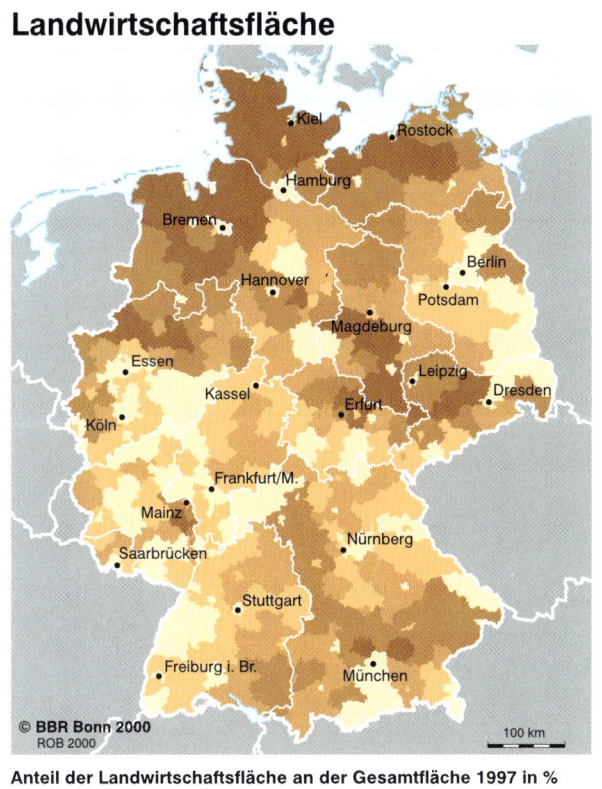

Anteil der Landwirtschaftsfläche an der Gesamtfläche 1997 in %
- bis unter 40
- 40 bis unter 50
- 50 bis unter 60
- 60 bis unter 70
- 70 und mehr

Naturnahe Flächen

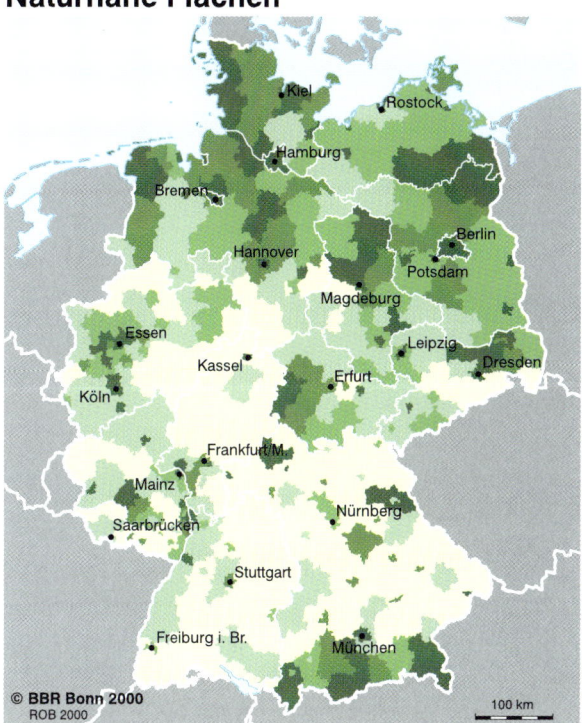

Anteil der naturnäheren Flächen an der Gesamtfläche 1997 in %
- bis unter 3
- 3 bis unter 5
- 5 bis unter 7
- 7 bis unter 9
- 9 und mehr

Anmerkung: Der Indikator misst den Anteil der naturnäheren Flächen und Erholungsflächen, ohne Wald, an der Gesamtfläche.

Waldfläche

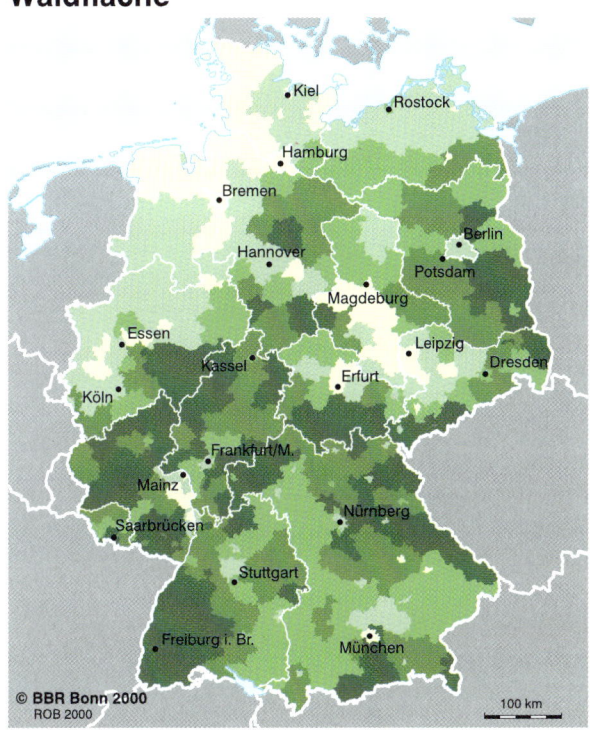

Anteil der Waldfläche an der Gesamtfläche 1997 in %
- bis unter 10
- 10 bis unter 20
- 20 bis unter 30
- 30 bis unter 40
- 40 und mehr

Abbaufläche

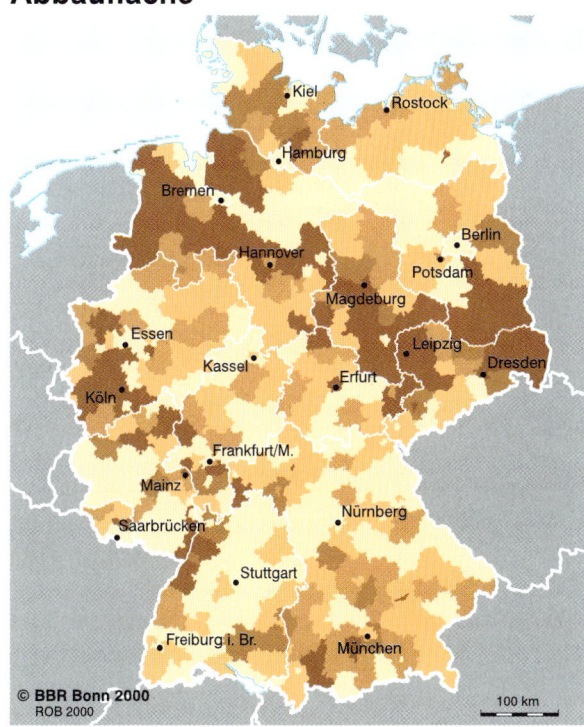

Anteil der Abbaufläche an der Gesamtfläche 1997 in %
- bis unter 0,2
- 0,2 bis unter 0,3
- 0,3 bis unter 0,4
- 0,4 bis unter 0,5
- 0,5 und mehr

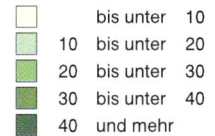

Datenbasis: Laufende Raumbeobachtung des BBR

Kreise, Stand 1.1.1996

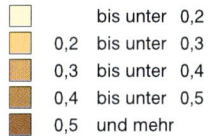

Teil I – Raumentwicklung

Nutzungsart	Flächennutzung 1997						Veränderung der Flächennutzung 1993 - 1997					
	Deutschland		Alte Länder		Neue Länder		Deutschland		Alte Länder		Neue Länder	
	1 000 ha		1 000 ha		1 000 ha							
Bodenfläche insgesamt	35 702		24 894		10 808							
	1 000 ha	in % *	1 000 ha	in % *	1 000 ha	in % *	1 000 ha	in % *	1 000 ha	in % *	1 000 ha	in % *
Siedlungs- und Verkehrsfläche	4 205	11,8	3 300	13,3	905	8,4	119,6	4,3	84,1	3,9	35,5	6,1
Landwirtschaftsfläche	19 313	54,1	13 134	52,8	6 180	57,2	-135,3	-1,0	-97,6	-1,1	-37,7	-0,9
Waldfläche	10 491	29,4	7 528	30,2	2 963	27,4	26,0	0,4	25,7	0,5	0,2	0,0
Wasserfläche	794	2,2	477	1,9	316	2,9	7,1	1,3	7,8	2,4	-0,7	-0,3
Flächen anderer Nutzung	899	2,5	455	1,8	444	4,1	-13,4	-2,1	1,1	0,4	-14,5	-4,6

Quelle: Statistik nach Art der tatsächlichen Flächennutzung; ° aktualisiert: Daten lt. Veröffentlichung Flächenerhebung 1997 a.a.O.; * der Gesamtfläche
© BBR Bonn 2000   ROB 2000

Tabelle 3
Flächennutzung nach Hauptnutzungsarten

Anteil der Landwirtschaftsfläche an der Katasterfläche mit 57 % etwas größer als in den alten Ländern mit knapp 53 % und bedeckt im Bundesgebiet 19,3 Mio. ha.

Die *Waldflächen* nehmen seit längerem – wie in den meisten mitteleuropäischen Ländern auch – im Bundesgebiet geringfügig zu und bedecken mit 10,5 Mio. ha inzwischen mehr als 29 % (s. Tab. 3: Flächennutzung nach Hauptnutzungsarten). Der Anteil der Waldflächen übersteigt in einigen Gemeinden der Mittelgebirgsregionen 80 % der Katasterfläche. Waldreichstes Bundesland war 1997 Rheinland-Pfalz mit knapp 41 % Waldfläche.

Naturnähere Flächen – das sind vor allem Wasserflächen, Erholungsflächen, Unland, Ödland – konzentrieren sich im Nordosten, in einigen Mittelgebirgsräumen, dem Alpenvorland und nehmen 1,5 Mio. ha ein.

Mit der zunehmenden Nutzung von Flächen für Siedlungs- und Wirtschaftszwecke gehen vielfach Nutzungskonflikte einher. Dies wird nicht nur bei der Planung von Verkehrswegen, sondern auch bei Konflikten um Abbauflächen für Kohle, Natursteine, Kiese und Sande deutlich. Diese konzentrieren sich entlang der Rheinachse und den Braunkohleabbaugebieten und bedecken bundesweit knapp 190 000 ha. Auch in den kommenden Jahren ist mit einem weiteren Rückgang der Freiraumnutzungen durch Siedlungszuwachs und Abbau oberflächennaher Rohstoffe zu rechnen.

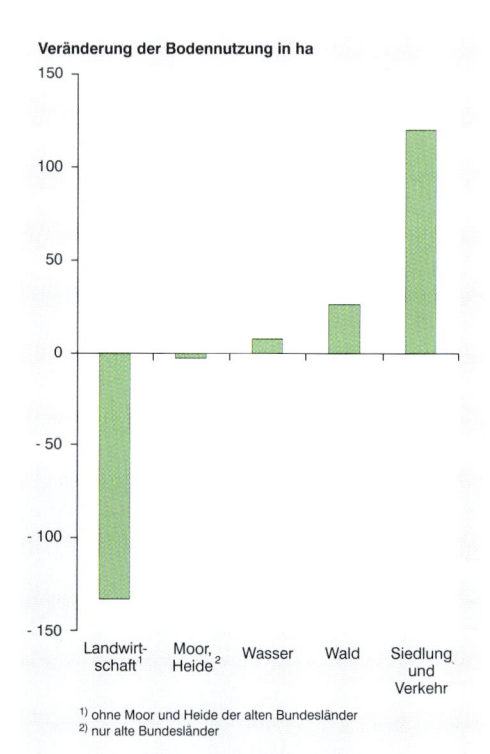

1) ohne Moor und Heide der alten Bundesländer
2) nur alte Bundesländer

Anmerkung: In einigen Ländern beeinflussen neben tatsächlichen Nutzungsänderungen vor allem Umwidmungen und Neuzuordnungen der einzelnen Nutzungsarten im Zuge des Aufbaus des automatisierten Liegenschaftskatasters den Zeitvergleich zwischen 1993 und 1997.

Quelle: Eigene Berechnungen des BBR 1998 nach Angaben der Flächenstatistik 1997; Statistisches Bundesamt: Bodenflächen nach Art der tatsächlichen Nutzung 1997, Fachserie 3, Reihe 5,1.

© BBR Bonn 2000   ROB 2000

Abbildung 16
Tägliche Veränderung der Bodennutzungen 1993–1997

Weiterführende Literatur:

Bauland- und Immobilienmärkte. Ausgabe 1998. – Bonn 1999. = Berichte BBR, Band 2

Konzept Nachhaltigkeit: Vom Leitbild zur Umsetzung. Abschlussbericht der Enquete-Kommission „Schutz des Menschen und der Umwelt" des 13. Deutschen Bundestages. – Bonn 1998. = Zur Sache, 98.4

Raum- und Siedlungsstruktur

Die *Siedlungsstruktur* bildet den räumlichen Zusammenhang der – zuvor einzeln dargestellten – Komponenten Bevölkerung, Arbeitsplätze sowie Infrastruktureinrichtungen und -netze ab. Durch die Inanspruchnahme von Fläche zu Wohnzwecken, für produzierende und dienstleistende Betriebe, für Infrastruktureinrichtungen und Trassen für Verkehrs- und Energienetze bekommt die Siedlungsstruktur ihre konkrete räumliche Gestalt. So ist z. B. aus Luftbildern der enge räumliche Zusammenhang von bebauten Flächen zur Verkehrsinfrastruktur deutlich zu erkennen.

Die Siedlungsgebiete unterscheiden sich nach Lage, Größe und Bedeutung sowie Dichte. Sie sind eingebettet in Freiräume, in die im wesentlichen durch Land- und Forstwirtschaft geprägte Kulturlandschaft. Die *Raumstruktur* stellt den Zusammenhang zwischen Siedlungs- und Freiraumnutzungen dar. Von ihrer konkreten Ausprägung hängen der Umfang, die Vielfalt und die Erreichbarkeit des Angebotes an Arbeitsplätzen, Gütern, Dienstleistungen und Infrastruktureinrichtungen ab, aber auch das Ausmaß der siedlungsbedingten Umweltbelastungen und Verkehrsprobleme. Die Raum- und Siedlungsstruktur ist das Ergebnis langfristiger, historischer Prozesse und nicht leicht und kurzfristig veränderbar.

Eine Möglichkeit der Charakterisierung von unterschiedlichen Raum- und Siedlungsstrukturen ist die Definition von *Raumtypen*, wie sie im gesamten Bericht zu raumstrukturell differenzierenden Aussagen und Analysen verwendet werden (vorgestellt und erläutert in der Einleitung des Berichtes). Die *siedlungsstrukturellen Gebietstypen* des BBR unterscheiden z. B. „Agglomerationsräume", „verstädterte Räume" und „ländliche Räume". Diese Gebietstypen beschreiben die großräumige Raum- und Siedlungsstruktur im gesamten Bundesgebiet. Sie ist durch eine ausgeprägte, relativ ausgewogene dezentrale Konzentration von Städten und Stadtregionen und große, zusammenhängende ländliche Räume charakterisiert. Das Spektrum reicht dabei von hochverdichteten Agglomerationsräumen bis hin zu ländlichen Räumen mit einer Bevölkerungsdichte von weit unter 100 Einwohnern pro km². Innerhalb der Agglomerationsräume wird nach *Kernstädten* und *Umland* differenziert, weil enge räumliche Bezüge dieser beiden Gebietstypen bestehen, die vom Suburbanisierungsprozess geprägt sind.

Im folgenden Kapitel werden die einzelnen Gebietstypen, die die Raum- und Siedlungsstruktur in Deutschland ausmachen, etwas näher und unter Verwendung von typischen Beispielen beschrieben.

Das *städtische Siedlungssystem* stellt ein durch Verkehrs- und Versorgungswege eng vernetztes, polyzentrisches Gefüge von Städten unterschiedlicher Größenordnung und ihren jeweiligen Einzugsbereichen dar. In der Bundesrepublik Deutschland dominiert nicht – wie in anderen europäischen Staaten – eine einzige große Metropole das Siedlungssystem. Vielmehr übernehmen mehrere Großstädte in Deutschland diese Metropolfunktionen. Prägend für das städtische Siedlungssystem sind die von der Landesplanung bestimmten zentralen Orte. Auf höchster Stufe sind es Oberzentren, in der Regel große Kernstädte. Sie sind identisch mit den größeren, überregional bedeutsamen Wirtschafts- und Arbeitsmarktzentren.

Der enge Zusammenhang zwischen Verkehrs- und Siedlungsentwicklung hat historisch zu größeren, zusammenhängenden *Siedlungs- und Verkehrskorridoren* geführt, die über Länder- und Staatsgrenzen hinausführen. Die hohe Siedlungsdichte im räumlichen Zusammenhang mit stark belasteten Verkehrskorridoren und die große Entwicklungsdynamik führen zu besonderen Problemen dieses Raumtypes.

Die *ländlichen Räume* sind wirtschaftlich, sozial und kulturell mehr oder weniger stark in das städtische Siedlungssystem eingebunden. Sie sind durch eine besondere Vielfalt geprägt, die eine einfache Typisierung unmöglich macht. So ist es wichtig zu unterscheiden, ob ein ländlicher Raum in der Nähe zu einem Agglomerationsraum oder peripher dazu liegt. Die wirtschaftlichen Entwicklungsvoraussetzungen sind sehr unterschiedlich und hängen von den regionsintern vorhandenen Potenzialen z. B. in der Wirtschaftsstruktur und im Tourismus ab.

44 Teil I – Raumentwicklung

Luftbild 1:
Rheinbach 1938

Luftbild 2:
Rheinbach 1985

Ein Vergleich der Luftbilder zeigt die Raum- und Siedlungsentwicklung von fast 50 Jahren einer mittelgroßen Stadt im Rheinland. Die erkennbaren Veränderungen sind durchaus typisch für viele Städte und Regionen in Deutschland. 1938 befand sich der Großteil der städtischen Siedlung noch im Bereich des mittelalterlichen Stadtkerns umgeben von einer kleinteiligen landwirtschaftlichen Struktur und dem nahegelegenen Stadtwald im Süden. Zu dieser Zeit war die Stadt noch Eisenbahnkreuzungspunkt. Die Entwicklung der Stadt erfolgte um den historischen Stadtkern mit Schwerpunkt im Südwesten. Die in den 60er Jahren gebaute Autobahn führt nah an der Stadt vorbei und verläuft teilweise über den Damm der nach dem Krieg stillgelegten Nord-Süd-Eisenbahnstrecke. Später wurde für die durch den Ort verlaufende Bundesstraße noch eine Ortsumgehung gebaut, die heute die neue „Stadtmauer" als Begrenzung der Siedlungsentwicklung darstellt. Gleichzeitig erschließt sie die stark erweiterten Industrie- und Gewerbegebiete zwischen Ortsumgehung und Autobahn. Deutlich erkennbar ist der Neuzuschnitt der landwirtschaftlichen Nutzflächen durch die Flurbereinigung. Die Waldgebiete im Süden sind fast unverändert geblieben.

Ausschnitt aus der Topographischen Karte 1:25 000 – Luftbildkarte, vervielfältigt mit Genehmigung des Landesvermessungsamtes Nordrhein-Westfalen vom 03.07.2000 Nr. 2000 092

ROB 2000

Verdichtete Siedlungsstruktur und Städtesystem

Dichte und Konzentration der Siedlungsstruktur und damit der räumlichen Verteilung der Bevölkerung, Arbeitsstätten und Infrastrukturen prägen das *Städtesystem*. Von der Größe und Zentralität der Siedlungen hängen der Umfang, die Vielfalt und die Erreichbarkeit des Angebotes an Arbeitsplätzen, Gütern, Dienstleistungen und Infrastruktureinrichtungen für den Gesamtraum ab.

Europäisches Städtesystem

Vergleicht man die Siedlungsstruktur Deutschlands mit anderen europäischen Ländern, dann zählt die Bundesrepublik Deutschland mit einer Bevölkerungsdichte von 230 Einwohnern je km² zu den am dichtesten besiedelten Staaten. Mit diesem Wert liegt sie weit über dem Durchschnitt der Europäischen Union (146 Einwohner je

Deutschland hat eines der leistungsfähigsten Netze von Großstädten in Europa

km²). Nur die Niederlande, Belgien und Großbritannien sind dichter besiedelt. Die höhere Einwohnerdichte spiegelt sich auch in einem dichten und leistungsfähigen Netz von Großstädten (>100 000 Einwohner), im Gegensatz zu den vergleichsweise dünner besiedelten Ländern Schweden, Finnland oder Spanien.

Etwa zwei Drittel bis vier Fünftel der Bevölkerung – etwas unterschiedlich von Land zu Land und abhängig von der zugrundeliegenden Definition – leben in Europa in Städten. Um einen Eindruck vom Grad der Polyzentralität der einzelnen nationalen Städtesysteme zu bekommen, sind in nebenstehender Grafik die Einwohnerzahlen der sechs größten Städte des Landes dargestellt. Deutlich lässt sich aus dieser Grafik das polyzentrische Städtesystem Deutschlands ablesen. In Deutschland wohnen nur knapp fünf Prozent der Bevölkerung in der größten Stadt (Berlin); nur etwa zehn Prozent sind in den sechs größten Städten konzentriert. Ähnliche Verhältnisse gibt es auch in anderen europäischen Ländern, z.B. in den Niederlanden, in Italien, in Polen. Eine eher monozentrische, auf eine große Metropole ausgerichtete Struktur weisen dagegen eine Reihe von meist kleineren Staaten auf, u.a. Griechenland (ca. 30 % der griechischen Bevölkerung leben in Athen), Irland (ca. 30 % in Dublin) sowie Dänemark (ca. 25 % in Kopenhagen). Unter den großen Flächenstaaten Europas ist insbesondere Frankreich mit Paris (etwa 15 % der französischen Bevölkerung) in besonderem Maße monozentrisch ausgerichtet.

Das europäische Territorium ist durch große siedlungsstrukturelle und wirtschaftliche Unterschiede gekennzeichnet. Neben dem großräumigen West-Ost-Gefälle in Europa (im wesentlichen zwischen EU-Mitgliedstaaten (zzgl. Schweiz, Norwegen) und den Staaten Mittel- und Osteuropas) gibt es auch innerhalb der Europäischen Union ein deutliches Zentrum-Peripherie-Gefälle. So werden in dem durch die Städte London, Paris, Mailand, München und Hamburg aufgespannten europäischen Kernraum auf ca. 20 % der Fläche des EU-Gebiets von ca. 40 % der EU-Bevölkerung

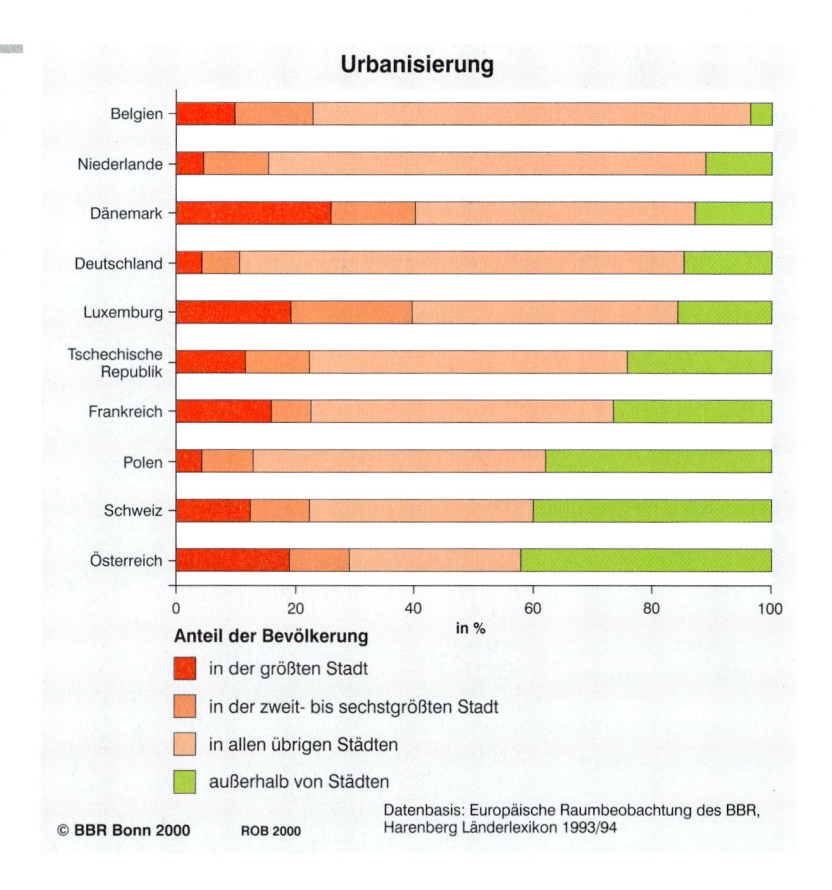

Abbildung 17
Urbanisierung in europäischen Ländern

ca. 50 % des EU-Bruttoinlandsprodukts erwirtschaftet.

Auch die für die Verknüpfung Europas mit der Welt wichtigen großen internationalen Häfen und Flughäfen sind überwiegend in diesem europäischen Kernraum angesiedelt. Im Interesse der Herstellung einer ausgewogeneren Raumstruktur in Europa, der Begrenzung von Überlastungen einzelner zentraler Teilräume und des Setzens von Entwicklungsimpulsen außerhalb der Kernräume wird den Städten und Regionen mit unausgeschöpften Entwicklungspotenzialen besonderes Augenmerk gewidmet. Dies betrifft in besonderer Weise die Weiterentwicklung des europäischen Hafensystems (einschl. der multimodalen Verknüpfung mit anderen Verkehrsträgern), aber auch die Flughäfen und andere „gateway"-Funktionen.

Struktur des deutschen Städtesystems

Die Bundesrepublik Deutschland weist zwar im Verhältnis zu anderen europäischen Staaten wegen der dezentralen räumlichen Verteilung der städtischen Siedlungen eine relativ ausgeglichene Siedlungsstruktur auf. Dennoch gibt es erhebliche Größen- und Bedeutungsunterschiede zwischen den Städten und ihren Verflechtungsräumen.

Großstädte

Die Städte und Stadtregionen nehmen sowohl für ihren großräumigen Einzugsbereich als auch auf nationaler und internationaler Ebene z.T. bedeutsame Dienstleistungs- und Verwaltungsfunktionen wahr. Im Zuge der Globalisierung – vor allem in wirtschaftlicher Hinsicht – stellen in europa- und weltweite Verflechtungen eingebundene Städte und Stadtregionen wie Berlin, Hamburg, München, Stuttgart, Rhein-Main und Rhein-Ruhr nationale und internationale *Metropolen und Metropolregionen* dar. Diese Regionen sind bedeutende Motoren der gesellschaftlichen, wirtschaftlichen, sozialen und kulturellen Entwicklung, die die Leistungs- und Konkurrenzfähigkeit Deutschlands und Europas erhalten und dazu beitragen, den europäischen Integrationsprozess zu beschleunigen.

Die bundesweite Verteilung von *Metropolfunktionen* auf mehrere Städte und Stadtregionen entspricht dem Charakter der dezentralen Raum- und Siedlungsstruktur

> **Metropolfunktionen auf mehrere Großstädte verteilt**

in Deutschland. Sie spiegelt die föderale Struktur der Bundesrepublik Deutschland wider. Die Metropolen stellen keine zusätzliche Stufe zum bestehenden System der

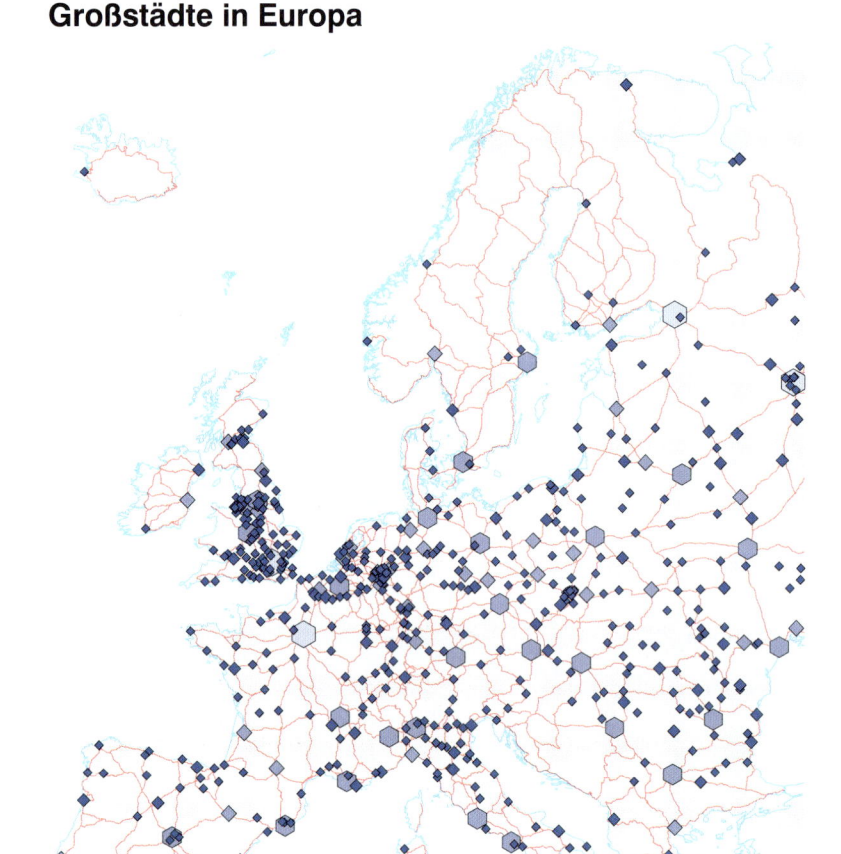

Großstädte in Europa

Städte nach Einwohnerzahl 1995

- 5 000 000 und mehr
- 1 000 000 bis unter 5 000 000
- 500 000 bis unter 1 000 000
- 300 000 bis unter 500 000
- 100 000 bis unter 300 000

— ausgewählte europäische Fernstraßen

Datenbasis: Eurostat/GISCO

Karte 25
Die Karte zeigt die räumliche Verteilung der Großstädte mit mehr als 100 000 Einwohnern in Europa. Sie konzentrieren sich im mitteleuropäischen Kernraum zwischen Norditalien und England. Außerhalb dieses Kernraumes ist in Osteuropa die Dichte der Millionenstädte höher als in Westeuropa.

Zentralen Orte dar, sondern sind vielmehr eine Ergänzung hinsichtlich einiger herausragender internationaler Raumfunktionen. Sie zeichnen sich aus durch ihre große Bedeutung als Zentren der internationalen Kommunikation, durch einen hohen Grad der Bündelung und Vernetzung der großräumig bedeutsamen Verkehrsinfrastrukturen. Verkehrsknotenpunkte der hochrangigsten Fernverkehrsinfrastruktur, Häfen und Flughäfen, Messen und Ausstellungen, Headquarterfunktionen aus Wirtschaft, Handel, Banken und Versicherungen, Angebote an hochrangigen Kultur- und Bildungsstätten, Produktionsstätten von Presse, Fernsehen und Medien sind in Deutschland relativ gleichmäßig auf mindestens ein halbes Dutzend hochrangiger Zentren verteilt, zwischen denen sich Spezialisierungen herausgebildet haben. Einzelne dieser Funktionen werden auch in einer Reihe kleinerer Zentren angeboten.

Polyzentrale und monozentrische Agglomerationsräume

Ein herausragendes Kennzeichen der dezentral konzentrierten Siedlungsstruktur in Deutschland sind die ausgeprägten funktionalen Unterschiede der einzelnen Städte und die damit verbundenen räumlichen Verflechtungen und Abhängigkeiten. Durch Verbesserung der großräumigen Erreichbarkeitsverhältnisse und die damit einhergehende Ausweitung der Einzugsbereiche der großen Stadtregionen sind zwischen den großen Städten und Verdichtungsräumen vielfältige Beziehungen und auch räumliche Überlappungs- und Übergangsbereiche entstanden. Aus sozioökonomischer und funktionaler Sicht stellt das städtische Siedlungssystem ein eng vernetztes, polyzentrisches Gefüge von Städten und ihren jeweiligen Einzugsbereichen dar, in das die ländlichen Räume wirtschaftlich, sozial und kulturell mehr oder weniger stark eingebunden bzw. integriert sind. Unterscheiden kann man dabei *monozentrisch strukturierte Agglomerationsräume* wie München, Hamburg und Berlin von *polyzentrisch strukturierten Agglomerationsräumen* wie dem Rhein-Ruhr-Gebiet. Dort gibt es nicht nur eine überragende Stadt, sondern mehrere gleichrangige Großstädte.

Während sich z. B. in dem monozentrisch strukturierten Agglomerationsraum Berlin die Einrichtungen mit zentralörtlichen Funktionen auf relativ wenige Ober- und Mittelzentren, vor allem aber auf das dominante Oberzentrum Berlin konzentrieren, verfügt das Rhein-Ruhr-Gebiet über ein wesentlich dichteres Netz an leistungsfähigen, gleichwertigen Zentren auf allen Ebenen. Diese Ober- und Mittelzentren haben zudem vielfach eine wesentlich größere Einwohnerzahl als die Oberzentren außerhalb Berlins. Weil sich im Rhein-Ruhr-Gebiet die zentralörtlichen Funktionen auf eine erheblich größere Städtezahl verteilen, sind die Einzugsbereiche der einzelnen Zentren kleiner als der von Berlin. Das

Gateway-Funktion europäischer Städte

Von europäischen Flughäfen in Direktflügen erreichbare Ziele außerhalb Europas

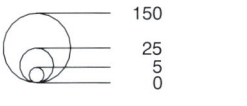

150
25
5
0

Anmerkung: Berücksichtigt wurden nur Flughäfen mit insgesamt mehr als fünf in Direktflügen erreichbaren Zielen.

Datenbasis: Laufende Raumbeobachtung des BBR, OAG Market Analysis Data 1998

Karte 26
Die großen internationalen Flughäfen sind die Tore in die Welt (gateways). Anhand der Anzahl der Direktflüge zu Zielen außerhalb Europas als Indikator stellt die Karte die Bedeutung der Städte für die weltweiten Verknüpfungen, die Gateway-Funktion, dar. Diese konzentrieren sich auf den engeren mitteleuropäischen Zentralraum zwischen London, Amsterdam, Frankfurt, Paris und Brüssel.

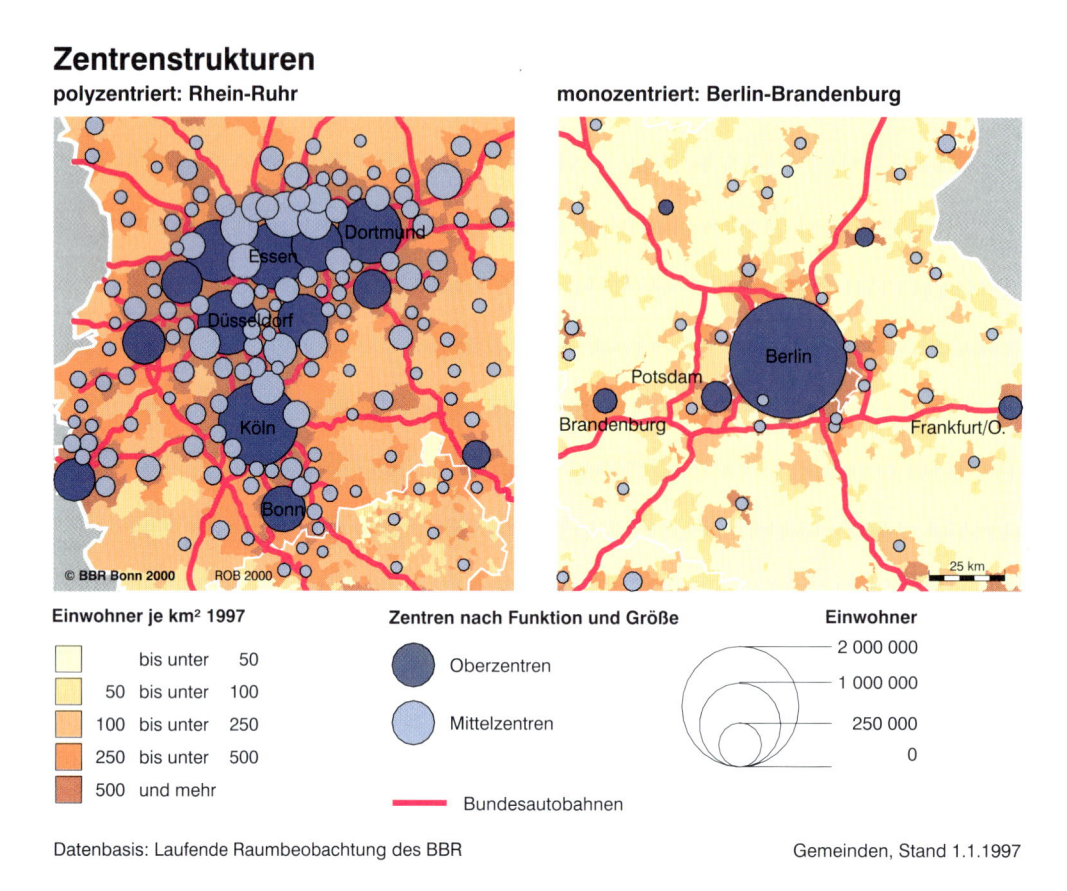

Zentrenstrukturen
polyzentriert: Rhein-Ruhr **monozentriert: Berlin-Brandenburg**

Einwohner je km² 1997
- bis unter 50
- 50 bis unter 100
- 100 bis unter 250
- 250 bis unter 500
- 500 und mehr

Zentren nach Funktion und Größe
- Oberzentren
- Mittelzentren
- Bundesautobahnen

Einwohner
- 2 000 000
- 1 000 000
- 250 000
- 0

Datenbasis: Laufende Raumbeobachtung des BBR — Gemeinden, Stand 1.1.1997

Karte 27
Die Gegenüberstellung der Zentrenstrukturen im Rhein-Ruhr-Gebiet mit dem Berliner Raum zeigt sehr deutlich die Dominanz des Berliner Zentrums in einem relativ gering verdichteten Umland ohne größere Zentren und die dichte und gestufte Struktur der Zentren im Rhein-Ruhr-Gebiet ohne dominantes Zentrum.

Rhein-Ruhr-Gebiet ist im Vergleich zur Region Berlin infolge des höheren Verstädterungsgrades wesentlich dichter besiedelt und stärker durch Verkehrsinfrastruktur zerschnitten. Infolge dessen gibt es hier auch – im Vergleich zum Berliner Umland – weniger zusammenhängende Freiräume. Das starke Stadt-Land-Gefälle, wie man es in der Region Berlin findet, gibt es im Rhein-Ruhr-Gebiet nicht. Die gemeinsame Landesplanung der Länder Berlin und Brandenburg setzt deshalb über das Konzept der Dezentralen Konzentration auf eine gezielte Stärkung und Entwicklung ausgewählter zentraler Orte rund um die Metropole Berlin, wie z.B. Brandenburg, Cottbus, Eberswalde, Frankfurt/Oder, Neuruppin oder Potsdam.

In jedem Staat stellen die Städte und Stadtregionen in vielerlei Hinsicht die Brennpunkte der Entwicklung dar. Hier ist die Vielfalt der Lebensformen größer; soziale Integrationsbemühungen finden hier bessere Voraussetzungen, wenngleich sich auch soziales Konfliktpotenzial in den Städten stärker ausprägt. Die städtischen Wirtschaftsstrukturen befinden sich in einem kontinuierlichen Wandel. Während bis in die 60er Jahre industriell geprägte Städte kennzeichnend für das Bild des Siedlungssystem waren, sind es heute – bedingt durch den starken Strukturwandel der letzten Jahrzehnte – weitgehend Zentren mit hochrangigen Dienstleistungs- und Verwaltungsaufgaben, die das Gesamtbild prägen. Dieser Strukturwandel vollzog sich aber nicht gleichzeitig. Zu verschieden waren und sind die Ausgangsbedingungen. Entsprechend unterschiedlich gestaltete sich in den einzelnen Stadtregionen das Verhältnis von Dienstleistungsfunktionen zur industriellen Produktion. Neben Dienstleistungsregionen, in denen der tertiäre Sektor bereits eindeutig dominiert (Frankfurt, Wiesbaden, Oldenburg) gibt es nach wie vor Industrieregionen (Stuttgart, Bielefeld, Ingolstadt), in denen der sekundäre Sektor dem tertiären Sektor, gemessen am Beschäftigtenanteil, zumindest ebenbürtig ist. Daneben gibt es Dienstleistungsregionen mit einem starken Industriekern (Dortmund, Nürnberg, Regensburg) in denen zwar der tertiäre Sektor überwiegt, aber auch der sekundäre Sektor noch immer einen Großteil der Arbeitsplätze stellt.

Raumordnerische Funktionszuweisungen im städtischen Siedlungssystem

Da die Städte, je nach Größe und Zentralität, immer auch Funktionen für ihr näheres bzw. weiteres Umland übernehmen, ist die Zuweisung solcher zentraler Funktionen ein klassisches Instrument der Raumordnung. Bundesweit flächendeckend sind nach einheitlichen Kriterien gemeinsam von Bund und Ländern *Verdichtungsräume* abgegrenzt und das *Zentrale-Orte-System* entwickelt worden. Die Festlegungen sind Bestandteil der Landesentwicklungspläne und -programme und werden ständig aktualisiert.

Verdichtungsräume

Zur Absicherung einer Raumstruktur, die ein ausgewogenes Verhältnis von Verdichtungsräumen und ländlichen Räumen aufweist, grenzte der Hauptausschuss der MKRO am 7.9.1993 gemeinsam mit den Ländern die Verdichtungsräume ab. Dieser Abgrenzung wurden die Indikatoren *Siedlungsdichte* (Einwohner je km² Siedlungsfläche ohne Verkehrsfläche 1987/85) und *Siedlungsflächenanteil* (Siedlungs- und Verkehrsfläche in Prozent der gesamten Gemarkungsfläche 1985) zugrunde gelegt. Eine wesentliche Voraussetzung für die Ausweisung war zudem, dass der Verdichtungsraum in der Regel mehr als 150 000 Einwohner in einem zusammenhängenden Gebiet aufweist. Die sich in den neuen Ländern vollziehende Suburbanisierung und der rasche Strukturwandel könnten hier allerdings eine baldige Aktualisierung notwendig machen.

Nach dieser Abgrenzung lebte 1997 fast die Hälfte der Bevölkerung Deutschlands in Verdichtungsräumen. In den neuen Ländern sind es mit 45 % etwas weniger als im Westen mit 51 %. In Bezug auf die zentralen Indikatoren „Siedlungsdichte" und

Die Hälfte der Bevölkerung lebt in Verdichtungsräumen

„Anteil der Siedlungs- und Verkehrsfläche" zeigen sich ebenfalls keine gravierenden Unterschiede zwischen den alten und neuen Ländern. Während die Siedlungsdichte in den ostdeutschen Verdichtungsräumen mit 1 100 Einwohnern je km² Siedlungsfläche etwas höher als in den alten Ländern

Verdichtungsräume

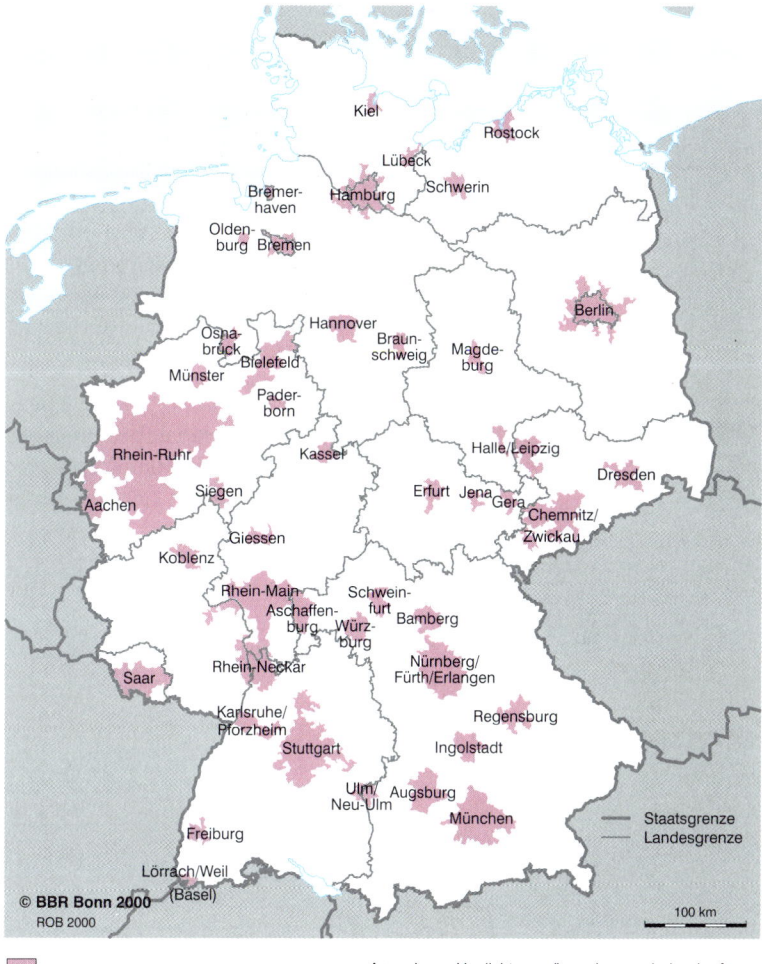

Anmerkung: Verdichtungsräume in gemeindescharfer Abgrenzung gemäß Beschluß des Hauptausschusses der Ministerkonferenz für Raumordnung vom 7.9.1993, angeglichen an den Stand der Verwaltunggrenzen vom 31.12.1998.

Datenbasis: Laufende Raumbeobachtung des BBR, Angaben der Länder

Gemeinden, Stand 31.12.1998

Karte 28
Die Karte zeigt die räumliche Verteilung und Ausdehnung der Verdichtungsräume im Bundesgebiet. Abgrenzungskriterien sind die Siedlungsdichte und der Siedlungsflächenanteil an der Gesamtfläche. Der wesentlich höhere Verdichtungsgrad der Siedlungsstruktur der alten Länder wird deutlich.

ausfällt, liegt der Siedlungs- und Verkehrsflächenanteil im Westen mit 30 % knapp über dem ostdeutschen Vergleichswert mit 29 %. Die Verdichtungsräume sind also bundesweit vergleichbar.

Zentrale Orte

Grundlegend und prägend für das städtische Siedlungssystem Deutschlands sind die von der Landesplanung ausgewiesenen *Zentralen Orte*. Je nachdem, welche Funktion eine Gemeinde in diesem *Zentrale-Orte-System* wahrnimmt, übernimmt sie für die Bevölkerung ihres Verflechtungsbereiches mehr oder weniger umfangreiche Versorgungs- und/oder Verwaltungsaufgaben im sozialen, kulturellen und wirtschaftlichen Bereich. Auf höchster Stufe sind es Oberzentren, in der Regel Städte mit mehr als 100 000 Einwohnern. Mittelzentren, in der Regel Städte mit einer Einwohnerzahl von 20 000 bis 100 000 Einwohnern, erfüllen wichtige Funktionen in der regionalen Versorgung mit Arbeitsplätzen und Verbrauchsgütern für den kurz- und mittelfristigen Bedarf. In den ländlichen Räumen sind vor allem Unterzentren bzw. Kleinzentren, in der Regel Kleinstädte für die Grundversorgung der Bevölkerung wichtig.

In den Oberzentren, die in der Regel mit den größeren, überregional bedeutsamen Wirtschafts- und Arbeitsmarktzentren identisch sind, konzentriert sich der größte Teil der Bevölkerung und das größte Spektrum an überregionalen Versorgungs- und Dienstleistungen. Von den ca. 82 Mio. Einwohnern Deutschlands lebten 1997 fast ein Drittel in einer Großstadt oder einem Ober-

Ein Drittel der deutschen Bevölkerung lebt in einem Oberzentrum

zentrum. Diese zentrenorientierte räumliche Verteilung der Bevölkerung ist ein deutlicher Hinweise auf die ausgeprägte dezentrale städtische Siedlungsstruktur Deutschlands, die zugleich einen wesentlichen Faktor des „Standortes Deutschland" ausmacht.

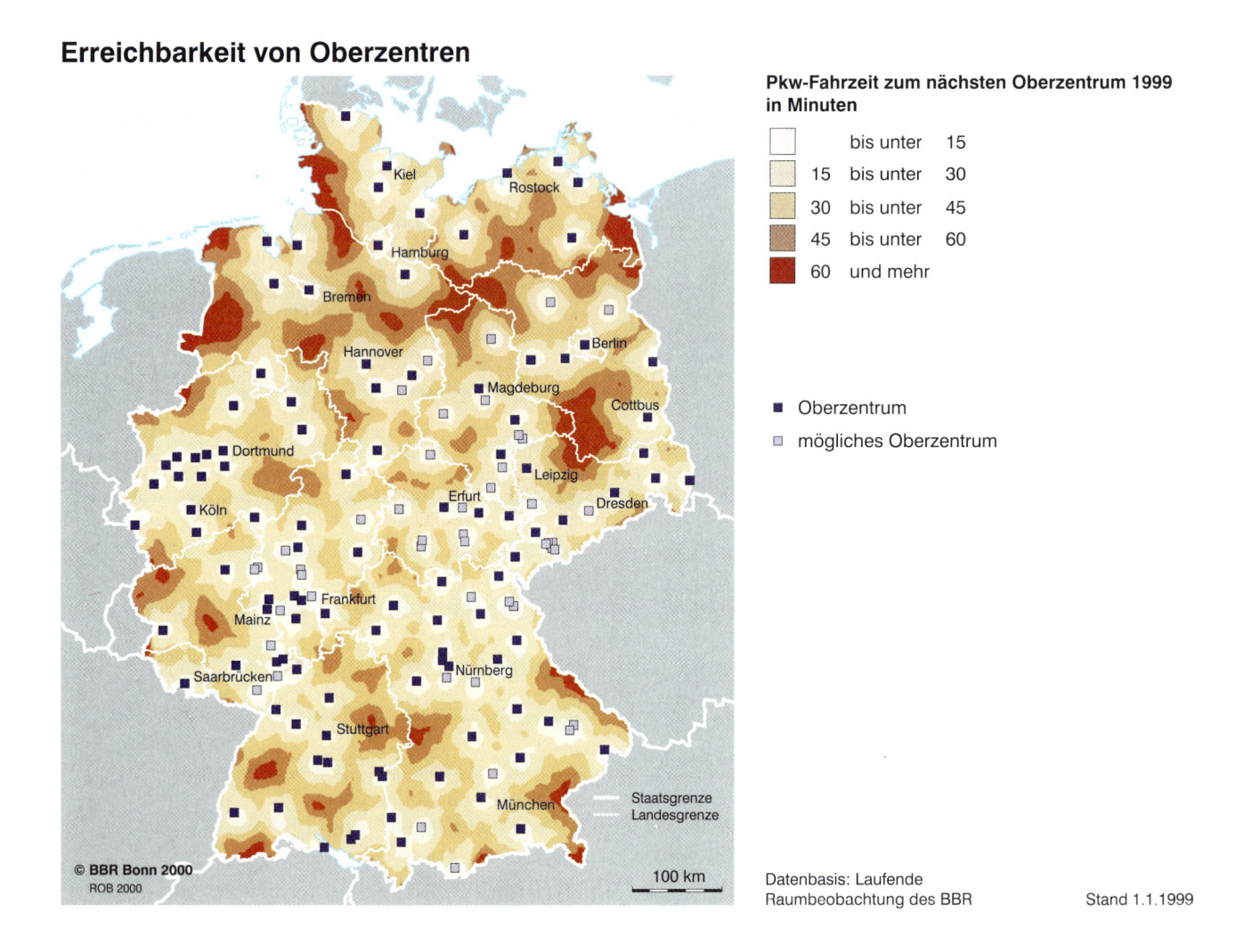

Erreichbarkeit von Oberzentren

Pkw-Fahrzeit zum nächsten Oberzentrum 1999 in Minuten
- bis unter 15
- 15 bis unter 30
- 30 bis unter 45
- 45 bis unter 60
- 60 und mehr

■ Oberzentrum
□ mögliches Oberzentrum

Datenbasis: Laufende Raumbeobachtung des BBR
Stand 1.1.1999

Karte 29
Die Erreichbarkeit der Oberzentren bestimmt den Verflechtungsbereich der überörtlichen Versorgungsfunktionen der Oberzentren. Ziel der Raumordnung ist, dass jeder Bürger innerhalb 45 Minuten ein Oberzentrum erreicht.

West-Ost-Unterschiede im städtischen Siedlungssystem

Zwischen den Regionen Deutschlands gibt es in Bezug auf „Verdichtung" und „Verstädterung" aber beachtliche Unterschiede. Diese äußern sich u. a. in West-Ost-Disparitäten zwischen den alten und neuen Ländern. Die Unterschiede zwischen den alten und neuen Ländern sind dabei nicht nur eine Folge der jahrzehntelangen Teilung Deutschlands. Es gab sie zum Großteil auch schon vor dem Zweiten Weltkrieg.

Generell läßt sich feststellen, dass die siedlungsstrukturellen Unterschiede innerhalb der neuen Länder stärker als innerhalb der alten Ländern ausgeprägt sind. Während in den alten Ländern auf einem Quadratkilometer im Durchschnitt 260 Einwohner leben, sind die neuen Länder mit 161 Einwohnern je km² weit weniger dicht besiedelt. Vor allem die nördlichen Regionen der neuen Länder weisen sehr geringe Einwohnerdichten bis zu 60 Einwohner je km² auf.

Gebietsreform in den neuen Ländern

Mit der Deutschen Einheit erweiterte sich durch die neuen Länder die Zahl der Kreise um 215 (189 Landkreise und 26 Stadtkreise) und die der Gemeinden um 7 612. Um die wirtschaftliche und administrative Leistungsfähigkeit der Kreise und Gemeinden im Rahmen der Selbstverwaltungsaufgaben zu stärken, mussten die Gebietsstrukturen

Kaum Auswirkungen der Gebietsreform in den neuen Ländern auf Gemeindegrößenstruktur

des früheren zentralistischen Verwaltungssystems der DDR nachhaltig reformiert werden. Ab 1992 wurden deshalb Gebietsreformen durchgeführt, deren Umsetzung in Verwaltungsakte bis heute andauert. Als Ergebnis der Gebietsreformen haben sich bis 1998 die Zahl der Kreise auf 112 und die der Gemeinden auf 5718 reduziert.

Durch die *Gemeindegebietsreform* hat die Zahl der Gemeinden seit 1992 insgesamt abgenommen. Je nach Bundesland zeigen sich jedoch deutliche Unterschiede. In den Ländern Sachsen und Thüringen waren die Abnahmen am stärksten. Hier hat sich die Zahl der Gemeinden nahezu halbiert. Demgegenüber haben die Länder Mecklenburg-Vorpommern und Sachsen-Anhalt kaum Reformen auf der Gemeindeebene durchgeführt. In Brandenburg setzt erst 1996 eine neue Entwicklung ein. Die durchschnittliche Gemeindegröße hat sich – trotz der umfassenden Reformen – jedoch nicht grundsätzlich geändert. So lag die durchschnittliche Gemeindegröße in den neuen Ländern auch 1997 mit ca. 2 500 Einwohnern weit unter dem westdeutschen Vergleichswert von ca. 7 500 Einwohnern. In den alten Ländern weisen nur Rheinland-Pfalz und Schleswig-Holstein vergleichsweise kleine Gemeinden auf. Die Klasse der Gemeinden bis zu einer Größe von 1 000 Einwohnern hat sich zwar am stärksten verringert. Sie bildet jedoch – nach wie vor – die bei weitem am stärksten besetzte Gruppe.

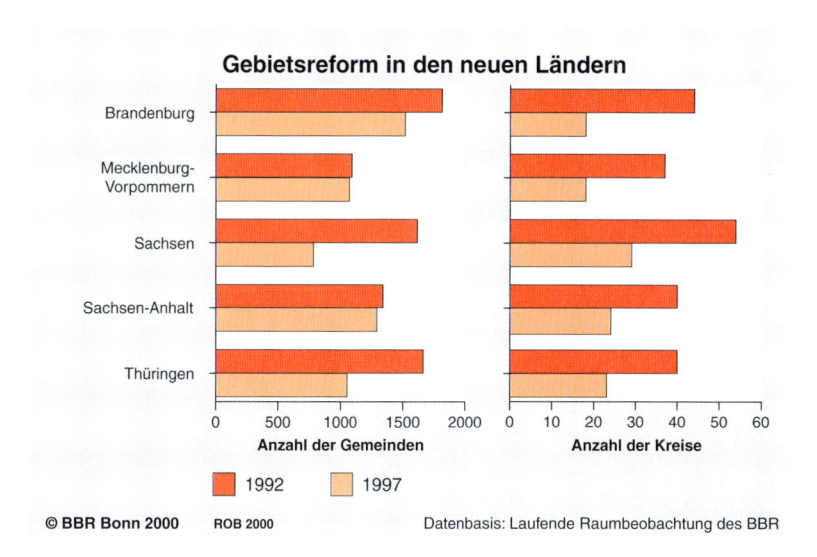

Spätestens seit 1995 kann die *Kreisgebietsreform* in den neuen Ländern als abgeschlossen gelten. Insgesamt hat sich die Zahl der Kreise seit 1992 in etwa halbiert. Die Kreisgebietsreform wurde in Brandenburg bereits 1993, in den übrigen neuen Ländern 1994 durchgeführt. Einen Sonderfall stellt Thüringen dar, wo im Jahr 1997 noch die kreisfreie Stadt Eisenach ausgegliedert wurde. Anders als bei der Gemeindereform sind Brandenburg und Mecklenburg-Vorpommern bei der Kreisreform am weitesten gegangen. Die Zahl der Kreise wurde hier am stärksten reduziert. Die kleinsten Kreise sowohl hinsichtlich der Fläche und der Bevölkerungszahl befinden sich in Sachsen und Sachsen-Anhalt. Im Unterschied zur Gemeindereform haben sich durch Zusammenlegung von Kreisen und Teilen von Kreisen die Einwohnergrößen sehr stark homogenisiert. So sind die – ehemals stark besetzten – Größenklassen

Abbildung 18
Auswirkungen der Gebietsreform in den neuen Ländern; Änderung der Anzahl von Kreisen und Gemeinden

der bevölkerungsschwachen Kreise bis 50 000 Einwohner nahezu verschwunden. Die durchschnittliche Größe der Kreise hat sich auf ca. 130 000 Einwohner fast verdoppelt.

Änderung der Größenstruktur von Gemeinden

1992: Mittelwert: 1912 Einwohner je Gemeinde
1997: Mittelwert: 2463 Einwohner je Gemeinde

Änderung der Größenstruktur von Kreisen

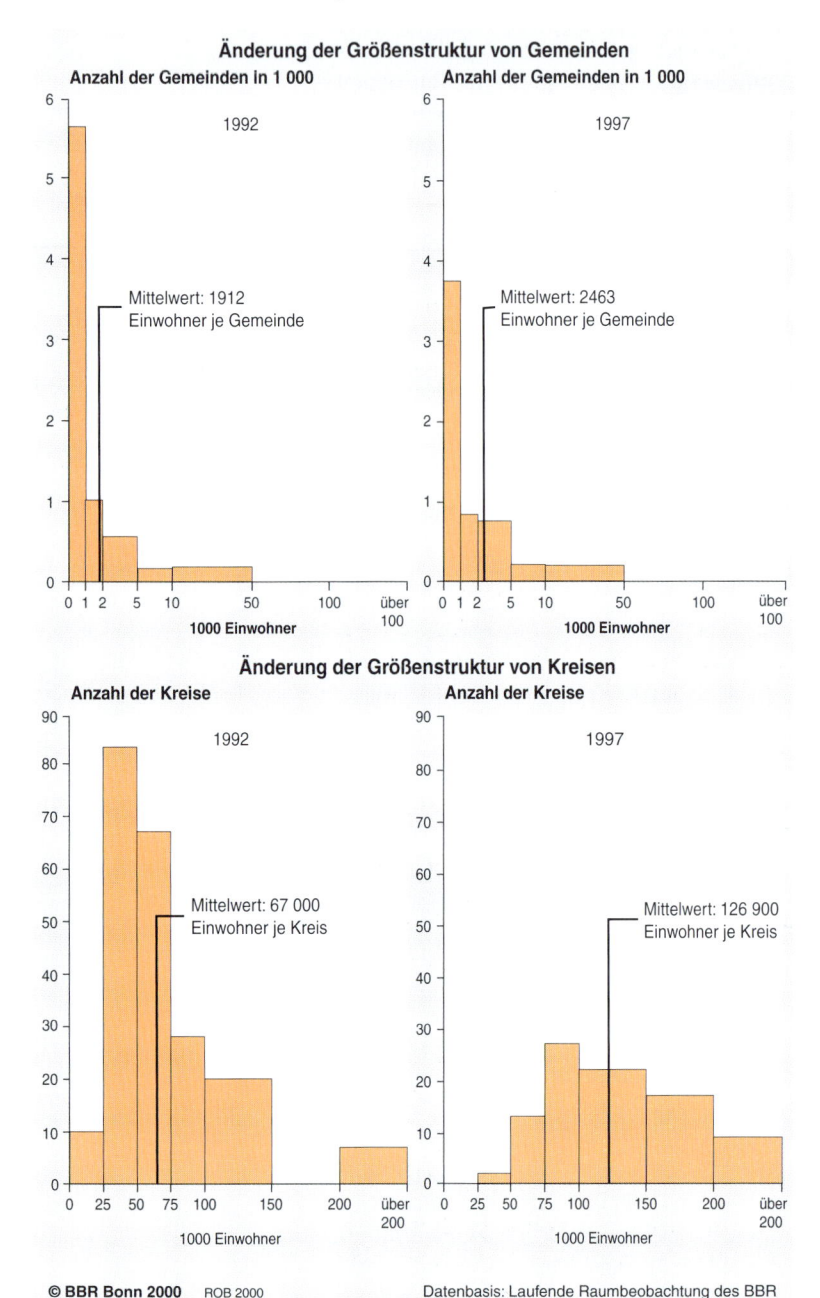

1992: Mittelwert: 67 000 Einwohner je Kreis
1997: Mittelwert: 126 900 Einwohner je Kreis

© BBR Bonn 2000 ROB 2000 Datenbasis: Laufende Raumbeobachtung des BBR

Abbildung 19
Auswirkungen der Gebietsreform in den neuen Ländern; Änderung der Größenstruktur von Kreisen und Gemeinden

Aktueller Suburbanisierungsprozess

In den 90er Jahren ist in Deutschland ein ungebremster flächenhafter kleinräumiger Verstädterungsprozess zu beobachten. Innerhalb der Agglomerationen und verstädterten Räume konzentrieren sich die Bevölkerungs- und Arbeitsplatzgewinne weiter allein auf das Umland der Kernstädte. Getragen wird der Verstädterungsprozess vor allem von der anhaltenden Arbeitsplatzsuburbanisierung. Bei den Arbeitsplätzen fällt der Bedeutungsverlust der Kernstädte bzw. der Bedeutungsgewinn des Umlandes (Veränderung regionaler Anteile in Prozentpunkten) im Vergleich zur Bevölkerung noch viel stärker aus.

Im Rahmen des eher kontinuierlichen Verlaufs der Suburbanisierung, des Verstädterungsprozesses, sind in den 90er Jahren Trendverstärkungen und -verschiebungen zu beobachten: *Radiuserweiterung, zunehmende Siedlungsdispersion* und eine *zunehmende funktionale Anreicherung der Suburbanisierung.*

Radiuserweiterung

Ein Zeitvergleich (1980–1985 / 1993–1998) zeigt für die alten Länder, dass sich die Gravitationszentren der Verstädterung immer weiter nach außen verlagern und immer weitere ländliche Gebiete umfassen. Gewinner der Entwicklung sind nicht mehr so sehr die verdichteten Kreise im unmittelbaren Umland der Kernstädte, sondern die weniger verdichteten Kreise und vor allem die ländlichen Kreise. Auch im gesamtdeutschen Vergleich ist eine klare, allgemeine Tendenz festzustellen, eine Abnahme der Bevölkerungsverluste von innen nach außen. Zu beobachten ist die starke Abnahme der traditionell angestammten Innenstadtbevölkerung (deutsche Wohnbevölkerung), die sich allerdings in den neuen Ländern im Zeitraffer vollzieht und zudem weit weniger als in den alten Ländern durch Stadtbewohner ohne deutschen Pass ausgeglichen wird.

Zunehmende Siedlungsdispersion

Die Bevölkerungs- und Arbeitsplatzentwicklung in den Agglomerationen verläuft immer disperser, die Arbeitsplatzentwicklung noch ausgeprägter als die Bevölkerungsentwicklung (s. Abb. 21, S. 54). Die Umlandgemeinden ohne zentralörtliche Bedeutung verzeichnen die größte Dynamik. Bevölkerungs- und Arbeitsplatzsuburbanisierung verlaufen relativ unabhängig von siedlungspolitischen Vorstellungen wie etwa dem raumstrukturellen Leitbild der dezentralen Konzentration, nach dem sich die Entwicklung auf Schwerpunkte mit zentralörtlicher Bedeutung konzentrieren sollte.

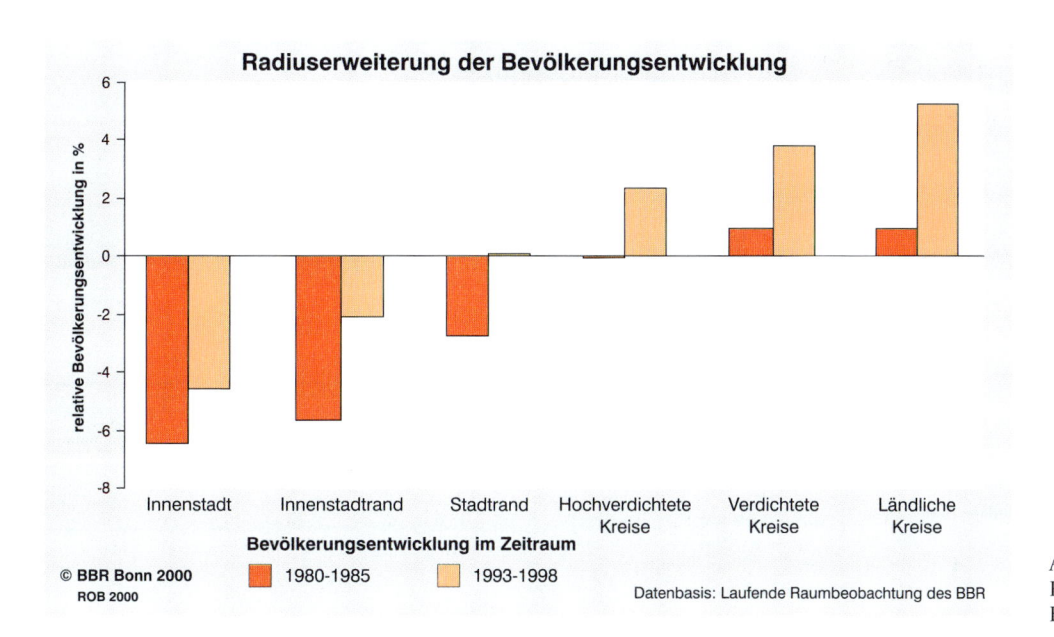

Abbildung 20
Radiuserweiterung der Bevölkerungsentwicklung

Zunehmende funktionale Anreicherung der Suburbanisierung

In jüngster Zeit verstärkten verschiedene technologische, wirtschaftliche und gesellschaftliche Entwicklungen den ohnehin massiven regionalen Trend zur Dezentralisierung von *Produkten, Dienstleistungen* und *Handel*. Damit verbunden ist eine zunehmende funktionale Anreicherung der Suburbanisierung.

Moderne Informationstechniken haben in den letzten Jahren weitreichende Prozess- und Organisationsinnovationen ermöglicht. Sie haben den gesamten Produktionsprozess enorm beschleunigt und gleichzeitig die Bedeutung der Logistik erhöht. Die betriebliche und räumliche Aufspaltung des Produktionsprozesses führt tendenziell zu einer größeren Flächennachfrage. Je mehr die Kernstädte angesichts der Vielzahl der Flächenbedürfnisse bei der Bereitstellung neuer Standorte an ihre Grenzen stoßen und je mehr der zunehmende Straßenverkehr zu einer Selbstblockade des Verkehrs führt, umso mehr zieht es die wirtschaftlichen Aktivitäten an den Stadtrand ins weitere Umland. Man kann eine unvermindert anhaltende starke Suburbanisierung des sekundären Sektors beobachten.

Aber nicht nur Teile des produzierenden Gewerbes, sondern auch Betriebe des tertiären Sektors, von denen man bisher angenommen hatte, dass sie auf die Fühlungsvorteile, Selbstdarstellungsmöglichkeiten und Kundennähe der Kernstädte angewiesen seien, entdecken den suburbanen Raum, das Umland. Hier finden sie auf der Suche nach preisgünstigen, verkehrlich gut angebundenen und arbeitsumfeldattraktiven Büro- und Gewerbeflächen gleichwertige Standorte für sich.

Zu einem Bedeutungswandel der Kernstädte, vor allem ihrer Innenstädte, führt zuvorderst aber der Auszug von Marktfunktionen, der Auszug des Handels. Die Suburbanisierung des Handels ist dabei in den 90er Jahren ungleich stärker als die des sekundären und teritären Sektors, vor allem wiederum in den neuen Ländern. Hat sich im Westen noch eine gewisse Balance zwischen den Innenstädten und großflächigen Einzelhandelseinrichtungen im Außenbereich gehalten, so finden sich im Osten inzwischen mehr als zwei Drittel der Einzelhandelsflächen auf der „grünen Wiese".

Der Suburbanisierungsprozess läuft inzwischen auch in den neuen Ländern auf vollen Touren. Im Vergleich zur Entwicklung in den alten Ländern vollzieht er sich je-

Ostdeutscher Suburbanisierungsprozess läuft phasenverschoben und konzentrierter ab

doch konzentrierter und phasenverschoben. Während die Suburbanisierung in den alten Ländern weitgehend durch die Reihenfolge Wohnen, Einzelhandel, Gewerbe,

54 Teil I – Raumentwicklung

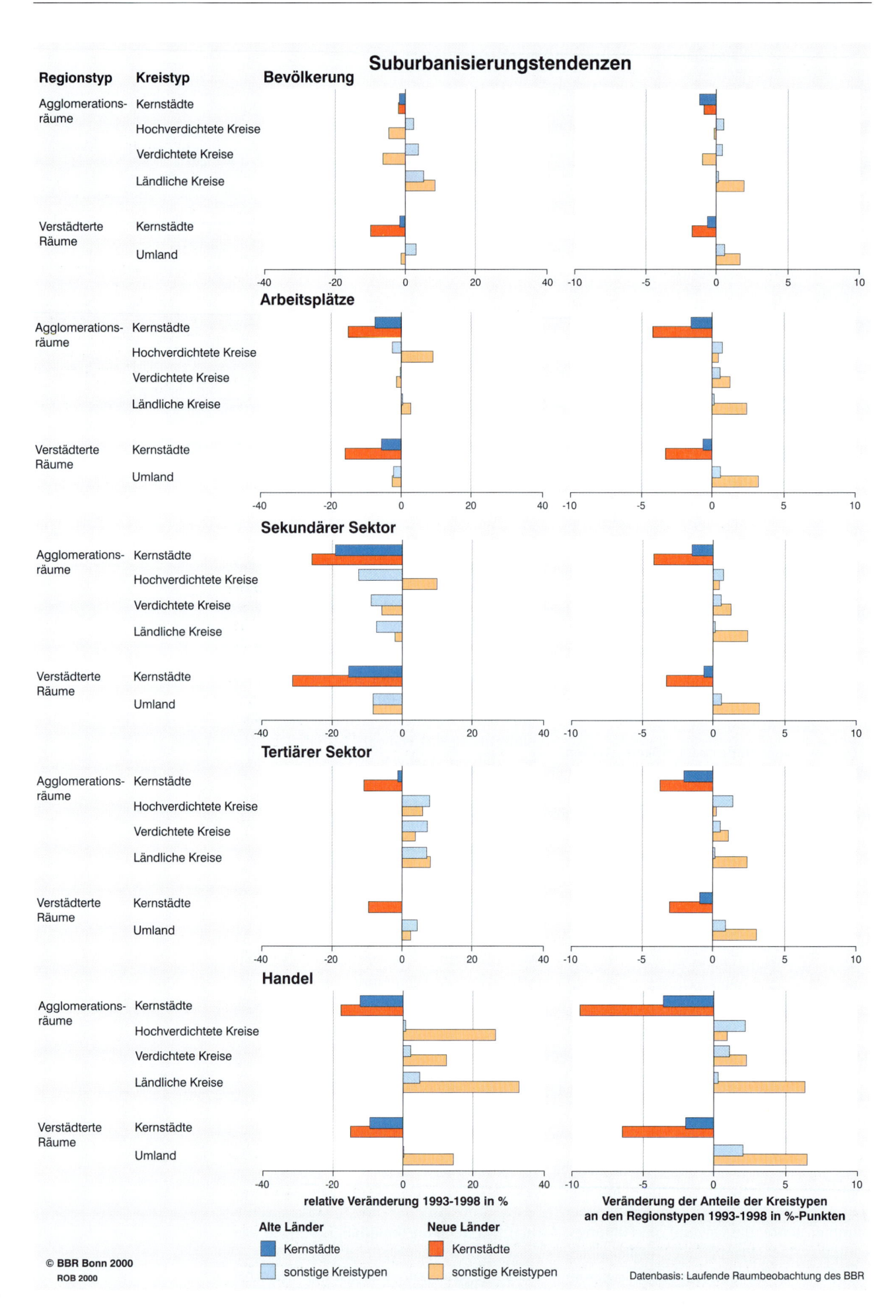

Suburbanisierungstendenzen

Bevölkerung

Regionstyp	Kreistyp
Agglomerations-räume	Kernstädte
	Hochverdichtete Kreise
	Verdichtete Kreise
	Ländliche Kreise
Verstädterte Räume	Kernstädte
	Umland

Arbeitsplätze

Regionstyp	Kreistyp
Agglomerations-räume	Kernstädte
	Hochverdichtete Kreise
	Verdichtete Kreise
	Ländliche Kreise
Verstädterte Räume	Kernstädte
	Umland

Sekundärer Sektor

Regionstyp	Kreistyp
Agglomerations-räume	Kernstädte
	Hochverdichtete Kreise
	Verdichtete Kreise
	Ländliche Kreise
Verstädterte Räume	Kernstädte
	Umland

Tertiärer Sektor

Regionstyp	Kreistyp
Agglomerations-räume	Kernstädte
	Hochverdichtete Kreise
	Verdichtete Kreise
	Ländliche Kreise
Verstädterte Räume	Kernstädte
	Umland

Handel

Regionstyp	Kreistyp
Agglomerations-räume	Kernstädte
	Hochverdichtete Kreise
	Verdichtete Kreise
	Ländliche Kreise
Verstädterte Räume	Kernstädte
	Umland

relative Veränderung 1993-1998 in %
Veränderung der Anteile der Kreistypen an den Regionstypen 1993-1998 in %-Punkten

Alte Länder: Kernstädte, sonstige Kreistypen
Neue Länder: Kernstädte, sonstige Kreistypen

© BBR Bonn 2000
ROB 2000

Datenbasis: Laufende Raumbeobachtung des BBR

Abbildung 21
Suburbanisierungstendenzen in Ost und West

tertiäre Dienste gekennzeichnet ist, dominiert in den neuen Ländern die Reihenfolge Einzelhandel, Gewerbe, Wohnen.

Die treibenden Kräfte dieses nachholenden Prozesses, der jetzt wesentlich intensiver als im Westen abläuft, sind bei den ostdeutschen Unternehmen und Einwohnern vor allem die gestiegene Automobilität, die gestiegenen Flächenansprüche der modernen Produktions- und Betriebsformen, die gestiegenen Ansprüche an das Wohnumfeld der Bevölkerung und die geringeren Bodenpreise im Umland.

Wurde der ostdeutsche Suburbanisierungsprozess anfangs noch durch die ungeklärten Eigentumsverhältnisse, die verstärkt in städtischen Lagen anzutreffen waren, forciert, so verliert dieser Aspekt allmählich an Bedeutung. Die Städte erschließen zunehmend ihre eigenen, z.T. umfangreich vorhandenen Flächenpotenziale für Wirtschafts- und Wohnfunktionen und machen dem suburbanen Raum damit immer wirkungsvoller Konkurrenz. Angesichts rückläufiger, zumindest stagnierender Bevölkerungszahlen wird die Auslastung der neugeschaffenen Kapazitäten inner- und außerhalb der Zentren immer schwieriger.

Weiterführende Literatur:
Siedlungsentwicklung und Siedlungspolitik. Nationalbericht Deutschland zur Konferenz HABITAT II. – Bonn 1996

Bedeutung der großen Metropolregionen Deutschlands für die Raumentwicklung in Deutschland und Europa. Beschluss der Ministerkonferenz für Raumordnung vom 3. Juni 1997. In: Entschließungen der Ministerkonferenz für Raumordnung 1993–1997. – Bonn 1997

Beispiel: Suburbanisierungstendenzen im Raum Leipzig

Suburbanisierungsprozesse haben in Leipzig – wie überall in den neuen Ländern – bis zur Wende nicht stattgefunden. Seit der Wiedervereinigung hat diese Entwicklung aber auch in Leipzig eingesetzt und läuft seitdem im Zeitraffertempo ab.

Die erste Welle –
Verlagerung des Einzelhandels

Begonnen hat alles mit der Errichtung von Einkaufszentren auf der „grünen Wiese". In der Stadtregion Leipzig sind so in relativ kurzer Zeit fünf große Einkaufszentren auf der „grünen Wiese" entstanden, sowie zahlreiche, auf einzelne Standorte verteilte Fachmärkte. Schon die Verkaufsfläche des wohl bekanntesten Einkaufszentrums „Saale-Park" überstieg mit 86 000 m² das 95er Angebot in der Leipziger Innenstadt um ca. 16 000 m². Für die kleinteilige Versorgungsstruktur innerhalb der Stadt hatte diese Entwicklung schwerwiegende Folgen. Weil die Innenstadt durch Restitutionsansprüche, überzogene Mietpreise, ungünstige Ladengrundrisse und hohen Sanierungsbedarf gegenüber der „grünen Wiese" anfangs nahezu chancenlos war, leidet die Stadt Leipzig nun unter einem enormen Kaufkraftabfluss ins Umland. Daher hat die Innenstadt weiterhin Probleme, was sich u.a. an den über lange Zeiträume hinweg leer stehenden Ladenlokalen selbst in attraktiven Citylagen zeigt. Sicher geglaubte Investitionen in neue Kaufhäuser wurden hinausgeschoben oder völlig aufgegeben.

Die zweite Welle – Gewerbegebiete

Anfangs machte nahezu jede Gemeinde in der Stadtregion von ihrem Planungsrecht Gebrauch. Es wurden Gewerbegebiete ausgewiesen, die z.T. in keiner Relation zur Gemeindegröße standen. Insgesamt wurden in der Stadtregion (ohne Stadt Leipzig) knapp 1 600 ha Gewerbeflächen baurechtlich genehmigt. Obwohl die meisten Gemeinden vorrangig eine Ansiedlung von arbeitsplatzintensivem produzierendem Gewerbe anvisierten, gehören die bisher angesiedelten Unternehmen größtenteils Logistik- und Dienstleistungsbranchen an. Die Arbeitsplatzdichten sind im Vergleich zu westdeutschen Verdichtungsräumen extrem niedrig (z.T. weniger als 15 Arbeitsplätze je ha).

Bereits heute zeigt sich, dass die wenigsten der neuen Gewerbegebiete vollständig belegt sind bzw. werden, denn auch die Kernstadt verfügt noch über ungenutzte Potenziale von rd. 1 200 ha.

Die dritte Welle – Wohnbauflächen

Zur kurzfristigen Aktivierung von Investitionen in den neuen Ländern wurden im Fördergebietsgesetz u.a. umfangreiche Steuervergünstigungen für den Neubau von Wohnungen gewährt. Ergebnis ist, dass es nun im Umland von Leipzig erhebliche Überkapazitäten gibt. Ende 1995 lagen für weitere 31 000 Wohneinheiten genehmigte Bebauungspläne vor, die überwiegend auf die Wohnungsnachfrage der Leipziger Bürger abzielten. Der Schwerpunkt des Wohnungsbaus im suburbanen Raum lag bisher eindeutig beim Geschosswohnungsbau. Nur allmählich nehmen die Gemeinden Abstand von der Entwicklung solch großer Wohnanlagen in Randlage und konzentrieren sich stärker auf die Innenentwicklung, für die z.T. beachtliche Potenziale an Brach-, Konversions- und ehemals landwirtschaftlich genutzten Flächen vorhanden sind. In den Umlandgemeinden wird demnach trotz der bereits hohen Wachstumsraten weiterer Wohnraum entstehen.

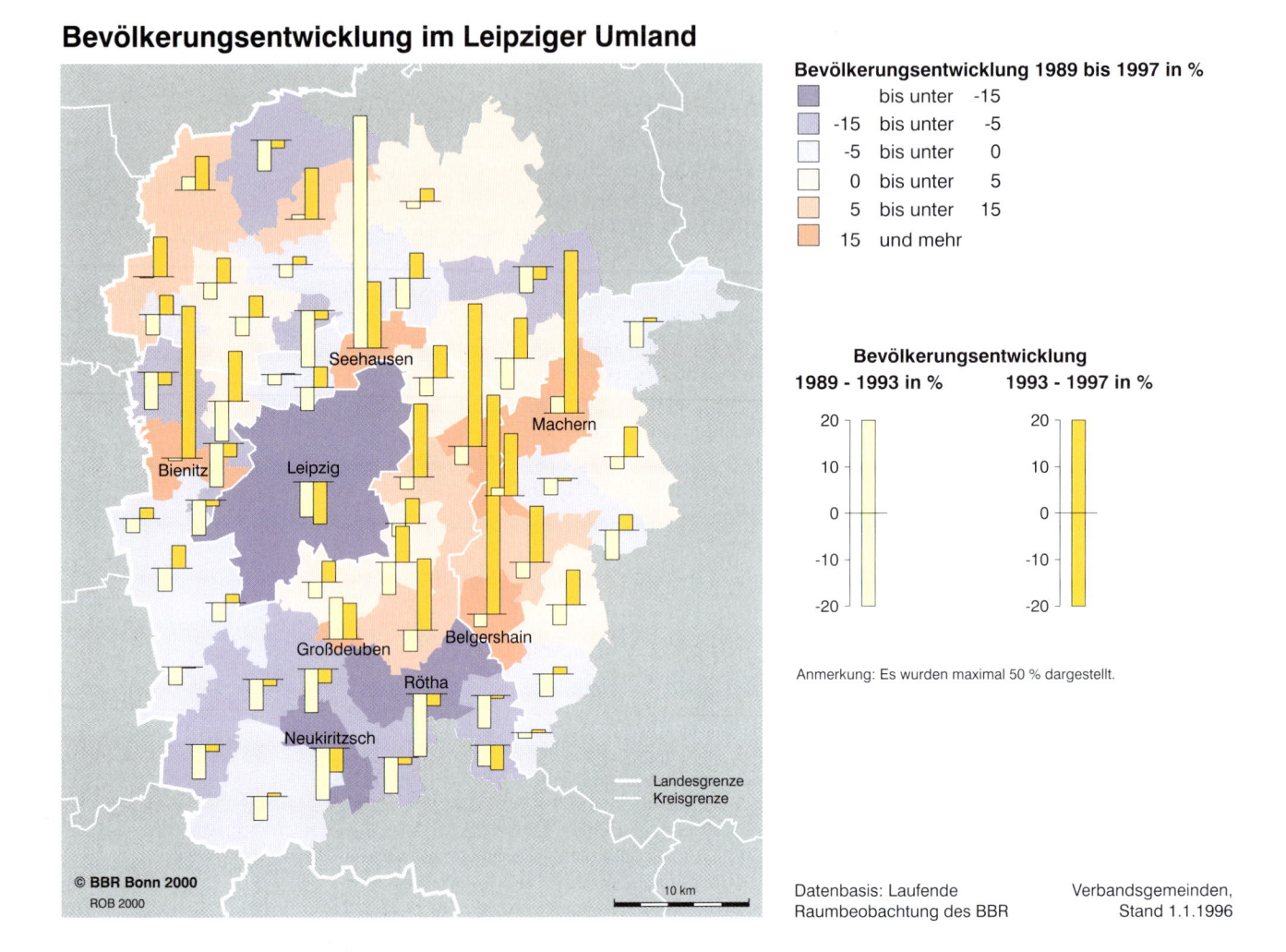

Bevölkerungsentwicklung im Leipziger Umland

Bevölkerungsentwicklung 1989 bis 1997 in %
- bis unter -15
- -15 bis unter -5
- -5 bis unter 0
- 0 bis unter 5
- 5 bis unter 15
- 15 und mehr

Bevölkerungsentwicklung
1989 - 1993 in %   1993 - 1997 in %

Anmerkung: Es wurden maximal 50 % dargestellt.

Datenbasis: Laufende Raumbeobachtung des BBR   Verbandsgemeinden, Stand 1.1.1996

Karte 30
Trotz des generellen Bevölkerungsverlustes der Leipziger Region haben einige Umlandkreise – insbesondere nach 1993 – durch konzentrierten Geschosswohnungsbau neue Bevölkerung hinzugewonnen. Man erkennt die beginnende Suburbanisierung des Leipziger Raumes.

Hinweis:
Die Darstellung des Fallbeispiels basiert auf einer Expertise von Dietmar Bez, Kai Braun und Reinhard Wölpert: Suburbanisierung und Bevölkerungsentwicklung in der Stadtregion Leipzig seit 1990, Expertise für die BfLR 1997

Bevölkerungsentwicklung

Die Einwohnerzahl Leipzigs und der umgebenden Landkreise entwickelte sich schon zu DDR-Zeiten rückläufig. Seit 1989 hat diese Entwicklung jedoch eine Dynamik erreicht, wie sie bisher nur aus den Weltkriegen bekannt war. Allein im Zeitraum von 1989 bis 1997 hat sich die Einwohnerzahl der Stadt Leipzig jährlich um rd. 2 % verringert, was insgesamt einem Rückgang von fast 83 500 Einwohnern entspricht.

Anfangs wurden diese Bevölkerungsverluste Leipzigs hauptsächlich durch die Massenabwanderung in den Westen geprägt. In den folgenden Jahren ging dieses überregionale Abwanderungsdefizit aber kontinuierlich zurück. Mit der Fertigstellung der neuen Wohngebiete setzte die Abwanderung ins Umland ein. Hatte Leipzig 1992 gegenüber den Umlandkreisen noch ein Wanderungsdefizit von lediglich 896 Personen, so stieg dieser Abwanderungsüberschuss bis heute auf rd. das Zehnfache an. Durch den Bau der neuen Wohngebiete im Umland konnten einzelne Gemeinden ihre Einwohnerzahl bis Ende 1997 verdoppeln.

Suburbanisierung als Planungsproblem

Im Ergebnis der bisherigen Suburbanisierungsprozesse hat sich in den Umlandgemeinden Leipzigs, trotz des fehlenden Siedlungsdrucks in der Kernstadt, ein starkes und zugleich ungeordnetes Wachstum entwickelt. Diese Entwicklung, die vor allem zu Lasten der Kernstadt geht, widerspricht allen in den Landesentwicklungs-, Regional- und Flächennutzungsplänen genannten Zielen der Innenentwicklung. Durch die Umverteilungsprozesse innerhalb der Stadtregion entsteht z.B. die paradoxe Situation, dass die Umlandgemeinden Mühe haben, die notwendige soziale Infrastruktur für die sprunghaft steigende Bevölkerung bereitzustellen. Andererseits müssen in Leipzig mangels Nachfrage Kindergärten und Grundschulen geschlossen werden. Die ungebremste Bautätigkeit im Umland von Leipzig erschwert zudem die Entwicklung der Kernstadt selbst. Weil das ohnehin begrenzte Nachfragepotenzial vom Umland absorbiert wird, werden die Baulückenschließung, die Gebäudesanierung und Reaktivierung von Brachflächen in der Stadt Leipzig für Investoren immer uninteressanter.

Siedlungs- und Verkehrskorridore

Die großräumigen, hochverdichteten Siedlungs- und Verkehrskorridore gehören in Europa zu den sich sehr dynamisch entwickelnden Räumen. So beschreibt z.B. die Rhein-Schiene einen großräumigen dynamischen Siedlungs- und Verkehrskorridor, ausgehend von der Randstadt (Niederlande) über Rhein-Ruhr, Rhein-Main und Rhein-Neckar bis nach Basel, der sich besonders dynamisch entwickelt hat.

Siedlungs- und Verkehrskorridore in Europa

Die Herausbildung von Siedlungs- und Verkehrskorridoren ist traditionell und, verstärkt durch die europäische Integration, transnational und grenzübergreifend. Der Rheinkorridor von Rotterdam bis Basel und das Rhonetal, der Kanaltunnel von Lille über London nach Manchester sowie die Achse von Amsterdam über Brüssel nach Paris sind z.B. großräumige Verkehrskorridore, in denen sich hohe Verkehrsanteile auf allen Verkehrsträgern konzentrieren. Sie verbinden stark wachsende Agglomerationsräume mit den besten und leistungsfähigsten Infrastrukturen. Bezogen auf die Reisezeiten sind diese Nord-Süd-Räume immer näher zusammengerückt, was die wirtschaftlichen Agglomerationsvorteile deutlich gesteigert hat. In kleinräumigerem Maßstab haben sich weitere Siedlungs- und Verkehrskorridore in den Benelux-Staaten, in Deutschland und Norditalien in Ost-West-Richtung herausgebildet, die insbesondere über die östlichen Grenzen der EU hinaus deutliche Entwicklungsfunktionen übernehmen werden.

In den europäisch bedeutenden Siedlungs- und Verkehrskorridoren in Nordwesteuropa und am Mittelmeer konzentrieren sich auch die Knotenpunkte für die internationalen Verbindungen zu anderen Erdteilen, die Großflughäfen und Seehäfen. Sie haben „Gateway-Funktionen" für Gesamteuropa. Sie verfügen damit über hervorragende Bedingungen einer regionalen Entwicklungsdynamik, aber haben gleichzeitig alle Nachteile des hohen Siedlungsdruckes und der hohen Belastung durch den Verkehr zu tragen.

Bandartige Siedlungsentwicklung in Deutschland

Als Land mit den meisten Nachbarn in Europa ist Deutschland von der Öffnung der europäischen Märkte und der Zunahme der wirtschaftlichen Verflechtungen innerhalb der europäischen Staaten, aber auch mit den mittel- und osteuropäischen Staaten potenziell besonders betroffen. Es werden Steigerungen des Transportaufkommens bei Gütern und Personen erwartet, die die Belastungsgrenzen der Umwelt und der Verkehrsinfrastruktur überschreiten. Gleichzeitig wird erwartet, dass an den

Höchste Entwicklungsdynamik in Knotenpunkten der europäischen Verkehrsachsen

Knotenpunkten der europäischen Verkehrsachsen durch die verstärkte Wahrnehmung von deren Standortvorteilen Wachstumsimpulse ausgelöst werden. Auch die an den Eckpunkten der Achsen gelegenen Zentren, insbesondere die in Mittel- und Osteuropa gelegenen, sowie viele kleinere Städte und Regionen zwischen den großen Knotenpunkten rechnen sich Wachstumsimpulse durch die zunehmende Vernetzung im europäischen Integrationsprozess aus.

Neben den großen, monozentrischen Siedlungsräumen in Deutschland entwickeln sich – immer stärker – bandartige Siedlungsstrukturen. Gute Erreichbarkeit bzw. die Lage an einer der europäischen Verkehrsachsen sind nach wie vor für viele Unternehmen wichtige Standortkriterien, um in räumlich größeren Märkten agieren zu können. Da alle größeren Verdichtungsräume in die großräumig bedeutsamen Verkehrsnetze eingebunden sind, werden die „Zwischenräume" entlang der Verkehrsachsen als gut erreichbare Standorte auch zum Wohnen immer attraktiver. Die Siedlungs- und Verkehrskorridore dehnen sich daher flächig in immer größer werdenden Einzugsgebieten aus (siehe Beispiel: Verdichtungsraum Rhein-Main-Neckar als Teilraum des europäischen Siedlungs- und Verkehrskorridors „Rheinschiene", S. 59).

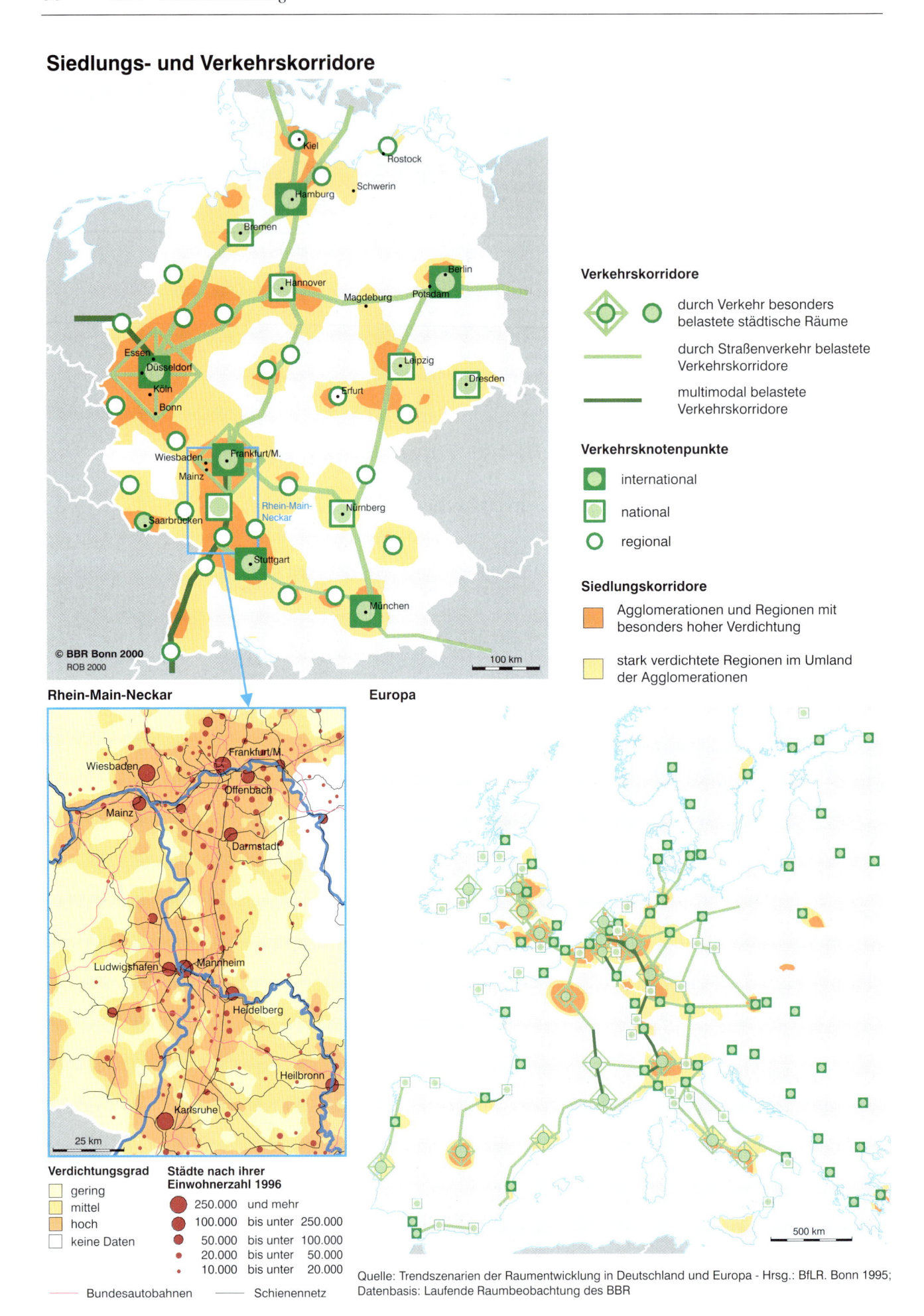

Siedlungs- und Verkehrskorridore

Verkehrskorridore
- durch Verkehr besonders belastete städtische Räume
- durch Straßenverkehr belastete Verkehrskorridore
- multimodal belastete Verkehrskorridore

Verkehrsknotenpunkte
- international
- national
- regional

Siedlungskorridore
- Agglomerationen und Regionen mit besonders hoher Verdichtung
- stark verdichtete Regionen im Umland der Agglomerationen

Rhein-Main-Neckar

Verdichtungsgrad
- gering
- mittel
- hoch
- keine Daten

Städte nach ihrer Einwohnerzahl 1996
- 250.000 und mehr
- 100.000 bis unter 250.000
- 50.000 bis unter 100.000
- 20.000 bis unter 50.000
- 10.000 bis unter 20.000

— Bundesautobahnen
— Schienennetz

Europa

Quelle: Trendszenarien der Raumentwicklung in Deutschland und Europa - Hrsg.: BfLR. Bonn 1995; Datenbasis: Laufende Raumbeobachtung des BBR

Karte 31
Die Karte zeigt Siedlungs- und Verkehrskorridore in Deutschland sowie im regionalen und europäischen Maßstab. In den ausgewiesenen Räumen und Korridoren konzentriert sich der großräumig bedeutsame Fernverkehr. Sie verfügen durch beste Infrastrukturen über hervorragende Entwicklungsvoraussetzungen, müssen aber auch besondere Belastungen für den Gesamtraum tragen.

Siedlungs- und Verkehrskorridore als raumordnerisches Dilemma

Die Siedlungs- und Verkehrskorrdiore stellen durch die Bündelung von großräumig bedeutsamen Versorgungslinien aus raumordnerischen Gesichtspunkten erwünschte Konzentrationen dar, insbesondere um die verbliebenen Freiräume an anderer Stelle zu bewahren. Die Vorteile, die durch eine Konzentration in Verkehrskorridoren und anderen Regionen erreicht werden könnten, werden aber durch die enormen Belastungen und Konflikte in den Korridorräumen konterkariert.

Die negativen Effekte weiteren Wachstums von Verkehrs- und Siedlungsentwicklung in diesen Korridoren liegen auf der Hand und sind vielfach beschrieben worden. Ver-

Höchste Belastungen und Nutzungskonflikte in Korridorräumen

kehrsbelastungen ergeben sich sowohl durch die hier stark gebündelte Verkehrsinfrastruktur (Flächeninanspruchnahme, Zerschneidungseffekte aufgrund der Netzdichte) als auch durch die Emissionen aus dem Fahrzeugbetrieb von Pkw und Lkw und führen zu Belastungen der Luft und des Bodens sowie zu Lärmemissionen.

Die Freiflächen geraten durch die Ausdehnung der Siedlungsflächen immer mehr unter Druck. Die Boden- und Mietpreise steigen. Die Infrastrukturen sind überlastet, und die Umweltqualität sinkt. Nicht nur Bevölkerung zieht daraufhin immer weiter in das Umland hinaus, sondern auch Betriebe verlagern zunehmend ihre Standorte wegen Überlastungserscheinungen in den Kernbereichen der Siedlungsbänder immer weiter ins Umland der Korridore.

Gerade für Betriebe, deren logistische Konzepte von schneller und lagerfreundlicher Zulieferung, damit von guter Erreichbarkeit, abhängen, sind diese Standorte besonders attraktiv. Im engeren und weiteren Einzugsbereich der Siedlungs- und Verkehrskorridore ist daher das Wachstum der Siedlungs- und Verkehrsfläche mit am intensivsten. Da die deutliche Verkehrsmengenzunahme in diesen Korridoren einen ebenso dynamischen Infrastrukturausbau nach sich zieht, wird immer mehr Fläche versiegelt und zerschnitten. Angrenzende Nutzungen (Gewerbe, Wohnen, Erholung) werden zunehmend beeinträchtigt oder gestört.

Sowohl bezüglich der wirtschaftlichen Strukturen als auch der Flächennutzung besteht in diesen „Zwischenräumen" die Gefahr einer einseitigen strukturellen Entwicklung. So werden sich diese Räume auf Nutzungen spezialisieren, die in engem Zusammenhang mit der Lage in den Verkehrskorridoren stehen. Hier werden sich Betriebe konzentrieren mit Zulieferfunktionen, mit Spezialisierung auf Lagerhaltung sowie die Weiterverarbeitung und das Recycling von transportintensiven Abfallgütern bzw. reine Transportunternehmen. Gerade diese Betriebe zeichnen sich durch extensive, transportorientierte Flächeninanspruchnahme aus mit hohem Störpotenzial für angrenzende Nutzungen.

Beispiel: Der Raum Rhein-Main-Neckar als Teilraum des europäischen Siedlungs- und Verkehrskorridors „Rheinschiene"

Am Beispiel eines Ausschnitts der „Rheinschiene", dem Raum Rhein-Main-Neckar, sollen die unterschiedlichen Trends, die in einem großräumigen Siedlungs- und Verkehrskorridor stattfinden, verdeutlicht werden.

Siedlungsflächenwachstum

Der Rhein-Main-Neckar-Raum gehört zu den am dichtesten besiedelten Gebieten der Bundesrepublik. Seit 1980 erhöhte sich die Bevölkerung um mehr als 600 000 Einwohner, ein Anstieg von 7,5 %. Allein zwischen 1981 und 1992 stieg die Siedlungs- und Verkehrsfläche um 16,9 %, d.h. die Zunahme der Siedlungsfläche ist noch größer als die Zunahme der Bevölkerung. Im Umkreis der Agglomerationen kam es zu einem nahezu explosionsartigen Wachstum der Siedlungsflächen in den letzten 40 Jahren.

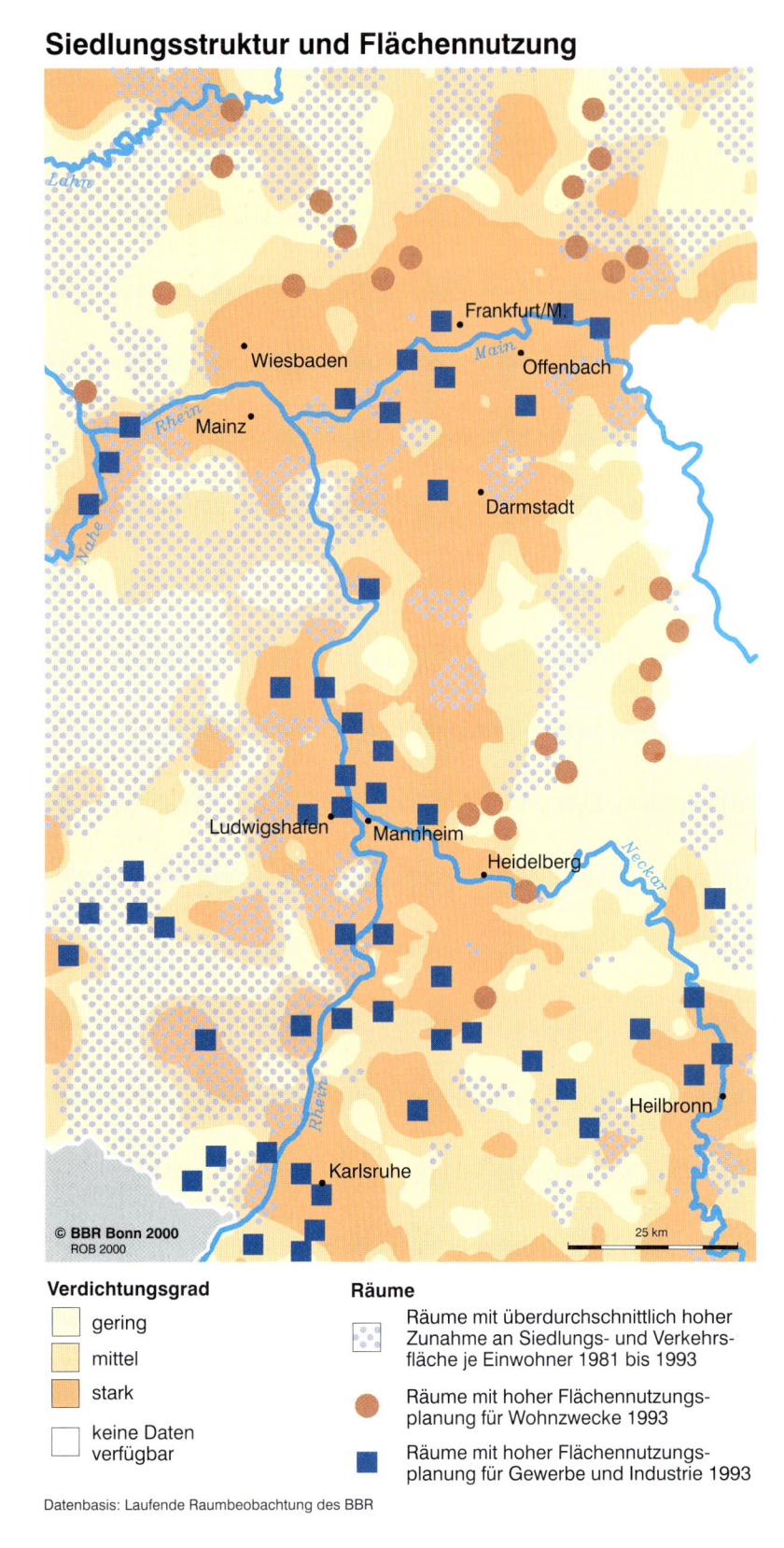

Siedlungsstruktur und Flächennutzung

Verdichtungsgrad
- gering
- mittel
- stark
- keine Daten verfügbar

Räume
- Räume mit überdurchschnittlich hoher Zunahme an Siedlungs- und Verkehrsfläche je Einwohner 1981 bis 1993
- Räume mit hoher Flächennutzungsplanung für Wohnzwecke 1993
- Räume mit hoher Flächennutzungsplanung für Gewerbe und Industrie 1993

Datenbasis: Laufende Raumbeobachtung des BBR

Karte 32
Die Karte zeigt den historischen Prozess der Flächeninanspruchnahme im Rhein-Main-Neckar-Raum. Es wird deutlich, dass Wohn- und Gewerbeflächen an unterschiedlichen Standorten wachsen.

Wohn- und Gewerbeflächenwachstum

Stellvertretend für andere Agglomerationsräume der Bundesrepublik werden am Beispiel der Region Rhein-Main-Neckar die Suburbanisierung und die Entstehung von „Zwischenstädten" zwischen benachbarten Agglomerationen der letzten Dekade deutlich. Zwischen den beiden Agglomerationsräumen sind Siedlungsbänder entstanden. Das relativ stärkste Wohnflächenwachstum erfolgt zunehmend im weiteren Umland der Agglomerationen.

Gebiete starker Wohnsuburbanisierung und Regionen mit starker Zunahme gewerblich-industriell genutzter Gebiete sind keinesfalls gleichzusetzen. Die Verkehrsanbindung stellt bei der Zunahme der Gewerbeflächen, noch stärker als bei der Wohnsuburbanisierung, den entscheidenden Standortfaktor dar. Die Gewerbeflächen nahmen im Zeitraum 1981–1993 um die Agglomeration Mannheim-Ludwigshafen, entlang der Achse Mannheim-Karlsruhe, im Raum Heilbronn-Pforzheim, in Frankfurt sowie generell im Bereich der Flusstäler deutlich zu.

Die Randwanderung der Bevölkerung, der Industrie und des großflächigen Einzelhandels in das Umland bzw. sogar die Peripherie der Verdichtungsbereiche trägt zum Funktionsverlust und zur Verödung zentraler Bereiche, zum Auseinanderrücken von Wohn-, Arbeits-, und Versorgungsbereichen sowie zur Zersiedlung des suburbanen Raumes mit ungünstigen Eingriffen in den Freiraum bei. In der Karte ist dies durch die räumliche Trennung der Flächenzunahmen für Wohnen einerseits und Gewerbe andererseits deutlich zu erkennen.

Einen bedeutender Faktor für den starken Zuwachs an Siedlungs- und Verkehrsfläche im suburbanen Raum sind die Baulandpreise. Die Attraktivität der Kernstädte führte in der Vergangenheit zu einem steigenden Bodenpreisgefälle zwischen Spitzenpreisen in Kernstädten der Region und seinem hochverdichteten Umland von durchschnittlich 500 bis zu 1 000 DM/m^2 und durchschnittlich 250 DM/m^2 im weiteren Umland. Der Wunsch nach Ein- und Zweifamilienhäusern lässt sich für die meisten Bauherren deshalb nur noch im sub- bzw. periurbanen Raum realisieren. Diese „Zwischenräume" sind wegen ihrer günstigeren Baulandpreise und der gleichzeitig durchaus guten verkehrlichen Anbindung besonders attraktiv.

Die starke Neubautätigkeit, vor allem im Wohnsektor, aber auch die fortschreitende Verlagerung flächenextensiver Einzelhandelseinrichtungen und Lagerflächen ins Umland führt zu erheblichen Beeinträchtigungen der Umwelt und des Freiraums. Denn der enorme Flächenbedarf kann nicht allein aus dem Bestand bewältigt werden. Vielmehr erfolgt damit auch weiterhin eine Erstinanspruchnahme von Freiflächen außerhalb des geschlossenen Siedlungsbereiches: Die Folgen sind nicht nur weitere Versiegelung und Zersiedelung vor allem im Umland der Kernstädte, sondern auch ein Rückgang naturnaher Flächen und

Raum- und Siedlungsstruktur

eine weitere Zerschneidung noch zusammenhängender Landschaftsräume.

Der Rückgang des Freiraumanteils betrifft praktisch nur die stadtnahen landwirtschaftlichen Nutzflächen, während andere Freiraumnutzungen wie Grünanlagen, Wald- und Gewässerflächen ansteigen. Dies sind auch die Freiflächennutzungen, die bevorzugt als Naherholungsflächen aufgesucht werden. Dies hat zur Folge, dass trotz starken Siedlungs- und Verkehrsflächenanstiegs rund um die Rheinschiene zunehmend günstigere Freiflächendichten innerhalb des bebauten Bereiches auftreten.

Verkehrsentwicklung und Infrastrukturausstattung korrespondieren mit hoher Verdichtung von Bevölkerung und Arbeitsplätzen. Höhere Verkehrsmengen durch Bevölkerungs- und Arbeitsplatzsuburbanisierung erfordern den Ausbau der Verkehrs- sowie Ver- und Entsorgungsinfrastruktur. Umgekehrt bilden die großräumigen Infrastrukturen erst die Voraussetzung für Wohn- und Arbeitsstandorte außerhalb der Zentren, aber in guter Erreichbarkeit. Siedlungs- und Verkehrsentwicklung greifen so ineinander, dass ein sich selbst nährender Entwicklungsprozess entsteht.

Die Verkehrsbänder für den nationalen und internationalen Fernverkehr (Straße, Schiene, Wasserstraße) im Beispielraum sind hochgradig gebündelt und zeigen mit den höchsten Verkehrsanteilen eine deutliche Nord-Süd-Achse in rechtsrheinischer Lage und eine Ost-West-Achse im Rhein-Main-Gebiet. Die Netzlänge des Autobahnnetzes nahm im Beispielraum von 481 km im Jahre 1963 auf 1 129 km im Jahr 1995, also um 135 %, zu. Die auf diesem Netz im Kfz-Verkehr erbrachte Fahrleistung stieg von 9,8 Mio. Fzkm (Fahrzeugkilometer) im Jahre 1963 auf 69,5 Mio. Fzkm im Jahre 1995 an.

Auch die leitungsgebundenen Energieinfrastrukturen (Strom, Gas, Fernwärme) sind an der räumlichen Verteilung der Nachfrage orientiert. Insbesondere in den hochverdichteten Siedlungsbereichen sind die Energieverteilungsnetze dicht und oft auch gebündelt. Einrichtungen der Energieversorgung (Kraftwerke, Gasverdichterstationen, Umspannanlagen, Heizwerke) und andere Infrastruktureinrichtungen zur Ver- und Entsorgung der Bevölkerung und Wirtschaft (Abfallbeseitigung, Freizeit- und Einkaufszentren) haben ihre Standorte zumeist in den Randzonen der Städte oder den Zwischenräumen der hier betrachteten Verdichtungsgebiete. Sie sind aber trotzdem auf gute Erreichbarkeiten durch hohe Kundenpotenziale bzw. der zu entsorgenden Bevölkerungsschwerpunkte angewiesen. Innerhalb des Beispielraumes finden sich deshalb die größten Konzentrationen aller raumbeanspruchenden Nutzungen im Bereich der Fernverkehrsbänder von Straße und Schiene entlang der diesen Raum prägenden Flüsse Rhein, Main und Neckar.

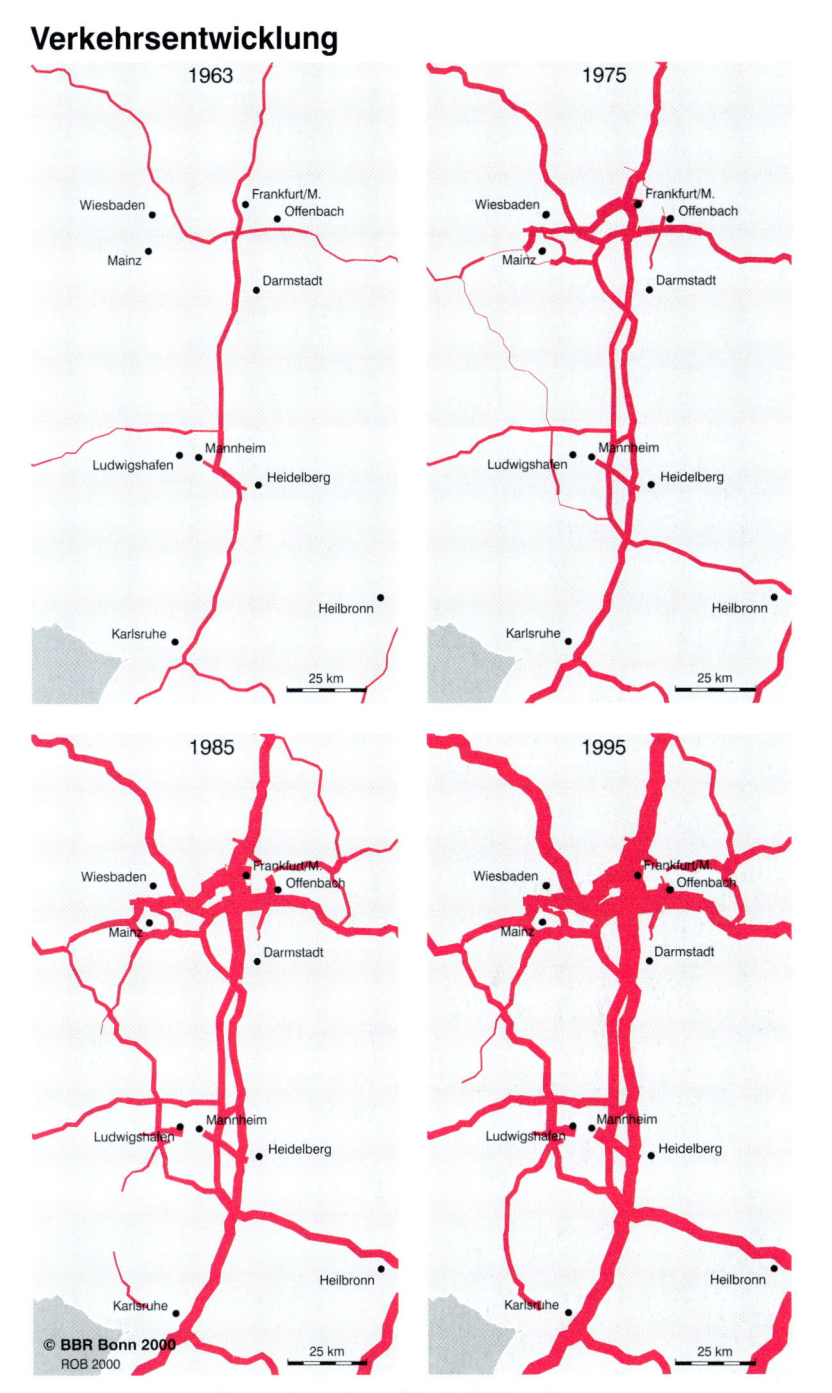

Verkehrsentwicklung

Durchschnittliche tägliche Verkehrsstärke in Kfz/pro Tag auf Bundesautobahnen im Rhein-Main-Neckar-Raum

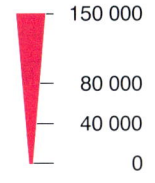

- 150 000
- 80 000
- 40 000
- 0

Datenbasis: Bundesverkehrszählungen – Bundesanstalt für Straßenwesen

Karte 33
Die Kartensequenz zeigt den wechselseitigen Prozess von Verkehrswachstum und Ausbau der Verkehrsinfrastruktur im Rhein-Main-Neckar Raum am Beispiel des Straßenverkehrs.

Ländliche Räume

Eine immer wieder gestellte Frage ist: *Was ist der „Ländliche Raum"?* In der Vergangenheit wurden ländliche Räume meist recht einfach als „nicht städtische Räume" charakterisiert bzw. abgegrenzt. Es war vornehmlich das Ziel, Agglomerationsräume oder Stadtregionen oder Verdichtungsräume und deren Einzugsbereiche mit entsprechenden, eben charakteristisch stadtbezogenen Merkmalen abzugrenzen. Diese einfache Generalisierung der ländlichen Räume als nicht-städtische Räume wird allerdings der Dynamik, Vielfalt und Eigenständigkeit ländlicher Räume nicht gerecht.

Den ländlichen Raum gibt es nicht

Aber sie weist bereits darauf hin, dass es wichtig ist, die Frage nach der Ländlichkeit eines Gebietes mit der Frage nach dem regionalen Zuschnitt, also der Größe des betrachteten Raumes zu verknüpfen. Es gibt z.B. in einem Agglomerationsraum durchaus ländliche Gebiete, Gebiete nämlich, die in deren Einzugsbereich liegen und mit der Großstadt in intensiver Verflechtung stehen. Sie bilden aber keine eigenständige Raumkategorie. Den „Ländlichen Raum" mit einer eindeutigen Beschreibung gibt es also nicht!

Eine einfache und dennoch komplexe Charakterisierung der Raumstrukturen ergibt sich bereits aus der Bevölkerungsdichte. Darin äußert sich die traditionelle wirtschaftliche Lagegunst, die auch heutzutage noch wesentlich das Arbeitsplatzangebot bestimmt. Danach sind ländliche Gebiete diejenigen mit einer geringeren Bevölkerungsdichte und städtische Gebiete diejenigen mit einer höheren. Es verbergen sich dahinter also bereits sehr komplexe Vorgänge in der räumlichen Entwicklung. Diese *siedlungsstrukturelle Betrachtung* unterscheidet Stadt von Land grundsätzlich und spiegelt die in der Vergangenheit wahrgenommenen Gelegenheiten und die verwirklichte Standort- und Wohnortwahl der Betriebe bzw. Bevölkerung.

Aber auch die siedlungsstrukturelle Betrachtung bildet nur einen Ausschnitt in der Komplexität und Dynamik ländlicher Entwicklung ab. Sie sagt heute wenig – wie bis Anfang der 70er Jahre noch – über die *wirtschaftliche Entwicklung* oder *soziale Probleme* aus. Auch wenn viele ländliche Räume hinsichtlich ihrer Wirtschaftskraft, ihrer Infrastrukturausstattung oder hinsichtlich allgemein gängiger Wohlstandsmaße zurückliegen, so gilt dennoch nicht, dass ländliche Gebiete generell als strukturschwach oder gar benachteiligt zu betrachten sind.

Zum Beispiel sind ländliche Räume nicht generell am stärksten von Arbeitslosigkeit betroffen. Die mittlere Arbeitslosenquote von 12,8 % (Juni 97) liegt in den ländlichen Räumen zwar insgesamt leicht höher als in den Agglomerationsräumen (12,1 %), sie verdeckt aber starke regionale Unterschiede; zwischen Ost und West einerseits und innerhalb der ländlichen Gebiete andererseits: Sowohl eine der höchsten Quoten (22 % in der Region Uckermark-Barnim, neue Länder) als auch der insgesamt niedrigste Wert der Arbeitslosenquote in der Bundesrepublik (knapp 6 % in der Region Oberland, alte Länder) kommen in einer ländlichen Region vor. In einigen ländlichen Regionen der alten Länder sind in den vergangenen Jahren sogar mehr Arbeitsplätze entstanden bzw. weniger ver-

Ländliche Räume nicht grundsätzlich benachteiligt

loren gegangen und haben mehr Menschen dort ihren Wohnstandort gesucht als in städtischen Gebieten. Beispiele dafür sind die ländlichen Regionen Emsland, Lüneburg und Osthessen, wobei die beiden letzteren offensichtlich von der neuen Lagegunst in der Mitte Deutschlands profitieren konnten. Demgegenüber stehen allerdings extrem strukturschwache ländliche Gebiete vor allem im Norden der neuen Länder, in denen der starke Beschäftigungsverlust aus dem landwirtschaftlichen und industriellen Sektor nicht kompensiert werden konnte. Bereits diese wenigen Zahlen belegen die große Heterogenität in der Dynamik und sozioökonomischen Situation der ländlichen Räume.

Typen ländlicher Räume

Die Auswahl von Kriterien zur Charakterisierung ländlicher Räume hängt von der Zielsetzung der Betrachtung ab. Die siedlungsstrukturelle Gebietstypik des BBR (s. Einleitung) ermittelt ländliche Räume und

Karte 34
Die Karte zeigt die Vielfalt der ländlichen Räume in Deutschland in unterschiedlichsten Lagen. Ländliche Räume mit großen Strukturschwächen finden sich vor allem in den neuen Ländern und in Ostbayern. Ländliche Räume mit positiven Entwicklungstrends finden sich vor allem in der Nähe von Agglomerationsräumen und in landschaftlich attraktiven Regionen.

ländliche Gebiete nach ihrer siedlungsstrukturellen Charakterisierung. Sie stellt insofern keine besondere problemorientierte Klassifikation ländlicher Räume dar, wie das Beispiel der Arbeitslosigkeit zeigt. Dafür müssen weitere Kriterien gefunden werden, wie z.B. Indikatoren für das Ausmaß struktureller Schwäche für strukturschwache ländliche Räume oder die Bedeutung der Landwirtschaft in ländlichen Räumen durch Kriterien wie z.B. landwirtschaftliche Beschäftigung oder Einkommensmöglichkeiten in der Landwirtschaft.

Die nachfolgend dargestellte problemorientierte Typisierung ländlicher Räume dient dazu, die *strukturschwachen ländlichen Räume* der Bundesrepublik Deutschland zu charakterisieren. Sie bilden in der Raumordnung vor dem Hintergrund des Postulates der Gleichwertigkeit der Lebensbedingungen eine der wichtigsten handlungsorientierten Kategorien. Bezieht man andere Entwicklungstendenzen in ländlichen Räumen in die Typisierung mit ein, die für Erfolg, Mithalten oder Zurückbleiben stehen können, wie die Beschäftigtenentwicklung, die Einkommenssituation in der Landwirtschaft oder die landschaftliche Attraktivität als potenzielle Bedeutung für den Tourismus, dann lassen sich Situation und Dynamik ländlicher Räume aus Bundessicht auf einige Typen verdichten:

Strukturschwache ländliche Räume

In diesen Räumen kumulieren die *Problemlagen*: Die Bevölkerungsdichte ist extrem niedrig, die Versorgung mit technischer und sozialer Infrastruktur häufig unzureichend, das Angebot an öffentlichen Verkehrsmitteln eingeschränkt. Die im Agrarsektor arbeitslos gewordene Bevölkerung kann nicht im industriellen oder Dienstleistungssektor aufgefangen werden. Die Investitionstätigkeit bewegt sich auf geringem Niveau. Anhaltende Bevölkerungsverluste, vor allem der jungen und qualifizierten Bevölkerung und dazu noch geringe Geburtenzahlen gefährden mittel- bis langfristig den Fortbestand dieser Räume als funktionsfähige Siedlungsräume und Kulturlandschaften. Im europäischen Integrationsprozess drohen sie weiter aus dem Blickfeld zu geraten, denn für den Anschluss an die transeuropäischen Netze liegen sie zu peripher. Ihre größten Vorteile liegen in dem hohen Wert der Kulturlandschaft und dem hohen Leistungspotenzial der natürlichen Ressourcen. Beispiele sind weite Teile des Mecklenburg-Vorpommerschen Binnenlandes und Brandenburg.

Für einige dieser Räume und auch Gebiete an der ostbayerischen Grenze bedeutet die Nachbarschaft zu kostengünstigeren Produktionsstätten in mittel- und osteuropäischen Staaten eine ernsthafte Standortkonkurrenz.

In allen strukturschwachen ländlichen Räumen werden sich die Infrastrukturausstattung und die wirtschaftlichen Aktivitäten räumlich konzentrieren müssen, in der „Stadt auf dem Land". Dafür sprechen nicht nur die begrenzten öffentlichen Finanzmittel, sondern auch Tragfähigkeitsüberlegungen für die Zukunft und die Ziele des Ressourcenschutzes. Die „Stadt auf dem Land" spielt für die Inwertsetzung regionaler Entwicklungpotenziale eine besondere Rolle. Nur sie kann im lokalen Maßstab Agglome-

---

Erläuterung: Kriterien und Indikatoren zur Messung von Strukturschwäche

„Strukturschwäche" ist prinzipiell ein Phänomen, das nicht auf bestimmte räumliche Kategorien beschränkt ist. Hinsichtlich der Strategien zur Entwicklung von strukturschwachen Räumen allerdings spielt der räumliche Kontext eine wichtige Rolle. Es wirken zwei Dimensionen zusammen: Der Stadt-Land-Unterschied *und* die strukturellen Gegebenheiten. Analytisch ist es sinnvoll, diese beiden Dimensionen zunächst voneinander getrennt zu betrachten. Aber erst in der Kombination der beiden Dimensionen von Strukturschwäche zeigen sich die komplexen räumlichen Problemlagen.

Zentrale Indikatoren für die großräumige **Stadt-Land-Dimension** sind die *Bevölkerungsdichte* und die *Lageungunst*. Eher kleinräumige Aspekte der Siedlungsstruktur bilden sich durch die *Siedlungsdichte* und die „*Ländlichkeit*" eines Kreisaggregates ab. Auf die Knappheit von Boden zielt der Anteil der *Siedlungs- und Verkehrsfläche*.

Die **Dimension der strukturellen Gegebenheiten** wird vor allem am Output hinsichtlich der wirtschaftlichen Leistungskraft und der Beschäftigungsmöglichkeiten gemessen: *Arbeitslosenquote* und *Steuerkraft der Gemeinden* deuten auf aktuelle Betroffenheiten und strukturelle Stärken oder Schwächen hin. Anhaltende und nachdrückliche Strukturprobleme bildet die *Dauerarbeitslosenquote* ab. Die Höhe des erzielten *Einkommens* und die *Branchenkonzentration* spiegeln strukturelle Bevor- oder Benachteiligungen bzw. Gefährdungspotenziale wieder.

Betrachtet man die Kriterien und Indikatoren analytisch im Zusammenhang, dann lassen sich die strukturschwachen ländlichen Räume in Ausmaß und Intensität darstellen. Die Zusammenführung der Indikatoren erfolgt dermaßen, daß nur die Defizite – gemessen am Bundeswert – berücksichtigt werden (s. Karte 34: Typen ländlicher Räume).

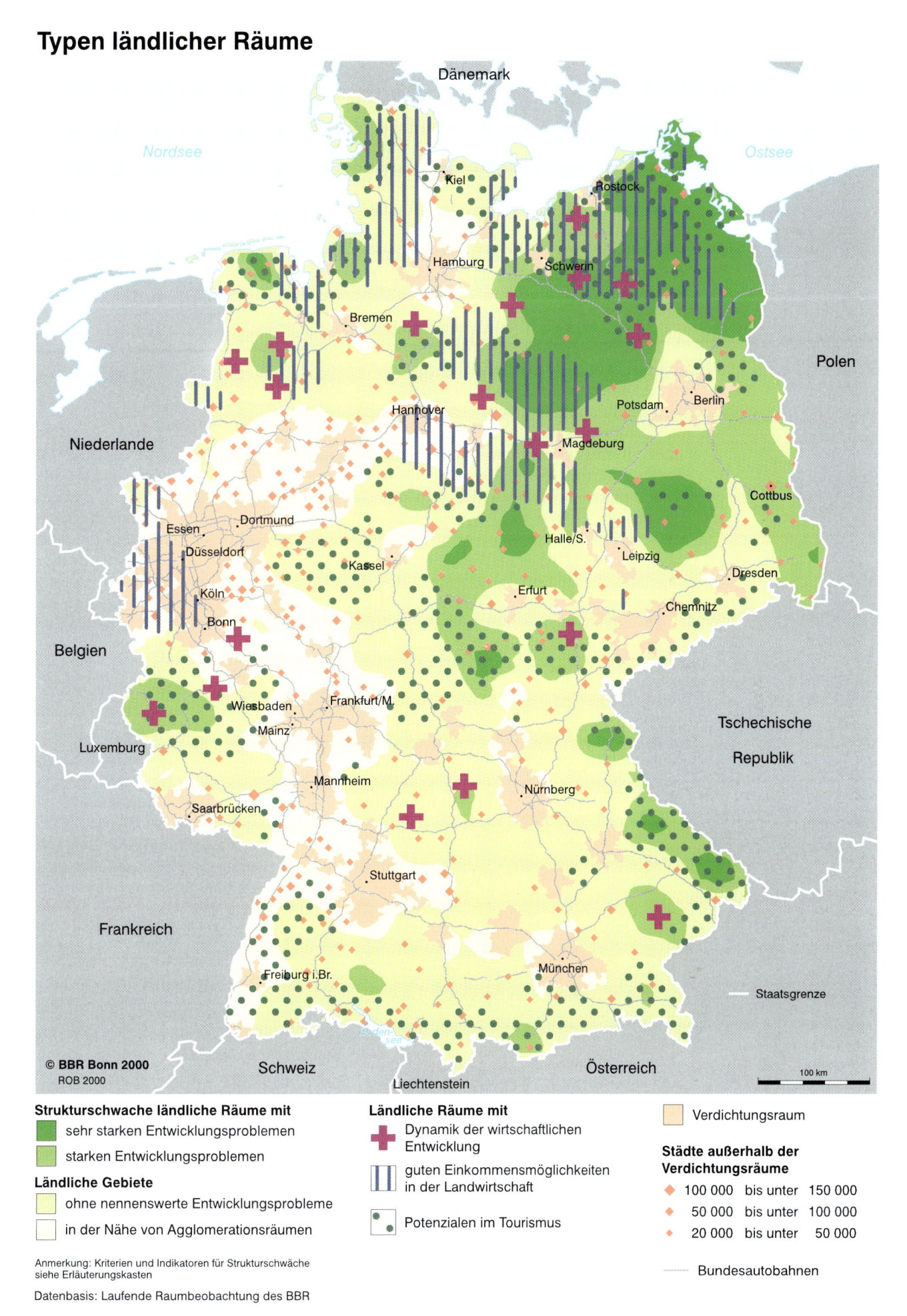

Raum- und Siedlungsstruktur 65

Typen ländlicher Räume

Strukturschwache ländliche Räume mit
- sehr starken Entwicklungsproblemen
- starken Entwicklungsproblemen

Ländliche Gebiete
- ohne nennenswerte Entwicklungsprobleme
- in der Nähe von Agglomerationsräumen

Ländliche Räume mit
- Dynamik der wirtschaftlichen Entwicklung
- guten Einkommensmöglichkeiten in der Landwirtschaft
- Potenzialen im Tourismus

Verdichtungsraum

Städte außerhalb der Verdichtungsräume
- ◆ 100 000 bis unter 150 000
- ◆ 50 000 bis unter 100 000
- ◆ 20 000 bis unter 50 000

Bundesautobahnen

Anmerkung: Kriterien und Indikatoren für Strukturschwäche siehe Erläuterungskasten

Datenbasis: Laufende Raumbeobachtung des BBR

© BBR Bonn 2000
ROB 2000

rationsvorteile entwickeln oder Synergieeffekte für Betriebe und private Haushalte anbieten. Sie kann gewisse Standards in der Infrastrukturversorgung und andere Dienstleistungen gewährleisten und dadurch wirtschaftliche Aktivitäten anziehen. Problematisch bleibt dagegen die infrastrukturelle Basisversorgung der nichtmobilen, meist der älteren Bevölkerung, die nicht in der Stadt lebt.

Ländliche Gebiete in der Nähe von Agglomerationsräumen

Diese Gebiete sind trotz höherer Bevölkerungsdichte durchweg von ländlicher Siedlungsstruktur geprägt, haben aber aufgrund ihrer Nähe enge Verflechtungen zu den großen Städten und Stadtregionen. Sie übernehmen Wohn- und Erholungsfunktion für die Agglomerationsräume und begreifen sich in ihren eigenen Entwicklungsvorstellungen als deren Teilgebiet. Zum einen profitieren sie von den Agglomerationseffekten, zum anderen geht von diesen auch ein erheblicher Siedlungsdruck auf das ländliche Umland aus. Die Attraktivität dieser Räume – ländliche Siedlungsstruktur, verknüpft mit guter Erreichbarkeit – ist durch den Siedlungsdruck und die Zunahme des Individualverkehrs gefährdet.

Auch ihre wirtschaftliche Entwicklung wird von der Nachbarschaft zu den Agglomerationsräumen geprägt, z.B. siedeln sich Zulieferbetriebe bevorzugt in den verkehrs- und kostengünstigeren ländlichen Umländern an. Sie haben eine ausgeprägte, für Agglomerationsumfelder typische klein- und mittelständische Wirtschaft entwickelt. Auch die Landwirtschaft findet hier günstige natürliche Bedingungen und eine gute Marktposition. Zunehmend bieten kleine selbstständige Betriebe des unternehmensbezogenen Dienstleistungssektors im Umland ihre Dienste an. Beispiele sind die ländlichen Räume im weiteren Umfeld Münchens.

Ländliche Räume mit wirtschaftlicher Entwicklungsdynamik

Ihre wirtschaftliche Dynamik ist vor allem auf das *Beschäftigtenwachstum im Verarbeitenden Gewerbe* zurückzuführen. In diesen Räumen ist es gelungen, die Bedeutung der Landwirtschaft als Erwerbsquelle durch Arbeitsplätze im sekundären und tertiären Sektor zu ersetzen. Wegen steigender Überlastungserscheinungen in den Agglomerationsräumen verlagern besonders fertigungsorientierte Betriebe ihre Standorte in diese Regionen, da sie immer noch in guter Erreichbarkeit liegen sowie grundsätzlich über eine gute Infrastrukturversorgung verfügen. Vermutlich konnten sie auch von den neuen Standorten der weiterführenden Bildungseinrichtungen (Hochschulen, Fachhochschulen) in den 70er und 80er Jahren in ihrer wirtschaftlichen Entwicklung profitieren. Beispiele sind das Emsland und Gebiete in Nord-Ost-Bayern, in den neuen Ländern aber auch einzelne Regionen in Mecklenburg-Vorpommern und Sachsen-Anhalt.

Ländliche Räume mit guten Einkommensmöglichkeiten in der Landwirtschaft oder Potenzialen im Tourismus

In Gebieten mit günstigen agrarstrukturellen Voraussetzungen bietet die *Landwirtschaft* auch relativ gute Einkommensmöglichkeiten. Trotzdem trägt die landwirtschaftliche Produktion nur zu einem vergleichsweise geringen Anteil zu dem Gesamteinkommen einer Region bei. So können ländliche Regionen auch bei guten landwirtschaftlichen Produktionsbedingungen strukturschwach sein, wie z.B. weite Teile Mecklenburg-Vorpommerns und Sachsen-Anhalts, wenn Arbeitsplätze im produzierenden Gewerbe und im Dienstleistungsbereich fehlen.

Das größte *touristische Entwicklungspotenzial* ländlicher Räume liegt in einer hohen landschaftlichen Attraktivität. So können zumindest saisonal alternative Einkommensquellen erschlossen werden. Ihre Lage konzentriert sich im wesentlichen auf die Küstenregionen an Nord- und Ostsee, die Seengebiete, Flusstäler, alpine Berggebiete und einige Mittelgebirgslandschaften.

Stadt-Land-Unterschiede

Diese grobe Typisierung aus Bundessicht zeigt, dass ländliche Räume sich nicht nur anhand eines einzelnen Kriteriums wie z.B.

Unterschiede zwischen Stadt und Land verringern sich

der Siedlungsstruktur oder der Landwirtschaft charakterisieren lassen. Ländliche Räume sind vielmehr „komplexe" Standorte, in denen viele „harte" und „weiche"

Einflussfaktoren wirken, deren jeweilige Konstellation entweder *regionale Entwicklungspotenziale* in Wertsetzen oder *regionale Entwicklungsengpässe* dominieren lassen.

Wie bereits erwähnt, definiert die Siedlungsstruktur – meist über die Bevölkerungsdichte – den charakteristischsten Unterschied zwischen Stadt und Land. Damit sind bereits Aspekte der Flächennutzung und der Größe des regionalen Zentrums enthalten. Bewohner in ländlichen Räumen haben mehr Wohnfläche zur Verfügung und sind häufiger Eigentümer ihrer Wohnungen usw. Auch der Zugang zu schnellen Fernverbindungen zur Erreichbarkeit z.B. der europäischen Metropolen unterscheidet sich zwischen Stadt und Land. Eine solche Unterscheidung hat also nach wie vor raumordnerische Relevanz, heute weniger wegen einer generell ungünstigen wirtschaftsstrukturellen Situation, sondern wegen der Bedeutung hinsichtlich der flächen- und siedlungsstrukturbezogenen Ziele einer nachhaltigen Entwicklung. Diese Unterschiede bedeuten aber noch nicht, dass die Bewohner in Stadt und Land verschiedene Befindlichkeiten, Verhaltens- oder Reaktionsweisen zeigen. Der Pluralismus in Lebensstilen und Lebensformen, die Ausdifferenzierung der Gesellschaft, findet auch räumlich ihren Niederschlag, in der Vermischung der Unterschiede zwischen Stadt und Land: Es kann durchaus sein, dass in stark verdichteten Regionen Menschen leben, die ihr Leben eher „ländlich" gestalten, während in ländlichen Regionen Menschen leben, die sich sehr an „verstädterten" Werten oder Lebensinhalten orientieren.

In Studien (z.B. Becker, 1997) wurde gezeigt, dass die Vielfalt an Lebensformen und Lebensweisen im Dorf und in der Stadt sich einander angenähert haben. Über einen längeren Zeitraum (1952, 1972 und 1993/95) wurden Bewohner von ausgewählten Dörfern in ländlichen Räumen nach ihren Einstellungen und Verhaltensorientierungen befragt. Dabei wurden erhebliche Veränderungen im sozialen Leben der Untersuchungsdörfer festgestellt. Diese Veränderungen gehen zum einen auf den Zuzug ortsfremder Bevölkerung zurück, sind aber andererseits Teil eines ubiquitär zu beobachtenden Prozesses: Die heute sozial stark ausdifferenzierte Bevölkerung in den Dörfern entscheidet über ihre Lebensstile, etwa zwischen Ortsbezogenheit und Außenorientierung nach ihrer freien Wahl und ist nicht sozialstrukturell vorgeprägt. Persönliche Einschränkungen durch soziale Kontrolle im Dorf sind weitgehend Selbstbestimmung und Toleranz gewichen. Es entsteht ein Nebeneinander sehr unterschiedlicher Sozialkreise. Das früher allumfassende dörfliche Gemeinschaftsleben verschwindet mehr und mehr. Ausdruck dessen ist z.B. die Entwicklung einer sehr fein differenzierten Vereinsstruktur zur Freizeitgestaltung.

Diese Ergebnisse belegen, dass die Lebensformen und Lebensweisen in Dorf und Stadt sich einander angenähert haben. Dafür sind neben den allgemein zu beobachtenden Prozessen des gesellschaftlichen Wandels auch zwei „harte" Einflussfaktoren mitverantwortlich:

1. Die Veränderungen in der Erwerbsstruktur

Die Landwirtschaft als Erwerbszweig hat drastisch an Bedeutung verloren, die weit überwiegende Zahl der Bevölkerung arbeitet im Produzierenden Gewerbe oder im Dienstleistungssektor. Es verschwindet daher in den Dörfern ein als gemeinsames wirtschaftliches Problem empfundener Lebensbereich.

2. Der Bevölkerungsanstieg durch Zuzug

Wohnen ist zu einem zentralen Entwicklungsfaktor geworden, und viele Dörfer betreiben eine bewusste Anwerbung neuer Bevölkerung. Großenteils ist der Zuzug an den Bau von Eigenheimen gekoppelt, aber zunehmend wird auch das Wohnen zur Miete zu einer Normalform dörflichen Lebens. Mit neuen Bewohnern gewinnen die Dörfer eine Anreicherung ihres sozialen Lebens sowie ihres Entwicklungspotenzials.

Ländliche Räume im europäischen Vergleich

Die Unterschiede in der ländlichen Entwicklung sind nicht nur ein Phänomen der deutschen Regionen. In allen Industriestaaten gibt es sich relativ gut entwickelnde auf der einen und zurückbleibende ländliche Gebiete auf der anderen Seite. Die im Vorlauf des Europäischen Binnenmarktes befürchtete Polarisierung in wachsende Agglomerationsräume einerseits und stagnierende oder zurückbleibende ländliche Räume andererseits ist in dieser Schärfe nicht eingetreten. Stellt man auf europäischer Ebene die Ländlichkeit durch den einfachen Indikator „Bevölkerungsdichte" dar und schaut auf einige Entwicklungstendenzen in ausgewählten Ländern der Europäischen Union, so werden einige Trends deutlich sichtbar:

Beschäftigtenentwicklung

An der *Beschäftigtenentwicklung* in europäischen Regionen zeigt sich besonders deutlich die regionale Spannweite. Betrachtet man die Beschäftigtenentwicklung und die Einwohnerdichte der Regionen im Zusammenhang, wie in der nebenstehenden Abbildung, so zeigt sich das große Spektrum der ländlichen Regionen mit relativ niedriger Einwohnerdichte (grüner Bereich). Die Regionen streuen über alle Bereiche positiver und negativer Beschäftigtenentwicklung. Dabei zeigen sich in dem ausgewählten Zeitraum länderspezifische Effekte (als Beispiel das Beschäftigtenwachstum der vergangen Jahre in den Niederlanden), die darauf hindeuten, dass die nationalen Rahmenbedingungen z. B. für Beschäftigtenwachstum nach wie vor eine große Rolle spielen. Es zeigen sich aber auch die starken Unterschiede zwischen den ländlichen Räumen innerhalb eines Landes. Gerade in den Ländern mit hohen Anteilen ländlicher Gebiete, in Frankreich, Italien und Spanien, fällt die große Heterogenität innerhalb der ländlichen Regionen auf. Dort gibt es noch einen erheblichen Anteil ländlicher Räume, in denen die Bevölkerung mangels befriedigender Lebens- und Arbeitsbedingungen in andere, meist städtische Regionen abwandert. Gleichzeitig ist in diesen Regionen daher die Bevölkerungsentwicklung rückläufig. Die Arbeitsplatzverluste in traditionellen Wirtschaftsbereichen wie der Landwirtschaft und der Industrie können nicht kompensiert, die bereits traditionell vorhandene Strukturschwäche nicht überwunden werden. Gleichwohl spielt in vielen dieser Regionen die Landwirtschaft auch heute noch eine überdurchschnittliche Rolle.

Die *periphere Lage* in den Ländern ist immer noch ein erheblicher Nachteil für die Beschäftigtenentwicklung. Beispiele dafür sind in Frankreich die peripheren Küstenregionen im Norden und die Insel Korsika sowie die dünn besiedelten ländlichen Regionen des Zentralmassivs (z. B. Limousin, Auvergne), in Spanien die peripheren, nordwestlich gelegenen Regionen Asturien und Galizien, aber auch die „inneren Peripherien", die zentralen Gebirgsregionen außerhalb Madrids. In Italien spiegelt sich in der Beschäftigtenentwicklung das generelle und bekannte Nord-Süd-Gefälle. Der Beschäftigtenrückgang trifft dort verdichtete Regionen wie z. B. Campania und ländliche Regionen wie z. B. Basilicata gleichermaßen.

Relativ erfolgreich in ihrer Beschäftigtenentwicklung – und auch in der Bevölkerungsentwicklung – sind ländliche Regionen, die einerseits infrastrukturell eine relativ gute Ausstattung besitzen und vor allem landschaftlich eine höhere Attraktivität aufweisen. Gute Beispiel dafür sind in Italien die eher dünn besiedelten ländlichen Regionen Trentino-Alto Adige und das Aosta-Tal im Norden, in Frankreich die ländlichen Regionen Languedoc-Roussilon im Süden oder das Pays de la Loire oder auch die Bretagne, in denen entsprechend auch die Arbeitslosenquoten im internationalen Vergleich relativ niedrig sind.

Arbeitslosigkeit

Während die Beschäftigtenentwicklung eher den dynamischen Aspekt wiedergibt, drückt die *Arbeitslosenquote* die aktuelle regionale Betroffenheit von Arbeitsmarktproblemen aus, ist insofern ein indirektes Maß für die wirtschaftliche Situation. Zwei Aspekte sind von Bedeutung: Erstens gibt es insgesamt große Unterschiede bei den ländlichen Räumen aller Staaten und zweitens keine eindeutige Stadt-Land-Abhängigkeit innnerhalb der Staaten. Arbeitslosigkeit ist also ein generelles Phänomen in allen Raumkategorien und in starkem Maße abhängig von den regionalen Gegebenheiten.

Betrachtet man auch hier die Arbeitslosenquoten der europäischen Regionen im Zusammenhang mit der Bevölkerungsdichte als vereinfachten Indikator für die Ländlichkeit, so zeigt sich – insbesondere – bei den ländlichen Regionen (im grünen Bereich) – eine große Streuung über und unter dem Durchschnitt. Es gibt in etwa gleich viele ländliche Regionen mit hohen wie mit niedrigen Arbeitslosenquoten. Die höchsten Arbeitslosenquoten weisen die ländlichen und städtischen Regionen der südeuropäischen Länder Italien und Spanien auf. In Deutschland sticht die problematische Situation in den neuen Ländern hervor. In Frankreich, Italien und Spanien, alles Länder mit einem hohen Anteil ländlicher Räume, ist die Heterogenität besonders groß.

Raum- und Siedlungsstruktur 69

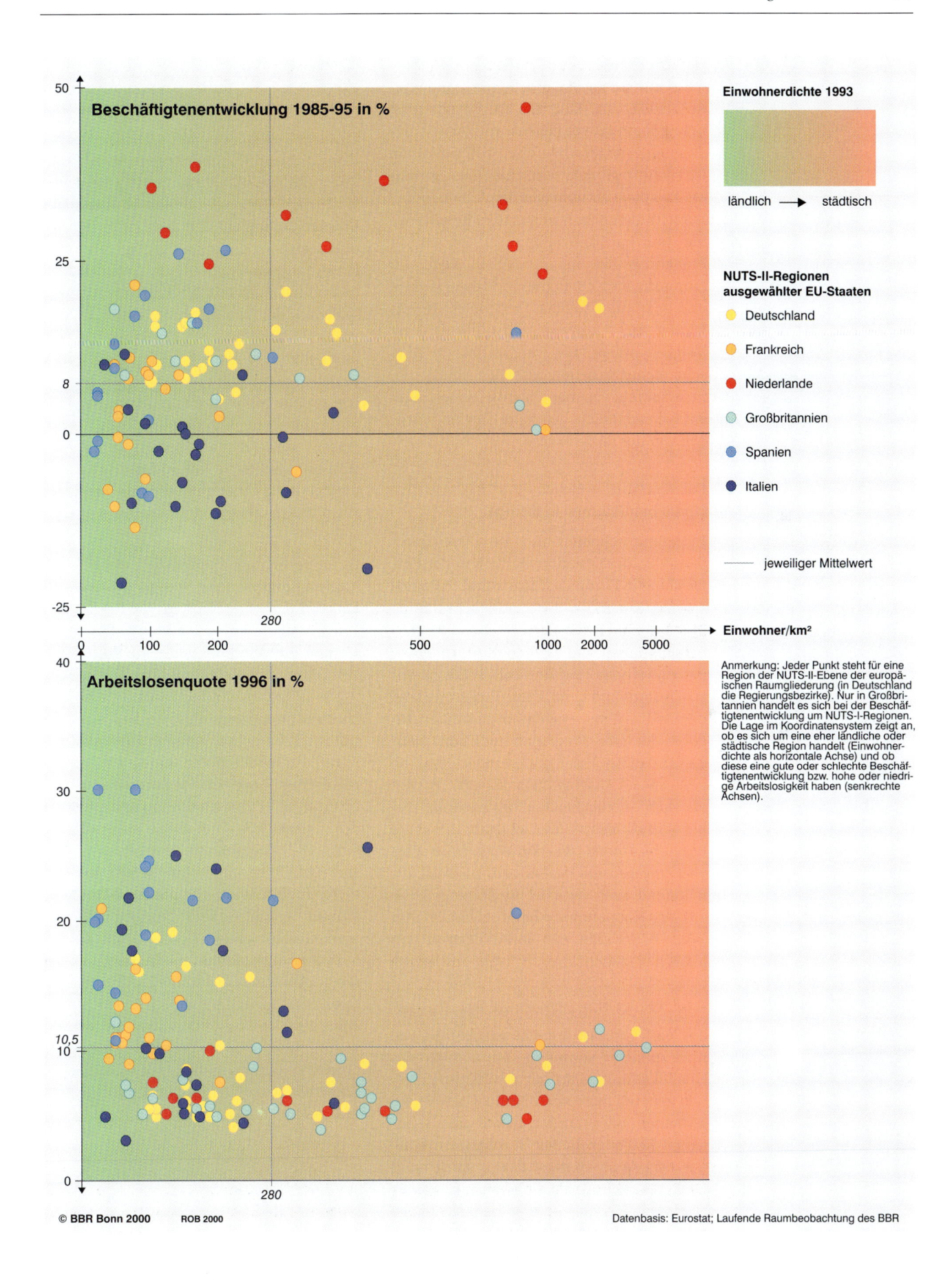

Abbildung 22
Beschäftigtenentwicklung und Arbeitslosigkeit in europäischen Regionen
Die Unterschiede innerhalb der ländlichen Regionen sind größer als zwischen Stadt und Land.

Die Arbeitslosenquote berücksichtigt allerdings nur die ansässige arbeitslos gemeldete Bevölkerung. Dort wo die Bevölkerung mangels attraktiver Lebens- und Arbeitsbedingungen abgewandert ist, verdeckt sie die wirkliche regionale wirtschaftliche Situation. Beispiele für eine niedrige Arbeitslosenquote und dennoch ungünstige Beschäftigten- und Bevölkerungsentwicklung sind in Frankreich die o.g. ländlichen Regionen Limousin und Auvergne, in Italien Liguria und in Spanien Galicia. Dort wo die Bevölkerung nicht abwandert, ist die Arbeitslosigkeit daher bei vergleichbarer wirtschaftlicher Situation erheblich höher, z.B. in Frankreich in der Picardie, einer stark landwirtschaftlich geprägter Region nördlich von der Ile de France.

Polarisierung zwischen ländlichen Räumen in Europa

Insgesamt scheinen also die *Disparitäten* sowohl in der Situation als auch in der Entwicklung in Europa auf eine stärkere Polarisierung innerhalb der ländlichen Räume hinauszulaufen zwischen solchen, die mithalten können und solchen die zurückbleiben und weniger auf eine Polarisierung zwischen Stadt und Land. Diese Folgerung liegt bereits bei den wenigen ausgewählten Indikatoren nahe. Fragt man nach den Gründen für diese Auseinanderentwicklung, so gibt es viele Ansatzpunkte, sowohl „Erfolg" als auch „Zurückbleiben" zu erklären. Dabei sind es nicht immer objektiv messbare Einflussfaktoren, die den regionalen Entwicklungsprozess bestimmen, sondern zunehmend auch „weiche" Bedingungen wie z.B. das Kooperationsklima, regionale oder lokale Netzwerke, das Vorhandensein von aktiven Persönlichkeiten oder Initiativen usw.

Europäische Untersuchungen fanden heraus, dass typische Branchenstrukturen, wie man zunächst vermuten könnte, oder das Qualifikationsniveau der Bevölkerung keinen generell messbaren Einfluss auf Erfolg, Mithalten oder Zurückbleiben von ländlichen Regionen haben. Die Infrastrukturausstattung als „harter" Faktor spielt noch eine größere Rolle als die „weichen" Faktoren, vor allem der Aufbau und die Pflege regionsinterner und -externer Netzwerke wie z.B. „Public-private partnerships", horizontale und vertikale Verwaltungsnetzwerke, Unternehmensnetzwerke sowie andere, sektorübergreifende Initiativen usw. Die „Erfolgsmaschine" für Beschäftigtenwachstum in ländlichen Räumen speist sich folglich aus einem Mix von endogenen und exogenen Einflussfaktoren.

Es bleibt außerdem festzuhalten, dass in den Staaten mit einem hohen Anteil ländlicher Räume die Polarisierung zwischen ländlichen Regionen größer ist (Beispiele: Frankreich, Italien, Spanien) als in den Industriestaaten mit einem geringeren Anteil ländlicher Räume wie z.B. in Großbritannien und in Deutschland, wenn man hier einmal von der speziellen Situation in den neuen Ländern absieht. Bei ihnen sind die ländlichen Räume im Großen und Ganzen in den allgemeinen Entwicklungsprozess integriert, sie profitieren von der großräumig ausgeglichenen Verteilung großer Agglomerationsräume und können deren Ausstrahlungsffekte in Verbindung mit ihren endogenen Potenzialen oftmals besser in Wert setzen als die Agglomerationsräume selbst.

Es ist nicht unbedingt sicher, ob sich die Angleichungsprozesse zwischen Stadt und Land in den verstädterten Staaten fortsetzen werden. Neue Rahmenbedingungen werden ihre Wirkung entfalten, von denen vor allem die Zunahme der weltweiten wirtschaftlichen Verflechtungen (Stichwort Globalisierung) mit den Änderungen der unternehmerischen Organisationsstrukturen, die Integration der mittel- und osteuropäischen Staaten in die Europäische Union und nicht zuletzt die Finanzknappheit der öffentlichen Haushalte zu erwähnen sind. Die absehbaren Tendenzen wirken sich auf die gesamte Gesellschaft aus und nicht nur auf städtische oder auf ländliche Räume. Insofern sind ländliche Räume nicht so sehr von einer spezifischen Art der Veränderung betroffen als vielmehr von deren Wirkungen speziell auf ländliche Raumstrukturen. Es ist dann die Vielfalt an ländlichen Problemkonstellationen, die erklärt, warum und wie die Reaktionspotenziale ländlicher Gebiete sich so sehr voneinander unterscheiden, warum Chancen und Risiken gleichermaßen bestehen.

Weiterführende Literatur:

Agricultural Economics Research Institute (LEI) (ed.): Employment in leading and lagging rural regions of the EU. Summary report of the RUREMPLO project. – The Hague 1999

Becker, H.: Dörfer heute – Ländliche Lebensverhältnisse im Wandel 1952, 1972 und 1993/95. – Bonn 1997. = Schriftenreihe der Forschungsgesellschaft für Agrarpolitik und Agrarsoziologie, Nr. 307

Ländliche Räume, Rural Areas, Espaces Rurales. Themenheft. = Informationen zur Raumentwicklung, Bonn (1996) H. 11/12

Strategien für strukturschwache ländliche Räume. Raumordnerische Handlungsempfehlungen zur Stabilisierung und Entwicklung strukturschwacher ländlicher Räume. Hrsg.: Bundesministerium für Raumordnung, Bauwesen und Städtebau. – Bonn 1997

Beispiel: Der Kreis Bitburg-Prüm als prosperierender ländlicher Raum

Der Landkreis Bitburg-Prüm befindet sich auf dem Weg von einem „peripheren Sorgenkind" zu einem stadtnahen, wirtschaftlich dynamischen Raum. Mit der wirtschaftlichen Entwicklung Luxemburgs und seiner Ausstrahlungskraft haben sich vielfältige Verflechtungen herausgebildet, z.B. intensive Pendlerbeziehungen und betriebliche Orientierungen. Die früher einseitige Wirtschaftsstruktur im Landkreis hat einem Branchenmix Platz gemacht, der nicht zuletzt mit Hilfe der Förderung aus der Gemeinschaftsaufgabe „Verbesserung der regionalen Wirtschaftsstruktur" in Gang gesetzt werden konnte.

Dabei entsprach der Kreis Bitburg-Prüm noch vor 20, 30 Jahren geradezu idealtypisch einem Bild, das man sich gemeinhin von *ländlichen Problemregionen* machte: Eine periphere Lage zu den deutschen Wirtschaftszentren, die Grenzlage zu Luxemburg und Belgien, eine teilweise schwierige topographische Lage im Mittelgebirge der Eifel mit entsprechend schlechten Verkehrsverbindungen, eine geringe Bevölkerungsdichte, in weiten Teilen des Kreises relativ schlechte natürliche Voraussetzungen für die Landwirtschaft, die zumindest in der Vergangenheit eine große Bedeutung hatte.

Die heutige Situation des Kreises Bitburg-Prüm hat nur noch wenig damit gemeinsam. Nichts macht dies deutlicher als das – von kleinen „Restgebieten" abgesehen – weitgehende Ausscheiden des Kreises aus der derzeit noch gültigen *Förderkulisse der GRW*. Nach der Neuabgrenzung der Fördergebiete zum 1.1.2000 kommt gar kein Teilgebiet des Kreises mehr in den Genuss der GRW-Förderung. Mit anderen Worten, die bundesweit einheitlichen Abgrenzungskriterien der GRW attestieren dem Kreis – anders als in der Vergangenheit – im Vergleich zu anderen Regionen eine wirtschaftliche Entwicklung, die keiner expliziten Förderung zur Verbesserung der Wirtschaftsstruktur mehr bedarf.

Die veränderte Situation zeigt sich auch an zentralen Indikatoren regionaler Entwicklung, der *Arbeitslosenquote* und der *Bevölkerungsentwicklung*. 1997 wird mit 9,6 % für den Kreis Bitburg-Prüm eine geringere Arbeitslosenquote ausgewiesen als für das Land Rheinland-Pfalz (10,2 %) und die alten Länder (ohne Westberlin) (10,7 %). Die Bevölkerung hat zwischen 1980 und 1996 um 8 % auf 96 325 Personen zugenommen, in dem kurzen Zeitraum zwischen 1990 und 1996 allein um gut 5 %.

Lage von Bitburg-Prüm

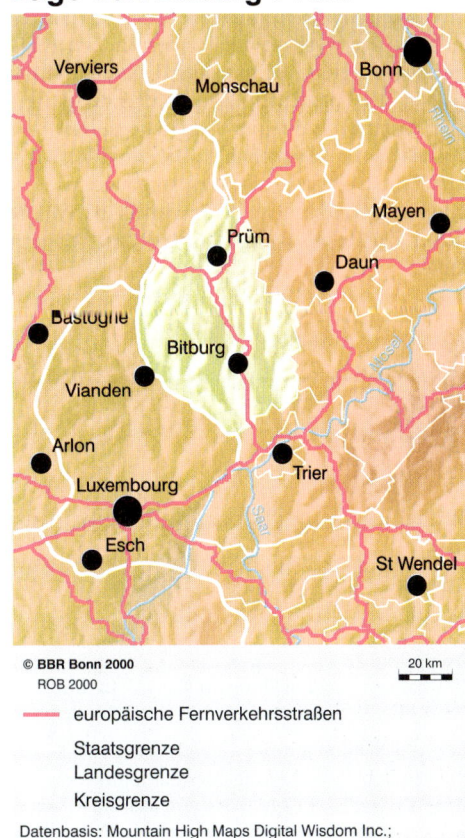

Karte 35
Die Karte zeigt die periphere Lage des Landkreises Bitburg-Prüm zu den deutschen Wirtschaftszentren, aber die Nähe zu Luxemburg. Der Landkreis liegt in der topographisch bewegten Mittelgebirgslandschaft der Eifel.

Die positive Entwicklung des Landkreises Bitburg-Prüm geht nicht auf einen einzelnen Entwicklungsfaktor, sondern ein Faktorenbündel zurück, bei dem sich die Gewichte der einzelnen Einflussfaktoren mit der Zeit deutlich veränderten.

- Förderung von Unternehmensansiedlungen durch die GRW; insgesamt in den letzten 20 bis 30 Jahren ca. zweieinhalbtausend neue Arbeitsplätze;
- positive wirtschaftliche Entwicklung der ortsansässigen Unternehmen, z.B. der Bitburger Brauerei;
- Ausbau der Verkehrsinfrastruktur, insbesondere des Straßenverkehrsnetzes;
- Ausstrahlung der dynamischen Wirtschaftsentwicklung von Luxemburg

Hinweis:
Die Darstellung des Fallbeispiels basiert auf einer Studie von:
Becker, Heinrich: Bitburg-Prüm – Vom peripheren Sorgenkind zum stadtnahen Selbstläufer. Forschungsgesellschaft für Agrarpolitik und Agrarsoziologie, Arbeitsmaterial, 1999, Nr. 6

Beispiel: Der Kreis Uckermark als strukturschwacher ländlicher Raum

Der Landkreis Uckermark liegt im äußersten Nordosten des Landes Brandenburg. Es handelt sich um einen typischen Fall einer ländlich strukturierten Region, die mit den Umstrukturierungen in der regionalen Wirtschaftsstruktur und den einigungsbedingten Anpassungsproblemen besonders zu kämpfen hat. Die Bevölkerungs- und Arbeitsmarktentwicklung sind nach wie vor ungünstig und zeugen von der Strukturschwäche dieser Region im östlichen Grenzraum Deutschlands.

Lage der Uckermark

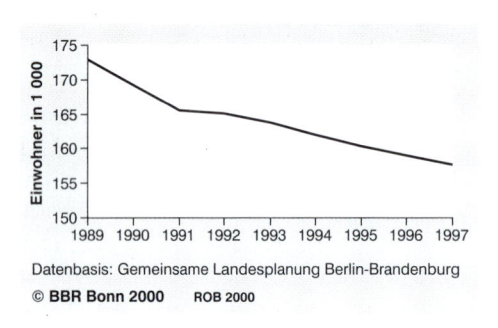

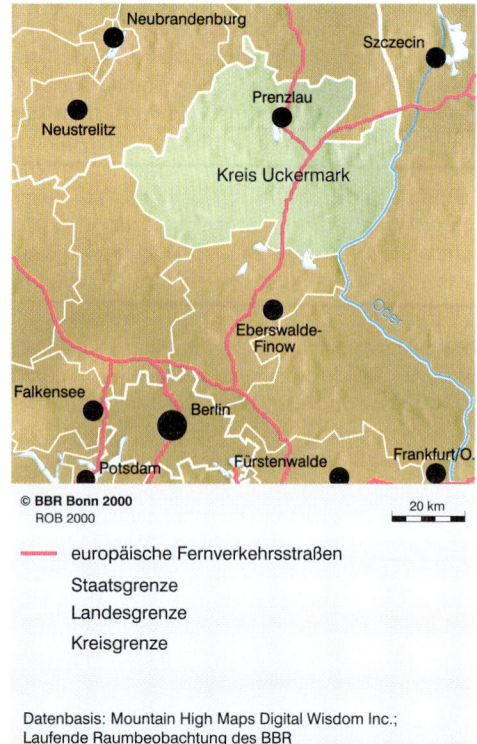

Abbildung 23
Bevölkerungsentwicklung im Kreis Uckermark

Seit der Wende hat die Uckermark einen kontinuierlichen Bevölkerungsrückgang zu verzeichnen. Von rund 173 000 Bewohnern der Uckermark 1989 lebten 1997 noch knapp 158 000 im Kreisgebiet.

Die Uckermark, als peripher gelegener, ländlicher Kreis, wurde vom *Strukturwandel* besonders stark getroffen, mit gravierenden Auswirkungen auf den regionalen *Arbeitsmarkt*. Die *Arbeitslosenquote* der Uckermark ist seit 1993 mit über 20 % mit die höchste in ganz Brandenburg.

Im Bereich des *Tourismus* liegen wichtige Potenziale des Kreises. Kulturhistorisch einmalige Bauwerke wie die nahezu vollständig erhaltene Stadtmauer mit Wehrtürmen und Wiekhäusern in Templin oder Naturreichtümer wie die Templin-Lychener-Seenkette, der Nationalpark Unteres Odertal oder das Biosphärenreservat Schorfheide-Chorin haben für die Entwicklung des Fremdenverkehrs in der Uckermark heute eine große Bedeutung.

Die Uckermark ist wie alle Kreise der neuen Bundesländer Ziel-1-Gebiet sowie Fördergebiet der Gemeinschaftsaufgaben „Verbesserung der regionalen Wirtschaftsstruktur" und „Verbesserung der Agrarstruktur und des Küstenschutzes". Außerdem gehört sie zur Euroregion Pomerania.

Karte 36
Die Karte zeigt die Lage der Uckermark im äußersten Nordosten des Landes Brandenburg. Die Nähe zu Polen und zum äußeren Verflechtungsraum Berlin wirkt sich auf die Raumentwicklung aus.

Als Region mit Entwicklungsrückstand sind viele Förderprojekte in der Uckermark darauf ausgerichtet, die regionale Wertschöpfung – zum Beispiel durch touristische Projekte – zu erhöhen. Ein anderer Schwerpunkt liegt im Bereich der Schaffung von Arbeitsplätzen in der Region, insbesondere für arbeitslose Frauen. Einen dritten Schwerpunkt bilden Projekte zur Förderung der internationalen Zusammenarbeit im deutsch-polnischen Grenzraum.

Mit dem konsequenten Reformprozess im Nachbarland Polen haben sich vielfältige Beziehungen entwickelt, vor allem zur angrenzenden Wojewodschaft Stettin. Dabei gibt es nicht nur positive Auswirkungen dieses Prozesses, sondern durchaus auch Anzeichen dafür, dass sich die Strukturschwäche der Uckermark im Zuge des EU-Beitritt Polens langfristig weiter verstärken könnte.

Hinweis:
Die Darstellung des Fallbeispiels basiert auf einer Studie von:
Bauer, S.; Beckmann, G.; Pick, D.: Europäische Integration und co-regionale Zusammenarbeit. Ein Modellvorhaben zur Regionalentwicklung in ländlichen Räumen Europas. – Bonn 1999. = Werkstatt-Praxis, Heft 8/1999

Räumliche Verflechtungen

Die bestehende Raum- und Siedlungsstruktur führt zu vielfältigen räumlichen Verflechtungen und Verkehrsbeziehungen. Sie sind Ausdruck der komplexen funktionalen Aufgabenteilung zwischen den verschiedenen Nutzungs- und Aktivitätenstandorten, die die jeweilige konkrete Raum- und Siedlungsstruktur begründen. Diese *räumliche Funktionsteilung* zwischen den einzelnen Bereichen wie Wohnen, Arbeiten, Versorgen oder Freizeit erfordert je nach Grad der Differenzierung entsprechende Austauschbeziehungen bei der Wahrnehmung von Nutzungen und der Ausübung von Aktivitäten, die vielfältige Verkehrsvorgänge zur Folge haben. Die Ausprägung der Raum- und Siedlungsstruktur hat also unmittelbar Auswirkungen auf das Verkehrsgeschehen.

Umgekehrt beeinflusst auch das Verkehrssystem die Raum- und Siedlungsstruktur. Die Leistungsfähigkeit des Verkehrssystems bestimmt die verkehrliche Lagegunst und die Erreichbarkeit der Nutzungsstandorte im Raum. Änderungen im Verkehrssystem führen entsprechend zu einer Neubewertung der Erreichbarkeitsverhältnisse und der Standortgunst. Über die Ausbauqualität des Verkehrssystems werden damit die Voraussetzungen für mehr oder minder intensive Austauschbeziehungen zwischen den einzelnen Standorten geschaffen. Sie prägen die räumliche Zuordnung von Funktionsstandorten entscheidend und determinieren ganz wesentlich die Entfaltungsmöglichkeiten und Wachstumschancen der verschiedenen Standortpotenziale und damit die Entwicklung der Siedlungsstruktur insgesamt. Siedlungsstruktur und Verkehr stehen also in einem wechselseitigen Abhängigkeitsverhältnis.

Diese Abhängigkeiten sind in Detail sehr vielschichtig und komplex. Zum einen umfasst das Verkehrssystem verschiedene trägerspezifische Verkehrsarten wie den *„Öffentlichen Verkehr"* (ÖV) oder den *„Motorisierten Individualverkehr"* (MIV), die über sehr unterschiedliche Leistungsmerkmale verfügen. Während z.B. der ÖV mehr der linienhaften Verkehrserschließung dient, ermöglicht der MIV eine gute Flächenversorgung. Analog ist der ÖV durch seine Massenleistungsfähigkeit, der MIV durch seine individuelle Verkehrsbedienung charakterisiert. Die einzelnen Verkehrsarten sprechen deshalb vielfach unterschiedliche Fahrtzwecke an und begünstigen dadurch bestimmte räumlich verteilte Funktionen. Je nach verkehrsplanerischer Schwerpunktsetzung und Ausbauqualität der Systeme für die verschiedenen Verkehrsarten hat dies entsprechende Konsequenzen für die Entwicklung der Raum- und Siedlungsstruktur. Sie kann stärker am Kfz-Verkehr orientiert, d.h. flächenhaft-dispers erfolgen oder mehr auf den ÖV ausgerichtet und damit linienhaft gebündelt sein.

Als komplementärer Effekt beeinflussen die Siedlungsformen und das Standortgefüge ganz entscheidend die Struktur der *Verkehrsnachfrage* und deren Tragfähigkeit für bestimmte Verkehrsarten. So bietet eine konzentrierte, verdichtete Bau- und Nutzungsstruktur günstigere Einsatzbedingungen für öffentliche Verkehrsmittel, während etwa eine disperse Einfamilienhausbebauung nur noch durch den Individualverkehr effizient zu erschließen ist. Aus dem Zusammenwirken dieser Faktoren ergibt sich die konkrete Raum- und Nutzungsstruktur mit ihren Verflechtungen und Verkehrsabläufen.

Eine ganz zentrale Rolle bei der Ausprägung der Raum- und Siedlungsstruktur und des Verkehrsgeschehens spielen darüber hinaus noch eine Reihe weiterer, übergeordneter gesellschaftlicher Bestimmungsfaktoren und Entwicklungen. Diese Entwicklungen sind insgesamt charakterisiert durch gestiegene individuelle und kollektive Ansprüche und sich wandelnde Lebensstile und Wirtschaftsweisen. Wachsende Anforderungen an die Wohnflächen und die Wohnstandortbedingungen, vor allem der ungebrochene Wunsch nach einem „Haus im Grünen" lassen sich bei den bestehenden Miet- und Bodenpreisen für die breite Bevölkerung nur im Umland der Städte realisieren. Niedrige Kfz-Verkehrskosten und ein gut ausgebautes Straßennetz ermöglichen es durch gesteigerte Verkehrsteilnahme trotzdem, den Arbeitsplatz in der Stadt beizubehalten oder städtische Einrichtungen und Angebote zu nutzen.

Sich wandelnde Lebensstile führen zudem generell zu einem veränderten Verkehrsverhalten. Typisch für das Verkehrsverhalten der modernen Arbeits-, aber auch Freizeit- und Erlebnisgesellschaft ist die Tendenz zu steigenden Wegelängen und zur Ausweitung der Aktionsräume. Das gilt für alle Verkehrszwecke, aber immer stärker für die Freizeit- und Versorgungsorientierten Fahrten. Traditionelle Bindungen von räumlicher Nähe verlieren demgegenüber ständig an Bedeutung.

Analoge Entwicklungen sind seit längerem in weiten Bereichen der Wirtschaft festzustellen. Aufgrund einer ubiquitären Kfz-Verkehrserschließung lösen sich traditionelle Standortbindungen von Unternehmen und ganzen Branchen immer mehr auf. In die gleiche Richtung wirkt eine fortschreitende nationale und internationale Arbeitsteilung und Spezialisierung an dezentralen Produktionsstandorten. Die durch die Spezialisierung bedingte geringe Fertigungstiefe erfordert eine besondere Organisation des Produktionsprozesses mit genau (just in time) abgestimmten Zulieferbeziehungen. Der dadurch stark erhöhte Transportaufwand lässt sich jedoch mit dem bestehenden, leistungsfähig ausgebauten Kfz-Transportsystem am besten bewältigen.

Aus all diesen komplexen Abhängigkeiten und Bestimmungsfaktoren haben sich im Laufe der Zeit zwei grundlegende Prozesse herausgebildet, die die Entwicklung der Raum- und Siedlungsstruktur und das Verkehrsgeschehen in der Bundesrepublik Deutschland weitgehend geprägt haben: das anhaltende dynamische Siedlungswachstum im Umland der großen Städte und der weiter zunehmende Kfz-Verkehr. Beide Prozesse hängen miteinander zusammen und sind korrespondierende Aspekte des gleichen Tatbestandes. Nachfolgend sollen diese Entwicklungen in ihrer Bedeutung für die Struktur räumlicher Verflechtungen näher betrachtet werden. Am Beispiel der Mobilitätsmuster der Bevölkerung und der Transportverflechtungen der Wirtschaft werden in diesem Kapitel zunächst die Auswirkungen unterschiedlicher siedlungsstruktureller Gegebenheiten auf die Personenverkehrs- und Güterverkehrsverflechtungen dargestellt.

Die *Personenverkehrsverflechtungen* hängen dabei sehr eng mit der siedlungsstrukturellen Entwicklung zusammen. Wesentliche Bestimmungsgründe sind die Wahl des Arbeitsplatzstandortes im Zusammenhang mit dem Wohnstandort. Die *Berufspendelverflechtungen* werden deshalb etwas näher dargestellt. Bei den *Güterverkehrsverflechtungen* spielen noch andere Faktoren eine Rolle, die aus den branchenspezifischen Produktionsprozessen und den Lieferbeziehungen auf der Ebene von Vorprodukten sowie aus den Entwicklungen aus dem europäischen Binnenmarkt ableitbar sind. Von daher werden die regionalen Verflechtungen im Güterverkehr nur im gesamtdeutschen Überblick und für die grenzüberschreitenden Beziehungen sowie an einem konkreten Fallbeispiel thematisiert.

Die räumlichen Verflechtungen drücken sich aber nicht nur in Verkehrsbeziehungen aus, sondern auch in interaktiven personellen und wirtschaftlichen Zusammenhängen über die regionalen und staatlichen Grenzen hinaus. So sind die Güter- und Arbeitsmärkte immer weniger durch Staatsgrenzen begrenzt. Mit dem europäischen Binnenmarkt ändern sich die räumlichen Handels-, Dienstleistungs- und Arbeitsverflechtungen, die in ihrem Umfang und in ihrer räumlichen Ausdehnung früher deutlich an den Staatsgrenzen ausgerichtet waren. Da die formalen Hindernisse für grenzüberschreitende Aktivitäten für Arbeitnehmer und Betriebe weggefallen sind, werden die grenzüberschreitenden Aktivitäten auch zukünftig vermutlich stark zunehmen. Um festzustellen, ob diese Tendenzen schon spürbar sind, wird am Beispiel der *grenzüberschreitenden Arbeitsmärkte* im deutschen Grenzraum dargestellt, wie und wo heute in welcher Intensität berufsbedingte Wanderungs- und Pendelbeziehungen von Arbeitnehmern über die Grenzen hinaus bestehen und ob diese bereits raumrelevant sind.

Mobilitätsmuster der Bevölkerung

Das weitere kräftige Siedlungswachstum im Umland der großen Städte und damit die fortschreitende Suburbanisierung als bestimmende Tendenz der Siedlungsentwicklung in der Bundesrepublik Deutschland hat entscheidenden Einfluss auf die Struktur und den Umfang regionaler Verflechtungen. Eindeutig dominierender Verkehrsträger in den Beziehungen zwischen Stadt und Umland – und noch deutlicher im Umland selbst – ist der Kfz-Verkehr. Nur er vermag die hier charakteristischen, zunehmend dispers und auf größere Distanzen angelegten Mobilitätsmuster der Bevölkerung effizient zu bedienen. Demgegenüber kommt dem öffentlichen Verkehr selbst auf radialen Verkehrsbeziehungen, abgesehen von den wenigen leistungsfähigen Stadt- und Schnellbahnsystemen in den großen Ballungsräumen, nur noch eine ergänzende Funktion zu.

Maßgeblich hierfür sind verschiedene Ursachen:

- Zum einen sind es die wachsenden Ansprüche an die Wohnflächen und allgemeinen *Wohnstandortbedingungen* mit dem eigenen „Haus im Grünen" als wichtigem Ausdruck individualisierter Bedürfnisse und Lebensstile. Bei dem bestehenden Grundstückspreisgefüge lässt sich dieser Wunsch nur noch durch immer weiteres Ausweichen an die Peripherie und in die Fläche realisieren, was entsprechend zu flächenhaften, weit ins Umland hinausreichenden Verkehrsstrukturen führt.

- Die gleiche Tendenz zu steigenden Flächenanforderungen ist auch bei anderen Nutzungen wie im *Einkaufs-, Versorgungs- und Freizeitbereich* festzustellen. Sie ist gleichfalls Motor der zunehmend bedeutsamen gewerblichen Suburbanisierung. Auch die Flächenanforderungen etwa von Handels- und Freizeiteinrichtungen sind nur im Stadtumland zu realisieren. Dies schlägt sich in einem permanenten Bedeutungsgewinn disperser aber auch tangentialer Verkehrsbeziehungen nieder.

- Verbunden hiermit ist gleichzeitig eine räumliche Ausdehnung verkehrlicher Verflechtungen und eine *Ausweitung der Aktionsräume*. Dies gilt nicht nur für die Freizeitaktivitäten oder im Hinblick auf die ständig weiter ins Umland vordringenden Wohnstandorte sowie die Han-

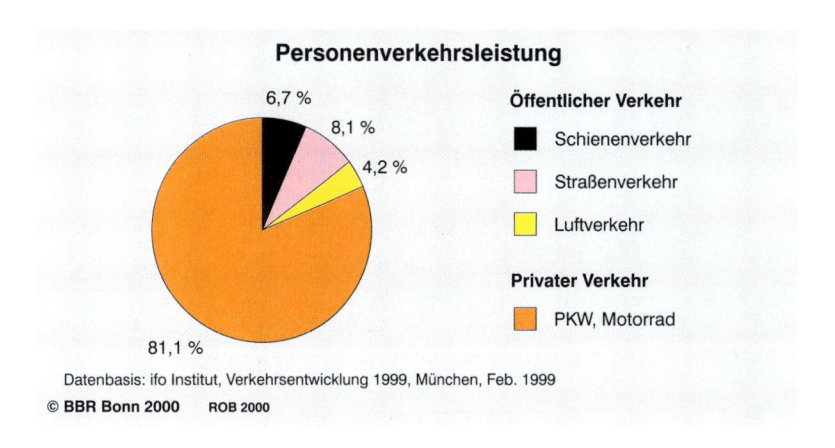

Abbildung 24
Personenverkehrsleistung 1999

delseinrichtungen und Einkaufszentren im suburbanen Raum. Auch im Berufsverkehr bewirken immer spezialisierte Qualifikationen eine Ausweitung der Arbeitsmärkte und damit einen höheren Mobilitätsbedarf.

Im Ergebnis führt dies zu erkennbaren Schwerpunktverlagerungen in den Siedlungs- und Verkehrsstrukturen im Stadt-Umland-Bereich. Der ursprüngliche suburbane Ergänzungsraum wird zum vollwertigen Siedlungsraum mit einem eigenständigen Zentrensystem und einer zunehmenden internen Vernetzung. Neben *radialen Verflechtungen* zur Kernstadt ist er mehr und mehr durch flächenhaft disperse und *tangentiale Verkehrsbeziehungen* zwischen den Umlandzentren auch über größere Distanzen gekennzeichnet. Gleichwohl sind die radialen Verkehrsstrukturen heute quantitativ immer noch dominierend, die inzwischen immer weiter ins Umland vordringen.

Die Voraussetzungen hierfür schafft ein leistungsfähig ausgebautes und ständig weiter verbessertes *Straßenverkehrssystem* mit einer günstigen Flächenerschließung sowie eine hohe *Motorisierung*. Der Motorisie-

Radialer Straßenausbau fördert Suburbanisierung

rungsgrad der Bevölkerung ist deshalb auch in den Umlandkreisen der Städte erkennbar höher. Umgekehrt sind damit diese Räume aber auch weitgehend vom Kfz-Verkehr abhängig und durch öffentliche

Motorisierungsgrad

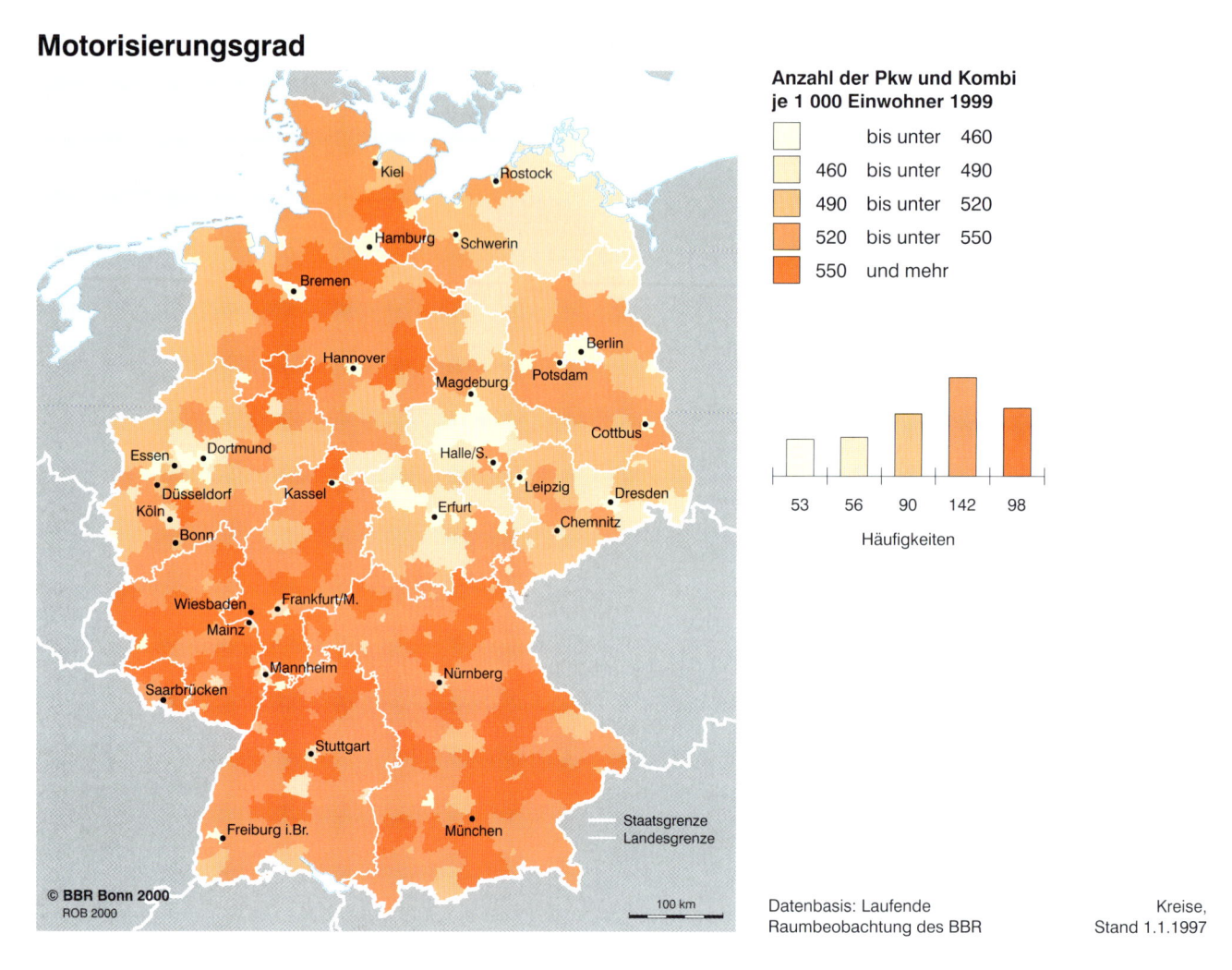

Anzahl der Pkw und Kombi je 1 000 Einwohner 1999

- bis unter 460
- 460 bis unter 490
- 490 bis unter 520
- 520 bis unter 550
- 550 und mehr

Häufigkeiten: 53 | 56 | 90 | 142 | 98

Datenbasis: Laufende Raumbeobachtung des BBR
Kreise, Stand 1.1.1997

Karte 37
Die Karte lässt die höhere Motorisierung der Bevölkerung im näheren und entfernteren Umland der größeren Städte erkennen. Die Städte selber und auch die peripheren ländlichen Räume haben niedrigere Motorisierungsgrade.

Verkehrsangebote schlecht zu erschließen. Zunehmende Distanzen vermochten diesen Prozess bis heute nicht zu bremsen, da sie vom vorherrschenden (Auto)Verkehrsteilnehmer eher als „Minuten Autofahrt" und nicht als Kilometerlängen wahrgenommen werden. Insofern eröffnet jeder weitere Straßenausbau eine neue Suburbanisierungsrunde und hält die Entwicklung weiter in Gang.

Räumliche Schwerpunkte des Pkw-Verkehrs

Analysiert man die Pkw-Jahresfahrleistungen über alle Fahrtzwecke nach Kreistypen, so wird deutlich, dass die ländlichen Kreise die höchsten Werte aufweisen (s. Abb. 26: Pkw-Jahresfahrleistungen). Dies gilt in gleicher Weise für die ländlichen Kreise in Verdichtungsräumen wie in ländlichen Räumen. Mit 14 435 bzw. 14 439 km verzeichnen sie praktisch das gleiche, relativ hohe Pkw-Gesamtmobilitätsniveau. Demgegenüber sind die niedrigsten Fahrleistungen mit 13 150 bzw. 13 218 km in den Kernstädten der Verdichtungsräume sowie der verstädterten Räume festzustellen. Die übrigen Kreistypen variieren in ihren Pkw-Jahresfahrleistungen nur sehr geringfügig um die Größenordnung von 14 000 km, d. h. die hier ermittelten Unterschiede sind nicht signifikant. Für Deutschland insgesamt ergibt sich eine durchschnittliche Pkw-Jahresfahrleistung von 13 866 km.

Diese Befunde erscheinen vor dem Hintergrund der vorstehenden Aussagen durchaus plausibel. Die hohe Pkw-Gesamtmobilität in den Randgebieten der Verdich-

---

Erläuterung: Pkw-Jahresfahrleistung

Die Pkw-Jahresfahrleistung umfasst die gesamte km-Leistung eines Privatfahrzeuges aufsummiert für ein Jahr. Datengrundlage zur Ermittlung ist eine Fahrzeughalterbefragung im Rahmen der Fahrleistungserhebung 1993. Die Stichprobe von 13 500 Pkw wird zu Gesamtfahrleistungen pro Jahr und mittleren Fahrleistungen pro Privat-Pkw hochgerechnet (vgl. Hautzinger, 1996).

tungsräume spiegelt die intensiven Verflechtungen zur Kernstadt über relativ große Distanzen wider. Ähnlich ist die Situation in den ländlichen Räumen. Die typischen Verkehrsbeziehungen zu den ländlichen Zentren, etwa im Berufs- oder Versorgungsverkehr, gehen zwar häufig über kürzere Entfernungen. Bestehende Fernpendlerbeziehungen heben jedoch den Durchschnitt auf ein ähnlich hohes Niveau wie im Umland der Verdichtungsräume. Die niedrige Jahresfahrleistung in den Kernstädten der Verdichtungsräume und verstädterten Regionen ist Ergebnis der guten allgemeinen Versorgungssituation mit Arbeitsplätzen sowie Güter- und Dienstleistungsangeboten am Ort, die lange Wege in weit geringerem Maße erforderlich macht. Zudem besteht hier in der Regel ein relativ attraktives öffentliches Verkehrsangebot, durch das ein Teil der Pkw-Fahrten substituiert wird. Partiell kompensiert werden diese Effekte jedoch durch höhere Fahrleistungen im Freizeitverkehr, die fast ausschließlich im Individualverkehr erbracht werden. Demgegenüber repräsentieren die übrigen Kreistypen mit einer mehr oder weniger verdichteten Siedlungsstruktur eher die Normalsituation verkehrlicher Verflechtungen, die kaum größere Differenzierungen aufweist.

Pendelverflechtungen im Berufsverkehr

Betrachtet man die Struktur regionaler Verflechtungen anhand der Berufspendlerbeziehungen, so wird deutlich, dass die Kernstädte der Verdichtungsräume und die ländlichen Zentren sowie generell die (größeren) Städte als Arbeitsplatzschwerpunkte immer noch eine vorherrschende Rolle spielen. Die meisten Berufspendler fahren in die jeweils größere Stadt in ihrer Nähe zur Arbeit. Die quantitativ wichtigsten Zielorte, die auch *Pendlerströme über weite Distanzen* auf sich ziehen, sind nach wie vor die Kernstädte der großen monozentrischen Verdichtungsräume, allen voran Hamburg, München und Berlin. Daneben sind es auch allgemein die Zentren der Verdichtungsräume wie Frankfurt, die ihre Einzugsbereiche immer weiter ins Umland hinausschieben. Deutlich wird aber auch, dass polyzentrische Siedlungsstrukturen wie im Rhein-Ruhr-Raum oder dezentrale mittelständische Betriebsstrukturen wie in Baden-Württemberg eher zu vernetzten Pendelbeziehungen mit geringeren Pendelentfernungen führen. Bei genauerer Betrachtung erkennt man auch die tangentialen Verflechtungen im Umland, die – gemessen am gesamten Pendelverkehr – noch gering sind, aber in ihrer Bedeutung ständig zunehmen.

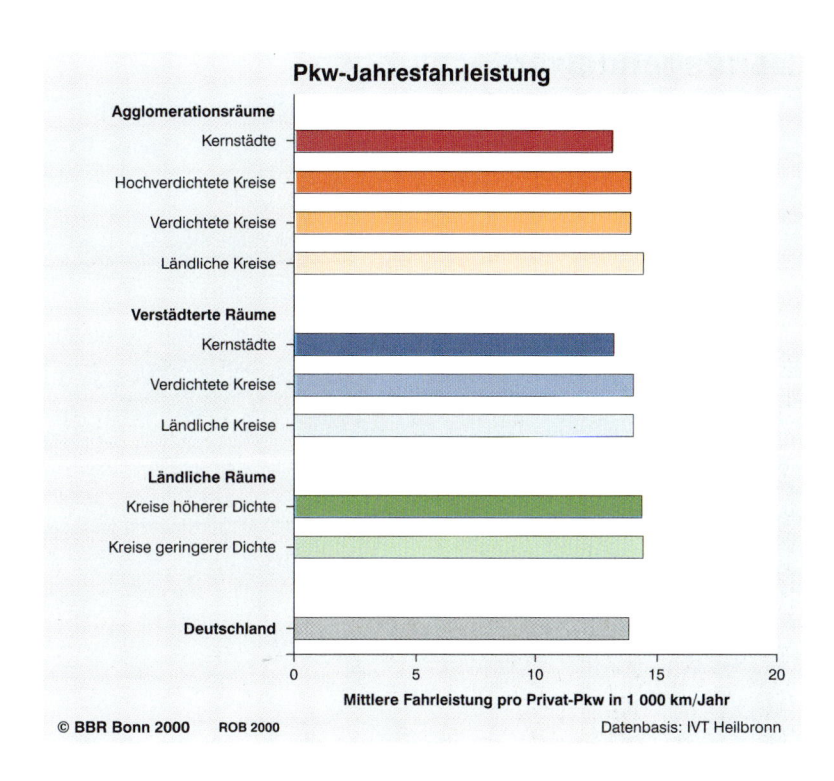

Abbildung 25
Pkw-Jahresfahrleistungen nach Kreistypen

Nähere Einblicke in die Pendlerverflechtungen zwischen Wohn- und Arbeitsplatzstandort im suburbanen Raum bietet eine Analyse der Pendleranteile nach Quellgemeinden für unterschiedliche Distanzstufen. Besonders aufschlussreich sind hier die weiteren Distanzen über 25 km (s. Karte 38:

Höchste Pendleranteile im Umland der Verdichtungsräume

Berufspendelverflechtungen, S. 78). Dabei zeigt sich deutlich, dass die höchsten Pendleranteile in diesem Distanzbereich im Umland der großen Verdichtungsräume auftreten.

Erläuterung: Berufspendler

Berufspendler sind Erwerbstätige, die nicht in ihrer Wohnsitzgemeinde arbeiten. Sie legen in der Regel zweimal täglich den Weg zwischen Wohnung und Arbeitsstätte zurück (Tagespendler). Einige Pendler verfügen über eine Zweitwohnung am Arbeitsort und pendeln nur einmal wöchentlich oder noch seltener zu ihrem Hauptwohnsitz (Wochenpendler). Berufspendler werden in ihrer Wohnortgemeinde als „Auspendler" und an ihrem Arbeitsort als „Einpendler" gezählt.

Berufspendelverflechtungen

Anteil der Pendler mit mehr als 25 km Luftliniendistanz zwischen Wohn- und Arbeitsstätte 1996 in %

- bis unter 5
- 5 bis unter 10
- 10 bis unter 15
- 15 bis unter 20
- 20 bis unter 25
- 25 und mehr

Verflechtungen mit mehr als 300 Berufspendlern

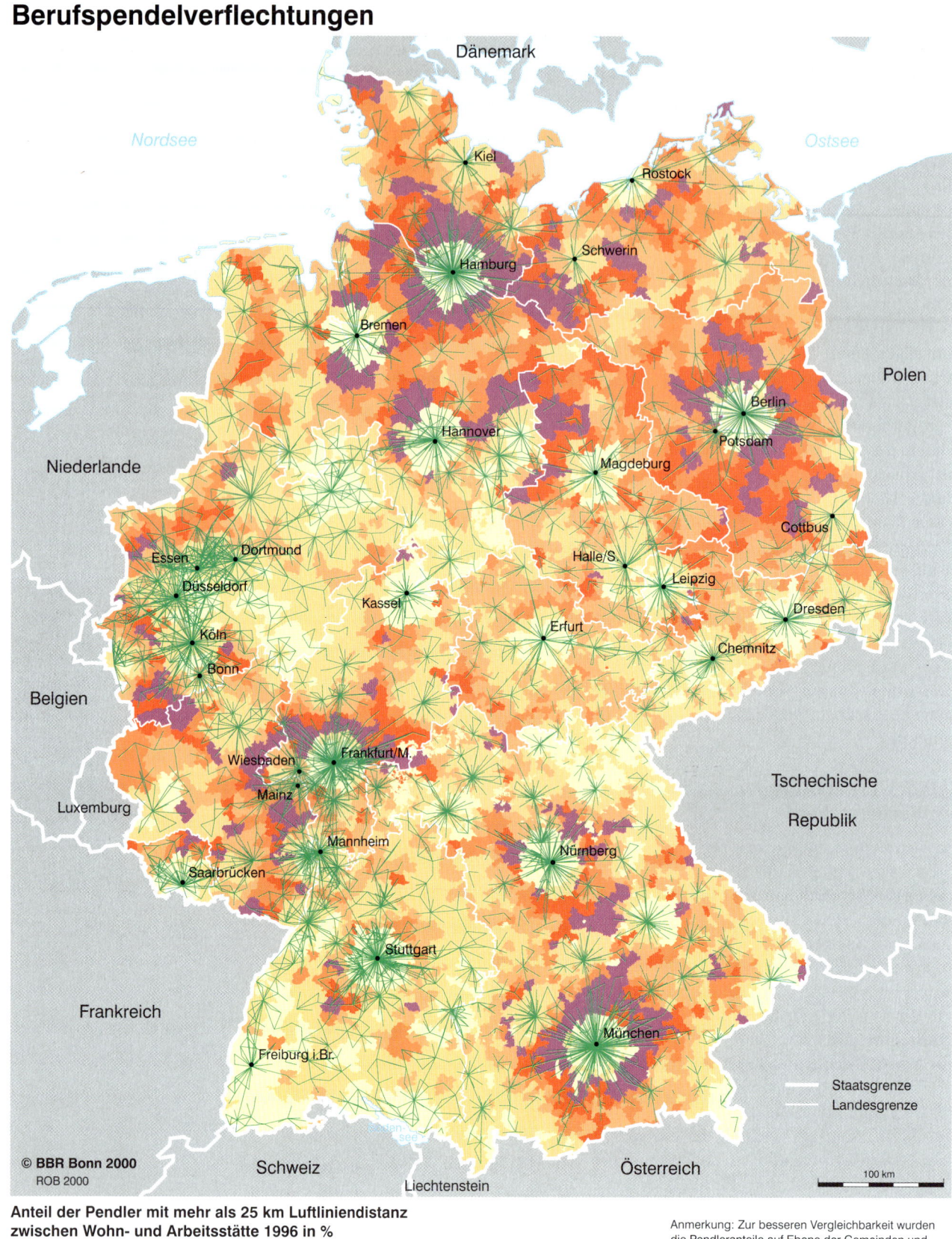

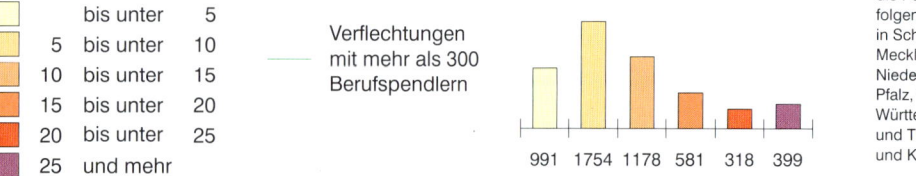

Häufigkeiten: 991, 1754, 1178, 581, 318, 399

Datenbasis: Bundesanstalt für Arbeit

Anmerkung: Zur besseren Vergleichbarkeit wurden die Pendleranteile auf Ebene der Gemeinden und folgender Gemeindeverbände dargestellt: Ämter in Schleswig-Holstein, Brandenburg, und Mecklenburg-Vorpommern, Samtgemeinden in Niedersachsen, Verbandsgemeinden in Rheinland-Pfalz, Verwaltungsgemeinschaften in Baden-Württemberg, Bayern, Sachsen, Sachsen-Anhalt und Thüringen, Verwaltungsverbände in Sachsen und Kirchspiellandsgemeinden in Schleswig-Holstein.

Gemeinden, Stand 1.1.1996

© BBR Bonn 2000
ROB 2000

Karte 38
Die Karte zeigt die großen Einpendlerzentren in Deutschland und die Richtung der wichtigsten Pendelströme. Die Pendler mit weiten Arbeitswegen wohnen vorwiegend im Umland der monozentrischen Agglomerationen. Im ländlichen Raum und in polyzentrischen Agglomerationsräumen sind die Berufspendelwege kürzer.

Hier gibt es also eine große Anzahl von Berufspendlern, die über relativ weite Entfernungen in die Kernstädte oder nachgeordnete Zentren pendeln. Besonders ausgeprägt ist dieser Effekt im Einzugsbereich großer solitärer Zentren wie München oder Hamburg. Sie sind durch ein ausgeprägtes Zentrum-Peripherie-Gefälle und eine räumlich stark unausgeglichene Arbeitsplatzverteilung charakterisiert. Sie dominieren ihren Einzugsbereich besonders deutlich, weshalb hier häufiger radiale Verkehrsströme über größere Distanzen festzustellen sind. Die umgekehrte Tendenz ist für mehr polyzentrale Verdichtungsräume wie das Rhein-Ruhr-Gebiet oder den Raum Stuttgart bestimmend. Die polyzentrale Struktur führt hier zu einer größeren räumlich-funktionalen Durchmischung und einem ausgewogeneren Standortgefüge von Arbeitsplätzen, was sich prinzipiell reduzierend auf die Wegelängen auswirkt.

In den ländlichen Regionen sind weite Berufspendlerwege weniger vertreten. Die typischen Pendlerwege in Richtung auf die ländlichen Zentren bewegen sich hier überwiegend im Distanzbereich zwischen 10 und 25 km. In dieser Entfernungsstufe ist die Verteilungsstruktur der Pendleranteile bundesweit im übrigen relativ ausgeglichen. Dies bedeutet, dass sowohl städtische als auch ländliche Gebiete in etwa gleich große Pendleranteile mit Berufswegen über kürzere Distanzen in Richtung auf die zugeordneten Zentren aufweisen. Speziell ländliche Gebiete verzeichnen gleichwohl mehr

Drei Viertel der Berufspendler erreichen den Arbeitsplatz in 30 Minuten

Fernpendler mit besonders weiten Berufswegen über 50 km, die jedoch mit Anteilen in der Größenordnung von 2 bis 5 % an allen Pendlern quantitativ nicht sehr ins Gewicht fallen.

Als Ergebnis der insgesamt in der Bundesrepublik relativ ausgeglichenen Siedlungsstruktur bewegen sich jedoch die *Berufswege im Durchschnitt* in recht engen Grenzen. Über 52 % der Erwerbstätigen haben einen Berufsweg von maximal lediglich 10 km. Nur ca. 13 % aller Berufspendler müssen mehr als 25 km zurücklegen. Nicht nur bezogen auf die Wegelängen, auch gemessen an den Fahrtzeiten, sind die durchschnittlichen Berufswege nicht lang. Fast drei Viertel aller Berufspendler erreichen ihren Arbeitsplatz in maximal einer halben Stunde. In den alten Ländern benötigen nur ca. 19 % der Berufspendler länger als eine halbe Stunde für ihren Arbeitsweg. In den neuen Ländern sind es – bedingt durch die schlechteren Verkehrsverbindungen – etwa 28 %.

Weiterführende Literatur:

Hautzinger, H.; Heidemann, D.; Krämer, B.: Räumliche Struktur der Pkw-Fahrleistungen in der Bundesrepublik Deutschland – Fahrleistungsatlas. Untersuchung im Auftrag des BBR. – Bonn/Heilbronn 1999 (unveröffentlichtes Manuskript)

Hautzinger, H.; Heidemann, D.; Krämer, B.: Bericht zur Fahrleistungserhebung 1993. – Bergisch-Galdbach 1996. = Berichte der Bundesanstalt für Straßenwesen, Heft M61

Beispiel: Kleinräumige Verflechtungen in der Region Rhein-Main

Am Beispiel der Region Rhein-Main soll ein detaillierter Einblick in die Struktur regionaler Personen-Verkehrsbeziehungen im Einzugsbereich großer Zentren in ihrer Abhängigkeit von der Siedlungsentwicklung gegeben werden.

Die hohen Verkehrsleistungen im Umland von Frankfurt resultieren aus der Suburbanisierung der Bevölkerung, die weitestgehend ihre Arbeitsplätze in Frankfurt beibehalten. Unter den deutschen Großstädten ist in Frankfurt die Zahl der Einpendler von rund 260 000 Berufstätigen am größten. Trotz der herausragenden Position Frankfurts als Arbeitsmarkt- und Einpendlerzentrum auch innerhalb der Region Rhein-Main sind die kernstadtorientierten Pendlerströme weniger intensiv als in den mehr monozentrischen Regionen Hamburg oder München, deren Pendlereinzugsbereiche weitaus größer sind. So haben die Bewohner der Region Rhein-Main mit durchschnittlich 14,8 km geringere Pendeldistanzen als Hamburg (18,5 km) und München (16,3 km).

Der Einzugsbereich Frankfurts ist aber immer noch größer als z. B. im Ruhrgebiet ohne eindeutig dominierende Zentren. Dennoch pendeln nur knapp 27 % aller Beschäftigten der Region Rhein-Main nach Frankfurt. Dies ist in der polyzentralen Siedlungsstruktur der Region Rhein-Main begründet, die eine Vielzahl von zentralen Orten im Umland mit eigenständigen Einzugsbereichen aufweist. Die Einpendlerströme nach Frankfurt kommen vorrangig aus den Mittelzentren und sonstigen Gemeinden im Verdichtungsraum.

Verkehrsaufwand in der Region Rhein-Main

1. im Berufs- und Ausbildungsverkehr

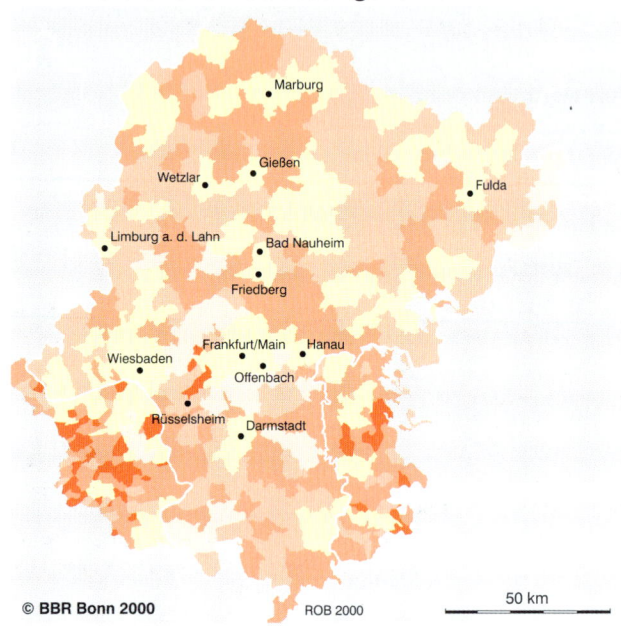

Personenkilometer je Einwohner und Jahr 1995

	bis unter	3 000
3 000	bis unter	3 400
3 400	bis unter	3 800
3 800	bis unter	4 200
4 200	und mehr	

2. im Einkaufsverkehr

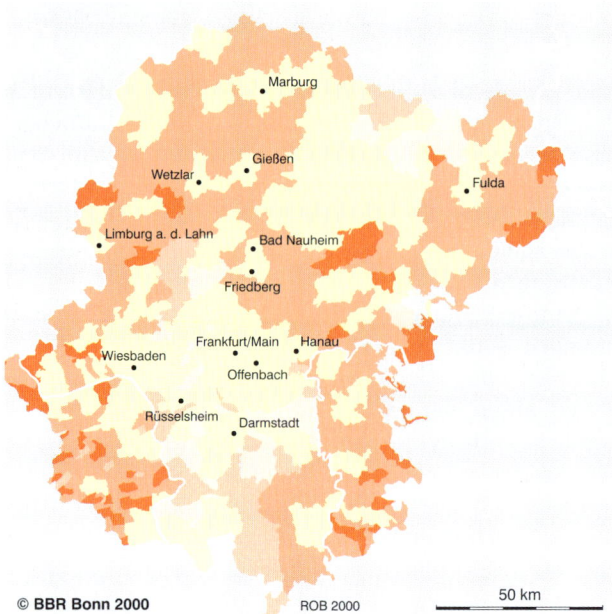

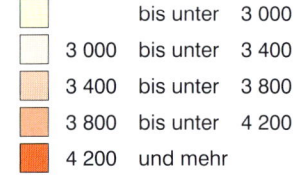

Personenkilometer je Einwohner und Jahr 1995

	bis unter	1 200
1 200	bis unter	1 300
1 300	bis unter	1 400
1 400	bis unter	1 500
1 500	und mehr	

3. im Freizeitverkehr

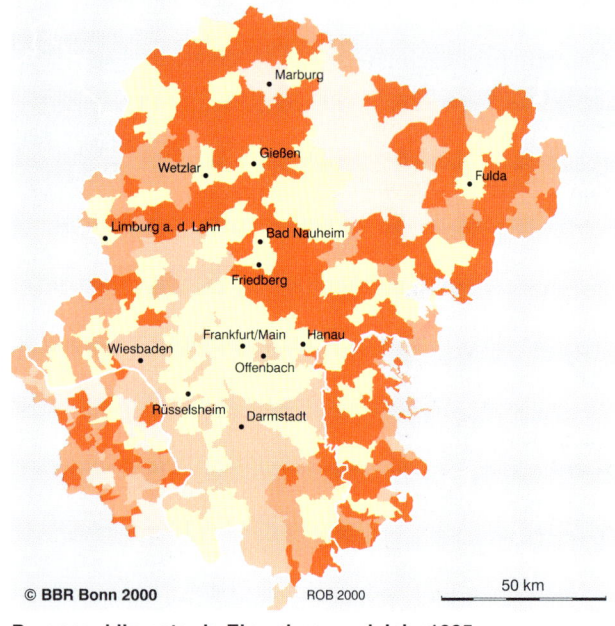

Personenkilometer je Einwohner und Jahr 1995

	bis unter	2 400
2 400	bis unter	2 500
2 500	bis unter	2 600
2 600	bis unter	2 700
2 700	und mehr	

4. Verkehrsaufwand insgesamt

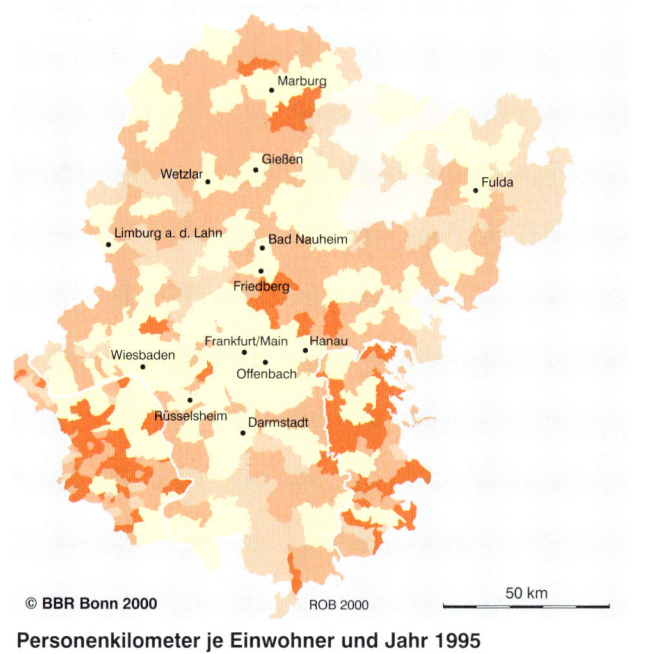

Personenkilometer je Einwohner und Jahr 1995

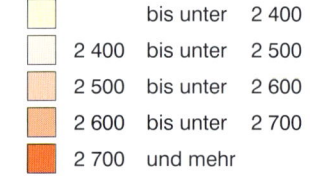

	bis unter	7 000
7 000	bis unter	7 400
7 400	bis unter	7 800
7 800	bis unter	8 200
8 200	und mehr	

Datenbasis: Eigene Berechnungen
nach A. Motzkus 1999

Gemeinden,
Stand 1.1.1995

Räumliche Verflechtungen 81

Karte 39
Die Karte zeigt die räumlichen Strukturen des Gesamtverkehrsaufwands der Einwohner in den Gemeinden des Rhein-Main-Gebietes über alle Fahrtzwecke mit allen Verkehrsmitteln (gemessen an den Verkehrsleistungen = Anzahl der Fahrten pro Person x Länge der Fahrten). Eindeutig ist der Zusammenhang mit der Zentralitätsstufe des Wohnortes zu erkennen. Die Einwohner in den Ober- und Mittelzentren und deren engeren Bereichen haben wesentlich geringere Verkehrsleistungen zu erbringen als die Einwohner in zentrenfernen kleinen Gemeinden.

Die polyzentrale Siedlungsstruktur führt zu starken verschachtelten Pendlerverflechtungen, bei denen Frankfurt als Ziel der Pendler aus den Mittelzentren dominiert, die ihrerseits wiederum Pendlerziele von Strömen aus sonstigen Gemeinden sind. Aufgrund der gegenseitigen Funktionsteilung und -ergänzung der Städte überlappen sich ihre Pendlereinzugsbereiche. Neben den „hierarchisch-aufwärts" gerichteten Pendlerströme existieren starke tangentiale Querverflechtungen zwischen Mittelzentren. Und schließlich treten „hierarchisch-abwärts" gerichtete Auspendlerströme von Oberzentren in kleinere Gemeinden auf.

Mit der Randwanderung der Betriebe, die der Wohnungssuburbanisierung folgt wird zwar ein numerisch ausgeglicheneres Verhältnis zwischen Wohnen und Arbeiten geschaffen, das Arbeitsplatzangebot wird aber in der Regel nicht von der ortsansässigen Bevölkerung nachgefragt. So sind die Mittelzentren im gleichen Maße sowohl Quelle von Auspendlern als auch Ziel von Einpendlern. Offenbar werden im Großen und Ganzen Arbeitsplätze in den Mittelzentren von Beschäftigten der sonstigen Gemeinden aus dem weiteren Umland in Anspruch genommen, während die Bevölkerung der Mittelzentren zum Großteil nach Frankfurt pendelt. Ebenso verläuft in vielen kleineren Gemeinden die Wohnstandort- und Arbeitsplatzentwicklung unabhängig voneinander.

Hinweis:
Die Darstellung des Fallbeispiels basiert auf einer Studie von:

Motzkus, A.: Dezentrale Konzentration. Ein siedlungsstrukturelles Leitbild zur Verkehrsaufwandsreduzierung? Auf der Suche nach einer verkehrssparsamen Siedlungsstruktur in der Region Rhein-Main als Beitrag einer nachhaltigen Siedlungs- und Verkehrsentwicklung. – Bonn 1999 (Unveröffentlichtes Manuskript)

Abbildung 26
Berufspendelverflechtungen in der Region Rhein-Main

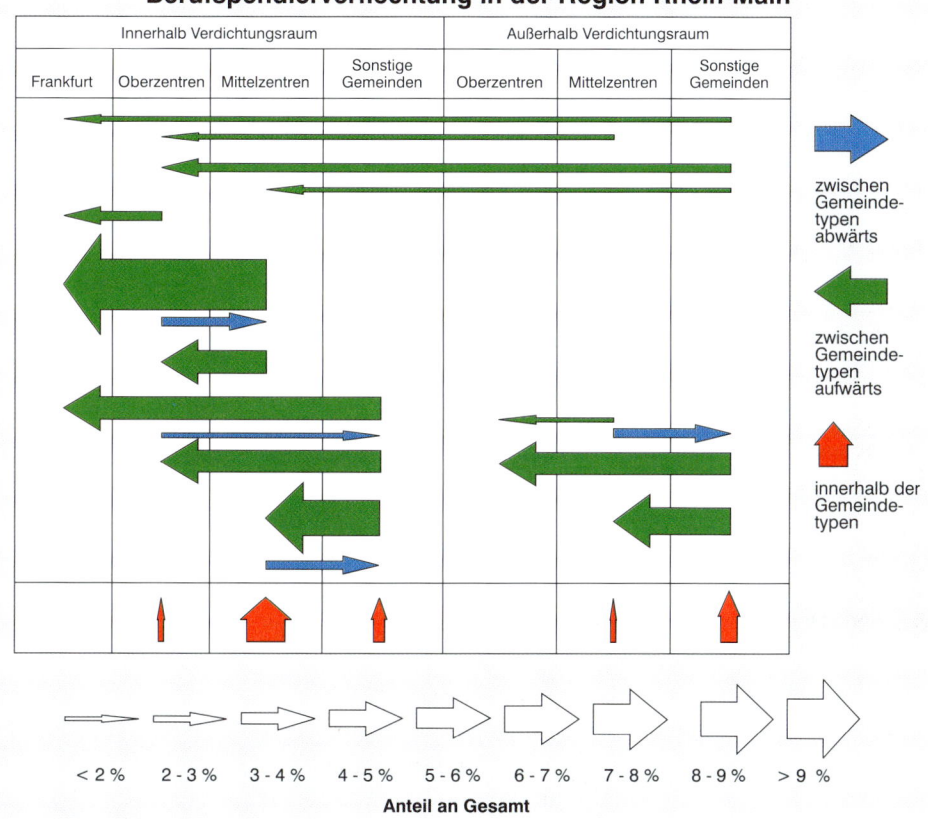

Transportverflechtungen der Wirtschaft

Eine wichtige Einflussgröße für die Güterverkehrsentwicklung ist – ähnlich wie beim Personenverkehr – die räumlich-funktionale Arbeitsteilung, die im Zuge gesellschaftlicher Modernisierungsprozesse sowie durch den europäischen Binnenmarkt zunimmt. Ein zentrales Phänomen sind der räumliche Maßstabssprung, die Ausweitung von Aktionsradien und der Bedeutungsgewinn entfernungsintensiver Produktionsstrukturen und -abläufe. In Wechselwirkung zur Entwicklung der Möglichkeiten zur Raumüberwindung entsteht ein neues, sich selbst tragendes System der Aufweitung von Aktionsräumen der Wirtschaft, der Erhöhung der Raumdurchlässigkeiten und der Intensivierung von Raumnutzungen. Das Wachstum der Güterverkehre (insbesondere auf der Straße und im Luftverkehr) beeinträchtigt die Lebensräume und zunehmend die Effizienz der Verkehrssysteme selber. Ein Blick auf die Entwicklung der letzten Jahrzehnte verdeutlicht die große Herausforderung an eine integrierte Raumentwicklungs- und Verkehrspolitik.

Allgemeine Entwicklung des Güterverkehrs

In den letzten 40 Jahren hat sich das gesamte *Güterverkehrsaufkommen* (beförderte Gütermenge in Mio. t) mehr als verdoppelt. Die *Güterverkehrsleistung* (beförderte Gütermenge multipliziert mit der Transportentfernung in Mrd. tkm) hat sich in diesem Zeitraum sogar verdreifacht. Dabei wurden alle *Verkehrszweige* berücksichtigt:

- Eisenbahnverkehr,
- Fernverkehr mit Lastkraftfahrzeugen,
- Nahverkehr mit Lastkraftfahrzeugen,
- Binnenschiffsverkehr,
- Seeverkehr und
- Luftverkehr.

Entwicklung des Güterverkehrs zu Wasser

Im Güterverkehr zu Wasser wird, wie oben erwähnt, nach den Verkehrszweigen *Binnenschiffsverkehr* und *Seeverkehr* (hier nicht weiter ausgeführt) unterschieden.

Im Binnenschiffsverkehr ist keine signifikante Veränderung zu verzeichnen. Das Aufkommen liegt zwischen maximal 240 (1980) und minimal 218 (1993) Mio. t pro Jahr. Gemessen an der allgemeinen Steigerung der Transportmenge des gesamten Güterverkehrs, kann ein relativer Rückgang der Binnenschifffahrt am Güterverkehrsaufkommen festgestellt werden. Dies obwohl seit 1991 der Binnenschiffsverkehr in den neuen Ländern mit erfasst wurde. Bezogen auf das ehemalige Bundesgebiet, kann somit sogar von einem absoluten Rückgang des Güterverkehrsaufkommens auf den Binnenwasserstraßen ausgegangen werden.

Entwicklung des Güterverkehrs zu Land

Der Anteil des *schienengebundenen Güterverkehrs* am Gesamtaufkommen (bezogen auf das Gewicht der beförderten Güter) hat sich, wie in der Vergangenheit zuvor, weiter von 8,7 % (1990) auf rund 8,3 % (1997) reduziert. Erwähnenswerte Ausnahme bildet hier das Jahr 1991, in dem die Leistungen

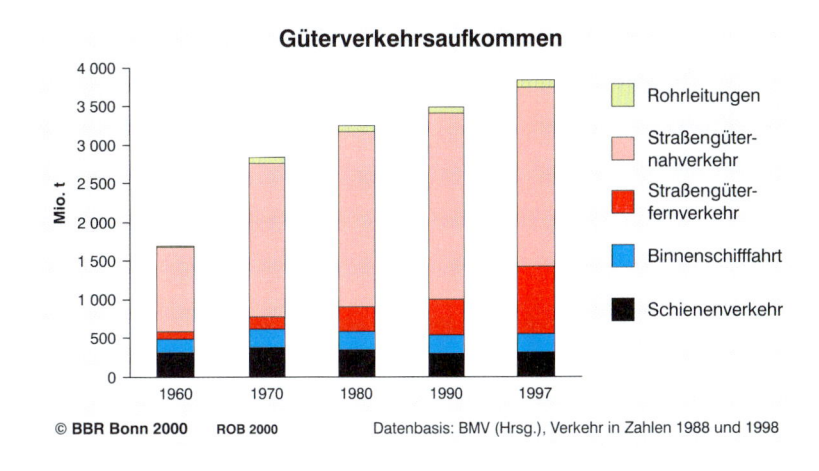

Abbildung 27
Entwicklung des Güteraufkommens im Bundesgebiet 1960 – 1997

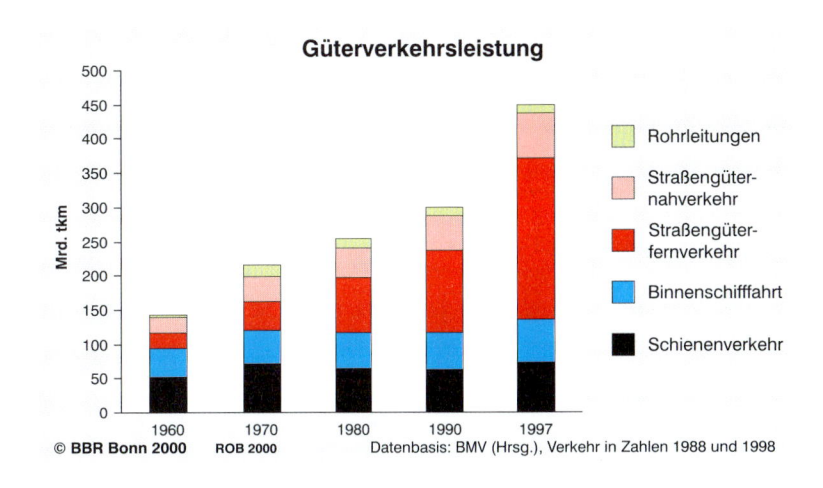

Abbildung 28
Entwicklung der Güterverkehrsleistung im Bundesgebiet 1960 – 1997

der Deutschen Reichsbahn hinzukamen. Schon 1992 war dieser Effekt abgeschwächt, und war dann 1993 nicht mehr zu bemerken.

Im Gegensatz zum schienengebundenen Güterverkehr erfuhr *der straßengebundene Güterverkehr* (Nah- und Fernverkehr) bis 1994 eine kontinuierliche Steigerung. In den folgenden Jahren gab es für den Fern- und Nahverkehr unterschiedliche Entwicklungen im Güterverkehrsaufkommen. Während der Fernverkehr weiterhin stetig anstieg, gingen die Werte im Güternahverkehr seither stetig zurück. Trotzdem kann für das Jahr 1997 für den gesamten Straßengüterverkehr ein Zuwachs des Aufkommens von über 11 % gegenüber 1990 festgestellt werden. Hierbei ist wieder zu berücksichtigen, dass ab 1991 der Güterverkehr aus den fünf neuen Ländern hinzukam. Die Verringerung des Güterverkehrs in den letzten Jahren kann auf die allgemeine schlechte Konjunkturlage und den Wegfall der Märkte im Osten zurückgeführt werden. Betrachtet man nur den Güter*fern*verkehr auf der *Straße*, stellt sich ein noch stärkerer Zuwachs des Aufkommens und der Verkehrsleistung dar. Werden die Zahlen der Jahre 1990 und 1997 miteinander verglichen, ergibt sich ein Anstieg im Aufkommen von 413 Mio. t. und in der Verkehrsleistung von 114 Mrd. tkm. Dies entspricht in beiden Fällen fast einer Verdoppelung. Für den Güter*nah*verkehr ergibt sich im Aufkommen dagegen ein geringfügiger Rückgang von 4 %, dagegen in der Verkehrsleistung eine Steigerung von ca. 35 %.

Entwicklung des Güterverkehrs in der Luft

Als ein insgesamt boomender Güterverkehrszweig wird die *Luftfracht* betrachtet. Auch hier ist wie beim straßengebundenen Güterfernverkehr eine stetige Steigerung über den Untersuchungszeitraum hinweg festzustellen. Gemessen an 1990 hat sich bis 1997 eine Steigerung des Aufkommens um das Fünffache eingestellt. Dies stellt die größte Wachstumsrate im Güterverkehr dar mit entsprechenden Anforderungen (und auch Engpässen) an die Kapazitäten auf deutschen Flughäfen.

Gemessen am Güterverkehrsaufkommen macht die Luftfracht allerdings nicht einmal 0,2 % des Güterverkehrs insgesamt aus, gleichwohl ist der Anstieg und die damit entstandene raumrelevante Problematik (Schadstoff- und Lärmentwicklung, zunehmender Flächenbedarf für Güterumschlag und An- und Abfahrt der Güter, Trennwirkungen) überproportional konfliktreich.

Güterverkehrsverflechtungen

Die *Auflösung traditioneller Standortbindungen* z. B. an die Verkehrserschließung ist aufgrund einer ubiquitären Fernstraßeninfrastruktur für weite Bereiche der Wirtschaft kennzeichnend. Infolge der Veränderungen in der Produktionsorganisation, durch die Substitution schwerer durch leichtere und hochwertigere Materialien und im Zuge des Bedeutungsgewinns technologieintensiver Produkte nimmt das Gütergewicht ab. Die Güterstruktur hat sich gewandelt. Diese Veränderungen auf den Gütermärkten verdeutlicht die wachsende Bedeutung kleinerer Losgrößen und geringervolumiger Frachten einerseits und den rückläufigen Anteil der Massengüter am Transportaufkommen andererseits. Dadurch wird der spezifische Vorteil der Massentransportmittel Bahn und Binnenschiff gegenüber dem flexiblen Lkw und der Luftfracht stark relativiert.

In die gleiche Richtung wirkt eine weiter fortschreitende nationale und *internationale Arbeitsteilung* und Spezialisierung an dezentralen Produktionsstandorten. Die aus der Spezialisierung resultierende gerin-

---

Erläuterung: Verkehrszweige des Güterverkehrs

Im *Eisenbahnverkehr* sind bis 1990 die Güterverkehre der Deutschen Bundesbahn (DB) und der nichtbundeseigenen Eisenbahnen (NE-Bahnen) berücksichtigt. Zwischen 1990 und 1993 werden zusätzlich die Güterverkehre der Deutschen Reichsbahn und ab 1994 die der Deutschen Bahn Aktiengesellschaft (DB AG) erfasst.

Als *Fernverkehr mit Lastkraftfahrzeugen* werden Gütertransporte bezeichnet, die weiter als 75 km vom Standort des Fahrzeuges entfernt liegen oder der Quell- und Zielort außerhalb eines Radius von 75 km um den Standort des Fahrzeuges. Für den Nahverkehr mit Lastkraftfahrzeugen gilt die gleiche Definition jedoch vice versa.

Der *Güterverkehr der Binnenschifffahrt* umfasst die Transporte deutscher und ausländischer Schiffe auf den Binnenwasserstraßen des Erhebungsgebietes sowie den Umschlag in den Häfen und sonstigen Lade- und Löschplätzen, einschließlich des Seeverkehrs der Binnenhäfen mit Seehäfen des In- und Auslands.

Der *Güterverkehr der Seeschiffahrt* erfasst die Güter, die im Seeverkehr in den Seehäfen des Erhebungsgebietes eingeladen oder ausgeladen werden; hierin ist auch der Seeverkehr der Küstenhäfen mit Binnenhäfen Deutschlands erhalten.

Im *Luftverkehr* enthalten sind die Frachtflüge, die gewerblichen Zwecken dienen. Unberücksichtigt hierbei ist der Verkehr, der durch Postversand entstanden ist. Wegen der geringen Anteile am Gesamtverkehr ist der Luftfrachtverkehr in den Abbildungen nicht dargestellt.

Güter, die mit *Rohrfernleitungen* und nicht in einem Verkehrsmittel transportiert werden, sind nachrichtlich aufgeführt.

ge Fertigungstiefe erfordert eine besondere Organisation des Produktionsprozesses mit vielfältigen und zeitlich-organisatorisch genau abgestimmten Zulieferbeziehungen („just-in-time"). Dies schlägt sich in einem hohen Transportaufwand im Güterverkehr nieder, der noch dadurch gesteigert wird, dass sich zur Ausnutzung von Kostenvorteilen einzelne Produktionsstandorte für Teilprodukte inzwischen vielfach europaweit verteilen. Dementsprechend ändern sich auch die räumlichen Verflechtungen im Güterverkehr (s. Beispiel BMW, S. 86). Altindustrialisierte Standorte sinken in ihrer Bedeutung als traditionell große Nachfrager nach Transportdienstleistungen. Neue Standorte (mit produktionsnahen Dienstleistungen und Warendistribution) dagegen werden sich stärker als Drehscheiben des Güterverkehrs herausbilden. Sie sind in aller Regel kleinteilig besiedelt und räumlich dispers verteilt. Bereits bestehende Gebiete weisen eine hohe Lkw-Fahrtendichte auf. Als tendenziell betroffene Raumtypen erscheinen tertiärisierte (innenstadtnahe) Gewerbegebiete und teilweise das Umland der Verdichtungsräume sowie Teile der anschließenden ländlichen Räume.

Zusammengefasst bewirkte der Strukturwandel in der Wirtschaft eine Veränderung der Güterverkehre, die aufgrund der Wechselwirkungen mit der Standortplanung räumlich bedeutsame Auswirkungen hat. Sie führen auf allen Ebenen zu einer Zunahme der Güterverkehrsleistungen und einer Intensivierung der räumlichen Verflechtungen:

- auf der Makroebene durch die Entwicklung internationaler Beschaffungs- und Distributionssysteme der Unternehmen mit entsprechenden Auswirkungen in der Transportnachfrage und den Transportentfernungen,
- auf der Ebene der Stadtregionen und Verdichtungsräume sowie ihrem suburbanen Umland durch Entwicklung neuer Standorte für Lagerung, Umschlag und Disposition von Gütern,
- auf der Mikroebene durch spezifische Verkehrserzeugung am Standort eines oder mehrerer Unternehmen.

Der *grenzüberschreitende Güterverkehr* Deutschlands mit dem Ausland umfasst am Gesamtaufkommen im Güterverkehr zwar nur den geringeren Anteil von ca. 12 %. Insbesondere hier verzeichnet der Lkw-Verkehr jedoch kontinuierlich stetige Zuwächse zu Lasten der übrigen Verkehrsträger. Die Haupt-Güterströme fließen dabei zwischen den nahen benachbarten westlichen Nachbarstaaten (Benelux, Frankreich). Der Umfang nimmt mit der Entfernung deutlich ab. Geographische Barrieren (z. B. Insellagen) drücken die Straßentransportintensität enorm (Großbritannien, Irland). Nach Süd- und Osteuropa hat der Schienengüterverkehr noch erhebliche Anteile. (s. Karte 40: Grenzüberschreitender Güterfernverkehr, S. 86)

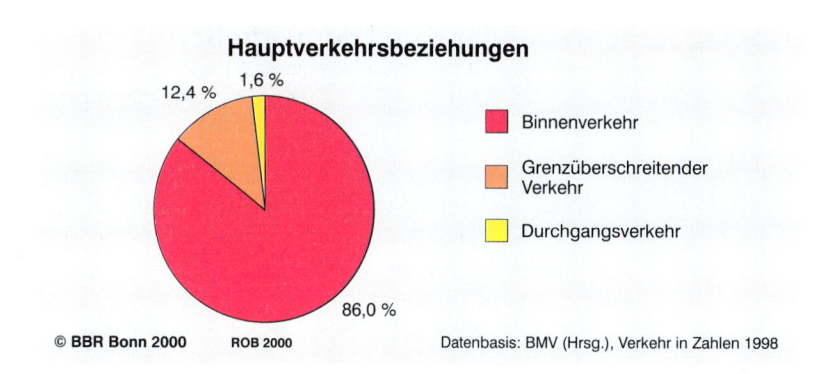

Abbildung 29
Hauptverkehrsbeziehungen im Güterverkehr

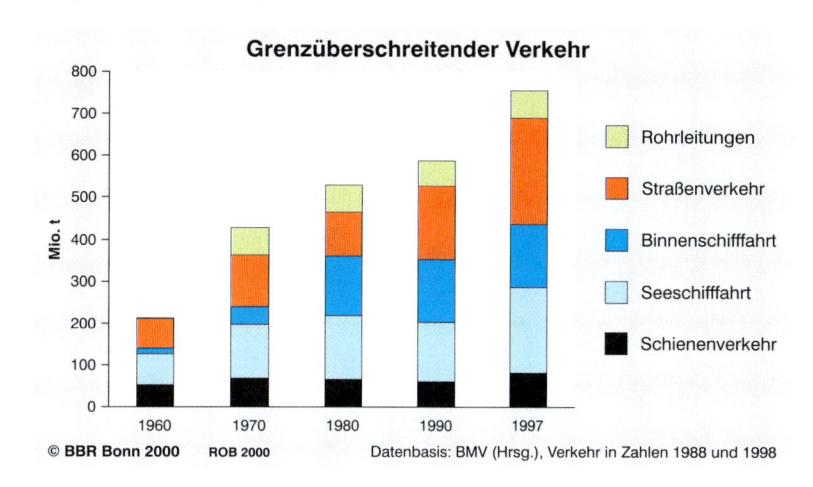

Abbildung 30
Entwicklung des grenzüberschreitenden Güterverkehrs 1960–1997

Die europäische Öffnung nach Osten wird die Transportströme und damit den *Transitverkehr* noch ansteigen lassen. Das Transitaufkommen hat allerdings im Verhältnis zum Binnenverkehr und grenzüberschreitenden Verkehr nur eine geringe Größenordnung von 1,6 % des Gesamtaufkommens. Gleichwohl von Bedeutung ist die Annäherung Osteuropas an die westlichen Wirtschaftsräume, die in Deutschland als zentralem Transitland zu wachsenden Güterverkehrsströmen und auf europäischer Ebene zugleich zu einer Zunahme der Beförderungsweiten führen wird.

Grenzüberschreitender Güterfernverkehr

Güterfernverkehrsaufkommen von und nach Deutschland (Versand und Empfang) 1997

- Schiene
- Straße
- Binnenschifffahrt

150 Mio. t
50
10
0

Datenbasis: BVU Beratergruppe Verkehr + Umwelt,
Güterverkehrsmatrix 1997, BVWP 2015

Stand: 1997

© BBR Bonn 2000
ROB 2000

Karte 40
Bei weitem der größte Güteraustausch ist zwischen Deutschland und den westlichen Nachbarstaaten festzustellen. Im Güterverkehr mit den südlichen und östlichen Staaten hat der Schienenverkehr noch hohe Anteile.

Die räumliche Problematik dieser Güterverkehrsströme durch Deutschland und Güterverkehrsverflechtungen mit dem europäischen Ausland entsteht aber dadurch, dass sich dieser Straßenverkehr auf wenige, hochbelastete Autobahnkorridore im Bundesgebiet konzentriert. Dabei sind die größten Verkehrsbelastungen in den stadtnahen Verkehrsteilnetzen der Stadtregionen und Verdichtungsräume zu verzeichnen. In diesen Räumen überlagern sich Nah-, Regional- und Fernverkehre sowohl des Personen- als auch des Güterverkehrs. Weiterhin zeigen aber auch groß-

Transitverkehr durch Deutschland konzentriert auf wenige Autobahnkorridore

räumige Verkehrskorridore Überlastungserscheinungen, wie z.B. der Rhein- und der Mainkorridor oder die Korridore nach Berlin und Polen, wo häufig auch der großräumige Straßen- und Schienenverkehr parallel verlaufen. Diese einseitige Konzentration des Fernverkehrs auf wenige Räume und Korridore im Bundesgebiet führt zu einer räumlich unausgeglichenen Lastenaufteilung der durch die wirtschaftlichen Umstrukturierungsprozesse und den europäischen Binnenmarkt hervorgerufenen Steigerungen der Güterfernverkehrsleistungen – vor allem auf den Fernstraßen.

Beispiel: Lieferverflechtungen in der Automobilindustrie – Das Beispiel BMW

BMW hat seinen Firmensitz seit 1916 in München. Weitere Standorte befinden sich u.a. in Berlin, in Dingolfing/Niederbayern, in Regensburg und nach der deutschen Vereinigung in Eisenach. Das Einkaufsvolumen von BMW belief sich im Jahr 1996 auf insgesamt 18,7 Mrd. DM. Bezogen auf den Gesamtumsatz von 33,1 Mrd. DM, entsprach das einer Zulieferquote von 56 % (Angaben ohne Anteile der RoverGroup).

Grundsätzlich können zwei Arten von *Lieferantenbeziehungen* unterschieden werden. Im ersten Fall entwickeln und fertigen die Lieferanten einzelne Zulieferteile und Baugruppen in eigener Verantwortung bzw. in enger Kooperation mit BMW unter Berücksichtigung der von BMW vorgegebenen Qualitätsstandards. Die zweite Kategorie der Lieferanten beschränkt ihre Arbeit auf die Fertigung der Teile nach vorgegebenen Konstruktionszeichnungen und Pflichtenheften von BMW. Diese Art der Arbeitsteilung hat in den letzten Jahren zugunsten der kooperativen Lieferantenbeziehung an Bedeutung verloren. In zunehmendem Maße werden Einzelteile zu Systemen, Modulen und Baugruppen gebündelt und Lieferanten in frühen Phasen der Produktentwicklung von BMW einbezogen und komplette Systeme mit eigener Produktverantwortung an ausgewählte Zulieferfirmen übertragen.

Die räumliche Verteilung der Zulieferbeziehungen soll am Beispiel der *Abgasanlagen* aufgezeigt werden. BMW bezieht diese Abgasanlagen für sämtliche Fahrzeuge von der Firma Friedrich Boysen GmbH & Co KG. Die Fertigungsstandorte der Firma liegen in Altensteig/Württemberg (Stammwerk) und in Salching bei Straubing/Niederbayern.

Auf der vorgelagerten Fertigungsstufe erfolgt die Entwicklung, Teilefertigung und Montage von Abgasmodulen und Katalysatoren im Stammwerk Altensteig. Die Endmontage der Abgassysteme wird in Salching vorgenommen. Die Lieferung der kompletten Abgassysteme erfolgt von Salching aus taktsynchron an die Montagebänder von BMW. Die räumliche Nähe des Endmontagewerkes Salching zu beiden BMW Werken Dingolfing und Regensburg macht den Transport der sperrigen, endmontierten Abgasanlagen nur über kurze Distanzen erforderlich. Die Rohmaterialien und Halbfabrikate für das Stammwerk in Altensteig sowie die notwendigen Vorlieferungen für das Werk Salching stammen hauptsächlich aus Süd- und Westdeutschland. Die Lieferanten liegen mit Entfernungen zwischen 50 und 400 km zu den beiden Boysen-Werken fast ausschließlich in Deutschland.

Das Fallbeispiel belegt die These, dass sich die Vorleistungsverflechtungen keineswegs räumlich eng auf die Standortregion des Hauptproduzenten beschränken. Die über Jahrzehnte kontinuierlich ausgebauten Verkehrswege in Verbindung mit den verbesserten Möglichkeiten der Telekommunikation führten zu wachsenden Freiheitsgraden bei der geographischen Organisation betrieblicher Zulieferbeziehungen. Sie ermöglichen eine weitmaschige lockere, gleichwohl aber nicht räumlich unbegrenzte Vernetzung der Lieferbeziehungen. Transport- und Transaktionskosten spielen weiterhin eine Rolle, wenn sich auch die Bedeutung der Komponenten verschiebt. Bei Reduzierung der Fertigungstiefe und zunehmender Auslagerung auf Zulieferbetriebe werden insbesondere die Einhaltung von Präzisionskriterien bei der Koordination der einzelnen Fertigungsstufen und die zeitpunktgenaue Logistik („just in time") zu neuralgischen Punkten der firmenübergreifenden Kooperation. Denn ein Zulieferer, der potenziell innerhalb weniger Stunden erreichbar ist, senkt das Risiko der Störanfälligkeit, weil notfalls kurzfristige persönliche Absprachen möglich sind.

BMW-Zulieferkette

BMW-Zulieferkette für Komponenten, Rohmaterial und Halbfabrikate

- ○ Standorte von Komponentenherstellern
- ● Standorte von Rohmateriallieferanten und Halbfabrikateherstellern
- ● Fertigungswerke der Firma Boysen
- ⊕ Fertigungswerke der Firma BMW

— Zulieferkette von Komponenten
— Zulieferkette von Rohmaterialien und Halbfabrikaten
⇒ Zulieferkette von Abgasmodulen

Datenbasis: empirica Berlin;
Laufende Raumbeobachtung des BBR   Stand 1996

Karte 41
Die Karte zeigt die weit verzweigte räumliche Verteilung der Zulieferkette für die Abgasmodule der BMW-Autos. Dieses – eher als Normalfall zu bezeichnende – Beispiel demonstriert den hohen Grad der räumlichen Verflechtungen von betrieblichen Produktionsprozessen.

Hinweis:

Die Darstellung des Beispieles basiert auf einer Expertise von Eberhard von Einem und Hans Georg Helmstädter: Lieferverflechtungen in der Automobilindustrie am Beispiel der BMW Abgasanlage. – Bonn/Berlin 1997

Grenzüberschreitende Pendelverflechtungen

An die Verwirklichung des europäischen Binnenmarktes ist die Hoffnung auf positive ökonomische Effekte der Integration gerade in den Grenzregionen geknüpft. Auf die Arbeitsmärkte soll eine verstärkte Europäisierung bzw. grenzüberschreitende Ausrichtung bei der Besetzung von Arbeitsplätzen effizienzsteigernd wirken und die Arbeitslosigkeit reduzieren. Die Europäische Kommission strebt an, dass der europäische Arbeitsmarkt langfristig ein normaler Bestandteil des politischen, wirtschaftlichen und sozialen Lebens der Bürger wird. Es ist aber eine deutliche Ernüchterung gerade hinsichtlich der Erwartungen an die schnelle Integration der Arbeitsmärkte eingetreten. Die Freizügigkeit ist die bislang am wenigsten genutzte Freiheit des Binnenmarktes, wohingegen die Mobilität von Kapital und Gütern kaum noch durch die Nationalgrenzen beeinträchtigt wird. Die grenzüberschreitenden Arbeitsmarktbeziehungen weisen jedoch große regionale Unterschiede auf, wobei sie insbesondere in den Regionen an den Binnengrenzen der EU langfristig von Relevanz sein können.

Die Arbeitsmarktmobilität über nationale Grenzen hinweg ist aber zwischen den Mitgliedstaaten nicht erst mit der Vollendung des Binnenmarktes möglich geworden. Bereits seit 1968 gilt die Freizügigkeit für Arbeitnehmer und deren Familienangehörige in den Gründungsstaaten Belgien, Bundesrepublik Deutschland, Frankreich, Italien, den Niederlanden und Luxemburg. Nach der Erweiterung 1973 wurden auch Großbritannien, Irland und Dänemark einbezogen, mit Übergangszeiten später auch Griechenland, Portugal und Spanien. Die Freizügigkeitsrechte der Europäischen Union wurden schließlich unmittelbar nach deren Beitritt auch Österreich, Schweden und Finnland gewährt. Somit besteht für EU-Arbeitnehmer die Möglichkeit, mit Inländern rechtlich gleichgestellt einen Arbeitsplatz in einem anderen Mitgliedstaat anzunehmen. Die Freizügigkeit besteht auch für Selbstständige, so dass sie im EU-Ausland mit gleichen Rechten ein Unternehmen gründen können wie Inländer.

Der Anteil der ausländischen Arbeitskräfte beträgt in der EU mit einer absoluten Zahl von 7,83 Mio. ca. 5 % an allen Arbeitskräften. Den mit Abstand höchsten Ausländeranteil an der Arbeitsbevölkerung weist Luxemburg mit 40 % auf. Es folgen Österreich (9,8 %) und Deutschland (9 %). Im europäischen Binnenmarkt stammen aber weniger als die Hälfte der Ausländer aus anderen Mitgliedstaaten, so dass der durchschnittliche Anteil der EU-Ausländer an den nationalen Arbeitskräften nur etwa 2 % beträgt. Von den 3,47 Mio. ausländischen Arbeitskräften in Deutschland haben etwa 65 % die Staatsangehörigkeit eines Drittstaates außerhalb der EU. Während aber die Zahl der Arbeitskräfte aus den EU-Mittelmeerstaaten z.T. stark zurückging, nahm sie insbesondere aus den deutschen EU-Nachbarstaaten zu. So verdoppelte sich beispielsweise die Zahl der französischen Erwerbstätigen in Deutschland seit 1975, die der niederländischen Erwerbstätigen stieg um fast 40 %. Bei der Analyse der internationalen Arbeitsmarktbeziehungen sind in diesem Kontext vor allem die Pendelbeziehungen Deutschlands mit den Nachbarstaaten von Bedeutung.

Pendelverflechtungen zwischen Deutschland und seinen Nachbarstaaten

Für Deutschland können sich die grenzüberschreitenden Pendelbeziehungen mittel- bis langfristig als besonders relevant erweisen, da es an neun vorwiegend relativ dichtbesiedelte Staaten angrenzt und somit EU-weit die meisten Anrainerstaaten aufweist. Sechs der Nachbarstaaten sind bereits EU-Mitglieder. Polen und die Tschechische Republik werden zu den nächsten Beitrittsländern zählen, und die Pendelbeziehungen mit der Schweiz weisen eine lange Tradition auf.

In Westeuropa pendelten im Durchschnitt der Jahre 1990 bis 1995 etwa 380 000 sozialversicherungspflichtig Beschäftigte täglich oder wöchentlich über eine nationale Grenze. Dies entspricht 0,26 % der Erwerbstätigen. Die Schweiz ist das häufigste Zielland mit etwa 150 000 Grenzgängern. Deutschland ist das zweitwichtigste Aufnahmeland für sozialversicherungspflichtige Grenzpendler mit 78 000 Beschäftigten. Es folgt Luxemburg mit 54 000, noch vor Aufnahmeländern wie Frankreich, Belgien und den Niederlanden. Für Luxemburg beträgt heute der Anteil der Einpendler an der Erwerbsbevölkerung des Landes bereits etwa ein Drittel.

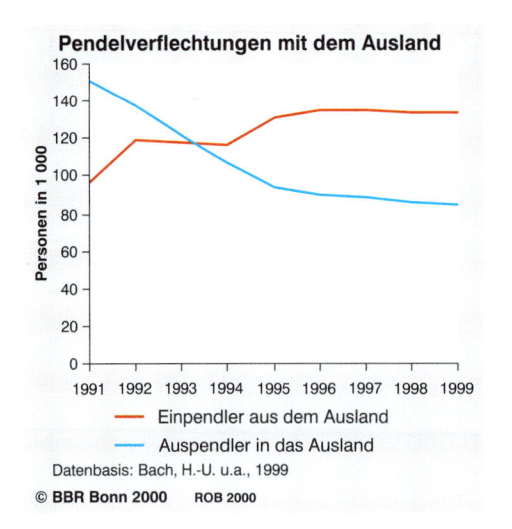

Abbildung 31
Pendelverflechtungen
Deutschlands mit dem
Ausland 1991–1999

Diese nach Staaten differenzierten Daten der Sozialversicherungen berücksichtigen in der Regel weder geringfügig Beschäftigte noch sehr gut verdienende Personengruppen, Beamte oder Selbstständige. Für die Bundesrepublik unterscheiden sich daher diese Daten von den aktuelleren, aber nicht näher differenzierten IAB-Daten (Institut für Arbeitsmarkt- und Berufsforschung), nach denen gegenwärtig im Jahresdurchschnitt etwa 134 000 Personen täglich oder wöchentlich nach Deutschland pendeln, um dort ihrer beruflichen Tätigkeit nachzugehen. Dies entspricht etwa 0,3 % aller Arbeitskräfte im Bundesgebiet, wobei dieser Wert in den letzten Jahren relativ konstant war. Auf der anderen Seite pendeln etwa 84 000 Personen aus Deutschland in die Nachbarstaaten (0,2 % der Arbeitskräfte), wobei aber deutsche Beschäftigte bei den ausländischen Streitkräften in Deutschland ebenfalls als Auspendler gezählt werden. Der deutliche Rückgang der deutschen Auspendler dürfte dabei insbesondere auch auf den Rückgang der zivilen deutschen Beschäftigten bei den ausländischen Streitkräften in Deutschland zurückzuführen sein, deren Zahl aber statistisch nicht exakt erfasst ist. Bei den Einpendlern ist hingegen eine Zunahme zu beobachten, wobei aber nicht allein Ausländer nach Deutschland pendeln. Auch Deutsche nehmen ihren Wohnort im benachbarten EU-Ausland und pendeln zur Arbeit nach Deutschland. Schließlich unterscheiden sich die Pendelbeziehungen zwischen den einzelnen Mitgliedstaaten und auch den Grenzregionen sehr deutlich. Insgesamt lässt sich aber trotz z.T. fehlender Daten festhalten, dass die Verwirklichung des europäischen Binnenmarktes in den 90er Jahren auf dem Arbeitsmarkt keine spektakulären zusätzlichen Pendelbewegungen auslöste.

Keine zusätzlichen Pendelbewegungen im Grenzraum durch europäischen Binnenmarkt

Die Sonderauswertungen, die vom Europäischen Parlament (EP 1997) auf der Basis von 1995 veröffentlicht wurden, stellen die z.Z. aktuellste Quelle flächendeckender länderspezifischer Pendeldaten für Westeuropa dar. Die größten Pendelbewegungen sozialversicherungspflichtig beschäftigter Personen sind im deutschen Grenzraum mit Frankreich und der Schweiz zu beobachten. Frankreich ist dabei mit etwa 45 000 Personen das mit Abstand bedeutendste Herkunftsland von Pendlern nach Deutschland, wobei das Lohngefälle und günstige steuerliche Regelungen diese Mobilitätsbewegungen fördern. Die Schweiz – obwohl nicht EU-Mitglied und daher nicht in die Freizügigkeitsregelungen einbezogen – ist mit mehr als 31 000 das größte Zielland für Pendler aus Deutschland. Für Deutschland ist lediglich noch Luxemburg als Zielland mit knapp 10 000 Grenzgängern von größerer Bedeutung. In die Niederlande, nach Dänemark und nach

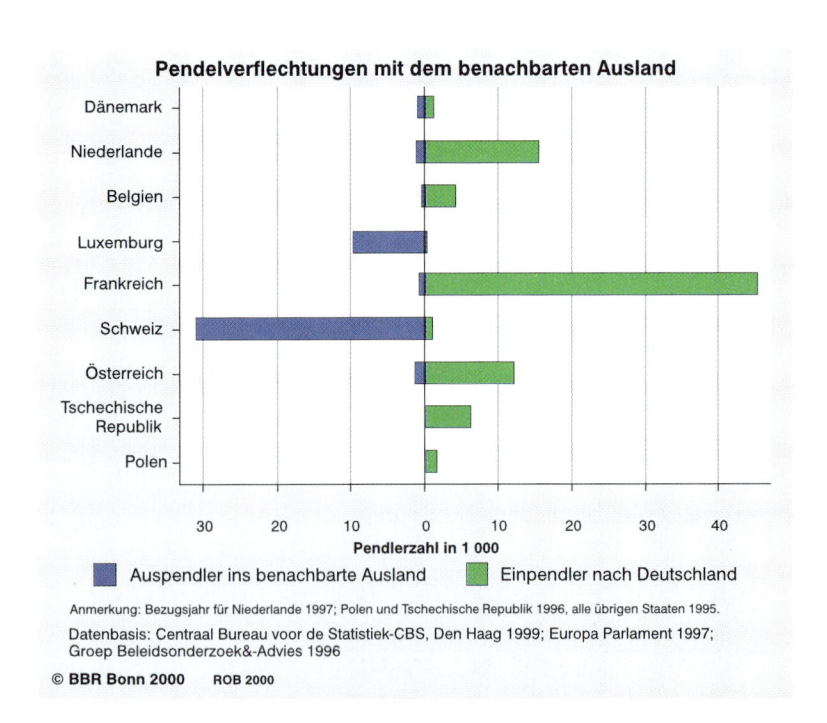

Abbildung 32
Pendelverflechtungen mit dem benachbarten Ausland

Österreich pendeln jeweils über 1 000 Menschen, nach Belgien und Frankreich sogar deutlich weniger als 1 000 sozialversicherungspflichtig Beschäftigte aus der Bundesrepublik. Wohnsitze der Pendler nach Deutschland sind neben Frankreich insbesondere die Niederlande (etwa 15 000), Österreich (12 000) und Belgien (ca. 4 000).

Seit einigen Jahren können in begrenztem Umfang auch Personen aus Polen und der Tschechischen Republik nach Deutschland pendeln, sofern sie ihren Wohnsitz in einer festgelegten Grenzregion haben, zu gleichen Arbeitsbedingungen wie deutsche Arbeitnehmer tätig sind und täglich an ihren Wohnsitz zurückkehren, sofern sie nicht nur zwei Tage pro Woche in Deutschland berufstätig sind. Von besonderer Bedeutung ist aber in diesem Kontext, dass zuvor eine arbeitsmarktabhängige Arbeitserlaubnis erteilt werden muss, aus der hervorgeht, dass keine deutschen oder ihnen gleichgestellte Arbeitskräfte für die entsprechenden Tätigkeiten zur Verfügung stehen. Vor dem Hintergrund dieser starken Einschränkungen der Pendelmobilität ist verständlich, dass trotz des sehr deutlichen Lohngefälles lediglich etwa 6 000 Tschechen und 1 500 Polen mit abnehmender Tendenz über die Grenze nach Deutschland pendeln.

Auch wenn die Pendelbeziehungen im Binnenmarkt im Allgemeinen und in der Bundesrepublik im Besonderen bezogen auf die Bevölkerung in den Nationalstaaten quantitativ recht unbedeutend sind, können sie dennoch in den Grenzregionen von weit größerer Relevanz sein. Die ausschließliche Betrachtung von Globaldaten bzw. Nationalstaaten ist demnach nicht ausreichend. Zwischen den Grenzregionen sind die Pendeldistanzen in der Regel nicht länger als innerhalb des eigenen Landes. Zudem sind die Anpassungskosten der Arbeitskräfte geringer als bei Umzügen ins Ausland, da der bestehende grenznahe Wohnort und damit das soziale Umfeld beibehalten werden kann. Daher wird in der Regel davon ausgegangen, dass sich die grenzüberschreitenden Pendelbeziehungen in der EU langfristig stärker entwickeln als die Migrationsbewegungen zwischen den Staaten.

Aus regionalökonomischer Sicht kann der grenzüberschreitende Austausch zwischen den Arbeitsmärkten auch dazu beitragen, die grenzüberschreitende Zusammenarbeit in anderen Bereichen zu intensivieren und Synergieeffekte durch die verstärkte grenzüberschreitende Kooperation stärker als in der Vergangenheit zu nutzen. Langfristig könnten diese Austauschprozesse helfen, die negativen wirtschaftlichen Effekte der Nationalgrenzen als Informationsbarrieren, Wettbewerbsschranken sowie Grenzen von Einzugsgebieten und Absatzmärkten abzubauen. Der grenzüberschreitende Markteintritt wird u.U. durch die Rekrutierung von Arbeitskräften aus dem Nachbarland erheblich erleichtert. Die Infrastruktur zu beiden Seiten der Grenze kann genutzt werden, was insbesondere für ländliche Regionen von Bedeutung ist, sofern städtische Zentren mit besserer Versorgungsstruktur auf der anderen Seite der Grenze existieren. Eine konjunkturelle Belebung in einem Mitgliedstaat kann zudem auch auf die Grenzregionen des Nachbarlandes ausstrahlen, so dass ein branchen- und berufsspezifischer Ausgleich von koexistierendem Arbeitskräfteüberhang und Arbeitskräftemangel möglich ist.

Grenzüberschreitende Pendlermobilität gesamtstaatlich unbedeutend, aber wichtig für die Grenzregionen

Hemmnisse und Determinanten der Mobilität

Neben der Lage auf dem Arbeits- und Wohnungsmarkt sowie der persönlichen und familiären Lebenssituation hängt die Mobilität von verschiedenen weiteren Faktoren ab. Dabei bestehen in grenzüberschreitender Sicht viele spezifische Barrieren, welche die Mobilitätsbewegungen deutlich erschweren. Als Hindernisse für die grenzüberschreitende Arbeitsmarktentwicklung konnten in verschiedenen Studien zusammengefasst folgende Probleme herausgestellt werden:

- Unterschiedliche Sozialversicherungen und Steuersysteme,
- Anerkennung von spezifischen (Aus-) Bildungsabschlüssen,
- Der öffentliche Dienst als weitgehend abgeschlossenes Arbeitsmarktsegment,
- Schlechte grenzüberschreitende Verkehrsanbindungen, insbesondere im ÖPNV,

Weiterführende Literatur:

Grenzgänger in der Europäischen Union – Zusammenfassung. Hrsg.: Europäisches Parlament, Generaldirektion Wissenschaft. – Luxemburg 1997. = Reihe Soziale Angelegenheiten, W-16a

Grenzpendler innerhalb der Europäischen Union. Hrsg.: Groep Beleidsonderzoek&-Advies. – Den Haag 1996

Gijsel, P. de, Janssen, M., Wenzel, H.-J., Woltering, M. (Hrsg.): Understanding European Cross-Border Labour Markets: Issues in Cross-Border Economic Relations. – Marburg 1999

- Mangelnde Informationen über Arbeitsmöglichkeiten im Nachbarland,
- Mangelnde Kenntnisse der Sprache des Nachbarlandes,
- Grenze in den Köpfen, Angst vor einem „Gastarbeiterdasein",
- Kulturelle Unterschiede und Vorurteile.

Ein gemeinsames europäisches Steuer- und Sozialsystem ist nicht in Sicht, so dass sich vielfältige spezifische Probleme ergeben, sofern sich der Wohnort und der Arbeitsort in verschiedenen Ländern befinden. Die wesentlichen steuerlichen Probleme sind daher in bilateralen Doppelbesteuerungsabkommen mit allen Nachbarländern separat geklärt, die insbesondere festlegen, ob im Land der Berufstätigkeit oder im Wohnsitzstaat besteuert wird und inwieweit regionale Grenzzonen der Besteuerung zugrunde gelegt werden. Zwischen Deutschland und den Niederlanden werden beispielsweise Steuern im Quellenstaat erhoben, zwischen Deutschland und Frankreich sowie der Schweiz am Wohnort, sofern dieser sich in einer Zone von 20 bzw. 30 km von der Grenze befindet. Die Unterschiede in den Sozialversicherungen und Steuersystemen zwischen Wohnland und Arbeitsland werfen auch für langjährige Grenzpendler z.T. noch immer Probleme auf.

Obgleich Fragen der Anerkennung von (Aus-)Bildungsabschlüssen im Wesentlichen auf der europäischen Ebene geregelt wurden, entstehen vor der Arbeitsaufnahme insbesondere bei Berufsanfängern z.T. Probleme in der tatsächlichen Anerkennung der ausländischen Abschlüsse durch die Arbeitgeber. Besondere Zugangsbeschränkungen treten dabei im öffentlichen Dienst auf. Auch wird das grenzüberschreitende Pendeln durch die im Vergleich zu den nationalen Verkehrswegen in der Regel schlechteren grenzüberschreitenden Anbindungen insbesondere im öffentlichen Nahverkehr erschwert. Fehlende Sprachkenntnisse werfen für die Entwicklung grenzüberschreitender Arbeitsmärkte sehr große Probleme auf, da die Beherrschung der Landessprache zumeist eine unabdingbare Voraussetzung für die Beschäftigung. Im Vorfeld der konkreten Entscheidung für oder gegen eine grenzüberschreitende Arbeitsaufnahme sind schließlich die sogenannten „weichen" Hemmnisse wie kulturelle Faktoren, Vorurteile und die „Grenze in den Köpfen" von großer Bedeutung. Sie tragen wesentlich dazu bei, dass der Arbeitsmarkt des Nachbarlandes nicht als zusätzliche Chance betrachtet wird, sondern das Suchverhalten auch in den Grenzregionen weiterhin national ausgerichtet ist. Für den Großteil der Bevölkerung in den Grenzregionen wird eine grenzüberschreitende Arbeitsaufnahme in der Regel überhaupt nicht in die Überlegungen einbezogen. Dies hängt auch mit der mangelhaften Information über Arbeitsmöglichkeiten zusammen. Selbst in den Grenzregionen ist der Informationsstand bzgl. Arbeitsmöglichkeiten im Nachbarland sehr gering.

Beispiel: Berufspendler im deutsch-niederländischen Grenzgebiet

Das Beispiel verdeutlicht kurz einige Charakteristika der grenzüberschreitenden Pendelbeziehungen.

Die Pendelbeziehungen verlaufen ganz überwiegend in einem Korridor von 20 bis 30 Kilometern entlang der Grenze. In erster Linie sind die grenznahen Städte Ziele der Grenzpendler. Die relativ dichtbesiedelte südliche deutsch-niederländische Grenzregion um Aachen und Maastricht weist dabei mit Abstand die stärksten grenzüberschreitenden Verflechtungen auf. Im eher ländlich geprägten Grenzgebiet sind Pendelbeziehungen über die Grenze praktisch bedeutungslos.

Auch in den „Hochburgen" der Pendelbeziehungen im deutsch-niederländischen Grenzgebiet beträgt der Anteil der Grenzgänger lediglich wenige Prozent. Den höchsten Anteil an Einpendlern aus den Niederlanden weist der Arbeitsamtsbezirk Aachen mit 2,2 % an allen Beschäftigten auf, in Krefeld sind es 1,4 %, in Wesel 1,3 % aller Beschäftigten. Selbst in diesen Grenzarbeitsamtsbezirken ist somit die Zahl der Pendler aus dem Nachbarland weit geringer als diejenige der Beschäftigten aus der Türkei, Ex-Jugoslawien oder Italien.

Die quantitative Bedeutung der Auspendler ist aber noch weit geringer als diejenige der Einpendler. In keinem deutschen Arbeitsamtsbezirk pendelt auch nur ein Prozent der Beschäftigten über die Grenze. Für Deutsche ist es trotz hoher Arbeitslosigkeit im eigenen Land wenig attraktiv, in den Niederlanden zu arbeiten und in

Räumliche Verflechtungen 93

Pendelverflechtungen im deutsch-niederländischen Grenzraum

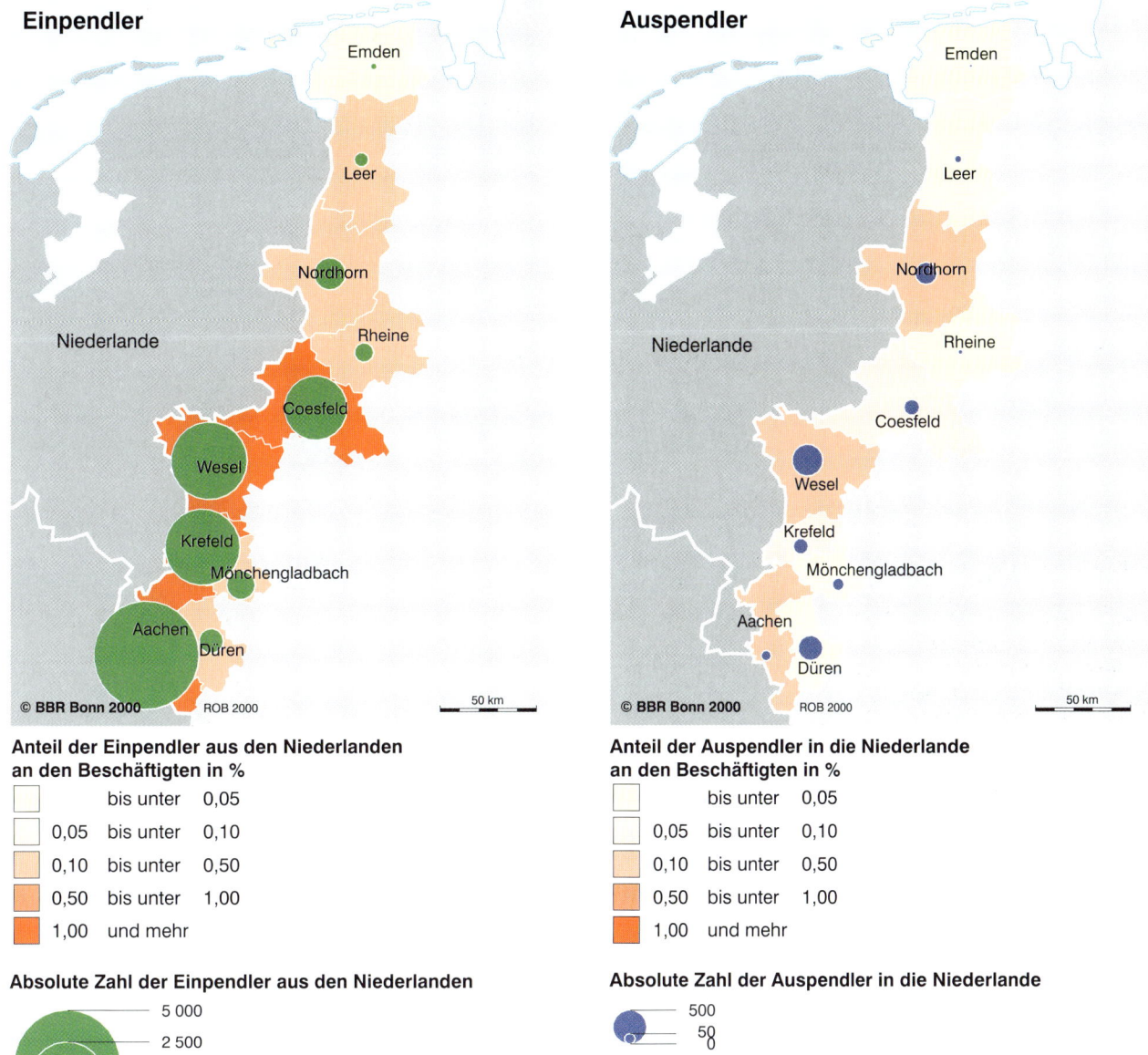

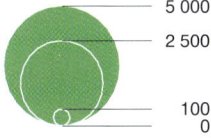

Einpendler

Anteil der Einpendler aus den Niederlanden an den Beschäftigten in %

- bis unter 0,05
- 0,05 bis unter 0,10
- 0,10 bis unter 0,50
- 0,50 bis unter 1,00
- 1,00 und mehr

Absolute Zahl der Einpendler aus den Niederlanden

5 000
2 500
100
0

Datenbasis: Centraal Bureau voor de Statistiek-CBS Den Haag, 1999

Auspendler

Anteil der Auspendler in die Niederlande an den Beschäftigten in %

- bis unter 0,05
- 0,05 bis unter 0,10
- 0,10 bis unter 0,50
- 0,50 bis unter 1,00
- 1,00 und mehr

Absolute Zahl der Auspendler in die Niederlande

500
50
0

Arbeitsamtsbezirke, Stand 1.1.1998

Karte 42
Die Gegenüberstellung von Einpendlern und Auspendlern über die deutsch-niederländische Grenze zeigt, dass wesentlich mehr Niederländer in den deutschen Grenzraum pendeln als Deutsche nach den Niederlanden. Der dichtbesiedelte Grenzraum im Süden weist dabei die bedeutendsten Verflechtungen auf, während im dünnbesiedelten Norden die Verflechtungen praktisch unbedeutend sind.

Deutschland zu leben. Deutsche Arbeitnehmer, die in den Niederlanden tätig sind, leben in der Mehrzahl auch in den Niederlanden. Niederländische Grenzpendler bleiben hingegen mehrheitlich in den Niederlanden wohnen.

Befragungen in der deutsch-niederländischen Grenzregion kommen zu dem Ergebnis, dass gerade bei den jungen, qualifizierten Erwerbstätigen die grenzüberschreitende Mobilitätsbereitschaft allerdings weit stärker ausgeprägt ist, als die tatsächlichen Austauschbeziehungen vermuten lassen. Insbesondere die Bereitschaft, zur Arbeitsaufnahme in das Nachbarland zu pendeln, ist beträchtlich, wenn auch die regionalen Unterschiede sehr groß sind. Die Untersuchungen kommen zu dem Schluss, dass berufliche und persönliche Kontakte, also die bestehenden grenzüberschreitenden Netzwerke in das Nachbarland, entscheidende Determinanten der grenzüberschreitenden Mobilitätsbereitschaft sind.

Hinweis:

Der Beitrag zu „Grenzüberschreitenden Pendelverflechtungen" basiert auf einer Expertise von Manfred Janssen, Universität Osnabrück, Osnabrück 1999

Regionale Qualitäten und Probleme

Gegenstand dieses Kapitels ist der regionale Vergleich der Faktoren, die die Raumentwicklung (insbesondere die Standortwahl von Haushalten und Betrieben) beeinflussen. Es werden die Regionen Deutschlands unter Beachtung des jeweiligen Raumtyps nach verschiedenen raumrelevanten Themenbereichen analysiert. Unterschiede der regionalen *Sozial- und Wirtschaftsstruktur*, der Versorgung mit *Infrastruktur* und *Wohnungen* sowie in der *Landschaftsentwicklung und Bodennutzung* werden herausgearbeitet. Auf bestehende *räumliche Disparitäten*, insbesondere zwischen den alten und neuen Ländern, und deren Veränderungen im Berichtszeitraum wird hingewiesen. Grundlage der Raumanalysen sind indikatorengestützte Forschungen des BBR.

Mit dem Paradigma der „Nachhaltigen Raumentwicklung" im novellierten Raumordnungsgesetz von 1998 wurde das Leitbild der *Gleichwertigkeit der Lebensbedingungen* in einen neuen Kontext gestellt. Damit wurde auch die Diskussion über die regionale Umweltsituation aus ihrer fachpolitischen Isolation gelöst und zusammen mit ökonomischer und sozialer Entwicklung in eine integrierte Betrachtungsweise überführt. Regionale Unterschiede und Disparitäten werden damit weniger eindimensional, sondern multidimensional beobachtet und bewertet und die ökologische, ökonomische und soziale Dimension in Zusammenhang betrachtet werden müssen. Dies wird mit der thematischen Gliederung dieses Kapitels versucht.

Das Ereignis, das den stärksten Einfluss auf die regionalen Unterschiede im letzten Jahrzehnt hatte, war die Vereinigung der beiden deutschen Staaten. Mit ihr hat das Leitbild von der Gleichwertigkeit der Lebensbedingungen in der Bundesrepublik wieder an Bedeutung gewonnen. Mit den neuen Ländern wurde die Spannweite der regionalen Strukturmerkmale wesentlich vergrößert. Betrachtet man allein die siedlungsstrukturellen Bedingungen, so kamen ländliche Räume dazu, die wesentlich dünner besiedelt waren als in den alten Ländern und Städte, die dichter besiedelt waren ohne eine ausgeprägte Suburbanisierung im Umland der Städte. Die neuen Rahmenbedingungen eines marktwirtschaftlichen Systems führten recht schnell zu einem noch heute latent vorhandenen Stadt-Land-Gefälle in der regionalen Entwicklung. Noch für viele Jahre werden in der Bundesrepublik die regionalen Disparitäten von den Ost-West-Unterschieden dominiert werden. Hinsichtlich der Schaffung gleichwertiger Lebensbedingungen zwischen den alten und neuen Ländern ist man nicht so vorangekommen, wie viele es anfangs erwarteten. In diesem Kapitel wird versucht, auch hierzu eine Zwischenbilanz zu ziehen.

Die *regionalen Disparitäten* innerhalb der neuen Länder sind noch immer weniger stark ausgeprägt als in den alten Ländern. Ihre Entwicklung wurde im wiedervereinigten Deutschland anfangs maßgeblich von den strukturellen Unterschieden zwischen den alten und neuen Ländern überlagert. Aus diesem Grund wiesen die vielfältigen wirtschaftlichen, ökologischen und sozialen Disparitäten in erster Linie auch eine Ost-West-Dimension auf. Die Entwicklungen der letzten Jahre haben gezeigt, dass die ostdeutschen Regionen sehr unterschiedlich auf die Bewältigung des anstehenden Transformationsprozesses vorbereitet waren und reagieren konnten. So hatten die *Agglomerationsräume*, auf die sich die Entwicklung bisher zu konzentrieren schien, offensichtlich geringere Probleme mit der Bewältigung des notwendigen Transformationsprozesses als die *ländlichen Räume*. Einen Raumtyp „strukturschwache ländliche Räume ohne nennenswerte Entwicklungspotenziale" gibt es – aus Bundessicht – nur in den neuen Ländern. In diesen Regionen überlagern sich die räumlichen Problemstellungen: Die Bevölkerungsdichte ist extrem niedrig, die technische und soziale Infrastruktur unzureichend und das Angebot an öffentlichen Verkehrsmitteln eingeschränkt. Fehlende Arbeitsplätze im sekundären und tertiären Sektor können die im agrarstrukturellen Wandel arbeitslos gewordene Erwerbsbevölkerung nicht auffangen. Die Investitionstätigkeit bewegt sich auf geringem Niveau. Beispiele sind weite Teile des Mecklenburg-Vorpommerschen Binnenlandes und Nordbrandenburgs.

Nach zehn Jahren deutscher Einheit gibt es erste Anzeichen dafür, dass sich die Entwicklungsdynamik aus den Agglomerationsräumen hinaus in einige verstädterte und ländliche Räume verlagert (Bevölkerungs-, Beschäftigungs- und Arbeitslosenentwicklung). Diese veränderten regionalen Muster sind aber noch sehr instabil und daher kaum fortschreibungsfähig. Dabei wäre ein solcher Wandel durchaus plausibel, denn auch im Westen stieg die Bevölkerungs- und Beschäftigtenzahl in den letzten Jahren vor allem außerhalb der Agglomerationsräume. Der Prozess der regionalen Ausdifferenzierung läuft demnach auch in den neuen Ländern an. Einiges deutet darauf hin, dass die zukünftige regionale Wirtschaftsentwicklung den Abstand zwischen dem besser entwickelten Süden und dem weniger entwickelten Norden vergrößern wird. Dies zeigt sich an den Investitionen, an der regionalen Struktur der Bruttowertschöpfung des verarbeitenden Gewerbes, an den Unternehmensgründungen, die sich verstärkt in den südlichen Regionen konzentrieren u.a.m. Im Ergebnis dieser Entwicklungen werden sich die regionalen Ungleichgewichte künftig immer weniger auf die Ost-West-Dimension beschränken lassen. Erfolgreiche ostdeutsche Regionen werden die strukturschwachen westdeutschen Regionen überholen, so dass sich die regionalen Unterschiede immer stärker bundesweit vermischen. Aber dies wird ein eher langfristiger Prozess sein.

Die Disparitätenentwicklung spielt sich außerdem heute nicht mehr generell zwischen unterschiedlichen siedlungsstrukturellen Raumkategorien (z.B. Stadt versus Land) ab, sondern viel feingliedriger innerhalb dieser Kategorien, zwischen Städten und Stadtregionen oder zwischen unterschiedlich strukturierten ländlichen Räumen. Bereits das Süd-Nord-Gefälle war weniger ein generell auftretendes Phänomen als vielmehr eine „Aufholjagd" der süddeutschen Städte und Stadtregionen gegenüber den „moderneren" norddeutschen Städten, wenn man von den altindustrialisierten Städten des Ruhrgebietes einmal absieht. Viele Regionen reagieren auf die zukünftigen Herausforderungen – wie wirtschaftliche Unternehmen auch – mit der Bildung von strategischen Allianzen bzw. Netzwerken, in der Hoffnung, dass Erfahrungsaustausch und gemeinsames Handeln Synergieeffekte freisetzen und dass Kooperation die Konkurrenzfähigkeit verbessert. Eine Renaissance des Regionalen zeichnet sich ab, trotz und gerade wegen der weltweit wirksamen Globalisierungstendenzen.

Sozialstrukturelle räumliche Problemlagen

Sozialstrukturelle Prozesse wie die Entwicklung des Wohlstandsniveaus der Gesellschaft, die Alterung der Bevölkerung sowie die Integration von Ausländern in die heimische Bevölkerung haben auch eine räumliche Dimension. Sie verlaufen nicht in allen Regionen gleich und können in bestimmten räumlichen Konstellationen zu Problemen führen. Aufmerksamkeit verdienen vor allem die Armen, die Alten und die Ausländer, die aus verschiedensten Gründen in regional unterschiedlichen Dimensionen auf die Solidargemeinschaft angewiesen sind.

Räumliche Unterschiede im Wohlstandsniveau

Räumliche Einkommensunterschiede weisen auf regionale Disparitäten hin, denn die Höhe des Einkommens entscheidet wesentlich darüber, in welchem Maße der Einzelne an den vielfältigen Optionen des Lebens teilhaben kann. Die regionalen Unterschiede im Einkommensniveau stehen dabei in engem Zusammenhang mit den Entwicklungen auf dem Arbeitsmarkt. Berechnungen des Instituts für Arbeitsmarkt- und Berufsforschung auf der Grundlage der Statistik der sozialversicherungspflichtig Beschäftigten lassen erkennen, dass die großräumigen Unterschiede im Einkommensniveau zwischen West- und Ostdeutschland noch immer bestehen, aber die ostdeutschen Regionen inzwischen deutlich aufgeholt haben. 1997 betrug der durchschnittliche „Bruttojahreslohn pro Kopf" in Westdeutschland 46 087 DM und in Ostdeutschland 34 728 DM. Die einkommensstärksten Regionen in den neuen Ländern sind Dresden (37 189 DM), Erfurt (36 181 DM) und

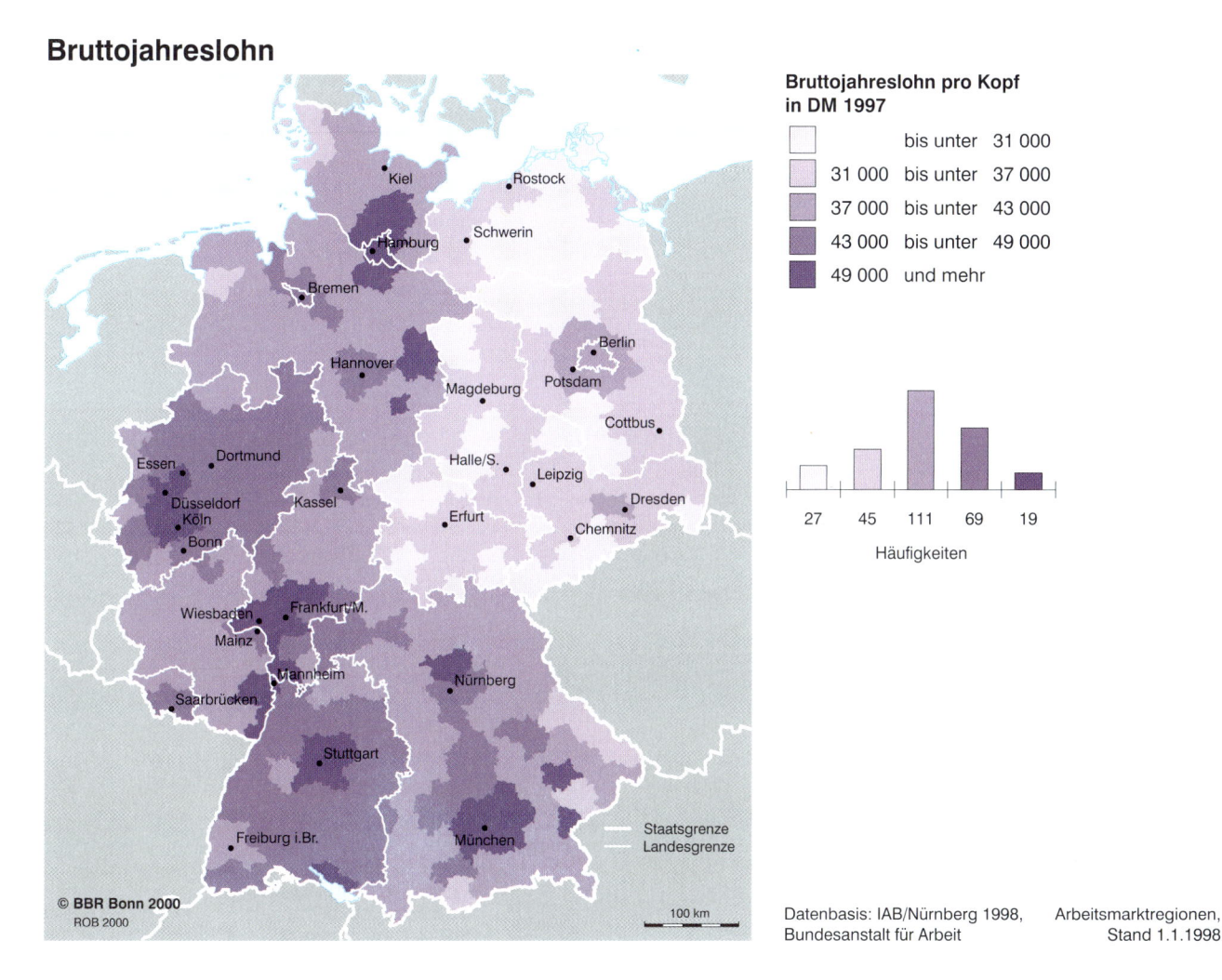

Bruttojahreslohn

Bruttojahreslohn pro Kopf in DM 1997

- bis unter 31 000
- 31 000 bis unter 37 000
- 37 000 bis unter 43 000
- 43 000 bis unter 49 000
- 49 000 und mehr

Häufigkeiten: 27, 45, 111, 69, 19

Datenbasis: IAB/Nürnberg 1998, Bundesanstalt für Arbeit
Arbeitsmarktregionen, Stand 1.1.1998

Karte 43
Die Karte zeigt deutlich die noch bestehenden Unterschiede im Lohnniveau zwischen den alten und neuen Ländern, aber auch zwischen den Industrieregionen und den ländlich strukturierten Regionen.

Leipzig (35 956 DM), die einkommensschwächsten westdeutschen Regionen Regen-Zwiesel (34 776 DM), Husum (35 525 DM) und Cham (35 612 DM). In Westdeutschland erreichen die verdichteten Arbeitsmarktregionen und bekannten Hochlohnregionen sowie einige prosperierende Industrieregionen die höchsten Werte. Spitzenreiter ist die Arbeitsmarktregion Leverkusen mit einem Bruttojahreslohn pro Kopf von 58 022 DM, gefolgt von Frankfurt (55 326 DM) und Wolfsburg (53 984 DM), das noch vor einigen hochrangigen westdeutschen Wirtschaftszentren wie München oder Stuttgart rangiert. In Ostdeutschland ist – analog zu Westdeutschland – für viele ländliche Räume ein niedriges Einkommensniveau charakteristisch. So liegen Arbeitsmarktregionen aus Mecklenburg-Vorpommern (Waren, Bergen, Pasewalk) mit Werten unter 29 000 DM am unteren Ende der Skala. Allerdings sind die intraregionalen Disparitäten im Osten weniger stark ausgeprägt als im Westen.

Regionale Einkommensdisparitäten relativieren sich, wenn man auf die Unterschiede des real verfügbaren Einkommens, der sogenannten *Kaufkraft*, abstellt, die – nach Abzug der fixen Lebenshaltungskosten – vom Bruttoeinkommen übrigbleibt.

Die Kaufkraft der Haushalte wird vor allem beeinflusst durch das regional unterschiedliche Niveau der Lebenshaltungskosten und hierbei insbesondere die unterschiedlichen Aufwendungen für das Wohnen.

Ein Preisvergleich für Ge- und Verbrauchsgüter der allgemeinen Lebenshaltung in 50 ausgewählten west- und ostdeutschen Städten zeigt, dass die Lebenshaltungskosten in einkommensstarken Regionen höher sind und außerdem ein großräumiges West-Ost-Gefälle besteht. So ist das Preisniveau für Konsumgüter in den Zentren Frankfurt am Main, Mainz, Stuttgart und Hamburg hoch, während ostdeutsche „Hochpreisräume" wie Leipzig und Dresden knapp das Niveau der Stadt Nordhorn

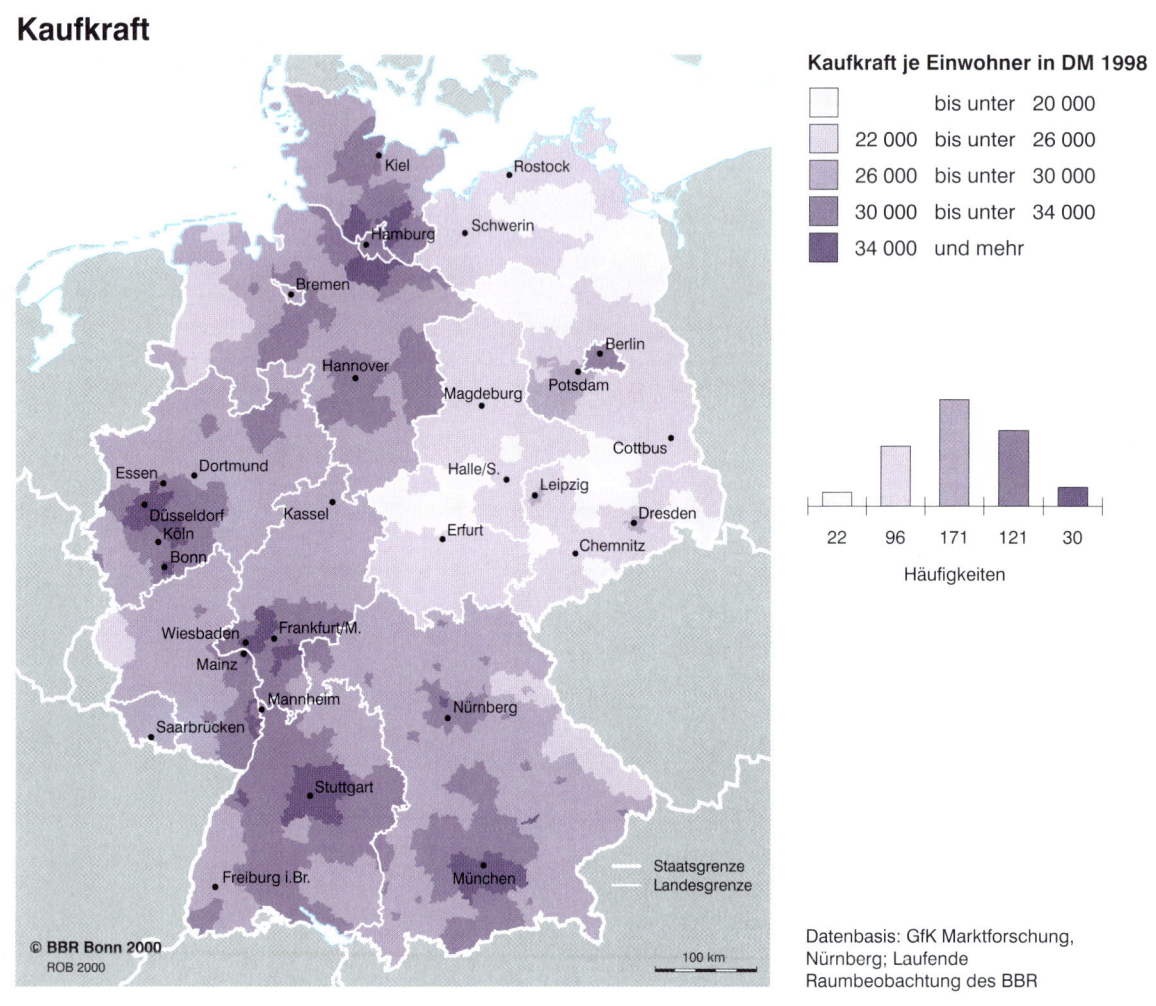

Kaufkraft

Karte 44
Die regionalen Unterschiede in der – nach Abzug der fixen Lebenshaltungskosten verbleibenden – Kaufkraft fallen noch deutlicher aus als beim Bruttojahreslohn: Die meiste Kaufkraft konzentriert sich in den prosperierenden Industrieregionen Westdeutschlands.

Regionale Qualitäten und Probleme 99

erreichen, die im Westen am unteren Ende der Skala rangiert. Aufgrund der regional unterschiedlichen Lebenshaltungskosten kommt es in der Mehrzahl der Regionen zu

Regionale Einkommensunterschiede zwischen alten und neuen Ländern abgeschwächt

einer Abschwächung der Einkommensdisparitäten, wobei das regionale Muster zwischen städtischen und ländlichen Regionen im wesentlichen erhalten bleibt.

Neben den regionalen Einkommensunterschieden kann auch die Höhe der regional in Anspruch genommenen *Sozialhilfe* Hinweise auf sozialräumliche Disparitäten geben. Die Sozialhilfe im engeren Sinne (Hilfe zum Lebensunterhalt) läßt sich als Indikator für bekämpfte „absolute Armut" interpretieren. Zum Jahresende 1998 waren im gesamten Bundesgebiet 2,9 Mio. Personen auf Sozialhilfe im engeren Sinne angewiesen, das sind 3,5 % der Bevölkerung. Dabei liegt der Anteil mit fast 3,6 % in den alten Ländern etwas höher als in den neuen Ländern mit 3,5 %.

Die regionalen Unterschiede bei der Inanspruchnahme von *Sozialhilfe* spiegelten nach der deutschen Einigung zunächst die ungleiche Ausgangslage wider. Während sich Anfang der 90er Jahre im Ost-West Vergleich noch die verschiedenen politischen Leitbilder und die Wirksamkeit arbeitsmarktpolitischer Maßnahmen zeigten, hat sich dies in der zweiten Hälfte der 90er Jahre deutlich abgeschwächt.

In den ersten Jahren nach der Einigung ließ sich das deutlich niedrigere Niveau in den neuen Ländern noch auf Unterschiede in der Zusammensetzung der privaten Haushalte und bei der Frauenerwerbstätigkeit

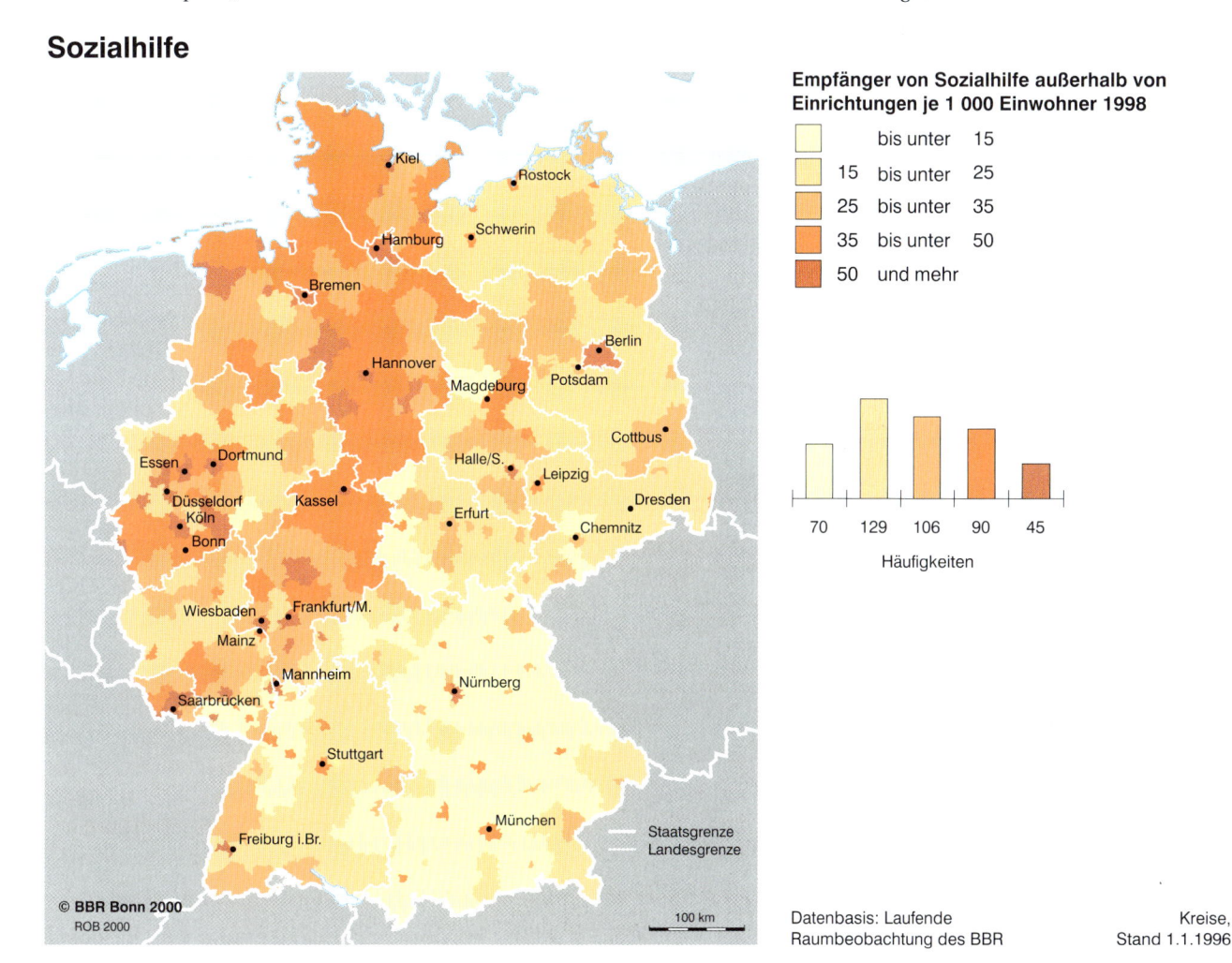

Sozialhilfe

Empfänger von Sozialhilfe außerhalb von Einrichtungen je 1 000 Einwohner 1998

- bis unter 15
- 15 bis unter 25
- 25 bis unter 35
- 35 bis unter 50
- 50 und mehr

Häufigkeiten: 70, 129, 106, 90, 45

Staatsgrenze
Landesgrenze

Datenbasis: Laufende Raumbeobachtung des BBR
Kreise, Stand 1.1.1996

Karte 45
Die Karte zeigt die Konzentration der Sozialhilfeempfänger in den Kernstädten innerhalb und außerhalb der Verdichtungsräume. Deutlich wird das Nord-Süd-Gefälle in den alten Ländern. Die neuen Länder haben das gleiche regionele Muster, aber auf insgesamt noch geringerem Niveau.

zwischen Ost und West zurückführen. Bei der Haushaltstruktur zählen Einpersonenhaushalte und andere Haushaltsformen, die nur einen möglichen Verdiener haben, aber auch Zuwanderer, zu den Risikohaushalten. Die Zunahme der Einpersonenhaushalte ist ein Indiz dafür, wie sich in den neuen Ländern die Situation verändert hat. Sie konzentrieren sich vor allem in den Kernstädten, die auch die höchsten Sozialhilfequoten aufweisen. Darüber hinaus spiegelt sich in der westdeutschen Sozialhilfequote die geringere Integration der Frauen in das Erwerbsleben wider: Frauen beziehen in den alten Ländern relativ häufiger Sozialhilfe als Männer. In den neuen Ländern war das nach der Einigung zunächst anders. 1998 betrug der Anteil der Frauen an allen Sozialhilfeempfängern in den alten Ländern 56,1 % und in den neuen Ländern 53,3 %. Auch hier besteht demnach kein großer Unterschied mehr.

Eine Angleichung im Niveau der ostdeutschen an die westdeutschen Sozialhilfequoten ergibt sich insbesondere bei den Jüngeren. Einkommensarmut erfasst zunehmend die Jugend. Vor allem die unter 18-Jährigen nehmen die Sozialhilfe verstärkt in Anspruch. Mehr als ein Drittel der Sozialhilfeempfänger sind Kinder oder Jugendliche. Zum Jahresende 1997 bezogen in Deutschland rund 1 Mio. Kinder und Jugendliche unter 18 Jahren Sozialhilfe.

	Sozialhilfeempfänger					
	1996		1997		1998	
	Alte Länder	Neue Länder	Alte Länder	Neue Länder	Alte Länder	Neue Länder
Kernstädte	53,7	47,0	56,3	56,5	56,3	61,3
Umland	27,2	15,7	28,0	19,5	27,1	21,0
Ländliche Räume	23,5	19,0	24,3	23,6	23,8	24,7
Insgesamt	**34,4**	**27,3**	**35,6**	**33,2**	**35,0**	**35,7**
Deutschland	**32,9**		**35,1**		**35,1**	

Anmerkung: Ermittelt wurden die Empfänger laufender Hilfe zum Lebensunterhalt außerhalb von Einrichtungen je 1 000 Einwohner, nach Raumtypen.

© BBR Bonn 2000   ROB 2000   Datenbasis: Laufende Raumbeobachtung des BBR

Tabelle 4
Sozialhilfeempfänger je 1 000 Einwohner 1996–1998

In räumlicher Hinsicht findet die größte Angleichung des Sozialhilfeniveaus in den Kernstädten statt. 1998 liegt die Sozialhilfequote in den Kernstädten der neuen Länder bereits über derjenigen der alten Länder. Die Tendenz einer räumlichen Konzentration von Sozialhilfeempfängern in den Kernstädten war in der ersten Hälfte der 90er Jahre nur in den alten Ländern spürbar. Auch in den neuen Ländern zeichnet sich seit 1996 eine Konzentration in den Kernstädten ab.

Insgesamt setzt sich bundesweit bei den sozialräumlichen Disparitäten als einheitliches Muster durch, dass die sozialen Disparitäten *innerhalb* der Regionen stärker werden als die Disparitäten *zwischen* den Regionen. Die innerstädtische Segregation – mit dem Ergebnis der Entstehung benach-

Sozialräumliche Disparitäten *innerhalb* der Regionen verstärken sich

teiligter Quartiere bzw. sozialer Brennpunkte – verstärkt sich. In diesen Stadtquartieren konzentriert sich die sozial und ökonomisch schwache Bevölkerung immer stärker. Dieser Prozess geht oftmals parallel mit der Zuwanderung von einkommensschwächeren und der Abwanderung von wohlhabenderen Bevölkerungsschichten in die Randgebiete des städtischen Umlandes.

Räume mit Alterungstendenzen

Die Alterung einer Bevölkerung, d.h. der Summe aller Individuen innerhalb eines abgegrenzten Raumes, ist ein hochkomplexer Prozess, sowohl in seinen Ursachen als auch in seiner Ausgestaltung. Eine Bevölkerung altert dann, wenn der Anteil der älteren Menschen zunimmt und/oder der Anteil junger Menschen abnimmt. Die *demographische Alterung* ist ein Veränderungsprozess, der sich aus der Dynamik der Bevölkerungsbewegungen ergibt. Die Alterung hat somit drei potenzielle Ursachen: die Geburten, die Sterbefälle und die Wanderungen. Die Intensität der demographischen Alterung hängt vom Zusammenwirken dieser räumlichen und natürlichen Bewegungen ab. Die Messung und Operationalisierung der Alterung kann auf verschiedene Weise geschehen, hier erfolgt sie durch den Indikator „Anteil der ab 80-Jährigen an der Gesamtbevölkerung".

Eine Bevölkerung altert dann, wenn

- ihre Fruchtbarkeit unter dem Bestandserhaltungsniveau liegt. Dieses liegt im Durchschnitt bei 2,1 Kinder je Frau; es wird in Deutschland bereits seit einem Vierteljahrhundert um ein Drittel unterschritten.

- die Sterblichkeit zurückgeht und dadurch die Lebenserwartung steigt. In Deutschland steigt die Lebenserwartung seit vielen Jahrzehnten kontinuierlich an, innerhalb einer Dekade um etwa ein Lebensjahr.
- die Wanderungen selektiv auf die Altersstruktur einwirken. Die wandernde Bevölkerung ist in der Regel jünger als die sesshafte. Regionen mit Wanderungsgewinnen erfahren daher eine Verjüngung, Regionen mit Wanderungsverlusten eine Alterung. In Westdeutschland hatten und haben die Städte Abwanderungen junger Familien ins Umland zu verzeichnen. In Ostdeutschland fand die Wohnungsneubautätigkeit dagegen vorwiegend in den Städten statt, die Bezieher der Neubaugebiete verursachten eine Verjüngung der städtischen Bevölkerung. Nach der Wende begann auch im Osten ein Suburbanisierungsprozess, der zu einer beschleunigten Alterung der Städte führen wird.

Deutschlands Bevölkerung hat zudem einige Besonderheiten in ihrer *Altersstruktur*, die durch lang zurückliegende Ereignisse (Weltkriege, Wirtschaftskrisen, Wirtschaftswunder) ausgelöst wurden. Ein Teil der Alterung ist daher auf eine Normalisierung zurückzuführen, wenn z.B. aufgrund solcher Ereignisse schwächer besetzte Jahrgänge durch stärker besetzte Jahrgänge ersetzt werden. Die Alterung ist allerdings ein globaler Prozess, der überall in den Ländern mit niedrigen Geburtenraten stattfindet und kaum umkehrbar ist.

Alte Menschen weisen eine Reihe von Besonderheiten in ihren demographischen Strukturen auf. Dazu zählt neben der Geschlechterrelation (hoher Frauenüber-

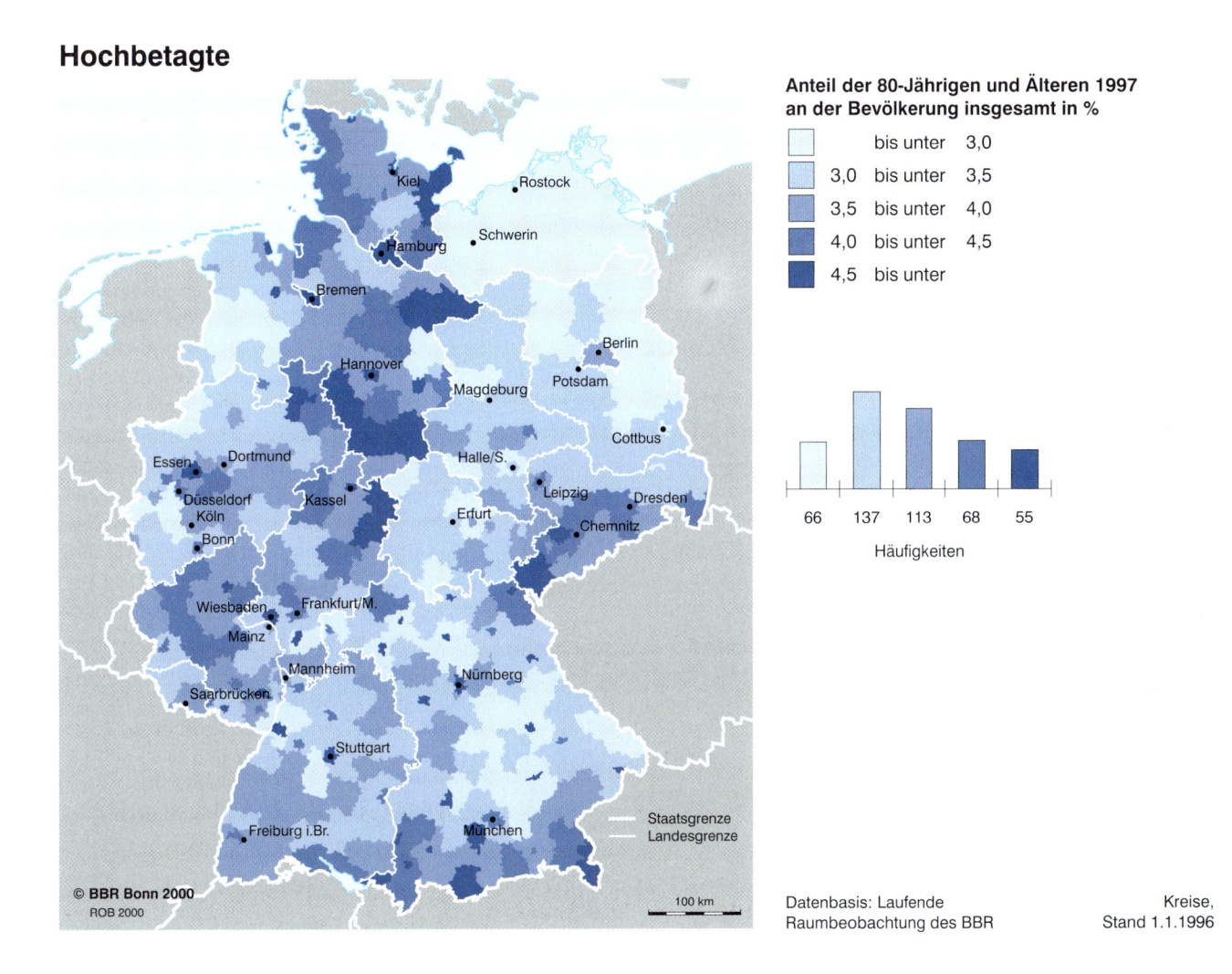

Hochbetagte

Karte 46
Die alten Menschen konzentrieren sich einerseits auf die Kernstädte der verdichteten Regionen und deren Umland sowie andererseits auf attraktive Zielgebiete von Altenwanderungen.

schuss), dem Familienstand (hoher Verwitwetenanteil) und der Familienstruktur (hohe Anteile von Ein- und Zweipersonenhaushalten) auch die räumliche Verteilung.

In den alten Ländern herrscht eine siedlungsstrukturelle Konzentration der Wohnstandorte von alten Menschen auf die hochverdichteten Regionen und dort auf die Kernstädte vor. Großflächig hohe Altenanteile haben zudem der östliche Teil Niedersachsens und alle Regionen, die als Zielgebiete von *Altenwanderungen* favorisiert werden (Nord- und Ostseeküste, Schwarzwald-Bodensee-Alpenvorland).

In den neuen Ländern fällt die stark fortgeschrittene Alterung im altindustrialisierten Süden auf, dort wiederum – ganz im Gegensatz zum Westen – hat das Umland der Städte höhere Altenanteile als die Städte. Der Norden, das komplette Bundesland Mecklenburg-Vorpommern, hat weit unterdurchschnittliche Altenanteile, wie sie im Westen nur vereinzelt in Regionen bekannt hoher Fruchtbarkeit vorkommen.

Neuere Bevölkerungsprognosen kommen dagegen zu dem Ergebnis, dass sich diese räumlichen Muster bereits in der näheren Zukunft stark verändern werden.

Die deutsche Einigung führte in den neuen Ländern zu gravierenden Veränderungen im demographischen Verhalten. Der starke Geburtenrückgang und die Wanderungsverluste vorwiegend junger Personen bei gleichzeitig steigender Lebenserwartung der Älteren ziehen einen rasanten Alterungsprozess nach sich. Die ländlichen Räume in den neuen Ländern hatten vor der Wende eine besonders junge Bevölkerung mit weit unterdurchschnittlichen Altenanteilen. Im nächsten Jahrzehnt wird dort die schnelle Alterung lediglich zu einer Anpassung an die bundesdurchschnittliche Altersstruktur führen.

Die Problematik der demographischen Alterung in den ländlichen Regionen der neuen Länder ergibt sich nicht aus dem dann erreichten Altenanteil, sondern aus der Geschwindigkeit des Veränderungsprozesses und den siedlungsstrukturellen Gegebenheiten. Die Familiennetze dünnen noch nicht aus. Innerfamiliäre Pflege wird vom demographischen Wandel (noch) nicht beeinträchtigt. Wohl aber verschärft die geringe Einwohnerdichte den Zielkonflikt zwischen der Erreichbarkeit und der Auslastung von öffentlichen Infrastruktureinrichtungen.

Die demographische Alterung hat tiefgreifende gesellschaftliche Veränderungen zur Folge. Im materiellen Bereich ist der Ausbau altersspezifischer Infrastrukturen gefragt. Die zunehmende räumliche Dekonzentration und die abnehmende Mobilität der alten Menschen erfordern daran angepasste Infrastruktureinrichtungen, deren Standorte auch in der Fläche liegen. Um ausreichende Kapazitäten sicherzustellen, muss eine hohe Flexibilität angestrebt werden, sowohl auf der Seite der angebotenen Dienstleistungen, als auch auf der Seite der Nachfrager und deren Wohnstandorte. Auch mobile Dienste und Dienste zur Erhöhung der Mobilität der alten Menschen können die Flexibilität erhöhen.

Räume mit Integrationsbedarf von Ausländern und Aussiedlern

Die Bundesrepublik Deutschland war immer ein Land mit intensiven *internationalen Wanderungsverflechtungen*. Bei einem hohen Wanderungsvolumen stellten sich in den meisten Jahren Netto-Wanderungsgewinne ein. Dadurch und zusätzlich durch Geburtenüberschüsse leben nunmehr ca. 7,5 Mio. Ausländer in der Bundesrepublik Deutschland. Deren räumliche Verteilung zeigt trotz ihrer Vielfalt Gesetzmäßigkeiten, die sich aus der Herkunft und dem Wanderungsmotiv der größten Gruppe, der Arbeitsmigranten herleiten lassen. Die Erreichbarkeit der Heimat und die Verfügbarkeit von Arbeitsplätzen als wesentliche Kriterien für die Wohnstandortwahl führten dazu, dass die süddeutschen Agglomerationen heute die höchsten Ausländeranteile aufweisen. Denn Arbeitsmigranten kamen vorwiegend aus Mittelmeerländern und fanden Beschäftigung in Unternehmen des sekundären Sektors. Erst ab den 70er Jahren kam es auch in den westdeutschen Ballungsgebieten zu höheren Ausländeranteilen.

In Ostdeutschland begann eine nennenswerte *Zuwanderung von Ausländern* erst nach der Einigung. Ende 1996 lebten dort

> **Weniger als 2 % Ausländer in den neuen Ländern außerhalb Berlins**

ca. 700 000 Ausländer und machten damit weniger als 10 % der Bevölkerung aus. Bereinigt man diese Zahl noch um die Auslän-

Regionale Qualitäten und Probleme 103

Ausländer

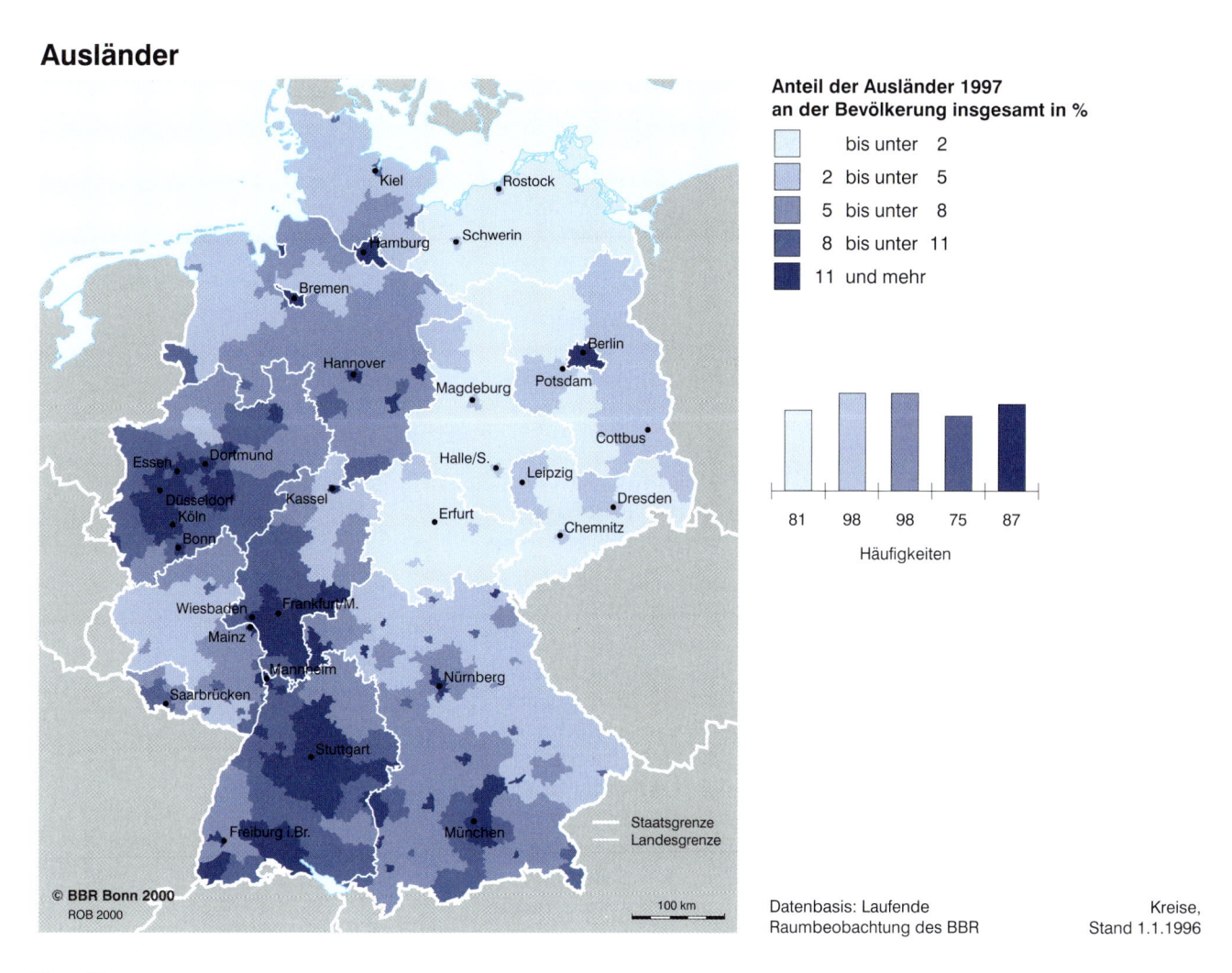

Anteil der Ausländer 1997 an der Bevölkerung insgesamt in %

- bis unter 2
- 2 bis unter 5
- 5 bis unter 8
- 8 bis unter 11
- 11 und mehr

Häufigkeiten: 81 | 98 | 98 | 75 | 87

Datenbasis: Laufende Raumbeobachtung des BBR

Kreise, Stand 1.1.1996

Karte 47
Die Ausländeranteile in der Bevölkerung sind am höchsten in den Agglomerationsräumen Westdeutschlands, und dort konzentrieren sie sich auf die Kernstädte.

der in Berlin, dann verbleiben weniger als 270 000 in den fünf ostdeutschen Ländern. Bei einer Ausländerquote von weniger als 2 % ist dort die Integration nur zum geringeren Teil ein quantitatives Problem.

Zwischen dem Ausländeranteil und der Siedlungsstruktur, insbesondere der Bevölkerungsdichte, besteht ein enger Zusammenhang. Dies gilt für Ost wie West, wobei die Konzentration der Ausländer auf die Agglomerationen im Osten stärker, das Gefälle in Richtung geringer verdichtete Regionen weniger kontinuierlich, eher abrupt ist. Generell liegt der Ausländeranteil in den Agglomerationsräumen um etwa ein Viertel über dem Bundeswert, in den ländlichen Räumen ist er nur etwa halb so hoch. Ähnlich ist das kleinräumige Gefälle innerhalb der Agglomerationen. Die Integration von Ausländern ist damit eine vorwiegend kommunale Aufgabe.

Seit Ende der 80er Jahre kamen vermehrt deutschstämmige Personen aus dem ost-

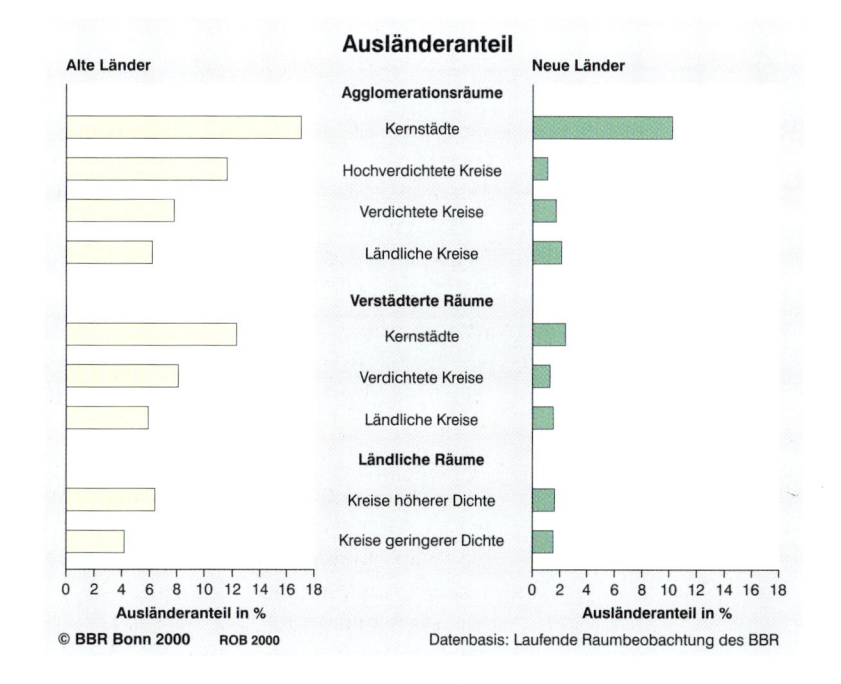

Ausländeranteil

Alte Länder / Neue Länder

Agglomerationsräume
- Kernstädte
- Hochverdichtete Kreise
- Verdichtete Kreise
- Ländliche Kreise

Verstädterte Räume
- Kernstädte
- Verdichtete Kreise
- Ländliche Kreise

Ländliche Räume
- Kreise höherer Dichte
- Kreise geringerer Dichte

Ausländeranteil in %

Datenbasis: Laufende Raumbeobachtung des BBR

Abbildung 33
Ausländeranteil 1996 nach siedlungsstrukturellen Kreistypen

europäischen Raum. Diese haben zwar formal die deutsche Staatsangehörigkeit, bringen jedoch auch einen gewissen Integrationsbedarf mit. Da die Aussiedler in der Wanderungsstatistik nicht als solche ausgewiesen werden, ist es schwierig, ihre Wanderungsbewegungen zu beobachten. Eine räumliche Besonderheit besteht darin, dass ein großer Teil der Aussiedler über Aufnahmelager einreist. Diese Zuwanderungen konzentrieren sich deshalb auf weniger als zehn Kreise, von denen später – als Folgewanderungen der internationalen Zu-

Integrationsaufgaben gehen zunehmend in die Fläche

züge – starke Abwanderungen in andere Kreise ausgehen. Das Muster dieser Fortzüge unterscheidet sich erheblich von den Wanderungen der ausländischen Arbeitsmigranten. Statt der Verdichtungsräume des Südens sind die weniger verdichteten Regionen des Nordwestens bevorzugte Zielgebiete der Aussiedler. Mehr und mehr gehen somit Integrationsaufgaben in die Fläche. Da sich zwischenzeitlich soziale Netzwerke unter diesen Zuwanderern gebildet haben, ist zu erwarten, dass auch nach dem erwarteten Ende des Aussiedlerzustroms diese Bevölkerungsgruppe in den nordwestdeutschen Regionen überproportional vertreten bleiben wird.

Wirtschaftsräumliche Entwicklungspotenziale und Strukturprobleme

Die Möglichkeiten zur Teilnahme am Erwerbsleben, die Höhe der Einkommen und die damit eng verknüpften Entwicklungschancen der Regionen variieren bei regionaler Betrachtung. Das großräumige Disparitätenmuster ist nach wie vor durch ein West-Ost-Gefälle geprägt. Inzwischen stellt sich allerdings die Lage in den am weitesten entwickelten ostdeutschen Regionen zum Teil besser dar als in den strukturschwächsten Regionen Westdeutschlands. Hierfür verantwortlich sind u.a. unterschiedliche Entwicklungen im Arbeitskräfteangebot. Während in Westdeutschland das Arbeitskräfteangebot durch Wanderungsgewinne und eine steigende Erwerbsbeteiligung von Frauen zunahm, ist die Erwerbsbeteiligung in Ostdeutschland auf hohem Niveau rückläufig. In beiden Teilen Deutschlands stehen in erster Linie ländliche periphere Räume und sog. altindustrialisierte Regionen bei der Bewältigung des Strukturwandels vor großen Herausforderungen.

Die Anpassungsprobleme der *altindustrialisierten Räume* sind auf die regionale Konzentration sog. Krisenbranchen wie Kohle, Stahl und Schiffbau zurückzuführen. Das Ruhrgebiet, das Saarland, die Werftstandorte der Küste sowie ländliche Industrieregionen mit starken Anpassungsproblemen sind Beispiele für solche Räume. Merkmale dieser Räume sind hohe Arbeitslosenquoten und ein hoher Anteil an Langzeitarbeitslosen. Oftmals besitzen diese Räume auch eine gute infrastrukturelle Versorgung sowie ein hohes Einkommensniveau.

Für die *peripheren ländlichen Räume* sind in der Regel ein niedriges Einkommensniveau, Defizite bei der Ausstattung mit Infrastruktur sowie eine schwach entwickelte Industriestruktur prägend. Die schwache Industriestruktur begrenzt die Entwicklungsmöglichkeiten des Dienstleistungssektors. Infolge des Strukturwandels in der Landwirtschaft besteht ein latentes Freisetzungspotenzial an Arbeitskräften, was künftig zu einer weiteren Verschärfung der Arbeitsmarktlage führen kann. Abwanderung, Fernpendeln, die Aufnahme „unterwertiger Beschäftigung" bis hin zum Rückzug in die stille Reserve (Erwerbsverzicht) sind Reaktionen auf die begrenzten Beschäftigungsmöglichkeiten und führen dazu, dass die offizielle Arbeitslosenquote nicht immer das wahre Ausmaß der Strukturprobleme ländlicher Räume dokumentiert.

Wirtschaftsräumliche Entwicklungspotenziale und -engpässe

Keine Region weist nur Stärken oder Schwächen auf, auch können Defizite in bestimmten Teilbereichen durch spezifische Vorteile in anderen Bereichen kompensiert werden. Vermeintliche Strukturschwächen müssen deshalb nicht zwingend zu einer ungünstigen Entwicklung führen, ebenso wie gegenwärtige Stärken kein Garant für eine dauerhaft positive Entwicklung sind. Insgesamt ist ein Bündel von Faktoren für die Entwicklung einer Region maßgebend, eine optimale Regionalstruktur gibt es nicht. In welchem Ausmaß die Stärken und Schwächen einer Region zum Tragen kommen, hängt außerdem maßgeblich von den privaten Standortentscheidungen und dem Verhalten der regionalen Akteure ab.

Geographische Raummuster, wie sie beispielsweise im West-Ost-Gefälle zum Ausdruck kommen, dürfen nicht den Blick darauf verstellen, dass innerhalb beider Teile Deutschlands sowohl günstige als auch ungünstige Entwicklungsbedingungen und -tendenzen vorliegen. Strukturstärken auf der einen und Strukturschwächen auf der anderen Seite lassen sich auch nicht mehr ohne weiteres mit Verdichtung einerseits und ländlichem Raum andererseits gleichsetzen. Grundsätzlich können *Wachstumsregionen* und *strukturschwache Räume* in beiden Teilen Deutschlands ländlich, verstädtert und hochverdichtet sein, nur die Entwicklungspotenziale und -defizite sind unterschiedlich ausgeprägt.

Faktoren der Wettbewerbsfähigkeit von Regionen

Als wichtige Voraussetzungen für die *Wettbewerbsfähigkeit von Regionen* gelten Sachverhalte wie

- Siedlungsdichte,
- Qualifikationsniveau,
- Innovationspotenzial,
- Erwerbsbeteiligung,
- Investitionstätigkeit und Wirtschaftskraft.

Regionale Entwicklungsdisparitäten sind u.a. ablesbar an Merkmalen wie
- Bevölkerungsentwicklung,
- Beschäftigungsdynamik,
- Arbeitslosigkeit,
- Ausbildungsplatzangebot,
- Ab- und Zuwanderungen.

Über solche Faktoren hinaus gibt es eine Reihe von *„harten" Standortfaktoren* wie Verkehrsanbindung oder Wohnungsversorgung und *„weichen" Standortfaktoren* wie beispielsweise landschaftliche und kulturelle Attraktivitäten.

Ein entscheidender Entwicklungsfaktor ist die *Bevölkerungsdichte*. In weniger verdichteten, sehr dünn besiedelten Räumen wie beispielsweise dem Norden der neuen Länder ist es schwierig, eine ausreichende Versorgung der Bevölkerung mit öffentlicher Infrastruktur und privaten Dienstleistungen wirtschaftlich anzubieten. Hohe Einwohnerdichten bieten Effizienzvorteile für den Betrieb großer privater und öffentlicher Einrichtungen („economies of scale"). Auf der anderen Seite entstehen durch hohe Siedlungsdichten, geringe Freiflächenanteile und hohes Verkehrsaufkommen Umweltbelastungen, die als Agglomerationsnachteile wirken können.

Die *Infrastrukturausstattung* stellt eine notwendige Voraussetzung für die wirtschaftliche Entwicklung und das Verbleiben der Bevölkerung dar. Quantitative und qualitative Infrastrukturmängel sowie unzureichende Ausbildungs- und Erwerbsmöglichkeiten bewirken eine Abwanderung junger und qualifizierter Arbeitskräfte. Langfristig beeinflussen die Bevölkerungsverluste die Alters- und Qualifikationsstruktur des Arbeitsmarktes. Vor allem in ländlichen Räumen können Abwanderungen die Tragfähigkeit der Infrastruktureinrichtungen sowie die wirtschaftliche Entwicklung gefährden.

Lagegunst und die Ausstattung mit produktionsnahen Infrastruktureinrichtungen sind wichtige Elemente regionaler Wettbewerbsfähigkeit und Standortqualitäten. Die ostdeutschen Regionen sind zwar für einen internationalen Handel mit nord- und osteuropäischen Staaten günstig gelegen, die verkehrliche Anbindung an die Wirtschaftszentren des europäischen Zentralraumes ist allerdings noch nicht ausreichend hergestellt.

Die Standortattraktivität für potenzielle Investoren wird nicht nur durch eine verkehrliche Anbindung und eine auflagengerechte Ver- und Entsorgung bestimmt. Darüber hinaus stellen hohe *Umwelt- und Bodenbelastungen* eines der größten Entwicklungshemmnisse dar. Allgemein treten hohe Belastungen des Bodens, der Luft und des Wassers vor allem in altindustrialisierten Regionen der alten und neuen Länder auf.

Eine quantitativ und qualitativ ausreichende *Versorgung mit Wohnungen* ist ein weiterer wichtiger Standortfaktor, der zwei Funktionen erfüllt: Eine ausreichende Wohnungsversorgung verhindert die Abwanderung der Bevölkerung und beeinflusst die Wohnstandortwahl qualifizierter Arbeitnehmer – und damit indirekt auch die Standortwahl der Unternehmen.

Für ein auf hohem Niveau produzierendes exportorientiertes Land wie Deutschland ist die *berufliche Qualifikation* der Arbeitskräfte ein wichtiger Standortfaktor. Generell ist in den Industrieregionen und Agglomerationen mit zukunftsträchtigen Branchen das Qualifikationsniveau – gemessen an den höher qualifizierten Beschäftigten in technischen Berufen – überdurchschnittlich.

Im engen Zusammenhang mit dem regionalen Ausbildungsstand steht das *Forschungs- und Entwicklungspotenzial*, das durch hochqualifizierte Techniker, Ingenieure und Wissenschaftler in forschungsintensiven Wirtschaftszweigen der Industrie sowie das Personal in Forschungs- und Wissenstransfereinrichtungen verkörpert wird. In der Regel ist das Forschungs- und Entwicklungspotenzial in den neuen und alten Ländern in Regionen mit großen Städten konzentriert.

Neben Faktoren wie Bevölkerungs- und Erwerbspotenzial, Infrastruktur, Lagegunst Qualifikation und Umweltqualität spielt auch die vorherrschende *Wirtschaftsstruktur* eine wichtige Rolle. Ein breites und vielfältiges Spektrum wirtschaftlicher Aktivitäten bietet günstige Ausgangsbedingungen im überregionalen und internationalen Standortwettbewerb. Ein hoher *Industriebesatz* stellt die Basis für die Nachfrage nach produktionsorientierten Dienstleistungen dar. Allerdings entstehen Dienstleistungsarbeitsplätze nicht nur im tertiären Sektor, sondern auch innerhalb der Industrie mit einem hohen Anteil an Forschungs- und Entwicklungsaktivitäten. Umgekehrt behindern ausgeprägte Monostrukturen die notwendigen Umstrukturierungs- und Reindustrialisierungsprozesse. Monostrukturen sind in der Regel für altindustrialisierte Regionen mit großbetrieblichen Strukturen im Bergbau-, Stahl- oder Werftenbereich prägend. Meistens ist in diesen Regionen der Anteil klein- und mittelbetrieblicher Strukturen gering und der Bereich der unternehmensorientierten Dienstleistungen nur schwach entwickelt.

Regionale Strukturschwächen dokumentieren sich in einer hohen *Arbeitslosigkeit*. Oftmals finden Arbeitslose trotz Qualifikations- und Umschulungsmaßnahmen mittel- bis langfristig keine neue Tätigkeit. Dies zeigt sich in einer zunehmenden Langzeitarbeitslosigkeit, die Ausdruck der strukturellen Probleme auf dem Arbeitsmarkt ist und eine Hauptursache für die Zunahme von Sozialhilfeempfängern.

Die Standortattraktivität einer Region spiegelt sich in der *Investitionstätigkeit* der Unternehmen wider. Private Investitionen, die in den neuen Ländern im hohen Maße durch Transferzahlungen gestützt werden, haben entscheidend zur Modernisierung der industriellen Produktionsanlagen und damit zur Produktivitätssteigerung der ostdeutschen Wirtschaft beigetragen.

Regionalprofile ausgewählter Beispielregionen

Bei einer Gesamtbetrachtung der Strukturschwächen und -stärken zeigen sich in den Regionen der alten und neuen Länder deutliche Unterschiede. Es existieren deutliche Entwicklungsdisparitäten von der Agglomeration München bis hin zu ländlichen Regionen wie der Mecklenburgischen Seenplatte. Die Ausprägungen der ökonomischen Faktoren wie Innovationspotenzial, Qualifikationsstruktur, Infrastruktur und Dienstleistungsbesatz sind eng verknüpft mit dem Agglomerationsgrad von Regionen. Die Agglomerationen und verstädterten Räume offenbaren jedoch auch einige Engpässe und Strukturschwächen,

Der Stadt-Land-Gegensatz im Standortwettbewerb löst sich langsam auf

die mit den hohen Umwelt-, Verkehrs- und Bodenbelastungen verbunden sind. In altindustrialisierten Regionen fallen diese meistens mit einer ungünstigen Wirtschaftsstruktur zusammen.

Da die Standortnachteile der Agglomerationen wie Flächenverfügbarkeit, Lohnkosten und Bodenpreise sowie Lebens-, Wohn- und Umweltqualität längst Standortvorteile der ländlichen Räume geworden sind, existiert der alte Stadt-Land-Gegensatz in der bekannten Form nicht mehr. Die Erreichbarkeit ehemals peripher abgelege-

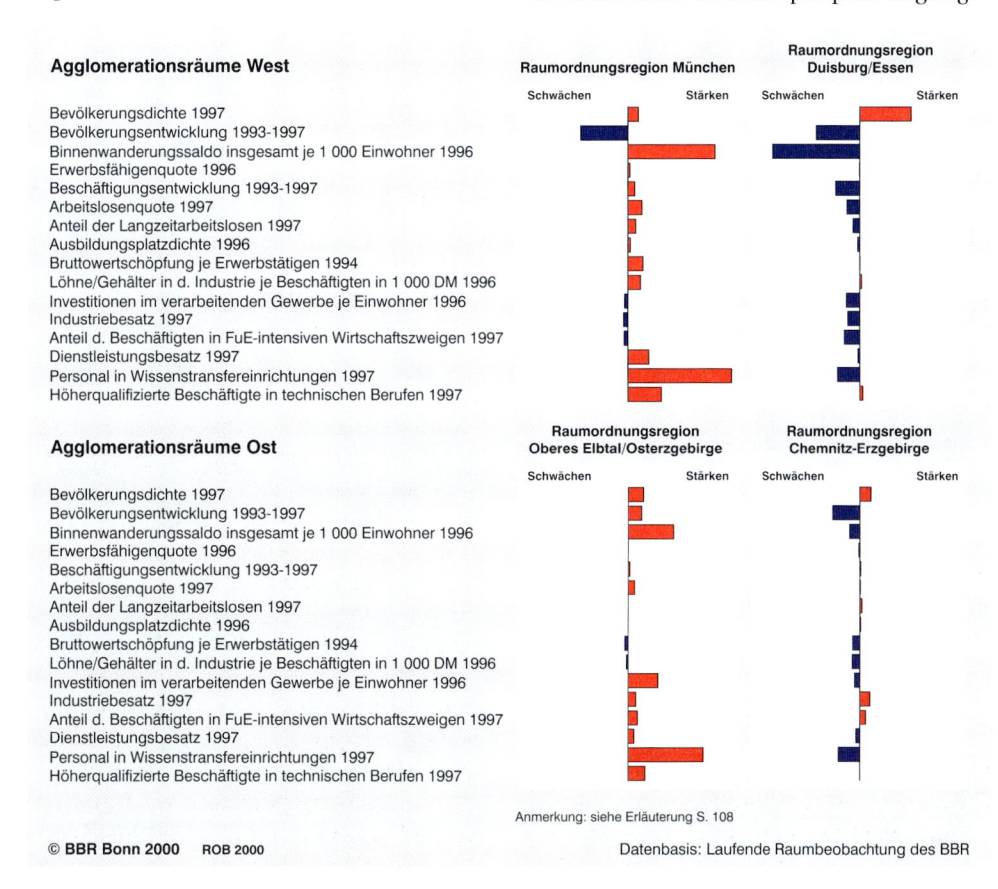

Abbildung 34
Regionalprofile ausgewählter Agglomerationsräume

Erläuterung: Regionalprofile

Regionalprofile messen anhand ausgewählter Indikatoren, deren Ausprägung im Zusammenhang dargestellt werden, die Stärken und Schwächen von Regionen. Berechnet werden die Abweichungen vom Durchschnitt der neuen oder alten Länder, je nachdem in welchem Gebiet die betrachtete Region liegt. So hat z. B. eine überdurchschnittlich hohe Arbeitslosenquote einen negativen Wert und eine überdurchschnittliche Beschäftigtenentwicklung einen positiven Wert. Die Indikatoren werden bestimmt durch Daten der amtlichen Statistik i.d.R. zum Stand 1997 bzw. für den Zeitraum 1993–1997. Die Bedeutung der Indikatoren zur Einschätzung der Wettbewerbsfähigkeit der Regionen ist im Text erläutert. Als Beispielregionen sind aus den „Siedlungsstrukturellen Regionstypen" Agglomerationsräume, verstädterte und ländliche Räume jeweils in den neuen und den alten Ländern ausgewählt, die gegensätzliche Ausprägungen haben.

ner ländlicher Räume ist zudem kontinuierlich verbessert worden. Innerhalb der ländlichen Räume gibt es sowohl Wachstumsregionen als auch Räume mit Strukturproblemen. Der „Erfolg" ländlicher Räume ist weniger in der Branchenstruktur begründet, vielmehr ist ein Bündel branchenübergreifender sowohl „harter" als auch „weicher" Standortfaktoren für ihre Entwicklung maßgebend. Die wirtschaftliche Wettbewerbsfähigkeit und siedlungsräumliche Funktionsfähigkeit der ländlichen Räume wird oftmals durch Ober- und Mittelzentren gestärkt. Den Städten in weniger verdichteten und ländlichen Räumen kommt damit eine wichtige Funktion für die regionale Entwicklung zu: Sie versorgen ihr Umland mit Arbeitsplätzen und Infrastruktureinrichtungen. In den neuen Ländern stellt sich jedoch vielfach die Aufgabe, die Funktionsfähigkeit solcher Ober- und Mittelzentren überhaupt erst herzustellen bzw. zu erhalten.

Insgesamt konzentrieren sich die strukturellen wirtschaftlichen Schwächen nach wie vor auf altindustrialisierte und monostrukturierte Regionen sowie peripher, dünn besiedelte ländliche Räume. Die schwierige Situation der ostdeutschen Industrieregionen und der altindustrialisierten westdeutschen Regionen belegen dies. Die ländlichen Problemregionen zeichnen sich durch geringe wirtschaftliche Leistungskraft, niedrige Bevölkerungsdichte und infrastrukturelle Defizite aus, wie sie sich vor allem in ungünstigen Erreichbarkeiten dokumentieren. Dies trifft insbesondere auf die ländlichen Problemräume der neuen Länder zu, wo der starke Beschäftigungsabbau in der Landwirtschaft und die geringen außerlandwirtschaftlichen Beschäftigungsmöglichkeiten zu einer Abwanderung junger und qualifizierter Erwerbspersonen führten.

Inzwischen kristallisieren sich jedoch einzelne verstädterte oder ländliche Regionen heraus, die spezifische Standortvorteile aufweisen und eine – gemessen am ost-

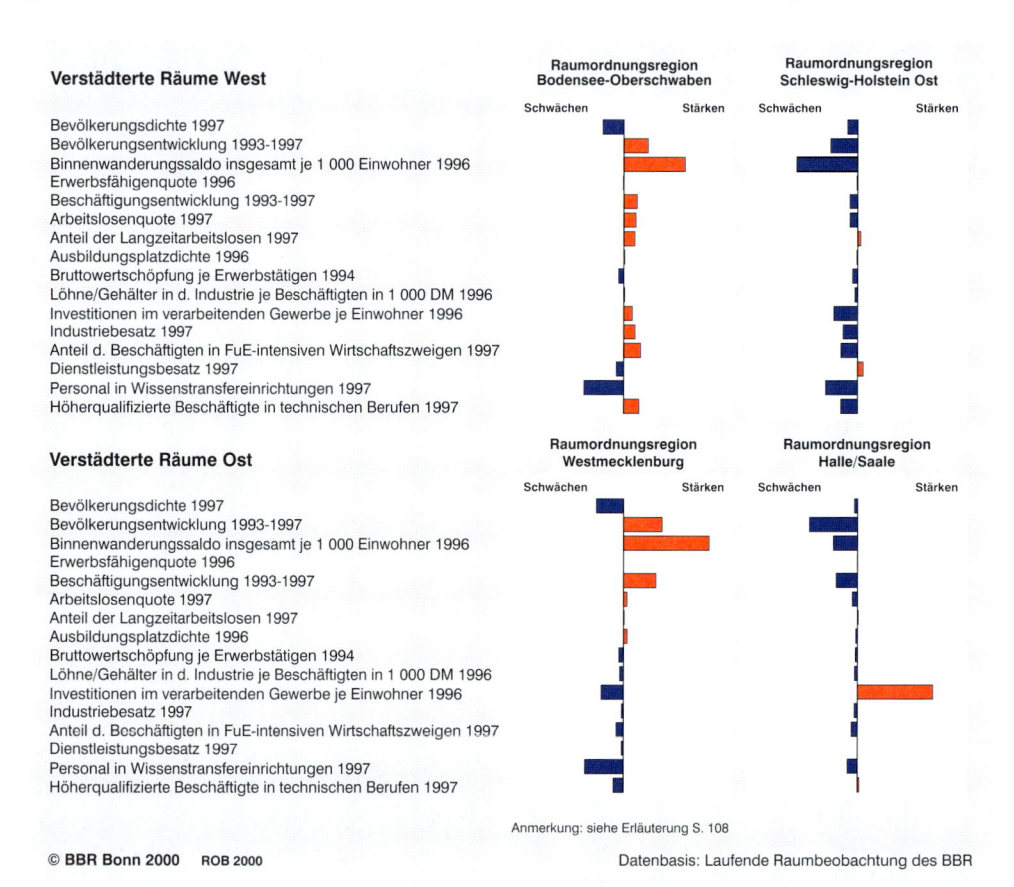

Abbildung 35
Regionalprofile ausgewählter Verstädterter Räume

© BBR Bonn 2000   ROB 2000

Anmerkung: siehe Erläuterung S. 108

Datenbasis: Laufende Raumbeobachtung des BBR

Ländliche Räume West

Bevölkerungsdichte 1997
Bevölkerungsentwicklung 1993-1997
Binnenwanderungssaldo insgesamt je 1 000 Einwohner 1996
Erwerbsfähigenquote 1996
Beschäftigungsentwicklung 1993-1997
Arbeitslosenquote 1997
Anteil der Langzeitarbeitslosen 1997
Ausbildungsplatzdichte 1996
Bruttowertschöpfung je Erwerbstätigen 1994
Löhne/Gehälter in d. Industrie je Beschäftigten in 1 000 DM 1996
Investitionen im verarbeitenden Gewerbe je Einwohner 1996
Industriebesatz 1997
Anteil d. Beschäftigten in FuE-intensiven Wirtschaftszweigen 1997
Dienstleistungsbesatz 1997
Personal in Wissenstransfereinrichtungen 1997
Höherqualifizierte Beschäftigte in technischen Berufen 1997

Ländliche Räume Ost

Bevölkerungsdichte 1997
Bevölkerungsentwicklung 1993-1997
Binnenwanderungssaldo insgesamt je 1 000 Einwohner 1996
Erwerbsfähigenquote 1996
Beschäftigungsentwicklung 1993-1997
Arbeitslosenquote 1997
Anteil der Langzeitarbeitslosen 1997
Ausbildungsplatzdichte 1996
Bruttowertschöpfung je Erwerbstätigen 1994
Löhne/Gehälter in d. Industrie je Beschäftigten in 1 000 DM 1996
Investitionen im verarbeitenden Gewerbe je Einwohner 1996
Industriebesatz 1997
Anteil d. Beschäftigten in FuE-intensiven Wirtschaftszweigen 1997
Dienstleistungsbesatz 1997
Personal in Wissenstransfereinrichtungen 1997
Höherqualifizierte Beschäftigte in technischen Berufen 1997

© BBR Bonn 2000   ROB 2000

Anmerkung: siehe Erläuterung S. 108
Datenbasis: Laufende Raumbeobachtung des BBR

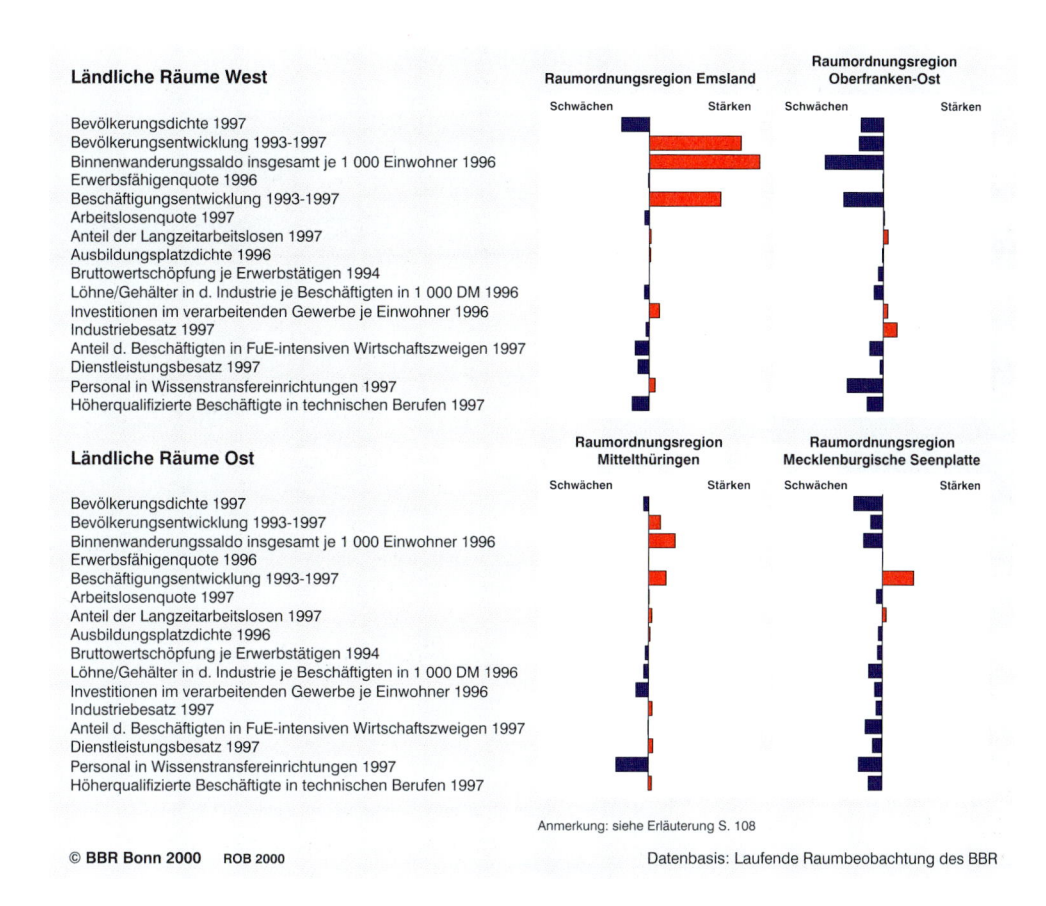

Abbildung 36
Regionalprofile
ausgewählter
Ländlicher Räume

deutschen Durchschnitt – vergleichsweise günstige Entwicklung nehmen.

Arbeitsmarktprobleme

In Westdeutschland entspricht das regionale Verteilungsmuster der *Arbeitslosigkeit* dem traditionellen Nord-Süd-Gefälle, auch wenn der Anstieg in Südwestdeutschland in der jüngsten Vergangenheit stärker ausfiel. Die durchschnittliche Arbeitslosenquote 1997–1999 streut von 4,1 % für Erding in Bayern bis zu 20,2 % für Bremerhaven. Die

Traditionelle Raummuster der Arbeitslosigkeit unverändert

niedrigsten Arbeitslosenquoten werden für süddeutsche Regionen und die höchsten für sog. altindustrialisierte Regionen (z.B. Gelsenkirchen, Duisburg, Pirmasens) sowie strukturschwache Räume in Norddeutschland (Wilhelmshaven, Leer, Emden) verzeichnet. Daneben fallen auch einzelne Regionen aus Nordhessen und Rheinland-Pfalz mit einer stark überdurchschnittlichen Quote heraus.

Die ostdeutsche Arbeitslosenquote lag 1997–1999 mit 18,7 % deutlich über der westdeutschen von 9,5 %. Aus der regionalen Verteilung der Arbeitslosenquoten lässt sich kein einheitliches Verteilungsmuster ableiten. Offenbar hat der Aufholprozess noch nicht genügend an Dynamik gewonnen, so dass es flächendeckend zu einer spürbaren Entlastung auf dem Arbeitsmarkt kommen konnte. Besonders angespannt (d.h. mit mehr als 20 % Arbeitslosequote) ist die Lage in Teilen Mecklenburg-Vorpommerns (Demmin, Uecker-Randow) und Brandenburgs (Oberspreewald), aber auch in einzelnen Räumen aus Sachsen-Anhalt (Bitterfeld), Sachsen (Hoyerswerda) oder Thüringen (Altenburger Land). Die niedrigste Arbeitslosenquote hat der Kreis Sonneberg (11,4 %) aus Thüringen, das im ostdeutschen Vergleich insgesamt recht gut abschneidet. Eine im ostdeutschen Vergleich niedrige Arbeitslosenquote haben außerdem die Arbeitsmarktregionen Dresden sowie der Kreis Potsdam-Mittelmark, der unmittelbar an den Berliner Speckgürtel angrenzt.

Die ostdeutsche *Unterbeschäftigungsquote* (d.h. Arbeitslose zuzüglich Teilnehmer in Arbeitsbeschaffungs- sowie Fort- und Weiterbildungsmaßnahmen) streut von 18,5 % für Sonneberg bis zu 33,9 % in Staßfurt. In Westdeutschland reicht die Spannweite der Regionalwerte von 6,8 % für Weilheim bis zu 18,8 % für Salzgitter.

Teil I – Raumentwicklung

Arbeitslosenquote

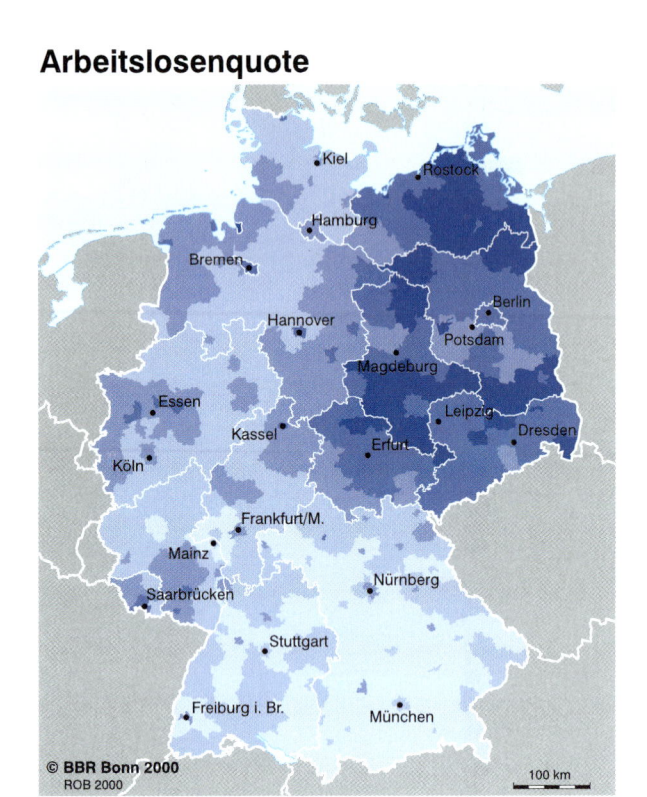

Arbeitslosenquote 1997-1999 in %
- bis unter 7
- 7 bis unter 10
- 10 bis unter 15
- 15 bis unter 20
- 20 und mehr

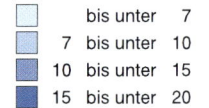

Anmerkung: Die „Arbeitslosenquote" mißt den Anteil der Arbeitslosen an den abhängigen zivilen Erwerbspersonen einschließlich der Arbeitslosen selbst.

Frauenarbeitslosigkeit

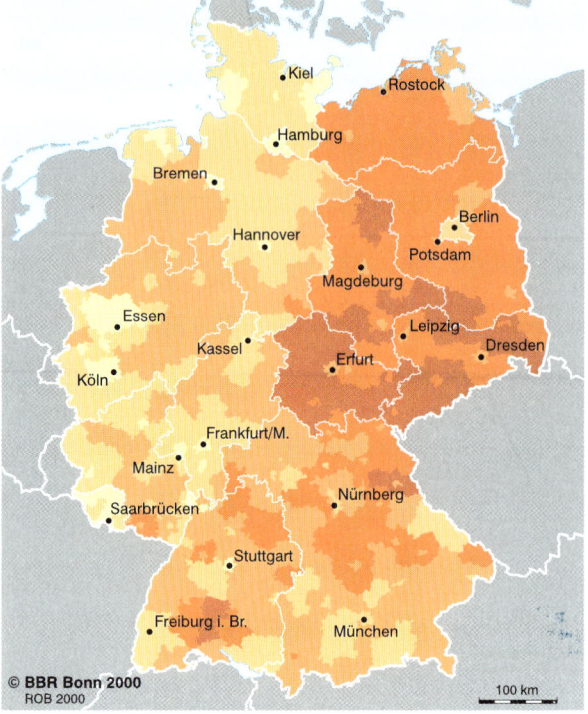

Anteil der Frauen an allen Arbeitslosen im Juni 1999 in %
- bis unter 42
- 42 bis unter 47
- 47 bis unter 52
- 52 bis unter 57
- 57 und mehr

Langzeitarbeitslosigkeit

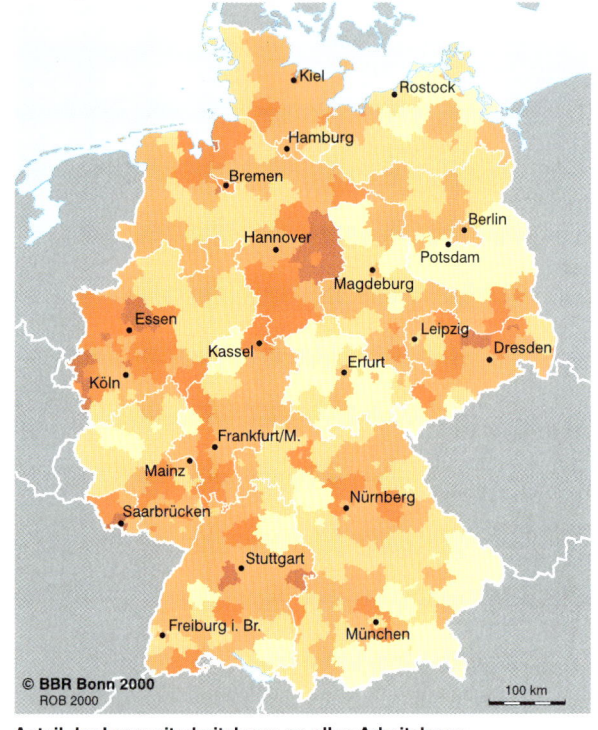

Anteil der Langzeitarbeitslosen an allen Arbeitslosen im Juni 1999 in %
- bis unter 28
- 28 bis unter 33
- 33 bis unter 38
- 38 bis unter 43
- 43 und mehr

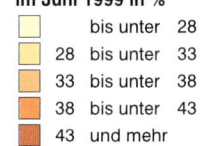

Datenbasis: Laufende Raumbeobachtung des BBR

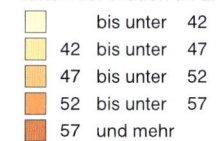

Jugendarbeitslosigkeit

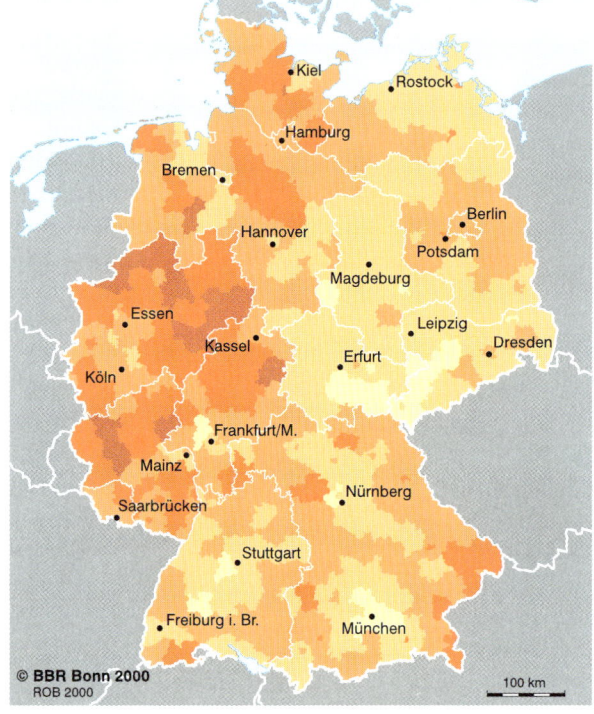

Anteil der Jugendlichen an allen Arbeitslosen im Juni 1999 in %
- bis unter 7
- 7 bis unter 9
- 9 bis unter 11
- 11 bis unter 13
- 13 und mehr

Kreise, Stand 1.1.1996

Regionale Qualitäten und Probleme   111

Karten 48–51
Neben der überdurchschnittlich hohen Arbeitslosigkeit in den neuen Ländern zeigt die Karte auch das klassische Nord-Süd-Gefälle in den alten Ländern mit tendenziell höheren Arbeitslosenquoten im Norden als im Süden. Auch die altindustrialisierten Gebiete in Westdeutschland haben überdurchschnittlich hohe Arbeitslosenquoten. Bestimmte Arbeitslosenstrukturen wie die Frauen, Jugend- und Langzeitarbeitslosen weichen in ihren räumlichen Mustern von dem generellen Bild der Arbeitslosigkeit ab.

Von der Verschlechterung der Lage auf dem Arbeitsmarkt werden bestimmte Gruppen besonders stark betroffen. Hinweise darüber gibt eine Betrachtung der Anteile, den diese Gruppen an den Arbeitslosen haben

Hohe Frauenarbeitslosigkeit in den neuen Ländern

(siehe Karten zur Struktur der Arbeitslosigkeit). Bedingt durch die starke Konkurrenz männlicher Erwerbspersonen und deren Vordringen in „klassische Frauenberufe" liegt der Anteil der ostdeutschen Frauen an den Arbeitslosen deutlich über den westdeutschen Vergleichswerten. Mit Ausnahme einiger weniger Regionen – wie z. B. Berlin – liegt der Anteil der Frauen an den Arbeitslosen in Ostdeutschland bei über 50 %. Mit mehr als 61 % ist er in den Kreisen Chemnitzer Land, Aue-Schwarzenberg und Eichsfeld am höchsten. In Westdeutschland fallen neben einzelnen norddeutschen Räumen (z. B. Salzgitter, Osterode) insbesondere süddeutsche Regionen heraus, deren Wirtschaftsstruktur (z. B. Bekleidungsgewerbe) in der Vergangenheit eine hohe Frauenerwerbsbeteiligung förderte. Aufgrund des umfangreichen Einsatzes aktiver Arbeitsmarktpolitik ist der Anteil der *Langzeitarbeitslosen* – d.h. Arbeitslose, die länger als ein Jahr offiziell arbeitslos sind – in Ostdeutschland (32,3 %) niedriger als im

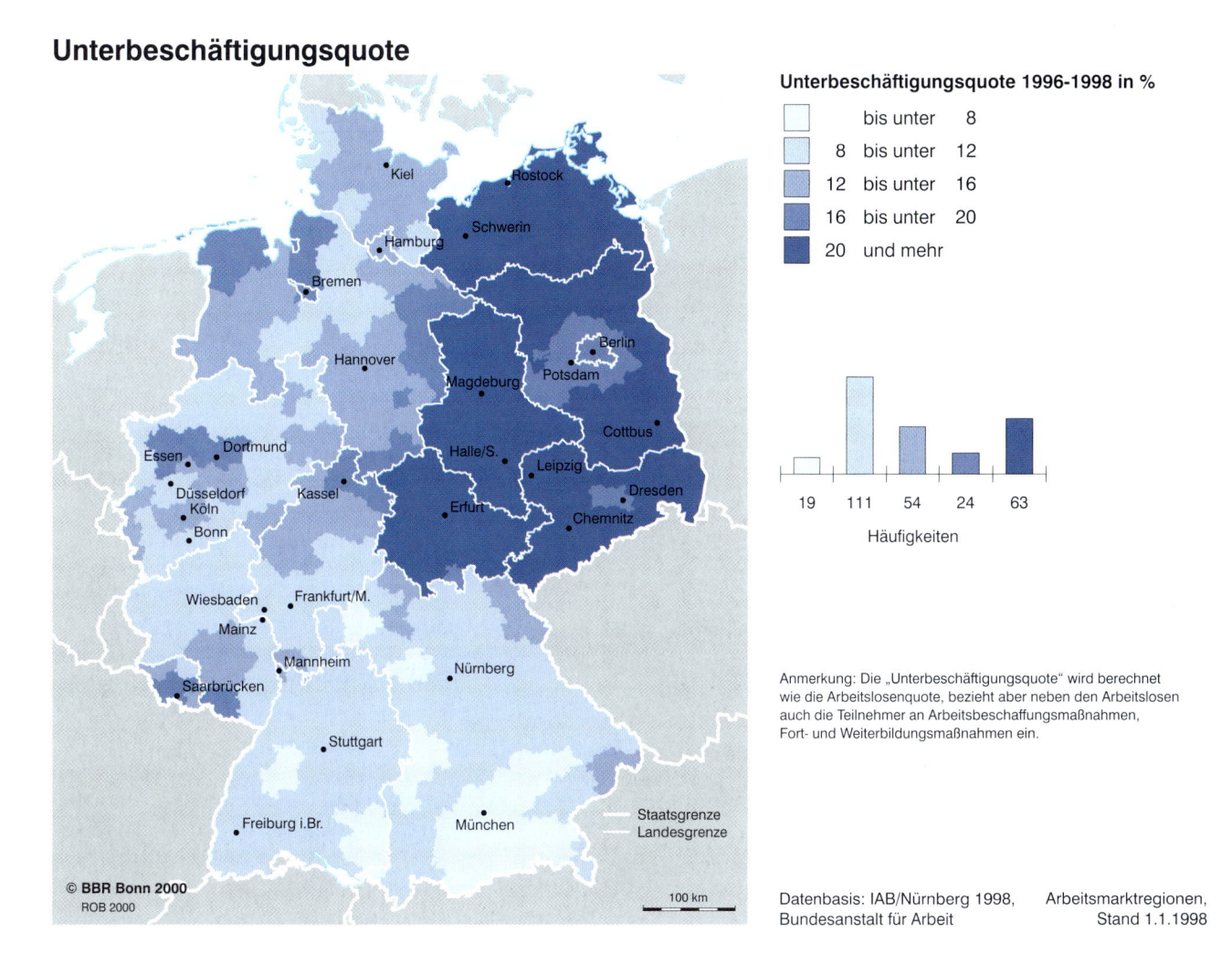

Unterbeschäftigungsquote

Unterbeschäftigungsquote 1996-1998 in %

- bis unter 8
- 8 bis unter 12
- 12 bis unter 16
- 16 bis unter 20
- 20 und mehr

Häufigkeiten: 19, 111, 54, 24, 63

Anmerkung: Die „Unterbeschäftigungsquote" wird berechnet wie die Arbeitslosenquote, bezieht aber neben den Arbeitslosen auch die Teilnehmer an Arbeitsbeschaffungsmaßnahmen, Fort- und Weiterbildungsmaßnahmen ein.

Datenbasis: IAB/Nürnberg 1998, Bundesanstalt für Arbeit   Arbeitsmarktregionen, Stand 1.1.1998

Karte 52
Die Unterbeschäftigtenquote zeigt im Prinzip das gleiche räumliche Muster wie die Arbeitslosenquote, verstärkt jedoch die räumlichen Tendenzen sowohl in der Intensität als auch in der Ausdehnung der Gebiete.

Betriebliche Ausbildungsplätze

Gesamtangebot an betrieblichen Ausbildungsplätzen je 100 Nachfrager 1996-1998

- bis unter 90
- 90 bis unter 95
- 95 bis unter 100
- 100 bis unter 105
- 105 und mehr

Häufigkeiten: 18 | 48 | 124 | 67 | 14

Datenbasis: Laufende Raumbeobachtung des BBR
Kreise, Stand 1.1.1996

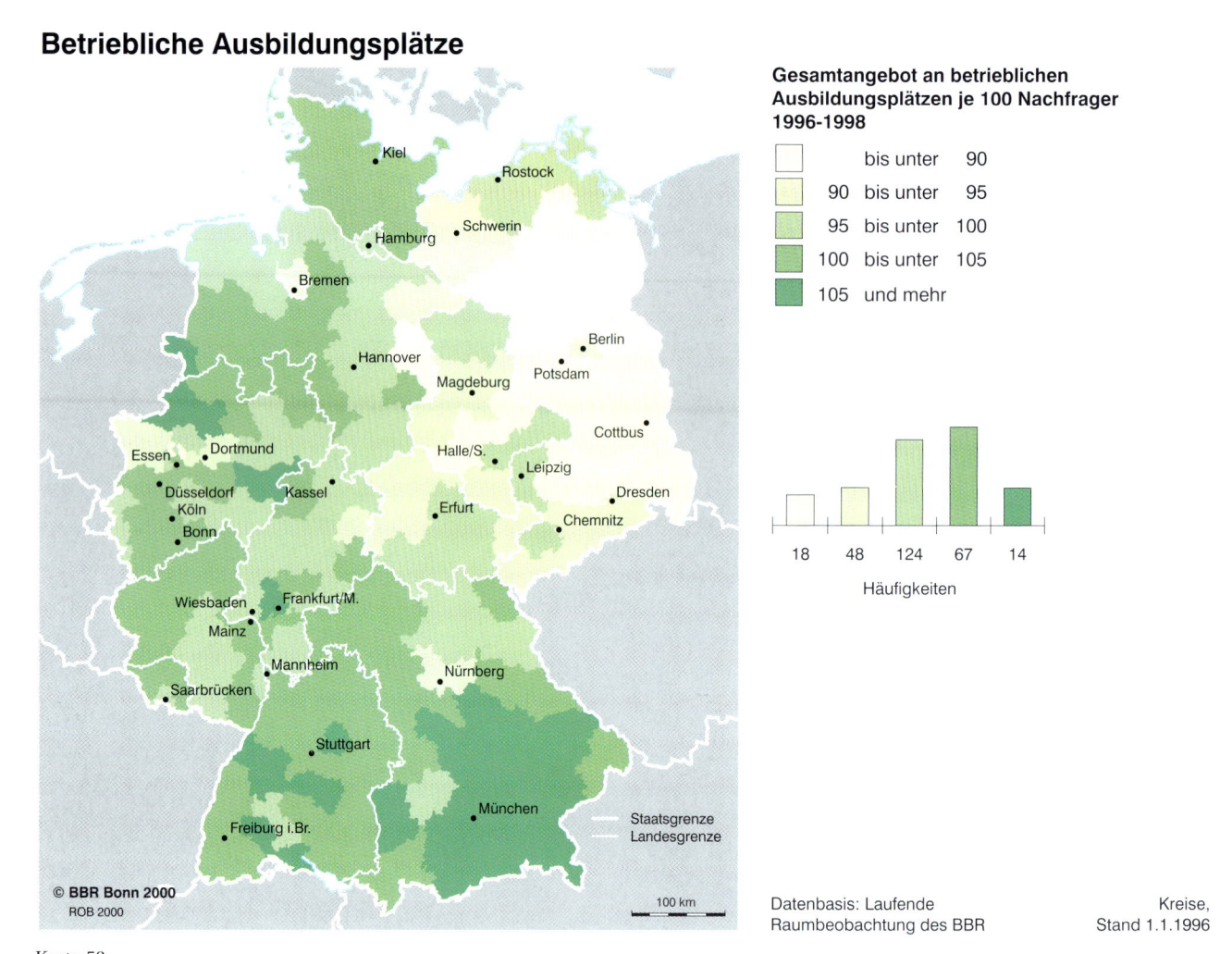

Karte 53
In den neuen Ländern herrscht ein flächendeckender Mangel an betrieblichen Ausbildungsplätzen. Der Nachfrage steht kein ausreichendes Angebot gegenüber. Die beste Ausbildungsplatzsituation herrscht in Süddeutschland.

Die Chancen der Jugendlichen, einen qualifizierten Beruf erlernen zu können, sind regional sehr unterschiedlich. Im Durchschnitt der Jahre 1996–1998 kamen in Westdeutschland 100 Plätze auf 100 Nachfrager. Vergleichsweise günstige Werte sind nach wie vor für süddeutsche Regionen festzustellen, auch wenn sich dort die Angebots-Nachfrage-Relationen in der jüngsten Vergangenheit zum Teil deutlich verringert haben. In Ostdeutschland besteht ein flächendeckender Mangel an betrieblichen Ausbildungsplätzen. Im Zeitraum 1996–1998 standen rechnerisch gerade 91 Ausbildungsstellen 100 Nachfragern gegenüber. Kein ostdeutscher Kreis erreicht den gesamtdeutschen Durchschnitt von 100 Plätzen je 100 Nachfrager, so dass ein Ausgleich von Angebot und Nachfrage oft nur über außerbetriebliche Ausbildungsplätze oder die Einbeziehung überbetrieblicher Ausbildungsstätten erzielt werden konnte.

Westen (35,1 %). Für die regionale Verteilung in Westdeutschland ist ein Stadt-Land-Gefälle prägend. Altindustrialisierte Regionen (z.B. Dortmund, Duisburg, Saarbrücken), aber auch einzelne norddeutsche oder süddeutsche Regionen mit starken Arbeitsplatzverlusten in der Industrie (Salzgitter, Wilhelmshaven) weisen die höchsten Anteile an Langzeitarbeitslosen auf. Problematisch ist, dass die Langzeitarbeitslosigkeit strukturell bedingt ist (z.B. unzureichende Qualifikation) und damit auch in konjunkturellen Hochphasen nicht spürbar abgebaut wird. In Ostdeutschland ist bedingt durch den flächendeckenden Einsatz aktiver Arbeitsmarktpolitik kein klares Muster erkennbar.

Parallel zu den skizzierten Entwicklungen auf dem Arbeitsmarkt verschlechterte sich in den letzten Jahren die Arbeitsmarktsituation junger Menschen, wozu insbesondere die Engpässe bei der Bereitstellung *betrieblicher Ausbildungsplätze* beitrugen.

Infrastrukturversorgung als Standortfaktor für Haushalte und Betriebe

Auf die vielfältigen Funktionen der Infrastruktur zur Versorgung der Bevölkerung und Wirtschaft mit Basisdienstleistungen zur Realisierung der Daseinsgrundfunktionen wie z.B. Wohnen, Arbeiten, Bilden und Erholen, aber auch als wichtige Grundvoraussetzung für eine dynamische Regionalentwicklung, wurde bereits öfter hingewiesen. Zum einen ist eine ausreichende Versorgung der Bevölkerung mit Infrastruktur in allen Teilräumen des Bundesgebietes einer der wesentlichen Grundsätze der Raumordnung, der auf allen Planungsebenen leitend für staatliches Planungshandeln ist. Verkehrseinrichtungen sowie soziale und kulturelle Einrichtungen besitzen in hohem Maße den Charakter eines öffentlichen Gutes und bestimmen entscheidend die Lebens- und Umweltqualität in den Städten und Regionen. Zum anderen kann eine unzureichende regionale Ausstattung mit Infrastruktureinrichtungen als Standortnachteil wirken, während eine gute Versorgung die Standortwahl von Haushalten und Betrieben positiv beeinflussen kann. Infrastrukturen sind damit ein entscheidendes Merkmal für die Dynamik der Raum- und Siedlungsstruktur und damit ein Faktor von räumlichen Konzentrations- und Dekonzentrationsprozessen.

Dargestellt werden ausgewählte Komponenten der haushaltsorientierten oder wirtschaftsnahen Infrastrukturversorgung, die eher dem gehobenen und sporadischen Bedarf zuzurechnen sind, dennoch aber zur Grundversorgung eines gut ausgestatteten Lebens- bzw. Wirtschaftsraumes zählen. Die ausführliche und detaillierte Darstellung der Infrastrukturversorgung – insbesondere auch des täglichen Bedarfs und der Nahbereichsversorgung – ist in der Regel Gegenstand der Raumordnungsberichterstattung der Landes- und Regionalplanung.

Versorgung mit unternehmensnaher Infrastruktur

Erfolgreiche Ansiedlungswerbung und die Fortentwicklung ansässiger Unternehmen sind nur dann möglich, wenn eine Region einen Besatz mit *Standortfaktoren* aufweist, die im Kalkül privater Investoren von Einfluss sind. Als eine wichtige Einflussgröße im unternehmerischen Entscheidungsprozess gelten vor allem die Vorteile, die aus dem Vorhandensein einer Ballung von Unternehmen und Bevölkerung an einem Ort (Agglomerationsvorteile) resultieren. Ebenso ist der Einfluss der Infrastruktur als Komponente der Standortattraktivität von Regionen unumstritten. In den letzten Jahren haben sogenannte „weiche Standortfaktoren" an Bedeutung gewonnen. Dahinter verbirgt sich ein komplexes Faktorenbündel, in das neben der Ausstattung mit physischer Infrastruktur (z.B. Kultur- und Freizeiteinrichtungen) auch unveränderliche Standortgegebenheiten (z.B. geographische Lage und landschaftliche Attraktivität) sowie Wertungen und Bilder (Image) einfließen. So ist auffallend, wie stark sowohl prosperierende Regionen als auch Industrieregionen, die von wirtschaftlichen Strukturproblemen betroffen sind, im kulturellen Bereich (etwa Museen, Ausstellungen, Errichtung von Kulturzentren) investieren, um im internationalen und europäischen Wettbewerb der Standorte mithalten zu können. Der Bedeutungsgewinn „weicher" Standortfaktoren resultiert in erster Linie aus der ubiquitären Verfügbarkeit wirtschaftsnaher „harter" Infrastruktur. Offenbar besitzen weiche Faktoren in der Frühphase von Standortüberlegungen ein größeres Gewicht als bei der konkreten Standortentscheidung.

Wissenstransfereinrichtungen

Im Laufe der Zeit haben sich die Ansprüche an die Infrastruktur gewandelt. Der strukturelle Wandel und die zunehmende Bedeutung neuer Technologien haben dazu geführt, dass die Versorgung mit *innovationsfördernder Infrastruktur* und Bereiche wie Information und Qualifikation ein für die regionale Wettbewerbsfähigkeit zentraler Faktor geworden sind. Deutschland verfügt inzwischen über ein nahezu ubiquitäres Angebot an Transferinfrastruktur, wozu insbesondere die zahlreichen Transferstellen an Forschungs- und Hochschuleinrichtungen, die Vielzahl an Innovations- und Gründerzentren sowie das Netz an Patentinformationsstellen und die verschiedenen Beratungsstellen der Kammern gehören. Der Wirkungsbereich der verschiedenen Transfereinrichtungen geht oft über das regionale Umfeld hinaus, zumal ihre Nutzung bedingt durch die modernen In-

114 Teil I – Raumentwicklung

Wissenstransfereinrichtungen

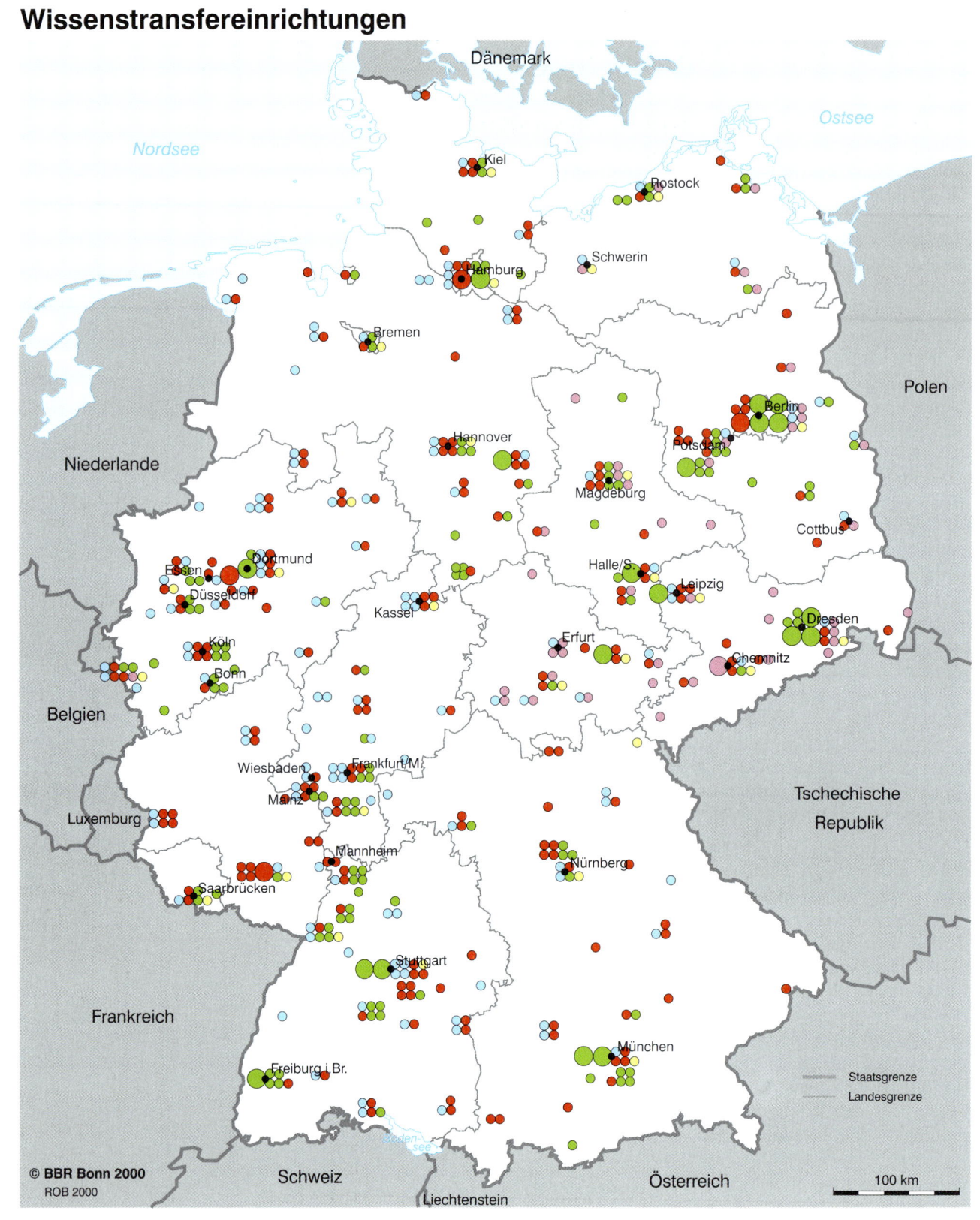

Wissenstransfereinrichtungen 1997/98
- ○ Beratungsstellen der Wirtschaft
- ● Transferstellen an Hochschulen
- ● Naturwissenschaftliche Forschungseinrichtungen
- ● Agenturen für Technologieberatung
- ○ Patentinformationszentren

○ = 1 Einrichtung
◯ = 5 Einrichtungen

Datenbasis: Laufende Raumbeobachtung des BBR

Karte 54
Die Wissenstransfereinrichtungen und Innovationszentren (siehe Karte 49) als Nahtstelle zwischen Wissenschaft und Wirtschaft konzentrieren sich auf die Agglomerationsräume und die Standorte forschungsintensiver Wirtschaftszweige.

formations- und Kommunikationsmedien nicht an die unmittelbare räumliche Nähe gebunden ist. Dennoch spricht viel dafür, dass das Vorhandensein entsprechender Einrichtungen in einer Region – vorausgesetzt es findet sich dort ein Mindestbesatz mit innovierenden Unternehmen – den Zugang zu „neuem Wissen" und die Diffusion von Innovationen erleichtert.

Die regionale Verteilung der verschiedenen Transfereinrichtungen reflektiert den Besatz mit forschungsintensiven Wirtschaftszweigen und lässt eine Konzentration auf die Agglomerationsräume erkennen. In Ostdeutschland erreichen neben Berlin hauptsächlich Regionen aus dem stärker industrialisierten Süden (z.B. Dresden oder Leipzig) ein vergleichsweise hohes Ausstattungsniveau. Gerade im Zusammenhang mit Hochschulen erfahren Transferstellen und Innovationszentren aber auch im ländlichen Raum eine zunehmende Ausbreitung. Zudem ist die Besatzdichte mit mehr als 50 in Betrieb gegangenen Technologie- und Gründerzentren inzwischen in Ostdeutschland höher als in Westdeutschland.

Verkehrsinfrastruktur

Die Anbindung an das *großräumige Straßennetz* ist in ganz Deutschland gut. Es gibt kaum noch Gemeinden, die z.B. mehr als 30 Minuten von der nächsten Autobahn entfernt sind. Dies sind einige sehr dünn besiedelte Regionen im Norden der neuen Länder und einige Mittelgebirgsregionen in Westdeutschland. Die Anbindung an das *Schienennetz* der Deutschen Bahn AG ist dagegen schlechter und zeigt einen deutlichen Unterschied zwischen den direkt in das Intercity-Netz eingebundenen Zentren und den davon entfernt liegenden dünnbesiedelten, ländlichen Räumen. Aufgrund der Zentrenorientierung des Fernverkehrsnetzes der Deutschen Bahn AG und regionaler Unterschiede in der Anbindung an die Haltepunkte des IC-Netzes sind die regionalen Disparitäten hier noch etwas stärker ausgeprägt.

Viel wichtiger als die Lage des Standortes zum Straßen- oder Schienennetz an sich ist jedoch die *Verbindungsqualität*, die die Fernverkehrsnetze für die Realisierung der großräumigen Kontakte und zum großräumigen Warenaustausch vermitteln. So ist z.B. zur Ausnutzung der Agglomerationsvorteile die räumliche Lage des Betriebsstandortes zu den Agglomerationszentren wichtig oder für den Geschäftsreiseverkehr eine schnelle Erreichbarkeit der Flughäfen des Regionalen Luftverkehrs sowie für den Güterfernverkehr über weite Distanzen eine nicht zu weite Entfernung zu den Umschlagplätzen des Kombinierten Ladungsverkehrs der Bahn (KLV-Terminals). Die Fernverkehrsnetze ermöglichen die Erreichbarkeit dieser Zentren der wirtschaftlichen Aktivität und der Umschlagspunkte in schnellere Verkehrsmittel in mehr oder weniger kurzen Reisezeiten. Entscheidend ist aber die geographische Lage zu diesen Kristallisationspunkten im Raum, die durch die physische Verkehrsinfrastruktur nicht aufgelöst, sondern nur in Grenzen beeinflusst werden kann.

Betrachtet man die *Erreichbarkeit* der für die betriebliche Entwicklung wichtigen Ziele im Raum über die Fernverkehrsnetze, so besitzen erwartungsgemäß die westdeutschen Agglomerationsräume auch die beste Lage zu den europäischen Metropolen, zum regionalen und internationalen Luftverkehr und eine gute Versorgung mit Umschlagbahnhöfen des kombinierten Ladungsverkehrs.

Innovationszentren

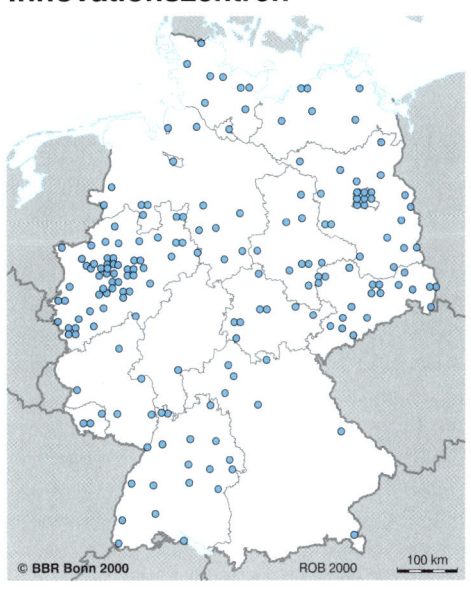

○ Technologie- und Gründerzentren 1997

Datenbasis: Laufende Raumbeobachtung des BBR, Arbeitsgemeinschaft Deutscher Technologie- und Gründerzentren, ADT-Buch 1996/97

Karte 55
Innovationszentren

Die *Lage zum nächsten Agglomerationszentrum*, die trotz Globalisierung und Telekommunikation auch heute noch für viele kontaktintensive Betriebe von Bedeutung ist, ist in ganz Deutschland ausreichend gut. Von den meisten Standorten aus ist ein

Fast jeder erreicht ein Agglomerationszentrum in zwei Stunden

nächstes Agglomerationszentrum mit internationaler Bedeutung in weniger als zwei Stunden Reisezeit erreichbar, was noch eine Tagesrandverbindung (morgens hin, abends zurück) mit dem Pkw und/oder der Bahn ermöglicht. Dies ist vor allem auf den hohen Anteil von europäischen Metropolen in Deutschland und deren räumlicher Verteilung sowie die gute Ausrichtung der Fernverkehrsnetze auf diese Zentren zurückzuführen. Durch die Konzentration der Agglomerationszentren in Westdeutschland liegen Regionen, von denen man mehr als zwei Stunden Reisezeit zum nächsten Agglomerationszentrum benötigt, im Südosten sowie im norddeutschen Küstenraum.

Durch eine relativ gute räumliche Verteilung der *Flughäfen* mit regionalem Luftverkehr gibt es nur wenige Regionen in Deutschland, von denen man länger als

Fast jeder erreicht einen Regionalflughafen in einer Stunde

eine Stunde Fahrtzeit zum nächsten Flughafen braucht. Diese gute Erreichbarkeit der Flughäfen ermöglicht den schnellen Geschäftsreiseverkehr über große Entfer-

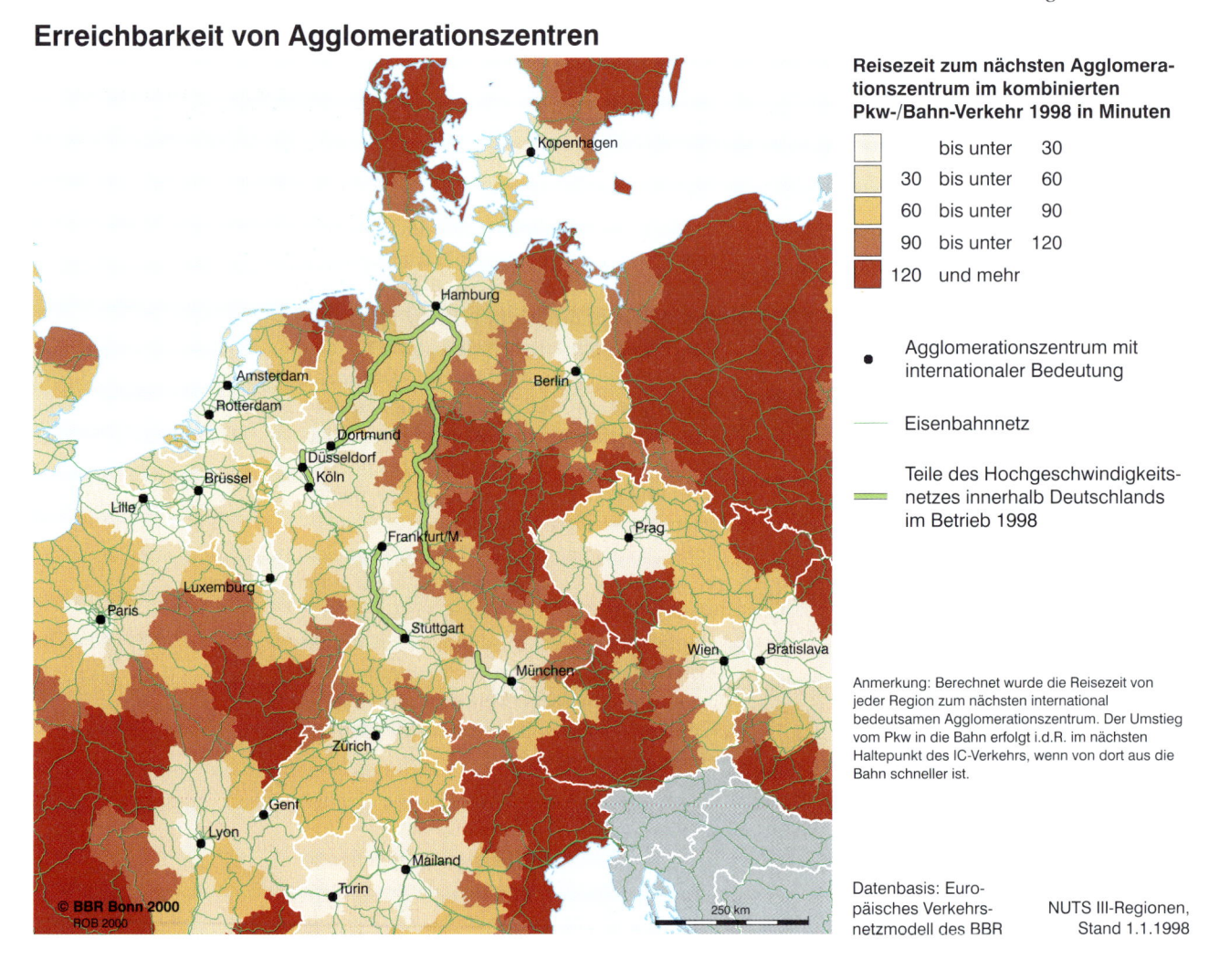

Erreichbarkeit von Agglomerationszentren

Reisezeit zum nächsten Agglomerationszentrum im kombinierten Pkw-/Bahn-Verkehr 1998 in Minuten

- bis unter 30
- 30 bis unter 60
- 60 bis unter 90
- 90 bis unter 120
- 120 und mehr

• Agglomerationszentrum mit internationaler Bedeutung

― Eisenbahnnetz

― Teile des Hochgeschwindigkeitsnetzes innerhalb Deutschlands im Betrieb 1998

Anmerkung: Berechnet wurde die Reisezeit von jeder Region zum nächsten international bedeutsamen Agglomerationszentrum. Der Umstieg vom Pkw in die Bahn erfolgt i.d.R. im nächsten Haltepunkt des IC-Verkehrs, wenn von dort aus die Bahn schneller ist.

Datenbasis: Europäisches Verkehrsnetzmodell des BBR

NUTS III-Regionen, Stand 1.1.1998

Karte 56
Die Karte zeigt die Lage der Regionen zu den international bedeutsamen Agglomerationszentren in Europa. Die Lage ist gut, wenn man innerhalb einer Stunde das nächste Agglomerationszentrum erreicht. Sie ist ausreichend, wenn man mit einer Tagesreise hin- und zurückkommt und noch genügend Zeit für geschäftliche Aktivitäten hat.

Regionale Qualitäten und Probleme 117

nungen, so dass auch Tagesgeschäftsreisen zu ferneren Zielen möglich sind. Diese, insbesondere für das Management und die Forschungs- und Entwicklungsaktivitäten von Betrieben wichtige Standortvoraussetzung gewinnt immer mehr an Bedeutung. Große regionale Benachteiligungen sind hier aber nicht zu verzeichnen.

Die größten regionalen Unterschiede bestehen sowohl in West- als auch in Ostdeutschland noch in der Erreichbarkeit von *KLV-Bahnhöfen*, den Güterumschlagsplätzen des kombinierten Ladungsverkehrs der Bahn. Für die verladende Wirtschaft wäre eine Lkw-Fahrzeit von weniger als eine Stunde zum nächsten KLV-Terminal von Bedeutung, wenn sie Güterverkehrsanteile auf die Bahn verlagern will. Aus vielen peripheren Regionen am Rande der Bundesrepublik Deutschland und aus ländlichen Regionen mit einer geringen Nachfrage nach Güterverkehrsleistungen der Bahn ist jedoch eine längere Anfahrt zum nächsten Umschlagsplatz erforderlich. Dies wird die Motivation der verladenden Wirtschaft senken, ihren Güterverkehr auf die Bahn zu verlagern.

Außereuropäische Investoren nennen neben den bisher behandelten Standortfaktoren wie großräumige Verkehrsanbindung und Marktnähe häufig die Sprache und eine auf die spezifischen Bedürfnisse der Unternehmen ausgerichtete Betreuung als notwendiges Kriterium für ihre Standortwahl. Folgt man internationalen Unternehmensbefragungen, verfügen hier insbesondere Großbritannien und die Niederlande verglichen mit der Bundesrepublik über komparative Vorteile. Darüber hinaus sind politische und soziale Stabilität sowie ein modernes Kommunikationsnetz zwei weitere zentrale Faktoren, deren Angebot häufig als selbstverständlich betrachtet werden. Hingegen besitzen finanzielle Hilfen vielfach nicht die ausschlaggebende Bedeutung; dies gilt nicht nur für die Standort-

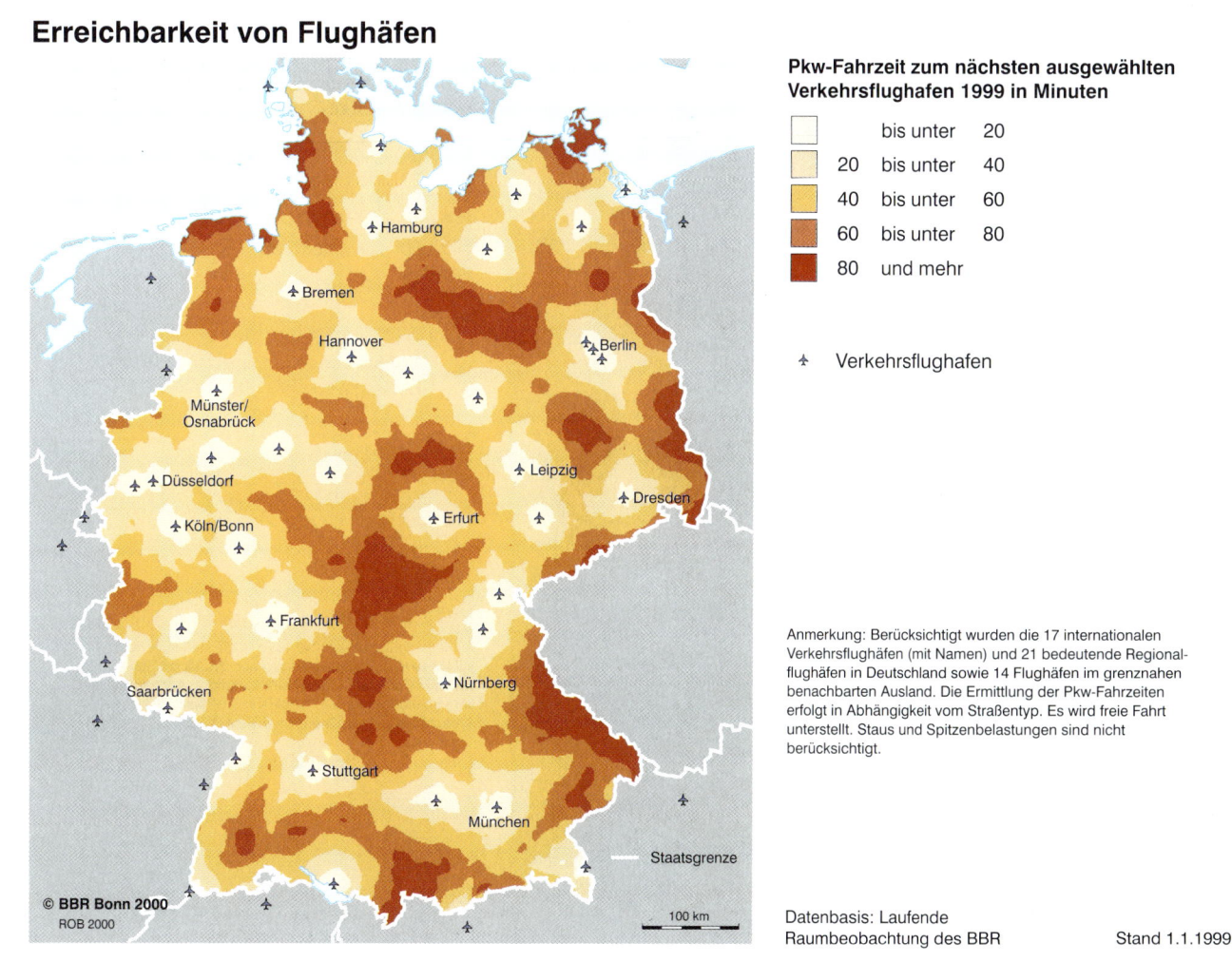

Erreichbarkeit von Flughäfen

Pkw-Fahrzeit zum nächsten ausgewählten Verkehrsflughafen 1999 in Minuten

- bis unter 20
- 20 bis unter 40
- 40 bis unter 60
- 60 bis unter 80
- 80 und mehr

✈ Verkehrsflughafen

Anmerkung: Berücksichtigt wurden die 17 internationalen Verkehrsflughäfen (mit Namen) und 21 bedeutende Regionalflughäfen in Deutschland sowie 14 Flughäfen im grenznahen benachbarten Ausland. Die Ermittlung der Pkw-Fahrzeiten erfolgt in Abhängigkeit vom Straßentyp. Es wird freie Fahrt unterstellt. Staus und Spitzenbelastungen sind nicht berücksichtigt.

Datenbasis: Laufende Raumbeobachtung des BBR   Stand 1.1.1999

Karte 57
Die Lage der deutschen Regionen zu den Verkehrsflughäfen mit Regionalluftverkehr ist gut. Es gibt nur wenige Regionen mit mehr als einer Stunde Reisezeit zum nächsten Flughafen. Damit bestehen kaum Engpässe für den schnellen Geschäftsreiseverkehr über große Entfernungen.

entscheidungen außereuropäischer Investoren in Europa, sondern auch – wie die Ergebnisse verschiedener Unternehmensbefragungen zeigen – für die Investitionsaktivitäten westdeutscher Unternehmen in den neuen Ländern.

Standortentscheidungen von Unternehmen sind in der Regel langfristige Investitionsentscheidungen und werden nicht von heute auf morgen revidiert. Nur der geringere Teil der gesamten betrieblichen Investitionen ist räumlich mobil und für Standortentscheidungen relevant. Der regionale Bestand an Unternehmen und Existenzgründern ist daher zu einer strategischen Zielgruppe der kommunalen und regionalen Wirtschaftsförderung geworden. Wesentliche Ansatzpunkte einer bestandsorientierten Wirtschaftsförderung sind neben der Begleitung betrieblicher Entwicklungsprozesse vor allem die planungsrechtliche Absicherung betrieblicher Standorte sowie eine auch unter ökologischen Gesichtspunkten vorausschauende Bodenvorratspolitik (z.B. Brachflächenrecycling) und die Bereitstellung geeigneter Räumlichkeiten für Existenzgründer.

Auch wenn die Möglichkeiten überregionaler Neuansiedlungen begrenzt sind, sollten die regionalen Akteure dennoch bemüht sein, eine gezielte Ansiedlungspolitik zu betreiben. In deren Mittelpunkt sollte nicht die Vermarktung einzelner Standorte, sondern die Region als Ganzes stehen. Die lokalen und regionalen Akteure besitzen in der Regel nur einen begrenzten Handlungsspielraum bei der Ausgestaltung der Standortbedingungen. Auch sind die spezifischen Anforderungen der Unternehmen an einen Standort nur schwer vorausschauend planbar. Attraktive Standortvorsorge der regionalen Akteure zielt deshalb auf die Bereitstellung eines angemessenen „Mix" an harten und weichen Standortfaktoren.

Erreichbarkeit von KLV-Terminals

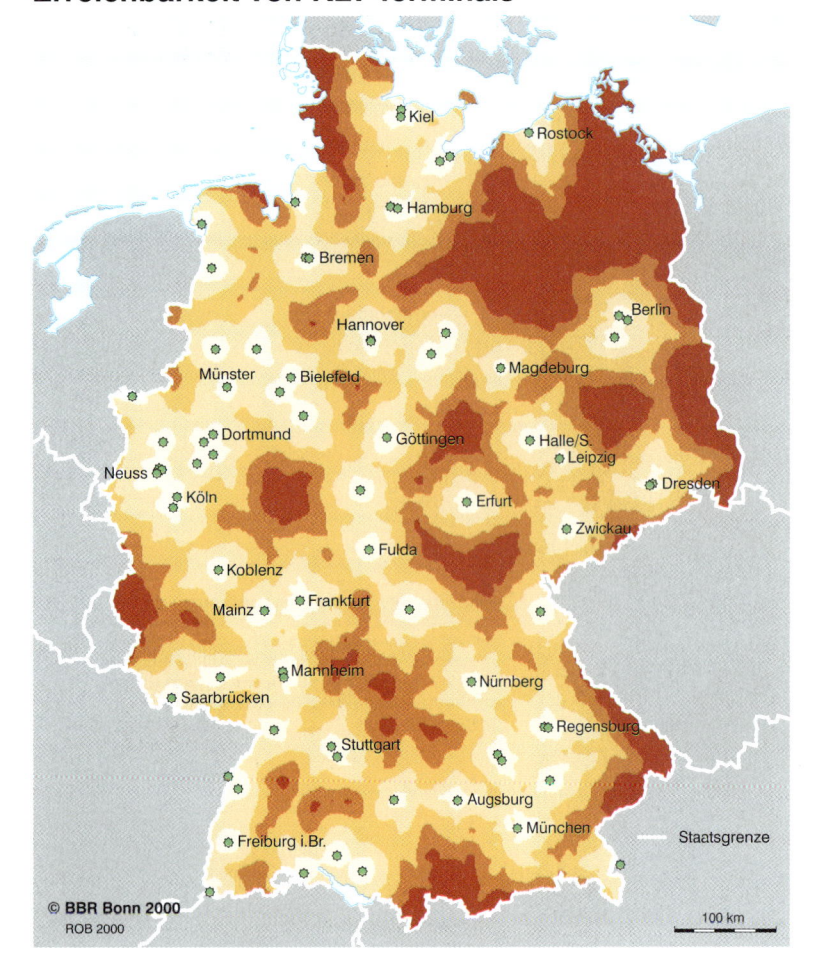

Karte 58
Die Karte zeigt die Entfernung der Regionen zum nächsten Umschlagsplatz des kombinierten Ladungsverkehrs der Bahn.
Lkw-Fahrzeiten von mehr als einer Stunde machen die Verlagerung von Güterverkehr von der Straße auf die Schiene unattraktiv.

Haushaltsorientierte Infrastrukturversorgung

Im Unterschied zu den wirtschaftsnahen Infrastruktureinrichtungen, die vorwiegend als öffentliche Vorleistung für den produktiven Bereich angesehen werden können, haben haushaltsorientierte Infrastruktureinrichtungen primär die Aufgabe, private Haushalte mit kollektiven Gütern konsumptiven Charakters zu versorgen. Die Ausstattung der Regionen mit haushaltsorientierten Infrastrukturen bestimmt neben den natürlichen Geofaktoren (Landschaft, Klima usw.) zwar auch den Wohn- und Freizeitwert und damit die Wohnstandortattraktivität einer Region. Die großräumige, regionale Wohnstandortwahl orientiert sich jedoch sehr stark am Arbeitsplatz und die kleinräumige, innerregionale Wohnstandortwahl außerdem an den Bodenpreisen. Wegen des konsumptiven Charakters der haushaltsorientierten Infrastrukturen, die häufig zur öffentlichen Grundversorgung beitragen, gilt es hier insbesondere das raumordnerische Ausgleichsziel zu beachten. Eine ausreichende und gleichwertige Versorgung der Bevölkerung in allen Teilräumen ist demnach anzustreben, auch wenn eine betriebswirtschaftlich rentable Versorgung nicht immer leicht zu gewährleisten ist. Auch in dünnbesiedelten, nachfrageschwachen Räumen soll es eine infrastrukturelle Grundversorgung geben, die in erreichbarer Nähe und zu vergleichbaren Preisen von allen genutzt werden können.

Öffentliche Verkehrsversorgung

Besonders deutlich wird die Schwierigkeit einer regional ausgeglichenen Infrastrukturausstattung bei der öffentlichen Verkehrsversorgung. Die beste Versorgung – sowohl im Personenfern- wie im -nahverkehr – ist im Bereich der Schienenstrecken gegeben. Diese liniengebunde Infrastruktur kann jedoch nicht flächendeckend angebo-

Erreichbarkeit von IC-Bahnhöfen

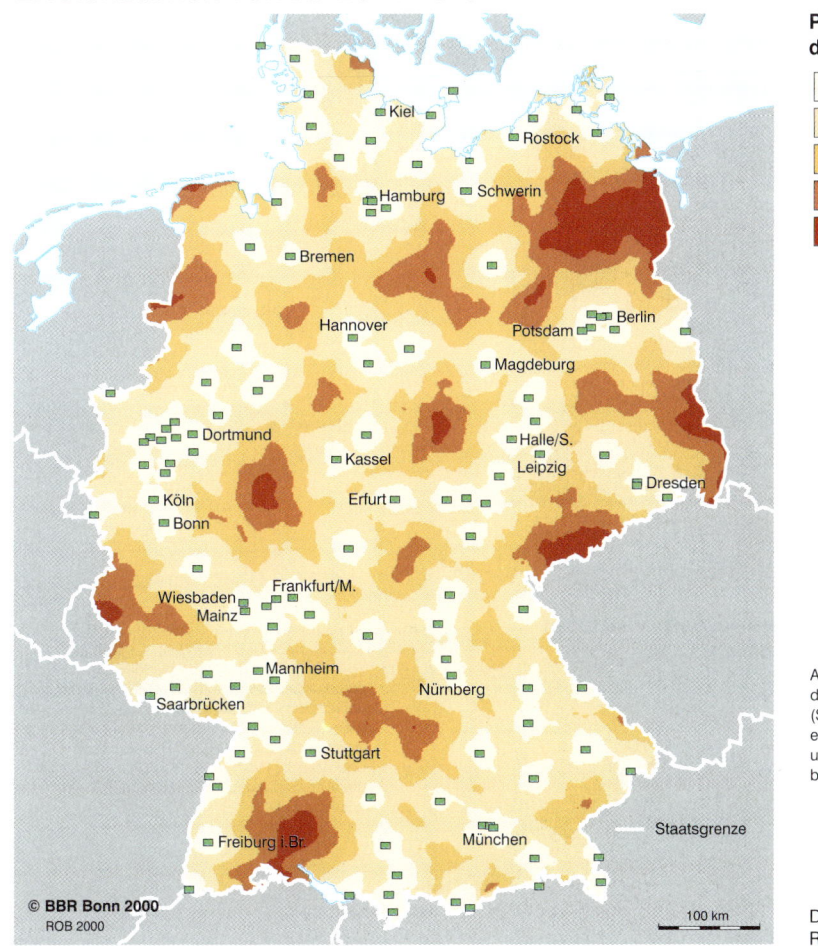

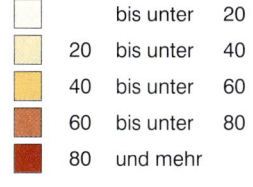

Karte 59
Das IC-Angebot der Bahn konzentriert sich auf die Großstadtregionen. Durch nachgeordnete Verkehrsverbindungen erreichen z. B. im Straßenverkehr innerhalb 60 Minuten 93 % der Bevölkerung einen IC-Bahnhof.

Erreichbarkeit von Oberzentren in Hessen

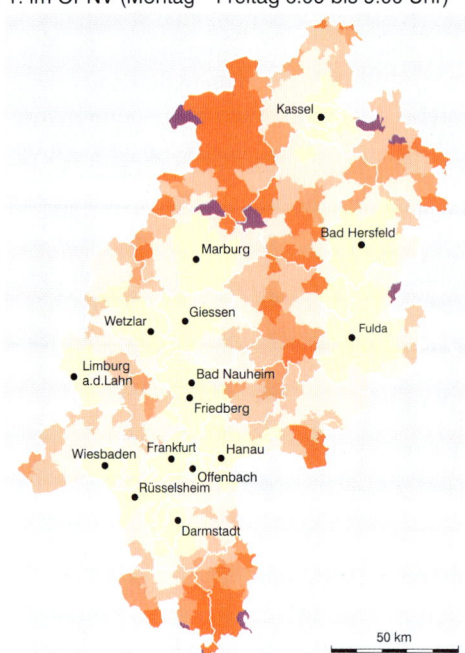

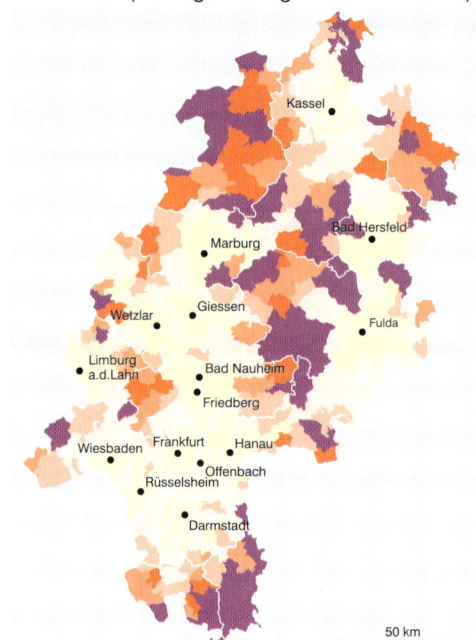

1. im ÖPNV (Montag – Freitag 6.00 bis 9.00 Uhr)
2. im ÖPNV (Montag – Freitag 9.00 bis 12.00 Uhr)
3. im ÖPNV (Sonntag 14.00 bis 17.00 Uhr)
4. im motorisierten Individualverkehr 1995

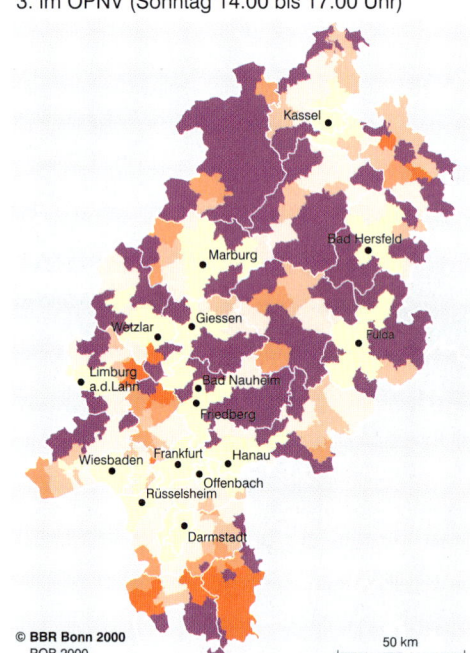

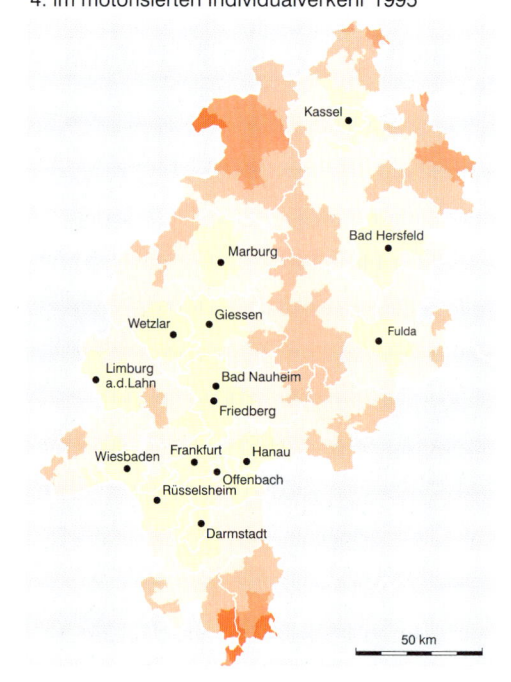

Reisezeit von jeder Gemeinde zum nächsten Oberzentrum in Hessen in Minuten

- bis unter 15
- 15 bis unter 30
- 30 bis unter 45
- 45 bis unter 60
- 60 und mehr
- nicht erreichbar

© BBR Bonn 2000
ROB 2000

Anmerkung: Grundlage für die ÖPNV-Reisezeiten ist der Fahrplanstand 1992 mit folgenden Restriktionen: maximale Reisezeit 5 Stunden, maximal 3 Umsteigevorgänge. Die Ermittlung der Pkw-Reisezeiten erfolgt in Abhängigkeit vom Straßentyp. Es wird freie Fahrt unterstellt. Staus und Spitzenbelastungen sind nicht berücksichtigt.

Datenbasis: Hessische Zentrale für Datenverarbeitung, Geospace, eigene Berechnungen

Gemeinden, Stand 1.1.1995

Regionale Qualitäten und Probleme 121

Karte 60
Die Erreichbarkeit von Oberzentren im *Öffentlichen Personennahverkehr* (ÖPNV) ist im Vergleich zum *Individualverkehr* wesentlich schlechter. Da die Angebotsqualität im ÖPNV durch die Fahrplangestaltung bestimmt wird, muss man bei Erreichbarkeitsanalysen die Bedienungshäufigkeit zu verschiedenen Tages- und Wochenzeiten berücksichtigen.

ten werden. Mit der Umstrukturierung der Bahn zu einem privatwirtschaftlichen Unternehmen sind auch hier betriebswirtschaftliche Rentabilitätskriterien für die Aufrechterhaltung eines Angebotes verstärkt von Bedeutung. So ist bereits auf vielen Schienenstrecken in den vergangenen Jahrzehnten der Personenverkehr stillgelegt worden. Dabei handelt es sich nicht nur um dünnbesiedelte, ländliche Regionen, sondern auch um Großstadtregionen mit ihrem Umland (z.B. Saarland, Köln, Berlin).

Im *öffentlichen Personenfernverkehr* innerhalb Deutschlands ist der getaktete Intercity-Verkehr für die breite Bevölkerung das hauptsächliche und beste Verkehrsangebot. Die Systemhaltepunkte des IC-Verkehrs konzentrieren sich auf die größeren Städte und Ballungsräume. Sie sind damit an den Hauptquell- und -zielgebieten der Nachfrage orientiert. Da der Bahnhof mit Halt von IC-Zügen nicht zur Nahbereichsversorgung einer Wohnung zählt, ist die Lage der Wohnung zum nächsten IC-Halt ein Kriterium zur Einschätzung der Versorgungsqualität einer Region mit hochleistungsfähiger Verkehrsinfrastruktur. So gibt es noch viele ballungsraumferne Regionen, aus denen man mehr als 40 Minuten Reisezeit mit dem Pkw benötigt, um den nächsten Einstiegspunkt in den IC-Verkehr der Bahn zu erreichen. Es handelt sich vorwiegend um dünnbesiedelte, periphere und ländlich strukturierte Regionen im ganzen Bundesgebiet. Der Anschluss dieser Regionen an den IC-Verkehr mit öffentlichen Verkehrsmitteln ist in der Regel noch schlechter als im Individualverkehr. Lediglich einige internationale Verbindungen des Eurocity-Verkehrs sowie des Urlaubsverkehrs sorgen dafür, dass einige periphere Grenzregionen in Nord- und Süddeutschland nicht so schlecht dastehen.

Betrachtet man eine Erreichbarkeit von höchstens 40 Minuten noch als gute Versorgung, so sind immerhin noch ca. 80 % der Bevölkerung gut in den Öffentlichen Personenfernverkehr der Bahn eingebunden.

Im *öffentlichen Personennahverkehr (ÖPNV)* sind die Versorgungsqualitäten regional noch wesentlich unterschiedlicher. Eine bundesweite Analyse dieser Versorgungsqualitäten ist praktisch nicht mög-

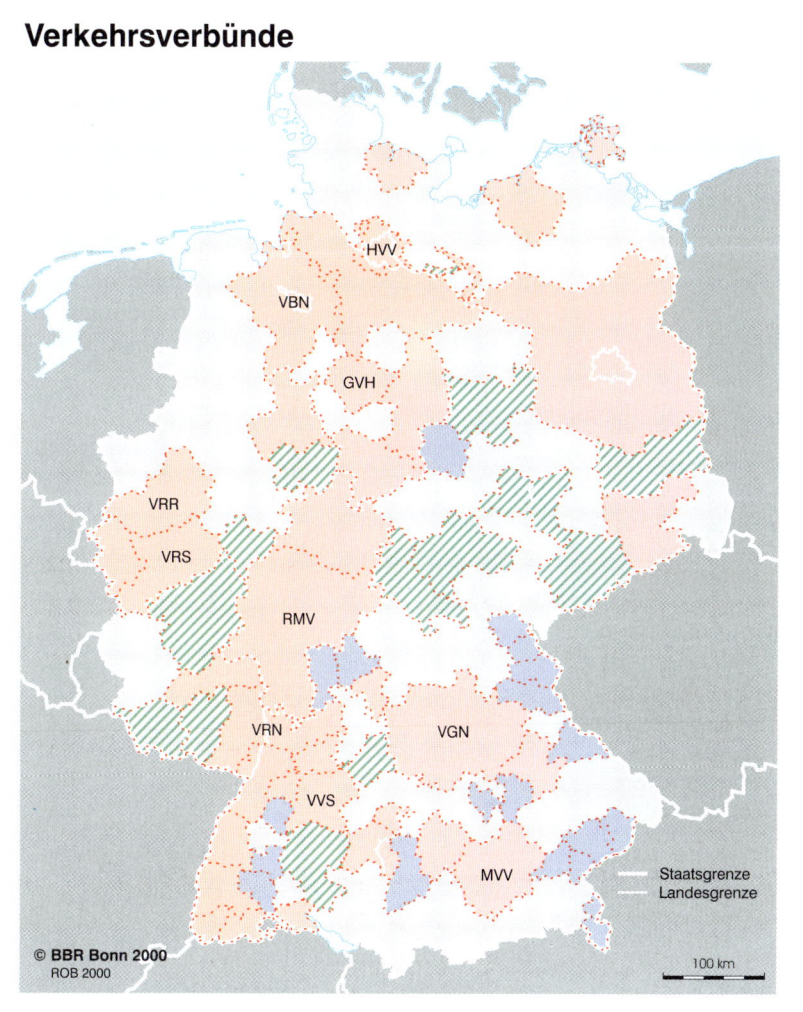

Verkehrsverbünde

Verkehrsverbünde 1999

- Verkehrsverbünde mit DB-Kooperation
- Verkehrsverbünde ohne DB-Kooperation
- geplante Verkehrsverbünde bzw. Erweiterungen
- Gebiete ohne Verkehrsverbund
- Verkehrsverbund-Grenze

Anmerkung: Übergangstarif-Gebiete sind vereinfacht dargestellt
Datenbasis: Deutsche Bahn AG, GB Nahverkehr   Gemeinden, Stand 1.1.1998

Karte 61
Die flächenhafte Ausdehnung der Verkehrsverbünde geht mittlerweile auch über die Verdichtungsräume hinaus. Die Neuplanungen ergänzen die bestehenden und schließen Lücken.

lich. Am Beispiel der Erreichbarkeit von Oberzentren im ÖPNV in Hessen wird deutlich, dass die Bürger in Gemeinden dünnbesiedelter, ländlicher Regionen häufig länger als 45 Minuten ÖPNV-Reisezeit bis zum nächsten Oberzentrum benötigen. Zur zeitlichen Benachteiligung kommt noch hinzu, dass auch die Zahl der Fahrten, die Bedienungshäufigkeit, deutlich geringer ist. Während zu Zeiten des Ausbildungs- und Berufsverkehrs (6–9 Uhr werktags) die Angebotsqualität meist noch ausreichend ist, steigt in nachfrageärmeren Zeiten (9–16 Uhr werktags bzw. sonntags) die Zahl der Gemeinden ohne ÖPNV-Bedienung rapide an. Demgegenüber verändern sich die Bedienungsqualitäten im Rhein-Main-Agglomerationsraum selber nur wenig. Es wird deutlich, dass außerhalb des Agglomerationsraumes ein Schienenanschluss Voraussetzung dafür ist, außerhalb der Spitzenzeiten im ÖPNV überhaupt noch ein Oberzentrum erreichen zu können.

Fahrgastaufkommen in Verkehrsverbünden

Bereiche	Beförderte Personen in Mio.			Veränderung in %	
	1996	1997	1998	1997/96	1998/97
Hamburg (HVV)	478,2	477,2	481,9	-0,2	1,0
Bremen/Niedersachsen (VBN)	111,8	114,1	114,3	2,1	0,2
Hannover (GVH)	177,9	177,9	177,5	0,0	-0,2
Rhein-Ruhr (VRR)	1 062,1	1 064,1	1 069,4	0,2	0,5
Rhein-Sieg (VRS)	379,7	382,8	388,5	0,8	1,5
Rhein-Main (RMV)	540,0	560,0	568,4	3,7	1,5
Rhein-Neckar (VRN)	191,7	211,4	214,3	10,3	1,4
Stuttgart (VVS)	276,9	272,9	273,0	-1,5	0,0
Nürnberg (VGN)	179,8	187,2	196,6	4,1	5,0
München (MVV)	533,0	533,6	536,3	0,1	0,5

Quellen: Statistisches Bundesamt, Deutsche Bahn AG, Verband deutscher Verkehrsunternehmen, HVV, VBN, GVH, VRR, VRS, RMV, VRN, VVS, VGN, MVV sowie Berechnungen und Schätzungen des ifo-Instituts. (entnommen aus: ifo Wirtschaftskonjunktur 2./99)
© BBR Bonn 2000 ROB 2000

Tabelle 5
Fahrgastaufkommen in Verkehrsverbünden

Mit der Regionalisierung des Schienenpersonennahverkehrs wird ein besser an die regionalen Bedürfnisse angepasstes ÖPNV-Angebot angestrebt. Durch die Übertragung der organisatorischen und finanziellen Verantwortung und Kompetenz für den gesamten ÖPNV auf die Länder bzw. Regionen kann eine bessere Abstimmung zwischen Bus- und Schienenverkehr erreicht

Verkehrsverbünde decken 2/3 der Bevölkerung und die Hälfte der Fläche des Bundesgebietes ab

werden. Diesem Zweck soll auch die Einrichtung weiterer Verkehrsverbünde dienen. In den Verdichtungsräumen und Großstädten mit ihrem Umland bestehen seit längerem solche Verkehrsverbünde, in denen das Fahrplanangebot der verschiedenen Anbieter – bis zu abgestimmten Taktverkehren – koordiniert ist und ein Tarifverbund herrscht. Verstärkt werden auch Verkehrsverbünde für ganze Länder (Schleswig-Holstein, Brandenburg, Rheinland-Pfalz) und auch in ländlichen Regionen eingerichtet.

Soziale und kulturelle Infrastruktur

Die *soziale und kulturelle Infrastruktur* ist in Deutschland nicht zentralstaatlich geplant, organisiert und finanziert. Der Bund ist allenfalls wirksam durch rahmenrechtliche Regelungen und Finanzzuweisungen. Planung, Betrieb und Finanzierung der Einrichtungen sind Aufgabe der Bundesländer und Gemeinden. Charakteristisch für alle Arten der sozialen und kulturellen Infrastruktur sind die sehr unterschiedlichen Regelungen zwischen den Ländern und zwischen den Gemeinden. Es gilt das Subsidiaritätsprinzip: Die öffentliche Hand erstellt Einrichtungen dort, wo durch freie, darunter auch kirchliche, oder private Träger das Prinzip der flächendeckenden Versorgung nicht genügend gewährleistet ist.

Diese Regelungen haben in Westdeutschland in den 60er und 70er Jahren im internationalen Vergleich für fast alle Typen von Infrastruktureinrichtungen zu einer sehr guten Versorgung geführt. Von schwerwiegenden regionalen und sozialen Benachteiligungen kann nicht gesprochen werden. Allerdings wird spätestens seit Ende der 80er Jahre die soziale und kulturelle Infrastrukturplanung durch neuartige Probleme berührt. Sie entstanden aus veränderten finanziellen Rahmenbedingungen (Diktat knapper Kassen) und aus der deutschen Vereinigung. Die allgemeine Finanzkrise und abnehmende kommunale Einnahmen schüren Befürchtungen, dass das hohe Ausstattungsniveau in Westdeutschland in den gegenwärtigen Organisationsformen nicht aufrechterhalten werden kann und neue Wege bei der Infrastrukturversorgung beschritten werden müssen. Zusätzlich ist es in Ostdeutschland notwendig, die dort zum Teil aufgelösten Infrastrukturen wiederherzustellen. In der ehemaligen DDR hatten die Sozialeinrichtungen ungefähr die gleiche Dichte wie in der früheren Bundesrepublik Deutschland. Systembedingt waren viele Einrichtungen und Dienste in der ehemaligen DDR Bestandteil der Betriebe. Sie standen den Beschäftigten und ihren Familienangehörigen offen. Diese betriebsgebundenen Einrichtungen wurden meist aufgelöst, so dass gegenwärtig in Ost-

Regionale Qualitäten und Probleme 123

deutschland noch erhebliche strukturelle und regionale Unterschiede speziell in der sozialen Infrastruktur vorliegen.

Die Versorgungsunterschiede zwischen den Städten erklären sich durch deren weitgehende Handlungsautonomie bei der sozialen Infrastrukturplanung. Städte und Gemeinden haben bei dieser Planung gesetzlich vorgegebene Pflichtaufgaben, zum Beispiel bei Schulen, und freiwillige, fakultative Aufgaben zu erfüllen. Die altersgebundenen Sozial-, Freizeit- und Kultureinrichtungen gehören fast ausschließlich zu den freiwilligen Aufgaben. Errichtet und betrieben werden sie zu einem erheblichen Teil von freien Trägern, die meist aber kommunale Finanzzuschüsse („Zweckzuweisungen") erhalten. Aus dieser Handlungskompetenz der Städte heraus wird deutlich, dass bei einzelnen Komponenten der Infrastruktur teils erhebliche Unterschiede in der Versorgung auftreten können.

Bildungseinrichtungen

Der Bereich öffentliche Bildung umfasst in Deutschland die allgemeinbildenden Schulen, Berufliche Schulen, Hochschulen sowie Schulen des Gesundheitswesens und Volkshochschulen. Die allgemeinbildenden und beruflichen Schulen sind Gegenstand der räumlichen Versorgung im Nahbereich der Wohnung. Versorgungsunterschiede und -disparitäten zeigen sich dementsprechend nur bei kleinräumiger Betrachtung auf kommunaler und regionaler Ebene. In der Regel kann jedoch von einem flächendeckenden Netz von Schulen aller Stufen ausgegangen werden, das sich zumindest an der Hierarchie der *Zentralen Orte* der Landes- und Regionalpläne orientiert und oft – vor allem in den Flächenländern – auch darüber hinaus geht.

Überregional und bundespolitisch von Bedeutung sind jedoch die *Hochschulen.* Während der Bund durch das Hochschulrahmengesetz für den rechtlichen und organisatorischen Rahmen verantwortlich zeichnet, sind die Träger der Hochschulen die Länder. Allerdings beteiligt sich der Bund finanziell im Rahmen seiner Zuständigkeit, insbesondere beim Hochschulbau. Nach 1992 sind 29 Hochschulen in den alten Ländern und 31 in den neuen Ländern neu in die Förderung nach dem Hochschulbauförderungsgesetz aufgenommen worden. Die im Grundgesetz verankerte Notwendigkeit einer finanziellen Beteiligung des Bundes ergibt sich dadurch, dass Ab-

Studenten an Hochschulen

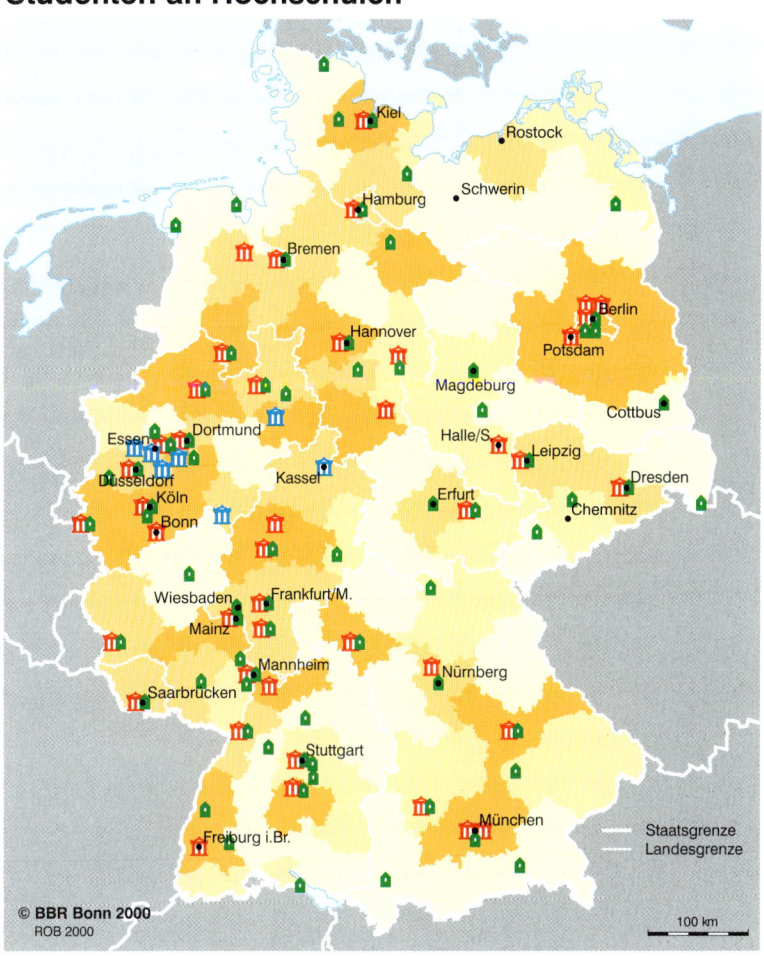

Studenten 1997/98 je 1 000 Einwohner
- bis unter 10
- 10 bis unter 20
- 20 bis unter 30
- 30 und mehr

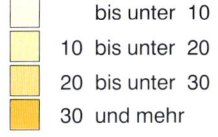

Häufigkeiten: 33 19 20 20

Hochschulen mit großer Studentenzahl
- 🏛 Universität
- 🏛 Gesamthochschule
- 🏠 Fachhochschule

Anmerkung: Dargestellt sind Universitäten und Gesamthochschulen mit insg. mehr als 10 000 Studenten, Fachhochschulen mit insg. mehr als 2 000 Studenten; Hauptstandort nach Studentenzahl.

Datenbasis: Laufende Raumbeobachtung des BBR

Analyseregionen des BBR, Stand 1.1.1996

Karte 62
Die räumliche Verteilung der Hochschulen in Deutschland ist relativ ausgeglichen mit Schwerpunkten in den Großstädten und Verdichtungsräumen und Defiziten in den ländlichen Räumen der neuen Länder.

solventen durch Ortswechsel ihr erworbenes Wissen und ihre Fähigkeiten in einem anderem Bundesland anwenden als in dem der besuchten Hochschule.

Durch die Novellierung des Hochschulrahmengesetzes 1998 wurde eine umfassende Reform des Hochschulsystems eingeleitet, um Wettbewerb und Differenzierung zu ermöglichen sowie die internationale Wettbewerbsfähigkeit der deutschen Hochschulen zu stärken. Kernelemente dieser Reform sind die Einführung einer leistungsorientierten Finanzierung, einer Evaluation von Forschung und Lehre und eines Leistungspunktesystems für Studierende.

In Deutschland gibt es 1999 insgesamt 344 Hochschulen mit 445 Standorten in 341 Städten und Gemeinden. Von diesen Hochschulen sind 86 Universitäten, 7 Gesamthochschulen und 152 Fachhochschulen, des weiteren ergänzen Theologische, Kunsthochschulen sowie Verwaltungsfachhochschulen das Angebot. Die regionale Verteilung ist relativ ausgeglichen mit Schwerpunkten in den Großstädten und Verdichtungsräumen. In den neuen Ländern hat sich die Zahl der Universitäten von 27 in 1993 um 8 verringert.

Es besteht nach wie vor ein Missverhältnis zwischen Studienplatzangebot und Nachfrage (Studenten): In den alten Ländern (einschl. Berlin) kamen im Jahre 1997 177 Studenten auf 100 Studienplätze, in den neuen Ländern waren es 133. Die Wahl des

Studienplätze überall knapp

Hochschulstandortes war bei den Studenten schon immer auch überregional orientiert. Mit der deutschen Wiedervereinigung bekam die Wanderung der Studenten eine neue Ost-West-Dimension. Gab 1991 noch jeder dritte ostdeutsche Abiturient an, im Westen studieren zu wollen, beabsichtigten dies 1992 nur noch 23 %, d.h. die ausgeprägte West-Wanderung war nur ein vorübergehendes Phänomen. Im Wintersemester 1997/98 waren 17,4 % aller (deutschen) Studenten in den neuen Ländern solche, die ihre Hochschulzugangsberechtigung in den alten Ländern erworben hatten (=West-Ost-Wanderer); dagegen waren 22,5 % aller in den alten Ländern Studierenden solche, die ihre Hochschulzugangsberechtigung in den neuen Ländern erworben hatten (= Ost-West-Wanderer).

Gesundheitseinrichtungen

Die medizinische Versorgung der Bevölkerung gehört zur Daseins-Grundversorgung, die flächendeckend in ausreichender Qualität vorhanden sein soll. Regionale Unterschiede sollten nicht zu groß sein. Auch die regionalwirtschaftliche Bedeutung des Gesundheitswesens ist nicht zu vernachlässigen. Schließlich waren 1997 2,1 Mio. Menschen im Gesundheitsbereich beschäftigt (davon 1,1 Mio. in Krankenhäusern).

Sowohl die *ambulante* als auch die *stationäre Versorgung* ist in der Regel in nichtstaatlicher Trägerschaft im gesamten Bundesgebiet flächendeckend sichergestellt und befindet sich – auch im internationalen Vergleich – auf einem hohen Niveau. Von

Jeder erreicht ein Krankenhaus innerhalb 20 km Entfernung

benachteiligten Gruppen oder Regionen kann zumindest in Westdeutschland kaum gesprochen werden. Ein Krankenhaus mit normaler Ausstattung ist beispielsweise für

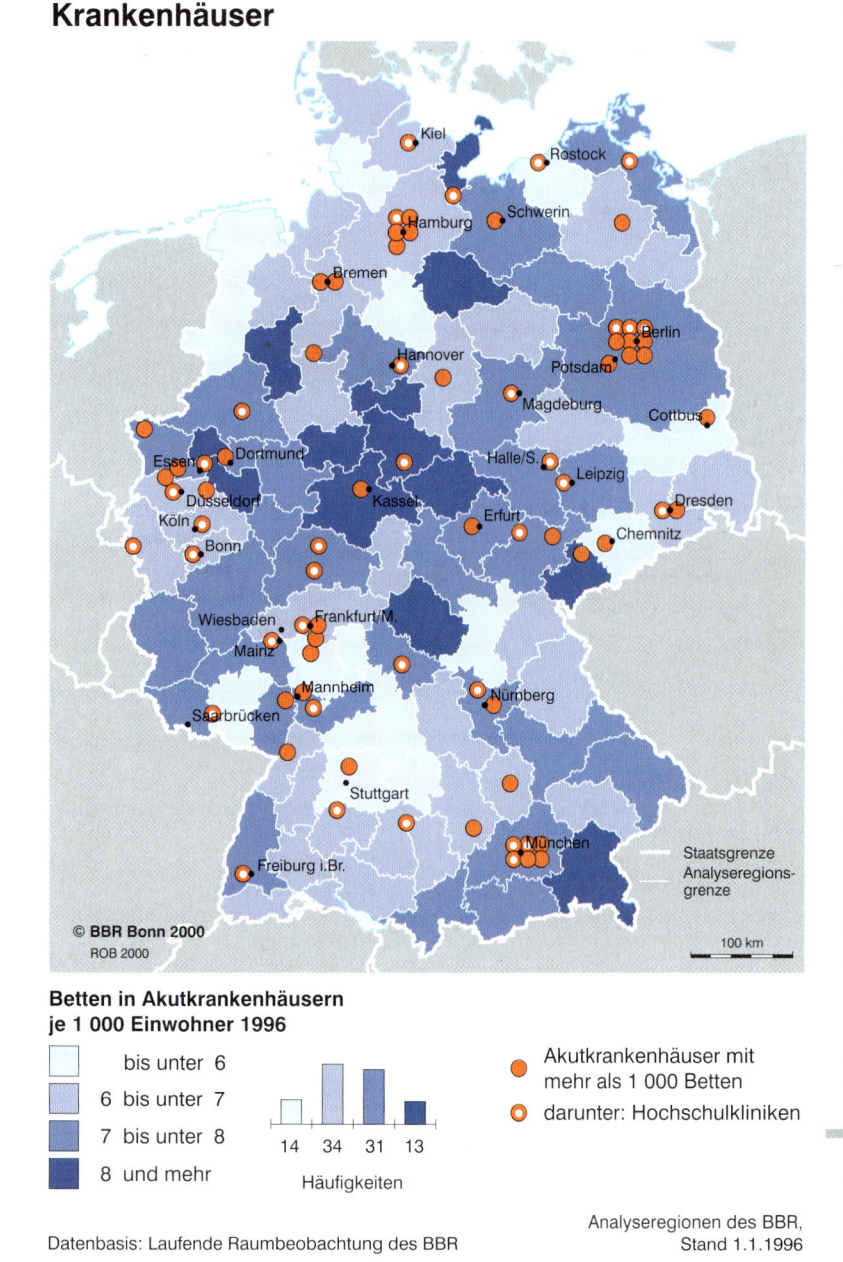

Krankenhäuser

Betten in Akutkrankenhäusern je 1 000 Einwohner 1996

- bis unter 6
- 6 bis unter 7
- 7 bis unter 8
- 8 und mehr

Häufigkeiten: 14, 34, 31, 13

- Akutkrankenhäuser mit mehr als 1 000 Betten
- darunter: Hochschulkliniken

Staatsgrenze
Analyseregionsgrenze

Datenbasis: Laufende Raumbeobachtung des BBR
Analyseregionen des BBR, Stand 1.1.1996

© BBR Bonn 2000
ROB 2000

Karte 63
Die Karte zeigt, dass es keine großen regionalen Unterschiede in der Krankenhausversorgung gibt.

jeden Einwohner in höchstens 20 km Entfernung erreichbar. Gab es 1992 im Osten noch eine stärkere Betonung der stationären Versorgung gegenüber der stärkeren Betonung der ambulanten Versorgung im Westen, so zeigen die aktuellen Trends eine Angleichung durch Zunahme der Ärztedichte und Abbau von Krankenhausbettenkapazitäten im Osten.

Ein Indikator für die *stationäre Versorgung* der Bevölkerung mit Gesundheitsdienstleistungen ist die räumliche Verteilung der Krankenhäuser. Die Zahl der Krankenhausbetten ist seit mehreren Jahren aufgrund des erheblichen Strukturwandels im Gesundheitswesen kontinuierlich rückläufig. Dieser Prozess ist in den neuen Ländern noch stärker als in den alten Ländern, so dass auch eine geringere Pro-Kopf-Versorgung erreicht wird (6,4 Betten je 1 000 Einwohner gegenüber 7,5 Betten je 1 000 Einwohner in den alten Ländern). Die regionalen Unterschiede in der generellen Krankenhausversorgung sind nicht sehr groß. Die schlichte Bettenzahl je Einwohner ist natürlich nur ein unvollkommener Indikator für die Qualität der regionalen Krankenhausversorgung der Bevölkerung. Dafür müsste das jeweilige Angebot an Fachabteilungen betrachtet werden, das von Klinik zu Klinik sehr unterschiedlich sein kann. So haben die größeren Kliniken mit über 1 000 Betten und die meisten Hochschulkliniken in der Regel mehr als zehn Fachabteilungen und damit ein hochqualifiziertes medizinisches Angebot. Die regionale Verteilung dieser Kliniken im Bundesgebiet ist ebenfalls recht ausgeglichen, auch wenn nicht jede Region über mindestens ein solches Krankenhaus verfügt.

Die Zahl der *Vorsorge- und Rehabilitationseinrichtungen* in Deutschland hat dagegen weiter zugenommen. In den 1 404 Vorsorge- oder Rehabilitationseinrichtungen in Deutschland standen 1996 insgesamt 189 888 Betten zur stationären Versorgung bereit; das waren im Durchschnitt 135 Betten je Einrichtung.

Es verbleiben einige noch zu bewältigende Strukturprobleme: Für Westdeutschland stellt sich die Aufgabe, Überkapazitäten abzubauen, die zusätzliche Kosten verursachen. In Ostdeutschland besteht noch ein erheblicher Modernisierungsbedarf bei Gesundheitseinrichtungen. Hinzu kommt in West und Ost die Aufgabe, die bestehenden Gesundheitsdienste und Gesundheitseinrichtungen in Richtung auf eine noch bessere Gesundheitsförderung umzuorientieren. Gesundheitsförderung setzt aktiv bei den Ursachen von Krankheiten an und betont die Bedeutung gesellschaftlicher Voraussetzungen von Gesundheit wie saubere Umwelt, soziale Gerechtigkeit, angemessene Wohn- und Arbeitsbedingungen.

Kulturelle Einrichtungen

Eine große Zahl und regionale Vielfalt an traditionellen Kultureinrichtungen ergeben sich in Deutschland zumeist aus historisch gewachsenen Standortstrukturen. Sie haben zu einem flächendeckenden Angebot an repräsentativer kultureller Infrastruktur geführt. Einrichtungen wie Theater, Museen, Orchester oder Bibliotheken stellen Kristallisationspunkte für ein breit gefächertes kulturelles Leben in den verschiedenen Sektoren von Kunst und Medien bereit. Jugendkunstschulen, Musikschulen, kulturpädagogische und ungezählte soziokulturelle Einrichtungen (Kulturzentren, Bürgerhäuser, Pfarrzentren der Kirchen, Nachbarschafts- und Begegnungshäuser) erweitern und bereichern die kulturelle Infrastruktur und das Kulturleben in den Städten. Sie sind in der Regel dezentral verteilt und wirken in Stadtteile und Wohnquartiere hinein, zum Teil bezogen auf bestimmte soziale Zielgruppen wie bei der Kinder- und Jugendarbeit.

Die Bedeutung kultureller Faktoren geht weit über Wertschöpfung und Steueraufkommen hinaus. Sie berühren zugleich so unterschiedliche Aspekte wie Freizeit und Tourismus, Erkennungswert und Unterscheidbarkeit der Region („Regionale Identität"), Innovationskraft, kulturelle Bildung und soziale Integration. Für die Raumordnungspolitik bedeutsam ist auch der Umstand, dass die Vielfalt städtischer und regionaler Kulturinfrastruktur nicht nur das unverwechselbare Bild einer Stadt und Region stärkt. Sie ist auch eine der Voraussetzungen, besondere „regionale Begabungen" zu entwickeln, die in andere Lebens- und Wirtschaftsbereiche ausstrahlen.

Die überörtlich bedeutsame kulturelle Infrastruktur in Deutschland ist vielfältig, von hoher Qualität und angemessen regional verteilt.

Das flächendeckende *Theaterangebot* Deutschlands nimmt im internationalen Vergleich nach wie vor einen hohen Rang ein. In der Spielzeit 1996/97 gab es insgesamt 152 öffentliche Theater mit 666 Spiel-

Plätze in Theatern

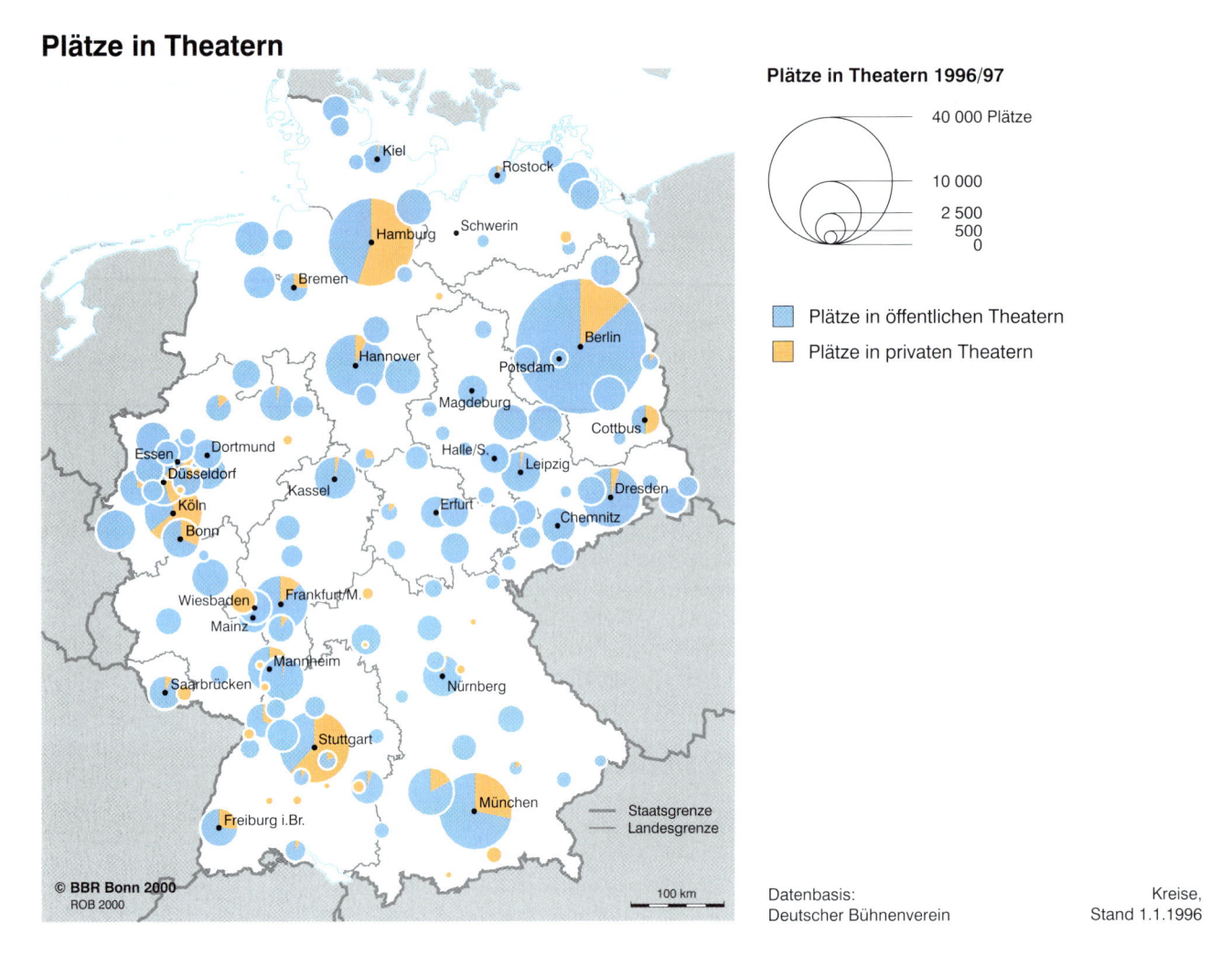

Plätze in Theatern 1996/97

- Plätze in öffentlichen Theatern
- Plätze in privaten Theatern

Datenbasis: Deutscher Bühnenverein
Kreise, Stand 1.1.1996

Karte 64
Das Theaterangebot folgt der Siedlungsstruktur und damit der Nachfrage, wobei die dünnbesiedelten Räume auch über eine Grundversorgung verfügen.

stätten sowie 55 Kulturorchester. Außerdem warben 205 private Theater um die Gunst der Zuschauer. Das Platzangebot in den öffentlichen Theatern betrug 270 000 und in den privaten Theatern 62 000 Plätze. Damit hat das Angebot im Vergleich zur vorherigen Spielzeit sowohl absolut als

Jedes zweite öffentliche Theater liegt in einem Verdichtungsraum

auch je Einwohner zugenommen, wobei in den neuen Ländern ein ca. 6-fach höheres Platzangebot je Einwohner vorhanden ist. Die räumliche Verteilung der Theater folgt bundesweit der Siedlungsstruktur. So liegt jedes zweite Theater in Regionen mit großen Verdichtungsräumen und jedes dritte Theater in verstädterten Räumen.

Charakteristisch für die deutsche *Museumslandschaft* ist im internationalen Vergleich die Vielzahl ihrer Einrichtungen, deren dichte Verteilung im Raum und deren regionale und organisatorische Vielfalt. Im Jahre 1997 gab es 5 219 Museen (darunter 1 015 in den neuen Ländern).

Trotz zunehmender Bedeutung elektronischer Informationssysteme behalten *Bibliotheken* ihre große Bedeutung als Wissens- und Informationsquellen. Im Jahre 1996 gab es in Deutschland 12 727 öffentliche Bibliotheken mit einem Bestand von 132,8 Mio. Medieneinheiten. Die Versorgung war mit 1,8 Medieneinheiten je Einwohner in den neuen Ländern nach wie vor besser als in den alten Ländern (1,6 Medieneinheiten je Einwohner).

Freizeiteinrichtungen

Zur *Freizeit-Infrastruktur* zählen alle für die Freizeit außer Haus nutzbaren Einrichtungen in privater und öffentlicher Trägerschaft, wobei Bildungs- und kulturelle Einrichtungen hier gesondert behandelt werden. Die zur aktiven Gestaltung der Freizeit erforderlichen Einrichtungen ha-

Regionale Qualitäten und Probleme 127

ben für die Infrastrukturversorgung der Bevölkerung immer mehr an Bedeutung zugenommen. Auch für die Standortwahl der Unternehmen hat der „Freizeitwert" einer Region als „weicher" Standortfaktor immer größeres Gewicht erlangt.

Der *Freizeitmarkt* ist in Bewegung. Ständig drängen neue Angebote in bestehende und neue Marktsegmente (z.B. Musical-Theater, Multiplexkinos). Sparzwänge bei öffentlichen Haushalten und damit einhergehende Privatisierung von öffentlicher Freizeitinfrastruktur bieten neue Chancen für private Freizeitunternehmen. Gleichzeitig lassen gesellschaftliche Trends der Freizeitgestaltung wie Erlebnisorientierung (Event-Tourismus, inszenierte Großveranstaltungen), Trendsportarten (z.B. Inline-Skating) und die Kombination verschiedener Aktivitäten (z.B. Einkauf und Freizeitgestaltung, „Erlebnisshopping") neue Angebote entstehen.

Viele *Freizeit-Aktivitäten* kommen ohne das Vorhandensein einer besonderen Infrastruktur aus. Sie nutzen das allgemein verfügbare Potenzial der Städte und der Landschaft, sowie der privaten Wohnung und ihrer direkten Umgebung (Garten usw.). Darüber hinaus steht ein großes und stark differenziertes Angebot an Freizeitstätten zur Verfügung. Die Basisinfrastruktur (z.B. Sportplätze und -hallen, Tennisplätze, Schwimmbäder) ist flächendeckend vorhanden. Sie wird insbesondere von Vereinen genutzt. Die mitgliederstärksten Sportverbände sind Fußball, Turnen und Tennis. Im Zuge steigenden Wohlstands großer Teile der Bevölkerung und der Bedeutung des Freizeitwerts einer Region für die regionale Wirtschaftsstruktur hat auch der Bedarf nach „gehobener Freizeit-Infrastruktur" weiter zugenommen. So stieg z.B. die Zahl der Golfplätze von 390 im Jahre 1993 auf 562 im Jahre 1998, wobei noch ein erhebliches West-Ost-Gefälle besteht.

Insbesondere durch die gestiegene Mobilität der Bevölkerung, aber auch durch den Trend zu inszenierten Großveranstaltungen („Events") hat die Zahl *überörtlich bedeutsamer Freizeitangebote* zugenommen. Diese Entwicklung spiegelt sich wider in der Entwicklung einer entsprechenden Infrastruktur. So existieren heute in vielen Städten große *Veranstaltungshallen und -arenen*. Außerdem gab es 1997 bereits 203 Fußball-Stadien mit einem Fassungsvermögen von 10 000 und mehr Besuchern, die auch für Open-Air-Veranstaltungen genutzt werden.

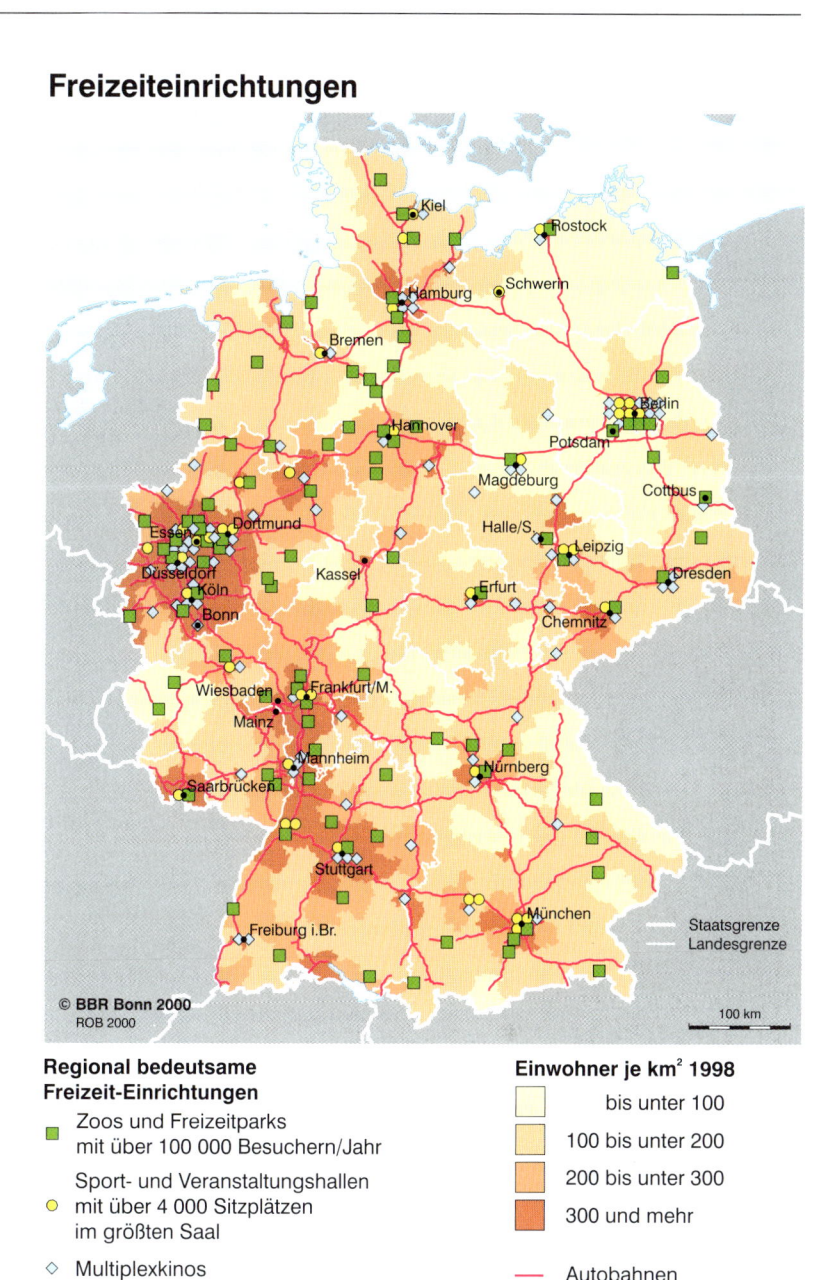

Freizeiteinrichtungen

Karte 65
Die Karte zeigt die Einwohnerorientierung der räumlichen Verteilung der meisten Freizeiteinrichtungen. Mit Ausnahme der Freizeitparks, die oft an landschaftliche Besonderheiten und eine gute Autoerreichbarkeit gebunden sind, konzentrieren sich die Einrichtungen in den Verdichtungsräumen und Großstädten.

Klassische große Freizeiteinrichtungen v.a. für Familien wie z.B. *Zoos sowie Freizeit- und Erlebnisparks* besitzen seit jeher ein weites Einzugsgebiet. Verteilung und Erreichbarkeit der großen Parks sind zwar grundsätzlich an den Bevölkerungsschwerpunkten ausgerichtet, liegen aber häufig auch weit davon entfernt. Wegen der Autoorientierung der Besucher ist eine autobahnnahe Lage mit guter Autoerreichbarkeit der Verdichtungsräume fast immer gegeben.

Eine starke Dynamik ist zu beobachten bei *kommerziellen Freizeiteinrichtungen*. Neben bestehenden öffentlichen Frei- und Hallenbädern sind – teilweise in Konkurrenz zu diesen – z.B. in den letzten Jahren auch privatwirtschaftliche sowie öffentlich geförderte Freizeit- und *Erlebnis-Schwimmbäder* entstanden, die dem gewandelten Bedürfnis nach Entspannung und Erholung besser entsprechen. Wegen vielfältiger und teilweise spezialisierterer Angebote haben sie einen zumeist überörtlichen Einzugsbereich. Ebenso sind seit Ende der 80er Jahre – besonders in Ballungsräumen – neben den öffentlichen Theatern *Musical-Theater* entstanden, deren Marktpotenzial nach einem rasanten Wachstum inzwischen jedoch im Rückgang begriffen ist. Sie verfügen teilweise über eine bundesweite Nachfrage, verbunden mit einem ausgeprägten Wochenend-Städte-Tourismus. Die Kinolandschaft befindet sich in den letzten Jahren ebenfalls in einem Strukturwandel. Kleine Häuser können sich immer weniger gegen die Konkurrenz großer *Multiplex-Kinos* mit mehreren Leinwänden behaupten. Sie entstanden v.a. in Innenstädten von Großstädten und haben häufig ein erweitertes Freizeitangebot mit Spielhallen, Kneipen und Restaurants.

Errichtung und Betrieb von Freizeitanlagen – insbesondere der dargestellten großen mit überörtlichen Einzugsbereichen – können neben den Vorteilen der Angebotserweiterung und Einkommensverbesserung in der Standortregion oft negative Auswirkungen nach sich ziehen, die für die kommunale und regionale Planung eine besondere Herausforderung darstellen. So haben diese Einrichtungen in der Regel einen immensen Flächenverbrauch, der in den Städten selten befriedigt werden kann. Außerhalb der Städte gilt es Landschaftsbeeinträchtigungen und Verkehrsbelastungen zu beachten. Außerdem handelt es sich bei diesen Einrichtungen u.U. um schnelllebige Wirtschaftsgüter, da sich die Trends und Marktsituationen im Freizeitbereich sehr schnell ändern können.

Räumliche Arbeitsteilung in der Ver- und Entsorgung

Die *technische Ver- und Entsorgung* der Bevölkerung und Wirtschaft mit Energie, Wasser, Abwasser und Abfall ist eng an der vorhandenen Siedlungsstruktur ausgerichtet. Sie ist bundesweit flächendeckend sichergestellt. Regionale Unterschiede ergeben sich aber durch die räumliche Organisation der Ver- und Entsorgung und durch die zu leistenden Preise. Städte, deren Umland und die ländlichen Räume sind in vielfältiger Weise aufeinander angewiesen. So werden die städtischen leitungsgebundenen Versorgungssysteme häufig mit Energie und Wasser aus den ländlichen Räumen gespeist und umgekehrt die Siedlungsabfälle der Städte in deren Umland deponiert.

Privatisierung von öffentlichen Dienstleistungen soll einerseits die Angebotsqualität in einigen Infrastrukturbereichen erhalten und verbessern sowie die Angebotsvielfalt erhöhen. Andererseits ergeben sich Gefahren für die Versorgung von dünnbesiedelten, nachfrageschwachen Räumen, wo eine betriebswirtschaftliche Rentabilität nur schwer gegeben ist.

Auch die *private Versorgung im Handels- und Dienstleistungsbereich* ist räumlich konzentriert. Neben den Innenstädten als klassische Zentren von Handel und Gewerbe sind die größeren Einrichtungen am Stadtrand und auf der „grünen Wiese" hinzugekommen. Auch hier zeichnet sich eine Entwicklung in Richtung einer räumlichen Arbeitsteilung ab, deren Auswirkungen zum Schluss dieses Kapitels behandelt werden.

Technische Ver- und Entsorgung

Energieversorgung

Die *Stromversorgung* in der Bundesrepublik Deutschland erfolgt in einem dreistufigen Versorgungssystem:

- Die *überregionale Stromversorgung* erfolgt durch acht Verbundunternehmen, die den Strom meist über weite Strecken transportieren, um ihn an regionale oder lokale Energieversorgungsunternehmen weiterzuleiten oder an Industrie oder Haushalte direkt zu liefern.
- Die *regionale Stromversorgung* erfolgt durch 52 regionale Energieversorgungsunternehmen, die überwiegend den ländlichen Raum mit kleinen und mittleren Städten versorgen und den Strom entweder über die Verbundunternehmen beziehen oder selber erzeugen.
- Die *lokale Stromversorgung* erfolgt über ca. 800 Stadtwerke, die überwiegend Strom von anderen Energieversorgungsunternehmen beziehen, ihn weiterverteilen und im Querverbund oft auch Fernwärme und Erdgas anbieten sowie den öffentlichen Personennahverkehr betreiben.

Durch die Neugründung von Stadtwerken – insbesondere nach der Deutschen Einheit in den neuen Ländern – ist das dezentrale Element der Strom- und Wärmeversorgung gestärkt worden, d.h. die rationelle und umweltfreundliche Energieerzeugung, -umwandlung sowie Energieverwendung am Ort des Verbrauchs. Die Kommunen haben dabei eine Schlüsselfunktion. Als Eigentümer der Stadtwerke, als Konzessionsgeber, als Träger der Bauleitplanung, als Träger der Stadterneuerung und als Energie-Großverbraucher haben die Kommunen einen maßgeblichen Einfluss auf die Modernisierung der vorhandenen Anlagen und den weiteren Ausbau einer effizienten und siedlungsstrukturell angepassten Strom- und Wärmeversorgung. Sie sind gleichzeitig die größten Energieverbraucher und Energieanbieter in ihrer Stadt und können so kombinierte Energiespar- und -versorgungsstrategien verfolgen.

Während in den alten Ländern 1990 die Stromerzeugung hauptsächlich auf dem Einsatz von Steinkohle (29,9 %), Kernenergie (34 %) und Braunkohle (18,8 %) beruhte, betrug in den neuen Ländern der Anteil von Braunkohle an der Stromerzeugung noch 85 %. Da Anlagen zur Entschwefelung und Entstickung kaum existierten, war der Schadstoffausstoß extrem hoch. Der jährliche Schwefeldioxid-Ausstoß in der Stromerzeugung je Einwohner war mehr als zehnfach höher als in den alten Ländern.

Die Umstrukturierung und Modernisierung der *Stromerzeugung* seit 1990 ist gekennzeichnet durch eine Erhöhung der Vielfalt der Einsatzenergien und durch eine erhebliche Effizienzsteigerung der neu er-

130   Teil I – Raumentwicklung

Drastischer Rückgang der Braunkohle in der Stromerzeugung der neuen Länder

richteten Kraftwerke. Die Folge war eine drastisch gesunkene Nachfrage nach Braunkohle. Die Förderung von fast 200 Mio. t jährlich im Jahre 1990 sank in den neuen Ländern auf weniger als 50 Mio. t, von denen der ganz überwiegende Teil auf die Verstromung entfällt. Bis heute sind zwölf der 1990 existierenden Tagebaue geschlossen worden. Im Jahre 2000 werden nur noch fünf Tagebaue im Osten übrigbleiben.

Im Zuge der Modernisierung und Effizienzsteigerung ist besonders der Einsatz von *Gas- und Dampfturbinen* (GuD)-Kraftwerke als Kraft-Wärme-Kopplungs Anlagen zu nennen. Ihnen werden in einem liberalisierten Energiemarkt aufgrund vergleichsweise niedriger Investitionen, kurzer Bau- und Amortisationszeiten große Chancen eingeräumt. In den neuen Ländern ersetzen sie meistens die mit Braunkohle befeuerten großen Heizwerke, die den Emissionsvorschriften nicht mehr genügten und aufgrund ihres Alters und schlechten technischen Zustandes nicht nachrüstbar waren. Im Westen werden zunehmend mehr Heizkraftwerke zu GuD-Anlagen umgerüstet oder Neuanlagen errichtet. Insgesamt sind in der Stromversorgung bundesweit derzeit GuD-Kraftwerke mit einer elektrischen Leistung von rund 5 000 MW (das entspricht einer Leistung von etwa vier Kernkraftwerken) in Betrieb.

Einen weiteren wesentlichen Beitrag zur Erhöhung des Anteils der Kraft-Wärme-Kopplung leisten die kleinen *Blockheizkraftwer-*

Blockheizkraftwerke

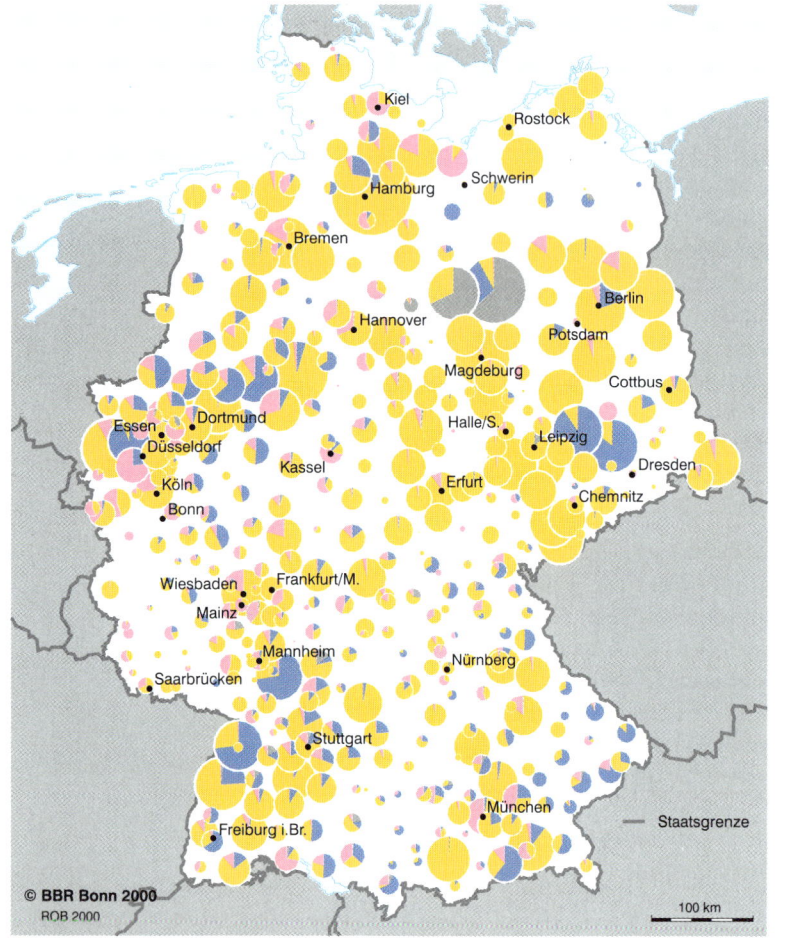

Elektrische Leistung der Blockheizkraftwerke 1998 in kW

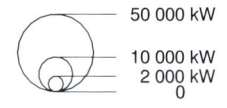

- 50 000 kW
- 10 000 kW
- 2 000 kW
- 0

Hauptbrennstoffe

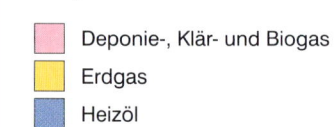

- Deponie-, Klär- und Biogas
- Erdgas
- Heizöl
- Sonstige

Anmerkung: Die Datenbank Blockheizkraftwerke, Stand 1998, entstand in der Zusammenarbeit der hessenENERGIE GmbH, der Arbeitsgemeinschaft für sparsamen und umweltfreundlichen Energieverbrauch e.V. (ASUE) und der Vereinigung deutscher Elektrizitätswerke e.V. (VDEW) im Auftrag des Hessischen Ministeriums für Umwelt, Energie, Jugend, Familie und Gesundheit (HMUEJFG).

Datenbasis:
Datenbank Blockheizkraftwerke, Stand 1998
Kreise, Stand 1.1.1996

Karte 66
Die Karte zeigt kein eindeutiges Muster der räumlichen Verteilung von Blockheizkraftwerken. Wegen der verbrauchsnahen Standorte ist ein Zusammenhang mit der Siedlungsdichte jedoch deutlich erkennbar. Aber orts- und regionalspezifische Besonderheiten führen auch zu Abweichungen. Auffallend ist der enorme Zuwachs in den neuen Ländern.

Regionale Qualitäten und Probleme 131

ke (BHKW), deren elektrische Leistung i.d.R. unter einem MW liegt. In der Summe erreichen die 1998 in Deutschland in Betrieb befindlichen BHKW jedoch eine elektrische Leistung von über 2 200 MW. Wegen ihrer siedlungsstrukturellen Anpassungsfähigkeit und ihrer Möglichkeiten des flexiblen Leistungsausbaus sind die BHKW's für die kleinräumige Erschließung vorhandener Wärmepotenziale besonders geeignet. Sie werden dann vielfach in Fernwärmenetzen oder Nahwärmeinseln zur Wärmelieferung eingesetzt. Der gleichzeitig erzeugte Strom wird dann in das Netz eingespeist. Außerdem dienen BHKW zur unmittelbaren Objektversorgung im Bereich öffentlicher Gebäude, im Dienstleistungsbereich sowie im Industrie- und Gewerbebereich. Sie sind auf eine vollständige Wärmebedarfsdeckung ausgelegt. Daneben sind aber auch hoher Kältebedarf, z.B. für Klimatisierungs- und Kühlzwecke, eine günstige Voraussetzung für den Betrieb einer BHKW-Anlage. In diesem Fall wird die BHKW-Anlage mit einer Absorptionskälteanlage kombiniert und die Wärme für die Kälteerzeugung eingesetzt.

Die Zahl der installierten BHKW bezogen auf 100 000 Einwohner wächst in den neuen Ländern inzwischen ähnlich stark wie in den alten Ländern. Dabei ist zu berücksich-

Dezentrale Kraft-Wärme-Kopplung in den neuen Ländern groß im Kommen

tigen, dass bis Anfang der 90er Jahre praktisch kein BHKW dort installiert war. 1999 sind von den rund 7 500 BHKW-Anlagen ca. 1 000 BHKW´s in den neuen Ländern in Betrieb.

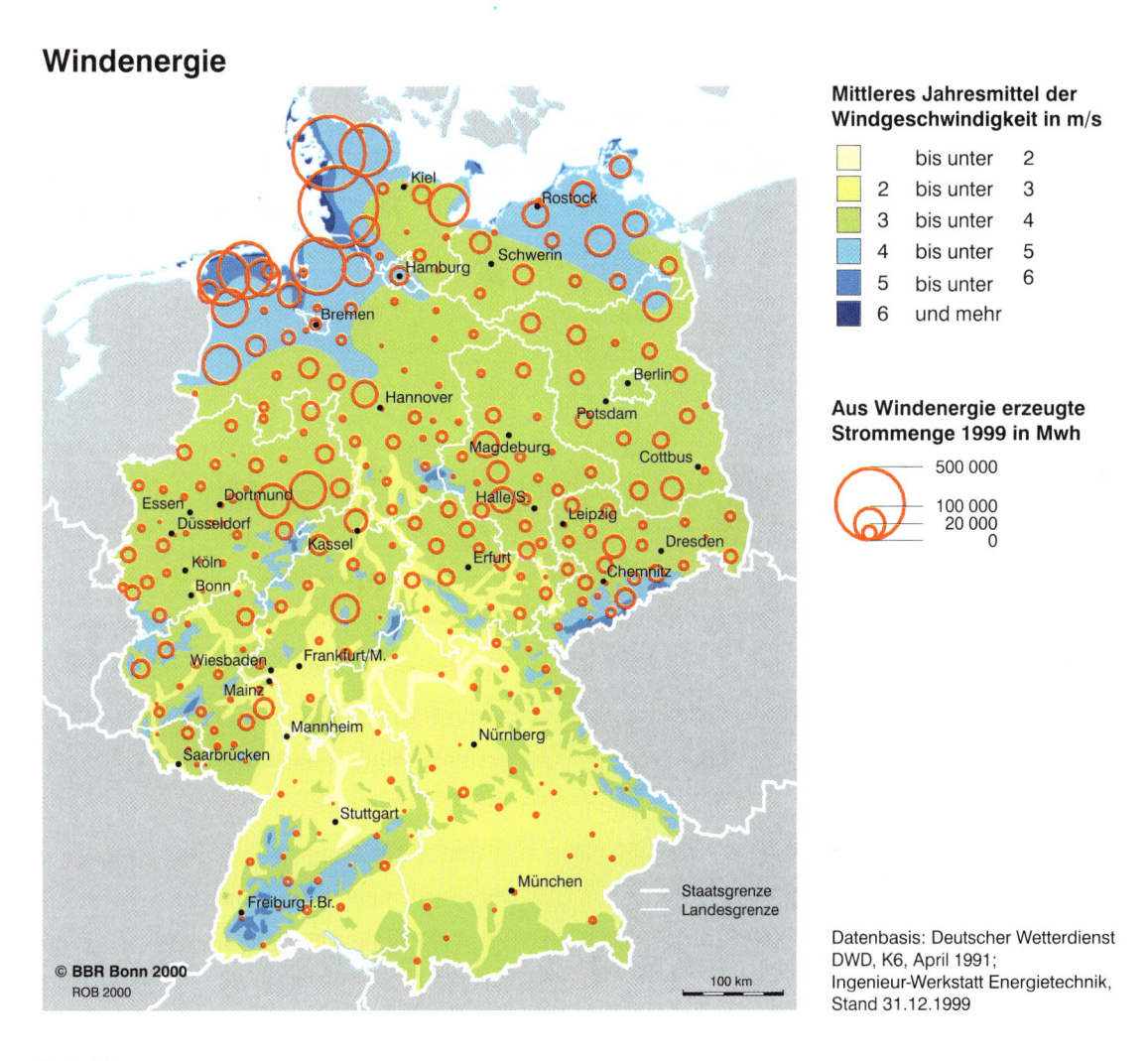

Windenergie

Karte 67
Die Karte zeigt, dass immer mehr Windkraft auch im windärmeren Binnenland genutzt wird. Auch die Wirkung landesspezifischer Förderprogramme ist ersichtlich.

Ein weiteres Element der dezentralen Stromversorgung sind die *Windkraftanlagen*. Der erzeugte Strom wird zum überwiegenden Teil von den Betreibern selbst genutzt und der Überschuss in das öffentliche Netz eingespeist. Technische Entwicklungen haben es möglich gemacht, dass immer mehr Windkraftanlagen nicht nur in den windreichen Küstenregionen (Jahresdurchschnittswert zwischen 6,0 und 6,5 m/s), sondern auch im Binnenland errichtet und betrieben werden. Im Landesinnern sind es vor allem die Mittelgebirge, in denen höhere Windgeschwindigkeiten vorkommen. Aber nicht nur in exponierten Gipfellagen, sondern auch in flächigen Gebieten werden Windgeschwindigkeiten von 5 bis 6 m/s erreicht. Darüber hinaus gibt es im Flachland viele lokale Voraussetzungen, die dort unter den gegenwärtigen Rahmenbedingungen eine wirtschaftliche Windenergienutzung möglich machen.

Die 1997 in Kraft getretene baurechliche Privilegierung von Windkraftanlagen trägt ebenso wie die Förderprogramme einzelner Bundesländer sowie das Stromeinspeisungsgesetz, das durch das Gesetz zur Förderung der Stromerzeugung aus erneuerbaren Energien abgelöst wurde zum raschen Ausbau der Windenergienutzung bei, z.B. in Nordrhein-Westfalen und in den neuen Ländern. Erstmals hat im Jahr 1999 Niedersachsen mit 1 200 MW installierter Leistung Schleswig-Holstein mit 953 MW überholt. Schleswig-Holstein deckt inzwischen 15 % seines Strombedarfs aus Windenergie, in Niedersachsen sind es 4 %.

Umstrukturiert hat sich auch die *Wärmeversorgung* von Wohnungen in den neuen Ländern. Von den mit Kohleöfen beheizten Wohnungen lag der Anteil im Jahre 1990 noch bei über 50 %, d.h. über die Hälfte der Wohnungen sind durch Einzel- oder Mehrraumöfen mit Kohle beheizt worden. Im

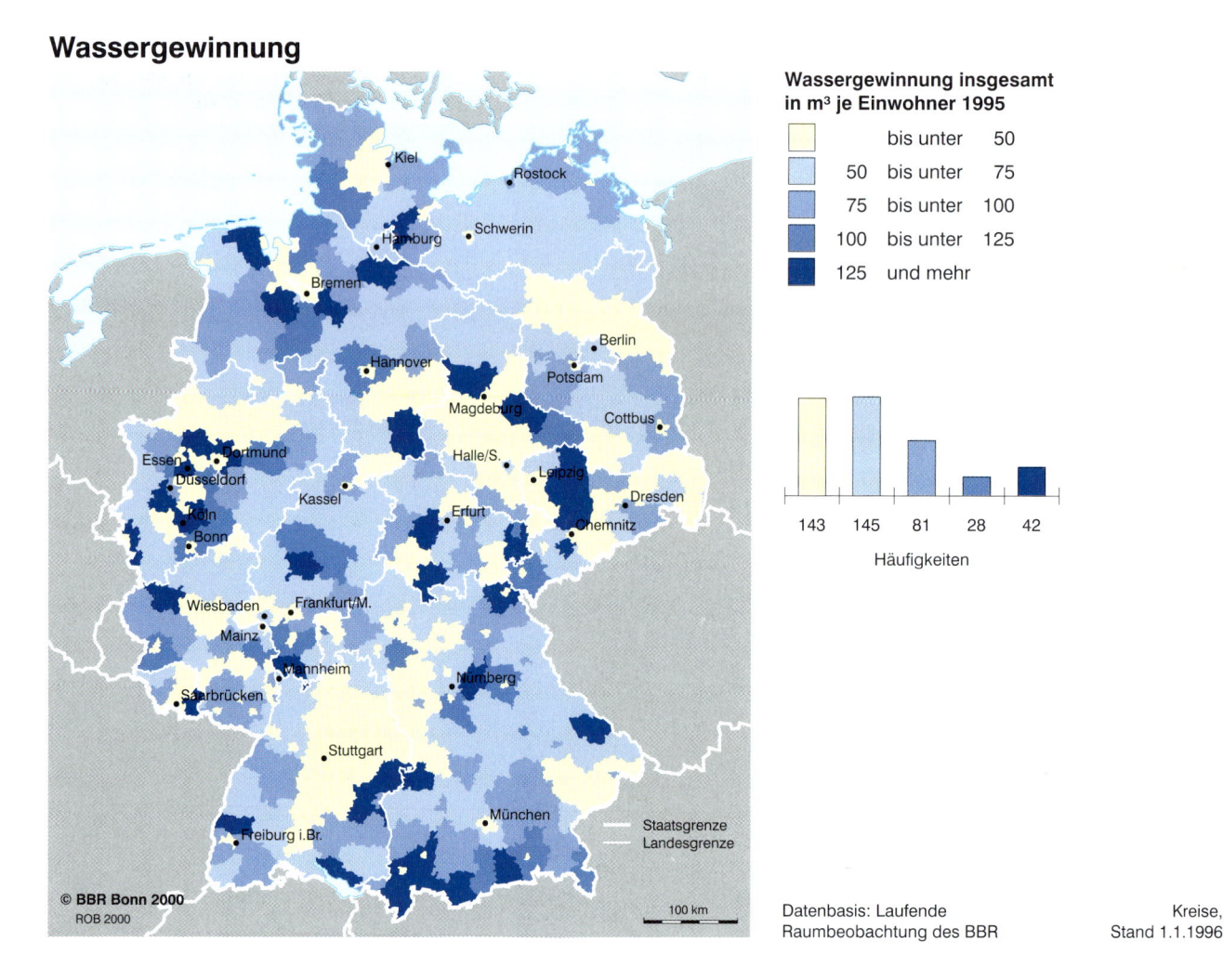

Wassergewinnung

Karte 68
Bezogen auf die Bevölkerung, werden die größten Wassermengen im Umland der Verdichtungsräume und Großstädte gewonnen. Auch einige ländliche Regionen gewinnen überproportional hohe Wassermengen, weil durch Landwirtschaft und Fremdenverkehr ein überdurchschnittlich hoher Wasserverbrauch vorherrscht oder per Ferntransport Großstädte mitversorgt werden.

Jahre 1998 ist der Anteil auf etwa 10 % zurückgegangen. Als Folge dieser Entwicklung ist die Brikettproduktion um 90 % drastisch zurückgegangen. 23 der 24 Brikettfabriken wurden geschlossen.

In den 1,09 Mio. Wohnungen mit Einzel- oder Mehrraumöfen in den neuen Ländern ist der Einsatz von Gas, Heizöl und Strom vergleichsweise gering, gegenüber der Kohle mit über 66 %. In den alten Ländern sind die Anteile der Einsatzenergien bei den rund 3,3 Mio. Wohnungen mit Einzel- oder Mehrraumöfen grundlegend anders. Hier haben Stromheizungen mit 40 % einen doppelt so hohen Anteil wie Gas und Heizöl mit jeweils 20 %.

Von allen Wohnungen (das sind 33,8 Mio. Wohnungen) sind in den alten Ländern rund 80 % und in den neuen Ländern 74 % an eine zentrale Wärmeversorgung (Fern-, Block-, Zentral- oder Etagenheizung) angeschlossen. *Fernwärme* hat in den neuen Ländern einen traditionell höheren Anteil als in den alten Ländern. Aufgrund des für die neuen Länder in den Jahren 1992 bis 1995 aufgelegten Fernwärmesanierungsprogramms sind die hohen Anteile der Fernwärme erhalten geblieben. Die größten Veränderungen sind durch den raschen Ausbau der *Gasversorgung* entstanden. Auch in dünn besiedelten Gebieten hat die Gasversorgung weite Teile flächenhaft erschlossen. Die Gasversorgung hat den Einsatz von Heizöl in der Wärmeversorgung stark zurückgedrängt. In den neuen Ländern ist der Anteil von Heizöl in der Wärmeversorgung vergleichsweise gering geblieben.

Wasserversorgung

Alle geschlossenen Siedlungen und Städte sind in Deutschland an die *zentrale Wasserversorgung* angeschlossen. Allgemein ist die quantitative Versorgung mit Trinkwas-

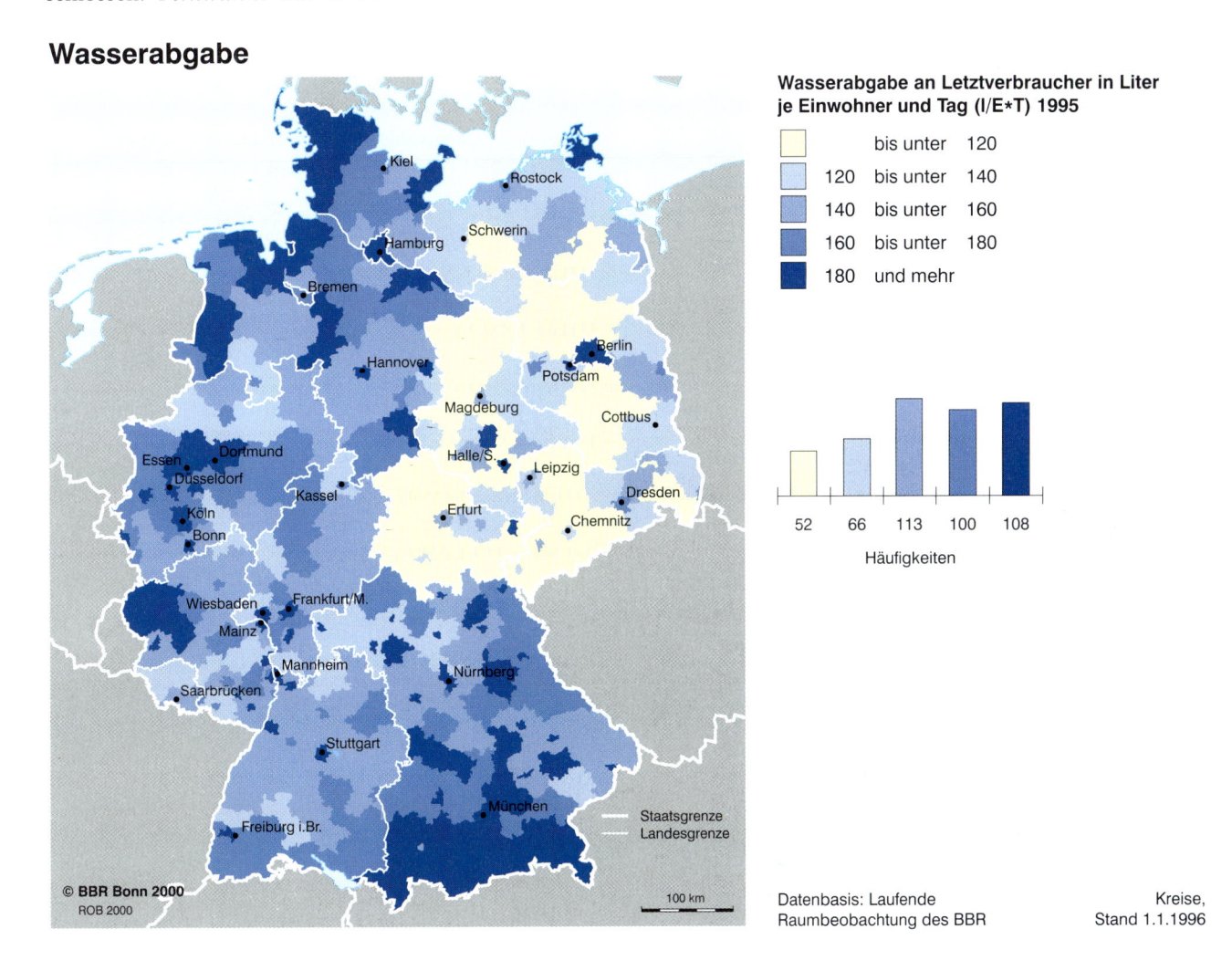

Wasserabgabe

Wasserabgabe an Letztverbraucher in Liter je Einwohner und Tag (l/E*T) 1995

- bis unter 120
- 120 bis unter 140
- 140 bis unter 160
- 160 bis unter 180
- 180 und mehr

Häufigkeiten: 52, 66, 113, 100, 108

Datenbasis: Laufende Raumbeobachtung des BBR
Kreise, Stand 1.1.1996

Karte 69
Die Karte zeigt für 1995 noch einen ausgeprägten Ost-West-Unterschied im Wasserverbrauch.
Deutlich wird der erhöhte Wasserverbrauch in den Großstädten und in den attraktiven Fremdenverkehrsgebieten.

ser ausreichend. Nur in wenigen Regionen gibt es bei extrem trockenen Sommerperioden Versorgungsengpässe. Für die öffentliche Wassergewinnung werden überwiegend Grund- und Quellwasser (72 %), zu geringeren Teilen Oberflächenwasser (22 %) und Uferfiltrat (6 %) genutzt.

Eine gute Wasserqualität zu erhalten, führt insbesondere in großstädtischen Regionen zu Nutzungskonflikten zwischen Wasserwirtschaft und Stadtentwicklung. Durch Urbanisierung wird der natürliche Wasserkreislauf gestört, und durch Bodenversiegelung nimmt die Grundwasserneubildung ab. Hinzu kommt, dass Baumaßnahmen, die in den grundwassererfüllten Untergrund eingreifen, die Grundwasserdynamik nachhaltig verändern.

Die größten Mengen des Wassers werden zwar in den Verdichtungsräumen und im Umland der größeren Städte gewonnen. Bezogen auf die hohe Bevölkerungsdichte in diesen Regionen, reichen diese Mengen zur Versorgung der Bevölkerung und Betriebe jedoch nicht aus. Die Wasserversorgung wird dann wie z.B. in Frankfurt am Main, Hamburg oder Stuttgart über Fernversorgungsnetze mit Trink- und Brauchwasser gesichert. Große Wassermengen werden so in ländlichen Gebieten wie dem südhessischen Ried, dem Vogelsberg und der nördlichen Lüneburger Heide entnommen. Der Wasserverbrauch ist jedoch nicht nur in den Großstädten und Verdichtungsgebieten hoch, sondern auch in den attraktiven Fremdenverkehrsgebieten mit hohen Übernachtungszahlen.

Abwasserentsorgung

Funktionsfähige *Kläranlagen* sind wesentliche Voraussetzung für den guten Zustand von Oberflächen- und Grundwasser. In den alten Ländern sind inzwischen rund 90 %, in den neuen Ländern etwas mehr als die Hälfte der Bevölkerung, insbesondere in den größeren Städten, an Kläranlagen angeschlossen.

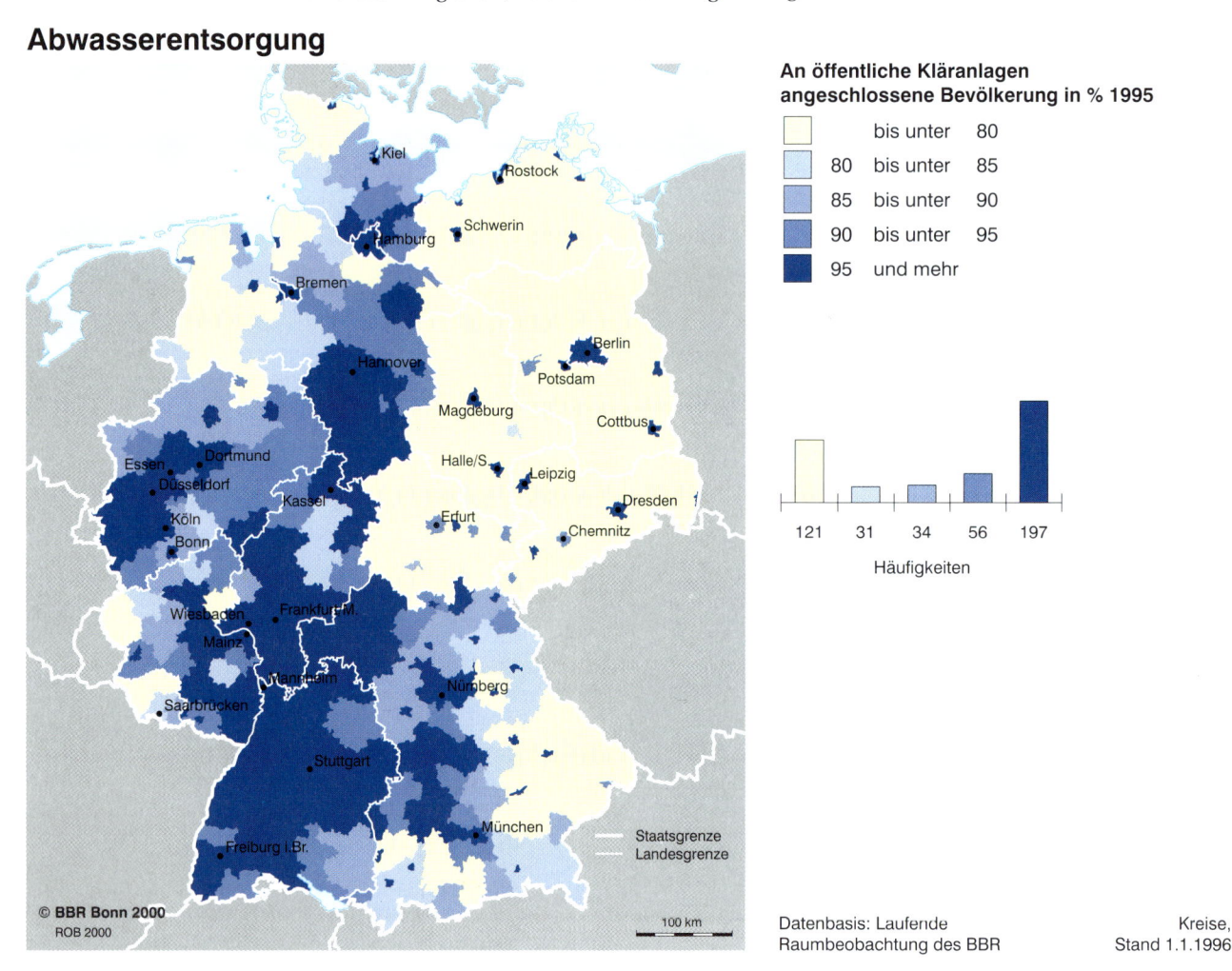

Abwasserentsorgung

Karte 70
Noch besteht in den neuen Ländern, außerhalb der größeren Städte, ein erheblicher Rückstand der Abwasserreinigung in öffentlichen Kläranlagen. In einigen ländlichen Regionen Westdeutschlands ist ebenfalls ein geringerer Anschlussgrad feststellbar.

In den vergangenen Jahren konnte die Qualität des Oberflächenwassers in den alten Ländern durch den Anschluss der meisten Haushalte an Kläranlagen wesentlich verbessert werden. Auch in den neuen Ländern ist die Qualität des Oberflächenwassers besser geworden – allerdings nicht durch einen verstärkten Anschluss der Haushalte an Kläranlagen, sondern durch die Einstellung der Produktion in vielen Betrieben oder durch den Rückgang der Produktion. Damit sind auch die stark belasteten Abwässer, die einfach ins Oberflächenwasser eingeleitet wurden, deutlich weniger geworden.

In den Bau von Kläranlagen ist in den letzten Jahren in den neuen Ländern mit großem Aufwand investiert worden, um ein vergleichbares Niveau der Wasserqualität wie in den alten Ländern zu erreichen. Allein im Einzugsbereich der Elbe sind bis Mitte der 90er Jahre über 60 Kläranlagen fertiggestellt worden. Fast eine ähnlich hohe Zahl weiterer Kläranlagen sind in Planung.

Größere Investitionen werden in den meisten deutschen Städten in den nächsten Jahren für die Sanierung der *Kanalisation* zu erwarten sein. In den neuen Ländern sind beispielsweise 70 % der Leitungen älter als 50 Jahre. Undichte Abwasserkanäle können zu einer Versickerung wassergefährdender Stoffe führen und die Grundwasservorkommen in den Städten mit Schadstoffen belasten. Kosten, die den Gemeinden für die Errichtung, den Betrieb und die Instandhaltung von Abwasseranlagen und Kanalisation entstehen, sind grundsätzlich von den Bürgern und den angeschlossenen Betrieben durch Beiträge und Entwässerungsgebühren zu tragen.

Abfallwirtschaft

Seit Anfang der 90er Jahre haben sich die Problemstellungen in der Abfallwirtschaft grundlegend gewandelt. Insbesondere in den verdichteten Räumen der alten Länder sagten die Prognosen Anfang 1990 einen weiteren Anstieg der Abfallmengen vorher, der sich aus der Annahme ergab, dass das Abfallaufkommen pro Kopf und in den Betrieben weiterhin zunimmt und dass die Bevölkerungszahlen weiter wachsen. Ein Entsorgungsnotstand wurde sogar befürchtet. Bestehende Deponien wiesen oft nur noch kurze Restlaufzeiten auf. In den neuen Ländern waren eine Reihe der vorhandenen kleineren und häufig ungeordneten

	Siedlungsabfall in kg je Einwohner und Jahr				
	Haus- und Sperrmüll	Glas	Papier/Pappe/ Kartonagen	Leichtverpackungen	Bioabfall
Bayern	176	34	71	17	114
Brandenburg	186	37	68	27	16
Bremen	312	33	76	25	31
Hamburg	253	29	60	20	27
Hessen	236	30	72	22	96
Mecklenburg-Vorpommern	203	37	69	27	14
Niedersachsen	242	37	70	25	120
Nordrhein-Westfalen	263	31	64	24	48
Sachsen	287	36	70	27	45
Sachsen-Anhalt	303	36	79	25	25
Thüringen	258	39	66	25	19

Anmerkung: Sachsen: Haus- und Sperrmüll einschließlich hausmüllähnlichen Gewerbeabfällen; Bayern: Bioabfall einschließlich kommunalem Grüngut
Quelle: Ministerium für Umwelt, Raumordnung und Landwirtschaft NRW (1999): Statusbericht Siedlungsabfallwirtschaft in Nordrhein-Westfalen 1997, S.20
© BBR Bonn 2000   ROB 2000

Tabelle 6
Einwohnerspezifische Siedlungsabfallmengen – Reststoffe und Wertstoffe 1997 – in ausgewählten Bundesländern

Deponien geschlossen worden. Der Umschwung kam unerwartet schnell und führte zu einem unerwartet hohen Rückgang der Abfallmengen. Das Abfallaufkommen ist im Zeitraum von 1990 bis 1993 um 10 % zurückgegangen; in den alten Ländern um 11 % und in den neuen Ländern um 7 %. Durch den gleichzeitigen Anstieg der verwerteten Abfallmengen ging die Restmüllmenge, die vorbehandelt und abgelagert werden musste, sogar um 16 % zurück (Statistisches Bundesamt 1996).

Entscheidend beeinflusst wurde diese Entwicklung vor allem durch:

- bundes- und landespolitische und gesetzliche Vorgaben zur Erhöhung der Vermeidungs- und Verwertungsquoten,
- entsprechende Anstrengungen der entsorgungspflichtigen Körperschaften, etwa zum Auf- und Ausbau einer qualifizierten Abfallberatung für Haushalte und Betriebe sowie zusätzlicher Sammelsysteme zur Erfassung wiederverwertbarer Müllfraktionen,
- die nachdrückliche Forderung alternativer Konzepte zur Abfallwirtschaft aus den Reihen von Umweltgruppen und Bürgerinitiativen,
- das gestiegene Umweltbewusstsein der Verbraucher,
- konjunkturelle und strukturelle Veränderungen in der Wirtschaft.

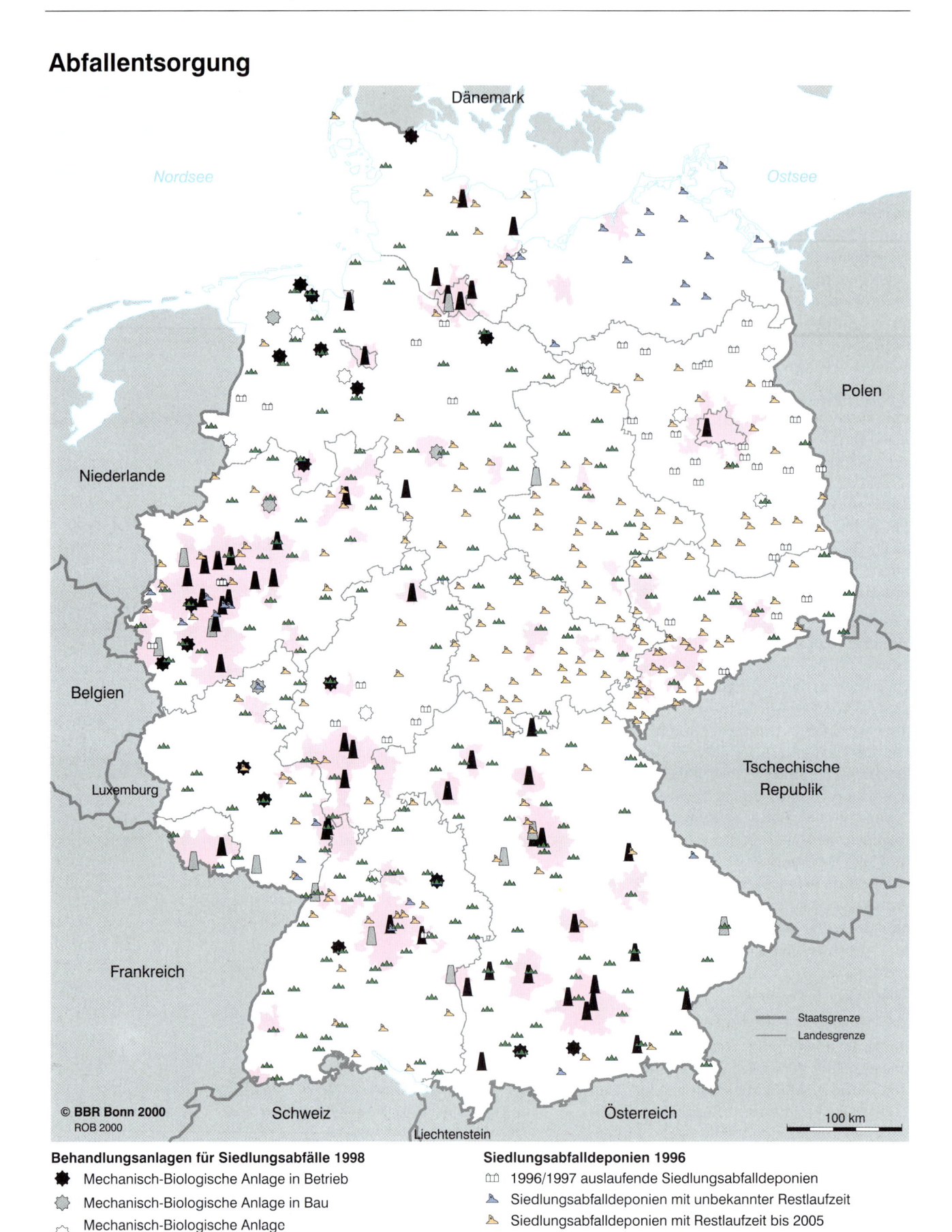

Abfallentsorgung

Behandlungsanlagen für Siedlungsabfälle 1998
- Mechanisch-Biologische Anlage in Betrieb
- Mechanisch-Biologische Anlage in Bau
- Mechanisch-Biologische Anlage in Planung/Ausschreibung
- Thermische Behandlungsanlage in Betrieb
- Thermische Behandlungsanlage in Bau oder Probebetrieb

Siedlungsabfalldeponien 1996
- 1996/1997 auslaufende Siedlungsabfalldeponien
- Siedlungsabfalldeponien mit unbekannter Restlaufzeit
- Siedlungsabfalldeponien mit Restlaufzeit bis 2005
- Siedlungsabfalldeponien mit Restlaufzeit über 2005

- Verdichtungsraum

Datenbasis: Laufende Raumbeobachtung des BBR, aktuelle Abfallwirtschaftspläne/-konzepte, Abfallentsorgungspläne und Abfallbilanzen der Länder und Bezirksregierungen, Umfrage bei den Entsorgungsbetrieben.

Karte 71
Die Karte zeigt die unterschiedlichen räumlichen Verteilungsmuster von Behandlungsanlagen für Siedlungsabfälle und Deponien. Die thermischen Behandlungsanlagen (v.a. Müllverbrennungsanlagen) konzentrieren sich in den Verdichtungsräumen und dort in den Großstädten, bisher ausschließlich in den alten Ländern. Wegen des geringen Flächenbedarfs eignen sie sich für Standorte in der Nähe der Aufkommensschwerpunkte. Die Abfalldeponien liegen demgegenüber vorwiegend im Umland und in den ländlichen Räumen.

Statt neuer Einrichtungen werden seitdem häufig Müllmengen zur Auslastung vorhandener Anlagen gesucht.

In den letzten Jahren ging das den öffentlich-rechtlichen Entsorgungsträgern überlassene *Abfallaufkommen* pro Kopf im Bundesdurchschnitt weiter zurück. In Großstädten und Verdichtungsräumen verlief dieser Prozess etwas langsamer und in Einzelfällen sogar gegenläufig. Das *Wertstoffaufkommen* der gesammelten verwertbaren Fraktionen (Glas, Papier, Leichtverpackungen, Bio- und Grünabfälle) stieg durchweg weiter an – allerdings auch der Papierverbrauch und der Marktanteil der Einwegverpackungen. Rückläufig war auch die Menge der thermisch oder anderweitig vorzubehandelnden und abzulagernden Restabfälle.

Regionale Unterschiede zeigen sich bei der Ausstattung mit *thermischen Behandlungsanlagen* und *mechanisch-biologischen Anlagen* zur Vorbehandlung der Abfälle und *Deponien* zur Ablagerung. Ziel der Vorbehandlung ist es, den Restmüll in seinem Volumen zu reduzieren und die zu deponierenden Rückstände weitestgehend von organischen, sich langfristig durch die Bildung von Gasen und Sickerwasser problematisch auswirkenden Bestandteilen zu befreien. Thermische Behandlungsanlagen brauchen weniger Fläche als Deponien und konzentrieren sich u.a. deswegen auf Agglomerations- und verstädterte Räume und dort insbesondere auf die Kernstädte.

Durch den Rückgang der Abfall-, insbesondere der Restabfallmengen, können thermische Behandlungsanlagen vielerorts nicht wie geplant ausgelastet werden. Auslastungsprobleme haben – auch unterstützt durch entsprechende Appelle und Vorgaben der Landesregierungen – zu arbeitsteiligen, interkommunalen Kooperationen im regionalen Kontext geführt, aber auch zu Abfalltransporten quer durch Deutschland. Günstige Voraussetzungen für arbeitsteilige regionale Kooperationen sind dort gegeben, wo auf der einen Seite unterausgelastete thermische Behandlungskapazitäten und auf der anderen Seite Deponien mit langen Restlaufzeiten stehen (z.B. in Nordrhein-Westfalen, Bremen, Schleswig-Hol-

stein). Solche Konstellationen finden sich häufig im Stadt-Umland-Kontext. Regionale Kooperationen können dennoch trotz günstiger Voraussetzungen dadurch verhindert werden, dass Entsorgungsträger es vorziehen, ihre eigenen Deponien mit unvorbehandelten Abfällen zu verfüllen mit dem Ziel, die Investitionskosten möglichst schnell zu amortisieren. Bis 2005 ist die unvorbehandelte Ablagerung nach Kreislaufwirtschaftsgesetz noch möglich, danach ist die Vorbehandlung vorgeschrieben. In anderen Fällen reichen selbst nach dem Rückgang der Restabfallmengen vorhandene thermische Vorbehandlungskapazitäten nicht aus, um eine regionale, arbeitsteilige Lösung realisieren zu können, bei der die anfallenden Restabfälle zu 100 % vorbehandelt werden (z.B. in Bayern, Baden-Württemberg und Niedersachsen). Beispielsweise muss berücksichtigt werden, dass freigewordene Kapazitäten, die auf getrennt verwertete heizwertarme Bioabfälle zurückgehen, nicht in gleichem Umfang für Restabfälle mit einem höheren Heizwert aus anderen Gebietskörperschaften zu Verfügung stehen. Hinzu kommt, dass es in den ländlichen Räumen und in den neuen Ländern – mit Ausnahme der ländlichen Räume in Bayern und mit Ausnahme Berlins – und auch in einigen verstädterten Räumen der alten Länder bislang keine thermischen Behandlungsanlagen gibt.

In einigen ländlichen und verstädterten Räumen der alten Länder sind *mechanisch-biologische Anlagen* errichtet worden oder in Planung. Wenngleich mechanisch-biologische Anlagen zwar bislang thermische Be-

Abfallentsorgung in neuen Ländern bisher nur auf Deponien

handlungsanlagen nicht ersetzen können, so sind sie jedoch heute schon eine ergänzende Alternative zur weiteren Reduktion des Restmüllaufkommens, durch die sich der Neubedarf an thermischen Behandlungsanlagen reduziert.

Die neuen Länder haben bei der Schaffung neuer Entsorgungskapazitäten in erster

Linie auf den Bau neuer Deponien gesetzt. Hier bestand seit Anfang der 90er Jahre die dringende Notwendigkeit zur Schaffung neuer Entsorgungskapazitäten, da viele der früheren, kleinen Deponien, häufig ungeordneten Deponien, gleich nach der Wende geschlossen wurden. Andere verfügten nur noch über kurze Restlaufzeiten.

Privatisierung und Liberalisierung von öffentlichen Dienstleistungen

Liberalisierung des Strom- und Gasmarktes

Vor Inkrafttreten des novellierten *Energiewirtschaftsgesetzes* im April 1998 und vor vollständiger Umsetzung der EU-Richtlinie zur Schaffung des Binnenmarktes für Strom vom Dezember 1996 und für Gas vom Mai 1998 wurde die leitungsgebundene Strom- und Gasversorgung in geschlossenen Versorgungsgebieten („Gebietsmonopole") unter besonderer Aufsicht des Staates durchgeführt. Auch andere europäische Länder hatten bisher rechtlich abgesicherte, geschlossene Versorgungsgebiete. Durch einen solchen Ordnungsrahmen wurden z.B. wirtschaftlich unsinnige Investitionen in Parallelnetze und -leitungen vermieden. Diese Regelung hatte zur Folge, dass der jeweilige Strom- und Gasversorger („Gebietsmonopolist") vor brancheninternem Wettbewerb geschützt war, und der Verbraucher in aller Regel keine Ausweichmöglichkeiten hatte und auf die Belieferung durch das jeweils „zuständige" Energieversorgungsunternehmen angewiesen war.

Mit der Liberalisierung der Strom- und Gasversorgung hat sich dies grundsätzlich geändert. Der Schutz der geschlossenen Versorgungsgebiete ist beseitigt, der Bereich der Strom- und Gasgewinnung ist vom Bereich des Transports betriebswirtschaftlich getrennt, und die Durchleitung durch „fremde" Netze und Leitungen wird bei entsprechenden Entgelten jedem Energieversorger ermöglicht. Das sind wie bisher Verbundunternehmen, regionale Energieversorger und Stadtwerke, aber auch zunehmend industrielle und unabhängige Stromerzeuger, Stromhändler, Broker. Mit diesem neuen Ordnungsrahmen ist beabsichtigt, Wettbewerb zu erzeugen, einen Rationalisierungsdruck auszulösen und dadurch eine preisgünstige Versorgung mit Strom und Gas zu gewährleisten. Bereits jetzt sind im Bereich der Stromversorgung – hier ist die Liberalisierung weiter als in der Gasversorgung fortgeschritten – mehrere raumordnungspolitisch bedeutsame Auswirkungen erkennbar.

Das geschlossene Versorgungsgebiet stellte bisher einen *einheitlichen Tarifraum* dar, d.h. innerhalb des Versorgungsgebietes waren für die Haushalte, für das Gewerbe und für den überwiegenden Teil der Industrie die Strompreise gleich – sei es in der Stadt oder im entlegenen Dorf. Von einem solchen geschlossenen Versorgungsgebiet, das strukturgünstige, städtische Gebiete mit strukturschwachen, dünn besiedelten Gebieten zusammenschloss, profitierten besonders die ländlichen Räume. Strukturelle Nachteile wie z.B. spezifisch höhere Transport- und Verteilungskosten sowie geringere Verbrauchsdichten konnten durch einen solchen Zusammenschluss aufgefangen werden.

Das Ausmaß dieser Kostenunterschiede ist in den letzten Jahren Anlass für eine größere Zahl von Energieversorgern gewesen, den raumordnungspolitisch gewollten Grundsatz der Preisgleichheit aufzugeben und eine räumliche Preisdifferenzierung vorzunehmen, um in einem liberalisierten Strommarkt besser bestehen zu können. So hat z.B. die Isar-Amperwerke AG als typischer Regionalversorger ihr Versorgungsgebiet in Zonen aufgeteilt, um unterschiedliche Preise verlangen zu können, oder die Schleswag AG, die einer neugegründeten Tochtergesellschaft die künftige Versorgung von Mittelstädten übertragen will, um diesen Kommunen günstigere Strompreise anbieten zu können.

Die regionalen Strompreisdisparitäten werden sich durch die Aufhebung der Preisgleichheit im Versorgungsgebiet in Zukunft weiter verstärken. Die Arbeitsgemeinschaft Regionale Energieversorgung (ARE) geht davon aus, dass Kommunen in ländlichen Räumen geradezu gezwungen sein werden, einen Teil ihres Konzessionsabgabeaufkommens, das sie von den überörtlichen Energieversorgern erhalten, zur Minderung der Strompreisdisparitäten einzusetzen. Außerdem ist zu befürchten, dass sich die Energieversorger auf rentable Gebiete konzentrieren und Erhaltungs- und Modernisierungsinvestitionen in strukturschwachen Gebieten vernachlässigt werden mit der Folge weiterer Benachteiligungen der ländlichen Räume.

Regionale Qualitäten und Probleme 139

Die Liberalisierung hat seit 1998 zu deutlichen *Strompreissenkungen* für die Industrie geführt. Im Durchschnitt sind die industriellen Strompreise innerhalb eines Jahres um knapp 13 % in den alten Ländern und um 10 % in den neuen Ländern zurückgegangen. Gleichzeitig hat sich aber die regionale Preisspanne innerhalb der alten Länder erhöht.

In den neuen Ländern liegt das Strompreisniveau im Durchschnitt etwa um 11 % höher. Dieser Niveauunterschied ist auf die enormen Investitionen für Restruktu-

Industriestrom in den neuen Ländern 11 % teurer

rierung und Reorganisation einer im wesentlichen auf Braunkohle basierenden Stromversorgung zurückzuführen. Um eine ausreichend hohe Verstromung ostdeutscher Braunkohle sicherzustellen, gibt es

– ähnlich wie die auslaufende Regelung für die Steinkohleverstromung im Westen (Wegfall des Kohlepfennigs 1996) – eine Sonderregelung für ostdeutsche Braunkohle. Sie wird voraussichtlich bis zum Jahre 2003 in Kraft bleiben und die Durchleitung von preisgünstigerem Strom aus den alten Ländern oder aus den angrenzenden Ländern weitgehend verhindern.

Die Liberalisierung hat teilweise auch negative Auswirkungen auf die *dezentrale, umweltfreundliche Strom- und Wärmeversorgung*. Sie erschwert den notwendigen Strukturwandel des Strom- und Wärmeversorgungssystems hin zu einer rationellen Energieverwendung mit einer Reduzierung der Umwandlungs- und Transportverluste. Wenn die Strompreise dem Wettbewerb unterworfen werden, können insbesondere die kommunalen Energieversorger, die die Vorreiter der verbrauchsnahen, dezentralen Kraft-Wärme-Kopplung sind, in Schwierigkeiten geraten. Die Wirtschaft-

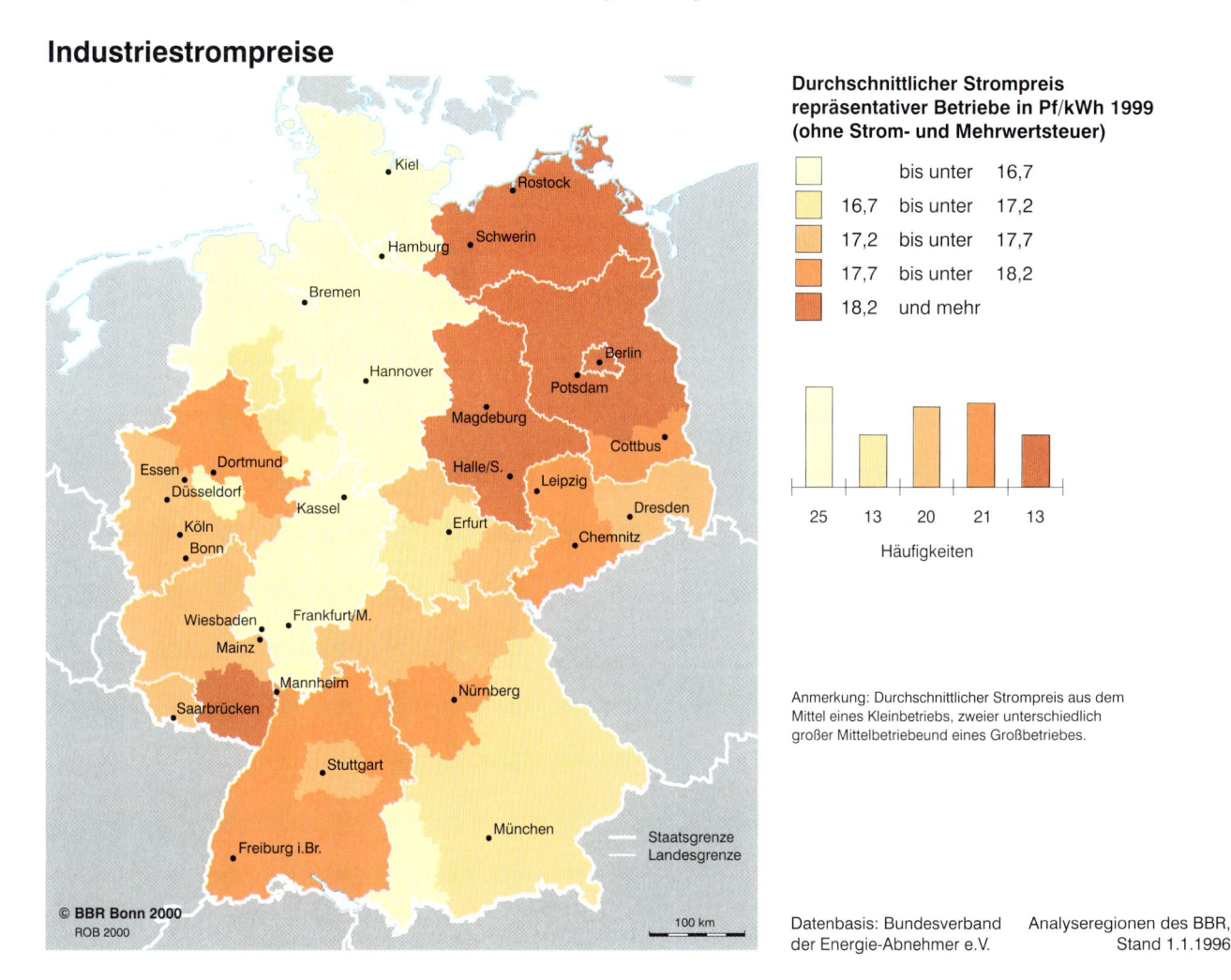

Industriestrompreise

Durchschnittlicher Strompreis repräsentativer Betriebe in Pf/kWh 1999 (ohne Strom- und Mehrwertsteuer)

- bis unter 16,7
- 16,7 bis unter 17,2
- 17,2 bis unter 17,7
- 17,7 bis unter 18,2
- 18,2 und mehr

Häufigkeiten: 25 | 13 | 20 | 21 | 13

Anmerkung: Durchschnittlicher Strompreis aus dem Mittel eines Kleinbetriebs, zweier unterschiedlich großer Mittelbetriebe und eines Großbetriebes.

Datenbasis: Bundesverband der Energie-Abnehmer e.V.

Analyseregionen des BBR, Stand 1.1.1996

Karte 72
Die Karte zeigt die deutlichen Strompreisunterschiede für Betriebe in den alten und neuen Ländern. Aufgrund der hohen Investitionen zur Umstrukturierung der Stromerzeugung liegt das Strompreisniveau in den neuen Ländern 11 % über dem der alten Länder.

lichkeit der Anlagen kann infrage gestellt sein, insbesondere wenn im angestammten Versorgungsgebiet Großkunden wegen günstigerer Strompreise verloren gehen. So können kommunale Energieversorger gezwungen sein, Anlagen der Kraft-Wärme-Kopplung stillzulegen und billigeren Strom zu beziehen. Eine von der Bundesregierung geplante Soforthilfe für den aus Kraft-Wärme-Kopplung erzeugten Strom könnte dies verhindern. Gleichzeitig ist die Besteuerung der Einsatzenergien Gas und Mineralöl bei Blockheizkraftwerken abgeschafft worden.

Liberalisierung und Privatisierung der Wasserversorgung

Der Bereich der *öffentlichen Wasserversorgung* ist der bislang letzte verbliebene Wirtschaftszweig mit Gebietsmonopolen. Seit Jahren wird eine immer stärker werdende Diskussion geführt, die denen im Energiebereich vor Jahren gleichen. Danach soll das, was inzwischen in der Energieversorgung gilt, nämlich Deregulierung, Aufhebung der Gebietsmonopole, Marktöffnung und Wettbewerb, auch auf die öffentliche Wasserversorgung übertragen werden. Die Durchleitung von fremdem Wasser wäre aber ähnlich schwierig wie bei Gas aufgrund unterschiedlicher Wasserqualitäten. Die Befürworter einer solchen Entwicklung versprechen sich davon mehr Effizienz, stabile oder gar sinkende Preise.

Die Forderung nach Wettbewerb richtet sich insbesondere auf Bereiche wie
- Wettbewerb durch Leitungsbau,
- Wettbewerb durch Durchleitung,
- Wettbewerb durch Ausschreibung von Förderrechten,
- Wettbewerb um Versorgungskonzessionen.

Davon ausgenommen ist die bestehende Missbrauchsaufsicht der Kartellbehörden. Die Kartellbehörden fordern Gleichpreisigkeit in Versorgungsgebieten, die sich strukturell gleichen. Nur in begründeten,

Wasserpreise

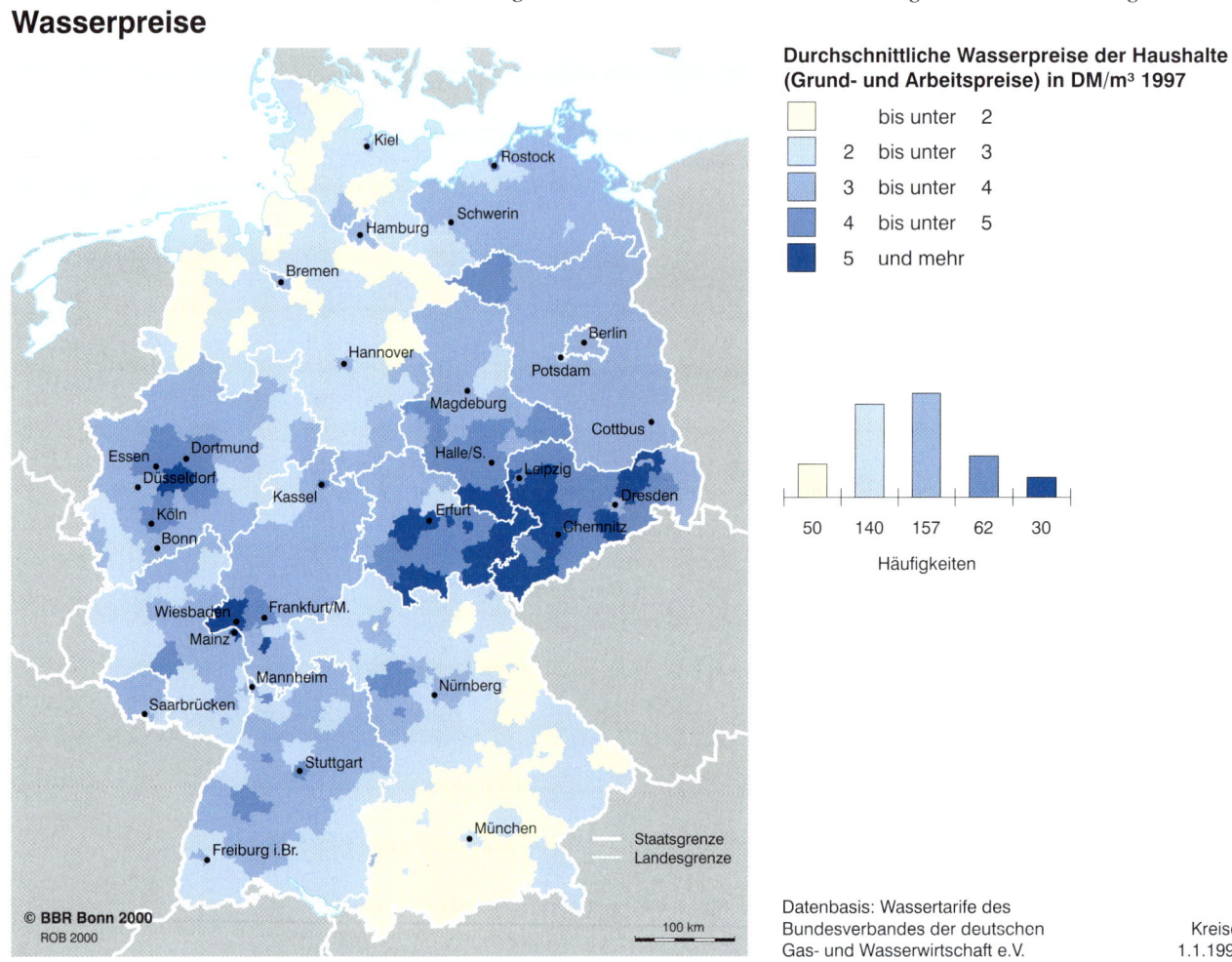

Durchschnittliche Wasserpreise der Haushalte (Grund- und Arbeitspreise) in DM/m³ 1997

- bis unter 2
- 2 bis unter 3
- 3 bis unter 4
- 4 bis unter 5
- 5 und mehr

Häufigkeiten: 50, 140, 157, 62, 30

Datenbasis: Wassertarife des Bundesverbandes der deutschen Gas- und Wasserwirtschaft e.V.
Kreise, 1.1.1996

Karte 73
Die Karte zeigt die enormen regionalen Unterschiede bei den Wasserpreisen der Haushalte. Im Süden der neuen Länder sind teilweise doppelt so hohe Wasserpreise zu zahlen, wie in einigen ländlichen Regionen in Nord- und Süddeutschland.

unternehmerisch nicht beeinflussbaren Fällen wird Preisunterschieden stattgegeben.

Die heutigen Preisunterschiede zwischen unterschiedlich strukturierten Gebieten sind jedoch enorm. So sind 1997 die Wasserpreise der Haushalte in den neuen Ländern höher als in den alten Ländern. In den Großstädten und Verdichtungsräumen sind die Wasserpreise oft doppelt so hoch wie in den ländlichen Regionen.

Als Trend zeichnet sich klar ab, dass der Wettbewerb um Konzessionen, Betriebsführungen und insbesondere um Beteiligungen im Rahmen von Privatisierungen zunimmt und ein Konzentrationsprozess auf große, überregional und international agierende Unternehmen (wie z.B. im Falle Berlin) begonnen hat.

Liberalisierung des Telekommunikationsmarktes

Mit der fortschreitenden Verbreitung der modernen Informations- und Kommunikationstechniken seit Ende der 80er Jahre wurden nationale und europaweite Initiativen für einen „Aufbruch in das Informationszeitalter" ergriffen. Dabei wird den ordnungspolitischen Rahmenbedingungen eine zentrale Rolle für die zukünftige Weiterentwicklung des Telekommunikationsmarktes beigemessen. Angestrebt wird eine weitgehende Liberalisierung der Märkte.

In Deutschland wurden mit der *Postreform* I (Poststrukturgesetz vom 8. Juni 1989) und II (Postneuordnungsgesetz vom 14. September 1994) bereits einige Dienstleistungen für den Wettbewerb geöffnet sowie die Deutsche Bundespost in die Geschäftsfelder Post, Postbank und Telekommunikation aufgegliedert und privatwirtschaftlich organisiert. Gleichzeitig erfolgte eine Änderung der verfassungsrechtlichen Bestimmungen (Art. 87 f Abs. 1 und 2 GG). Danach werden Telekommunikationsdienstleistungen jetzt privatwirtschaftlich erbracht, und der Bund gewährleistet nach Maßgabe eines Bundesgesetzes flächendeckend angemessene und ausreichende Dienstleistungen im Bereich Post- und Telekommunikation.

In einem weiteren Schritt sind 1998 europaweit die Staatsmonopole für den Sprachtelefondienst und die Telekommunikationsnetze gefallen (Entschließungen des Rates vom 22. Juli 1993 und vom 22.12.1994). Mit dem *Telekommunikationsgesetz* (TKG) vom 25. Juli 1996 wurde ein neuer ordnungspolitischer Rahmen zur Regelung des Wettbewerbs auf den Telekommunikationsmärkten und zur Umsetzung des Verfassungsauftrages der Gewährleistung flächendeckend angemessener und ausreichender Dienstleistungen im Bereich der Telekommunikation in Deutschland geschaffen.

Bei der Ausgestaltung des TKG stand die Schaffung von Wettbewerb im Vordergrund. Hinsichtlich des Infrastrukturauftrages geht das Gesetz zunächst von einer Selbstregulierung des Marktes aus. So ist z.B. keine Möglichkeit vorgesehen, im Rahmen der Lizenzerteilung bei der räumlichen Abgrenzung des Lizenzgebietes raumordnerische Kriterien einzubeziehen, um der Entstehung von Versorgungslücken vorzubeugen. Lediglich bei den Vergabeverfahren, bei denen die Anzahl der Lizenzen beschränkt ist (z.B. bei nicht in ausreichendem Maße verfügbaren Frequenzen) sieht das Telekommunikationsgesetz die bevorzugte Berücksichtigung derjenigen Bewerber vor, die einen höheren räumlichen Versorgungsgrad mit den jeweils lizenzpflichtigen Telekommunikationsdienstleistungen gewährleisten.

Ansonsten ist eine Regulierung erst für den Fall vorgesehen, dass die in einer entsprechenden Verordnung festgelegten Mindeststandards an Telekommunikationsdiensten nicht ausreichend und angemessen erbracht werden oder die Gefahr besteht, dass eine solche Versorgung nicht gewährleistet wird. Diese Leistungen werden in Anlehnung an den angelsächsischen Begriff „universal services" auch im deutschen Sprachraum als „Universaldienste" oder *„Universaldienstleistungen"* bezeichnet. Das TKG definiert sie als ein Mindestangebot an Telekommunikationsdienstleistungen für die Öffentlichkeit, für die eine bestimmte Qualität festgelegt ist und zu dem alle Nutzer unabhängig von ihrem Wohn- oder Geschäftsort zu einem erschwinglichen Preis Zugang haben müssen.

Der Umfang der Universaldienstleistungen wird durch eine Rechtsverordnung festgelegt. Die Bestimmung der Universaldienstleistungen ist dynamisch geregelt, d.h., sie ist der technischen und gesellschaftlichen Entwicklung nachfragegerecht anzupassen. Nach der *Telekommunikation-Universaldienstleistungsverordnung* (TUDLV) vom

30. Januar 1997 umfassen die Universaldienstleistungen den einfachen Sprachtelefondienst sowie das Erteilen von Auskünften über Telefonnummern, die regelmäßige Herausgabe von Teilnehmerverzeichnissen (z.B. Telefonbücher), die flächendeckende Bereitstellung öffentlicher Telefone sowie die Bereitstellung von Übertragungswegen. Als erschwinglicher Preis wird für den Sprachtelefondienst der reale Preis, der von einem Privathaushalt außerhalb von Städten mit mehr als 100 000 Einwohnern zum Zeitpunkt des 31. Dezember 1997 durchschnittlich nachgefragten Telefondienstleistungen nicht übersteigt, festgelegt. Die in Deutschland seit Öffnung der Telekommunikationsmärkte zu beobachtenden Entwicklungen zeigen, dass von den massiven Marktzutritten, Qualitätsverbesserungen und Preissenkungen nicht nur Ballungsräume, sondern in ähnlicher Weise auch ländliche Regionen profitieren. Die Marktentwicklung etwa im Mobilfunkbereich zeigt, dass neue Wettbewerber nur dann konkurrenzfähig sind, wenn sie mit flächendeckenden Angeboten in den Markt eintreten. Im Rahmen der Lizensierung vorgegebene Flächendeckungsauflagen werden von den Mobilfunknetzbetreibern durchgängig übertroffen. Auch in anderen Bereichen der Telekommunikation hat die hohe Wettbewerbsintensität dazu geführt, dass im TKG vorhandene Infrastruktursicherstellungsmechanismen bisher nicht zum Einsatz kommen mussten.

Handels- und Dienstleistungszentren auf der „Grünen Wiese"

Sowohl in den alten als auch in den neuen Ländern findet Stadtentwicklung zunehmend am Rand der Kernstädte oder in deren Peripherie statt. Begünstigt wird dieser Prozess u.a. durch Entwicklungen im Einzelhandels-, Dienstleistungs- und Freizeitbereich. Unternehmenskonzentrationen, neue Betriebsformen mit wachsenden Flächenbedarfen und veränderten Ansprüchen an die Verkehrserschließung in Verbindung mit veränderten Verbrauchergewohnheiten, steigender Mobilität und der anhaltenden Suburbanisierung von Wohnungen machen die randstädtischen und peripheren Standorte attraktiv. Es entstehen vor allem moderne großflächige Einrichtungen, die die Stadt- und Regionalentwicklung nachteilig beeinflussen. Für die Handels- und Dienstleistungszentren auf der „Grünen Wiese" bedeutet dies, dass

- auf der einen Seite das zentralörtliche System, das freilich auch politischen Vorgaben der Länder unterliegt, durch markt- und betriebswirtschaftlich begründete Zentren an hierfür aus raumordnungspolitischer Sicht ungeeigneten Standorten unterlaufen werden kann,
- auf der anderen Seite das Prinzip „Innen- vor Außenentwicklung" in den Städten weiter beeinträchtigt wird.

Diese Tendenzen sind nicht nur in den neuen Ländern relevant, wo die Entwicklung nach der Deutschen Einheit massiv die bestehenden räumlichen Handels- und Dienstleistungsstrukturen überrollte und veränderte. Auch in den dynamischen Zentren der alten Länder hält der Prozess der städtebaulichen Umnutzung der Innenstädte unvermindert an. Auf den Citystandorten setzen sich höherwertige Nutzungen durch und dringen in Cityrandgebiete vor. Weniger rentable Nutzungen werden durch finanzstärkere verdrängt. Parallel dazu steigen die Mieten in den verbleibenden Wohnungen, die sich weniger einkommensstarke Haushalte nicht leisten können. Die soziale Segregation setzt sich fort. Die Umnutzung und Aufwertung durch private Investitionen wird von öffentlichen Maßnahmen zur Standortverbesserung und Attraktivitätssteigerung wie z.B. Platzgestaltung, Verkehrsberuhigung sowie Modernisierung und Neubau von kulturellen Einrichtungen begleitet. Es werden aber auch Defizite der Innenstadtentwicklung bemerkbar, wie z.B. die Überlastung der Verkehrsinfrastruktur, unzureichende bauliche Erweiterungsmöglichkeiten aufgrund fehlender Flächenressourcen, Homogenisierung der Nutzungen und Verlust an Vielfalt. Hinzu kommt das vermehrte Bestreben, innerstädtische gewerbliche Brachflächen für eine Einzelhandelsnutzung bereitzustellen. Außerdem gibt es vielerorts Bemühungen von Städten höherer Zentralität, bei der Ansiedlung großflächiger Einzelhandelseinrichtungen die bislang verfolgte restriktive Ansiedlungspolitik aufzugeben und somit Kaufkraft aus den Umlandgemeinden zurückzugewinnen. Demgegenüber versuchen die Umlandgemeinden ihrerseits ihre Position in der Region durch die Genehmigung von Flächenerweiterungen bestehender Einzelhandelseinrichtungen zu halten bzw. auszubauen. Es besteht ein konkurrierender Immobilienmarkt zwischen höherwertiger Einzelhandelsnutzung und Dienst-

Regionale Qualitäten und Probleme 143

Erläuterung: Factory Outlet Center (FOC)

Factory Outlet Center (FOC) sind Hersteller-Direktverkaufszentren, die ihren Standort aus markt- bzw. betriebswirtschaftlichen Gründen in verkehrsgünstigen Lagen, etwa an Autobahnkreuzen und -abfahrten auf der „Grünen Wiese" suchen. FOC sind an sich Verkaufsstellen ab Fabrik, können aber auch, sofern dies nicht durch Planungsrecht und/oder vertragliche Vereinbarungen auf den reinen Factory-Outlet-Typ beschränkt bleibt, zu Einkaufszentren umgewandelt werden. Dies ist nicht zuletzt die Befürchtung von Innenstadtgeschäften, da die FOC in bestimmten Sortimentsbereichen, wie Textil, Schuhe, Lederwaren, aber auch Elektronik in direkter Konkurrenz zu ihnen stehen. Nach Recherchen der Länder gab es 1998 in Deutschland 23 FOC mit einer Verkaufsfläche größer 10 000 m² in der Planung oder im Genehmigungsverfahren (siehe Abb. 10). Das größte ist in Zweibrücken geplant mit 38 000 m² Verkaufsfläche in der Endausbaustufe. Nach einer neueren Recherche der Gesellschaft für Markt- und Absatzforschung (GMA, Ludwigsburg 1999) sind es 29 FOC, für die von potenziellen Investoren/Betreibern entweder Standorte angefragt wurden oder für die bereits konkretere Planungen laufen. Deutschland muss also, ähnlich wie Großbritannien und die westlichen Nachbarstaaten, in denen die Entwicklung schon weiter fortgeschritten ist, mit dieser neuen Handelsform rechnen. Hierauf muss sich auch der Einzelhandel in der Innenstadt und in den Stadtteilzentren einstellen und z.B. gemeinsame Vermarktungsinitiativen ergreifen, um den „Standort Innenstadt" bzw. generell „Stadt" für Einzelhandel oder Freizeiteinrichtungen attraktiv zu erhalten und zu gestalten.

leistungseinrichtungen, der durch Funktionsverlagerung nach außen (neue „Bürostädte") und Nutzungsverdrängung gekennzeichnet ist.

Negative Auswirkungen aus städtebaulicher und raumordnerischer Sicht ergeben sich vor allem aus der Verkaufsflächengröße, dem darauf erzielten Umsatz, der Lage sowie der Sortimentsstruktur. Am Beispiel der *Factory Outlet Center* (FOC) können folgende negative raumstrukturelle Auswirkungen umrissen werden (vgl. Bericht der gemeinsamen Arbeitsgruppe der Wirtschafts-, Raumordnungs- und Bauministerkonferenzen vom 20.5.1998), die so oder ähnlich generell auf den großflächigen Einzelhandel, aber auch auf andere großflächige Einrichtungen im Außenbereich („Grüne Wiese") zutreffen können:

- Verkaufszentren außerhalb der Städte verursachen zunehmende Zersiedelung, ein zusätzliches Verkehrsaufkommen und weitere Umweltbelastungen.

- Wenn die zulässige Größe von Einkaufszentren den Verflechtungsbereich der Standortgemeinde überschreitet, dies ist nach dem betriebswirtschaftlichen Konzept vor allem bei FOC ersichtlich der Fall, entsteht ein „Einkaufstourismus" über den Verflechtungsbereich hinaus, mit erheblichen, räumlich konzentrierten Auswirkungen durch die Verkehrsbelastungen und Flächeninanspruchnahmen für den fahrenden und ruhenden Verkehr.

- Weiterhin besteht die Gefahr einer Umnutzung von FOC in Einkaufsmärkte mit Mischsortimenten, die zusätzlich von Größenordnung und Sortimentsangebot den Einzelhandel in der Stadt, vor allem in der Innenstadt gefährden.

Geplante *Factory Outlet Center*

● Factory Outlet Center (Planungsstand Oktober 1999)

▨ Verdichtungsraum

— Bundesautobahn

Datenbasis: Laufende Raumbeobachtung des BBR, Angaben der Länder

Gemeinden, Stand 31.12.1998

Karte 74
Die Karte zeigt die Standorte der geplanten Factory-Outlet-Center (Hersteller-Direktverkaufszentren) im Umland der Großstädte (Ausnahmen: Nürnberg, Ingolstadt, Duisburg). Sie liegen vorwiegend im Bereich von Autobahnkreuzen und -anschlussstellen mit guter Erreichbarkeit – zumeist mehrerer – Städte.

Auf der anderen Seite muss bedacht werden, dass Factory Outlet Center auch Vorteile bringen könne, wie z.B.

- wirtschaftliche Nutzungsmöglichkeiten für Konversionsstandorte,
- Eröffnung besserer Entwicklungsmöglichkeiten in wirtschaftsschwachen Regionen,
- Förderung des Wettbewerbs im Handel. Hierdurch sowie durch Kooperationen mit ortsansässigen Unternehmen in den Kernbereichen der Städte können die FOC-Impulse für die wirtschaftliche Entwicklung eines Standorts geben.

In jedem Fall sind die Auswirkungen von FOC auf den innerstädtischen Einzelhandel aufgrund der unterschiedlichen örtlichen und regionalen Gegebenheiten im Einzelfall zu prüfen.

Bei den städtebaulichen Auswirkungen spielt die Sortimentsstruktur von Einzelhandelseinrichtungen eine Rolle. So unterscheidet man sog. „innenstadtrelevante" von „nicht oder wenig innenstadtrelevanten Sortimenten". Nach Angaben der Handels- und Gaststättenzählung befanden sich 1993 bundesweit ca. ein Sechstel der Verkaufsflächen mit innenstadtrelevanten Sortimenten in Gewerbe-, Industriege-

Ein Sechstel der innenstadtrelevanten Sortimente auf der „Grünen Wiese"

bieten, entlang von Ausfallstraßen und außerhalb der geschlossenen Bebauung. Das entspricht einem Sechstel der Umsätze, die somit dem innerstädtischen Einzelhandel verloren gehen. Insgesamt ist durch den Strukturwandel im Einzelhandel und das Entstehen neuer innovativer Betriebsformen der Anteil der Innenstadtflächen an der gesamten Einzelhandelsfläche rückläufig.

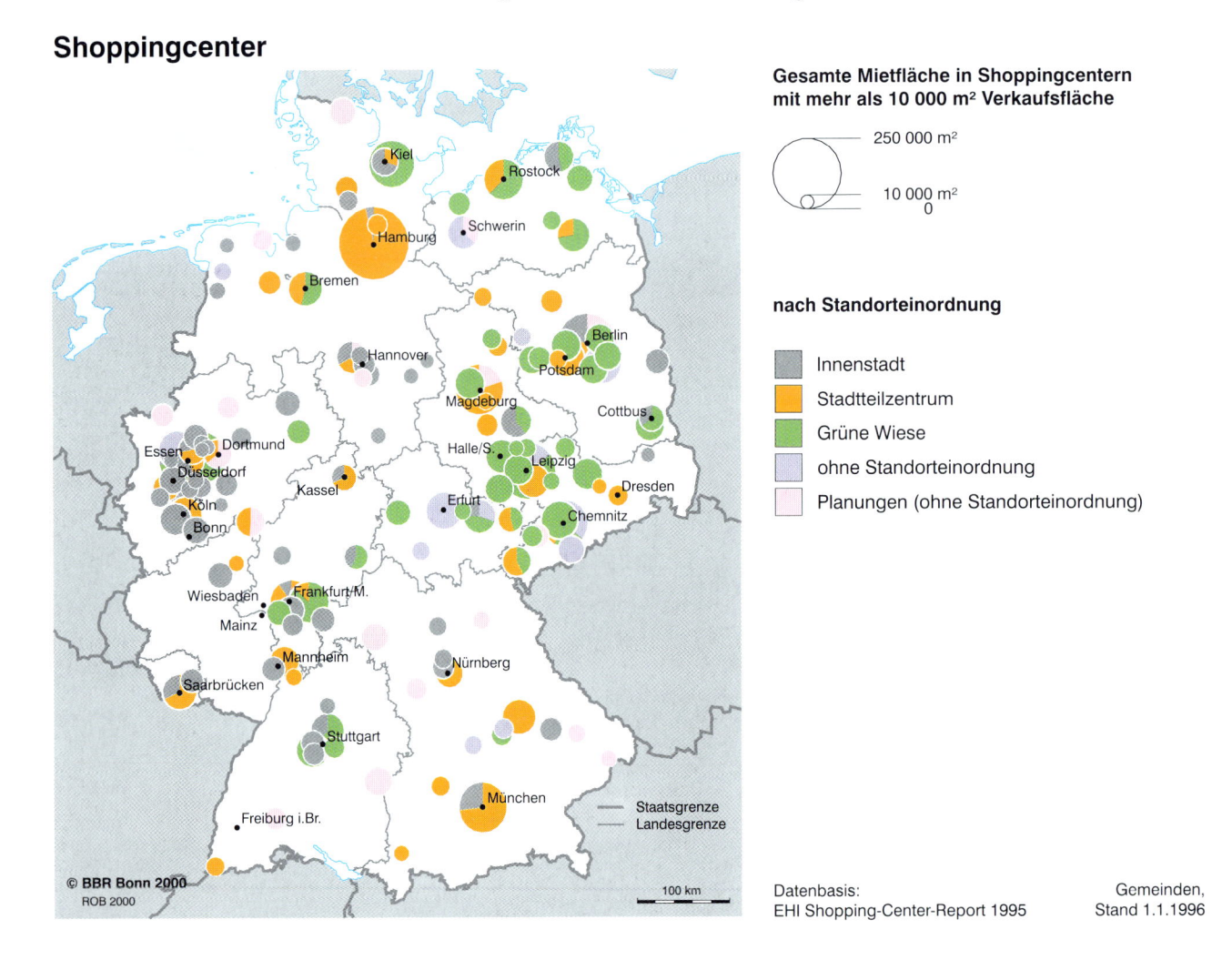

Shoppingcenter

Karte 75
Die Karte zeigt die wesentlich größere Häufigkeit und Dichte der großen Shoppingcenter in den neuen Ländern. Außerdem liegen sie hier viel häufiger auf der „Grünen Wiese" als in den alten Ländern.

Umfang und Qualität der regionalen Wohnungsversorgung

Mit der weit vorangeschrittenen Transformation des Wohnungswesens in den neuen Ländern und dem Abbau der großen Nachfrageüberhänge in den alten Ländern haben sich die Verhältnisse am Wohnungsmarkt insgesamt wieder beruhigt. Während der erste Teil des Berichtszeitraumes bis etwa 1994 noch von – teilweise gravierenden – Nachfrageüberhängen am Wohnungsmarkt und einer sich daran anschließenden Sonderkonjunktur geprägt war, rücken nun wieder die längerfristigen Veränderungen in der Struktur der Wohnungsbautätigkeit und die Entwicklung der regionalen Wohnungsmärkte in den Vordergrund.

Unter raumordnerischer Perspektive sind die Veränderungstendenzen *regionaler Wohnungsmärkte* und die damit verbundenen siedlungsstrukturellen Konsequenzen (zum Beispiel der Innenstadtentwicklung, der Inanspruchnahme neuer Siedlungsflächen oder der Suburbanisierung in weiter entfernte Gemeinden) sowie die Entwicklung von räumlichen Unterschieden in der Wohnungsversorgung von Interesse.

Die Entwicklung der regionalen Wohnungsversorgung ist von den Chancen verschiedener Haushalte bestimmt, unter den jeweils in einer Region vorherrschenden Wohnungsmarktkonstellationen eine angemessene Wohnungsversorgung zu erreichen. Regionale Muster der Wohnungsversorgung sind damit ein Spiegelbild der Potenziale von Angebot und Nachfrage am jeweiligen regionalen Wohnungsmarkt. Hinter den regionalen Mustern der Wohnungsversorgung stehen aber auch strukturelle Zusammenhänge, namentlich die Unterschiede in der Wohnungsversorgung zwischen verschiedenen Haushaltstypen, zwischen Mietern und Eigentümern sowie die unterschiedliche Struktur des Wohnungsbestandes.

Mit der allgemeinen Wohnungsmarktentspannung hat sich insgesamt auch die Veränderungsdynamik am *Wohnungsmarkt* erhöht; das Wohnungsangebot wurde durch die sehr umfangreiche Neubautätigkeit stark ausgeweitet und im Zuge der intensiven und breit angelegten Wohnungsmodernisierung in den neuen Ländern auch in seiner Qualität deutlich verbessert. Hinzu kommen – mit einschlägigen Folgen für die Mieter – erhebliche Umschichtungen in den Eigentumsverhältnissen vor allem in den neuen und das Auslaufen der Sozialbindungen in den alten Ländern. Veränderungstendenzen in der Entwicklung der Wohnungsversorgung – in sektoraler wie in regionaler Hinsicht – können sich angesichts der angestiegenen Fluktuationen auf dem Wohnungsmarkt damit schneller und durchgreifender durchsetzen. Dennoch sind die regionalen Muster der Wohnungsversorgung sehr stark von den vorhandenen Wohnungsbeständen geprägt und spiegeln insofern „historische" Muster wider. Der hohen Immobilität des Wohnungsangebotes entspricht darüber hinaus das eher mittel- bis langfristige „Konsumverhalten" der Wohnungsnachfrager. Dies bedeutet, dass Veränderungen auf dem Wohnungsmarkt nur relativ langsam ablaufen.

Regionale Wohnungsmarktentwicklung und Wohnungsversorgung

Bei einer durchschnittlichen Wohnfläche von 38 m² pro Kopf im Jahr 1998 bestehen nach wie vor erhebliche Unterschiede in der quantitativen Wohnungsversorgung zwischen den alten und den neuen Ländern (39,4 m² bzw. 35,0 m²). Verantwortlich

> **Durchschnittlich verfügt jeder Bundesbürger über 38 m² Wohnfläche**

für den Wohnflächenrückstand der neuen Länder sind vor allem die allgemein geringere Kaufkraft, ein deutlich geringerer Anteil an Eigentümerhaushalten sowie die im Wohnungsneubau der DDR üblichen relativ geringen Wohnungsgrößen.

In den alten Ländern weisen Rheinland-Pfalz und das Saarland sowie einige Regionen Niedersachsens und Bayerns mit Werten von über 42 m²/EW die quantitativ beste Wohnungsversorgung auf. Vor allem in den westlichen Landesteilen von Rheinland-Pfalz, in Teilen des Saarlands oder in Ostfriesland korrespondieren diese hohen Wohnflächenwerte mit sehr hohen Antei-

Wohnfläche

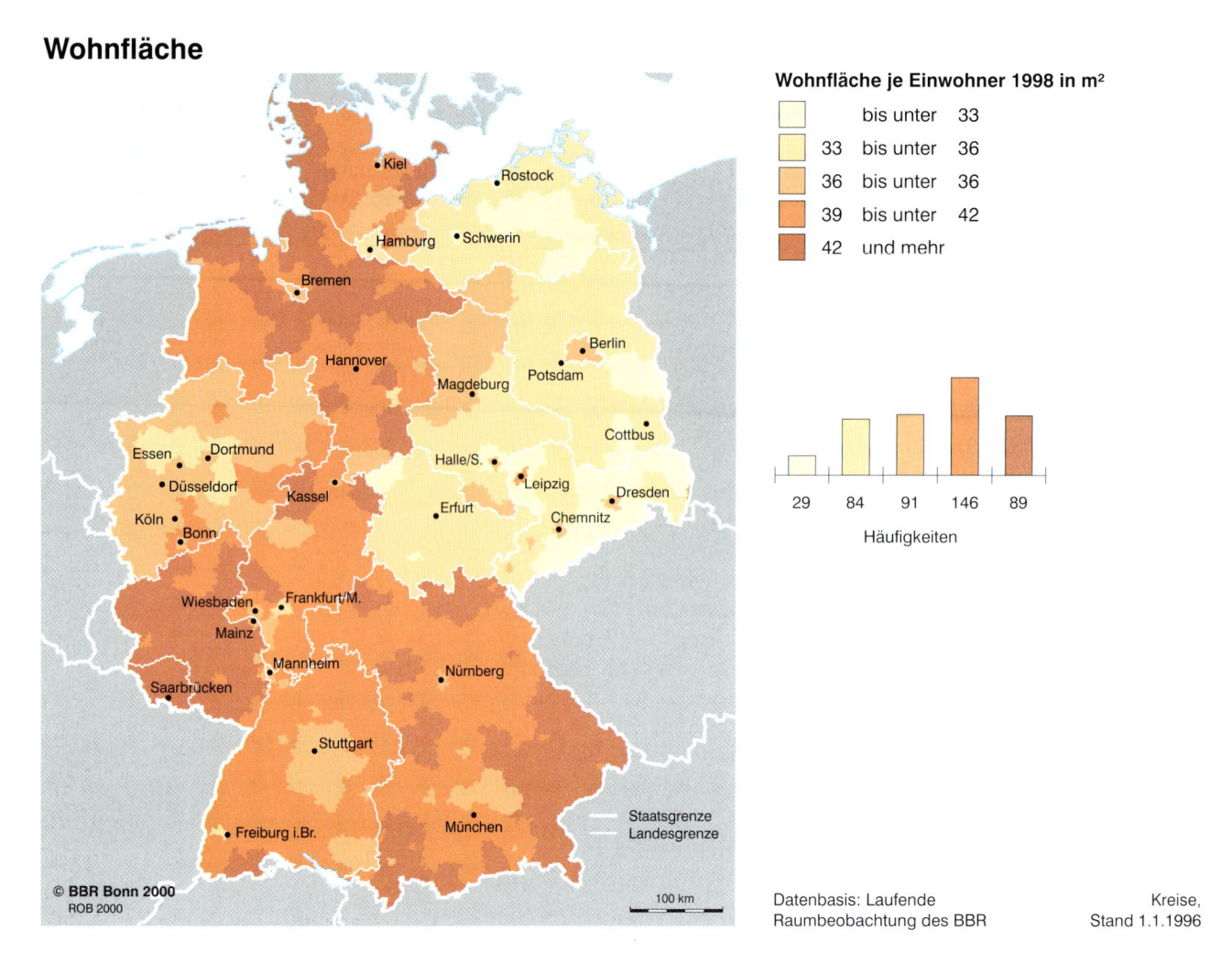

Wohnfläche je Einwohner 1998 in m²
- bis unter 33
- 33 bis unter 36
- 36 bis unter 36
- 39 bis unter 42
- 42 und mehr

Häufigkeiten: 29, 84, 91, 146, 89

Datenbasis: Laufende Raumbeobachtung des BBR
Kreise, Stand 1.1.1996

Karte 76
Die Karte zeigt die großen Unterschiede in der zur Verfügung stehenden Wohnfläche je Einwohner zwischen den neuen und alten Ländern. Innerhalb der alten und neuen Länder sind die regionalen Unterschiede nicht sehr groß.

len von Ein- und Zweifamilienhäusern am Wohnungsbestand; dieser liegt hier bei 80 % und mehr. Im bevölkerungsstärksten und dicht besiedelten Bundesland Nordrhein-Westfalen allerdings werden größtenteils unterdurchschnittliche Wohnflächen erreicht, im nördlichen und westlichen Ruhrgebiet sind sie mit 33 m² bis 35 m² je Einwohner am geringsten; dort dominiert entsprechend der Geschosswohnungsbestand.

In den neuen Ländern sind unter anderem in einigen Kernstädten in Thüringen und Sachsen noch höhere Wohnflächenwerte gegenüber den jeweiligen Umlandkreisen zu verzeichnen, was die Konzentration der Wohnungsbautätigkeit zu DDR-Zeiten auf diese Kernstädte abbildet, aber auch durch den dort überproportional hohen Bevölkerungsverlust zustande kommt.

Der Zeitraum von 1994 bis 1998 ist generell von einer deutlichen *Wohnungsmarktentspannung* geprägt, die vor allem auf eine sehr umfangreiche Bautätigkeit zurückgeht. Bundesweit ist die Bevölkerung, mit – gegenüber den Vorjahren – verminderter Dynamik weiter angewachsen, so dass die Entlastung rein rechnerisch von der Angebotsseite ausging. Dabei konnte sich die quantitative Wohnungsversorgung, gemessen in der Wohnfläche in m² pro Kopf, in Deutschland insgesamt um 2,4 m² oder 6,9 % erhöhen. Nach alten und neuen Ländern und weiter nach Siedlungsstrukturtypen differenziert, zeigt sich allerdings ein wesentlich vielschichtigeres Bild der Entwicklung der Wohnflächenversorgung.

Im Zuge der Angleichung der durchschnittlich je Einwohner zur Verfügung stehenden Wohnfläche zwischen den alten und neuen Ländern ist im Zeitraum von 1994 bis 1998

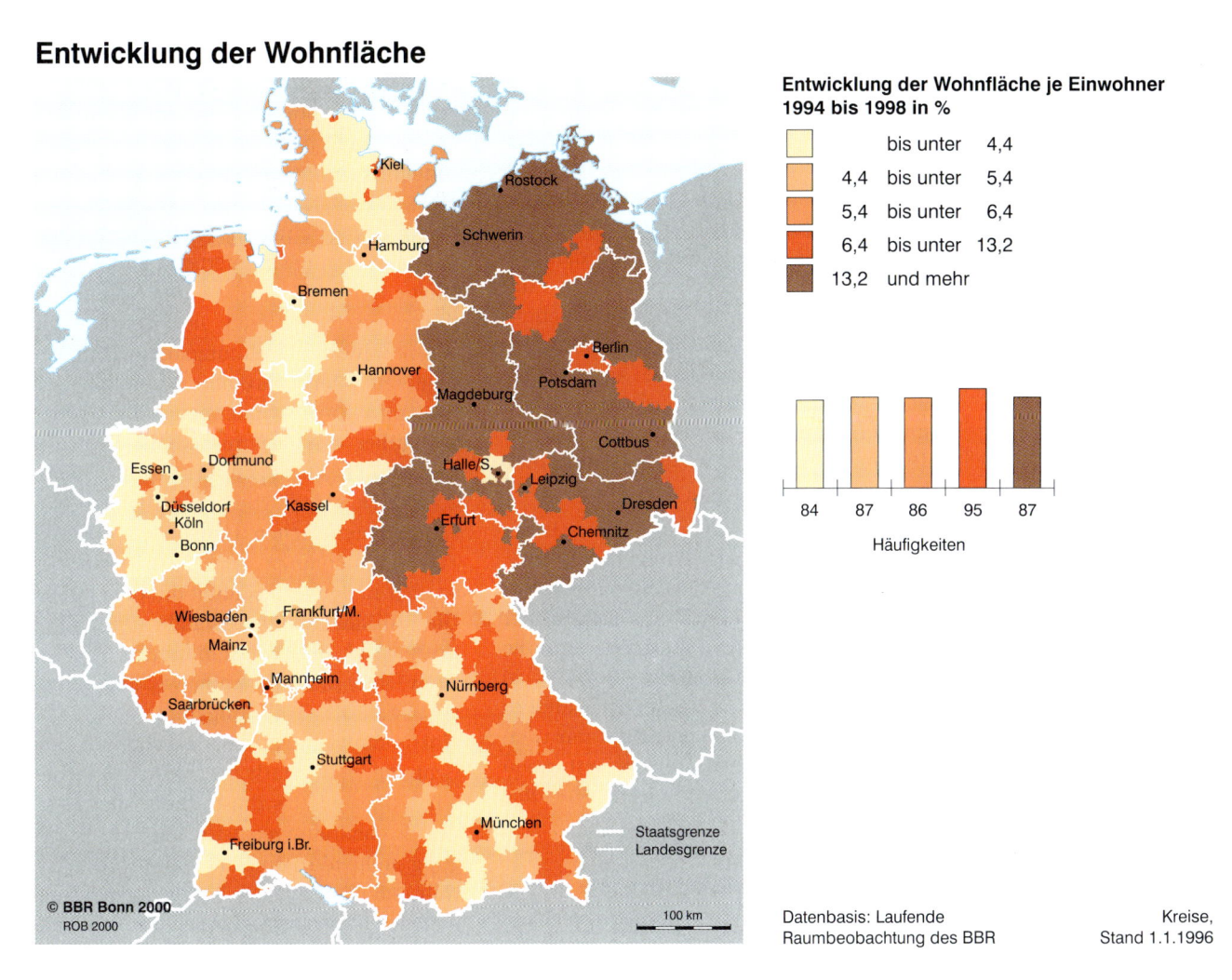

Entwicklung der Wohnfläche

Entwicklung der Wohnfläche je Einwohner 1994 bis 1998 in %

- bis unter 4,4
- 4,4 bis unter 5,4
- 5,4 bis unter 6,4
- 6,4 bis unter 13,2
- 13,2 und mehr

Häufigkeiten: 84 | 87 | 86 | 95 | 87

Datenbasis: Laufende Raumbeobachtung des BBR

Kreise, Stand 1.1.1996

Karte 77
Komplementär zur vorigen Karte wird aus dieser Karte der wesentlich höhere Zuwachs an Wohnfläche in den neuen Ländern in den letzten Jahren deutlich, der auch aus dem Rückgang der Bevölkerung resultiert. In den alten Ländern sind vor allem in den agglomerationsfernen ländlichen Räumen höhere Zuwächse zu verzeichnen.

die Differenz auf 4,4 m² zurückgegangen. Dabei ist der deutliche Anstieg in den neuen Ländern sowohl auf eine starke Ausweitung des Wohnflächenangebotes, als auch auf den leichten Bevölkerungsrückgang zurückzuführen, während in den alten Ländern aufgrund des weniger ausgeprägten Angebotszuwachses bei einer weiter leicht ansteigenden Bevölkerung die Wohnflächenversorgung nicht so stark zugenommen hat. Dabei ist allerdings zu berücksichtigen, dass angesichts der in einigen Wohnungsteilmärkten und Regionen der neuen Länder teilweise erheblichen Wohnungsleerstände das tatsächlich am Markt zur Verfügung stehende Wohnungsangebot überschätzt wird (insbesondere bei bauschadensbedingten oder modernisierungsbedingtem Leerstand).

In allen Siedlungsstrukturtypen der alten wie der neuen Länder hat die Wohnfläche pro Person zugenommen. In den alten Ländern sind die Zuwächse insgesamt unter

Deutlicher Anstieg des Wohnflächenangebotes in den neuen Ländern

	Wohnfläche pro Kopf in m²			
	Alte Länder		Neue Länder	
	Mieter	Eigentümer	Mieter	Eigentümer
Kernstädte	35,5	45,5	29,5	38,0
Umland	34,2	45,8	29,1	39,0
Ländliche Räume	37,2	43,8	27,9	38,4
insgesamt	**35,2**	**45,5**	**29,0**	**38,7**

Datenbasis: Laufende BBR-Umfrage

Tabelle 7
Wohnfläche pro Kopf nach Wohnstatus und zusammengefassten Kreistypen 1998

dem Bundesdurchschnitt; die geringsten Zunahmen weisen dabei die verdichteten und ländlichen Kreise der Agglomerationsräume auf, da hier das überdurchschnittlich stark ausgeweitete Wohnflächenangebot auch mit entsprechenden Bevölkerungszuwächsen korrespondiert. Neben den ländlichen Kreisen in den verstädterten und ländlichen Räumen mit einem hohen Zuwachs des Wohnflächenangebots weisen auch die Kernstädte mit einer geringeren Bautätigkeit einen deutlichen Anstieg der Wohnfläche je Einwohner auf, da hier die Bevölkerung zwischen 1994 und 1998 bereits wieder abgenommen hat.

Hinter den dargestellten räumlichen Unterschieden auf regionaler Ebene (Kreise bzw. Kreistypen) bei den (rechnerischen) Wohnflächenwerten je Einwohner stehen der Anteil der Eigentümerhaushalte und die jeweilige Haushaltsstruktur. Sowohl in den alten, als auch in den neuen Ländern liegt die Wohnfläche pro Kopf bei den Eigentümerhaushalten jeweils um rund 10 m² höher als bei den Mieterhaushalten.

Wohnungsversorgung für verschiedene Bedarfsgruppen

Trotz der allgemeinen Entspannung der Wohnungsmarktsituation bestehen nach wie vor quantitative und qualitative Ungleichgewichte und Versorgungsdefizite zwischen verschiedenen Nachfragegruppen. Dies gilt insbesondere für die relativ schlechtere Wohnungsversorgung von *einkommensschwächeren Haushalten*, insbesondere von jungen Mieterhaushalten mit mehreren Kindern und Gruppen mit Marktzugangsschwierigkeiten. Diese Wohnungsversorgungsprobleme sind nicht alleine auf die Kernstädte der Agglomerationsräume beschränkt; insbesondere die relativ schlechte Wohnungsversorgung der größeren Mieterhaushalte gegenüber den Ein- und Zweipersonenhaushalten sowie gegenüber den Eigentümern ist über alle Siedlungsstrukturtypen hinweg zu beobachten. Der Anteil von ausgesprochen einkommensschwachen Haushalten u.a. mit Transfereinkommen aus Sozialhilfebezug ist aber in den Kernstädten deutlich höher. Die Sozialwohnungsbestände mit Mietpreis- und Belegungsbindungen in den alten Ländern erfüllen eine wichtige Funktion für die Wohnungsversorgung von einkommensschwachen Haushalten und Gruppen mit Marktzugangsschwierigkeiten. Aufgrund des drastischen Rückgangs der Sozialbindungen wird das zur Verfügung stehende Potenzial immer geringer, während die Zahl der bedürftigten Haushalte nach wie vor auf einem Niveau bleibt. Mittelfristig sind zur Versorgung dieser Haushalte vermehrt Potenziale im Bestand zu erschließen.

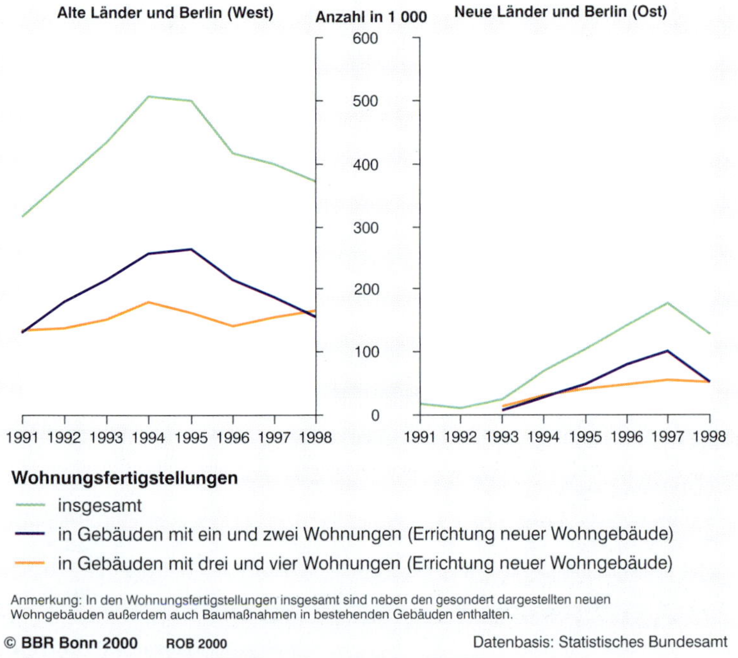

Wohnungsbestandsentwicklung

Die regionalen Muster der quantitativen Wohnungsversorgung sind angesichts der hohen Bedeutung des Wohnstatus (Mieter bzw. Eigentümer) eng mit der *Wohnungsbestandsstruktur* verknüpft. Besonders in den neuen Ländern konzentriert sich das selbstgenutze Wohneigentum noch sehr stark auf die Ein- und Zweifamilienhäuser; allerdings hat sich dort seit der Deutschen Einheit auch das Marktsegment Eigentumswohnungen (als Geschosswohnung) etablieren können.

Die Wohnungsbestandsstruktur in den alten und neuen Ländern unterscheidet sich nach wie vor erheblich, da in den alten Ländern mit knapp 50 % ein weitaus größerer Anteil des Gesamtbestandes auf die Ein- und Zweifamilienhäuser entfällt. Die umfangreiche *Neubautätigkeit* der vergangenen Jahre insbesondere in den neuen Ländern hat dabei insgesamt noch zu keiner deutlichen Veränderung der Zusammen-

Abbildung 37
Wohnungsfertigstellungen 1991–1998

Regionale Qualitäten und Probleme 149

setzung des Wohnungsbestandes nach den Wohnungsmarktsegmenten „Eigenheim" und „Geschosswohnung" im Vergleich zwischen alten und neuen Ländern führen können. Zum einen machen sich Veränderungen in der Wohnungsbestandsstruktur

Wohnungsbauintensität in den neuen Ländern seit 1995 höher als in den alten Ländern

nur allmählich bemerkbar; zum anderen haben bis 1996/97 und in abgeschwächter Form bis Ende 1998 die Sonderabschreibungen den Mietwohnungsneubau in den neuen Ländern sehr stark begünstigt, was auch zur allgemeinen Wohnungsmarktentlastung beigetragen hat.

	Wohnungs-bestand 1998	Wohnungsfertigstellungen 1995-98 je 1 000 Einwohner (addiert)		
	Anteil der Ein- und Zweifamilienhäuser in %	insgesamt	in neuen Ein- und Zweifamilienhäusern	in neuen Mehrfamilienhäusern
Alte Länder	**49,7**	**22,3**	**9,7**	**12,4**
Kernstädte	22,8	15,4	2,8	12,2
Umland	62,0	24,7	11,8	12,7
Ländliche Räume	65,2	26,9	15,4	11,1
Neue Länder	**31,4**	**28,8**	**11,4**	**17,3**
Kernstädte	9,6	28,1	4,3	23,6
Umland	44,9	31,7	16,3	15,2
Ländliche Räume	46,5	23,8	12,5	10,9
Deutschland	**45,5**	**23,7**	**10,1**	**13,4**
Kernstädte	19,2	18,5	3,2	15,0
Umland	58,9	25,8	12,6	13,1
Ländliche Räume	58,8	25,9	14,5	11,0

© BBR Bonn 2000 ROB 2000   Datenbasis: Laufende Raumbeobachtung des BBR

Tabelle 8
Wohnungsbestand und Bautätigkeit nach Siedlungsstrukturtypen

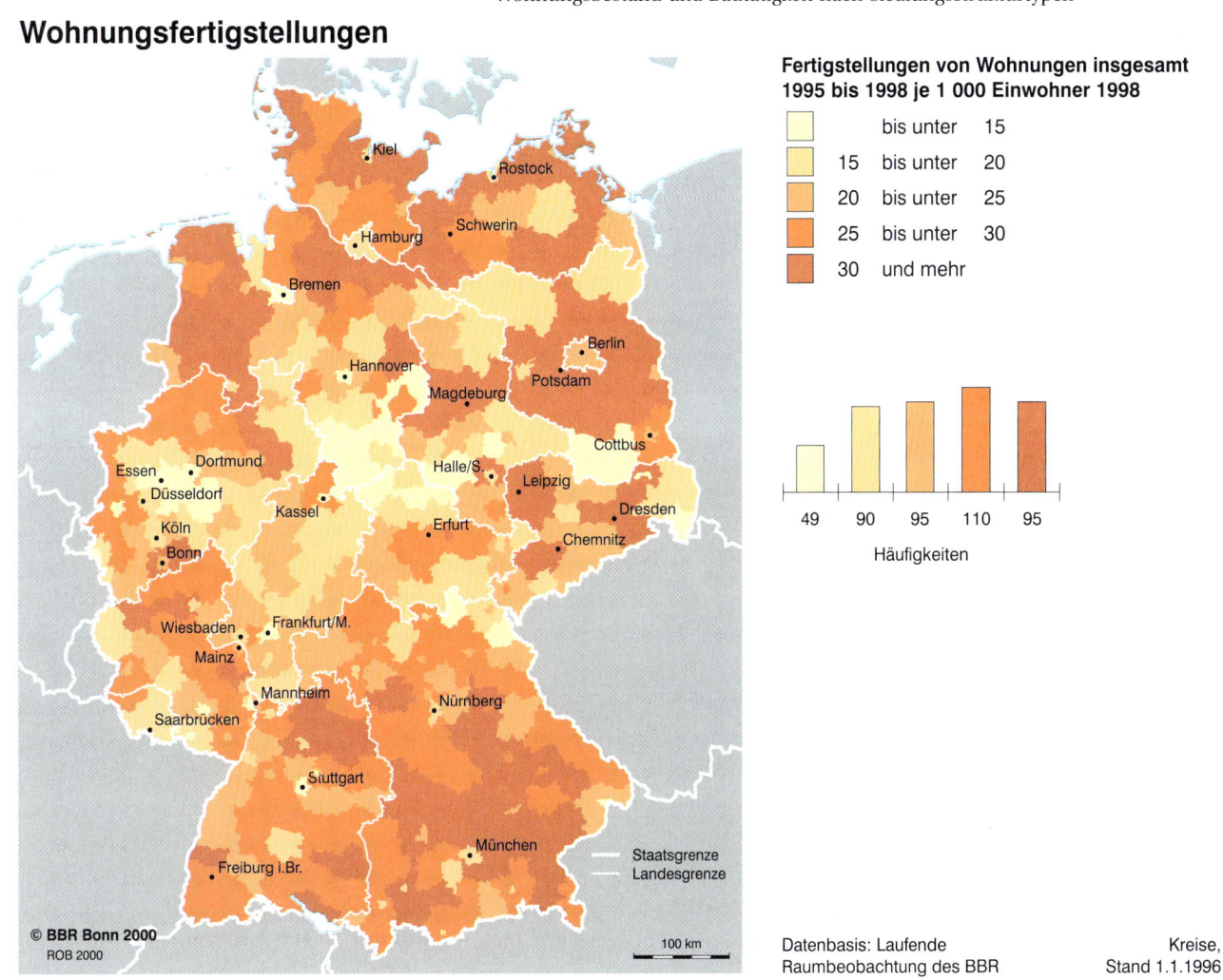

Wohnungsfertigstellungen

Fertigstellungen von Wohnungen insgesamt 1995 bis 1998 je 1 000 Einwohner 1998

- bis unter 15
- 15 bis unter 20
- 20 bis unter 25
- 25 bis unter 30
- 30 und mehr

Häufigkeiten: 49 | 90 | 95 | 110 | 95

Datenbasis: Laufende Raumbeobachtung des BBR   Kreise, Stand 1.1.1996

Karte 78
Die Karte zeigt das räumliche Muster des Wohnungsneubaues im Zeitraum 1995 bis 1998. Die meisten Wohnungen wurden im Umland der Städte und in einigen ländlichen Räumen im Norden und im Süden Deutschlands gebaut. Die Kernstädte hatten eher geringe Zuwächse.

150 Teil I – Raumentwicklung

Ein- und Zweifamilienhäuser

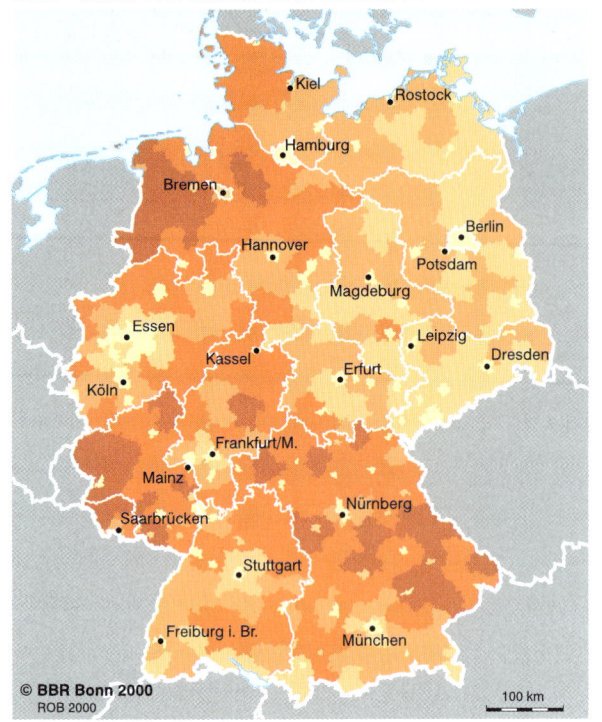

Anteil von Wohnungen in Ein- und Zweifamilienhäusern
an allen Wohnungen 1998 in %
- bis unter 35
- 35 bis unter 50
- 50 bis unter 65
- 65 bis unter 80
- 80 und mehr

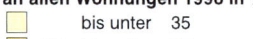

Geschosswohnungen

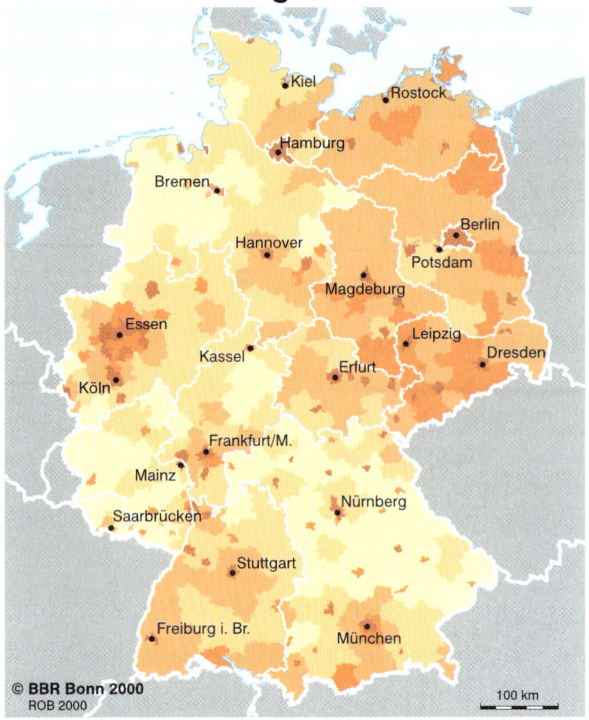

Anteil von Wohnungen in Mehrfamilienhäusern
an allen Wohnungen 1998 in %
- bis unter 25
- 25 bis unter 40
- 40 bis unter 55
- 55 bis unter 70
- 70 und mehr

Neubau Ein- und Zweifamilienhäuser

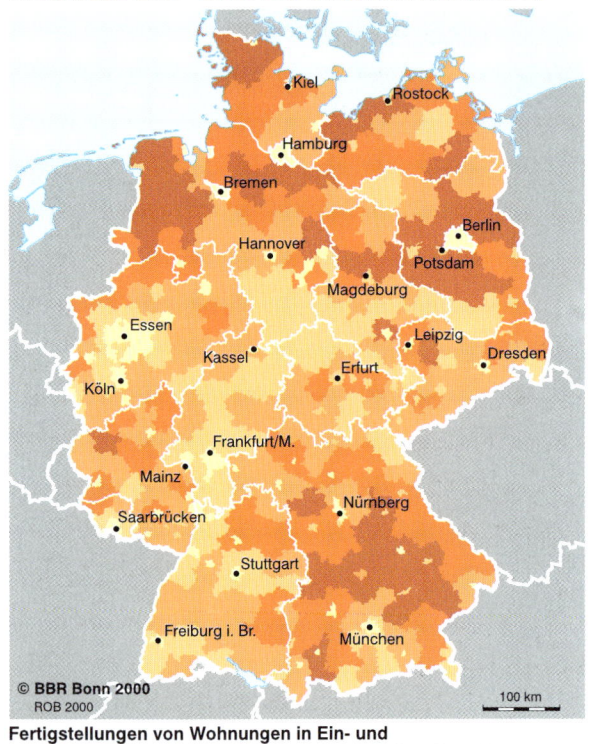

Fertigstellungen von Wohnungen in Ein- und
Zweifamilienhäusern 1995 bis 1998 je 1 000 Einwohner 1998
- bis unter 5
- 5 bis unter 10
- 10 bis unter 15
- 15 bis unter 20
- 20 und mehr

Neubau Geschosswohnungen

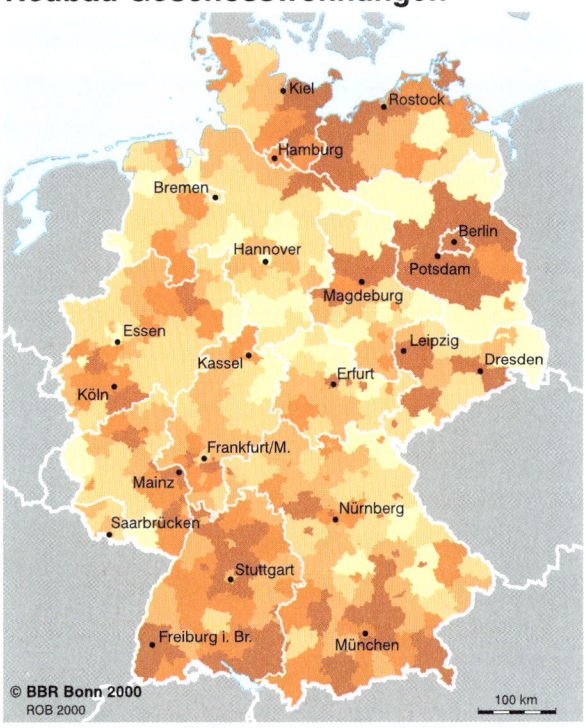

Fertigstellungen von Wohnungen in Mehrfamilienhäusern
1995 bis 1998 je 1 000 Einwohner 1998
- bis unter 7
- 7 bis unter 10
- 10 bis unter 13
- 13 bis unter 16
- 16 und mehr

Datenbasis: Laufende Raumbeobachtung des BBR

Kreise, Stand 1.1.1996

Karten 79–82
Der Vergleich der Karten zeigt die teilweise komplementären räumlichen Muster bei den Ein- und Zweifamilienhäusern und den Geschosswohnungen. Während sich die Geschosswohnungen in den Kernstädten und dem näheren Umland konzentrieren, finden sich die höheren Anteile der Ein- und Zweifamilienhäuser außerhalb der Kernstädte in den ländlichen Regionen.

So ist die Wohnungsbauintensität in den neuen Ländern seit 1995 höher als in den alten Ländern. Dabei war der Geschosswohnungsbau in den neuen Ländern relativ bedeutender als in den alten Ländern, so dass sich auch die Anteile der Ein- und Zweifamilienhäuser in diesem Zeitraum sogar leicht verringert haben.

Mit der Verlagerung des Schwerpunktes der Förderung auf den Bestandserhalt und die *Wohnungsmodernisierung* in den neuen Ländern hat es 1998 eine Trendwende in der Struktur der Wohnungsbautätigkeit zugunsten der Ein- und Zweifamilienhäuser gegeben. Im Jahr 1998 wurden sogar etwas mehr Wohnungen in neu errichteten Ein- und Zweifamilienhäusern als in neuen Mehrfamilienhäusern fertiggestellt.

In den alten Ländern hat sich die Wohnungsbautätigkeit nach den sehr hohen Fertigstellungsergebnissen 1994 und 1995 wieder deutlich abgeschwächt. Nachdem auch in den alten Ländern die starke Ausweitung des Angebotes in den vergangenen Jahren vom Geschosswohnungsbau geprägt war, ist mit der zunehmenden Wohnungsmarktentspannung sowie durch die Reduzierung der steuerlichen Begünstigung des Mietwohnungsbaus die Bautätig-

Disparitäten in der Wohnungsversorgung der alten und neuen Länder abgeschwächt, aber noch nicht beseitigt

keit bei Mehrfamilienhäusern wieder rückläufig, während sich die erfolgreiche Einführung der Eigenheimzulage 1996 und die von den geburtenstarken Jahrgängen in der Familienphase ausgehende hohe Nachfrage nach Wohneigentum in seitdem wieder ansteigenden Fertigstellungen im Eigenheimbereich niederschlägt. Im Jahr 1998 liegen entsprechend die Fertigstellungen bei Ein- und Zweifamilienhäusern in den alten Ländern erstmals seit 1991 wieder über denen im Geschosswohnungsbau. Die regionalen Muster der Bautätigkeit im Zeitraum 1995–1997 sind damit stärker vom Geschosswohnungsbau geprägt, während sich ab 1998 ein Trendbruch zugunsten der Ein- und Zweifamilienhäuser abzeichnet.

Insgesamt ist noch auf längere Zeit mit weiter bestehenden Disparitäten in der quantitativen Wohnungsversorgung zwischen alten und neuen Ländern zu rechnen. Dagegen haben sich die unmittelbar wohnungsbezogenen, qualitativen Merkmale der Wohnungsversorgung zwischen den alten und neuen Ländern bereits stärker angeglichen.

Regionale Wohnqualitäten

Regionale Wohnqualitäten sind in erster Linie durch die Möglichkeiten der Bevölkerung bestimmt, sich entsprechend der individuellen Bedürfnisse und Präferenzen sowie der jeweiligen Kaufkraft mit Wohnraum zu versorgen. Hierzu gehören sowohl unmittelbar wohnungsbezogene Merkmale wie Ausstattung, Zustand und Gebrauchswert, als auch der Zustand und die Beurteilung des *Wohnumfelds*. Betrachtet man die Veränderungen der regionalen Wohnqualitäten, sind nicht nur der *Wohnungsneubau*, sondern auch die *Instandsetzung* und *Modernisierung* des Wohnungsbestandes zu beachten.

Bei den regionalen Wohnqualitäten bestehen nach wie vor regionale Unterschiede zwischen den alten und den neuen Ländern, da der Wohnungsbestand in den neuen Ländern aufgrund der jahrzehntelang unterlassenen Instandhaltung und Modernisierung sowie aufgrund des geringeren Anteils von Neubauwohnungen hinsichtlich der grundlegenden Ausstattungsmerkmale noch deutlich zurückliegt; außerdem befindet sich nach wie vor ein erheblicher Teil der Wohngebäude aus der Zeit vor 1918 in einem sehr schlechten Zustand und vermittelt damit für die Bewohner – sofern die Gebäude überhaupt bewohnbar sind – eine nur geringe Wohnqualität. Dies bedeutet jedoch nicht, dass die Überalterung des Wohnungsbestandes in den neuen Ländern an sich ein Problem darstellt. Problematisch sind vielmehr alleine der schlechte Zustand und der Rückstand bei den Modernisierungen.

Gerade bei der Instandsetzung und Modernisierung des Wohnungsbestandes und damit dem entscheidenden Faktor für die Erzielung einer hinreichenden Wohnqualität hat sich in den neuen Ländern nach einer gewissen Stagnations- und Orientierungsphase bis 1992/93 eine enorme Entwicklungsdynamik entfaltet, während gleichzeitig auch die Neubautätigkeit stark ausgeweitet wurde (s.o.). Im Zuge einer „nachholenden Modernisierung" der Wohnungsbestände in den neuen Ländern hat sich der Anteil der Wohnungen mit vollständigen grundlegenden Ausstattungsmerkmalen wie Sammelheizung, Bad und WC deutlich erhöht. So beträgt z.B. nach Angaben aus der Mikrozensus-Zusatzerhebung zur Wohnsituation der Haushalte der Anteil der (bewohnten) zentralbeheizten Wohnungen in den alten Ländern 1998

Wohnungsbestand in den neuen Ländern überwiegend gut ausgestattet

88 % und mittlerweile 83 % in den neuen Ländern. Auch die älteren Geschosswohnungen der Baujahre bis 1968 waren Ende 1997 bereits beinahe zu drei Viertel vollausgestattet. Bei den jüngeren Baujahrgängen lag zum Zeitpunkt der GWZ 95 der Anteil der vollausgestatteten Wohnungen bei 92 %; hinzu kommen noch die seit dem neu errichteten Wohnungen. Damit waren in den neuen Ländern im Geschosswohnungsbestand Ende 1997 die grundlegenden Ausstattungsmerkmale bei mindestens 82 % aller bewohnten Wohnungen vorhanden. Die Verbesserung der Wohnqualität kommt durch die Modernisierung von Wohnungen verschiedensten Nachfragegruppen zugute und erreicht auch einkommensschwächere Haushalte.

Bestimmte Wohnungsmarktsegmente wie etwa die Nachkriegsbestände der Wohnungsgenossenschaften sind mittlerweile fast vollständig instandgesetzt und modernisiert worden. In den Instandsetzungs- und Modernisierungsprozess einbezogen wurden auch die für die Wohnungsversorgung in den neuen Ländern bedeutsamen Plattenbaubestände, so dass nicht nur die grundlegenden Ausstattungsmerkmale der Wohnungen vorhanden sind, sondern zunehmend neubaugleiche Standards vorherrschen. Möglich wurde dieser qualitative Sprung innerhalb weniger Jahre durch die umfangreiche Förderung von Bund und Ländern, die mit verschiedenen, auch miteinander kombinierbaren Förderinstrumenten ein breites Spektrum an Maßnahmen und Wohnungsbestandstypen begünstigt.

Allerdings hat die Modernisierung nicht alle Wohnungsbestände erfasst. Nachdem der größte Teil der ehemals staatlich verwalteten Wohnungen wieder in privaten Besitz übergegangen ist, verbleibt nach wie vor ein erheblicher Teil von Altbauten in ungeklärten Besitzverhältnissen bei den kommunalen Wohnungsunternehmen, für die Investitionen trotz entsprechender rechtlicher Maßnahmen unterbleiben. Es kommt zu einer Spreizung des Wohnungsangebotes in einen Teil mit zunehmend besserer Wohnqualität und in ausgesprochene Problembestände, die häufig auch in den für die Stadtentwicklung bedeutsamen Innenstadtlagen zu finden sind. Problematisch ist hier – unabhängig von der Klärung der Eigentumsverhältnisse – insbesondere der Zustand eines Teils der Gebäude aus der ältesten Baualtersklasse mit schweren Schäden und hohem Leerstand ganzer Gebäude. Diese auch als „das letzte Drittel" bezeichneten Wohnungsbestände wurden aufgrund weiterhin ungeklärter Eigentumsverhältnisse, aber vor allem wegen sehr hoher Instandsetzungskosten noch nicht modernisiert, teilweise nicht einmal hinreichend instandgesetzt und weisen sogar oftmals eine Verschlechterung des Gebäudezustands auf.

Die regionalen Unterschiede der qualitativen Wohnungsversorgung im Hinblick auf den Anteil von hinreichend ausgestatteten und modernisierten Wohnungen sind damit zwischen den alten und den neuen Ländern in nur wenigen Jahren stark geschrumpft. Bemerkenswert an diesem Angleichungsprozess ist auch, dass bei der Wohnungsmodernisierung keine Versorgungsnormen angelegt werden (wie etwa bei der Modernisierung der Telekommunikationsinfrastruktur in den neuen Ländern), sondern dass sich dieser als zwar geförderter, aber von der Vielzahl der Eigentümer und teilweise auch der Mieter selbst gesteuerter Prozess vollzogen hat.

Landschaftsentwicklung und Bodennutzung

Die *Landschaften* Deutschlands bilden wesentliche Elemente der natürlichen Lebensgrundlagen. Sie prägen entscheidend die regionale Lebensqualität. Auch für regionalwirtschaftliche Entwicklungen ist eine hohe *Landschaftsattraktivität* immer bedeutsamer. Durch Aktivitäten der Landnutzung ist die Landschaft einem ständigen Wandel unterworfen. Landschaftsentwicklung und -attraktivität werden deshalb zunächst in ihren regionalen Ausprägungen umrissen, um dann – an einigen Beispielen – die Veränderungen differenzierter darzustellen. Ausgeräumte, intensiv genutzte *Agrarlandschaften, altindustrialisierte Gebiete* und großräumige *Bodenabbaugebiete* (Erz, Kohle, Steine, Sand, Kies), aber auch die durch Eingriffe in die Flusslandschaften und fortschreitende Bodenversiegelung zunehmend *hochwassergefährdeten Gebiete* sind dagegen der Ausdruck einer intensiven Raumnutzung mit gravierenden Auswirkungen auf die natürlichen Lebensgrundlagen der betroffenen Regionen. Die Ursachen dieser Entwicklungen reichen teilweise weit in die Vergangenheit zurück und dauern vielfach heute unvermindert an. Auch die Standortbedingungen können sich dadurch soweit verschlechtern, dass eine eigenständige Entwicklung dieser Regionen erheblich beeinträchtigt wird. Die negativen Standortbedingungen können zu einer Abwanderung von Bevölkerung und Betrieben in noch relativ intakte Räume führen, die ihrerseits dadurch zusätzlich belastet werden und bisherige Ausgleichsfunktionen verlieren.

Kulturlandschaften und Naturräume

Über die Erhaltung und Entwicklung gewachsener *Kulturlandschaften* und *Naturräume* besteht ein breiter gesellschaftlicher Konsens. Die Zielsetzungen in verschiedenen rahmensetzenden politischen und gesetzlichen Dokumenten machen es der Raumordnung zur Auflage, Fragen der Erhaltung und Entwicklung von Kulturlandschaften größere Beachtung zu schenken und ihre Konzepte und Instrumente den veränderten Grundlagen anzupassen. Einschlägige Zielsetzungen sind in verschiedenen rahmensetzenden politischen bzw. gesetzlichen Dokumenten enthalten (z. B. Raumordnungsgesetz von 1998, UVP-Gesetz von 1990, Bundesnaturschutzgesetz, Europäisches Raumentwicklungskonzept-EUREK von 1999)

Die bisher unter Schutz gestellten Flächen des Natur- und Landschaftsschutzes umfassen insgesamt ca. ein Viertel der Fläche des Bundesgebietes. Sie bilden gleichzeitig die Räume mit der höchsten Landschaftsqualität und vielfältigsten Landschafts-

Schutz der Kulturlandschaft ist wichtige raumordnerische Aufgabe

struktur. Umwelt- und Raumordnungspolitik sind deshalb bestrebt, diese Schutzgebietsausweisungen weiter auszudehnen und stärker untereinander zu vernetzen.

Landschaftsentwicklung

Naturnahe Landschaftsräume und eine natürliche Regeneration von Wasser, Luft und Böden mit stabilen ökologischen Funktionsabläufen sind ein natürliches Kapital, das – neben dem sozialen und ökonomischen Kapital – eine nachhaltige Entwicklung des menschlichen Lebensraumes erst ermöglicht. Die in der Industriegesellschaft immer intensiver und arbeitsteiliger organisierte Wirtschaftsweise gefährdet zunehmend das bisher noch weitgehend ausgeglichene Gefügemuster zwischen stärker natürlich und wirtschaftlich geprägten Räumen. In den intensiv genutzten Wirtschaftsräumen kann regionsintern eine natürliche Regeneration von hydrologischen und klimatischen Funktionen der Landschaft sowie von Flora und Fauna immer weniger stattfinden. Der Ausbau der Fernwasserversorgung in den letzten Jahren mit allen seinen Nebenwirkungen ist dafür ein deutliches Beispiel. Naturnahe Landschafts- und Lebensräume haben Ausgleichsfunktionen und liefern nahezu kostenlos Regenerations- und Produktionsleistungen und sind in diesem Sinne wichtige Stabilisatoren nachhaltiger räumlicher und gesellschaftlicher Entwicklung.

Durch jahrhundertelange traditionelle Land- und Forstbewirtschaftung ist in Deutschland eine der vielfältigsten *Kulturlandschaften* Europas entstanden. Deutschland ist daher reich an verschiedenen Landschaftsräumen. Diese Landschaftsräume sind von jeher einem raschen Wandel unterworfen. Nicht nur die natürliche Landschaftsentwicklung vollzieht sich über lange Zeiträume betrachtet dynamisch, auch Mensch und Gesellschaft haben seit Jahrtausenden die unbebaute Landschaft geprägt; genannt seien Rodungsinseln, die Entwässerungen im Donauried oder die Schaffung der Lüneburger Heide.

Durch Intensivlandwirtschaft, Flurbereinigung, Entwässerung und anhaltende Suburbanisierung wurde massiv in die Entwicklung von Landschaften eingegriffen. In den letzten Jahrzehnten sind große Teile der historischen Kulturlandschaft und der sie prägenden Elemente verlorengegangen. Neu ist dabei die Zunahme von Tempo und Intensität der Veränderung. Die seit den 80er Jahren voranschreitende funktionsräumliche Arbeitsteilung hat darüber hinaus zu einer problematischen, einseitigen Funktionszuweisung an Landschaftsräume geführt. Hinzu kommen wachsende Raumansprüche der Konsum- und Freizeitgesellschaft, die von Erlebnisparks bis hin zu künstlichen Erlebniswelten reichen und in erheblichem Maße Landschaftsräume verändern. Landschaft wird „verbraucht", wenn Freifläche in Siedlungs- und Verkehrsfläche umgewandelt, Landschaft visuell und stofflich beeinträchtigt und Kulturlandschaft in ihrer Vielfalt entwertet wird.

Die Dynamik der Landschaftsentwicklung wird sich in Zukunft noch beschleunigen; denn der Trend zur Funktionalisierung und die Spezialisierung von Landschaften halten an. Auch von bestimmten neuen Formen der Freizeitgestaltung gehen landschaftsbeeinträchtigende Effekte aus. Dem Nutzungsdruck auf Landschaften steht aber auch wirtschaftliches Potenzial gegenüber, das – wie in manchen Fällen der Tourismus – zum Erhalt gewachsener Kulturlandschaften und von Naturräumen beiträgt.

Fünf große Trends zeichnen sich in der *Landschaftsentwicklung* ab:

1. eine generelle Segregation der Landnutzung in Schutz- und Schmutzlandschaften, insbesondere eine Segregation der landwirtschaftlichen Nutzflächen in Intensivgebiete einerseits und Gebiete mit hohen Anteilen brachfallender Flächen andererseits,

2. Aufforstung auf „unproduktiven" Standorten sowie anhaltendes Waldsterben insbesondere in exponierten Kammlagen der Mittelgebirge auf Standorten mit fortgeschrittener Bodenversauerung,

3. Umwidmungsdruck landwirtschaftlicher Nutzflächen in Siedlungsflächen, Vereinheitlichung von Orts- und Siedlungsbildern, Zersiedelungstendenzen, Flächeninanspruchnahme durch Freizeit und Erholung,

4. Zerschneidung und Verinselung durch Verkehrsinfrastrukturen auch in ländlichen Räumen,

5. belastende Häufung von Kompensationsfunktionen in ländlichen Räumen, insbesondere landschaftsbeeinträchtigender Erlebnis-Tourismus, Siedlungs- und Sondermülldeponien etc.

Landschaftsattraktivität

Für die künftige Landschaftsentwicklung ist die ökonomische Inwertsetzung entscheidend. Eine Landschaft hat nur dann Bestand, wenn auch ihre wirtschaftliche und kulturelle Basis Bestand haben, denn der Gebrauchswert von Kulturlandschaft ist unmittelbar mit ihrer Bewirtschaftung verknüpft. Dies gilt aber nicht ausschließlich. Es geht auch darum, welcher ökonomische Stellenwert dem *Landschaftsbild* und der *Landschaftsästhetik* künftig beigemessen wird. So stellt z.B. die Zahl der Übernachtungen einen Indikator für die Attraktivität der Regionen dar und beschreibt damit vielerorts auch die Zahlungsbereitschaft der Menschen für schöne Landschaften. Die Regionen mit den relativ höchsten Übernachtungszahlen sind – neben einigen Städten mit Wirtschaftstourismus – die Küstenregionen, weite Teile der Mittelgebirge und größere Gebiete Nordostdeutschlands. Eine weiter steigende Reiseintensität in Regionen mit hoher Landschaftsattraktivität führen insbesondere in Verbindung mit dem Autoverkehr zu steigenden Belastungen von empfindlichen Landschaften.

Ein Parameter für die Bewertung der anthropogenen Beeinflussung des Landschaftshaushaltes und der Landschaftsattraktivität ist auch der *Zerschneidungsgrad* der Landschaft durch linienhafte

Regionale Qualitäten und Probleme 155

Landschaftsattraktivität und Fremdenverkehr

Attraktivitätsindex (Bundeswert = 100)

- bis unter 74
- 74 bis unter 92
- 92 bis unter 111
- 111 und mehr

Häufigkeiten: 136 | 136 | 142 | 131

Heilbäder und Kurorte 1999

- ● Mineral- und/oder Moorheilbad, Ort mit Heilquellenkurbetrieb
- ● Seeheilbad bzw. Seebad
- ● Kneippheilbad bzw. Kneippkurort
- ● Heilklimatischer Kurort

und Kombinationen aus diesen

Anmerkung: Der Attraktivitätsindex stellt eine additive Verknüpfung folgender am Bundeswert normierter, gleichgerichteter Indikatoren dar: Zerschneidungsgrad, Übernachtungen im Fremdenverkehr, Beurteilung des Bewaldungsgrades, Reliefenergie, Wasserfläche und Küsten, erholungsrelevante Fläche und Kältereiz.

Datenbasis: Laufende Raumbeobachtung des BBR, Deutscher Bäderverband e. V.
Kreise, Stand 1.1.1993

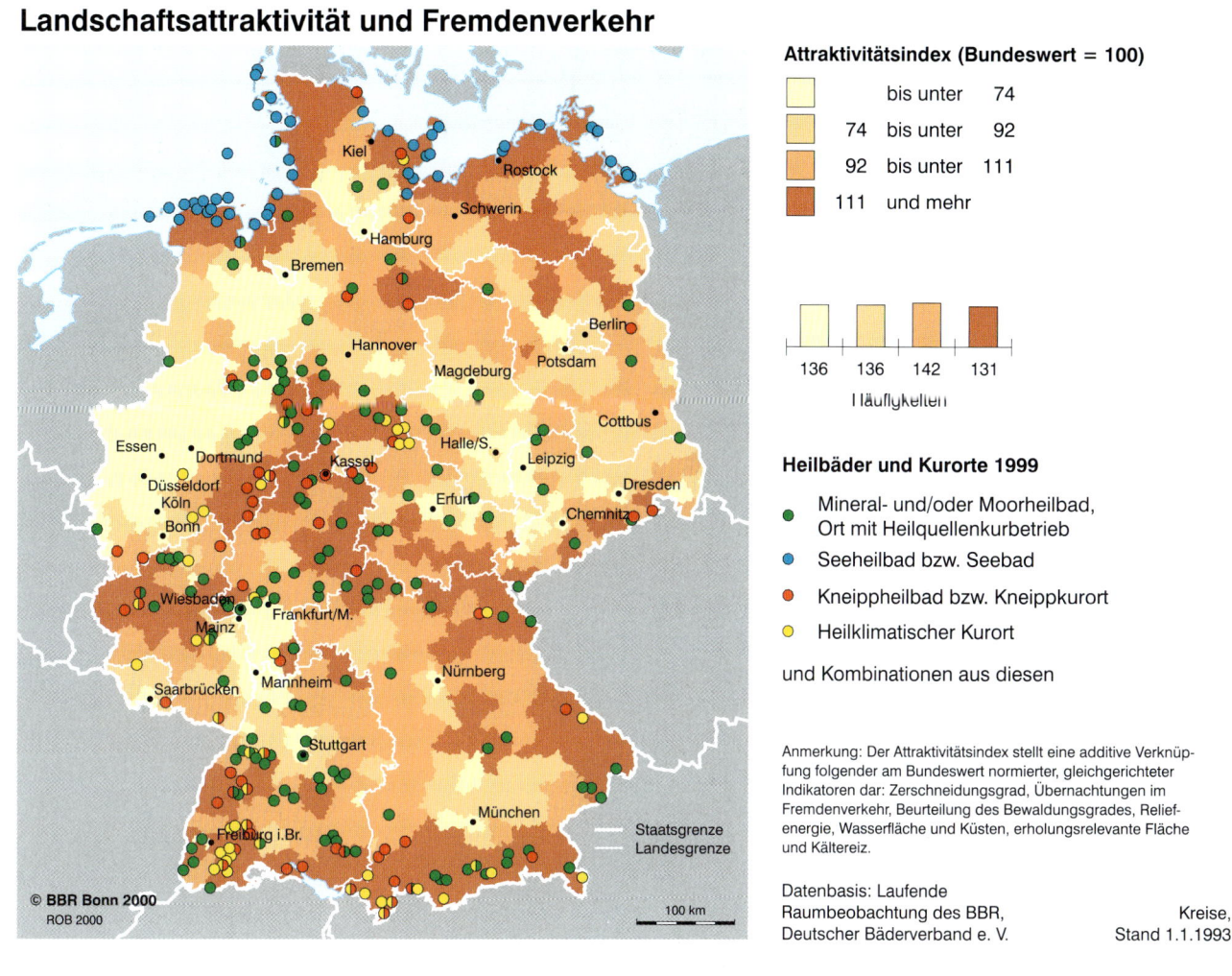

Karte 83
Die Karte zeigt den Zusammenhang von – anhand mehrerer Indikatoren gemessener – Landschaftsattraktivität und dem Fremdenverkehr. Es wird deutlich, dass die attraktivsten Landschaftsräume an der Küste, in den Alpen und Voralpen, den Mittelgebirgsregionen und Seenlandschaften sind. Gleichzeitig konzentrieren sich hier auch die Heilbäder und Kurorte.

Infrastruktur. Der Zerschneidungsgrad gibt den Anteil gering oder stark zerschnittener Gebiete an einer Bezugsfläche an. Zerschneidungen sind durch linienhafte Infrastruktur- (Straßen, Bahndämme, Leitungstrassen) und Landschaftselemente (Fließgewässer) hervorgerufen, von denen Barriere-, Emissions- oder Kollisionseffekte auf Landschaftselemente ausgehen. Als unzerschnittener, störungsarmer Raum werden die Einzelflächen oder zusammenhängenden Bereiche zwischen den zerschneidenden Infrastrukturen bezeichnet. Solche unzerschnittenen Flächen sind nicht nur für die Regenerierung ökologischer Prozesse wichtig, sondern für die Landschaftsentwicklung überhaupt.

Eine Untersuchung der Zerschneidungen der Landschaft durch linienhafte Infrastrukturen und die Ermittlung von verbliebenen *unzerschnittenen Naturflächen* ist für einen gezielten Natur- und Landschaftsschutz, für die naturnahe Erholung sowie für den Lebensraumschutz für Pflanzen und Tiere unerlässlich. Einen bundesgesetzlich festgelegten Schutz unzerschnittener Räume gibt es nicht, aber nach § 2 (2) BNatSchG sind „unbebaute Bereiche in genügender Größe zu erhalten". Für die Betrachtung auf Bundesebene wird hier eine vereinfachte Ermittlung von unzerschnittenen Räumen der Bundesrepublik Deutschland auf der Basis des Straßen- und Schienennetzes, der Bundeswasserstraßen und das Netzes der Strom-Freileitungstrassen durchgeführt. Durch Überlagerung dieser linienhaften Infrastrukturen mit der Fläche des Bundesgebietes entstehen mehr als 118 000 unzerschnittene Flächen, die sich in ihrer Größe – z. T. erheblich – unterscheiden. Es bestehen auch sehr deutliche regionale Unterschiede. Neben den kreisfreien Städten weisen die großen Ballungsräume

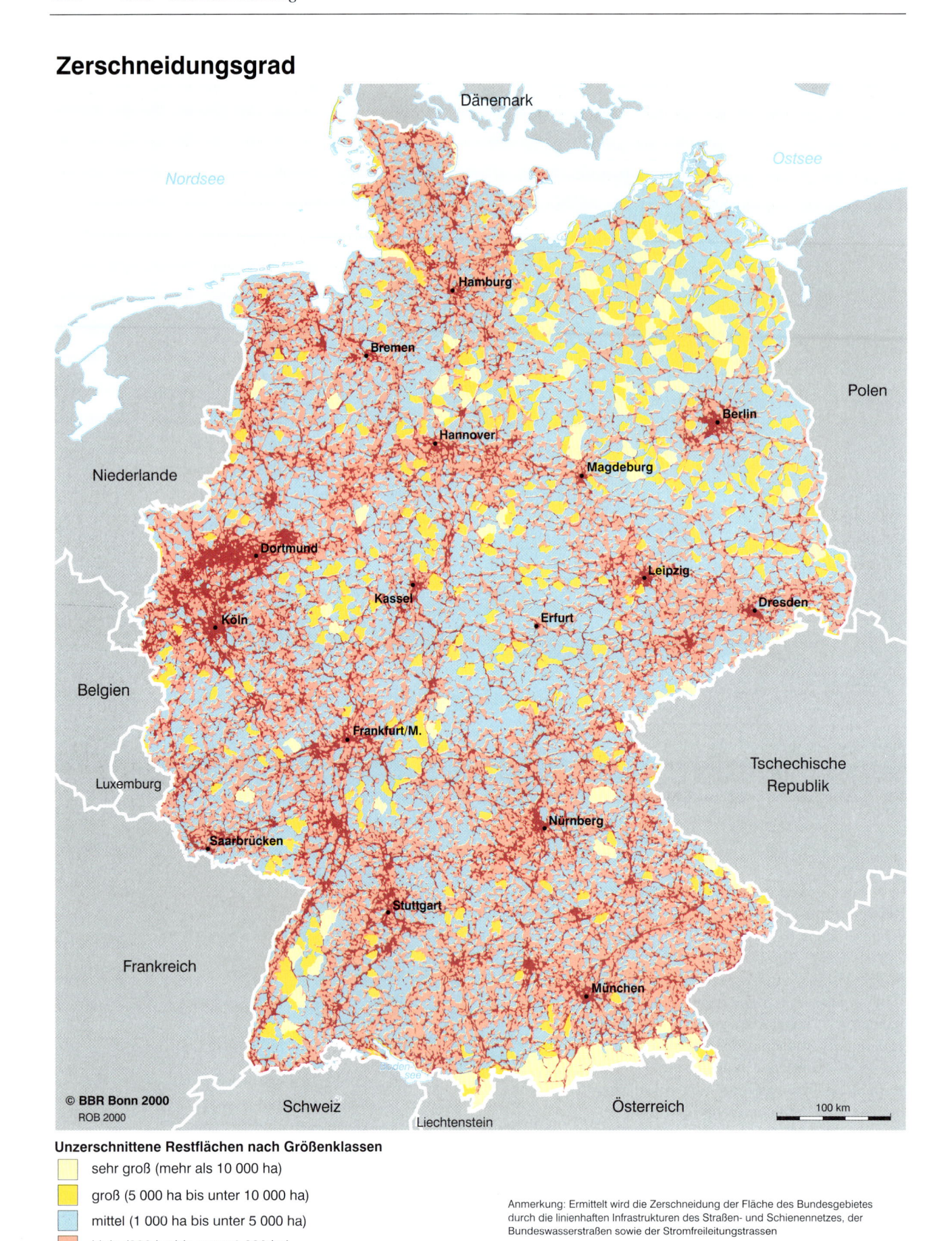

Zerschneidungsgrad

Unzerschnittene Restflächen nach Größenklassen
- sehr groß (mehr als 10 000 ha)
- groß (5 000 ha bis unter 10 000 ha)
- mittel (1 000 ha bis unter 5 000 ha)
- klein (200 ha bis unter 1 000 ha)
- sehr klein (unter 200 ha)

Anmerkung: Ermittelt wird die Zerschneidung der Fläche des Bundesgebietes durch die linienhaften Infrastrukturen des Straßen- und Schienennetzes, der Bundeswasserstraßen sowie der Stromfreileitungstrassen

Datenbasis: Laufende Raumbeobachtung des BBR

© BBR Bonn 2000
ROB 2000

Regionale Qualitäten und Probleme   157

Karte 84
Die Fläche des Bundesgebietes wird vor allem durch das Straßen- und Schienennetz, die Bundeswasserstraßen und die Stromleitungstrassen zerschnitten. Die Karte zeigt die verbleibenden unzerschnittenen Restflächen in ihrer Größenstruktur. Größere unzerschnittene Flächen gibt es noch in den Alpen und Mittelgebirgen sowie in weiten Teilen Nordostdeutschlands.

besonders hohe Anteile an zerschneidender Infrastruktur und damit an entsprechend kleinen „Restflächen" auf. Demgegenüber bilden die Großräume Lüneburger Heide, Rhön und Spessart/Odenwald und der Alpenraum Regionen mit geringerer

Kaum noch größere unzerschnittene Naturflächen

Zerschneidung und entsprechend großen, unzerschnittenen „Restflächen". Weitere gering zerschnittene Gebiete liegen vorwiegend in den neuen Ländern, insbesondere in Mecklenburg-Vorpommern, aber auch in Brandenburg.

Zerschneidung durch linienhafte *Verkehrsinfrastruktur* z.B. führt zur Trennung naturnaher/natürlicher Landschaftseinheiten, zu Veränderungen des Mikroklimas, zur Durchtrennung von Wanderungslinien und zur Verinselung naturnaher Lebensräume. Darüber hinaus sind auch die Wirkungen auf den Menschen erheblich. Die Belastungen des Personen- und Güterfernverkehrs resultieren neben den direkten Auswirkungen der Flächeninanspruchnahmen und Zerschneidungen aus räumlich konzentriert auftretenden Emissionen (Abgase und Lärm). Den Hauptanteil daran hat der Straßenverkehr mit den höchsten spezifischen Emissionen, dem höchsten Flächenverbrauch für den fah-

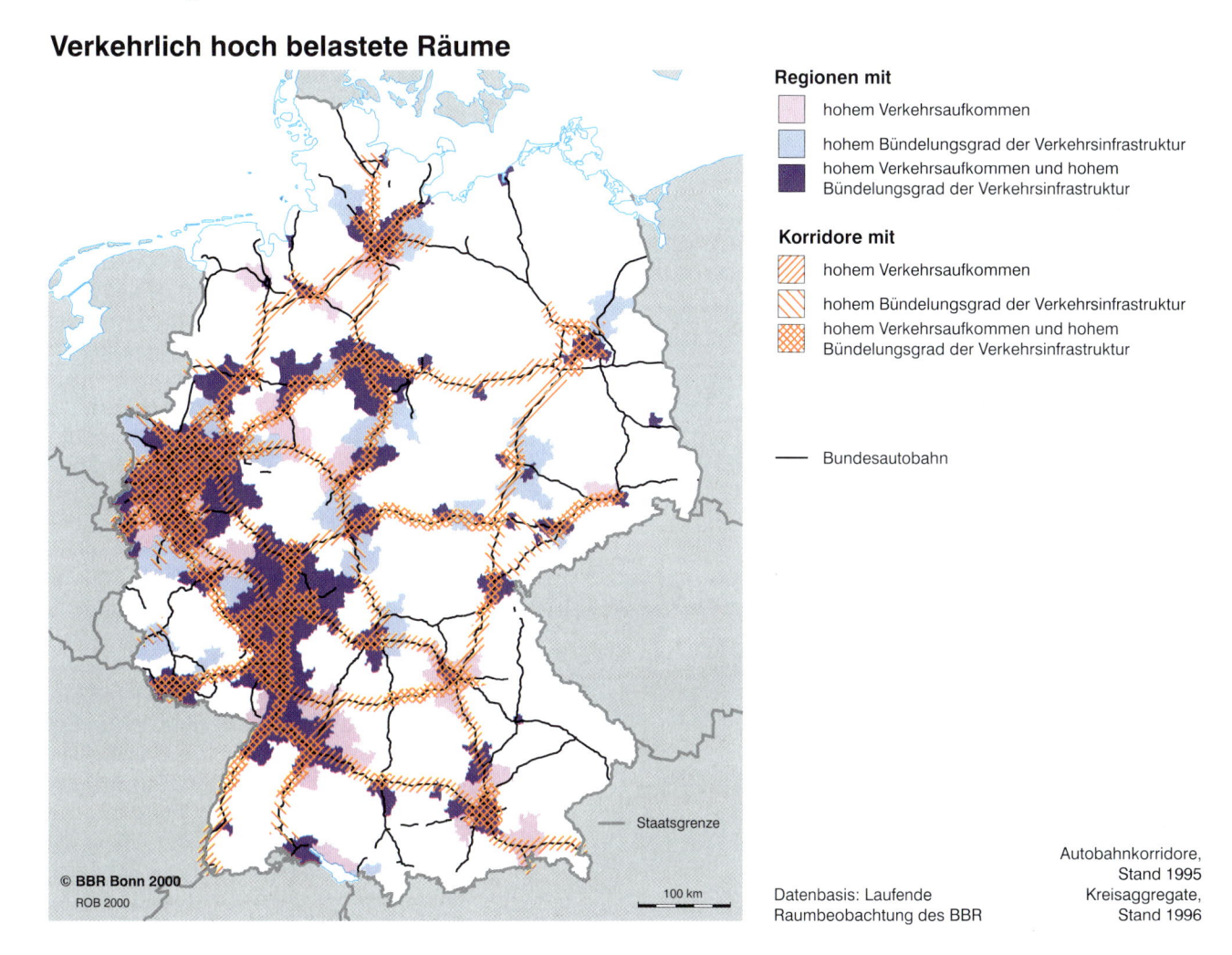

Verkehrlich hoch belastete Räume

Karte 85
Die anhand mehrerer Indikatoren gemessene verkehrliche Belastung konzentriert sich in Räumen mit hohen Anteilen im Orts- und Regionalverkehr und in Korridoren mit hohen Anteilen am Fern- und Durchgangsverkehr. Regionen und Korridore mit hoher verkehrlicher Belastung überlagern sich vor allem in den großen Verdichtungsräumen.

renden und ruhenden Verkehr und dem höchsten Konfliktpotenzial für angrenzende Nutzungen. Auch der Luftverkehr – insbesondere der über kurze Entfernungen – hat hohe spezifische Emissionen und führt in den zumeist dicht besiedelten Flughafenregionen verstärkt zu Flächennutzungskonflikten.

Nach einer indikatorengestützen Analyse der BfLR (1995) konzentrieren sich die verkehrlichen Belastungen in den verdichteten Regionen und deren Umland sowie in Korridoren entlang stark frequentierter Autobahnen. Hier sind die Flächeninanspruchnahmen der – zumeist gebündelten – Verkehrsinfrastrukturen und die darauf erbrachten Verkehrsleistungen im Personen- und im Güterverkehr besonders hoch. Zum Teil durchschneiden die Verkehrsinfrastrukturen hier gleichzeitig Gebiete mit traditionell hoher Siedlungsdichte und – im Umland der Verdichtungsräume – Gebiete mit aktuell hohem Siedlungsdruck. So sind die höchsten Verkehrsmengen mit über 80 000 und mehr Fahrzeugen pro Tag auf den Autobahnabschnitten der Verdichtungsräume zu verzeichnen, wo der großräumige Fernverkehr auf den Regional- und Nahverkehr trifft.

Intensiv genutzte Agrarräume

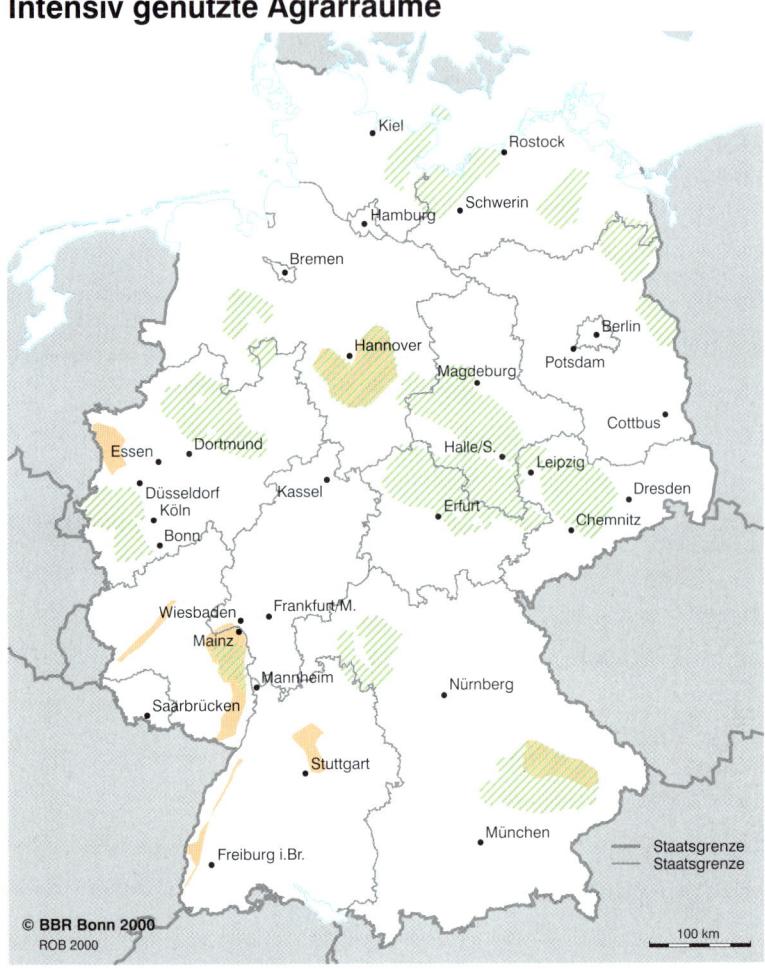

Intensiv genutzte Agrarräume
- Obst, Wein und Hackfrucht
- Getreide und Hackfrucht

Datenbasis: Laufende Raumbeobachtung des BBR
Stand 1.1.1999

Karte 86
Die Karte zeigt die Agrarräume im Bundesgebiet, die landwirtschaftlich, zumeist monostrukturell, intensiv genutzt werden. Sie liegen häufig in der Nähe von Verdichtungsräumen und industriell geprägten Räumen wie z.B. dem Rhein-Ruhr- und Rhein-Main-Gebiet, um Hannover und im Süden der neuen Länder.

Agrarlandschaften

1998 gab es in der Bundesrepublik Deutschland mehr als 17 Mio. ha landwirtschaftlich genutzte Fläche; dies entspricht etwas mehr als der Hälfte des Bundesgebietes. Die Landwirtschaft ist damit der weitaus größte Flächennutzer. Änderungen in der landwirtschaftlichen Nutzung haben somit erhebliche Auswirkungen auf die Landschaft.

Seit Mitte des 20. Jahrhunderts ist die traditionelle Landwirtschaft durch technischen Fortschritt und steigenden Energieeinsatz zunehmend durch eine Intensivlandwirtschaft abgelöst worden. Dabei wurden Landschaften zur Verbesserung der Bewirtschaftung mit großem Aufwand u.a. durch Flurbereinigung, Drainung und Ausräumung von Landschaftselementen umgestaltet. Die Intensivierung führte zu einem anhaltenden Produktivitätszuwachs in der Landwirtschaft und in Folge zu Überschüssen auf allen wichtigen Märkten der Europäischen Union. Parallel dazu hat seit 1960 die landwirtschaftliche Nutzfläche in den alten Ländern um mehr als 15 % abgenommen, wobei der weitaus größte Teil in Siedlungsflächen umgewidmet wurde. Es wurden jedoch nicht nur stadtnahe Agrarflächen in Bauland umgewandelt, sondern aufgrund mangelnder Wettbewerbsfähigkeit fielen agrarische Standorte geringerer Produktivität brach oder wurden aufgeforstet. So unterscheidet sich die strukturelle und ökologische Vielfalt der mitteleuropäischen Kulturlandschaft gegen Mitte des 20. Jahrhunderts gravierend von der durch Intensivierung, Spezialisierung und Konzentration geprägten Landschaft zum Ende des 20. Jahrhunderts.

Die Entwicklung der Landwirtschaft weist vor allem folgende Tendenzen auf: Sie ist einmal gekennzeichnet durch eine Intensi-

Regionale Qualitäten und Probleme 159

vierung der agrarischen Produktion sowie zum anderen durch verschiedene Extensivierungsmaßnahmen bis hin zum ökologischen Landbau. Diese unterschiedlichen Entwicklungstendenzen haben divergierende Auswirkungen auf Naturhaushalt sowie Wirtschafts- und Sozialstrukturen der betroffenen Regionen.

Intensive Landbewirtschaftung

In Räumen mit überdurchschnittlich guten natürlichen Anbaubedingungen sind großräumige *agrarische Intensivgebiete* mit hohen Umweltbelastungen und raumstrukturellen Mängeln entstanden. Ein

> **Intensive Landwirtschaft beeinträchtigt andere Raumnutzungen**

hoher Mechanisierungsgrad und ein hoher Betriebsmitteleinsatz in Verbindung mit einseitigen landwirtschaftlichen Anbausystemen führten bereits zu nachhaltigen Schäden im Naturhaushalt. Beispielhaft zu nennen sind Grundwasserbelastungen (z.B. durch Pflanzenschutzmittel und ihre Derivate, Nitrat), Luftbelastungen (Ammoniak, Geruch), Artenverluste (Mechanisierungsgrad, Düngung, fehlende Kleinstrukturen), Unterbrechung von Biotopverbundsystemen und Wasser- und Winderosion. Das Landschaftsbild wirkt in diesen Regionen vielfach „ausgeräumt", bietet nur geringe Attraktivität für qualifizierte Nebennutzungen wie Freizeit, Erholung, Wohnen und Gewerbe.

Entstanden noch in den vergangenen Jahrhunderten unter konventioneller Landwirtschaft vielfältige Ökosysteme, so ist heute eine intensive, großflächige Landwirtschaft eine der Hauptursachen des Artensterbens. Mehr als 50 % der Rote-Liste-Arten sind auf extensive Landnutzungsformen angewiesen. Zu solchen monostrukturellen, intensiv genutzten Agrarlandschaften zählen die Hackfrucht- und Getreideanbauregionen, Gebiete mit intensiven Tierhaltungen, Intensivanbaugebiete von Gemüse und Gartenbau (insbesondere Glas- und Folienkulturen) sowie Gebiete mit Sonderkulturen wie Wein und Hopfen.

Karten 87–88
Die Karten zur Intensivtierhaltung zeigen die deutliche räumliche Konzentration bei Schweinen und Geflügel in Nordwestdeutschland.

Regionen des intensiven *Getreideanbaues* sind Räume, die großräumig einen Anteil von über 40 % der Anbaufläche an der Landwirtschaftlichen Nutzfläche aufweisen. Dies sind vor allem die monostrukturellen Bördelandschaften um Hannover, Hildesheim, Magdeburg, Jülich oder die Gäuplatten Bayerns. Auch *Hackfrucht und Gemüseanbau* nehmen zu, werden auf immer größeren Flächen betrieben und konzentrieren sich in bestimmten Räumen. Schwerpunkträume sind hier Hannover und das westliche Ruhrgebiet. Gebiete mit großräumig zusammenhängenden *Sonderkulturen und Weinbau* sind wegen ihres hohen Pflanzenschutz- und Düngemitteleinsatzes insbesondere hinsichtlich des Gewässerschutzes und teilweise des Artenschutzes ökologische Problemräume.

Auch die *intensive Tierhaltung* nahm in den letzten Jahren kontinuierlich zu. Zwar fiel die Zahl der Halter, dagegen stieg die Anzahl der Tiere um ca. 4–8 % an. Auch hier zählen die größeren zu den Wachstumsbetrieben, während die Zahl kleinerer Betriebe sinkt. Diese Entwicklung bedeutet eine Konzentration der Tierhaltung auf größere Betriebe und auch in bestimmten Räumen. Da Überdüngungs- und Geruchsprobleme nach wie vor technisch nicht gelöst werden konnten, kommt es regional zunehmend zu weiteren Grundwasserbelastungen und zu Konflikten mit der Freizeit- und Erholungsnutzung.

Die intensiv genutzten landwirtschaftlichen Gebiete verlieren wesentliche ökologische und raumfunktionale *Ausgleichsfunktionen* für benachbarte Räume. Besonders problematisch ist es, wenn solche Räume unmittelbar an Verdichtungsgebiete angrenzen. Hier gehen dann Klimaausgleichsfunktionen verloren. Das Grundwasser muss aus entfernten Regionen kostenaufwendig herangeführt werden. Wohnungsnahe Erholungsräume werden kleiner und müssen von der

Ökologischer Landbau

Anteil der Flächen des ökologischen Landbaus an der landwirtschaftlich genutzten Fläche insgesamt 1998 in %

- bis unter 0,5
- 0,5 bis unter 1,5
- 1,5 bis unter 3,0
- 3,0 bis unter 5,0
- 5,0 bis unter 10,0
- 10,0 und mehr

Häufigkeiten: 128, 127, 108, 38, 26, 12

Datenbasis: AGÖL, Laufende Raumbeobachtung des BBR

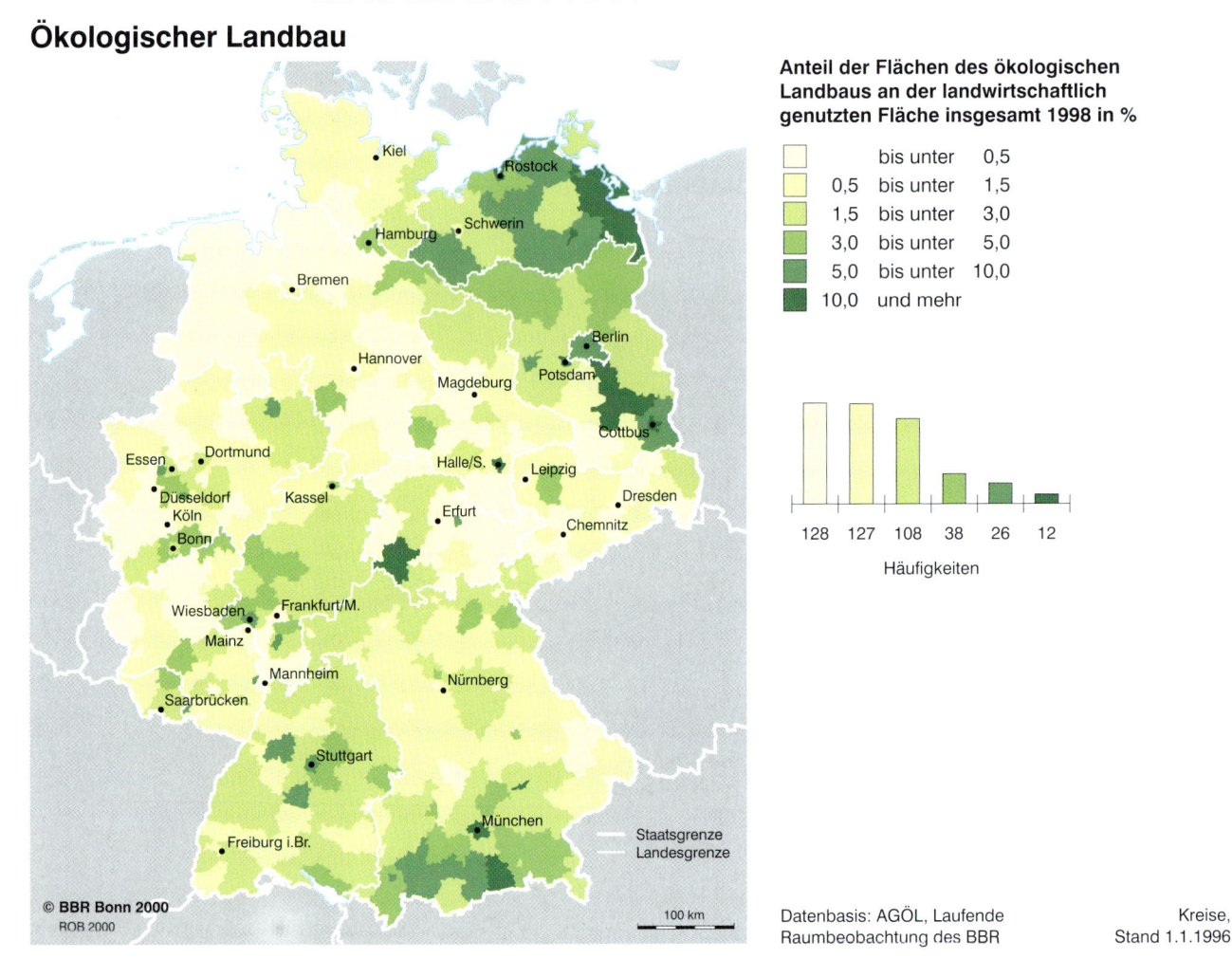

Kreise, Stand 1.1.1996

Karte 89
Die größten Potenziale des ökologischen Landbaus finden sich in den ländlichen Räumen Mecklenburg-Vorpommerns, Brandenburgs und des Alpenvorlandes, aber auch in einigen Verdichtungsräumen und deren Umland, wie z. B. im Rhein-Ruhr und Rhein-Main-Gebiet, sowie in München, Stuttgart und Berlin.

Bevölkerung in entfernteren Gebieten über den Individualverkehr neu erschlossen werden. Tendenziell verschlechtert sich dadurch die raumstrukturell wünschenswerte Nutzungsmischung immer mehr.

Eine Umgestaltung und Anpassung der einseitigen landwirtschaftlichen Anbausysteme an die natürlichen Standortbedingungen, der Abbau der einzelnen Umweltbelastungen, die Schaffung einer Mindestausstattung an ökologischen Ausgleichsflächen und die Wiederherstellung der natürlichen landschaftlichen Attraktivität mit dem Aufbau von natürlichen Strukturelementen werden notwendig. Gerade in Zeiten, in denen die Intensivlandwirtschaft mit dem Anbau gentechnisch veränderter Lebensmittel (über 20 Mio. ha allein in den USA 1998) zu einer neuen Phase eines umstrittenen technischen Fortschritts rüstet, steigt die gesellschaftliche Akzeptanz für extensive Landwirtschaftsformen und insbesondere für den ökologischen Landbau.

Extensive Landbewirtschaftung und ökologischer Landbau

Eine *extensive Landwirtschaft* und vor allem der *ökologische Landbau* haben die Vielfalt einer historisch gewachsenen Kulturlandschaft und den Schutz der an diese Lebensräume angepassten Tier- und Pflanzengesellschaften zum Ziel. In diesem Sinn hat die Umsetzung der EU-Agrarumweltmaßnahmen im Rahmen der VO 2078,

30 % der Landwirtschaftsfläche wird extensiv bewirtschaftet

ähnlich wie schon die alten Extensivierungsprogramme, zu weitreichenden Änderungen der landwirtschaftlichen Flächennutzung geführt. In Deutschland erfolgt die Umsetzung dieser Verordnung im Rahmen des Gemeinschaftsaufgabegesetzes und mittels eigenständiger Förderprogramme auf Länderebene. Rund 5,5 Mio. ha, also über 30 % der landwirtschaftlichen Nutzfläche der Bundesrepublik Deutschland, wird derzeit nach den Regeln einer umweltschonenden Landwirtschaft extensiv bewirtschaftet.

Die konsequenteste Form einer extensiven Landwirtschaft ist der *ökologische Landbau*, da seine umfassend positiven Umweltwirkungen vielfach untersucht und anerkannt sind. Die Europäische Union hat daher den Begriff „Bioprodukte" oder „Produkte aus ökologischem Landbau" gesetzlich geschützt und kontrolliert dessen ordnungsgemäße Verwendung. Dabei sind vor allem die folgenden Umweltwirkungen des ökologischen Landbaus besonders hervorzuheben: Gegenüber konventionellem Landbau ist der ökologische Landbau bei einem flächenbezogenen Vergleich in den Bereichen Schutz von Ökosystemen, Boden, Grund- und Oberflächenwasser sowie Lebensmittelqualität besser einzustufen als die konventionell wirtschaftende Vergleichsgruppe.

In den vergangenen Jahren hat der ökologische Landbau eine dauernde Erweiterung seiner Anbauflächen erfahren, deren Anteil regional wie in den Stadtstaaten oder in Mecklenburg-Vorpommern bereits bei über 5 bzw. 6 % der landwirtschaftlichen Nutzfläche liegt. Auch wenn der Anteil ökologisch bewirtschafteter Flächen in Deutschland mit einem Durchschnitt von gut 2 % noch weit unter dem einiger Länder Westeuropas liegt (Schweiz 7,3 %, Österreich 10 %), so sind die jährlichen Zunahmen doch erheblich. Neben den tatsächlichen Flächenanteilen des ökologischen Landbaus sind die jährlichen Zuwachsraten

Ökologischer Landbau stark im Kommen

eine aussagekräftige Größe. Sie sind ein wichtiger Indikator für die ständig wachsende Bedeutung des ökologischen Landbaus. Wurden 1995 noch rund 180 000 ha von den Betrieben der „Arbeitsgemeinschaft Ökologischer Landbau" – AGÖL-ökologisch bewirtschaftet, so waren es 1999 bereits knapp 360 000 ha. Innerhalb von nur vier Jahren konnte der ökologisch bewirtschaftete Flächenanteil demnach verdoppelt werden. Hinzu kommen etwa 40 000 ha ökologisch bewirtschafteter Flächen aus Betrieben, die zu Beginn des Jahres 1999 noch nicht in der AGÖL organisiert waren.

Abbau von Bodenschätzen

Die für den Abbau *oberflächennaher Rohstoffe* unmittelbar in Anspruch genommene Fläche ist relativ gering. Von der Gesamtfläche in Deutschland waren nach der Flächenerhebung von 1997 189 443 ha (0,5 %) Abbauland.

Abbau von Bodenschätzen

Bergbaufolgelandschaften

— Steinkohlebergbau
— Braunkohletagebau
— Uranbergbau

Abbaufläche

Gebiete mit überdurchschnittlichem Anteil der Abbaufläche an der Gesamtfläche:

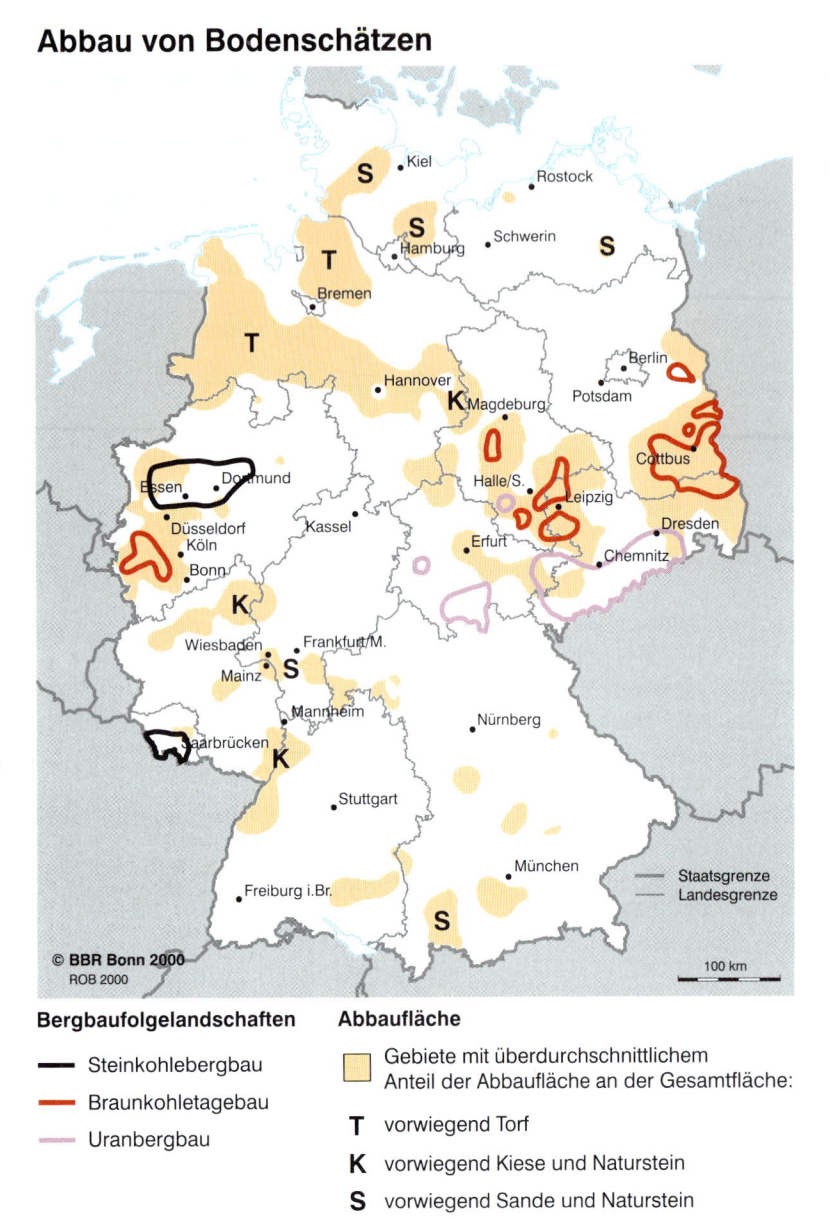

T vorwiegend Torf
K vorwiegend Kiese und Naturstein
S vorwiegend Sande und Naturstein

Datenbasis: Laufende Raumbeobachtung des BBR   Kreise, Stand 1.6.1996

Karte 90
Die Karte zeigt die Gebiete mit großflächigem Abbau oberflächennaher Rohstoffe sowie des Bergbaues. Die größten Eingriffe in die Landschaft haben der Steinkohlebergbau und Braunkohletagebau mit seinen Folgen im Rhein-Ruhr-Gebiet sowie der Uranbergbau und Braunkohletagebau im Süden der neuen Länder.

In den neuen Ländern macht das Abbauland jedoch annähernd 1 % der Bodenfläche aus. Sein Anteil liegt damit dreimal so hoch wie in den alten Ländern mit 0,35 %. Verursacht wird dies durch die immense Flächenausdehnung der Braunkohlenreviere im Mitteldeutschen Revier und in der Lausitz. Das Abbauland in Brandenburg misst 1,2 %, in Sachsen sogar 2 % der jeweiligen Landesfläche.

Trotz rückläufiger Nachfrage nach mineralischen Baurohstoffen ist ein weiterer Anstieg der Abbaufläche in Deutschland zu verzeichnen. Zwischen 1985 und 1997 stieg die als Abbauland in Anspruch genommene Fläche in Deutschland um 11 %. Bei dieser Entwicklung haben die alten Länder mit einer Steigerung von 15 % einen weitaus höheren Anteil als die neuen Länder mit 7 %.

Die Abbauflächen konzentrieren sich neben den *Braunkohlerevieren* in Ost- und Westdeutschland sowie den *Moor- und Torfgebieten* in Norddeutschland auf die Kreise entlang der Rheinschiene und die Voralpen. Regional nehmen Abbauflächen unterschiedliche Flächenanteile ein. In Regionen von Thüringen z.B. wurden bis zu 4 %, für den Regierungsbezirk Düsseldorf ein Anteil allein von Kies- und Sandabbauflächen von 0,7 % der Gesamtfläche ermittelt. Die vom Bodenabbau betroffene Fläche insgesamt erhöht sich jedoch weiter, wenn auch die in der Regionalplanung vorgesehenen zukünftigen Abgrabungsbereiche berücksichtigt werden.

Die *Gewinnung von Sand und Kies* erfolgt im flächenintensiven Tagebau ganz überwiegend im Nassabbau mit durchschnittlich 5–40 m Tiefe. Die Flächeninanspruchnahme für diesen Zweck ist abhängig von Größe und Form der Lagerstätte, Art der Rohstoffgewinnung sowie Abbautiefe und Böschungsgestaltung der Entnahmestelle. Für die verschiedenen Rohstoffe gibt es typische Verteilungsmuster mit Ballungen der Vorkommen von Lagerstätten etwa für Kiese und Sande in Flussauen.

Bergbaufolgelandschaften

Bodenschätze haben maßgeblich zur Entwicklung des Industrie- und Wirtschaftsstandortes Deutschland beigetragen. Mit dem großflächigen Abbau von Kohle, Erz und Salz ist jedoch der Naturhaushalt, die landschaftliche Attraktivität und weitere Nutzungsfähigkeit des Raumes nachhaltig verändert worden. Großräumige Landschaftsschäden sind nach dem Bergbau zurückgeblieben. Es wird deshalb versucht, in diesen großflächigen *Bergbaufolgelandschaften* die natürlichen Lebensgrundlagen wiederherzustellen und die Flächen neuen Gestaltungsmöglichkeiten der Raumnutzung zuzuführen.

In ihrer ökologischen und wirtschaftlichen Entwicklungsfähigkeit nachhaltig gestörte großräumige Bergbaufolgelandschaften sind:

Regionale Qualitäten und Probleme 163

- *Steinkohleabbaugebiete* mit Bergsenkungsschäden, Halden, Grundwasserabsenkungen und Sümpfungsgebieten (Rhein/Ruhr),
- *Eisenerzabbaugebiete* mit Halden und großräumig schwermetallbelasteten Flächen (Wismut, Stollberg, Oker-Harlingerode, Ilsenburg, Mannsfeld, Freiberger Raum),
- *Braunkohleabbaugebiete* mit Tagebaurestlöchern, Schütthalden, Grundwasserabsenkungen (Rheinisches Bergbaugebiet, Mitteldeutsches Bergbaugebiet, Niederlausitzer Bergbaugebiet),
- *Stein- und Kiesabbau* bei regionaler Konzentration, z.B. bei Kiesen und Sanden in einigen Flussauen (Weser, Leine, Rheingraben) oder beim Kalksteinabbau (Teutoburger Wald).

Hochwassergefährdete Gebiete

Die Häufung großer *Hochwasserereignisse* der letzten Jahre (Rhein-Maas Dezember 1993, Rhein-Maas Januar 1995, Oder Juli 1997, Donau und Oberrhein Mai 1999) mit hohen volkswirtschaftlichen Schäden machen deutlich, dass die natürlichen Hochwassergefahren in den letzten Jahrzehnten bei der Siedlungsentwicklung und dem Ausbau der Infrastruktur nur unzureichend beachtet wurden. Die Komplexität des natürlichen Niederschlags-/Abflusssystems lässt zwar keine eindeutigen Kausalanalysen zu; dennoch dürfen die anthropogen bedingten Größen, die eine Verschärfung von Hochwasserereignissen verursachen, nicht übersehen werden. Die Eingriffe in die Flusslandschaften erfolgten insbesondere im letzten Jahrhundert flächendeckend mit vielen Einzelmaßnahmen, die sich aber summierten und verstärkten. So müssen Flussbaumaßnahmen mit Laufbegradigung und Staustufenbau sowie Eindeichungen als Hauptursache steigender Hochwasserstände in den großen Flussgebieten gesehen werden. Die nachrückende Besiedlung in die „deichgeschützten" Gebiete, trägt dann maßgeblich zu den zunehmenden Hochwasserschäden mit volkswirtschaftlicher Dimension bei, weil die Retentions- und Abflussräume fehlen. Die Erschließung neuer Siedlungsflächen, die Umwandlung von Grünland in Ackerland, eine nicht standortgerechte Landwirtschaft, saurer Regen sowie ggf. Klimaänderungen sind als verschärfende Ursachen beteiligt. Durch diese Maßnahmen bedingte höher und häufiger auflau-

Mitteldeutsches Braunkohlenrevier

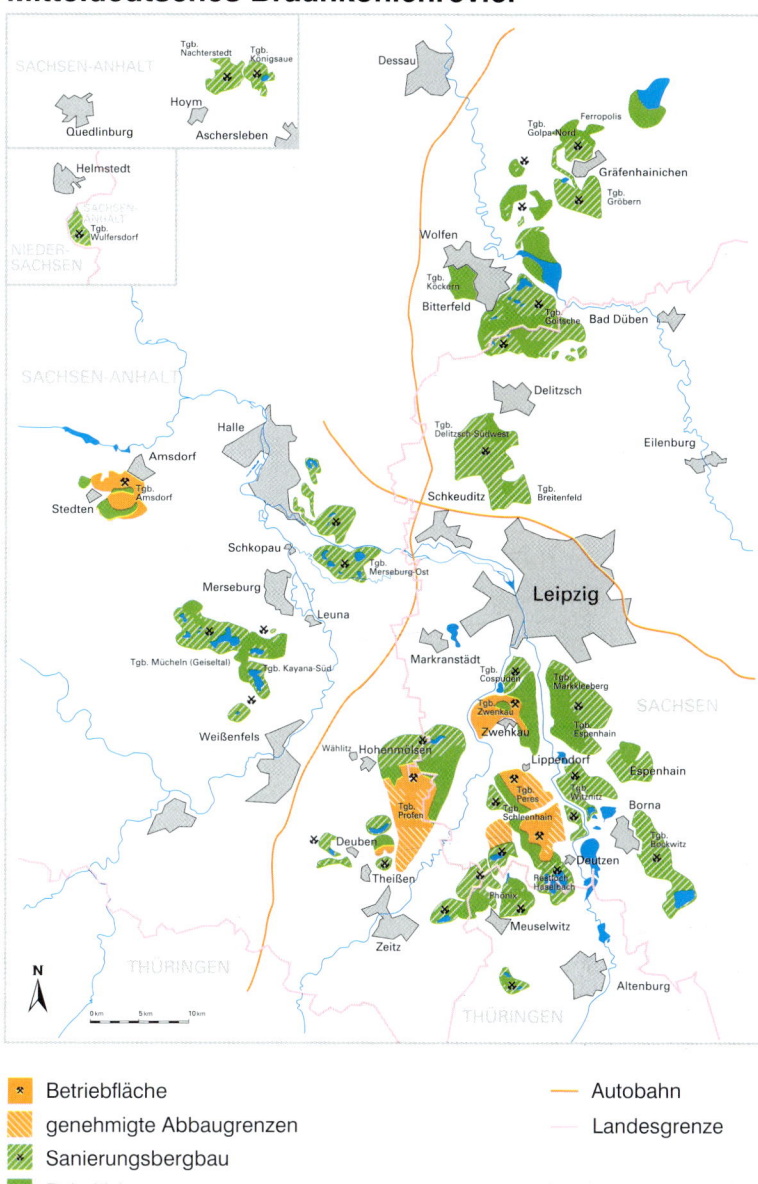

Quelle: DEBRIV Bundesverband Braunkohle (1999):
Braunkohle - Ein Industriezweig stellt sich vor. S. 31 (Auszug)

Karte 91
Das Mitteldeutsche Braunkohlerevier im Bereich von Halle/Leipzig ist das größte in Deutschland. Seit der Deutschen Einheit ist die Betriebsfläche stark geschrumpft und sind viele ehemalige Tagebaue saniert und rekultiviert.

fende Hochwasserwellen treten vor allem bei kleineren Flüssen mit regional begrenzten Einzugsgebieten auf. Mit zunehmender Größe und Länge der Flussläufe nimmt der Einfluss anthropogen bedingter Ursachen ab.

Am *Oberrhein* zwischen Basel und Bingen wurde z.B. das ehemalige Überschwemmungsgebiet von 1 400 km² um 950 km² (76,9 %) verringert. Davon sind 140 km² auf den Staustufenbau und den dann notwen-

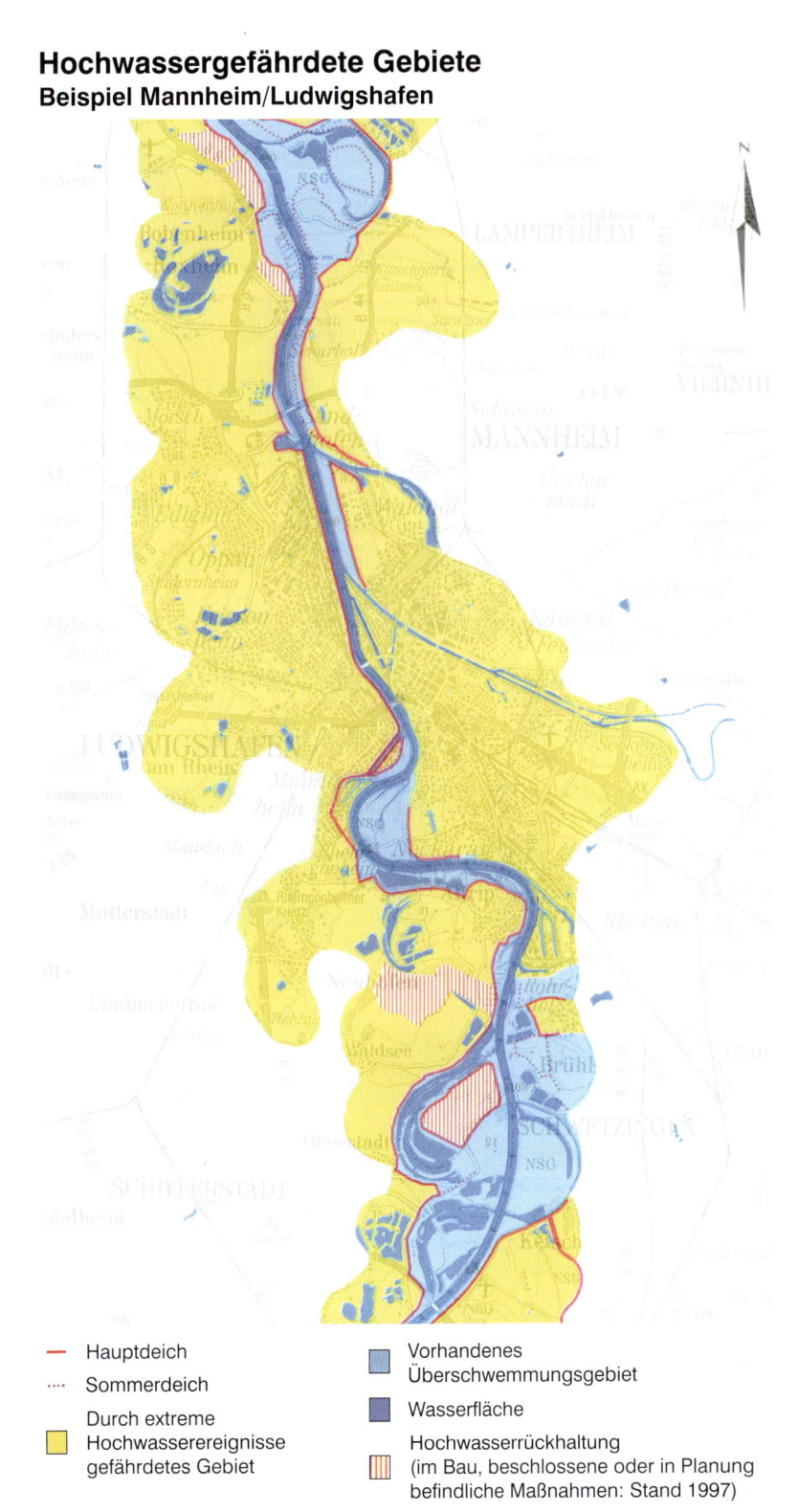

Hochwassergefährdete Gebiete
Beispiel Mannheim/Ludwigshafen

— Hauptdeich
···· Sommerdeich
▨ Durch extreme Hochwasserereignisse gefährdetes Gebiet
▨ Vorhandenes Überschwemmungsgebiet
▨ Wasserfläche
▨ Hochwasserrückhaltung (im Bau, beschlossene oder in Planung befindliche Maßnahmen: Stand 1997)

Quelle: Internationale Kommission zum Schutz des Rheins (IKSR): Rhein-Atlas 1998
Bundesamt für Kartographie und Geodäsie: TOP 200

Karte 92
Die Karte zeigt am Beispiel des Raumes Mannheim – Ludwigshafen die bestehenden Überschwemmungsgebiete des Rheins sowie die vorgesehenen Maßnahmen zur Hochwasserrückhaltung. Im äußersten Katastrophenfall wären auch große Teile der Innenstädte von Mannheim und Ludwigshafen gefährdet.

dig werdenden örtlichen Hochwasserschutz zwischen 1955 und 1997 zurückzuführen. Im Bereich Basel bis Iffezheim wurde mit dem Bau der zehn Staustufen und durch weitere begleitende Maßnahmen eine rund 1 000-jährliche *Hochwassersicherheit* erreicht. Unterhalb von Iffezheim dagegen ging nach dem letzten Staustufenausbau im Jahre 1977 allerdings die Hochwassersicherheit von einer Jährlichkeit von 200 auf 50–60 Jahre zurück. Die Fließzeit hat sich durch Flussbegradigung und Staustufenausbau erheblich verkürzt. Am *Niederrhein* zwischen Köln und Emmerich sind 1 500 km² (83,3 %) von ehemals 1 800 km² Überschwemmungsgebiet verlorengegangen. An der *mittleren Elbe*, zwischen Rhesa und Geesthacht, und ihrem Einzugsgebiet sind die natürlichen Überschwemmungsflächen um ca. 90 % verringert worden. An der *Oder* – soweit sie die Grenze zu Brandenburg bildet (Grenz-Oder) – gingen ca. 80 % der ehemaligen Überschwemmungsflächen durch Eindeichungen verloren. Der Ausbau der Oder als Schiffahrtsstraße steht noch bevor.

Diese Eingriffe in die Flusslandschaft können nur teilweise durch örtliche Deichbaumaßnahmen und Polder kompensiert werden, wobei sich für die Unterlieger die Situation in jedem Falle verschärfen dürfte. Während durch Deichbaumaßnahmen zumindest für die kleineren Ereignisse (bis 50–100-jährlicher Wiederkehrzeit) der örtliche Hochwasserschutz i.d.R verbessert wurde, nehmen die Gefahren und Schadenspotenziale für Großereignisse (100–200-jährliche Ereignisse) überproportional zu. Die älteren Deiche sind dann diesen sehr seltenen Großereignissen nicht mehr gewachsen, insbesondere weil sie bei längeren Andauerzeiten aufweichen und unkontrolliert brechen können.

„Hochwasserschutz hinter den Deichen" ist daher ein neues großes, kaum wahrgenommenes Problem. Die Hochwassersicherheit vieler Siedlungsgebiete, auch großer Teile von Verdichtungsgebieten, haben teilweise einen niedrigeren Schutzstatus als landwirtschaftliche Gebiete. Der Raum Mannheim – Ludwigshafen dürfte derzeit eine Hochwassersicherheit haben, die bei einem 100-jährlichen Ereignis liegt, während die Ziele der Länderarbeitsgemeinschaft Wasser (LAWA) einen 200-jährlichen Hochwasserschutz vorgeben.

Ausblick:
Tendenzen der künftigen Raumentwicklung

Dieses Kapitel des Berichts enthält *Trendabschätzungen* über die mögliche Zukunft der Raum- und Siedlungsstrukturentwicklung in Deutschland. Damit werden keine wünschenswerten räumlichen Zukunftsbilder entworfen, sondern die *Herausforderungen* aufgezeigt, denen sich die Raumordnungs- und die Raumentwicklungspolitik zu stellen haben werden. Da sich die räumliche Ordnung nur längerfristig merklich beeinflussen lässt, hat die Raumordnung eine Frühwarnfunktion wahrzunehmen.

Die zentralen Informationsträger dieses Kapitels sind zusammenfassende, stärker generalisierende *kartographische Synthesen*. Sie stellen den Versuch dar, Ergebnisse von Regionalprognosen des BBR über die zukünftige Raumentwicklung zu regionalen Trends zusammenzuführen und im wesentlichen *visuell zu kommunizieren*, um damit auch eine breitere Fachöffentlichkeit zu erreichen.

Das Kapitel enthält folgende Teile:

Zuerst werden allgemeine *Rahmenbedingungen* aufgeführt, von denen die Raumentwicklung und damit auch die Raumentwicklungspolitik der Zukunft aller Wahrscheinlichkeit nach am stärksten geprägt sein werden.

Danach werden *Abschätzungen sektoraler regionaler Trends* vorgestellt, die sich auf vom BBR erarbeitete *Regionalprognosen* stützen. Sie haben zum Ziel, langfristige Entwicklungstendenzen der Bevölkerung, der Erwerbspersonen und Arbeitsplätze, der Haushalte und Wohnungen sowie der Siedlungsflächen in den Teilräumen des Bundesgebietes aufzuzeigen.

Diese sektoralen regionalen Trends wiederum bilden die Grundlage zur Abschätzung von *Trends der Raumentwicklung* im Bundesgebiet. Hier werden die verschiedenen Aussagen der sektoralen Trendabschätzungen noch einmal vereinfachend und sektorübergreifend zusammengefasst.

Generelle Aufgabe der Trendabschätzungen ist es, sich über die politische Problemrelevanz wahrscheinlicher künftiger Entwicklungen klar zu werden und – über die Ergebnisse der bisherigen Ex post-Betrachtungen hinaus – Informationen für die fachliche und politische Diskussion bereit zu stellen.

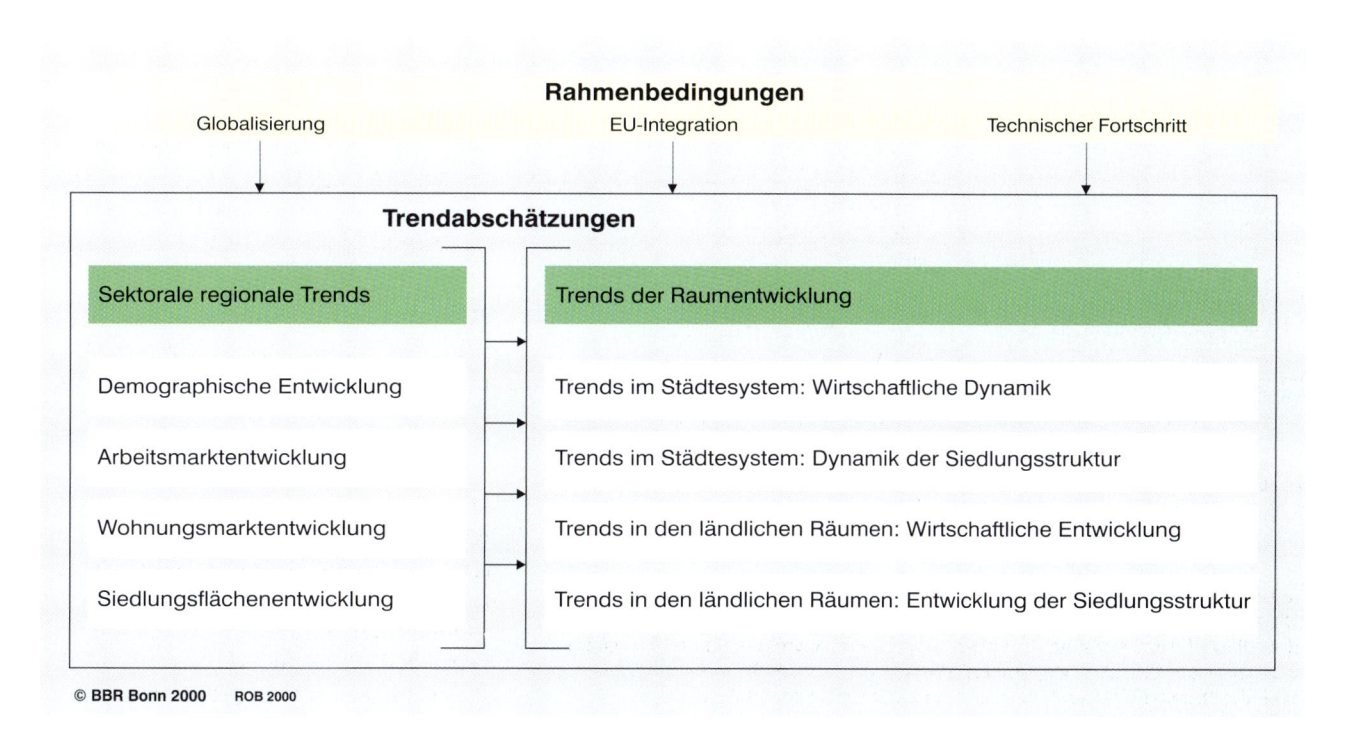

Abbildung 38
Struktur der Trendabschätzungen

Allgemeine Rahmenbedingungen

In den vergangenen 20 Jahren ist es zu Veränderungen in den komparativen Standortvorteilen der Städte und Regionen gekommen. In besonderem Maße verantwortlich sind hierfür vor allem die Auswirkungen

- des *Globalisierungsprozesses*,
- der weitergehenden *europäischen Integration*,
- des sich beschleunigenden *technischen Fortschritts*, insbesondere der *Informations- und Kommunikationstechnologie*.

Globalisierungsprozess

Die Globalisierung der Wirtschaft dauert seit über 30 Jahren an und wird sich weiterhin fortsetzen, zumal dies – wie die anstehende Osterweiterung der EU verdeutlicht – auch politisch gewollt ist. Eine Umkehrung dieses Trends ist nur dann zu erwarten, wenn zentrale Rahmenbedingungen der Weltwirtschaftsordnung revidiert und sich die Konsum- und Lebensgewohnheiten der entwickelten Länder grundlegend ändern würden.

Viel spricht dafür, dass *die strukturschwachen Regionen* von der fortschreitenden Globalisierung eher wenig profitieren werden, sondern Gefahr laufen, weiter zurückzufallen. Ein Grund für diese Einschätzung ist u.a. darin zu sehen, dass die Möglichkeiten des Staates, aktiv und korrigierend in diesen Prozess einzugreifen und Wachstum von den strukturstarken in die strukturschwachen Regionen zu lenken, infolge der Globalisierung geringer werden.

Dennoch: Wird von den Besonderheiten Ostdeutschlands abgesehen, besitzen die deutschen Regionen generell gute Standortfaktoren. Kein Investor muss den Standort Deutschland z.B. wegen einer unzureichenden Infrastruktur verlassen. Das Problem ist eher in *den Rahmenbedingungen auf der gesamtstaatlichen Ebene* zu sehen, da Standortfragen zunächst im nationalen und dann erst im regionalen Vergleich entschieden werden. Die internationale Standortattraktivität Deutschlands wird wesentlich von Faktoren bestimmt, die einer Lösung auf der gesamtstaatlichen Ebene bedürfen (z.B. Arbeitskosten, Inflexibilitäten des Arbeitsmarktes, Regulierungsdichte). Versäumnisse hier können die Regionen mit ihrem in rechtlicher und finanzieller Hinsicht begrenzten Instrumentarium nicht korrigieren.

Im Zuge der Globalisierung nimmt mithin die Konkurrenz zwischen deutschen und ausländischen Standorten zu. Auch ist die interregionale Konkurrenz in Deutschland um das knappe (räumlich mobile) Kapital bereits seit den 70er Jahren stark angestiegen. Es liegt auf der Hand, dass im großräumigen Standortwettbewerb die einzelnen Standorte oder administrativ abgegrenzten Räume immer weniger zählen, dafür die großen Wirtschaftsräume (z.B. der „Raum München") mit ihren Potenzialen und Möglichkeiten immer mehr. Dies führt dazu, dass die Bedeutung *regionaler Kooperationen* künftig noch größer wird, als sie bereits heute schon ist.

Die Globalisierung birgt sowohl Chancen als auch Risiken für die deutschen Regionen: Einerseits werden die Investitionen zunehmend standortflexibler, und die Unternehmen sehen sich einem steigenden internationalen Kosten- und Rationalisierungsdruck gegenüber. Andererseits bedeuten deutsche Direktinvestitionen im Ausland nicht immer den Verlust von Arbeitsplätzen im Inland; dies gilt vor allem für absatzorientierte Investitionen und Aktivitäten im Dienstleistungsbereich. Gleichwohl geht der Prozess der Globalisierung für einzelne Branchen und Regionen mit Anpassungsproblemen einher, und er läuft nicht ohne arbeitsmarktpolitische Friktionen ab, von denen – wie die jüngste Vergangenheit zeigt – auch strukturstarke Räume betroffen werden können.

Im skizzierten Rahmen allgemeiner Entwicklungsbedingungen ist die Entwicklung des europäischen städtischen Siedlungssystems insgesamt selbst eine hauptsächliche Rahmenbedingung für die innerdeutsche Raumentwicklung. Durch die Globalisierung und Internationalisierung von Wirtschaft und Gesellschaft wird vor allem die weitere *Metropolisierung* Europas und Deutschlands gefördert.

Motor dieser Entwicklung sind nationale und internationale „Netzwerk-Ökonomien" („network economies"), in welche die lokalen und regionalen Produktions- und Dienstleistungsunternehmen eingebunden sind. Netzwerk-Ökonomien sind auf leistungsfähige, grenzüberschreitende Transport- und Kommunikationsnetze angewiesen. Durch deren Nutzung seitens der Unternehmen in den großen Städten bzw. Metropolen verschaffen sich diese Wettbewerbsvorteile.

Im Rahmen einer ökonomischen Logik, die sich auf solche metropolitanen Standorte konzentriert, genügt ein relativ *weitmaschiges europäisches Transportsystem*. Im Flugverkehr in Europa ziehen wenige Flughäfen immer mehr Verkehr an sich. Für die europäischen Hochgeschwindigkeitsverbindungen der Bahn gilt, dass Beförderungszeiten dadurch reduziert werden, dass nur noch wenige Haltepunkte bedient werden. Letztere übernehmen dann, unzulänglicher als früher, auch die Feinverteilung in den vergrößerten Raummaschen.

Bei der Standortsuche werden ebenfalls die wirklich großen Agglomerationsräume in Europa, sowie diejenigen mit einer Standortgunst insbesondere auf den forschungs- und entwicklungsintensiven Feldern bevorzugt. Durch die *Marketingstrategien der großstädtischen Regionen* ist es leichter, internationales Interesse auf Frankfurt zu lenken als auf Kassel. Durch die *Medienpräsenz* werden politische oder kulturelle Ereignisse kontinuierlich ins Gedächtnis gerufen, werden die Vorzüge eines Standorts nach innen wie nach außen optimal vermarktet.

Europäische Integration

Die fortschreitende europäische Integration, so der Beitritt einiger osteuropäischer Länder zur EU, wirkt gesamtwirtschaftlich in die gleiche Richtung wie die Globalisierung. Die gemeinsame Währung schafft und stärkt Vorteile gegenüber Konkurrenten außerhalb des Euro-Raumes. Daneben wird der bevorstehende EU-Beitritt Polens, Tschechiens und Ungarns die (ökonomische) Mittellage Deutschlands und die damit verbundenen Nähevorteile stärken.

Was die räumlichen Wirkungen betrifft, werden verschiedene Raumkategorien von der durch den europäischen Binnenmarkt beschleunigten Internationalisierung von Wirtschaft und Gesellschaft in unterschiedlichem Maße betroffen sein.

Die Reaktion auf die zuvor aufgeführten Veränderungen ist ein verstärkter Wettbewerb zwischen den Städten und Regionen um private Investitionen, d.h. um Arbeitsplätze. In den USA wurde diese Entwicklung bereits als „Wirtschaftskrieg" zwischen Städten und Regionen bezeichnet. Entscheidenden Einfluss auf diesen Prozess haben grundlegende Veränderungen bei den Prioritäten, Zuständigkeiten und Formen der Intervention des Staates in Wirtschaft und Gesellschaft.

Was den Bereich der politischen und planerischen Einflussnahmen angeht, steht Deutschland – wie Europa – am Ende des 20. Jahrhunderts in einem neuen Spannungsfeld zwischen den Ebenen: der europäischen, der nationalen, der regionalen und der lokalen. Auf allen Ebenen gibt es wichtige offene Fragen.

So könnte sich die *nationale* Ebene geschwächt sehen, weil auf der einen Seite immer mehr Kompetenzen auf die europäische Ebene verlagert werden, andererseits die regionale Ebene immer mehr Eigenständigkeit anmeldet. Die *Länder- und Regionalebene* hat sich im letzten Jahrzehnt sehr selbstbewusst gezeigt und hat – unter Bezug auf das Subsidiaritätsprinzip – eine neue regionale Selbstständigkeit eingefordert. Dies zeigt die zunehmende Interessenpolitik der Länder und Regionen, die bewusst unmittelbar mit der Europäischen Kommission verhandeln.

Technischer Fortschritt

Der technische Wandel bzw. einzelne technikspezifische Basisinnovationen werden räumliche Entwicklungstendenzen in der Zukunft wahrscheinlich noch deutlich stärker beeinflussen. Regionen mit bereits weiter entwickelter Infrastruktur im Bereich von Forschung und Entwicklung sowie mit anderen Fühlungsvorteilen haben in der Regel einen deutlichen Entwicklungsvorteil. Auf technische Innovationen bezogene Aktivitäten können die spezifischen Standortanforderungen unterschiedlicher Betriebszweige und Unternehmen (beispielsweise hinsichtlich des Flächenbedarfs) verändern und zu einer veränderten Bedeutung einzelner Standortfaktoren (z.B. „Kultur") führen. Die Entwicklungschancen von Regionen hängen künftig verstärkt davon ab, in welchem Maße es ihnen gelingt, sich diesen, durch technischen Wandel veränderten Standortanforderungen anzupassen.

Die *Informations- und Kommunikationstechnologie* bzw. *Telekommunikation* ist eine Basistechnologie, deren Vorhandensein eine absolute Bedingung für jede wirtschaftliche Aktivität ist: So ist die Globalisierung der wirtschaftlichen Aktivitäten von Unternehmen nicht denkbar ohne telekommunikative Unterstützung (50 % der transatlantischen Telekommunikation sind z. B. unternehmensintern). Was den Einfluss der Informations- und Kommunikationstechnologien auf die Siedlungsstruktur angeht, werden – vor allem ökonomisch begründete – indirekte Effekte erwartet, die sowohl Konzentrations- als auch Dezentralisierungsprozesse fördern können: Auf *nationaler* Ebene, vor allem aber weltweit, ist in der wirtschaftlichen Entwicklung eine großräumige Konzentration auf bestimmte Zentren zu beobachten, die die Hierarchie im nationalen und internationalen Städtegefüge beeinflusst.

Regional ist eher eine noch stärkere Dezentralisierung und siedlungsstrukturelle Dispersion zu erwarten. Die Telematik unterstützt nicht nur die Funktionstrennung zwischen Regionen, sondern auch kleinräumig im suburbanen Raum: Es ist ein trendverstärkender Effekt der neuen Kommunikationstechnologien zu erwarten: Die telematisch verstärkten siedlungsstrukturellen Entwicklungen laufen dem aktuellen Leitbild einer großräumig dezentral konzentrierten und kleinräumig kompakteren und durchmischteren Siedlung eher zuwider.

Insgesamt sind die kurz beschriebenen Rahmenbedingungen deshalb von besonderer Bedeutung, weil sie zu erheblichen Veränderungen der regionalen Bevölkerungs-, Wirtschafts-, Arbeitsmarkt-, Wohnungsmarkt- und Siedlungsentwicklung bzw. generell der regionalen Standortqualitäten in den nächsten Jahren/Jahrzehnten führen können. Auch wenn natürlich die Unsicherheit über Art, Umfang und Intensität ihrer räumlichen Auswirkungen z. T. relativ hoch ist, bilden sie deshalb gleichwohl eine wichtige Grundlage für die Annahmenfestlegung der nachfolgenden sektoralen regionalen Trendabschätzungen.

Sektorale regionale Trends

Die Abschätzung sektoraler regionaler Trends stützt sich auf aktuelle *Regionalprognosen des BBR*. Sie haben zum Ziel, *langfristige Entwicklungstendenzen*

- der Bevölkerung,
- der Erwerbspersonen und Arbeitsplätze,
- der Haushalte und Wohnungen sowie
- der Siedlungsflächen

in den Teilräumen des Bundesgebietes aufzuzeigen und zu quantifizieren. Die Regionalprognosen werden als *Status-quo-Prognosen* durchgeführt, d. h. als Prognosen, die für den Prognosezeitraum von weitgehend konstanten Rahmenbedingungen für die räumlich orientierte Politik ausgehen (keine Politikänderungen). Auf diese Weise können sie Chancen, aber auch mögliche Gefährdungen für die Raum- und Siedlungsstruktur des Bundesgebietes aufzeigen (Frühwarnfunktion).

Die *Methodik der Regionalprognosen* stützt sich auf einfache, nachvollziehbare Modelle. Sie basieren auf der Einsicht, dass Prognosen „wenn-dann-Aussagen" sind. Ihre Qualität wird entscheidend durch die Annahmen bestimmt sowie eine logisch nachvollziehbare Methodik. Solche einfachen Modelle erbringen nach aller Erfahrung zuverlässigere Ergebnisse und sind anwendungsfreundlicher als komplexe Erklärungsmodelle.

Jeweiliges Hauptergebnis der einzelnen Regionalprognosen ist eine generalisierende kartographische Synthese. Mit diesen *Synthesekarten* ist die Absicht verbunden, die Aussagen über die zukünftige Raumentwicklung im wesentlichen *visuell zu kommunizieren*, um damit auch eine breitere interessierte Fachöffentlichkeit zu erreichen. In der problemorientiert typisierenden Vorgehensweise der *Synthesekarten* wurde eine mittlere räumliche Auflösung zugrunde gelegt. Sie abstrahiert von administrativen Verwaltungsgrenzen.

Die Basisinformationen werden auch nicht mehr rein technisch überlagert, sondern durch den Filter des Expertenwissens selektiert, kombiniert und stilisiert. Die graphische Sprache der Synthesekarten entspricht diesem Vorgehen. Sie ist auf Symbole, einfache Flächensignaturen und stark generalisierte topographische Elemente reduziert. Es wird versucht, damit „Bilder" der zu beschreibenden Entwicklungstrends zu entwerfen.

Hinweis:
Ergebnisse der Regionalprognosen des BBR sind veröffentlicht in IzR-Themenheft 11/12.1999 „Perspektiven der künftigen Raum- und Siedlungsentwicklung"

Bei der kartographischen Umsetzung der Ergebnisse war zudem vorab zu klären, welches die angemessenen Basis-Elemente (Städte, Stadtregionen, Verdichtungsräume oder Agglomerationsräume) für die Darstellung des deutschen Städtesystems bzw. der Raumstruktur sind. Ziel war dabei nicht, z. B. eine exakte Identifizierbarkeit von Verdichtungsräumen im Sinne einer genauen Gebietsabgrenzung zu garantieren.

Für die Verdichtungsräume insgesamt ist in diesem Zusammenhang eine grundsätzliche Zweiteilung vorgenommen worden, die nochmals in zwei unterschiedliche Größenklassen unterteilt sind. Danach zeigen die Synthese- bzw. Szenariokarten:

- sehr dicht bevölkerte Großräume mit überdurchschnittlich großstädtisch, teils metropolenartig geprägten Kernräumen von internationaler bzw. europäischer Bedeutung; darunter mehrpolige Agglomerationsräume, also eine räumliche Aggregation von Großstädten und Verdichtungsräumen (Hexagonalsignaturen);
- überdurchschnittlich dicht besiedelte Verdichtungsräume, i.d.R. mit großstädtischen Zentren ausgestattet, die nationale bis regionale Bedeutung aufweisen (Quadratsignaturen).

Für die einzelnen Prognosen werden jeweils in aller Kürze Angaben zu den *Annahmen* gemacht. Die Annahmen passen sich weitgehend in das Annahmengerüst der Strukturdatenprognose des BMVBW zur Fortschreibung der Bundesverkehrswegeplanung ein (Bearbeiter: Ifo, München und BBR, 1999).

Regionale Bevölkerungsentwicklung

Bevölkerungsdynamik

Die Bevölkerung Deutschlands wächst weiterhin, jedoch mit abnehmender Geschwindigkeit. Zwei Ursachen sind dafür verantwortlich: Die Sterbeüberschüsse werden größer und die Wanderungsgewinne werden kleiner, bleiben aber immer noch größer als die Sterbeüberschüsse. Bis zum Jahr 2015 werden knapp 83,5 Mio. Einwohner prognostiziert. Gegenüber dem Jahresende 1996 ist dies ein Zuwachs um knapp 1,5 Mio. Personen oder 1,8 %. Die Dynamik der Bevölkerungsentwicklung resultiert aus starken Zuwanderungen aus dem Ausland. Ohne diese Zuwanderungen würde die Bevölkerung im gleichen Zeitraum um fast 4,3 Mio. Menschen abnehmen. Es werden zwar 13,4 Mio. Geburten prognostiziert, zugleich aber auch 17,7 Mio. Sterbefälle.

Ost- und Westdeutschland zeigen gegenläufige Entwicklungen. In Westdeutschland wird die Bevölkerung von ca. 64,4 Mio. (Ende 1996) um gut 2,7 Mio. oder 4,3 % auf 67,1 Mio. zunehmen. Denn einem noch relativ geringen Sterbeüberschuß von 41 je 1 000 der Ausgangsbevölkerung stehen dort Wanderungsgewinne – aus dem Ausland wie auch aus Ostdeutschland – von fast 84 je 1 000 gegenüber (vgl. in der Karte „Synthese: Demogaphische Entwicklung" die großen geschlossenen Gebiete im Norden und im Westen, S. 173).

Die Bevölkerung Ostdeutschlands nimmt dagegen ab, um knapp 1,3 Mio. Personen oder gut 7 %. Hauptursache sind die Sterbeüberschüsse im Gefolge des historischen Geburtenrückgangs nach 1989. Trotz des erwarteten Wiederanstiegs der Fruchtbarkeit führen die natürlichen Bewegungen der Geburten und Sterbefälle zu einer Minderung der Bevölkerung um fast 10 % in diesen 19 Jahren. Die Binnenwanderungsverluste in Richtung Westdeutschland fallen da kaum noch ins Gewicht, zumal sie nunmehr durch Außenwanderungsgewinne mehr als kompensiert werden.

Siedlungsstrukturelle Auswirkungen

Was die Veränderungen der Siedlungsstruktur betrifft, zeigen sich Ost-West-Unterschiede. Im Westen werden im großen wie im kleinen Maßstab Dekonzentrationsprozesse erwartet. Im Osten laufen großräumige Konzentrationsprozesse, während kleinräumige Dekonzentrationsprozesse gerade begonnen haben und sich verstärken werden.

Die großräumige Konzentration nimmt im Westen leicht ab. Der Anteil der Personen, die in Agglomerationen leben, sinkt zugunsten der verstädterten und der ländlichen Räume. Dahinter steht ein aktiver Disurbanisierungsprozess, hervorgerufen durch Wanderungen von den höher verdichteten in die weniger verdichteten Regionen. Eine weitere, jedoch passive Disurbanisierung findet statt, weil die Agglomerationen überproportional an den Sterbeüberschüssen teilhaben, weshalb ihr Bevölkerungsanteil ebenfalls sinkt. In den Agglomerationen leben zwar ca. 53 % der Bevölkerung, auf diese konzentrieren sich aber 63 % aller westdeutschen Sterbeüberschüsse.

Der ostdeutsche Anteil der Bevölkerung in den Agglomerationen nimmt zwar leicht zu, bleibt aber unter dem westdeutschen Anteil. In den Agglomerationen werden knapp 49 % aller Ostdeutschen leben. In absoluten Zahlen nimmt die Bevölkerung dort zwar ab, aber die verstädterten und die ländlichen Regionen verlieren noch mehr Bevölkerung. In kleinräumiger Sicht verlieren die Kernstädte durchweg Anteile zugunsten ihres Umlandes. Dieses besteht zumeist noch aus ländlichen Kreisen, da sich die im Westen beobachtete ringförmige Verdichtung um die Städte dort erst noch herausbilden wird.

Altersstrukturelle Veränderungen

Altersstrukturelle Veränderungen verlaufen in Ost und West teils ähnlich, teils gegensätzlich. Bei den Altersgruppen über 40 Jahre ist die Entwicklung gleichgerichtet, wenn auch mit unterschiedlicher Intensität. Die besonderen Gruppen der nach 1990 Geborenen durchlaufen dagegen – als „Wellental" in der Zukunft die einzelnen Altersstufen. Im Jahr 2015 haben sie die Altersgruppe der Studenten erreicht, deren Zahl sich gegenüber der jüngsten Vergangenheit um rund ein Viertel vermindert. Die Schülerzahl der Sekundarstufen I und II wird sich dann annähernd halbiert haben.

Der Prozess der Bevölkerungsalterung läuft zwar bereits seit Jahrzehnten, seine stärkste Dynamik wird jedoch erst für die 20er Jahre des nächsten Jahrhunderts erwartet, wenn die Baby Boom-Generation der 60er Jahre in Rente geht. Die räumlichen Besonderheiten treten allerdings bereits jetzt und in den nächsten beiden Jahrzehnten zutage.

Großräumig zeigt der Prozess der künftigen Alterung in West und Ost uneinheitliche Tendenzen. Dünner besiedelte Regionen haben im Westen leicht höhere Anteile älterer Menschen als die hochverdichteten Regionen. Im Osten sind dagegen erhebliche Unterschiede in der Dynamik zu erwarten: Hohe Zuwächse an alten Menschen in den ländlich geprägten Regionen, dagegen niedrige Zuwächse in den Regionen mit großen Verdichtungsräumen. Innerhalb der Agglomerationen altert das Umland stark, die Kernstädte schwächer. Dies ist eine Spätfolge der Suburbanisierung seit den 60er Jahren. Im Westen ist dieses intraregionale Gefälle der Alterungsdynamik weit größer als im Osten. Im Westen ist langfristig mit einer Nivellierung regionaler

Wesentliche Annahmen

Die Prognoseergebnisse werden bestimmt durch räumliche Unterschiede in der Fertilität (Geburtenhäufigkeit), in der Mortalität (Lebenserwartung) und der Mobilität sowohl zwischen den Regionen als auch bei den internationalen Wanderungsbeziehungen. Derzeit und in der nächsten Zukunft wird eine Konsolidierung dieser Faktoren erwartet. Diese besteht aus Angleichungsprozessen zwischen Ost- und Westdeutschland, aus Stabilisierungstendenzen bei neu herausgebildeten Mustern und schließlich aus dem Verschwinden einigungsbedingter Besonderheiten im demographischen Verhalten. Im einzelnen werden folgende Hauptannahmen getroffen:

In den neuen Ländern steigt die *Fruchtbarkeit* wieder an. Der schockartige Rückgang der Geburten um 60 % zwischen 1989 und 1994 wird jedoch keineswegs ausgeglichen. Anpassungen an westdeutsche Muster betreffen die steigende Zahl kinderloser Frauen, die Tendenz zu Geburten später im Lebenslauf und die Zunahme regionaler Unterschiede der Fertilitätsmuster. Die Lücke in der Lebenserwartung zwischen Ost- und Westdeutschen verringert sich.

Die *Binnenwanderungsverluste* der neuen Länder nehmen ab, weil die arbeitsmarktinduzierten Fortzüge in den Westen weniger, die Zuzüge aus dem Westen dagegen mehr werden. Ein ausgeglichener Wanderungssaldo wird allerdings noch nicht erreicht.

Die *Mobilität* zwischen den Regionen der neuen Länder steigt. Als ökonomische Wachstumspole werden die Agglomerationen Berlin, Leipzig und Dresden eingestuft. Die östlich gelegenen, dünn besiedelten Regionen haben überproportionale Wanderungsverluste, weil von dort aus die Alternative des Arbeitspendelns nach Westdeutschland schlechter realisiert werden kann. Der Suburbanisierungsprozess zwischen den Städten und deren Umland stabilisiert sich. Im Westen haben Teile der internationalen Wanderungen in Form von Kettenwanderungen einen Einfluss auf die Binnenwanderungsmuster. Ein weiteres jüngeres Phänomen ist das Hinausschwappen der Suburbanisierung aus den großen süddeutschen Agglomerationen in deren Nachbarregionen (Desurbanisierung).

Die *internationalen Wanderungen* stabilisieren sich auf hohem Niveau. Dies ist bereits ein Erfolg für eine restriktive Zuwanderungspolitik, denn die Rahmenbedingungen der internationalen Mobilität (die Push- und Pullfaktoren) lassen einen steigenden Zuwanderungsdruck der Industrieländer erwarten. Bei einem internationalen Wanderungsvolumen von jahresdurchschnittlich ca. 1,6 Mio. Personen wird mit Nettowanderungsgewinnen von 300 000 Personen gerechnet. Diese werden sich vorwiegend (zu gut 80 %) im Westen ansiedeln.

Unterschiede beim Anteil der Hochbetagten zu rechnen, im Osten dagegen mit einer Verstärkung.

Zuwanderungen aus dem Ausland

Die Zuwanderungen aus dem Ausland – zwischen 1997 und 2015 ist mit einem Nettogewinn von 5,7 Mio. Personen zu rechnen – verteilen sich sehr unterschiedlich auf die einzelnen Räume in Deutschland. Lange Jahre waren die Agglomerationen Westdeutschlands bevorzugte Zielgebiete der Zuwanderer. Dies hat sich mit dem Hinzukommen deutschstämmiger Einwanderer in den letzten zehn Jahren geändert. Die Zuzüge zeigen eine räumliche Verzerrung, hervorgerufen durch die Steuerungsfunktion der Aussiedleraufnahmelager. Auf nur neun Kreise verteilen sich mehr als drei Viertel dieser Personengruppe. In diesen Kreisen liegt in der Regel jedoch nicht der endgültige Wohnstandort

Karte 93

Die Karte zeigt die durch die natürliche Bevölkerungsentwicklung und die Wanderungen verursachten demographischen Veränderungstrends in den Regionen. In vielen Regionen steigt der Anteil der alten Bevölkerung, in Ostdeutschland vorwiegend durch Abwanderung der jungen und in Westdeutschland als Folge der Suburbanisierung.

der Aussiedler. Wenn die Aussiedler weiterziehen, erfolgt über die Binnenwanderungen eine Umverteilung, bei der allerdings die „alten", charakteristischen Muster der internationalen Wanderungsverflechtungen nicht wiederhergestellt werden. Die Dominanz der süddeutschen Agglomerationen als Zuzugsregionen erscheint abgeschwächt, der Nordwesten Deutschlands (und dort insbesondere Gebiete geringerer Dichte) werden verstärkt zu Zielgebieten von Außenwanderungen bzw. von deren Folgewanderungen.

Synthese: Zukünftige räumlich-demographische Problemstellungen

Die skizzierte Bevölkerungsentwicklung hat Auswirkungen, die möglicherweise auch zu *raumordnungspolitischen Problemen* führen werden. Im folgenden sind einige dieser Probleme angerissen.

In den westdeutschen Agglomerationen, insbesondere in deren weiterem Umland, hält die disperse Siedlungsentwicklung an, d.h. es kommt zu einer weiteren flächenhaften und flächenverbrauchenden Suburbanisierung, verbunden mit den bekannten

Gleichzeitigkeit von Wachstum und Schrumpfung der Bevölkerung

verkehrlichen und ökologischen Problemen. In den ostdeutschen Regionen, vor allem in den schon heute dünn besiedelten Räumen, sind demgegenüber Probleme hinsichtlich der Aufrechterhaltung funktionsfähiger regionaler Arbeits- und „Versorgungsmärkte" sowie hinsichtlich bestimmter siedlungsstruktureller Vorstellungen (z.B. mit Blick auf Zentrale-Orte-Systeme) zu erwarten. Infolge Bevölkerungsabnahme durch anhaltende selektive Abwanderung droht zudem, dass sich die langfristigen Standortbedingungen verschlechtern und künftige wirtschaftliche Entwicklungen behindert werden.

Die Alterung der Bevölkerung, also die starke Zunahme alter Menschen, wird zu einer flächenhaften Erscheinung. Mit Blick auf die schlechtere Erreichbarkeit von Infrastruktur für ältere Menschen im suburbanen Raum müssen auch alternative Kon-

Anpassungsdruck bei der Ausstattung mit Infrastruktur für ältere Menschen

zepte ins Auge gefasst werden, bei denen auch die Mobilität eine Rolle spielt. Die Suburbanisierung des Alterungsprozesses in den alten Ländern erzeugt Problemdruck bereits nach dem Jahr 2000. Die Zahl der Hochbetagten wächst dann erheblich an. In den neuen Ländern wird die Konzentration der Alten in den ländlichen Kreisen am stärksten sein.

Die Bevölkerungsentwicklung ist mittelfristig immer stärker durch Zuwanderungen aus dem Ausland (Aussiedler, Ausländer mit Aufenthaltsbewilligung oder Asylbewerber) geprägt. Dies führt zu besonderen sozio-ökonomischen Integrationsaufgaben dort, wo der Anteil der Ausländer bzw. der aus dem Ausland zugewanderten Personen an der Wohnbevölkerung schon heute sehr hoch und wo gleichzeitig das Angebot

Integrationsaufgaben regional sehr unterschiedlich

an preiswerten Wohnungen und/oder Erwerbsmöglichkeiten knapp ist. Dies betrifft vor allem die großen Agglomerationen in den alten :ändern bzw. in der Mitte und im Süden des Bundesgebietes am stärksten (vgl. kartographische Darstellung „Synthese: Demographische Entwicklung"). Zu den großen Agglomerationen, die bereits über langjährige Integrationserfahrung verfügen, kommen nunmehr Regionen geringerer Dichte im Nordwesten hinzu.

Ausblick: Tendenzen der künftigen Raumentwicklung 173

Synthese: Demographische Entwicklung

© BBR Bonn 2000
ROB 2000

100 km

Veränderungstrends bis 2015

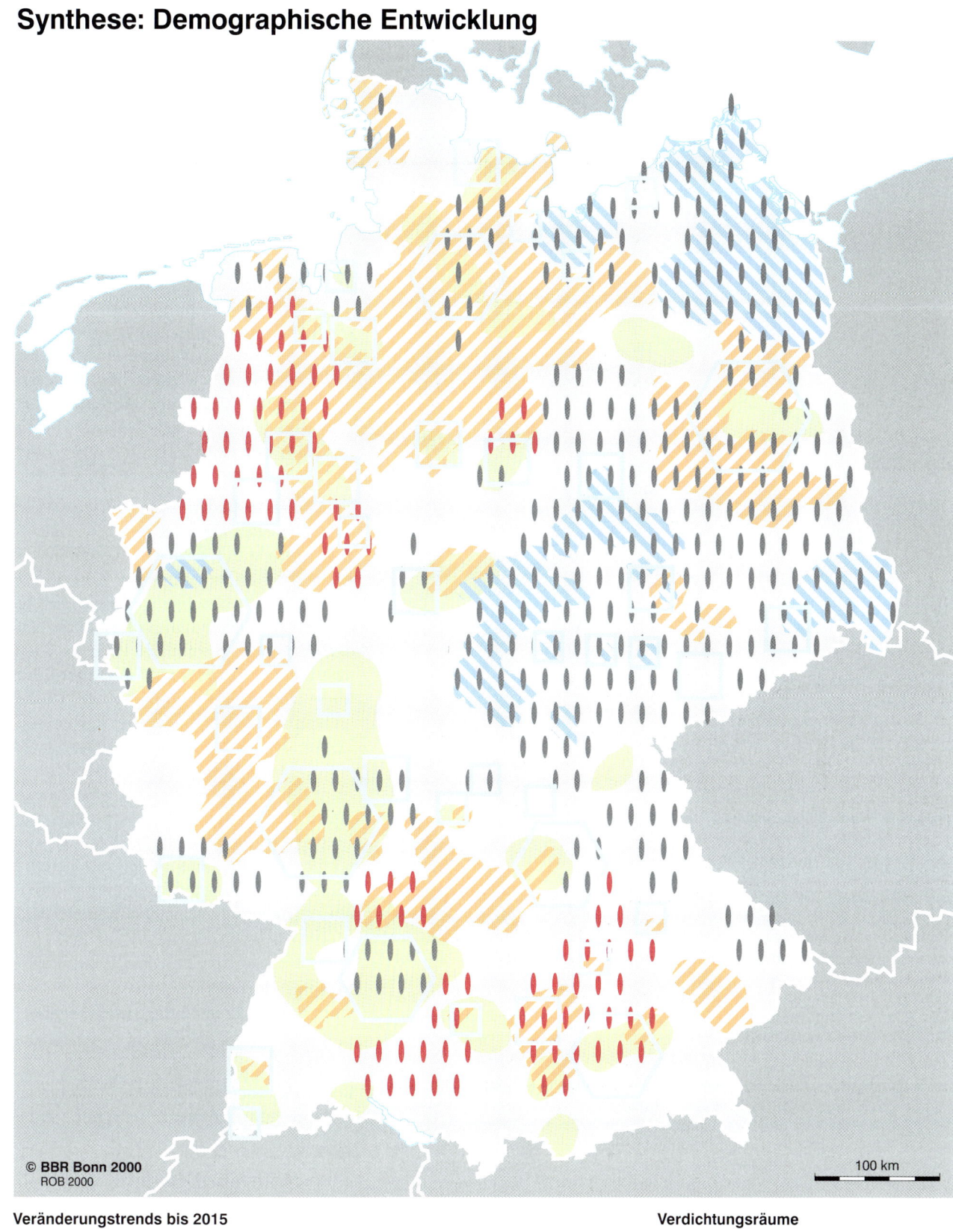

- hohe Wanderungsgewinne
- hohe Wanderungsverluste
- hoher Integrationsbedarf von Zuwanderern und Ausländern

- Geburtenüberschuss
- starke Alterung der Bevölkerung

Verdichtungsräume

klein: unter 250 000 Einwohner
groß: 250 000 bis unter 1 Mio. Ew.

klein: 1 Mio. bis unter 3 Mio. Ew.
groß: 3 Mio. Einwohner und mehr

Datenbasis: Regionalprognosen 1999 des BBR

Karte 94

Die durch die zu erwartende Veränderung bei der Zahl der Erwerbspersonen bzw. der Arbeitsplätze entstehende Situation auf den regionalen Arbeitsmärkten wird in dieser Karte vor dem Hintergrund der Arbeitslosenzahl von 1998 dargestellt. Die Entlastung der Arbeitsmärkte mit bestehenden hohen Arbeitslosenzahlen geschieht vorrangig durch den zu erwartenden Rückgang der Erwerbspersonen.

Regionale Arbeitsmarktentwicklung

Auf dem Arbeitsmarkt stehen sich das Arbeitskräfteangebot und die Arbeitskräftenachfrage gegenüber. Das Arbeitskräfteangebot (= Erwerbspersonen) bestimmt sich aus der Zahl und Struktur der in einer Region lebenden erwerbsfähigen Bevölkerung (= demographische Komponente) und deren Bereitschaft, Möglichkeit und Neigung, sich am Erwerbsleben zu beteiligen (= Verhaltenskomponente). Die Arbeitskräftenachfrage (= Arbeitsplätze) resultiert aus wirtschaftsstrukturellen, konjunkturellen und standortbedingten Faktoren. Beide Seiten unterliegen einem stetigen und wechselseitig abhängigen Wandel.

Die gesamtwirtschaftlichen Eckdaten zur Entwicklung der *Arbeitskräftenachfrage* bilden eine Synopse aus Modellrechnungen verschiedener Institute. So gehen u.a. die Modellrechnungen des Instituts für Arbeitsmarkt und Berufsforschung (IAB) zu den Arbeitsmarktperspektiven bis 2010 sowie Modellrechnungen des PROGNOS-Deutschland-Reports 2005–2010–2020 in die Eckdatenschätzung ein. Für Deutschland wird demnach bis 2010 auf Basis von Status-quo-Annahmen ein leichter Zuwachs der Erwerbstätigkeit erwartet. Der Zuwachs kommt vor allem den westdeutschen Regionen zu Gute, während für fast alle ostdeutschen Regionen mit einem Rückgang der Erwerbstätigkeit zu rechnen ist.

Basis der *Arbeitskräfteangebotsseite* bildet eine eigenständige Schätzung des BBR. In Westdeutschland wird mit Ausnahme der meisten Agglomerationen die Zahl der Erwerbspersonen ansteigen, während sich für Ostdeutschland ein nahezu flächendeckender Rückgang abzeichnet. Daraus folgt, dass die alten Länder eher mit einer Erhöhung des arbeitsmarktpolitischen Drucks rechnen müssen, weil dort der leichten Belebung der Arbeitskräftenachfrage meist ein noch stärkerer Anstieg des Arbeitskräfteangebotes gegenübersteht, während die neuen Ländern mit einer z.T. beachtlichen Entlastung ihrer Arbeitsmärkte rechnen können, die allerdings infolge von Erwerbsverzicht oder Abwanderung eine Reaktion auf bestehende Arbeitsmarktungleichgewichte ist.

Regionale Entwicklung von Arbeitskräftenachfrage und -angebot

In Westdeutschland wird die *Arbeitsmarktentwicklung* auch künftig – bei genereller Belastung der Arbeitsmärkte – durch bestimmte Abweichungen zwischen Süden

Süd-Nord-Gefälle am westdeutschen Arbeitsmarkt erhöht sich wieder leicht

und Norden geprägt sein: Im Norden rührt der Druck auf den Arbeitsmarkt vor allem von der Erwerbspersonenseite her (Emsland, Lüneburg, Südheide). Im Süden stehen die Arbeitsmärkte unter deutlich

Wesentliche Annahmen

Die Schätzung der regionalen *Arbeitskräftenachfrage* erfolgt nach einem „top-down-Verteilungs-Modell". Die auf der Basis einer Synopse verschiedener Forschungsinstitute (u.a. Institut für Arbeitsmarkt und Berufsforschung) unter Status-quo Bedingungen geschätzten gesamtwirtschaftlichen Eckdaten werden zunächst auf die Bundesländer verteilt. Hierzu werden Prognoseergebnisse des Deutschen Instituts für Wirtschaftsforschung herangezogen. Damit liegen absolute Werte für die Bundesländer zum Prognosezeitpunkt 2010 vor. Diese dienen wiederum als Eckdaten der Regionen eines Landes. Ausgangspunkt der Prognose ist somit die Erwerbstätigenentwicklung ausgedrückt als Anteil der Raumordnungsregion an der Landessumme. Bei dieser Analyse geht es – einfach formuliert – zunächst um die Frage, ob eine Region sich auf einem „aufsteigenden oder absteigenden Ast" befindet. Für Westdeutschland konnte hierzu auf Erwerbstätigenzahlen für den Zeitraum 1985–1997 zurückgegriffen werden. Der Analysezeitraum für Ostdeutschland, wo sich erste regionale Entwicklungstrends inzwischen abzeichnen, reicht von 1991 bis 1997. Auf dieser Basis erfolgt eine Fortschreibung bis zum Jahre 2010 mit Hilfe alternativer Schätzverfahren (einfache Trendfortschreibung und autoregressives Modell). Die so erzielten Ergebnisse werden einer Plausibilitätsüberprüfung unterzogen und wenn notwendig angepasst.

Die Schätzung des regionalen *Arbeitskräfteangebotes* erfolgt im wesentlichen über eine Prognose der Erwerbsbeteiligung (operationalisiert durch die Erwerbsquote, berechnet als Anteil der Erwerbspersonen an der Bevölkerung). Daten zum Niveau und zur Entwicklung der Erwerbsbeteiligung liefert der jährliche Mikrozensus (altersspezifische Erwerbsquoten, differenziert nach Fünfjahresaltersgruppen der männlichen und weiblichen Bevölkerung). Seit 1991 gibt es diese Informationen auch für die neuen Länder. Auf Basis langer Reihen erfolgte zunächst für jede Fünfjahresaltersgruppe der männlichen und weiblichen Bevölkerung eine Trendfortschreibung der Erwerbsquote bis 2010, unter Berücksichtigung möglicher Rückwirkungen von Gesetzesänderungen auf die künftige Erwerbsbeteiligung (z.B. Heraufsetzung des Rentenalters, Änderung von Altersübergangsregelungen). Regionalisiert wurden diese Quoten auf Basis der Ergebnisse von Sonderaufbereitungen des Mikrozensus nach Raumordnungsregionen (männlich, weiblich, unter 30 Jahre, 30 bis 49 Jahre, 50 Jahre und älter). Für die ostdeutschen Regionen wird eine langfristige Anpassung des Erwerbsverhaltens an das Niveau der alten Länder unterstellt, wobei die aktuellen regionalen Unterschiede der Erwerbsquoten im Prognosezeitraum beibehalten werden.

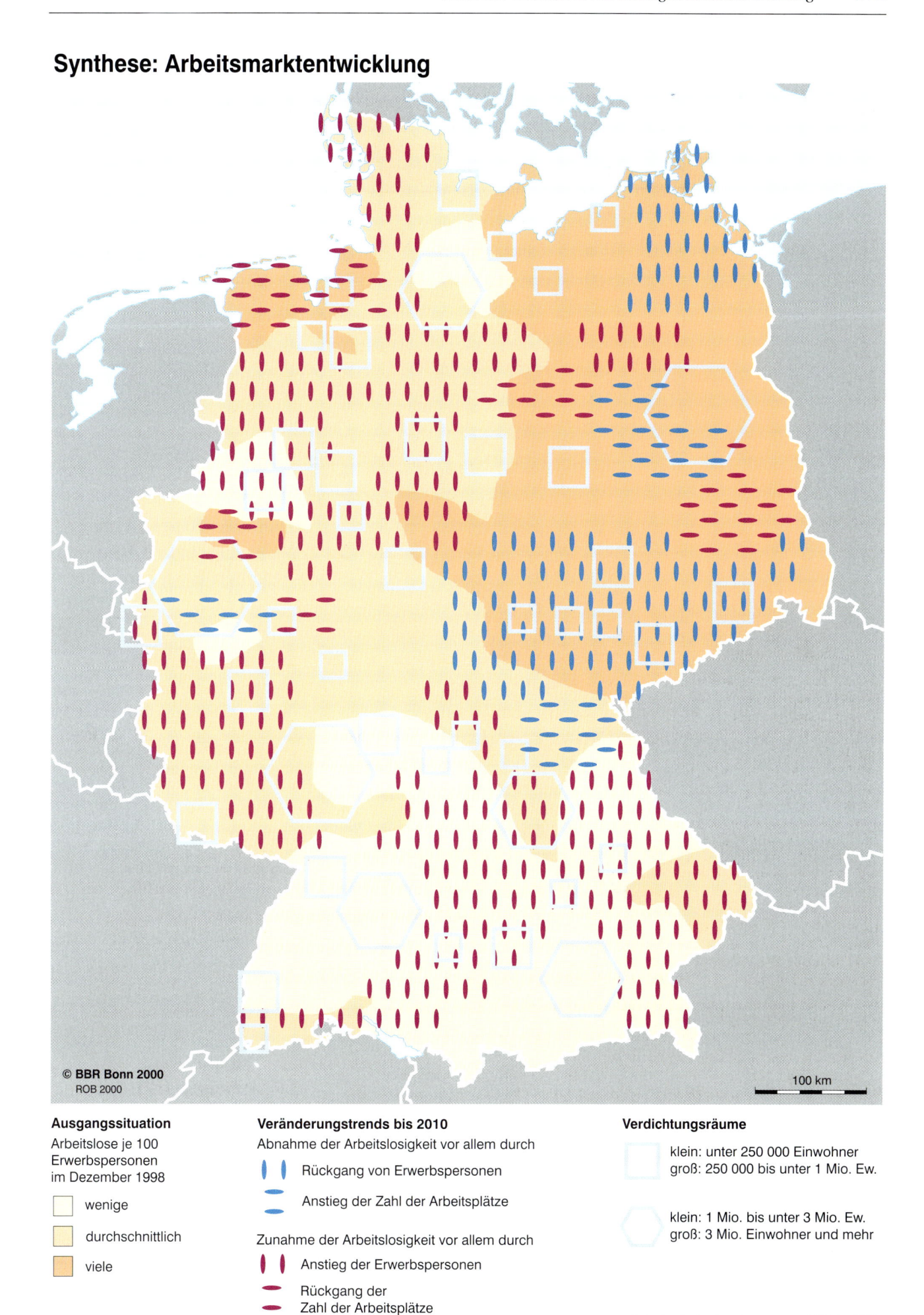

Ausblick: Tendenzen der künftigen Raumentwicklung 175

Synthese: Arbeitsmarktentwicklung

© BBR Bonn 2000
ROB 2000

100 km

Ausgangssituation

Arbeitslose je 100 Erwerbspersonen im Dezember 1998

- wenige
- durchschnittlich
- viele

Veränderungstrends bis 2010

Abnahme der Arbeitslosigkeit vor allem durch

- ❘ ❘ Rückgang von Erwerbspersonen
- ━ Anstieg der Zahl der Arbeitsplätze

Zunahme der Arbeitslosigkeit vor allem durch

- ❘ ❘ Anstieg der Erwerbspersonen
- ━ Rückgang der Zahl der Arbeitsplätze

Verdichtungsräume

- klein: unter 250 000 Einwohner
- groß: 250 000 bis unter 1 Mio. Ew.

- klein: 1 Mio. bis unter 3 Mio. Ew.
- groß: 3 Mio. Einwohner und mehr

Datenbasis: Regionalprognosen 1999 des BBR
ROB 2000

besseren Vorzeichen. Dem vergleichsweise geringeren Erwerbspersonenzuwachs steht hier meist eine höhere Beschäftigungsdynamik gegenüber, so dass die Arbeitsmärkte dieser Regionen bis 2010 vergleichsweise weniger als im Norden belastet werden. Das Süd-Nord-Gefälle wird sich wieder leicht erhöhen, obgleich einige norddeutsche Regionen Beschäftigungszuwächse realisieren können.

In Ostdeutschland ergibt sich bis 2010 vor allem in den Ländern Thüringen, Sachsen und Sachsen-Anhalt sowie im östlichen Mecklenburg-Vorpommern eine z.T. beachtliche (statistische) Entlastung der regionalen Arbeitsmärkte. Diese resultiert aber weniger aus einem Anstieg der Arbeitsplätze als vielmehr in erster Linie aus einem Rückgang des *Arbeitskräfteangebots*. Dahinter stehen individuelle Reaktionsformen auf Arbeitslosigkeit wie Fernpendeln, Erwerbsverzicht und Rückzug in die stille Reserve. Die voraussichtliche Entwicklung der *Arbeitskräftenachfrage* wird sehr differenziert verlaufen: Die Palette reicht von leichten Beschäftigungsgewinnen (Havelland-Fläming, Mittelthüringen, Oberes Elbtal/Osterzgebirge) bis hin zu anhaltend starken

Nord-Süd-Gefälle der Unterbeschäftigung im Osten verstärkt sich

Beschäftigungsverlusten (Altmark, Dessau, Magdeburg). Infolge dieser regionalen Unterschiede in der Entwicklung von Arbeitskräfteangebot und -nachfrage wird sich in den neuen Ländern ein anhaltendes Nord-Süd-Gefälle der Unterbeschäftigung herausbilden.

Synthese:
Regionale Arbeitsmarktentwicklung

Die Entwicklung von Arbeitskräftenachfrage und -angebot bis 2010 zeigt, dass Beschäftigungsgewinne allein kein Garant für einen Abbau der Unterbeschäftigung sind. So müssen viele der westdeutschen Regionen außerhalb der Agglomerationsräume von weiteren Belastungen ihrer Arbeitsmärkte ausgehen, obwohl sie Beschäftigungsgewinne erwarten können (vgl. Karte 94: Synthese: Arbeitsmarktentwicklung, S. 175). Denn dort steigt das Arbeitskräfteangebot noch stärker, so dass die Arbeitsplatzzuwächse mehr als kompensiert werden. In allen anderen Raumtypen kommt es zu einer Entlastung der Arbeitsmärkte. In Ostdeutschland ist hierfür durchweg der starke Rückgang der Er-

Beschäftigungszunahme allein kein Garant für Abbau von Unterbeschäftigung

werbspersonen verantwortlich, während in den westdeutschen Agglomerationen dagegen die Zahl der Arbeitsplätze stärker als die Zahl der Arbeitsplatzsuchenden wächst.

Die Belastungs- und Entlastungseffekte fallen nicht nur je nach Region unterschiedlich aus, sondern setzen auch auf unterschiedlichen Problemkonstellationen und -niveaus auf. In den strukturschwachen westdeutschen Regionen bleiben die gegenwärtigen Arbeitsmarktprobleme in der

Arbeitsmarktprobleme in strukturschwachen Räumen bleiben bestehen

Regel weitgehend bestehen (vgl. die niedersächsischen Regionen an der Nordseeküste sowie nördliches und östliches Ruhrgebiet). In einzelnen Regionen ist sogar eine weitere Verschärfung zu befürchten, indem sich Arbeitskräfteangebot und -nachfrage gegenläufig entwickeln.

In vielen ländlichen Regionen ohne ausgeprägte Strukturprobleme wird die Belastung der regionalen Arbeitsmärkte trotz günstiger Arbeitsplatzentwicklung ebenfalls zunehmen, da das Arbeitskräfteangebot stärker steigt als die Nachfrage der Unternehmen nach Arbeit.

Im Falle bestimmter Regionen (wie Franken oder dem Nordschwarzwald) wird sich die räumliche Nähe zu einer strukturstarken Agglomeration entlastend auswirken.

Entspannung der Arbeitsmarktlage in Agglomerationsräumen, auch in den neuen Ländern

Ebenfalls ist für die Mehrzahl der westdeutschen Agglomerationsräume (wie z.B. München oder Rhein-Main), die aufgrund ihrer Strukturstärke die Funktion gesamtwirtschaftlicher Wachstumspole innehaben, unter Status-quo-Bedingungen mit einer Entspannung der Arbeitsmarktlage zu rechnen.

Bedingt durch einen überaus starken Rückgang der Erwerbspersonen kommt es in einer großen Zahl von ostdeutschen Regionen zu einer Entlastung der überaus angespannten Arbeitsmärkte. Günstige Perspektiven ergeben sich für einzelne – gemessen am ostdeutschen Durchschnitt – strukturstärkere Regionen (wie Potsdam-Mittelmark, Leipzig, Dresden oder Erfurt), da dort einem sinkenden Arbeitskräfteangebot eine steigende Arbeitskräftenachfrage gegenübersteht. In Regionen wie Cottbus oder der Altmark ist hingegen aufgrund einer stark zurückgehenden Arbeitskräftenachfrage mit einer weiteren Verschärfung der arbeitsmarktpolitischen Problemlagen zu rechnen.

Regionale Wohnungsmarktentwicklung

Gegenstand der zukunftsbezogenen Beschäftigung mit der Wohnungsmarktentwicklung ist die Einschätzung der zu erwartenden Wohnungsnachfrage, die daraus folgende Neubautätigkeit im Zeitraum 1996 bis 2015 und deren Auswirkungen auf die Wohnungsversorgung und die Siedlungsentwicklung.

Allgemeine Trends

Die erste Hälfte der 90er Jahre war durch große Wohnungsmarktengpässe und dementsprechend große Neubaunachfrage gekennzeichnet. In den alten Ländern trafen außerordentlich hohe Bevölkerungsgewinne mit Zuwächsen der Realeinkommen zusammen; in den neuen Ländern ermöglichten die Einkommenszuwächse, auch wenn sie noch längst nicht an das Niveau der alten Ländern heranführten, den Beginn des Abbaus des Versorgungsdefizits gegenüber den alten Ländern.

In der zweiten Hälfte des Jahrzehnts minderten rückläufige Außenwanderungsgewinne und stagnierende Realeinkommen den Wohnungsnachfragezuwachs. Die intensive Bautätigkeit der Jahre 1993–1996, in den neuen Ländern besonders durch die Sonderabschreibungen nach Fördergebietsgesetz stimuliert, trug den aufgestauten Nachfrageüberhang ab, so dass zur Zeit von einem ausgeglichenen Wohnungsmarkt, in vielen Teilen der neuen Länder sogar von einem Angebotsüberhang – spe-

Wesentliche Annahmen

Die zukünftige Wohnungsnachfrage wird zum einen von der künftigen Bevölkerungsentwicklung beeinflusst. Hier werden die Ergebnisse der aktuellen BBR-Bevölkerungsprognose 2015 zugrundegelegt. Zum anderen wird die Wohnungsnachfrage von den Verhaltensfaktoren Eigentumsbildung und individuelle Wohnflächennachfrage bestimmt. Es wird von folgenden *Grundannahmen* ausgegangen:

Der Trend zur *Wohneigentumsbildung* setzt sich weiter fort und verlangsamt sich nur wenig. Demographisch erfährt die Wohneigentumsbildung im Westen zur Zeit sogar eine Beschleunigung, da die geburtenstarken Jahrgänge nunmehr das für den Ersterwerb von Wohneigentum typische Alter von 35–40 Jahren erreichen. Die Präferenzen einer großen Bevölkerungsmehrheit sind auf dieses Ziel gerichtet. Bei der Annahme von mindestens zwei Dritteln der Bevölkerung, die an der weiteren Wohlstandsentwicklung partizipieren werden, existiert ein ökonomisches Potenzial für eine weitere Steigerung der Eigentümerquote. Hinzu kommt, dass die Eigentumsbildung zur Zeit von einer Wohnungspolitik gestützt wird, die auf die sogenannten „Schwellenhaushalte" konzentriert ist und die Förderung generell vom Mietwohnungsbau auf den Eigentumsneubau umlenkt, indem z.B. auch die Abschreibungskonditionen für Kapitalanleger im Mietwohnungsbau verschlechtert werden.

Bei der Entwicklung der zukünftigen *individuellen Wohnflächennachfrage* überwiegen eher die Faktoren, die ein weiteres Wachstum bremsen. Schon seit Beginn der 80er Jahre zeigt sich in den alten Ländern ein solcher Sättigungstrend. Dieser wird sich auch in der Zukunft fortsetzen, da zum einen der Zusatznutzen eines zusätzlichen Quadratmeters Wohnfläche geringer wird, wenn der erreichte Stand der Wohnflächenversorgung steigt. Zum anderen verhalten sich die meisten der aus kontinuierlich wachsenden ökologischen Anforderungen herrührenden Steigerungen der Bau- und Betriebskosten proportional zur Wohnfäche, so dass real weiter steigende Ausgaben für das Wohnen mehr in höhere ökologische Wertigkeiten und weniger in zusätzliche Wohnfläche fließen werden.

ziell im Geschosswohnungssektor – ausgegangen werden kann.

Da die Bevölkerungsprognose keinen erneuten Anstieg der Zuwanderungen und die künftige Arbeitsmarktentwicklung keinen nennenswerten Abbau des hohen Sockels der Arbeitslosigkeit erwarten lässt, ist auf dem Wohnungsmarkt kein Nachfrageschub vergleichbarer Größenordnung wie Anfang der 90er Jahre abzusehen. Die Grundtendenz ist also eine Entlastung der Wohnungsmärkte, und zwar in erster Linie derjenigen des Geschosswohnungsbaus, da der weitgehend unvermindert anhaltende Trend zum Wohneigentum die Neubaunachfrage nach Eigenheimen weiter auf hohem Niveau hält.

Regionale Entwicklungen

Die *Wohnungsbauintensität* (bezogen auf die Einwohnerzahl), die in den neuen Ländern zur Zeit noch etwas höher ist als in den alten, wird in den neuen Ländern stärker zurückgehen, so dass in beiden Teilen ein annähernd gleiches Niveau erreicht wird. Während der Neubau in den alten Ländern jedoch zu etwa gleichen Teilen auf die Nachfrage zusätzlicher Bewohner und die steigende Wohnflächennachfrage der ansässigen Bevölkerung zurückzuführen ist,

Karte 95
Vor dem Hintergrund der Ausgangssituation von 1997 in der Wohnflächenversorgung werden hier die – unter Status-quo-Bedingungen – zu erwartenden extremen Trends besonders intensiver bzw. geringer Neubautätigkeit regional dargestellt. Die Neubautätigkeit verlagert sich immer stärker in das erweiterte Umland der Agglomerationsräume.

geht der Neubau in den neuen Ländern allein auf die Zunahme der individuellen Wohnflächennachfrage im Zuge der schrittweisen Annäherung an das Niveau der alten Länder zurück.

Die Ländergruppe Berlin/Brandenburg hat zukünftig (vgl. Karte 89: Synthese: Wohnungsmarktentwicklung) die mit Abstand größte Wohnungsbauintensität in Deutschland und wird damit die Ländergruppe Süd (Baden-Württemberg und Bayern) weit übertreffen, wo bislang der relativ meiste Wohnungsbau stattfand. Letztere Gruppe wird zukünftig auch von der nordwestdeutschen und – zwar weniger stark – von der mittleren Ländergruppe (Hessen, Rheinland-Pfalz und Saarland) übertroffen werden, da diese stärkere Bevölkerungszuwächse aufweisen werden.

In den Agglomerationsräumen ist die zukünftige *Neubautätigkeit* (bezogen auf die Einwohnerzahl) schwächer als in den anderen Regionstypen. Es muss mit dem Fortbestehen von regionalen Engpässen gerechnet werden. Diese allgemeine Tendenz ist von den alten Ländern geprägt. In den neuen Ländern sind es gerade die Agglomerationsräume, die die höchste Neubaunachfrage aufweisen. Sie schließen neben den Kernstädten auch das Umland mit ein; die Konzentration der Bautätigkeit auf diesen Raum entspricht dem Prozess der „nachholenden Suburbanisierung", wie er für die neuen Länder allgemein erwartet wird und bereits eingesetzt hat.

Die verstädterten Räume im entfernteren Umland der Agglomerationsräume haben aufgrund ihrer Bevölkerungsentwicklung auch zukünftig im regionalen Vergleich die relativ stärkste Bautätigkeit zu erwarten (abgesehen von der Sonderentwicklung in den Agglomerationsräumen der neuen Länder). Im Zeitvergleich sind sie aber ebenso vom allgemeinen Rückgang der Neubaunachfrage betroffen, und die gegenwärtig bereits relativ entspannte Markttendenz lässt eine weitgehend unproblematische Realisierung der Nachfrage erwarten.

In den ländlichen Räumen steht noch günstigeren Markttendenzen eine geringere Neubaunachfrage gegenüber, so dass hier der Expansion der Wohnflächennachfrage die geringsten Grenzen gesetzt werden. Dies gilt in besonderem Maße für die neuen Länder, wo der Bevölkerungsrückgang in einzelnen Regionen so stark ausgeprägt ist, dass nur wenig Neubau überhaupt benötigt wird, um das Wachstum der individuellen Wohnflächennachfrage zu ermöglichen.

Im Gegensatz zum gesamten Wohnungsbau nimmt der *Eigenheimbau* von den Agglomerationsräumen bis zu den ländlichen Räumen kontinuierlich zu. Dies ist in der Tendenz in den alten und neuen Ländern gleich. In den neuen Ländern ist aber auch in den Agglomerationsräumen die zu erwartende Eigenheimbautätigkeit immer noch recht hoch. Sie liegt dort nur wenig unter dem Bundesdurchschnitt, während sie in den Agglomerationen der alten Länder nur wenig mehr als zwei Drittel dieses Wertes ausmacht. Dies kennzeichnet die bereits erwähnte „nachholende Suburbanisierung" in den neuen Ländern, die ja vor allem in Form des Eigenheimbaus vonstatten geht und dementsprechend mit höherem Siedlungsflächenbedarf verbunden ist.

Synthese:
Entwicklung regionaler Wohnungsmärkte

Während der Trend zur weiteren Steigerung der Wohneigentumsquote sich nahezu ungebrochen fortsetzt, verlangsamt sich das Wachstum der individuellen Wohnflächennachfrage, insbesondere im Mietwohnungssektor. Die zukünftige Neubautätig-

Weiterhin große Eigenheimbautätigkeit und Verlagerungen der Wohnungsbautätigkeit in das weitere Umland

keit verschiebt sich deshalb noch weiter vom Geschosswohnungsbau zum Eigenheimbau. Dessen höherer spezifischer Wohnungsbaulandbedarf verstetigt die Nachfrage nach zusätzlicher Siedlungsfläche trotz insgesamt rückläufiger Wohnungsbautätigkeit.

Obwohl die Bautätigkeit insgesamt zurückgehen wird, bleibt das Baulandangebot in den Kernstädten und ihrem unmittelbaren

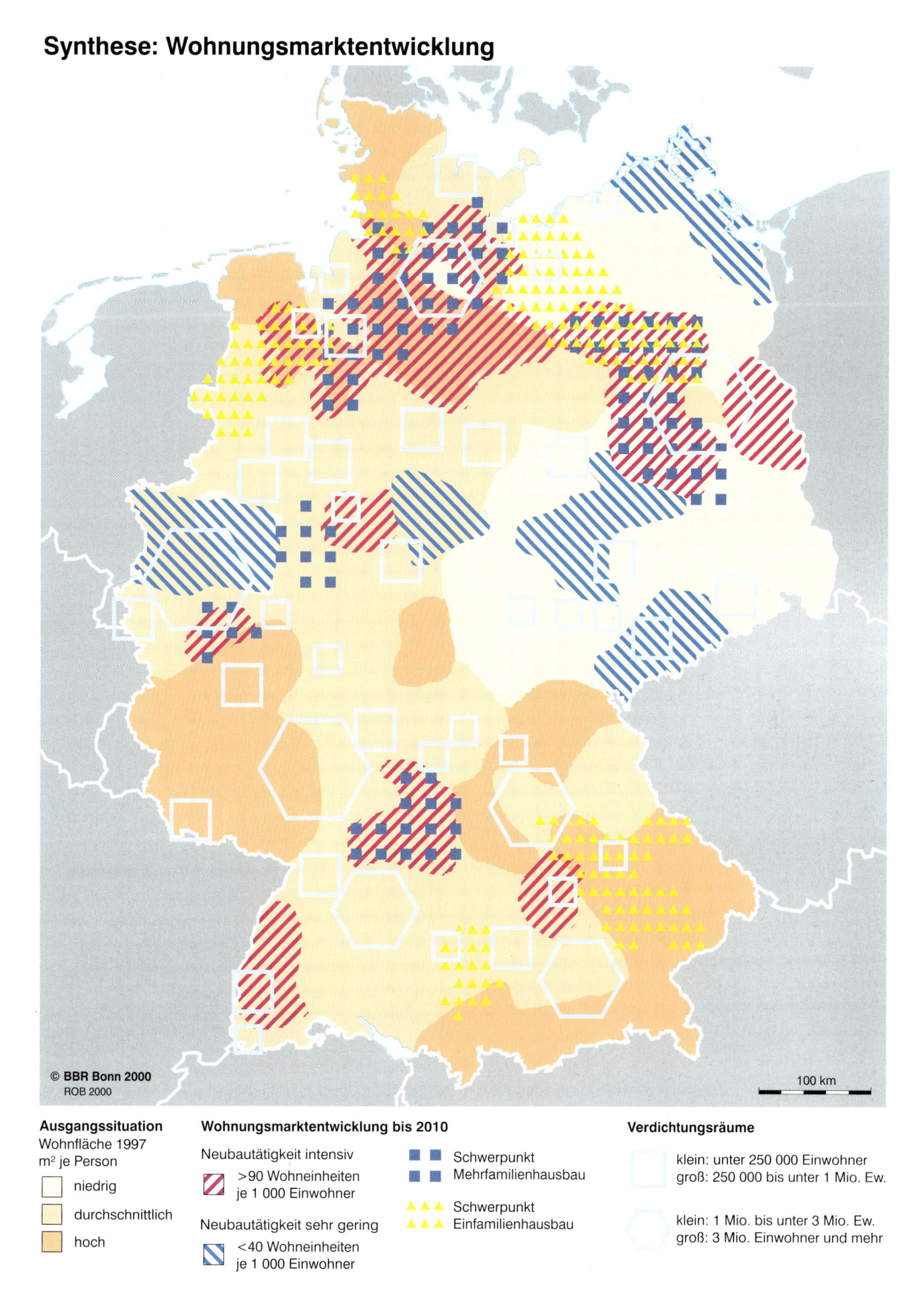

Ausblick: Tendenzen der künftigen Raumentwicklung   179

Synthese: Wohnungsmarktentwicklung

© BBR Bonn 2000
ROB 2000

100 km

Ausgangssituation
Wohnfläche 1997
m² je Person
- niedrig
- durchschnittlich
- hoch

Wohnungsmarktentwicklung bis 2010

Neubautätigkeit intensiv
- >90 Wohneinheiten je 1 000 Einwohner
- ■ ■ Schwerpunkt Mehrfamilienhausbau
- ▲▲▲ Schwerpunkt Einfamilienhausbau

Neubautätigkeit sehr gering
- <40 Wohneinheiten je 1 000 Einwohner

Verdichtungsräume
- klein: unter 250 000 Einwohner
- groß: 250 000 bis unter 1 Mio. Ew.
- klein: 1 Mio. bis unter 3 Mio. Ew.
- groß: 3 Mio. Einwohner und mehr

Datenbasis: Regionalprognosen 1999 des BBR

ROB 2000

Karte 96
Die extremen Veränderungstrends von hohem bzw. niedrigem Siedlungsflächenwachstum werden vor dem Hintergrund der Ausgangssituation von 1997 dargestellt. Die Zunahme der Siedlungsfläche wird in den ländlichen, landschaftlich attraktiven Regionen stärker sein als in den Agglomerationsräumen und deren direktem Umland, mit Ausnahme der neuen Länder mit ihrer nachholenden Suburbanisierung.

Umland zu knapp und zu teuer, um den Bedarf zu decken. Die Bautätigkeit verlagert sich deshalb immer mehr nach außen und überschreitet zunehmend die bisherigen Grenzen der Agglomerationsräume.

Aufgrund der abnehmenden Zuwanderungsgewinne ist zwar auf lange Sicht mit entspannteren Wohnungsmärkten zu rechnen; dennoch gibt es einige Regionen – und zwar überwiegend Verdichtungsregionen – in denen auch zukünftig eine relativ große Neubautätigkeit herrschen wird und in denen die bisherige Tendenz der Wohnungs-

Ungünstige Wohnungsmarkttendenz und gleichzeitig überdurchschnittliche Neubautätigkeit

marktentwicklung darauf hindeutet, dass das Angebot nicht flexibel genug auf die Nachfrage reagiert. Die Ursachen solcher regionalen Wohnungsmarktengpässe können vielfältig sein. So muss ein hohes Boden- und Mietpreisniveau kein Hemmnis für eine bedarfsgerechte Neubautätigkeit sein; umgekehrt können in wirtschaftlich benachteiligten Regionen trotz niedriger Wohnkosten nur unterdurchschnittliche Versorgungswerte erreicht werden. Die regionalen Komponenten der Wohnungspolitik müssen deshalb immer den Gesamtkontext der regionalwirtschaftlichen Situation und Entwicklung berücksichtigen.

Trends der Siedlungsflächenentwicklung

Das *Siedlungsflächenwachstum* entwickelte sich in den 90er Jahren in West und Ost unterschiedlich: Während im Westen die Zunahme Mitte der 90er (1993–1997) mit knapp 1 % pro Jahr nur geringfügig gegenüber dem Vergleichszeitraum Anfang der 90er Jahre (1989–1993) anstieg, lagen die Zuwachsraten im Osten, freilich bei deutlich niedrigerem Ausgangsniveau, mit über 1,5 % pro Jahr deutlich höher. Im längerfristigen Rückblick zeigt sich ein konstanter, von der Einwohner- und Arbeitsplatzentwicklung abgekoppelter Trend der Siedlungsflächenzunahme, mit einem Bedeutungszuwachs von Gebäude- vor den Verkehrsflächen. Auch künftig resultiert die Siedlungsflächenzunahme aus steigender individueller Nachfrage, die vornehmlich durch Wohlstandswachstum und wirtschaftlichen Strukturwandel zustande kommt.

Anhaltende Siedlungsflächenzunahme

Das Ergebnis einer *Status-quo-Trendfortschreibung* zeigt bundesweit einen Anstieg des Anteils der Siedlungs- und Verkehrsfläche bis 2010 an der Gesamtfläche von 11,8 % (1997) auf 13,4 %. Dies entspricht einer Zunahme um ca. 564 000 ha auf 4 769 000 ha. In den alten Ländern steigt der Anteil der Siedlungs- und Verkehrsfläche von 13,3 auf 15,5 %, in den neuen Ländern von 8,4 auf 9,8 %. Mit 410 000 ha entfallen drei Viertel des Siedlungsflächenwachstums auf die alten Länder.

Differenziert nach Regionstypen, vollziehen sich die Zunahmen von den Mengen her vor allem in den verstädterten Räumen mit ca. 180 000 ha. Prozentual steigen sie hingegen am stärksten in den ländlichen Regionen. Das Wachstum der Siedlungsflächen verlagert sich weiterhin an die

Wesentliche Annahmen

Die *Trendfortschreibung* zur Ermittlung der Siedlungs- und Verkehrsfläche 2010 erfolgte in zwei Schritten. Basis der Modellrechnungen bildet eine einfache Trendextrapolation der Entwicklung mit Daten der Flächennutzungsstatistik (Zeitraum 1989–1997) auf der Ebene siedlungsstruktureller Kreistypen. Folgende Annahmen wurden getroffen:

- konstante Flächenzunahmen in den alten Ländern
- konstanter Rückgang der Zunahmen in den neuen Ländern bis 2010 auf die Werte in den alten Ländern

Unter Berücksichtigung dieser Annahmen wurden die kreistypenspezifischen Zunahmen der Vergangenheit ermittelt und damit die Zunahmen auf Kreisebene berechnet.

In der zweiten Stufe erfolgt eine Anpassung der Berechnungen an die Ergebnisse der Bevölkerungsprognose 2015. Sie führt z. B. dazu, dass in den Kernstädten die schon unterproportionale Siedlungsflächenzunahme noch weiter abgeschwächt wird. Demgegenüber wird die deutliche Bevölkerungszunahme in verdichteten Kreisen auch mit einer verstärkten Siedlungsflächeninanspruchnahme einhergehen, im Osten allerdings nur in den Agglomerationsräumen und in den ländlichen Kreisen der verstädterten Räume. Auf einen zusätzlichen Abgleich mit den Ergebnissen der Erwerbstätigenentwicklung bis 2010 kann verzichtet werden, da die Trends der Siedlungsflächenentwicklung nicht im Widerspruch zu der Erwerbstätigenprognose stehen.

Ausblick: Tendenzen der künftigen Raumentwicklung 181

Synthese: Entwicklung der Siedlungsfläche

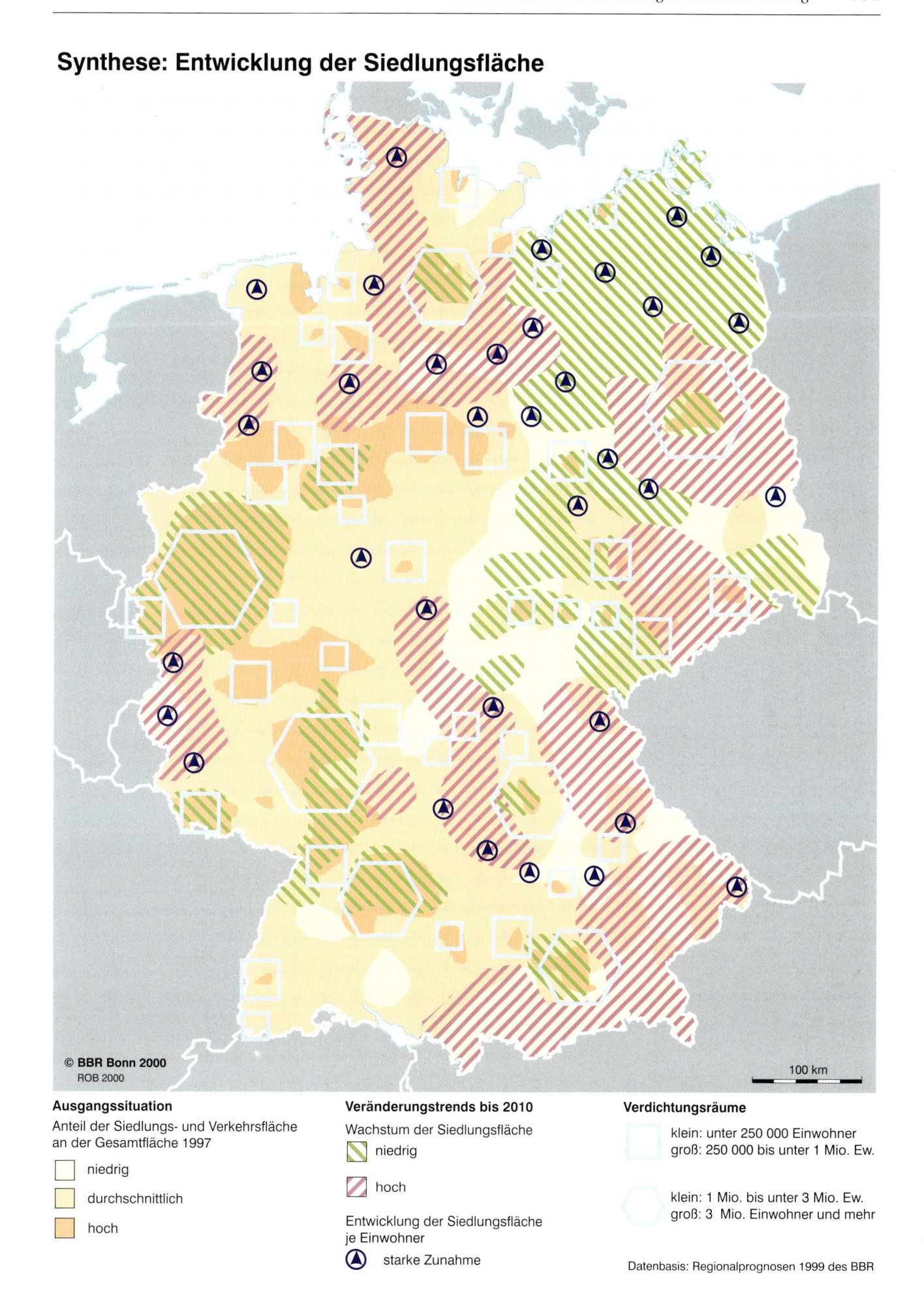

© BBR Bonn 2000
ROB 2000

100 km

Ausgangssituation
Anteil der Siedlungs- und Verkehrsfläche an der Gesamtfläche 1997

- niedrig
- durchschnittlich
- hoch

Veränderungstrends bis 2010
Wachstum der Siedlungsfläche

- niedrig
- hoch

Entwicklung der Siedlungsfläche je Einwohner

- starke Zunahme

Verdichtungsräume

klein: unter 250 000 Einwohner
groß: 250 000 bis unter 1 Mio. Ew.

klein: 1 Mio. bis unter 3 Mio. Ew.
groß: 3 Mio. Einwohner und mehr

Datenbasis: Regionalprognosen 1999 des BBR

ROB 2000

Peripherie der Agglomerationsräume. Im Umland ist der Siedlungs- und Verkehrsflächenanstieg sowohl absolut als auch prozentual stärker als in den Kernstädten.

Bundesweit entspricht die unter Statusquo-Annahmen prognostizierte Zunahme der *Siedlungs- und Verkehrsfläche* einem durchschnittlichen Zuwachs von 119 ha pro Tag (im Bundesergebnis fast keine Veränderung gegenüber dem Zuwachs von 1993–1997). Im Jahr 2010 würden nur noch wenige Kreise einen Siedlungsflächenanteil von weniger als 10 % aufweisen. Insbesondere in den Regionen mit schon derzeit geringem Freiflächenanteil wird der Anteil der verbliebenen *Freiflächen* durch die Siedlungsflächenzunahme weiter vermindert. Darüber hinaus weist insbesondere das Umland der hochverdichteten Kreise und Kernstädte eine deutliche Freiflächenverknappung durch Siedlungs- und Verkehrsflächenzunahme auf.

Modellrechnungen jeweils für den Zeitraum 1997–2010, welche die Bandbreite der möglichen künftigen Entwicklung von – a) starkem Wachstum (massive Baulandbereitstellung: „Wachstumsszenario") bis b) zur starken Einsparung („Effizienzszenario") – beschreiben, belegen, dass sich an dem skizzierten Trend einer auch in Zukunft relativ kontinuierlichen Zunahme der Siedlungsflächen ohne einschneidende Änderungen der politischen und gesellschaftlichen Rahmenbedingungen vermutlich kaum etwas ändern wird.

a) Die erste Modellrechnung, die ein beschleunigtes Siedlungsflächenwachstum („*Wachstumsszenario*") beschreibt, enthält folgende Annahmen: Deutliche Erhöhung der Eigenheimquote; offensive Ausweisung neuen Baulandes; verstärkte Flexibilisierung von Arbeits- und Berufswelt; starke Außenwanderungsgewinne; eine nur geringe Wiedernutzungs- und Baustoff-Recyclingquote; anhaltende Suburbanisierung speziell in den neuen Ländern. Die Folge dieser Rahmenbedingungen wäre ein Anstieg des gegenwärtigen Siedlungsflächenwachstums auf 170 ha pro Tag, also auf knapp 700 000 ha insgesamt. Im Jahr 2010 wären dann bundesweit 13,7 % der Staatsfläche Siedlungs- und Verkehrsfläche.

b) Dem „*Effizienzszenario*" einer schrittweisen Reduzierung der Siedlungsflächenzunahme in allen Kreistypen bis 2010 auf 10 % von 1993/97 liegen Forderungen der Enquetekommission „Schutz des Menschen und der Umwelt" des 13. Deutschen Bundestages zugrunde. Voraussetzung für dieses Szenario wäre eine mittelfristig stark rückläufige Neubautätigkeit und ein strikter Vorrang der Innen- vor der Außenentwicklung, d.h. Mobilisierung und Wiedernutzung brachliegenden Baulandes. Das Ergebnis wäre immer noch eine Zunahme der Siedlungsfläche um 330 000 ha oder 7,9 %.

Synthese: Perspektiven der Siedlungsflächenentwicklung

Die *Siedlungsflächenentwicklung* wird deutliche Veränderungen in den Raumnutzungsmustern bewirken. Im folgenden werden wesentliche Trends, die zu raumordnungspolitischen Problemen führen können, dargestellt:

Im Umland der westdeutschen Agglomerationen hält die Siedlungsdispersion an. Die Peripherie um die Agglomerationsräume wächst deutlich schneller als der unmittelbare Rand der Kernstädte. Das Zusammenwachsen von Agglomerationsräumen zu bandartig verdichteten Siedlungsstrukturen hält an. Die höchsten Wachstumsraten werden jedoch in den ländlich geprägten Kreisen der verstädterten Räume erwartet.

Starke Zunahme der Siedlungsfläche in der Peripherie

In den alten Ländern führt der Siedlungsflächenzuwachs zu einem erheblichen Anstieg der Zahl der Kreise, die im Jahr 2010 einen Siedlungs- und Verkehrsflächenanteil von über 10 % aufweisen. In den *neuen Ländern* führt das besonders starke Wachstum, das in den Agglomerationsräumen außerhalb der Kernstädte stattfindet, ebenfalls zu einer erheblichen Erhöhung der Zahl der Kreise, die einen Siedlungs- und Verkehrsflächenanteil von mehr als 10 % aufweisen. Insbesondere im nördlichen Umland Berlins sowie im Umland des sächsischen Städtedreiecks ist mit anhaltend starkem Siedlungsflächenwachstum zu rechnen.

Bei vergleichsweise hohem Siedlungsflächenwachstum in den ländlichen Kreisen Deutschlands (hiervon ausgenommen die ländlichen peripheren Kreise im Osten) führen die Wanderungsverluste vor allem in vielen ländlichen Kreisen der östlichen Länder zu einer deutlichen Abnahme der Siedlungsdichte, d.h. zu einer Zunahme der jedem Einwohner zur Verfügung stehenden Siedlungsfläche (Flächeninanspruchnahme). Dies gilt für viele Kreise Mecklenburg-Vorpommerns und Nord-Brandenburgs,

Zunehmende Inanspruchnahme der Siedlungsfläche

aber auch Ostniedersachsens, sowie das Emsland, die Westeifel und einige Regionen Bayerns. Dies bedeutet gleichzeitig eine erhebliche Vorhaltung von Infrastukturflächen für weniger Einwohner.

Die Kernstädte haben nur noch wenig Raum zur Erweiterung ihrer Siedlungs- und Verkehrsflächen. Entsprechend geringer

Moderates Siedlungsflächenwachstum in Kernstädten und hochverdichtetem Umland

wird dort das künftige Siedlungsflächenwachstum ausfallen. Möglicherweise wird das Siedlungsflächenwachstum noch geringer ausfallen, wenn das umfangreiche Potenzial baureifen Baulandes, das entweder vorhanden ist oder derzeit unbebaut, jedoch mobilisierbar ist, dem Baulandmarkt zugeführt wird und so zu einer Entlastung der Nachfrage nach neuen Siedlungsflächen beitragen kann.

Trends der Raumentwicklung

Die folgenden explorativen Abschätzungen der mittel- bis längerfristigen Trends der Raumentwicklung in Deutschland fassen Aussagen der zuvor dargestellten sektoralen Trendaussagen zusammen, und zwar

- zu einer Synthese der künftigen Entwicklung des *großstädtischen Siedlungssystems* (= Städtesystem) und
- zu einer Synthese der künftigen Entwicklung der *ländlichen Räume*.

Zur nochmaligen Bündelung und komprimierten Darstellung der zentralen Ergebnisse dienen vier *Synthesekarten.* Um die kartographische Darstellung der künftig mehr oder weniger wahrscheinlichen räumlichen Situationen nicht zu überfrachten, sind sowohl die Aussagen für das großstädtische Siedlungssystem, dem Städtesystem als auch die Aussagen für die ländlichen Räume noch ein weiteres Mal unterteilt worden, und zwar in eine jeweilige Darstellung der *wirtschaftlichen* und *siedlungsstrukturellen Dynamik*.

Entwicklung des Städtesystems

Für die Entwicklung des Systems von großstädtischen Siedlungskomplexen Deutschlands werden zwei Trends beschrieben:

- die *Chancen der ökonomischen* Entwicklung des Städtesystems und
- die Entwicklungen dieses Systems samt ihres Umlandes unter *siedlungsstrukturellen* Aspekten.

Diese Trends sind eingebettet in folgende allgemeine *Rahmenbedingungen*:

Der Trend zur Dienstleistungsgesellschaft, die Verkürzung der Produktlebenszyklen und fortschreitende Verringerung der Fertigungstiefe bei gleichzeitig weltweiter Spezialisierung unternehmerischer Tätigkeiten sind die augenfälligsten Kennzeichen des laufenden wirtschaftlichen Wandlungsprozesses. Die Stichworte „Internationalisierung" und „Flexibilisierung" besitzen eine zentrale Bedeutung zur Erklärung auch künftiger Entwicklungen in den deutschen Verdichtungsräumen.

Karte 97
Die Karte soll mögliche wirtschaftliche Entwicklungstrends im großstädtischen Siedlungssystem charakterisieren.
Die höchste Dynamik werden die Verdichtungsräume mit international bedeutsamen (Metropol-)Funktionen entwickeln.

Die Zahl möglicher Standortalternativen steigt. Dabei spielen die traditionellen harten Standortfaktoren wie Infrastrukturausstattung und Arbeitskosten im internationalen Wettbewerb nach wie vor auch künftig eine wichtige Rolle. Die Bedeutung von Städten wird vor allem davon abhängen, welche Stellung ihre Unternehmen auf dem Weltmarkt innehaben. Agglomerationsräume, die internationale Unternehmen („global players") beherbergen, haben besonders günstige Voraussetzungen.

Vor diesem Hintergrund kommt einem gut funktionierenden und leistungsfähigen Transportwesen und der Anwendung der neuen Informations- und Kommunikationstechnologien eine gewichtige Rolle zu. Der Anschluss an Hochgeschwindigkeitsbahnnetze wird Standorte in ihren Entwicklungen maßgeblich beeinflussen. Hochgeschwindigkeitsbahnnetze erleichtern bei einem überfülltem Luftraum die notwendigen Face-to-Face-Kontakte zwischen Regionen.

Für die großen Städte und Verdichtungsregionen wird es immer entscheidender werden, an einem der leistungsfähigen Knoten des europäischen und damit letztlich auch weltweiten Verkehrs- und Kommunikationsnetzes zu liegen bzw. schnellen Anschluss an einen solchen Knoten zu haben. Zu qualitativ höchstwertigen Telekommunikationsnetzen besteht heutzutage allerdings schon ein ubiquitärer Zugang.

Wirtschaftliche Dynamik im Städtesystem

Die folgende Darstellung der künftigen Situation des Städtesystems in Deutschland orientiert sich an zwei charakteristischen Entwicklungsstrukturen von Agglomerationsräumen:

- Regionen mit Verdichtungsräumen, die eine *hohe Wettbewerbsfähigkeit* bei *hoher Entwicklungsdynamik* aufweisen.

- Regionen mit Verdichtungsräumen, für die *modernisierungsbedürftige Strukturen* und eine schwache Entwicklungsdynamik charakteristisch sind.

Agglomerationen und Verdichtungsräume mit hoher Wettbewerbsfähigkeit und auch künftig großer Dynamik:

Hierzu zählen in erster Linie die wirtschaftsstarken Regionen, die bereits in der Vergangenheit eine hohe Konzentration wirtschaftlicher Aktivitäten aufwiesen. Die Leistungs- und Konkurrenzfähigkeit moderner Gesellschaften hängt maßgeblich von einem leistungsfähigen Netz international orientierter großstädtischer Zentren ab. In Deutschland gibt es keine primäre „global city", die den internationalen Wettbewerb mit anderen Metropolen wie Paris, London oder New York allein oder vorrangig bestreiten würde. Vielmehr werden die internationalen Funktionen, die für „global cities" oder große Metropolen charakteristisch sind, in Deutschland von einer Reihe sehr großer Verdichtungsräume (Berlin, Hamburg, München, Rhein-Main, Köln/Düsseldorf bzw. Rhein-Ruhr, Stuttgart) im Rahmen eines interregional polyzentralen, auf Arbeitsteilung und Spezialisierung beruhenden Städtesystems wahrgenommen. Die stärkste Entwicklungsdynamik ist nicht nur innerhalb dieser großen Verdichtungsräume, sondern auch in deren Umland und in Korridoren zwischen ihnen zu finden.

Es sind die hochverdichteten Agglomerationsräume, die sich – gemessen an ökonomischen Kriterien wie Wirtschaftskraft und Einkommen – besonders dynamisch entwickeln. Ob dies weiterhin der Fall sein wird, hängt davon ab, inwieweit die zu erwartenden Wertschöpfungs- und Produktionssteigerungen sich in zusätzlichen Arbeitsplätzen niederschlagen. Dies ist nicht sicher, denn von demographischer Seite geht für diese Regionen bis weit nach der Jahrtausendwende keine Entlastung für den Arbeitsmarkt aus. Gleichwohl kann die Mehrzahl der wettbewerbsfähigen Agglomerationsräume, die aufgrund ihrer Strukturstärke gesamtwirtschaftliche Wachstumspole sind, mittelfristig mit einer relativen Entspannung der Arbeitsmarktlage durch Zunahme der Arbeitsplätze rechnen.

Einige dieser Regionen tendieren zu überdurchschnittlicher Expansion und ver-

Hohe wirtschaftliche Dynamik in Agglomerationsräumen mit Metropolfunktionen

suchen, weitere Metropol-Funktionen im europäischen Kontext zu übernehmen.

Ausblick: Tendenzen der künftigen Raumentwicklung 185

Wirtschaftliche Dynamik im Städtesystem

Arbeitslosigkeit
- Abnahme
- Zunahme

Standortspezialisierung
- Finanz-, Dienstleistungs- und/oder Messefunktion
- Internationale Transport- und Distributionsfunktion
- Technologie- und Wissenschaftsorientierung

Hohe Wettbewerbsfähigkeit
- anhaltende Dynamik
- mögliche Dynamikabschwächung

Modernisierungsbedürftigkeit
- mögliche Dynamiksteigerung
- Stagnation

Verdichtungsräume
- klein: unter 250 000 Einwohner
- groß: 250 000 bis unter 1 Mio. Ew.
- klein: 1 Mio. bis unter 3 Mio. Ew.
- groß: 3 Mio. Einwohner und mehr

© BBR Bonn 2000
ROB 2000

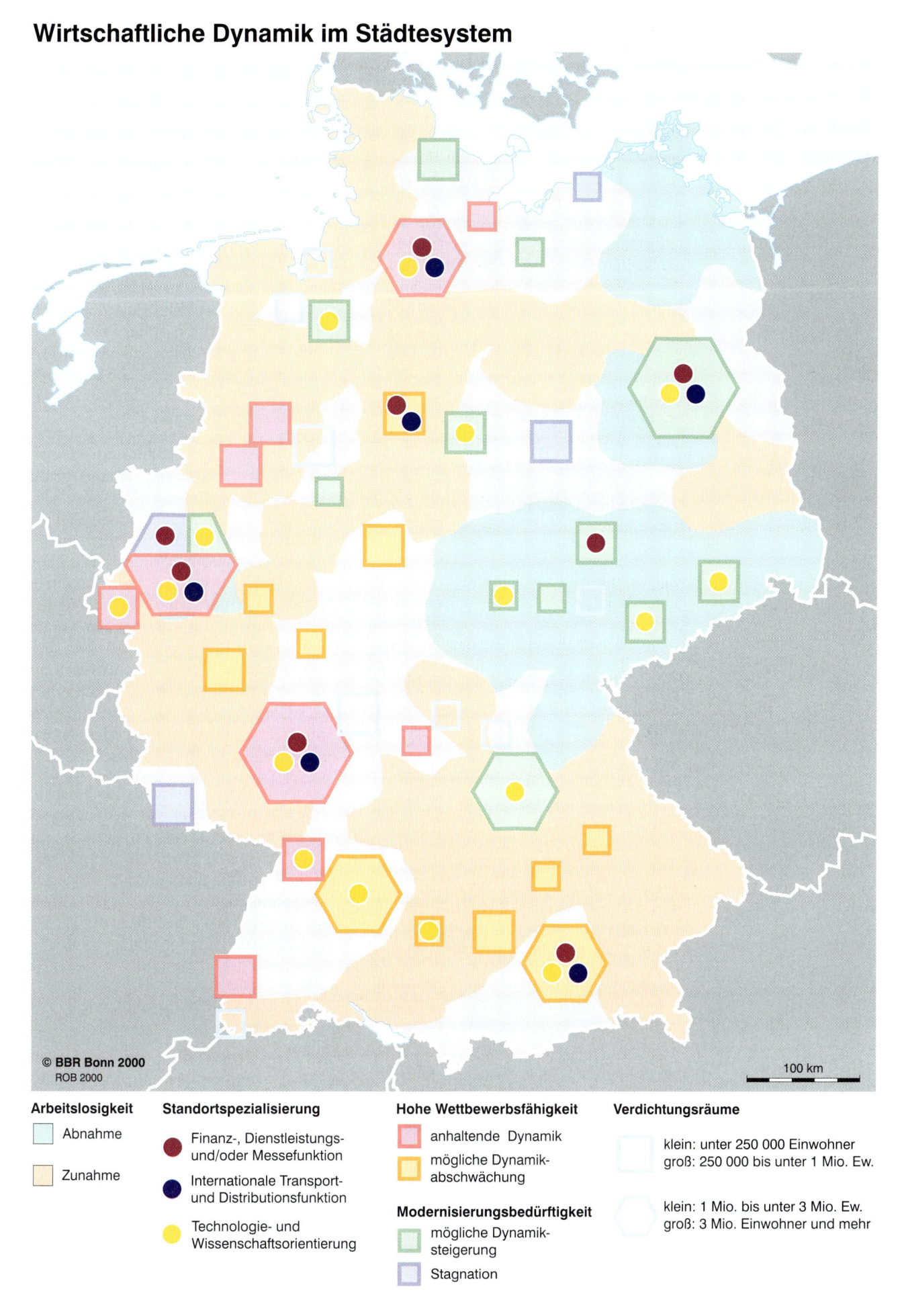

100 km

Karte 98

Die Karte zeigt die mögliche Siedlungsentwicklung der Großstädte und Verdichtungsräume. Generell wird sich der Dekonzentrationsprozess der Siedlungsstruktur fortsetzen. Es wird verdeutlicht, wo dieser Prozess eher monozentrisch, mit Suburbanisierung des Umlandes oder polyzentrisch konzentriert im erweiterten Umland bzw. dispers verlaufen könnte.

Hierzu zählen stark vom tertiären Sektor geprägte Räume wie Rhein/Main, Hamburg und Köln/Düsseldorf. Die stärker industriell orientierten Regionen dieses Typs (z. B. Stuttgart) besitzen infolge ihres ausgeprägten Technologie- und Wissenschaftspotenzials und hohen industriellen Innovationpotenzials weiterhin insgesamt günstige Entwicklungsperspektiven.

In einigen dieser großen Verdichtungsräume mit hoher Wettbewerbsfähigkeit können langfristig aber auch Wachstumsabschwächungen auftreten, insbesondere im süddeutschen Raum. Hierbei handelt es sich um Stadtregionen mit zwar traditionell erfolgreichen industriewirtschaftlichen Strukturen. Infolge produktzyklisch verursachter Alterungen können sich die Entwicklungsprozesse mittelfristig abschwächen.

Zur Gruppe von Verdichtungsräumen mit hoher Wettbewerbsfähigkeit zählen außerdem mittlere bis kleinere dieser Räume, die moderne Produktionsstrukturen beherbergen und teilweise überdurchschnittlich mit wissenschaftlich-technischen Einrichtungen ausgestattet sind, wie z. B. die Verdichtungsräume Karlsruhe, Hannover, Aachen.

Günstige Entwicklungsperspektiven besitzen Verdichtungsräume ferner auch dadurch, dass sie an europäischen Verkehrsachsen liegen. Deren Dynamik gründet – teils vor allem, teils unter anderem – in dem stark wachsenden Bereich interregionaler und internationaler Transport- und Distributionsfunktionen (vgl. die Räume Hamburg, München, Frankfurt, Berlin, Rhein/Ruhr, Hannover, Aachen).

Agglomerations- und Verdichtungsräume mit modernisierungsbedürftigen Strukturen:

Modernisierungsbedarf haben in *Westdeutschland* vor allem hochverdichtete Ag-

Umstrukturierungsprozess in monostrukturierten Wirtschaftsräumen dauert noch lange

glomerationsräume mit bedeutenden Anteilen altindustrieller Strukturen (z. B. Saar, Ruhrgebiet, Nürnberg). In diesen Regionen bestehen wirtschaftliche, ökologische und auch zum Teil infrastrukturelle Probleme. Mit einem mittelfristigen Abbau der ohnehin hohen Arbeitslosigkeit, die zu einer Verfestigung sozialer Benachteiligungen und starken Belastung der kommunalen Haushalte führt, ist kaum zu rechnen. Gleiches gilt für die ostdeutschen Länder. Auch hier werden die Verdichtungsräume mit monostrukturierter Wirtschaftsstruktur und bislang starker Ausrichtung auf alte Industrien noch lange mit einem schwierigen Umstellungsprozess zu tun haben.

In Westdeutschland (z. B. die Verdichtungsräume Bremen, Nürnberg, Braunschweig oder Paderborn), aber auch in Ostdeutschland, gibt es unter den Verdichtungsräumen dieses Typs einige, die in ihrem jeweiligen regionalen Kontext durchaus Entwicklungschancen besitzen könnten. Hier sind vor allem die Agglomerationsräume Leipzig und Dresden als wieder aufsteigende Handels- und Dienstleistungsstandorte mit innovationsfähigen Industriekernen zu nennen, aber auch Erfurt oder Chemnitz. Sie besitzen – neben Berlin – günstige Voraussetzungen für den Aufbau einer wettbewerbsfähigen Wirtschaft.

Von den langfristigen Trends her gesehen, werden diese Regionen von den künftigen Belastungs- und Entlastungseffekten auf dem Arbeitsmarkt allerdings unterschiedlich berührt sein, auch deshalb weil – aus demographischen Gründen – Beschäftigungsgewinne allein noch kein Garant für den Abbau von Unterbeschäftigung sind.

Siedlungsstrukturelle Dynamik im Städtesystem

Die räumlichen Entwicklungen werden nicht nur von den Raumnutzungsstrukturen bzw. Standortentscheidungen der Betriebe geprägt, sondern auch von den Nutzungsmustern und Wohnstandortentscheidungen der privaten Haushalte. Die Bevölkerungsentwicklung in Deutschland wird mittelfristig wieder stärker durch Zuwanderung aus dem Ausland geprägt sein. Diese Zuwanderung verteilt sich sehr unterschiedlich auf die einzelnen Regionen.

Ausblick: Tendenzen der künftigen Raumentwicklung 187

Siedlungsstrukturelle Dynamik im Städtesystem

Demographische Entwicklungstrends
- hohe Wanderungsgewinne
- hohe Wanderungsverluste

Trends der Siedlungsflächenentwicklung
- schwaches Wachstum
- starkes Wachstum

Charakteristische Trends von Agglomerationen
- starke Dispersion
- monozentrische Entwicklung ist dominant
- polyzentrische Entwicklung ist dominant

Verdichtungsräume
- klein: unter 250 000 Einwohner
- groß: 250 000 bis unter 1 Mio. Ew.
- klein: 1 Mio. bis unter 3 Mio. Ew.
- groß: 3 Mio. Einwohner und mehr

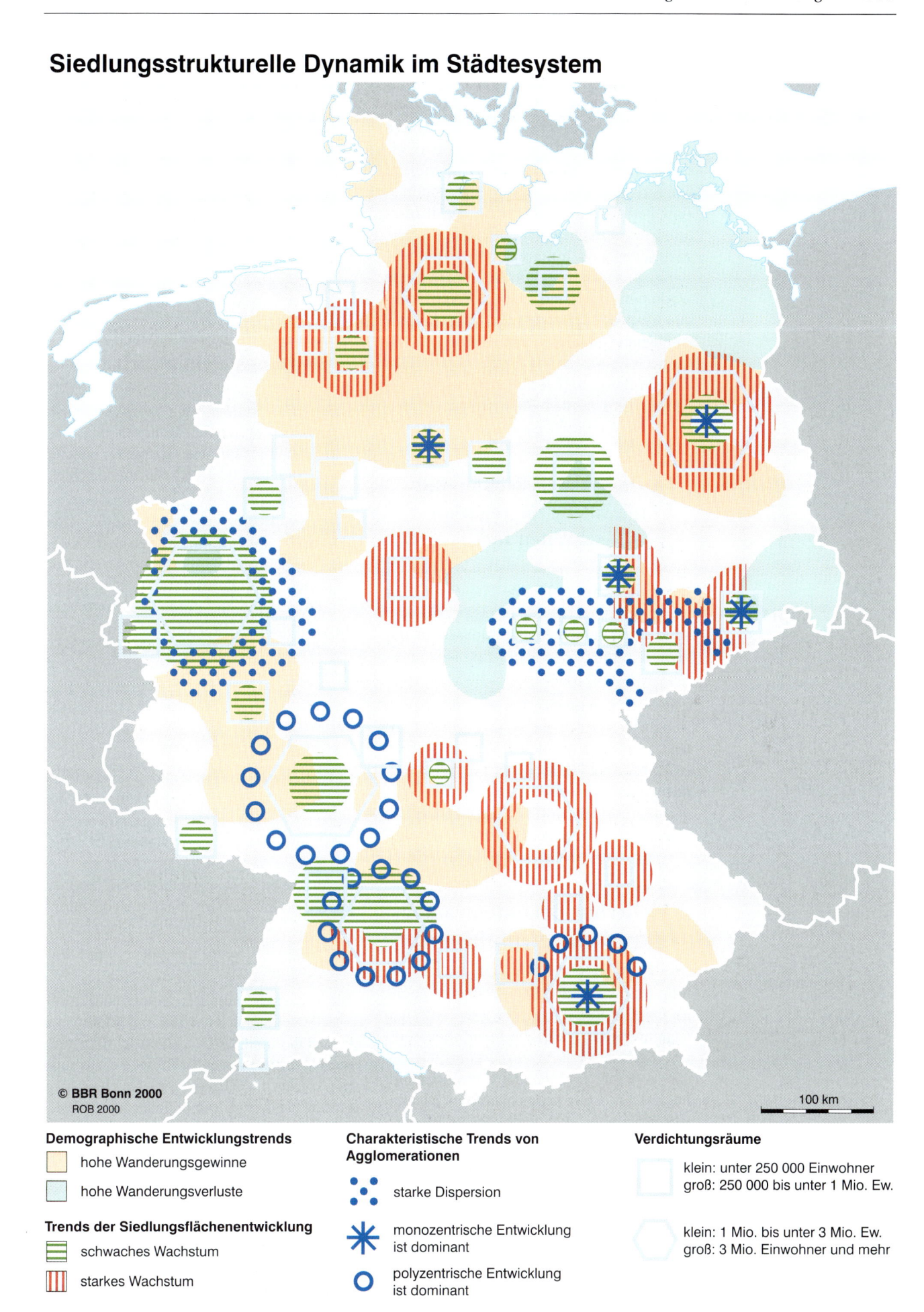

© BBR Bonn 2000
ROB 2000

Die *Veränderung der Sozialstrukturen*, die zu beobachten ist, wird sich vermutlich intensivieren. Individualisierungsprozesse und Prozesse sozialer Polarisierung, die gleichzeitig stattfinden, haben – wie inzwischen vielfach beschrieben – räumliche Folgeerscheinungen bzw. Segregationen zum Resultat. Diese Prozesse sozialstruktureller Veränderungen führen zu innerstädtischen und innerregionalen Differenzierungen. Der Stadtrand bzw. die „Zwischenstadt" und auch die von Siedlungsdispersion betroffenen Gebiete des ländlichen Umlands werden sich noch stärker nach Einkommensklassen „ordnen". Da diese Prozesse immer auch räumliche Nutzungsansprüche bedeuten, wird es in diesen Gebieten mittelfristig auch keinen Still-

Soziale Polarisierung und räumliche Segregation schreiten fort

stand und schon gar keine Trendwende im „Landverbrauch" geben. Die Expansion der Räume mit hohen Baulandpreisen in das fernere Umland treiben das Siedlungswachstum weiter an.

Was die regionalen Bevölkerungs- und Siedlungsentwicklungen in Westdeutschland anbelangt, werden also weiterhin im großen wie im kleinen Maßstab *Dekonzentrationsprozesse* stattfinden. Der Anteil der Personen, die in großen Agglomerationen leben, sinkt ganz allgemein gesehen zugunsten der Regionen mit kleineren Verdich-

Weiterhin Dekonzentration der Siedlungsentwicklung

tungsräumen und der ländlichen Räume. Im ländlichen Umland der westdeutschen Agglomerationen hält die mehr oder weniger *disperse Siedlungsentwicklung* als ein flächenhafter und flächenverbrauchender Prozess an – mit dem bekannten Resultat verkehrlicher und ökologischer Probleme.

Die Regionen mit kleineren Verdichtungsräumen haben aufgrund ihrer Bevölkerungsentwicklung zukünftig im interregionalen Vergleich relativ die stärkste Siedlungsflächenzunahme zu erwarten.

Es gibt zwischen Agglomerationsräumen charakteristische Unterschiede nach der „Tradition" der siedlungsstrukturellen „Expansion", von denen auch in Zukunft auszugehen ist:

- Traditionell eher Erscheinungen der „*Dispersion*" zeigt das Siedlungsflächenwachstum z.B. im Umland der Rhein/ Ruhr-Region sowie im Umland des thüringisch-sächsischen Städtebandes.
- Eher *polyzentrische* Entwicklungen sind etwa im Umland der Rhein/Neckar-Verdichtung, im Umland von Stuttgart und teils auch dem von München die Regel.

Räumlich unterschiedliches Siedlungsflächenwachstum

- Eine traditionell eher *monozentrische* Entwicklung werden weiterhin die Räume Berlin, Hamburg, Hannover, Leipzig, Dresden und teils auch München zeigen.

In den ostdeutschen Agglomerationen wird die Bevölkerung zwar absolut weiter abnehmen, doch weniger als in den kleineren Verdichtungsräumen und ländlichen Regionen. Die Kernstädte in den neuen Ländern verlieren durchweg zugunsten ihres Umlandes. Hier wird der Prozess der „*nachholenden Suburbanisierung*" weitergehen.

Entwicklung der ländlichen Räume

Der raumstrukturelle Wandel vergangener Jahrzehnte hat nicht nur zur Auflösung des starren Gegensatzes von Stadt und Land geführt, sondern auch zur vielfältigen *Differenzierung des ländlichen Raumes*. Gemeinsam ist den verschiedenen ländlich geprägten Räumen lediglich noch die geringere Bevölkerungsdichte im Vergleich zu den Verdichtungsräumen und ihrem engeren Umland.

Die einzelnen ländlich geprägten Räume unterscheiden sich sowohl im Hinblick auf ihre Nähe oder Ferne zu Verdichtungsräumen als auch hinsichtlich ihrer Ausstattung mit zentralen Orten der verschiedenen Stufen. Teilweise unabhängig von diesen siedlungsstrukturellen Merkmalen gibt es deutliche Unterschiede in der Wirtschaftsstruktur, in der infrastrukturellen Ausstattung, in der Eignung für landwirtschaftliche und touristische Nutzung sowie hinsichtlich ihrer ökologischen Bedeutung.

Häufig ist es gerade die gegenseitige Abhängigkeit von Stadt und Land, die die Problemkonstellationen und die Entwicklungsperspektiven bestimmen. Vor allem die Gebiete in der Nähe der großen Verdichtungsräume und die ländlich peripheren Gebiete sehen sich stärkeren Transformationsprozessen ausgesetzt, unterschieden nach Art und Intensität: Anhaltender Suburbanisierungs- und Umwidmungsdruck auf der einen Seite und auf der anderen verschärfte strukturelle Schwächen, durch Abwanderung qualifizierter Erwerbspersonen, geringe Bevölkerungsdichten und das weitgehende Fehlen dezentraler städtischer Kristallisationspunkte.

Die unterschiedliche Form der Transformationsprozesse führt auch zu unterschiedlichen Grundtendenzen der Raumentwicklung:

- Für einige *stadtnahe und verstädterte ländliche Gebiete* wird eine starke (ökonomische) Aufwertung erwartet, die zu einer verstärkten Inanspruchnahme von Freiräumen führen wird. Gleiches gilt für geringer verdichtete Gebiete, denen günstige Wachstumstendenzen prognostiziert werden.
- Die Lebens- und Arbeitsbedingungen in dünner besiedelten und *strukturschwachen ländlichen Räumen* mit besonderen regionalwirtschaftlichen Friktionen (z.B. Konversion) werden sich unter Status-quo-Annahmen weiter verschlechtern.
- Der „Rückzug der *Landwirtschaft* aus Gebieten mit schlechten Produktionsbedingungen" wird zu einer stärkeren Polarisierung in der Flächennutzung führen. Er bietet aber auch Chancen, die Zielsetzungen, die mit Blick auf das Naturerbe und auf die Erhaltung von Kulturlandschaften inzwischen formuliert sind, umzusetzen.
- Mittelfristig bleiben in den *ländlichen Gebieten in den Grenzregionen* zu den benachbarten mitteleuropäischen Staaten starke sozioökonomische Unterschiede bestehen, wodurch dort ganz spezielle regionale Problemstellungen auftreten können.

Für die Städte und Dörfer in ländlichen Räumen bedeuten die künftigen allgemeinen Rahmenbedingungen der wirtschaftlichen Entwicklung, dass es für ihre lokale bzw. regionale Wirtschaft künftig immer entscheidender sein wird, an einem der wirtschaftlich leistungsfähigen Knoten des europäischen Netzes von großen Verdichtungsräumen zu liegen bzw. schnellen Anschluss an solche Knotenpunkte zu haben.

Ansonsten laufen sie Gefahr, Einbußen im wirtschaftlichen und sozialen Bereich hinnehmen zu müssen.

Unter- und mittelzentralörtliche Siedlungsstrukturen werden in der Tendenz infolge der wirtschaftsbedingten räumlichen Differenzierung im wesentlichen nur noch allgemeine Versorgungsfunktionen für die Region haben.

Wirtschaftliche Entwicklung ländlicher Räume

Die teilweise ohnehin *geringere Wettbewerbsfähigkeit* der Wirtschaft in ländlichen Regionen wird durch strukturelle Schwächen weiter eingeschränkt. Diese Schwächen treffen häufig mit ungünstigen Er-

> **Strukturschwäche, periphere Lage und dünne Besiedlung treffen häufig zusammen**

reichbarkeiten oder peripherer Lage und dünner Besiedlung zusammen, in Westdeutschland z.B. an der Nordseeküste, im südlichen Rheinland-Pfalz, in Nordhessen sowie an der Grenze zu Tschechien.

In den neuen Ländern sind bei der Umstrukturierung der Landwirtschaft bisher vier Fünftel der Arbeitsplätze (von 1989) abgebaut worden. Dem standen keine ausreichenden Ersatzarbeitsplätze in Industrie und Dienstleistungen gegenüber. Hier werden die Problemstrukturen noch auf länger eine flächenhafte Erscheinung darstellen. Ausdruck der strukturellen Anpassungsprobleme und der ungünstigen Situation auf dem Arbeitsmarkt ist die Abwanderung vor allem der jüngeren und qualifizierten Bevölkerung. Auf diese Probleme reagiert eine große Zahl der Menschen außerdem mit teilweise sehr weiten Pendelwegen. Der Verlust an qualifizierten Erwerbspersonen verstärkt langfristig die Entwicklungsprobleme der Abwanderungsregionen.

Strukturelle Schwächen in den ländlichen Regionen der neuen Länder werden eine hohe raum-zeitliche Konstanz aufweisen, da sich auch die künftigen Entwicklungsimpulse auf die städtischen Gebiete konzentrieren werden. In den ländlich geprägten Regionen, die nicht im Blickwinkel von Investoren liegen und in denen eine Kompen-

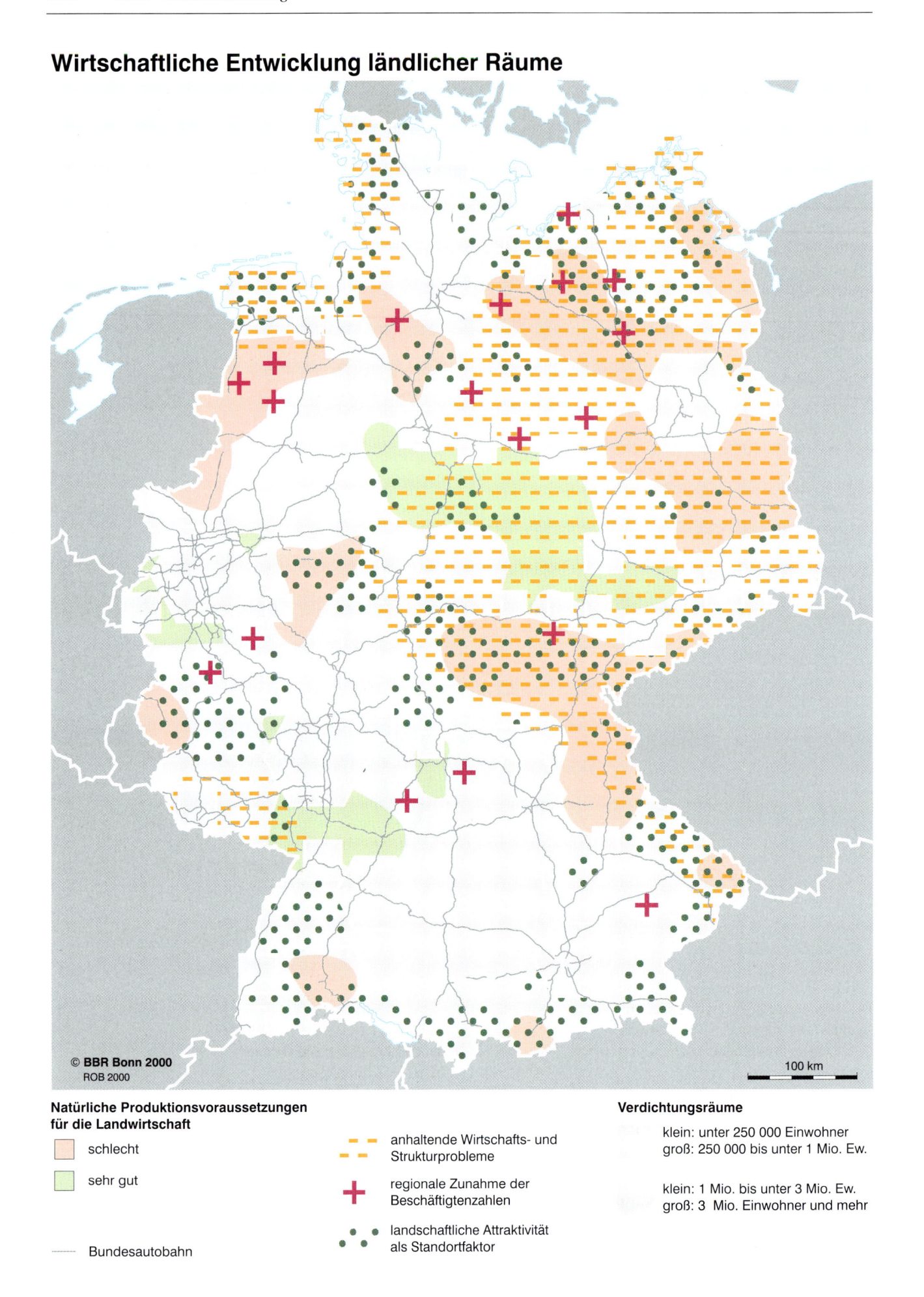

Wirtschaftliche Entwicklung ländlicher Räume

Natürliche Produktionsvoraussetzungen für die Landwirtschaft

- schlecht
- sehr gut

—— Bundesautobahn

– – anhaltende Wirtschafts- und Strukturprobleme

✚ regionale Zunahme der Beschäftigtenzahlen

• • landschaftliche Attraktivität als Standortfaktor

Verdichtungsräume

klein: unter 250 000 Einwohner
groß: 250 000 bis unter 1 Mio. Ew.

klein: 1 Mio. bis unter 3 Mio. Ew.
groß: 3 Mio. Einwohner und mehr

© BBR Bonn 2000
ROB 2000

Karte 99
Die wirtschaftlichen Entwicklungschancen ländlicher Räume werden nicht mehr durchweg negativ eingeschätzt. Neben ländlichen Räumen mit anhaltenden Struktur- und Arbeitsmarktproblemen wird es zunehmend ländliche Räume mit positiver Beschäftigtenentwicklung geben, wenn die Produktionsbedingungen für die Landwirtschaft gut sind und sich die Standortbedingungen für andere Wirtschaftszweige durch die zunehmende Bedeutung „weicher Standortfaktoren" relativ verbessern.

sation durch Pendeln nicht gegeben ist, werden die Abwanderungstendenzen anhalten.

Hauptsächlich in den alten Ländern weisen einige geringer verdichtete Gebiete aber auch eine diversifizierte Wirtschaftsstruktur und *günstige Entwicklungsperspektiven* auf, vor allem bei einer ausgeprägten industriellen und technologischen Basis sowie günstigen Betriebsgrößenstrukturen und

Wirtschaftliche Dynamik auch außerhalb der Verdichtungsräume

Erreichbarkeiten. Eher peripher gelegene ländliche Gebiete können künftig aber auch aufgrund von betrieblicher Flexibilisierung, technologischem Fortschritt und fortentwickelter Telekommunikation positive wirtschaftliche Trends aufweisen und die ökonomische Basis bzw. Beschäftigtenentwicklung dieser Regionen stabilisieren.

In anderen ländlichen Regionen, die aktuell keine ausgeprägten strukturellen Schwächen zeigen, könnten bestimmte Rahmenbedingungen künftig aber auch eine günstige Entwicklung erschweren, z.B. negative Auswirkungen der Konversion oder von Monostrukturen sowie ungünstige Erreichbarkeiten. Letztere müssen mittelfristig aber kein Handicap sein, wenn diese Räume eine große landschaftliche Attraktivität aufweisen, die zu einem immer bedeutenderen Standortfaktor zu werden scheint.

Die Belastungs- und Entlastungseffekte auf den *Arbeitsmärkten* der ländlichen Räume fallen sehr unterschiedlich aus. So bleiben in Ostdeutschland und auch in den struk-

Anhaltende Struktur- und Arbeitsmarktprobleme ländlicher Räume

turschwachen westdeutschen Regionen die gegenwärtigen Arbeitsmarktprobleme in der Regel weitgehend bestehen. In einzelnen Regionen (Ostfriesland, Bremerhaven oder der Westpfalz) ist sogar mit einer weiteren Verschärfung zu rechnen, da sich Arbeitskräfteangebot und -nachfrage weiterhin gegenläufig entwickeln werden.

In Westdeutschland wird die Arbeitsmarktentwicklung weiterhin durch ein Süd-Nordgefälle geprägt sein. Im Norden wird der Druck auf die Arbeitsmärkte vor allem durch die starke Zunahme der Erwerbspersonen verursacht. Im Süden werden die Arbeitsmärkte insgesamt gesehen unter einem relativ besseren Vorzeichen stehen.

Die *Landwirtschaft* wird sich in Gebieten mit guten Produktionsvoraussetzungen konzentrieren. Diese Gebiete sind von der Reform der Agrarpolitik in der Europäischen Union, die das Ziel hat, das Angebot an überschüssigen Agrarprodukten zu verringern, am geringsten betroffen (diese Gebiete sind in der Szenario-Karte grün gekennzeichnet). Hier wird – bei starker Spezialisierung (z.B. Mastbetriebe, Veredelungsbetriebe, Sonderkulturen) – weniger flächenintensiv, aber mit höherer Produktivität gearbeitet. In ihnen könnten biotechnologische Innovationen am stärksten auftreten. Eine Intensivierung der landwirtschaftlichen Produktion hat noch weitere raumrelevante Auswirkungen: Freisetzung von Arbeitskräften, erhöhtes Transportaufkommen, Zunahme der Umweltbelastung durch Schadstoffeinträge, Beeinträchtigung der Artenvielfalt und der Attraktivität der Kulturlandschaft.

Extensivierung und Marginalisierung in der Landwirtschaft treffen in erster Linie Gebiete, in denen die natürlichen und agrarstrukturellen Voraussetzungen ungünstig sind

Landwirtschaftliche Extensivierungs- und Marginalisierungstendenzen in agrarstrukturell schwachen Gebieten

(in der Szenario-Karte lichtrot gekennzeichnet). Andere, außerhalb der Nahrungsmittelproduktion liegende Beschäftigungs- und Entwicklungspotenziale – wie

Karte 100

Die Karte verdeutlicht, dass die siedlungsstrukturelle Entwicklung der ländlichen Räume weitgehend vom Siedlungsdruck innerhalb der Großstädte und Verdichtungsräume abhängt. So reicht z.B. die Suburbanisierung immer weiter ins ländliche Umland hinein und wird dort zunehmend die noch großzügig vorhandenen Freiflächen verknappen. Ländliche Räume übernehmen immer häufiger zur Ver- und Entsorgung der Großstädte und Verdichtungsräume Kompensationsfunktionen.

gewerbliche Arbeitsplätze, Tourismus, Landschaftspflege, nachwachsende Rohstoffe – treffen in diesen Regionen – zumal wenn sie gleichzeitig noch wirtschaftsschwach sind – auf unterschiedliche Voraussetzungen und Chancen. Allerdings bietet der Rückzug der Landwirtschaft auch eine Chance zur Extensivierung und zum Schutz von Naturpotenzialen.

Entwicklung der Siedlungsstruktur der ländlichen Räume

In der Nähe von Verdichtungsräumen stehen die geringer verdichteten Gebiete mit diesen in besonders engen funktionalen Zusammenhängen. Gute Erreichbarkeitsverhältnisse machen sie zum immer weiter ausgreifenden Pendlereinzugsbereich der Verdichtungsräume. Bei gleichzeitig hoher landschaftlicher Attraktivität werden sie bevorzugt als Wohnstandorte, als Altersruhesitze, aber auch als Standorte von Unternehmen gewählt. Bei weniger attraktivem landschaftlichem Umfeld sind diese Gebiete häufig Standorte von Einrichtungen, deren Leistungen in erster Linie für die Stadtregionen erbracht werden: Entsorgungseinrichtungen, Verkehrsachsen, Distributionsfunktionen (flächenintensive Lagerhaltung, Güterverteilung usw.). In verstädterten Bändern bündeln sich die Verkehrslinien von Straße und Schiene, und die Siedlungs- und Verkehrsflächenzunahme ist besonders stark (vgl. die Signaturen für den Suburbanisierungsdruck und für die Gebiete mit erheblichen Freiflächenverknappungen in der Karte).

Es ist mit einem anhaltenden Trend zur *Suburbanisierung* der engeren und weiteren Umlandgebiete der Verdichtungsräume zu rechnen, mit einem starken Zuwachs an

Starker Umwidmungsdruck infolge weiterer Suburbanisierung

Siedlungs- und Verkehrsfläche und häufig starken Zersiedelungstendenzen. Besonders im Umland der Agglomerationsräume der neuen Länder wird ein weiterhin starkes Anwachsen der Siedlungs- und Verkehrsfläche erwartet. In einigen verstädterten Verkehrsbändern ist ein korridorartiges Zusammenwachsen der Siedlungs- und Verkehrsfläche absehbar (vgl. die Flächen mit rotem Punktraster in der Karte).

Alle Anzeichen sprechen dafür, dass mittelfristig die *Siedlungsflächenzunahme* unvermindert anhalten wird. Ausweisung und Erschließung von Gewerbeflächen werden auch künftig durch „stille Subventionierung" gefördert werden. Noch weiter vergrößerte Baulandpreisunterschiede zwischen kernstädtischen Bereichen und den benachbarten ländlichen Räumen treiben das Siedlungswachstum weiter an. Beim Grundstückserwerb werden noch weitere Entfernungen von der Kernstadt hingenommen, mit der Folge großflächiger Siedlungsdispersion – und dies bei der ortstypisch weniger flächensparenden Bauweise als im städtischen Bereich.

Die weiter zunehmende Distanz zwischen Wohnort und Agglomerationskern erhöht das Verkehrsaufkommen noch weiter und verstärkt die Nutzung von großflächigen Einzelhandelsstandorten an der Peripherie der Verdichtungsräume. Die Dispersion der Wohnungsbautätigkeit trägt also auch zur Umstrukturierung und zur Erhöhung des Flächenbedarfs im Einzelhandel bei.

Ausgenommen vom vergleichsweise hohem Siedlungsflächenwachstum sind ländlich periphere Landkreise im Osten. Hier führen Wanderungsverluste zu einer Abnahme der Siedlungsdichte, also zu einer Zunahme der jedem Einwohner zur Verfügung stehenden Siedlungsfläche. Auch in einigen schon jetzt besonders dicht besiedelten Suburbia-Gebieten – im Rhein/Ruhr-Gebiet oder im Großraum Stuttgart/Karlsruhe/Südhessen – werden sich infolge von Ansiedlungsrestriktionen Abschwächungstendenzen bei der Siedlungsflächeninanspruchnahme ergeben (vgl. blaue Flächensignatur in der Karte).

In einigen landschaftlich attraktiven Gebieten spielt der *Tourismus* eine bedeutende regionalwirtschaftliche Rolle: in Küstenregionen, in Mittel- und Hochgebirgen, in Seen- und Flussgebieten. In den neuen

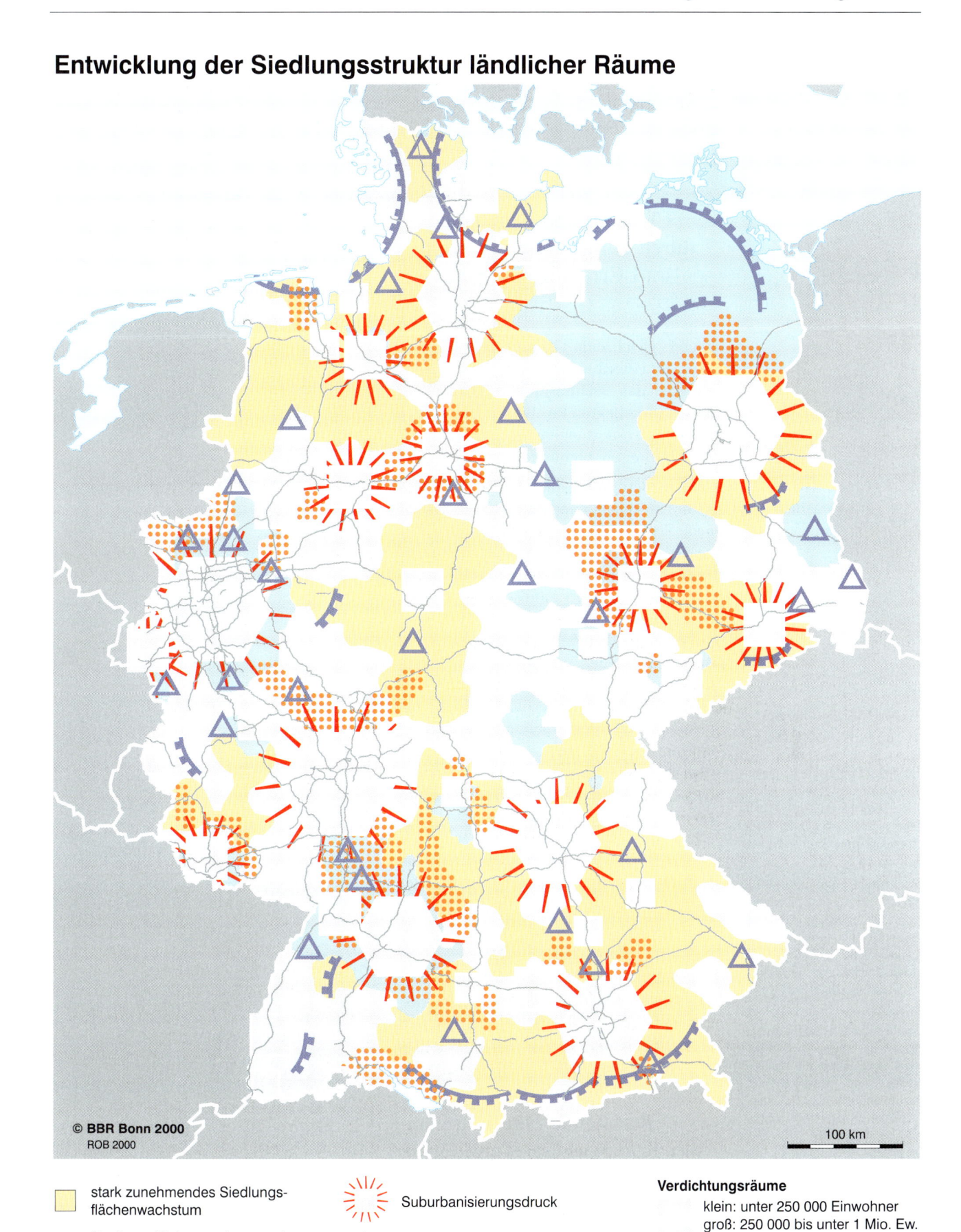

Ausblick: Tendenzen der künftigen Raumentwicklung 193

Entwicklung der Siedlungsstruktur ländlicher Räume

Legende:

- stark zunehmendes Siedlungsflächenwachstum
- Siedlungsflächenwachstum mit leichten Abschwächungstendenzen
- erhebliche Abnahme von Freiflächen
- Suburbanisierungsdruck
- belastende Häufung von Kompensationsfunktionen
- verstärkte Zersiedlung und Umweltbelastung durch Fremdenverkehr und Zweitwohnungen

Verdichtungsräume

klein: unter 250 000 Einwohner
groß: 250 000 bis unter 1 Mio. Ew.

klein: 1 Mio. bis unter 3 Mio. Ew.
groß: 3 Mio. Einwohner und mehr

Bundesautobahn

© BBR Bonn 2000
ROB 2000

Ländern sind Erholungspotenziale in nennenswertem Umfang vor allem an der Ostseeküste, in der Mecklenburgischen Seenplatte, im Elbsandsteingebirge sowie im östlichen Harzvorland vorhanden. Sie sind häufig gleichzeitig ausgedehnte Ferienhaus- und Zweitwohnsitzgebiete, die regional zwar das Nachfragepotenzial erhöhen, für die einheimische Bevölkerung aber auch mit Kostensteigerungen, z.B. bei den Baulandpreisen, verbunden sind.

Für die Bewahrung und Entwicklung des kulturlandschaftlichen Erbes ergeben sich neue Zielkonflikte: Landschaftlich attraktive Gebiete mit regionaltypischer Kulturlandschaft, kulturhistorischer Attraktivität, einem einzigartigen Landschaftsbild oder besonderen Dorfstrukturen werden eine Aufwertung durch den Tourismus erfahren. Auch in den neuen Ländern werden die vorhandenen Erholungspotenziale mit dem Ausbau der touristischen Infrastruktur zunehmend intensiver genutzt werden. In einigen Regionen besteht aber die Gefahr, dass die zunehmende Nutzung als Ferienhaus- und Zweitwohnsitzgebiet mit einer Zersiedelung und Übernutzung der Landschaft verbunden ist, die gleichzeitig die vorhandenen Naturpotenziale gefährdet (vgl. blaue gezackte Linearsignatur in der Karte).

Chancen und Probleme durch zunehmende Freizeit- und Erholungsnutzung

Eine belastende Häufung von *Kompensationsfunktionen* wie zum Beispiel Abfallentsorgung, Energie- und Wasserversorgung, großflächige militärische Übungsgelände usw. findet sich in ländlichen Räumen außerhalb der engeren Einzugsbereiche bestimmter Verdichtungsräume (vgl. die blaue Punktsignatur in der Karte). In den eher dünn besiedelten ländlichen Räumen fallen die Konflikte zwischen den oft „sperrigen" und umstrittenen Infrastruktureinrichtungen und der ansässigen Bevölkerung in der Regel weniger deutlich und heftig aus als in den Städten und Verdichtungsräumen. Derzeitige und zukünftige Kompensationsleistungen bzw. -funktionen bergen die Gefahr – zumal wenn sie gebündelt auftreten –, dass die Standortattraktivität für Gewerbe, aber auch die Erholungsfunktionen und die natürliche Umwelt betreffender ländlicher Räume beeinträchtigt werden.

Belastende Häufung von Kompensationsfunktionen

Weiterführende Literatur:

Trendszenarien der Raumentwicklung in Deutschland und Europa. Beiträge zu einem Europäischen Raumentwicklungskonzept. (Hrsg.): Bundesforschungsanstalt für Landeskunde und Raumordnung. – Bonn 1995

Raumordnungsprognose 2010. Private Haushalte, Wohnungen, Wohnbauland. (Hrsg.): Bundesforschungsanstalt für Landeskunde und Raumordnung. Materialien zur Raumentwicklung, Heft 74

Perspektiven der künftigen Raum- und Siedlungsentwicklung. (Hrsg.): Bundesforschungsanstalt für Landeskunde und Raumordnung. Informationen zur Raumentwicklung, Bonn (1999) H. 11/12

Regionale Auswirkungen der Globalisierung. (Hrsg.): Bundesforschungsanstalt für Landeskunde und Raumordnung. Informationen zur Raumentwicklung, Bonn (1999) H. 1

Regionalisierte Strukturdatenprognose für das jahr 2015. Bearb.: Ifo Institut für Wirtschaftsforschung.– München 1999

Teil 2
Instrumente der Raumordnung

Raumordnerische Zusammenarbeit

Im vorigen Teil des Berichtes wurden die geänderten gesellschaftlichen und wirtschaftlichen Rahmenbedingungen und ihre Auswirkungen auf die Raum- und Siedlungsstruktur beschrieben. Sich ändernde Trends und ihre räumliche Dimension haben auch Auswirkungen auf die Strategien und Instrumente der Raumordnung. Daher werden in diesem Abschnitt die aktuellen gesetzlichen Grundlagen, Umsetzungsstrategien und Instrumente der Raumordnung dargestellt.

Die Aufgabe der Raumordnung ist geprägt durch vielfältige Koordinationsprozesse zwischen den unterschiedlichen *räumlichen Planungsebenen* von Bund, Ländern und Gemeinden (vertikale Koordination) und verschiedenen *raumwirksamen Fachplanungen* (horizontale Koordination). Durch diese, gesetzlich vorgeschriebenen Koordinationsprozesse zwischen allen räumlich Planenden und Handelnden in Deutschland sollen die raumordnerischen Leitbilder der „nachhaltigen Raumentwicklung" und der „Herstellung gleichwertiger Lebensbedingungen in allen Teilräumen" umgesetzt werden. Dabei wird bewusst – im Schwerpunkt – auf föderalistische und fachliche Zusammenarbeit gesetzt statt auf hierarchische, zentralistische Entscheidungskompetenzen. Das wichtigste Instrument der Raumordnung auf Bundesebene ist deshalb die Koordination durch Information und Argumentation im Rahmen der Zusammenarbeit mit den Ländern und raumwirksamen Fachplanungen in Deutschland sowie mit den anderen Staaten und der europäischen Kommission in Europa. Je konkreter die räumliche Planungsebene, desto verbindlicher sind die planerischen Vorgaben.

Auf Bundesebene wird deshalb auf einen verbindlichen Raumordnungsplan für das Bundesgebiet verzichtet. Anstelle eines solchen Planes existieren informelle Leitbilder, die gleich in Zusammenarbeit mit den Ländern im Rahmen der Ministerkonferenz für Raumordnung erarbeitet werden, wie z.B. *der Raumordnungspolitische Orientierungsrahmen*. Das Raumordnungsgesetz des Bundes enthält nur rahmenrechtliche Vorgaben wie die Leitvorstellung der nachhaltigen Raumentwicklung und die Grundsätze der Raumordnung. Es schreibt vor,

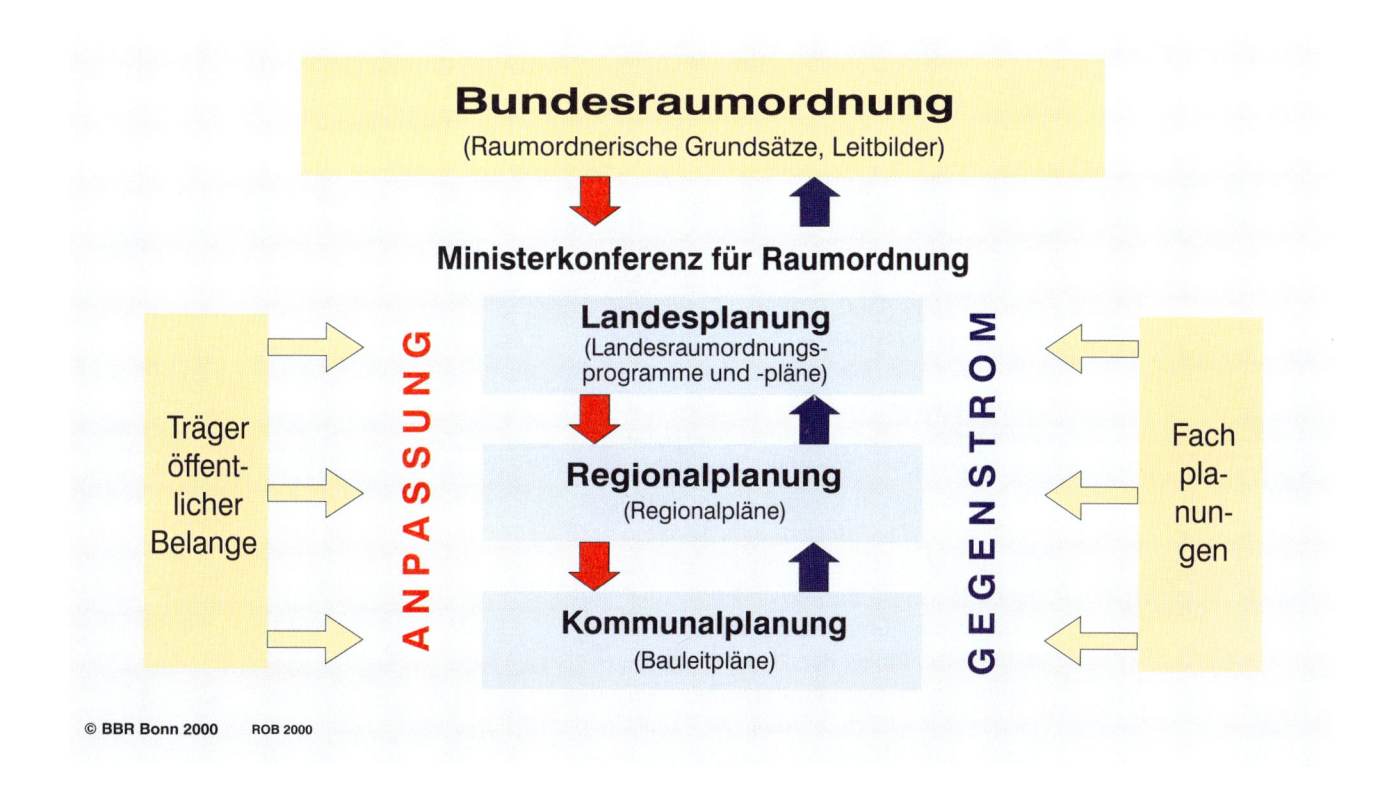

Abbildung 39
Räumliches Planungssystem

dass für das Gebiet eines jeden Landes ein zusammenfassender und übergeordneter Plan aufzustellen ist. Die inhaltliche Ausgestaltung der Pläne ist Aufgabe der *Landes- und Regionalplanung*. Insbesondere die in den Plänen festgelegten Ziele der Raumordnung, aber auch die Grundsätze und sonstigen Erfordernisse der Raumordnung bilden die Vorgaben für die *kommunale Bauleitplanung*, der wichtigsten Umsetzungsebene der raumordnerischen Erfordernisse. Im Rahmen der kommunalen Selbstverwaltung und der Planungshoheit legen die Gemeinden die konkrete Flächennutzung verbindlich fest. Auf der Ebene der EU existiert eine informelle Zusammenarbeit der europäischen Staaten und der Kommission auf dem Gebiet der Raumordnung.

In diesem Kapitel werden die wesentlichen Ergebnisse der raumordnungspolitischen Zusammenarbeit in Deutschland und Europa im Berichtszeitraum in aller Kürze dargestellt. Dabei kann auf die Einzelmaßnahmen und -programme nicht ausführlich eingegangen werden. Im Vordergrund dieses Berichtes steht vielmehr der zusammenfassende Überblick über die verschiedenen raumordnerischen Aktivitäten.

Das im Jahre 1997 grundlegend novellierte *Raumordnungsgesetz des Bundes* wird mit seinen wesentlichen Neuerungen zu Beginn des Kapitels dargestellt. Die Einführung der Leitvorstellung der „nachhaltigen Raumentwicklung" mit Auswirkungen auf die Neuformulierung der „raumordnerischen Grundsätze" sowie die Erweiterung der Bindungswirkungen der „Erfordernisse der Raumordnung" und die Stärkung der regionalen Handlungsebene waren wesentliche Elemente der Novellierung. Der Stand der *Landes- und Regionalplanung* wird dokumentiert. Insbesondere in den neuen Ländern sind viele neue Landes- und Regionalpläne verabschiedet worden. Die gemeinsam zwischen Bund und Ländern erarbeiteten *Raumordnungspolitischer Orientierungsrahmen* und *Raumordnungspolitischer Handlungsrahmen* konkretisieren die raumordnerischen Leitbilder und geben Hinweise für deren Umsetzung. Sie werden mit ihren wesentlichen Inhalten dargestellt. Eines der Umsetzungsinstrumente ist das *Aktionsprogramm „Modellvorhaben der Raumordnung"*. In – räumlich konkreten – Modellvorhaben werden neue raumordnerische Handlungsansätze und Instrumente erprobt und laufende regionale Entwicklungsprozesse unterstützt. Die im Berichtszeitraum durchgeführten Modellvorhaben werden im Überblick dokumentiert.

Auf Ebene der EU existiert eine informelle Zusammenarbeit der europäischen Staaten und der EU-Kommission auf dem Gebiet der Raumordnung. Die bisherige Zusammenarbeit mündete 1999 in das *„Europäische Raumentwicklungskonzept – EUREK"*, das in seinen Grundzügen behandelt wird. Es stellt einen politischen Rahmen für die informelle Zusammenarbeit zwischen der Europäischen Kommission, den Mitgliedsstaaten und ihren Regionen und Städten dar und enthält Ziele und politische Optionen für eine nachhaltige europäische Raumentwicklung. Außerdem werden die wesentlichen Instrumente der *transnationalen und grenzüberschreitenden Zusammenarbeit* auf dem Gebiet der Raumordnung in Europa dargestellt.

Raumordnerische Zusammenarbeit in Deutschland

Raumordnung in der Bundesrepublik Deutschland ist durch eine Vielzahl von Ebenen der räumlichen Planung gekennzeichnet. Die Bundesebene verfügt in Deutschland über eine Rahmenkompetenz, d.h., sie gibt einen gesetzlichen und inhaltlichen Rahmen vor, den insbesondere die Landesplanungen in ihrer originären Kompetenz auszufüllen haben. Die Aufgaben der Umsetzung liegen daher weitgehend bei den Ländern sowie den nachfolgenden Planungsebenen.

Ziele und Grundsätze des *Raumordnungsgesetzes* bilden die entscheidenden inhaltlichen Maßstäbe der Raumordnung und Landesplanung von Bund und Ländern. Leitbilder und Entschließungen der *Ministerkonferenz für Raumordnung*, in der Bund und Länder zusammenarbeiten, geben weitere Perspektiven und Strategien für die räumliche Entwicklung des Bundesgebietes. Zu erwähnen sind hier der *Raumordnungspolitische Orientierungsrahmen* von 1993 und der *Raumordnungspolitische Handlungsrahmen* von 1995.

Das Raumordnungsgesetz des Bundes enthält u.a. rahmenrechtliche Vorschriften über die *Raumordnungsplanung in den Ländern*. So schreibt es beispielsweise vor, dass für das Gebiet eines jeden Landes sowie in Regionen ein zusammenfassender und übergeordneter Plan aufzustellen ist. Die inhaltliche Ausgestaltung der Pläne ist jedoch Aufgabe der Länder und Regionen. Durch die Regionalplanung werden die Eckdaten für die Flächennutzungsplanung gesetzt, die die Gemeinden im Rahmen ihrer Planungshoheit verbindlich beschließen. Durch die Pflicht der gegenseitigen Abstimmung zwischen den einzelnen Planungsebenen (Gegenstromprinzip) wird sichergestellt, dass sich die Planungen im föderativen Staatsaufbau nicht widersprechen und die allgemein formulierten raumordnerischen Leitbilder und Grundsätze von Planungsebene zu Planungsebene konkretisiert werden und so ihren räumlichen Niederschlag finden.

Zwei übergeordnete inhaltliche Leitlinien sind aus Bundessicht für die Raumordnungspolitik der letzten Jahre von großer Bedeutung:

Zum einen nimmt das „vernetzte" Denken und Planen auf und zwischen den verschiedenen räumlichen Planungsebenen zu. Die Tendenz zu regional differenzierten Aufgabenlösungen steigt – und damit auch die Anforderung an die regional Verantwortlichen und Handelnden, gemeinsame Interessen zu bündeln und zu kooperieren. Die Region als Umsetzungsebene raumordnerischer Aktivitäten erhält aus Bundessicht somit ein ganz entscheidendes Gewicht.

Zum anderen soll räumliche Planung nicht bei der Erstellung von Plänen und Programmen stehenbleiben, sondern in einem dynamischen politischen Prozess verstärkt die Umsetzung räumlicher Zielvorstellungen fördern. Dies erfordert ein neues Selbstverständnis der Raumordnung. Im Vordergrund steht künftig die Suche nach gemeinsamen Lösungen staatlicher, kommunaler, aber auch privater Akteure. Planung sollte nicht mehr ausschließlich hoheitlich ausgerichtet sein, sondern zunehmend auch eine Service-Leistung werden, die aktiv regionale Interessenkonflikte auszugleichen sucht.

Das neue Raumordnungsgesetz

Das aus dem Jahre 1965 stammende Raumordnungsgesetz (ROG) ist durch das Raumordnungsgesetz 1998, das zum 1. Januar 1998 in Kraft getreten ist, grundlegend neu geregelt worden. Ziel dieses Abschnittes ist nicht eine umfassende Darstellung des Raumordnungsgesetzes, sondern die Hervorhebung grundsätzlich neuer Aspekte im novellierten Gesetz. Ein Abdruck des vollständigen Gesetzes findet sich im Anhang.

Ein herausragender Aspekt im novellierten ROG betrifft die Formulierung der raumordnerischen Leitvorstellung. Während das frühere Raumordnungsrecht mehrere nebeneinanderstehende Leitvorstellungen enthielt, stellt die Neuregelung ein zentrales Leitbild in den Mittelpunkt der Raumordnung: Leitbild bei der Erfüllung der raumordnerischen Aufgaben soll die *nachhaltige Raumentwicklung* sein. Sie soll soziale und wirtschaftliche Ansprüche an den Raum mit seinen ökologischen Funktionen in Einklang bringen und zu einer dauerhaften, großräumig ausgewogenen Ordnung führen.

Nachhaltige Raumentwicklung bezweckt einen Ausgleich ökologischer, ökonomischer und sozialer Raumansprüche und -funktionen. Die ökologische *Raumschutzfunktion* und die ökonomischen und sozialen *Raumnutzungsansprüche* (wie beispielsweise für Wohnen, soziale Infrastruktur) sollen zu einem tragfähigen räumlichen Ausgleich gebracht werden. Die Nachhaltigkeit ist im ROG damit „dreidimensional" definiert. Dabei wird weder den ökonomischen oder sozialen Raumansprüchen noch den ökologischen Schutz- und Entwicklungsansprüchen ein Vorrang eingeräumt. Vielmehr wird von deren prinzipieller Gleichrangigkeit ausgegangen. Nutzungsansprüche und ökologische (Schutz-)Funktionen sind räumlich in Einklang zu bringen, damit es langfristig zu einer dauerhaften, großräumig ausgewogenen Ordnung kommt.

Das Gesetz konkretisiert diese einheitliche Leitvorstellung einer nachhaltigen Raumentwicklung durch verschiedene Teilaspekte. Darunter befindet sich die Herstellung gleichwertiger Lebensverhältnisse in allen Teilräumen. Andere Teilaspekte betreffen die Stärkung der die Teilräume prägenden Vielfalt, den Ausgleich der räumlichen und strukturellen Ungleichgewichte zwischen den alten und neuen Ländern sowie die Schaffung der räumlichen Voraussetzungen für den Zusammenhalt in der Europäischen Gemeinschaft und im größeren europäischen Raum.

Die bundesweit geltenden Grundsätze der Raumordnung sind in § 2 Abs. 2 ROG neu formuliert worden. Sie untergliedern sich in sieben *räumliche* Grundsätze und acht *fachliche* Grundsätze. Sie sind untereinander nicht widerspruchsfrei. Eine gewisse Harmonisierung untereinander erfahren sie dadurch, dass die Grundsätze der Raumordnung im Sinne der Leitvorstellung einer nachhaltigen Raumentwicklung anzuwenden sind.

Wesentlich ergänzt worden ist die Vorschrift über die Bindungswirkungen der Erfordernisse der Raumordnung (§ 4 ROG). Danach haben öffentliche Stellen bei raumbedeutsamen Planungen und Maßnahmen Ziele der Raumordnung zu beachten, Grundsätze und sonstige Erfordernisse der Raumordnung zu berücksichtigen. Das gilt auch bei Planfeststellungen über die Zulässigkeit raumbedeutsamer Maßnahmen von Personen des Privatrechts. Die zunehmende Privatisierung öffentlicher Aufgaben – z.B. von Bahn und Post – hat den Gesetzgeber bei der Neuregelung des Raumordnungsrechtes veranlasst, auch juristische Personen des Privatrechts zu binden, wenn sie näher definierte öffentliche Aufgaben wahrnehmen und öffentliche Stellen hieran maßgeblich beteiligt sind oder deren konkrete Planung oder Maßnahmen überwiegend mit Mitteln aus öffentlichen Haushalten finanziert werden.

Für die Länder von besonderer Bedeutung sind die rahmenrechtlichen Vorschriften über die Raumordnungsplanung in den Ländern, in denen die wichtigsten Inhalte von Raumordnungsplänen festgelegt werden (§ 7 Abs. 2 ROG). Dazu gehören Aussagen zu der anzustrebenden *Siedlungsstruktur* (z.B. Raumkategorien, Zentrale Orte, Achsen), der anzustrebenden *Freiraumstruktur* (z.B. großräumig übergreifende Freiräume) sowie den zu sichernden Standorten und Trassen für *Infrastruktur* (z.B. Verkehrsinfrastruktur, Ver- und Entsorgungsinfrastruktur). Die Raumordnungspläne können darüber hinaus gebietsbezogene Festlegungen in Form definierter *Gebietskategorien* treffen. Es handelt sich um Vorranggebiete, Vorbehaltsgebiete und Eignungsgebiete (§ 7 Abs. 4 ROG).

Dem Bedeutungszuwachs der Region als räumlicher Handlungsebene trägt die in § 9 Abs. 6 ROG aufgenommene Regelung Rechnung, einen *Regionalen Flächennutzungsplan* aufstellen zu können. Es handelt sich um eine Ermächtigung an die Länder, in verdichteten Räumen oder in Räumen mit sonstigen raumstrukturellen Verflechtungen zuzulassen, dass ein Plan aufgestellt wird, der zugleich gemeinsamer Flächennutzungsplan und Regionalplan ist. Durch diesen neuen Plantyp wird die Möglichkeit geschaffen, eine Planungsebene einzusparen.

Einen besonderen Schwerpunkt hat der Gesetzgeber auf die Umsetzung der Raumordnungspläne gelegt. Die Träger der Landes- und Regionalplanung werden verpflichtet, durch mehr Kooperation aller Beteiligten verstärkt auf die Verwirklichung der Raumordnungspläne hinzuwirken. Dazu sollen neue, informelle Instrumente wie *Regionale Entwicklungskonzepte, Städtenetze* und *vertragliche Vereinbarungen* genutzt werden. Erstmals wurden freiwillige Instrumente in das Gesetz aufgenommen, die die verbindlichen und damit oft starren Pläne und Programme ergänzen sollen. Damit ist die Erwartung verknüpft, die Planung insgesamt dynamischer und flexibler zu machen.

Im neuen ROG werden zum ersten Mal die Aufgaben des Bundes im Bereich der Raumordnung festgelegt (§ 18 ROG). Danach kann der Bund *Leitbilder der räumlichen Entwicklung* des Bundesgebietes oder von über die Länder hinausgreifenden Zusammenhängen als Grundlage für die Abstimmung raumbedeutsamer Planungen und Maßnahmen des Bundes und der Europäischen Gemeinschaft erstellen. Der Bund besitzt ferner die Zuständigkeit, in Zusammenarbeit mit den Ländern an einer Raumordnung in der Europäischen Gemeinschaft und im größeren europäischen Raum mitzuwirken.

Zu den raumordnerischen Aufgaben des Bundes gehört es weiter, laufend über die räumliche Entwicklung im Bundesgebiet zu berichten. Die Informationsbereitstellung delegiert das neue ROG an das Bundesamt für Bauwesen und Raumordnung (BBR). So erhält das BBR die Aufgabe, ein *Informationssystem zur räumlichen Entwicklung im Bundesgebiet* zu führen und dessen Ergebnisse den Bundesressorts und den Ländern zur Verfügung zu stellen (§ 18 Abs. 5 ROG). Auch die Aufgabe, den *Raumordnungsbericht des Bundes* zu erstellen, delegiert das neue ROG an das BBR (§ 21 ROG).

Landes- und Regionalplanung

Angesichts der unterschiedlichen Ausgestaltung der Landes- und Regionalplanung durch die Bundesländer, ergibt sich zusammenfassend und vereinfacht folgender Überblick:

Das Raumordnungsgesetz verpflichtet die Länder, einen zusammenfassenden und übergeordneten Plan für das jeweilige Landesgebiet aufzustellen. Er setzt die Ziele, Grundsätze und sonstigen Erfordernisse der Raumordnung und Landesplanung, die das jeweilige Land betreffen, fest. Die Mehrheit der Bundesländer hat in den 90er Jahren neue *Landesraumordnungsprogramme bzw. -pläne* aufgelegt. In den neuen Ländern erfolgte eine Aufstellung der Landespläne zum ersten Mal. Eine besondere Entwicklung zeigte sich in den Ländern Berlin und Brandenburg. Wegen der besonders engen Verflechtung zwischen

Erläuterung: Laufende Raumbeobachtung des BBR

Schon seit vielen Jahren gehört die „Laufende Raumbeobachtung" zu den Hauptaufgaben der wissenschaftlichen Politikberatung des BBR bzw. der ehemaligen Bundesforschungsanstalt für Landeskunde und Raumordnung (BfLR). In den vielfältigen Veröffentlichungsmedien des BBR werden die Ergebnisse der „Laufenden Raumbeobachtung" auch der interessierten Fachöffentlichkeit präsentiert. Insbesondere die 1998 neu geschaffene Schriftenreihe „Berichte des BBR" hat zur Aufgabe, Daten und Informationen zur Raumentwicklung bereitzustellen. So umfasst der erste Berichtsband „Aktuelle Daten zur Entwicklung der Städte, Kreise und Gemeinden – Ausgabe 1998" umfangreiche Indikatoren, Tabellen und Karten. Diese Indikatoren werden auch auf einer CD ROM angeboten, die selbstständige tabellarische und kartographische Auswertungen ermöglicht.

beiden Ländern und der damit verbundenen Notwendigkeit enger Zusammenarbeit vereinbarten Berlin und Brandenburg 1995 eine Gemeinsame Landesplanung beider Länder. 1998 erlangte dann das erste gemeinsame Landesentwicklungsprogramm und der zugehörige Landesentwicklungsplan für Berlin und Brandenburg Verbindlichkeit. Eine Fortschreibung von Landesraumordnungsplänen wird unter anderem notwendig, wenn sich politische Rahmenbedingungen oder die raumstrukturelle Situation des Landes ändern.

Land	Überfachliche Programme bzw. Pläne der Landesplanung
Baden-Württemberg	Landesentwicklungsplan 1983
Bayern	Landesentwicklungsprogramm 1994
Berlin und Brandenburg	Landesentwicklungsplan I, Brandenburg 1995
	Gemeinsames Landesentwicklungsprogramm der Länder Berlin und Brandenburg 1998
	Landesentwicklungsplan für den engeren Verflechtungsraum Berlin - Brandenburg 1998
Hessen	Landesraumordnungsprogramm 1970
	Landesentwicklungsplan 1971
Mecklenburg-Vorpommern	Landesraumordnungsprogramm 1993
Niedersachsen	Landesraumordnungsprogramm I/II 1994
Nordrhein-Westfalen	Landesentwicklungsplan 1995
Rheinland-Pfalz	Landesentwicklungsprogramm 1995
Saarland	Landesentwicklungspläne 1967-97
Sachsen	Landesentwicklungsplan 1994
Sachsen-Anhalt	Landesentwicklungsprogramm 1992
	Landesplanungsgesetz 1998
Schleswig-Holstein	Landesraumordnungsplan 1998
Thüringen	Landesentwicklungsprogramm 1993
Stadtstaaten (Hamburg, Bremen)	Flächennutzungspläne gelten auch als überfachliche Programme bzw. Pläne der Landesplanung

© BBR Bonn 2000   Anmerkung: Stand der Übersicht: Dezember 1998

Tabelle 9
Stand der Pläne und Programme der Landesplanung 1998

Karte 102
Die Stufigkeit der Zentrale-Orte-Systeme in den Landes- und Regionalplänen zeigt teilweise deutliche landesspezifische Unterschiede, vor allem wenn auch Sonderformen von Oberzentren und Mittelzentren einbezogen werden.

Die Aussagen der Landesraumordnungspläne bzw. -programme werden ergänzt und konkretisiert durch *Regionalpläne*. Diese werden für einzelne Planungsregionen aufgestellt, die in der Regel mehrere Kreise umfassen. In der Mehrzahl der Länder werden die Regionalpläne von regionalen Planungsverbänden und Planungsgemeinschaften aufgestellt. In den alten Ländern liegen bis auf wenige Ausnahmen 1999 verbindliche Regionalpläne vor. In den neuen Ländern wurde zwischen 1992 und 1995 mit Inkrafttreten der Landesentwicklungspläne der Rahmen für die Aufstellung von Regionalplänen geschaffen. Der Aufbau von Verwaltungsstrukturen, eine fehlende fachliche Datenbasis sowie Gebiets- und Verwaltungsreformen waren Gründe dafür, dass noch nicht in allen neuen Ländern flächendeckend Regionalpläne vorliegen. Dennoch sind in den neuen Ländern beachtliche Fortschritte bei der Erstellung der Regionalpläne gemacht worden.

In Landes- und Regionalplänen finden sich typische Konzeptionen und Instrumente der Raumplanung. Dies sind insbesondere das Zentrale-Orte-System, Entwicklungsachsen sowie flächenbezogene Instrumente wie etwa Vorranggebiete.

Das System der *Zentralen Orte* ist ein wichtiges Instrument zur Bündelung von Infrastruktur- und Versorgungseinrichtungen. Es stellt eine Konkretisierung des Leitbildes der „Dezentralen Konzentration" der Raumstruktur dar. Des weiteren kann hierüber auch in dünn besiedelten ländlichen Regionen eine Mindestausstattung mit öffentlichen Einrichtungen gesichert und Abwanderungstendenzen entgegengewirkt werden. Die Ausgestaltung des Zentrale-Orte-Systems weist zwischen den Ländern erhebliche Unterschiede auf. Diese sind auf die unterschiedlichen raum- und siedlungsstrukturellen Gegebenheiten zurückzuführen.

Das Zentrale-Orte-System stellt ein Steuerungsinstrument bei Entscheidungen über raumwirksame Planungen und Maßnahmen dar. Es kann beispielsweise eine Rolle spielen bei der Genehmigung großflächiger Einzelhandelsprojekte. Bei der Ausgestaltung des kommunalen Finanzausgleichs lag bzw. liegt in vielen Ländern ein zentralörtlicher Ansatz vor. Das Zentrale-Orte-System kann ferner angewendet werden bei der Steuerung des Einsatzes von Fördermitteln, im Rahmen der Struktur- und Standortpolitik sowie auch zur Gestaltung der Verkehrsnetze.

Stand der Regionalplanung

Programme bzw. Pläne der Regionalplanung im Dezember 1998

- noch nicht vorhanden
- verbindlich vor 1990
- verb. 1990 bis einschl. 1995
- verbindlich nach 1995
- liegen als Entwurf vor

Anmerkung:
Stadtstaaten: Flächennutzungspläne
Saarland: Landesweite Programme bzw. Pläne erfüllen auch die Funktion von Regionalplänen.

Datenbasis: Laufende Raumbeobachtung des BBR, Angaben der Länder

Planungsregionen, Stand 31.12.1998

Karte 101
Der aktuelle Stand der Programme und Pläne der Regionalplanung zeigt eine weitgehend flächendeckende Verbindlichkeit der Pläne in Deutschland. Nur in Niedersachsen und einigen neuen Ländern sind Pläne noch im Aufstellungsverfahren.

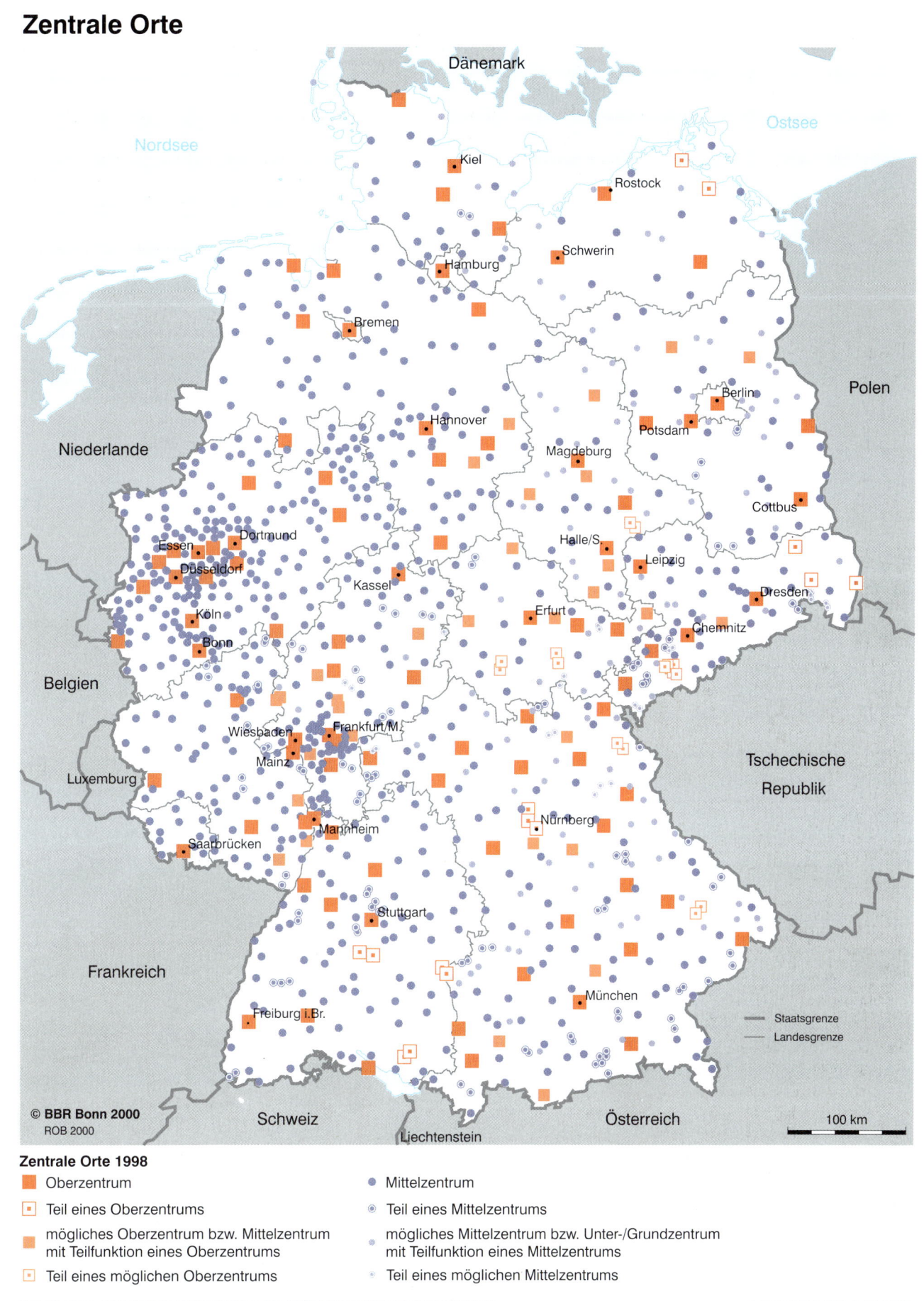

Raumordnerische Zusammenarbeit 203

Zentrale Orte

Zentrale Orte 1998

- ■ Oberzentrum
- ▫ Teil eines Oberzentrums
- ■ mögliches Oberzentrum bzw. Mittelzentrum mit Teilfunktion eines Oberzentrums
- ▫ Teil eines möglichen Oberzentrums
- ● Mittelzentrum
- ◉ Teil eines Mittelzentrums
- ● mögliches Mittelzentrum bzw. Unter-/Grundzentrum mit Teilfunktion eines Mittelzentrums
- ◉ Teil eines möglichen Mittelzentrums

Datenbasis: Laufende Raumbeobachtung des BBR; Landespläne und -programme

Gemeinden, Stand 1.1.1998

Vorranggebiete weisen einer bestimmten Funktion oder Nutzung innerhalb des Gebietes einen Vorrang gegenüber anderen Funktionen und Nutzungen zu. Solche Vorrangnutzungen können z. B. standortgebundene Rohstoffe, Naherholung oder die Landwirtschaft betreffen. Neu ist die im Raumordnungsgesetz erwähnte Kategorie der *Eignungsgebiete*. Sie beziehen sich auf raumbedeutsame Maßnahmen (Vorhaben) im Außenbereich nach § 35 BauGB, wie z. B. Standorte von Windenergieanlagen. Sie legen fest, dass das spezielle Außenbereichsgebiet für diese raumbedeutsamen Maßnahmen geeignet ist und diese aber innerhalb des Gebietes zu konzentrieren sind mit der Folge, dass diese raumbedeutsamen Maßnahmen an anderer Stelle im Planungsgebiet ausgeschlossen werden.

Als Umsetzungsebene raumordnerischer Aufgaben erfährt die Region zunehmend Aufmerksamkeit. Die formalisierte Regionalplanung wird dabei ergänzt durch *informelle Planungsinstrumente*. Experimentelle Ansätze in der Regionalplanung, welche die Schwächen konventioneller Planung (wie etwa die relative Starrheit verbindlicher Pläne, die kein rasches flexibles Reagieren auf sich ändernde Rahmenbedingungen erlaubt) ausgleichen sollen, sind beispielsweise in *Regionalkonferenzen* zu sehen, in denen regionale Akteure sich auf konkrete Aktionen einigen. Eine andere Möglichkeit stellen *vertragliche Vereinbarungen* zur Vorbereitung und Umsetzung der Festlegungen in Raumordnungsplänen dar. Solche Verträge können zwischen kooperierenden Gemeinden, aber auch mit Privaten geschlossen werden.

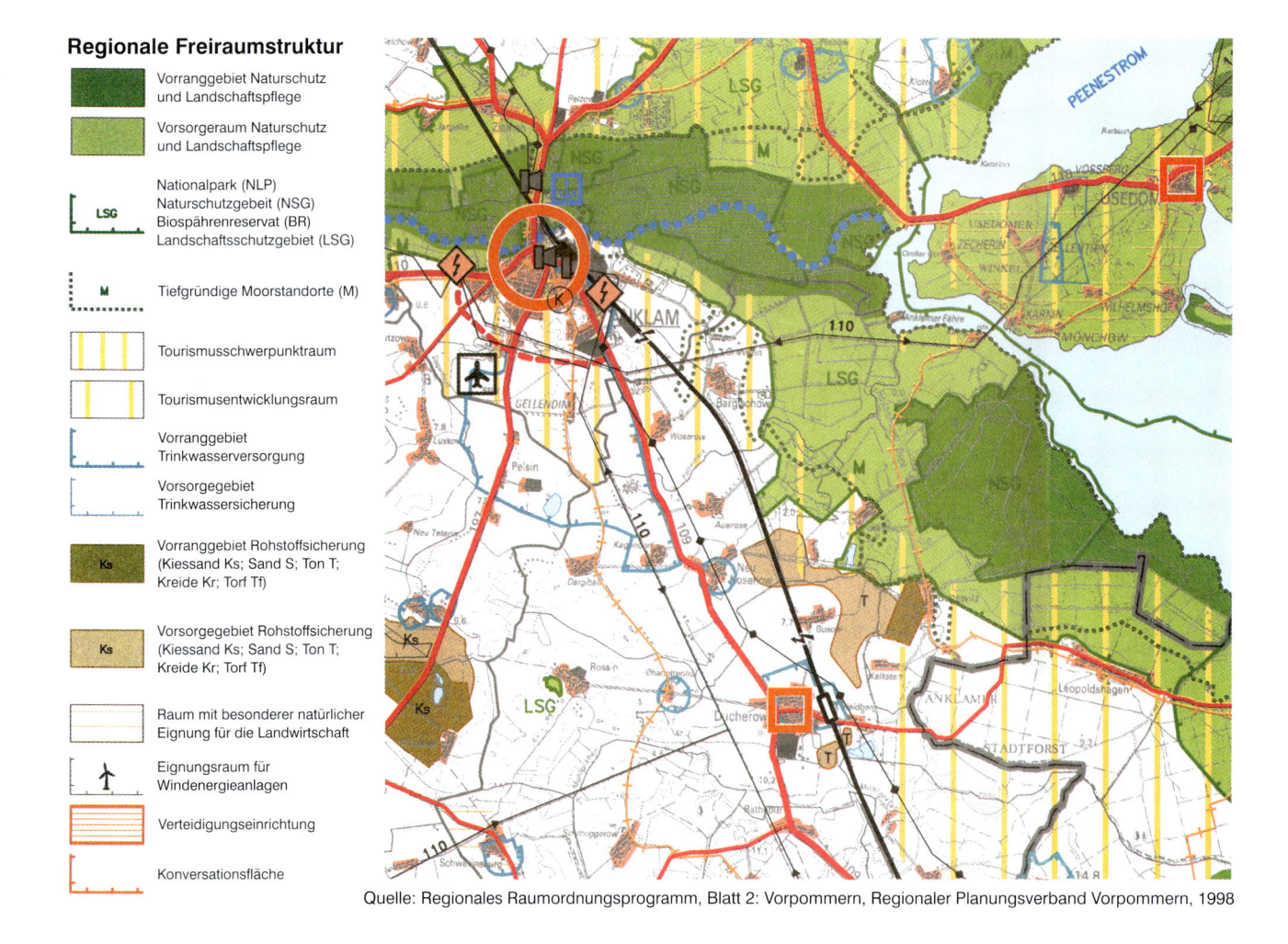

Quelle: Regionales Raumordnungsprogramm, Blatt 2: Vorpommern, Regionaler Planungsverband Vorpommern, 1998

Karte 103
Die Karte zeigt einen Ausschnitt aus dem regionalen Raumordnungsplan für die Planungsregion Vorpommern mit Teilen der Insel Usedom. Im Bereich der Freiraumstruktur sind hier vor allem Vorrang- und Vorsorgegebiete ausgewiesen für Naturschutz- und Landschaftspflege, Trinkwasser- oder Rohstoffsicherung sowie Eignungsräume für Windenergieanlagen.

Raumordnungspolitischer Orientierungsrahmen

Eine Aufgabe der Zusammenarbeit zwischen Bund und Ländern auf dem Gebiet der Raumordnung ist nach §18 Abs. 1 ROG die Entwicklung von *Leitbildern der räumlichen Entwicklung* des Bundesgebietes. Sie sollen als Grundlage für die Abstimmung raumbedeutsamer Planungen und Maßnahmen des Bundes und der Europäischen Gemeinschaft dienen.

Im Jahre 1992 erarbeiteten die für Raumordnung zuständigen Ministerien von Bund und Ländern den *Raumordnungspolitischen Orientierungsrahmen* (ORA), der die Perspektiven und Strategien für die räumliche Entwicklung des gesamten Bundesgebietes unter Einschluß der europäischen Bezüge darstellt. Hintergrund waren die gravierenden Veränderungen der räumlichen Rahmenbedingungen in Deutschland durch die Wiedervereinigung und in Europa durch die fortschreitende europäische Integration, die eine Neuorientierung der Raumordnung und raumbezogenen Planungen erforderlich machten.

Der Raumordnungspolitische Orientierungsrahmen ist mit seinen Leitbildern *Siedlungsstruktur, Umwelt und Raumnutzung, Verkehr, Europa* und dem Leitbild *Ordnung und Entwicklung* kein starres Instrument, sondern offen angelegt, um veränderten Situationen gerecht werden zu können. Er gibt die Grundrichtung an, welche Wege bei der Verfolgung und Umsetzung räumlicher Politik einzuschlagen sind, ist jedoch kein Investitionsprogramm und kann den einzelnen Fachplanungen nicht vorgreifen. Dennoch wird mit dem Orientierungsrahmen und seinen Leitbildern der Anspruch verfolgt, durch eine klare Politikformulierung und räumlich konkretisierte Aussagen den öffentlichen Planungsträgern ebenso wie den privaten Investoren Entwicklungsperspektiven aufzuzeigen und bundespolitische Prioritäten zu verdeutlichen.

Mit dem Raumordnungspolitische Orientierungsrahmen wird die Stärkung der regionalen Eigenkräfte betont und die Notwendigkeit von regionalen Initiativen, Aktions- und Entwicklungsprogrammen hervorgehoben. Gleichzeitig wird der koordinierte und kombinierte Einsatz von Fördermitteln und Entwicklungsinstrumenten betont, bei dem die Regionen mehr Eigenverantwortung zu übernehmen haben.

Raumordnungspolitischer Handlungsrahmen

Zur Konkretisierung des Raumordnungspolitischen Orientierungsrahmens haben Bund und Länder in der MKRO gemeinsam in den Folgejahren einen Raumordnungspolitischen Handlungsrahmen erarbeitet und 1995 beschlossen, mit dem Ziel, Hinweise zur Umsetzung der Leitbilder auf den verschiedenen Planungsebenen zu geben. Er drückt das neue Planungsverständnis aus, in dem der prozess- und handlungsorientierte Charakter von Planung betont wird. Neue Instrumente der Umsetzung von Raumordnungspolitik sollen – insbesondere mittels Modellvorhaben – erprobt und der Erfahrungsaustausch zwischen den verschiedenen regionalen Akteuren und der Öffentlichkeit intensiviert werden. Die wichtigsten neuen Instrumente und Handlungsansätze der Raumordnung sind:

Regionale Entwicklungskonzepte/ Raumordnungskonferenzen

Die Erarbeitung von regionalen Entwicklungskonzepten flankiert durch – mittelfristig angelegte – Raumordnungskonferenzen soll die regionalen Eigenkräfte bündeln und durch ein gemeinsames Projektmanagement koordinieren. Die Regionalplanung soll dabei als Moderator für regionale Entwicklungsprozesse gestärkt werden. Bund und Länder haben entsprechende Aktionen durchgeführt und unterstützt, die dazu beigetragen haben, dieses Instrument als geeignetes raumordnerisches Handlungsinstrument darzustellen. Als Modellvorhaben der Raumordnung wurden in den vergangenen Jahren Regionalkonferenzen in Berlin/Brandenburg, Halle/Leipzig, Mecklenburgische Seenplatte und Bremen/Niedersachsen durchgeführt.

Strukturschwache ländliche Räume

Die Erarbeitung von Handlungsstrategien zur Stabilisierung und Entwicklung strukturschwacher ländlicher Räume in den Bereichen Sicherung der Wohn- und Versorgungsfunktion, Wirtschaftsförderung und Existenzsicherung, Landwirtschaft und Umweltschutz sowie Tourismus stand im Mittelpunkt der Aktivitäten. In einer Entschließung der MKRO vom 3.6.1997 zur „Nachhaltigen Entwicklung strukturschwacher ländlicher Räume" wendet sich diese bspw. entschieden gegen Strategien der "passiven Sanierung" und fordert statt dessen eine schrittweise Verbesserung der Wettbewerbsfähigkeit dieser Räume sowie eine stärkere Nutzung der Qualitäten, Chancen und Potenziale zur Bewahrung und Weiterentwicklung ihrer Eigenständigkeit.

Städtenetze

Städtenetze sollen zur Stärkung der dezentralen Raum- und Siedlungsstruktur im Bundesgebiet beitragen. Als neue Konzeption innerregionaler und interkommunaler Zusammenarbeit auf freiwilliger Basis bieten sie ein neues problem- und umsetzungsorientiertes Instrument der Raumordnung. Um zu prüfen, welche Inhalte, Verfahren und Akteure beim Aufbau von Städtenetzen von Bedeutung sind und welche Maßnahmen und Handlungsbereiche für interkommunale Kooperationen geeignet sind, wurden als Modellvorhaben der Raumordnung 13 Städtenetze über dreieinhalb Jahre vom Bund gefördert, begleitet und zu einer dauerhaften Kooperation geführt.

Siedlungserweiterung und Ressourcenschutz in großen Verdichtungsräumen und ihrem Umland

Die insgesamt günstige dezentrale Raum- und Siedlungsstruktur der Bundesrepublik mit einem leistungsfähigen Netz zentraler Orte ist zu erhalten und weiter auszubauen. Um die Funktionsfähigkeit der großen Verdichtungsräume zu gewährleisten und eine geordnete Siedlungsentwicklung sicherzustellen, bedarf es verstärkter Entlastungs- und Ordnungsstrategien der Raumordnung durch verbesserte Stadt-Umland-Abstimmungen und regionale Kooperationen. Polyzentrale Siedlungsstrukturen sollen auch in diesen Räumen im Sinne des Leitbildes der dezentralen Konzentration stärker zur Wirkung gebracht werden, um eine weitere Zersiedlung und ungesteuerte räumliche Ausuferung zu unterbinden.

Nachhaltige Sicherung und Entwicklung der natürlichen Lebensgrundlagen

Steigende Altlastenproblematik, anhaltender Rückgang von Tier- und Pflanzenarten, Verknappung des begrenzten Gutes Boden, Veränderungen des lokalen und globalen Klimas, großräumige Belastung des Grundwassers, Verluste an Kulturlandschaften erfordern eine stärkere ökologisch orientierte Raumordnungspolitik. Ein großräumig übergreifender ökologisch wirksamer Freiraumverbund soll geschaffen werden. Besonders umweltbelastete Gebiete sollen saniert und umstrukturiert werden. Mit der Durchführung von Modellvorhaben in den Regionen Ockertal-Harz, Johanngeorgenstadt-Erzgebirge und Vechta-Cloppenburg als „Regionale Sanierungs- und Entwicklungsgebiete" werden in diesen Regionen modellhaft neue Handlungsansätze zur integrierten Vermeidung und Verminderung von Umweltbelastungen erprobt.

Entlastung verkehrlich hochbelasteter Räume vom Kraftfahrzeugverkehr

In der Entlastung verkehrlich hoch belasteter Räume vom Kraftfahrzeugverkehr sieht die MKRO einen unverzichtbaren Beitrag zur Verbesserung der Lebens- und Standortqualität der Verdichtungsräume und stark frequentierten Fernverkehrskorridore. In einer Entschließung vom 3.6.1997 empfiehlt die MKRO ein breites Maßnahmenpaket zur Verkehrsverlagerung von der Straße zur Schiene vor allem in den belasteten Räumen und Korridoren, die im Rahmen der Raum- und Verkehrsplanung auf den verschiedenen Planungsebenen umgesetzt werden sollen.

Außerdem gibt es vielfältige Ansätze des Handlungsrahmens zur Stärkung der *grenzüberschreitenden europäischen Zusammenarbeit*, die im nächsten Kapitel erläutert werden.

Aktionsprogramm „Modellvorhaben der Raumordnung"

Innerhalb einer stärker prozess- und umsetzungsorientierten Planung stellt sich auch für die Bundesraumordnung die Aufgabe, eine aktive, gestaltende, moderierende Rolle einzunehmen. Modellvorhaben der Raumordnung (MORO) sind dafür ein wichtiges Instrument. Sie dienen zur Umsetzung einer aktions- und projektorientierten Raumordnungspolitik und zur Erprobung neuer raumordnerischer Handlungsansätze und Instrumente. Mit dem raumordnerischen Instrument Modellvorhaben sollen laufende regionale Entwicklungsprozesse unterstützt und befördert werden, sollen nachahmenswerte Beispiele entwickelt werden, die – so das Ziel – als Innovationen in die alltägliche Praxis eingehen sollen.

Die Förderung einer zukunftsfähigen Entwicklung in allen Teilräumen des Bundesgebietes mittels Modellvorhaben konzentriert sich z.Z. auf die Erprobung neuer raumordnerischer Handlungsansätze wie *Regionalkonferenzen, Regionale Sanierungs- und Entwicklungsgebiete, Städtenetze* und den *Wettbewerb „Regionen der Zukunft"*. Gemeinsames Element dieser Handlungsansätze sind regionale Kooperationen zur Stärkung der Region als räumlicher Handlungsebene für eine zukunftsfähige Regionalentwicklung. Es ist wichtig, mit den Akteuren vor Ort, in der Region, dort wo die Ergebnisse des eigenen Handelns unmittelbar erfahrbar werden, gemeinsam zu klären, welche Bedeutung das Leitbild nachhaltige Entwicklung für die einzelnen Akteure hat und wo es Ansatzpunkte für gemeinsames Handeln gibt. Gleichwohl haben die Handlungsansätze ihre spezifischen Besonderheiten.

Regionalkonferenzen

In Ergänzung formeller Instrumente der räumlichen Planung sollen nach dem neuen Raumordnungsgesetz regionale Entwicklungskonzepte und Regionalkonferenzen zur Verbesserung der Kooperation auf regionaler Ebene erprobt werden. Die Regionalkonferenzen und die in den regionalen Sanierungs- und Entwicklungsgebieten angewandte Methode des Regionalmanagements sind angelehnt an strukturpolitisch intendierte Regionalisierungsansätze. Zu nennen sind z.B. die operationellen Programme der europäischen Strukturpolitik, Initiativen zur Regionalisierung der Strukturpolitik auf Länderebene (Nordrhein-Westfalen, Niedersachsen, Sachsen-Anhalt) bis hin zur Aufnahme des Regionalisierungsansatzes in die Gemeinschaftsaufgabe „Verbesserung der regionalen Wirtschaftsstruktur". Im Mittelpunkt steht hier die Kooperation zwischen öffentlichen und privaten Akteuren.

Die Regionalkonferenzen „Leipzig-Halle", „Bremen – Bremerhaven – Oldenburg – Wilhelmshaven" und „Mecklenburgische Seenplatte" wurden als Modellvorhaben der Raumordnung durchgeführt. Mit diesen Regionalkonferenzen wird eine Stärkung der regionalen Zusammenarbeit zur Förderung regionaler Entwicklungsprozesse angestrebt. Aufgrund ihres langfristigen Charakters und regionaler Besonderheiten sind sie unterschiedlich ausgestattet und fortgeschritten. Die Vorhaben Bremen/Niedersachsen und Halle/Leipzig sind länderübergreifend angelegt, und es konkurrieren dort mehrere Oberzentren. Die Regionalkonferenz Mecklenburgische Seenplatte ist kleinräumig auf das Gebiet des regionalen Planungsverbandes ausgerichtet; mit Neubrandenburg ist nur ein Oberzentrum ausgewiesen.

Insgesamt kann man davon ausgehen, dass die als Modellvorhaben geförderten Regionalkonferenzen von einem breiten regionalen Konsens getragen werden und mittlerweile eine beträchtliche Eigendynamik entwickelt haben. Die Vorhaben sind mit den Problemen und Chancen behaftet, wie sie für regionale Kooperationsprozesse charakteristisch sind. Entscheidend wird sein, ob die Akteure vor Ort zu einer dauerhaften interkommunalen Zusammenarbeit und Eigenleistung bereit und fähig sind und welchen Stellenwert übergeordnete Institutionen (z.B. Bund, Land) den regionalen Entwicklungsvorstellungen bei konkreten Förderentscheidungen beimessen.

Regionale Sanierungs- und Entwicklungsgebiete

Die Sanierung besonders umweltbelasteter Gebiete ist ein wichtiges raumordnungspolitisches Anliegen. Denn Umweltbelastungen sind nach wie vor ein wesentliches Kriterium für die Standortwahl von Investoren und das Wanderungsverhalten der Bevölkerung. Bisherige Versuche, das Problem mit ökologischen Entwicklungsplänen zu lösen, waren aus sehr unterschiedlichen Gründen nicht sehr erfolgreich; zu nennen sind hier z.B. die Unverbindlichkeit der Planungen, die fehlende Finanzausstattung, eine unzureichende Einbindung von Fachplanungen und Betroffenen sowie Defizite bei der Koordinierung und Beratung von Investoren.

In drei Modellvorhaben der Raumordnung werden deshalb neue, integrierte raumplanerische Konzepte, Methoden und Instrumente auch im Sinne der EU-Richtlinie (integrierte Vermeidung und Verminderung von Umweltbelastungen) entwickelt und erprobt. Zwei Modellvorhaben laufen seit 1997 bzw. 1998 zum Thema Bergbaufolgelandschaften (Okertal-Harz; Johanngeorgenstadt-Erzgebirge), ein Modellvorhaben seit 1999 zum Thema Nachhaltige Entwicklung in landwirtschaftlichen Intensivgebieten (Vechta-Cloppenburg).

Karte 104
Die Karte verdeutlicht die bundesweite räumliche Präsenz der Modellvorhaben der Raumordnung des Bundes.

Städtenetze

Bei den Städtenetzen stehen die Kooperationen zwischen Städten und Gemeinden im Vordergrund. Natürlich geht es im Sinne der Umsetzungsorientierung, die allen Modellvorhaben gemeinsam ist, auch hier um die Einbeziehung privater Akteure. Im besonderen liegt aber das Augenmerk auf interkommunaler Kooperation. Erprobt wird, wie und inwieweit Städte und Gemeinden als Motoren einer regionalwirksamen Entwicklung fungieren können, inwieweit also ein für die Raumordnung innovativer, weil punktueller Ansatz, im traditionellen Sinne flächendeckend wirksam sein kann.

In allen Modellvorhaben hat sich ein handlungsfeldübergreifendes Themenspektrum etabliert. Darunter finden sich in fast allen Fällen die Kooperationsthemen: politische Außenvertretung, Öffentlichkeitsarbeit und Marketing; Wirtschaft, Technologie, Ausbildung; Siedlungsentwicklung, Flächenmanagement; Verkehr und Tourismus. Hinzu kommt, dass einige Modellvorhaben den Bereich nachhaltige Entwicklung explizit als wichtiges künftiges Aufgabenfeld definiert haben.

Die als Modellvorhaben geförderten Städtenetze haben nicht nur ihre spezifische Organisationsstruktur gefunden und gefestigt, sondern vor allem ihre innere Akzeptanz- und Motivationsbasis sowie Kooperationsbereitschaft so stark entwickelt, dass alle Modellvorhaben die regionale Kooperationsform Städtenetze fortsetzen und weiter ausbauen wollen. Insgesamt wurden bis 1998 12 Städtenetze mit mehr als 50 beteiligten Städten als Modellvorhaben gefördert. Auf Initiative des BMVBW und unterstützt durch die MKRO und die kommunalen Spitzenverbände wird deshalb ab 1999 die Städtenetz-Initiative als „Forum Städtenetze" fortgeführt. Damit soll ein Instrument geschaffen werden, mit dem sich die Netze selbst organisieren können.

Wettbewerb „Regionen der Zukunft"

Der Wettbewerb „Regionen der Zukunft", der 1997 ausgelobt wurde, hat mit einem Bewerbungsverfahren zur Teilnahme am Wettbewerb begonnen und ist mittlerweile in einen kombinierten Ideen- und Realisierungswettbewerb übergegangen. Das für die Raumordnung neue Instrument „Wettbewerb" wurde bewusst gewählt, weil damit der regionalen Vielfalt von Wegen in eine nachhaltige Entwicklung besser Rechnung getragen werden kann, weil Konkurrenz anspornt und mehr innovative Lösungen verspricht und weil ein Wettbewerb mehr (fach-)öffentliche Aufmerksamkeit findet und zu einer raschen Verbreitung vorbildlicher Lösungen beiträgt.

Es geht in dem Wettbewerb nicht allein um regionale Kooperationsprozesse, sondern ausdrücklich um deren Verknüpfung mit Dialogprozessen vor Ort, in die Kommunen im Sinne der lokalen Agenda 21 mit ihren Bürgerinnen und Bürgern treten sollen. Im Mittelpunkt des Wettbewerbs steht inhaltlich die Umsetzung von Zielen einer nachhaltigen Raum- und Siedlungsentwicklung über eine Initiierung von regionalen Agendaprozessen. Viele ökologische, soziale und ökonomische Probleme können nicht mehr innerhalb der Gemeinden gelöst und viele Potenziale einer nachhaltigen Entwicklung nicht allein von einzelnen Kommunen erschlossen werden.

Als Aufgabe der Wettbewerbsteilnehmer sah die Auslobung vor, innovative Ansätze einer nachhaltigen Raum- und Siedlungsentwicklung in den Regionen zu erarbeiten und ansatzweise bis zum Jahr 2000 bereits umzusetzen. Gefragt waren erste Entwürfe einer regionalen Agenda, Konzepte und Projekte, die z.B. auf eine sparsame, verkehrsreduzierende Flächennutzung und einen besseren Freiraumschutz zielen, auf effizientere Material- oder Energieflüsse oder die Förderung innovativer, umweltorientierter Betriebe. Besondere Bedeutung wurde der Ausgestaltung regionaler Kooperations- und Dialogprozesse beigemessen. Innovationen und Erfolge sollen in den Regionen, die an diesem Wettbewerb teilnehmen, aus sich selbst heraus entwickelt werden, gleichwohl aktiv unterstützt durch das raumordnerische Instrument Modellvorhaben.

Die bisherigen Erfahrungen aus dem Wettbewerb zeigen, dass es trotz regional unterschiedlicher Ausgangsbedingungen und Handlungsmöglichkeiten eine Reihe von Gemeinsamkeiten gibt, die zum Kern regionalspezifischer Handlungsspielräume

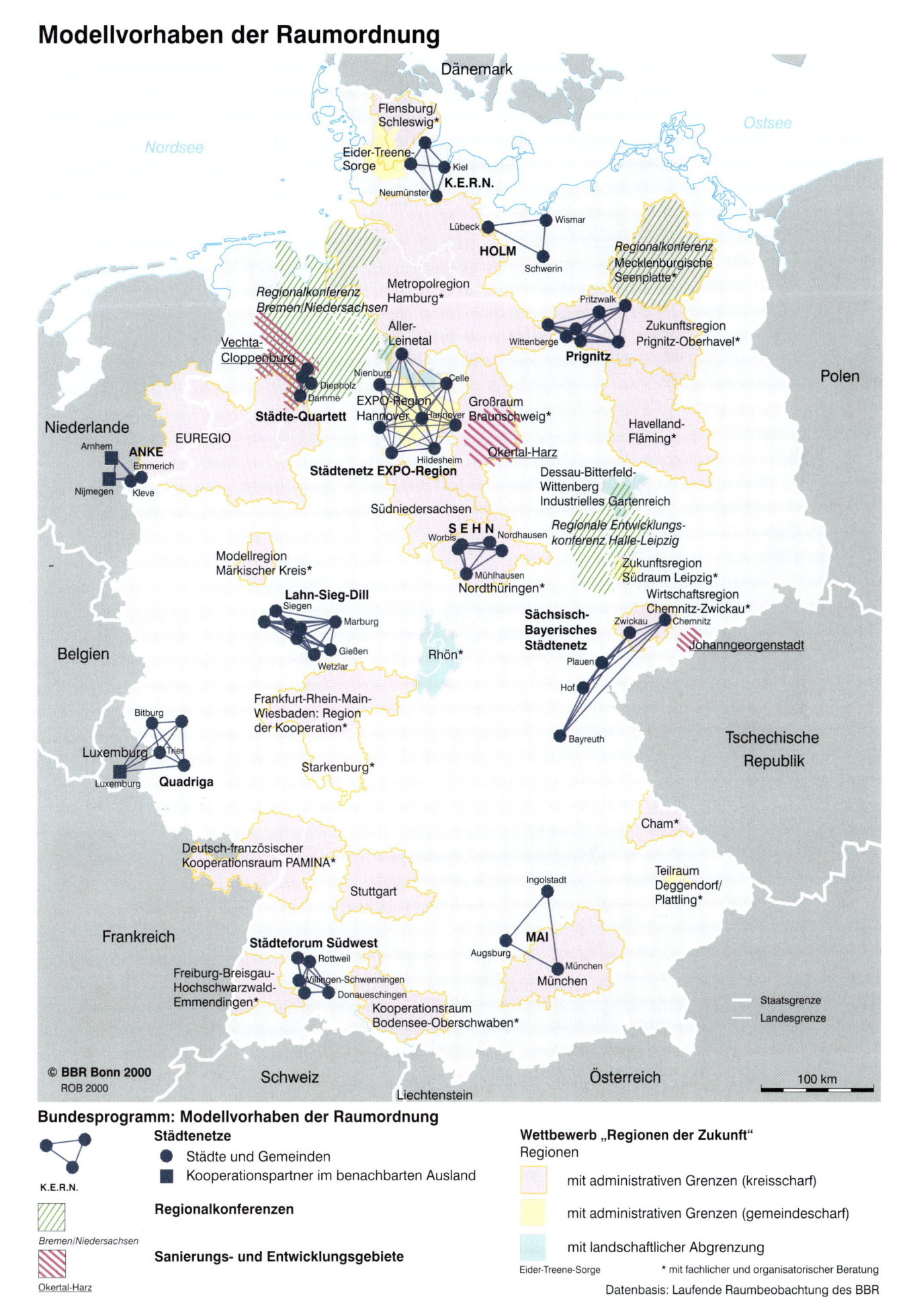

Raumordnerische Zusammenarbeit 209

Modellvorhaben der Raumordnung

Map of Germany showing model spatial planning projects ("Modellvorhaben der Raumordnung"), including Städtenetze, Regionalkonferenzen, Sanierungs- und Entwicklungsgebiete, and "Regionen der Zukunft" competition regions.

Labeled city networks (Städtenetze) and locations:
- Flensburg/Schleswig*, Eider-Treene-Sorge, K.E.R.N. (Kiel, Neumünster)
- HOLM (Lübeck, Wismar, Schwerin)
- Regionalkonferenz Bremen/Niedersachsen
- Metropolregion Hamburg*
- Regionalkonferenz Mecklenburgische Seenplatte*
- Zukunftsregion Prignitz-Oberhavel*, Prignitz (Pritzwalk, Wittenberge)
- Vechta-Cloppenburg, Städte-Quartett (Nienburg, Diepholz, Damme)
- EXPO-Region Hannover, Städtenetz EXPO-Region (Celle, Hannover, Hildesheim), Aller-Leinetal
- Großraum Braunschweig*
- EUREGIO
- ANKE (Arnhem, Emmerich, Nijmegen, Kleve)
- Okertal-Harz
- Dessau-Bitterfeld-Wittenberg Industrielles Gartenreich
- Havelland-Fläming*
- Südniedersachsen
- SEHN (Worbis, Nordhausen, Mühlhausen), Nordthüringen*
- Regionale Entwicklungskonferenz Halle-Leipzig
- Zukunftsregion Südraum Leipzig*
- Modellregion Märkischer Kreis*
- Lahn-Sieg-Dill (Siegen, Marburg, Gießen, Wetzlar)
- Rhön*
- Sächsisch-Bayerisches Städtenetz (Zwickau, Plauen, Hof, Bayreuth)
- Wirtschaftsregion Chemnitz-Zwickau* (Chemnitz)
- Johanngeorgenstadt
- Frankfurt-Rhein-Main-Wiesbaden: Region der Kooperation*
- Starkenburg*
- Quadriga (Bitburg, Luxemburg, Trier)
- Deutsch-französischer Kooperationsraum PAMINA*
- Cham*
- Teilraum Deggendorf/Plattling*
- Stuttgart
- Städteforum Südwest (Rottweil, Villingen-Schwenningen, Donaueschingen)
- Freiburg-Breisgau-Hochschwarzwald-Emmendingen*
- Kooperationsraum Bodensee-Oberschwaben*
- MAI (Ingolstadt, Augsburg, München)

Legend:

Bundesprogramm: Modellvorhaben der Raumordnung
- Städtenetze (K.E.R.N.)
  - ● Städte und Gemeinden
  - ■ Kooperationspartner im benachbarten Ausland
- Regionalkonferenzen (Bremen/Niedersachsen)
- Sanierungs- und Entwicklungsgebiete (Okertal-Harz)

Wettbewerb „Regionen der Zukunft" – Regionen
- mit administrativen Grenzen (kreisscharf)
- mit administrativen Grenzen (gemeindescharf)
- mit landschaftlicher Abgrenzung (Eider-Treene-Sorge)

* mit fachlicher und organisatorischer Beratung

Datenbasis: Laufende Raumbeobachtung des BBR

© BBR Bonn 2000
ROB 2000

einer nachhaltigen Raumentwicklung in Deutschland führen. Dazu gehört, dass unabhängig vom Regionstyp die regionale Planungsebene nicht nur einen Bedeutungsschub erhalten hat, sondern zudem um einiges vielfältiger geworden ist. Traditionell und administrativ wird die regionale Dimension der räumlichen Planung durch die staatliche Regionalplanung bestimmt. Mit strukturpolitischer und raumordnerischer Unterstützung entwickeln sich seit Anfang der 90er Jahre weitere regionale Planungsansätze. Sie differenzieren die regionale Planungsebene hinsichtlich ihrer Träger, Beteiligten, aber auch hinsichtlich der räumlichen Zuschnitte problemorientiert aus. Die Betonung liegt auf kooperativen und umsetzungsorientierten Prozessen sowohl zwischen Kommunen als auch zwischen öffentlichen und privaten Akteuren. Die Abgrenzung von Regionen ist weniger vom Bild der Fläche als vom Bild des Akteursnetzes geprägt. In diesen Regionen geht es darum, wer mitmacht und wie weit die Fähigkeit zum Konsens reicht. Der Wettbewerb konnte auf solchen kooperativen, problem- und umsetzungsorientierten Ansätzen aufbauen und den Regionen für den weiteren Verlauf der Prozesse zielgerichtet „Rückenwind" geben.

Die einzelnen Handlungsansätze des Aktionsprogramms „Modellvorhaben der Raumordnung" zur Förderung einer zukunftsfähigen Raumentwicklung werden durch *44 Modellvorhaben* mit über *300 Projekten* bundesweit konkretisiert Die zahlreichen Projekte machen die Leitvorstellung einer nachhaltigen, zukunftsfähigen Raumentwicklung anschaulich, bieten eine Vielzahl von Anregungen und Erfahrungen, belassen sie nicht auf dem Papier. Die damit verbundenen vielfachen Multiplikatoreffekte lassen – so ist zu hoffen – die Modellvorhaben/Projekte nicht Stückwerke in einem „Flickenteppich" von räumlichem Strukturwandel in Richtung Nachhaltigkeit bleiben, sondern als Innovationen in die Routine der öffentlichen und privaten Akteure eingehen.

Raumordnerische Zusammenarbeit in Europa

Mit der Regionalpolitik und anderen raumwirksamen Gemeinschaftspolitiken (s. nächstes Kapitel) betreibt die Europäische Kommission seit Jahren – und mit zunehmender Tendenz – faktisch Raumentwicklungspolitik. Hierdurch, und durch den Bedeutungsverlust der EU-Binnengrenzen und die Vertiefung der europäischen Integration insgesamt, ist der Bedarf für die grenzüberschreitende und europäische Zusammenarbeit auf dem Gebiet der Raumordnung kontinuierlich gestiegen.

1989 fand in Nantes auf Einladung der französischen Ratspräsidentschaft ein Treffen der Minister für Raumordnung und Regionalpolitik statt. Die Europäische Kommission leitete anschließend eine Reihe von Initiativen ein. Insbesondere das 1991 vorgelegte Dokument „Europa 2000 – Perspektiven der künftigen Raumordnung der Gemeinschaft" führte zu einer umfassenden Diskussion über die Notwendigkeit und die Kompetenzverteilung einer Europäischen Raumentwicklungspolitik. Das Treffen in Nantes war der Startschuss für eine kontinuierliche Zusammenarbeit der Mitgliedstaaten und der Europäischen Kommission zu Problemen der Raumordnung im Rahmen der *informellen Raumordnungsministerräte* und im *Ausschuss für Raumentwicklung* (CSD). In diesem Rahmen wurde in mehrjähriger Zusammenarbeit das *Europäische Raumentwicklungskonzept (EUREK)* erarbeitet, das darauf abzielt, die Kohärenz und Komplementarität der Raumentwicklungsstrategien der Mitgliedstaaten sicherzustellen und die raumordnerischen Aspekte der Gemeinschaftspolitiken zu koordinieren. Bei der Umsetzung des 1999 verabschiedeten EUREK kommt neben der *grenzübergreifenden Zusammenarbeit* der regionalen und lokalen Gebietskörperschaften vor allem auch der *transnationalen Zusammenarbeit* in größeren zusammenhängenden Räumen eine besondere Bedeutung zu.

Europäisches Raumentwicklungskonzept EUREK

Das Europäische Raumentwicklungskonzept EUREK ist ein politischer Rahmen für eine bessere Zusammenarbeit zwischen der Europäischen Kommission und ihren gemeinschaftlichen Fachpolitiken mit hoher Raumwirksamkeit und den Mitgliedstaaten und ihren Regionen und Städten. Es stellt eine gemeinsame Vision der Mitgliedstaaten und der Kommission dar. Es zeigt die Ziele und politischen Optionen auf, die zu einer nachhaltigen Europäischen Union beitragen. Den Fachpolitiken sowie den verantwortlichen Politikern und Akteuren vor Ort gibt es damit Orientierungen für raumwirksame Entscheidungen. Dabei wird mit diesem rechtlich nicht bindenden Dokument nicht in deren jeweilige Kompetenzen eingegriffen (Subsidiaritätsprinzip).

Ausgehend von dem Amsterdamer Vertrag ist das EUREK auf das Ziel der Union ausgerichtet, eine regional ausgewogenere und nachhaltige Entwicklung der EU, insbesondere auch durch die Stärkung des wirtschaftlichen und sozialen Zusammenhalts, herbeizuführen. Nachhaltige Entwicklung umfasst dabei nicht nur eine umweltschonende Wirtschaftsentwicklung, die die heutigen Ressourcen für kommende Generationen bewahrt, sondern auch eine ausgewogene Raumentwicklung. Das bedeutet insbesondere, die sozialen und wirtschaftlichen Ansprüche an den Raum mit seinen ökologischen und kulturellen Funktionen in Einklang zu bringen und somit zu einer dauerhaften, großräumig ausgewogenen Raumentwicklung beizutragen.

Dazu sollen drei Hauptziele verfolgt werden:

- wirtschaftlicher und sozialer Zusammenhalt,
- Erhaltung der natürlichen Lebensgrundlagen und des kulturellen Erbes,
- ausgeglichenere Wettbewerbsfähigkeit des europäischen Raumes.

Das EUREK wurde am 10. und 11. Mai 1999 durch die für Raumordnung zuständigen Minister der EU-Mitgliedstaaten auf ihrem Treffen in Potsdam abschließend beraten. Bereits in Potsdam, unter deutscher Ratspräsidentschaft, wurde eine Anwendungsinitiative gestartet, die seitdem durch die darauffolgenden Präsidentschaften (Finnland 2. Hj. 1999, Portugal 1. Hj. 2000) weiter konkretisiert und umgesetzt wurde.

Raumentwicklung in der EU: Die Ausgangslage

Ein zentraler Ausgangspunkt des EUREK ist die Einschätzung, dass die Gemeinden und Regionen der EU im Zuge der Wirtschafts- und Währungsunion keineswegs automatisch zu einem regional ausgewogenen, nachhaltigen Raum zusammenwachsen. Mit mehr als 370 Mio. Einwohnern auf einer Fläche von 3,2 Mio. km² und einem jährlichen Bruttoinlandsprodukt (BIP) von fast sieben Billionen EURO gehört die EU zu den größten und wirtschaftsstärksten Regionen der Welt. Die EU weist jedoch gravierende interne wirtschaftliche Ungleichgewichte auf, die die Verwirklichung des angestrebten Leitbildes einer regional ausgewogenen und nachhaltigen Raumentwicklung erschweren. Das EUREK setzt dem ein Modell der polyzentrischen Entwicklung entgegen. Der aktuelle Trend, dass 50 % des Bruttoinlandsproduktes auf 20 % des EU-Territoriums (durch das Städtefünfeck London, Paris, Mailand, München, Hamburg begrenzter „Kernraum" der EU) erwirtschaftet werden, soll langfristig zugunsten einer mehr dezentralen Entwicklung verändert werden.

Wirtschaftliches Wachstum muss für die Bevölkerung durch eine Zunahme der Arbeitsplätze „sichtbar" werden. Eine der größten Herausforderungen in der EU ist die Bekämpfung der hohen Arbeitslosigkeit. Nach einem Höchststand von 18,5 Mio. Arbeitslosen (1994) ist die Zahl der Arbeitslosen zwar bis Ende 1998 auf 16,5 Mio. gesunken. Das entspricht aber immer noch knapp zehn Prozent der arbeitsfähigen Bevölkerung. 50 % der Arbeitslosen gelten als Langzeitarbeitslose mit mehr als einem Jahr ohne Erwerbsarbeit. Die Jugendarbeitslosigkeit in der EU beträgt über 20 % und weist sehr große Unterschiede zwischen den Mitgliedstaaten auf.

Die zunehmende wirtschaftliche Integration in der EU und der wachsende Binnenhandel zwischen den EU-Mitgliedstaaten führen zu einem stetigen Anstieg des Personen- und Güterverkehrs. Insbesondere der europäische Güterverkehr auf der Straße hat deutlich zugenommen und zu regionalen Überlastungen der Siedlungs- und Verkehrsinfrastruktur geführt. Zunehmendes Verkehrsaufkommen und ineffizient organisierte Siedlungsstrukturen tragen dazu bei, dass die EU – gemeinsam mit den anderen großen Industrieländern – für einen großen Teil der weltweiten CO_2-Emissionen verantwortlich ist. Für die Raumentwicklungspolitik bedeutet es eine große Herausforderung, einen Beitrag zu den in internationalen Umwelt- und Klimakonferenzen von der EU zugesagten Zielen der Reduzierung der Schadstoffeinträge in das globale Ökosystem zu leisten.

Durch wirtschaftliche und gesellschaftliche Modernisierungsprozesse ist das natürliche und kulturelle Erbe in der EU gefährdet. Die europäischen Kulturlandschaften, die europäischen Städte und Gemeinden sowie eine Vielzahl von Natur- und Baudenkmälern sind Bestandteile dieses historischen Erbes. Seine Weiterentwicklung ist eine herausragende Aufgabe für moderne Architektur, Stadtgestaltung und Landschaftsplanung in allen Regionen der EU.

Politische Optionen zur Umsetzung der Ziele des EUREK

Ausgehend von dieser Bestandsaufnahme wird zur Umsetzung der im EUREK aufgestellten Ziele der europäischen Raumentwicklung von drei räumlichen Grundvorstellungen ausgegangen:

- Entwicklung eines polyzentrischen und ausgewogeneren Städtesystems und Stärkung der Partnerschaft zwischen Stadt und Land,
- Förderung integrierter Verkehrs- und Kommunikationskonzepte, die die polyzentrische Entwicklung des EU-Territoriums unterstützen und die eine wichtige Voraussetzung für die aktive Einbindung der europäischen Städte und Regionen in die Wirtschafts- und Währungsunion (WWU) darstellen,
- Entwicklung und Pflege der Natur und des Kulturerbes durch ein intelligentes Management.

Jedes dieser Ziele wird mit politischen Optionen unterlegt. Diese (insgesamt 60) politischen Optionen beanspruchen keine allgemeine Geltung in allen Gebieten der EU gleichermaßen, sondern sollten je nach der wirtschaftlichen, sozialen und ökologischen Situation räumlich differenziert angewendet werden. Dazu gehören z. B.:

- Stärkung eines polyzentrischen ausgewogenen Systems von Metropolregionen und Städtenetzen durch eine engere Zusammenarbeit der Strukturpolitik und der Politik der Transeuropäischen Netze sowie durch die Verbesserung der Verbindungen zwischen internationalen/

nationalen und regionalen/lokalen Verkehrsnetzen,
- Ausbau der strategischen Rolle der Metropolregionen und „Gateway-Städte" (Städte, über die der Austausch von Personen, Gütern und Informationen mit anderen Kontinenten abgewickelt wird, wie z. B. Hafenstädte, Städte mit internationalen Flughäfen, internationale Finanzzentren) mit besonderem Augenmerk auf die Entwicklung der Randgebiete der EU,
- Förderung diversifizierter Entwicklungsstrategien für ländliche Räume, die an deren jeweilige Entwicklungspotenziale angepaßt sind und die eine eigenständige Entwicklung ermöglichen,
- Förderung der Zusammenarbeit zwischen Stadt und Land mit dem Ziel, funktionale Regionen zu stärken,
- bessere Koordinierung von Raumentwicklungspolitik und Flächennutzungsplanung mit Verkehrs- und Telekommunikationsplanung,
- Förderung der transnationalen und interregionalen Zusammenarbeit bei der Durchführung integrierter Strategien für das Management der Wasserressourcen insbesondere in dürre- und hochwassergefährdeten Gebieten und Küstenregionen.

Anwendung des EUREK

Die Anwendung des EUREK erfordert neue und vertiefte Formen der Zusammenarbeit, die gemäß den Prinzipien des EUREK auf freiwilliger Basis erfolgt. Dabei gibt es

- eine vertikale Dimension: die Zusammenarbeit von raumrelevanten Politiken auf Gemeinschaftsebene, transnationaler, regionaler und lokaler Ebene
- und eine horizontale Dimension: die Zusammenarbeit von Fachpolitiken und Raumentwicklungspolitiken auf der jeweiligen Politikebene.

Die regionalen und lokalen Gebietskörperschaften gehören zu den Schlüsselakteuren des EUREK. Die Umsetzung der politischen Optionen des EUREK erfordert daher die aktive Unterstützung seitens der regionalen und lokalen Ebenen. Viele räumliche Entwicklungsaufgaben in der europäischen Union können nur durch die *grenzübergreifende Zusammenarbeit der Gebietskörperschaften* zufriedenstellend gelöst werden. Gleichzeitig ist dies die Ebene, wo die Anforderungen europäischer Raumentwicklungspolitik konkret und somit auch für die Bürgerinnen und Bürger erfahrbar werden. Das EUREK spricht sich für eine Fortsetzung der seit 1990 bestehenden Gemeinschaftsinitiative INTERREG zur Förderung der grenzübergreifenden Zusammenarbeit benachbarter Grenzregionen aus (INTERREG II A). Den regionalen und lokalen Gebietskörperschaften wird unter anderem vorgeschlagen, grenzübergreifende raumordnerische Leitbilder und Konzepte zu entwickeln und raumbezogene Planungen und Maßnahmen grenzübergreifend zu diskutieren und abzustimmen.

Mit der *Gemeinschaftsinitiative INTERREG II C* ist die bisherige Form der Zusammenarbeit in grenznahen Räumen zu einer großräumigen, transnationalen Kooperation in Europa weiterentwickelt und ausgeweitet worden. Das Ziel von INTERREG II C besteht darin, die transnationale Zusammenarbeit in der Raumordnung in größeren zusammenhängenden Räumen zu verbessern, um (a) eine ausgewogene und nachhaltige Raumentwicklung in Europa zu fördern und (b) Überschwemmungen vorzubeugen und Dürren zu bekämpfen.

Im EUREK sprechen sich die Raumordnungsminister und die Europäische Kommission dafür aus, die bisherige transnationale Zusammenarbeit zur Raumentwicklung im Rahmen der zukünftigen Gemeinschaftsinitiative *INTERREG III* fortzuführen und die Zusammenarbeit zu intensivieren. Dies betrifft insbesondere auch verbesserte Möglichkeiten der Einbeziehung von Staaten Mittel- und Osteuropas, um diese auf ihren angestrebten EU-Beitritt vorzubereiten und die Perspektive auf eine Gesamteuropäische Raumentwicklung zu erweitern. Das vorgelegte EUREK-Dokument berücksichtigt in einem eigenen Kapitel die zukünftige Erweiterung der Europäischen Union und die daraus resultierenden Herausforderungen an eine europäische Raumentwicklungspolitik. Es wird ein Ausblick gegeben, welche Schritte auf der europäischen und auf der transnationalen Ebene erforderlich sind, um zu einer den Erweiterungsraum der EU einschließenden Perspektive der europäischen Raumentwicklungspolitik unter Beteiligung der elf betroffenen Staaten zu gelangen.

Zu einer vorausschauenden Raumentwicklungspolitik gehört auch die Verbesserung und Vertiefung der Wissensbasis durch *Berichte und Studien* sowie der intensivierte

Karte 105

Der deutsche Grenzraum ist fast lückenlos durch Arbeitsgebiete von Euroregionen bzw. Euregios abgedeckt. Innerhalb der Arbeitsgebiete sind nicht immer sämtliche Gemeinden Mitglieder. Einige Gemeinden sind auch Mitglieder mehrer Euroregionen bzw. Euregios. Die Ausdehnung der Arbeitsgebiete und die Mitgliedschaften ändern sich ständig.

Informationsaustausch zwischen den verschiedenen staatlichen, regionalen, kommunalen und privaten Trägern der Raumordnung. Von besonderer Bedeutung wird in diesem Zusammenhang die Institutionalisierung eines *„Europäischen Raumentwicklungsobservatoriums"* in Form eines Netzwerks nationaler raumwissenschaftlicher Forschungsinstitute der Mitgliedstaaten sein. Die Zusammenarbeit in einem solchen Netzwerk ist 1999 im Rahmen eines Studienprogramms nach Artikel 10 der EFRE-Verordnung (ESPON) erprobt worden und soll in Zukunft im Rahmen von INTERREG III fortgesetzt werden. Für Deutschland wird die Rolle des „National Focal Point" durch das Bundesamt für Bauwesen und Raumordnung (BBR) wahrgenommen.

Das EUREK empfiehlt den Mitgliedstaaten sowie den regionalen und lokalen Gebietskörperschaften weitere *grenzüberschreitende Programme und Projekte* durchzuführen, vor allem:

- Erstellung grenzübergreifender Leitbilder und Konzepte (Raumentwicklungskonzepte) sowie deren Berücksichtigung in nationalen Raumentwicklungs- und Fachplanungen,
- regelmäßige grenzübergreifende Abstimmung aller raumbezogenen Planungen und Maßnahmen,
- Aufstellung gemeinsamer grenzübergreifender Regional- und wo sinnvoll, Flächennutzungspläne als weitgehendste Form grenzübergreifender Raumentwicklungspolitik
- Maßnahmen zur Information und Kooperation auf regionaler Ebene, um eine nachhaltige räumliche Entwicklung zu erzielen.

Grenzüberschreitende Zusammenarbeit

Von besonderer Bedeutung für die grenzüberschreitende Zusammenarbeit waren die bi- und trilateralen *Regierungs-, Raumordnungs- und Regionalkommissionen*, die in den 70er Jahren mit den westlichen Nachbarstaaten und 1991 mit Polen gegründet wurden und die eine Reihe von Empfehlungen für eine verbesserte Zusammenarbeit in den Grenzräumen gegeben haben. Diese zwischenstaatliche Zusammenarbeit hat insbesondere in den 70er und 80er Jahren bedeutende Impulse für die Verbesserung der grenzüberschreitenden Zusammenarbeit auf regionaler und lokaler Ebene gegeben. Mit Ausnahme der deutsch-polnischen Raumordnungskommission und einiger Regionalkommissionen, zum Beispiel im deutsch-niederländischen Grenzraum, sind die Raumordnungskommissionen in den letzten Jahren kaum noch zusammengetreten, da sich die grenzübergreifende praktische Tätigkeit – unter Anwendung des Subsidiaritätsprinzips – auf die regionale und lokale Ebene verlagert hat und sich parallel dazu die raumordnungspolitische Zusammenarbeit mit den westlichen Nachbarstaaten auf die Zusammenarbeit im Rahmen der informellen Raumordnungsministerräte der EU konzentriert hat.

Nicht zuletzt aufgrund der Erfolge dieser zwischenstaatlichen Zusammenarbeit sind es heute vor allem die Grenzregionen selbst, die im Rahmen von sog. *Euregios* bzw. *Euroregionen* die grenzüberschreitende Zusammenarbeit vorantreiben. Sie haben sich in den 60er und 70er Jahren an den Grenzen der Bundesrepublik Deutschland vor allem in den Grenzgebieten zu den Niederlanden, Frankreich und der Schweiz entwickelt. In den 90er Jahren kamen zunächst die Euroregionen an der deutsch-polnischen, an der deutsch-tschechischen Grenze und seit 1994 an der deutsch-österreichischen Grenze hinzu.

Eine grenzübergreifende euroregionale Körperschaft ist keine neue lokale oder regionale Verwaltungsebene, sondern sie ist Drehscheibe für bestehende Körperschaften des öffentlichen und privaten Sektors. Auch wenn Euregios wichtige Institutionen für alle lokalen bzw. regionalen Aktivitäten grenzübergreifender Art sind, geschieht die Umsetzung der meisten Maßnahmen von grenzübergreifenden Plänen, Programmen und Projekten durch die jeweils zuständigen staatlichen oder kommunalen Stellen oder in privater Trägerschaft. Darüber hinaus spielen die Euroregionen eine wichtige Rolle im Programm- und Projektmanagement der Gemeinschaftsinitiative INTERREG.

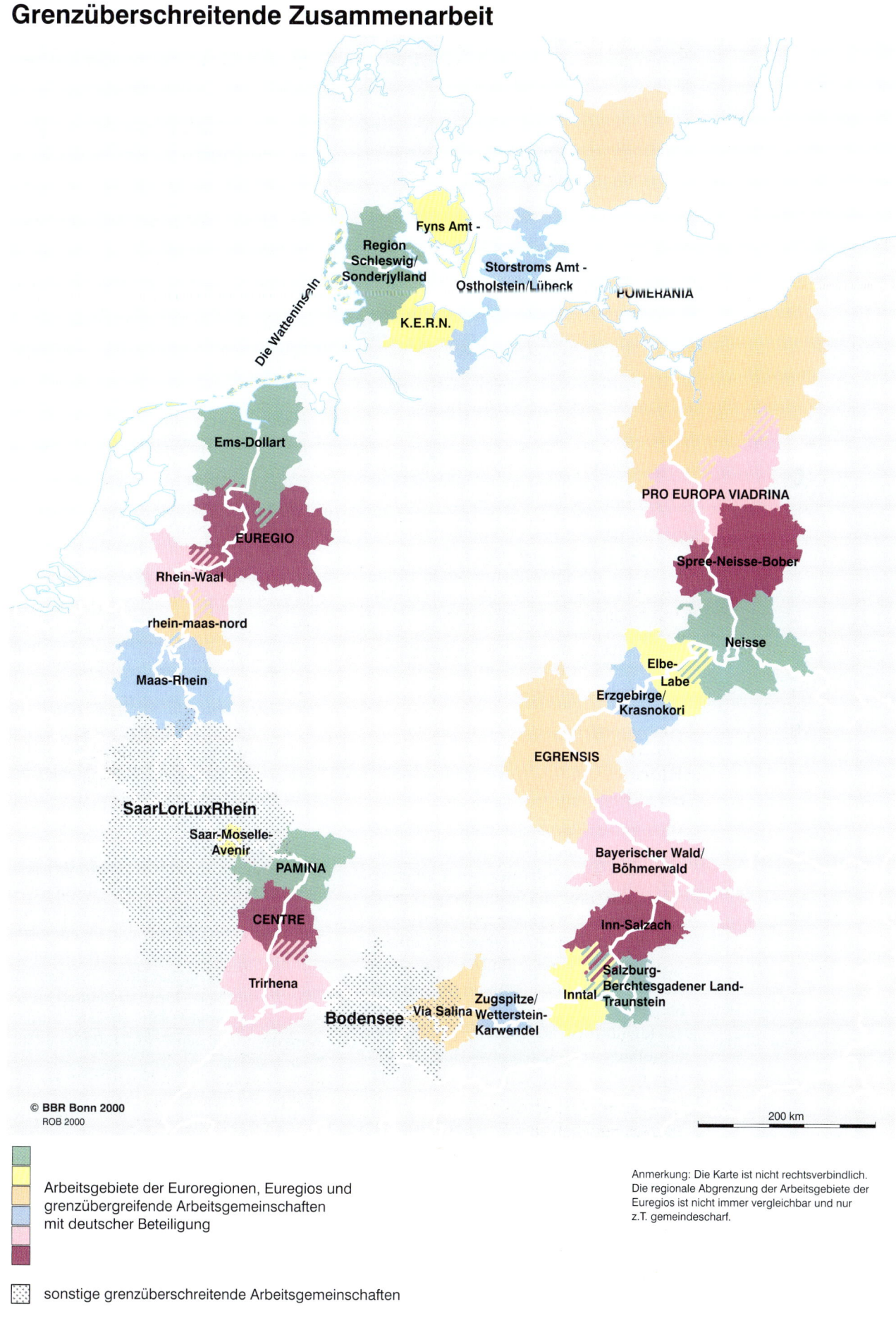

Raumordnerische Zusammenarbeit 215

Grenzüberschreitende Zusammenarbeit

Arbeitsgebiete der Euroregionen, Euregios und grenzübergreifende Arbeitsgemeinschaften mit deutscher Beteiligung

sonstige grenzüberschreitende Arbeitsgemeinschaften

Datenbasis: von Malchus, 1999

Anmerkung: Die Karte ist nicht rechtsverbindlich. Die regionale Abgrenzung der Arbeitsgebiete der Euregios ist nicht immer vergleichbar und nur z.T. gemeindescharf.

© BBR Bonn 2000
ROB 2000

Regions labeled on the map:
- Die Watteninseln
- Region Schleswig/Sonderjylland
- Fyns Amt
- Storstroms Amt - Ostholstein/Lübeck
- K.E.R.N.
- POMERANIA
- Ems-Dollart
- EUREGIO
- Rhein-Waal
- rhein-maas-nord
- Maas-Rhein
- PRO EUROPA VIADRINA
- Spree-Neisse-Bober
- Neisse
- Elbe-Labe
- Erzgebirge/Krasnokori
- EGRENSIS
- SaarLorLuxRhein
- Saar-Moselle-Avenir
- PAMINA
- CENTRE
- Trirhena
- Bodensee
- Via Salina
- Zugspitze/Wetterstein-Karwendel
- Bayerischer Wald/Böhmerwald
- Inn-Salzach
- Inntal
- Salzburg-Berchtesgadener Land-Traunstein

Eine Analyse der Raumordnungs- und Raumentwicklungsaktivitäten der Euroregionen und grenzübergreifenden Arbeitsgemeinschaften zeigt, dass die Entwicklung von Raumordnungsvorstellungen in den Euroregionen im letzten Jahrzehnt stärker vorangetrieben worden ist. Vor allem in den Euroregionen an der deutsch-niederländischen Grenze, an der deutsch-polnischen Grenze und in den Südwest-Regionen Deutschlands konnten positive Ergebnisse durch folgende Aktivitäten erreicht werden:

- Analyse der derzeitigen und potenziellen grenzübergreifenden räumlichen Entwicklungsprobleme;
- Erarbeitung von Fachentwicklungsplänen (z.B. für Verkehr, Tourismus, Freiraumplanung);
- Entwicklung von Raumordnerischen Leitbildern, Zielen und Projekten für die grenzübergreifende Region;
- Ausarbeitung bzw. Fortschreibung von Entwicklungs- und Handlungskonzepten für die grenzübergreifende Region als Grundlage für die EU-Gemeinschaftsinitiative INTERREG II A;
- Umsetzung der Entwicklungsprogramme (INTERREG II A) auf der Grundlage von besonderen Verträgen, wie z.B. in NRW.

Transnationale Zusammenarbeit (INTERREG II C)

Mit der Gemeinschaftsinitiative *INTERREG II C* hat die Europäische Kommission bereits 1996 ein Förderprogramm aufgelegt, durch das die raumordnerische Zusammenarbeit der Mitgliedstaaten und -regionen der Europäischen Union in größeren Kooperationsräumen initiiert und unterstützt wird. Für die Programmperiode 1997 bis 1999 standen in diesem Rahmen rd. 415 Mio. EURO EU-Fördermittel für die Erprobung und Weiterentwicklung innovativer Raumordnungsverfahren und -kooperationen zur Verfügung.

Die Gemeinschaftsinitiative INTERREG II C zielt auf

- die Förderung einer ausgewogenen und nachhaltigen Raumentwicklung in der EU,
- die Unterstützung der transnationalen Zusammenarbeit zwischen den Mitgliedstaaten und ihrer Regionen im Rahmen gemeinsam festgelegter Schwerpunkte der Raumentwicklung für europäische Großräume,
- die Verbesserung der räumlichen Wirkungen der Gemeinschaftspolitiken sowie
- die Unterstützung der Mitgliedsstaaten und ihrer Regionen bei der Behebung von durch Überschwemmungen und Trockenheit verursachten wasserwirtschaftlichen Problemen durch präventive Zusammenarbeit.

Förderschwerpunkte

Die Zusammenarbeit der Mitgliedsstaaten im Rahmen von INTERREG II C erfolgt nach drei Förderschwerpunkten:

- Allgemeine transnationale Zusammenarbeit:
  In sieben transnationalen Kooperationsräumen werden raumordnerische Leitbilder auf der Basis gemeinsam festgelegter Schwerpunkte durch Schlüsselprojekte umgesetzt. Die Kommission hat hierfür rd. 100 Mio. EURO bereitgestellt.
- Vorbeugender Hochwasserschutz:
  In zwei Programmregionen zum vorbeugenden Hochwasserschutz werden im Rahmen transnationaler Zusammenarbeit Pläne und Programme in (grenzüberschreitenden) Flusseinzugsgebieten abgestimmt und räumliche Maßnahmen zur Verhütung von Überschwemmungen durchgeführt. Für diesen Förderschwerpunkt stehen rd. 165 Mio. EURO europäische Fördermittel zur Verfügung.
- Dürrebekämpfung:
  Im Mittelmeerraum ist seit einigen Jahren eine Verschärfung von Dürreproblemen zu beobachten. In vier nationalen Programmen sollen durch angemessene Raumordnungs- und Wasserwirtschaftspraktiken sowie besserer Koordination die Folgen von Dürreerscheinungen reduziert werden. Für diesen Förderschwerpunkt sind rd. 150 Mio. EURO vorgesehen.

Darüber hinaus werden in vier transnationalen Kooperationsgebieten innovative *Pilotaktionen nach Art. 10 der EFRE-Verordnung* (EFRE: Europäischer Fonds für regionale Entwicklung) durchgeführt. Mit den innovativen Pilotaktionen werden die gleichen Ziele verfolgt wie mit der Gemeinschaftsinitiative INTERREG II C. Im Vergleich zu den INTERREG II C-Programmen ist das vorhandene Finanzvolumen jedoch geringer (20 Mio. EURO).

INTERREG II C:
Eine Initiative mit Pilotcharakter

Mit INTERREG II C und den Pilotaktionen nach Art. 10 EFRE betreten die Mitgliedsstaaten und die Kommission insofern Neuland, als im Mittelpunkt die Kooperation von Raumplanungs- und Fachbehörden der Mitgliedstaaten und ihrer Regionen steht. Es soll eine Zusammenarbeit nicht mehr nur von Städten und Regionen im Grenzraum, die schon seit einigen Jahren praktiziert und von der Europäischen Kommission gefördert wird, sondern jetzt auch in europäischen Großräumen erfolgen. Die Abgrenzung der Kooperationsräume ist Ergebnis politischer Abstimmungsprozesse zwischen den beteiligten Staaten. In mehreren Räumen wirken Staaten mit, die nicht der EU angehören, vor allem in Mittel- und Osteuropa sowie im Mittelmeerraum.

In den *Kooperationsräumen* wird die transnationale Zusammenarbeit bei räumlichen Entwicklungsvorhaben erstmals in gemeinsamen Organisations-, Verwaltungs- und Finanzstrukturen erprobt:

Transnationale Programme:

Die Zusammenarbeit der Mitgliedstaaten in Kooperationsräumen erfolgt auf der Grundlage gemeinsam ausgearbeiteter operationeller Programme. Die Mitgliedstaaten haben sich in diesen Programmen auf gemeinsame Ziele und Handlungsfelder für die Kooperationsräume sowie auf gemeinsame Umsetzungsstrukturen geeinigt. Die Programme der Kooperationsräume sind Grundlage für die Bewilligung von Projekten.

Transnationale Verwaltungsstrukturen:

Auch die Steuerung und Umsetzung der Programme erfolgt in transnationaler Zusammenarbeit. So haben die an den einzelnen Kooperationsräumen beteiligten Staaten und Regionen gemeinsame Verwaltungsstrukturen zur Umsetzung der einzelnen operationellen Programme geschaffen. Dazu wurden transnationale Begleit- und Lenkungsausschüsse eingerichtet, die sich aus Vertretern der an einem Kooperationsraum beteiligten Mitgliedstaaten und Regionen sowie der EU-Kommission zusammensetzen. Ein innovatives Element besteht hier darin, dass die Lenkungsausschüsse im Konsens über Projekte entscheiden, also nur Projekte zum Zuge kommen, an denen alle beteiligten Mitgliedstaaten eines Kooperationsraumes ein Interesse haben. Eine Reihe von Kooperationsräumen haben darüber hinaus transnationale Sekretariate geschaffen, welche die Ausschüsse beim Programmablauf und bei der Umsetzung unterstützen. Andere werden durch die Vernetzung nationaler und/oder regionaler Kontaktstellen koordiniert.

Transnationale Projekte:

Bei der Umsetzung der Programme geht es darum, transnationale Projekte zu entwickeln, die den Wert einer staatenübergreifenden Zusammenarbeit überzeugend demonstrieren. Die Transnationalität der Projekte ist im wesentlichen gegeben, wenn mehrere Partner aus verschiedenen Staaten eines Kooperationsraumes gemeinsam ein Projekt in einem der – im Operationellen Programm gemeinsam von den Mitgliedstaaten und Regionen definierten – Handlungsfelder durchführen und kofinanzieren. Vorrangig werden solche Projekte genehmigt, von denen sich alle Partnerstaaten einen Mehrwert für ihre Raumentwicklung versprechen, auch wenn sie sich in einzelnen Fällen nicht finanziell beteiligen. Dazu gehören Planungsaktivitäten, Projektmanagement, Netzwerke, Pilotaktionen, Erfahrungsaustausch, Machbarkeitsstudien und in begrenztem Umfang auch komplettierende Infrastrukturinvestitionen. Gleichzeitig werden an Hand der Projekte national unterschiedliche Erfahrungen in Bereichen wie öffentliche Verwaltung, Planung, Recht, Management, „public-private-partnership" über die Staatsgrenzen hinweg ausgetauscht und Anstöße zur Kooperation von Unternehmen, Behörde, Verbänden und Gebietskörperschaften gegeben.

INTERREG II C und die Pilotaktionen nach Art. 10 EFRE sind demnach Initiativen mit Pilotcharakter. Mit ihr sollen transnationale Verfahren entwickelt werden, um Projekte zur Entwicklung einzelner Städte und Regionen so zu planen, dass negative Wirkungen auf Städte und Regionen in anderen Staaten vermieden werden können. Ferner soll erprobt werden, ob durch staatenübergreifende Planungen Kosten verringert und der Erfolg einer Maßnahme erhöht werden kann. INTERREG II C bedeutet also die Einleitung einer Förderpolitik, die Programme und Projekte von Beginn an aus einer überregionalen und staatenübergreifenden Sicht entwickelt.

Rückhalteräume am Rhein:
Deichrückverlegung Lohrwardt in Rees-Haffen

Projekt im INTERREG-II-C - Programm
Vorbeugender Hochwasserschutz
Rhein-Maas (IRMA)

Am Niederrhein in Rees-Haffen soll der vorhandene Deich auf einer Länge von ca. 6 km saniert bzw. rückverlegt werden. Damit werden Rückhalteräume am Rhein wiedergewonnen, die für einen vorbeugenden Hochwasserschutz bedeutsam sind.

Effekte:
Das Projekt hat nicht nur positive Effekte in Deutschland, sondern die positiven Effekte kommen insbesondere auch in den Niederlanden zum Tragen: Durch die Wasserrückhaltemaßnahmen am Rheinmittellauf in Deutschland verringert sich die Überschwemmungsgefahr am Unterlauf in den Niederlanden. Damit sind Kostenersparnisse für Deicherhöhungen und für Folgekosten von Überschwemmungen verbunden.

Karte 106
Rückhalteräume am Rhein

Die zusammenhängende und aufeinander abgestimmte Raumentwicklung für europäische Teilräume ist von größerem Nutzen als die Summe einzelner, nicht koordinierter nationaler Maßnahmen (Synergieeffekte).

Zum Beispiel werden im Rahmen des vorbeugenden Hochwasserschutzes am Rhein mit EU-Mitteln die Planungen für umfangreiche Retentionsräume am Oberlauf (Deutschland) vorangetrieben, damit ein künftiges Hochwasser am Unterlauf (Niederlande) nicht solche Folgen hinterlässt wie in der Vergangenheit. Andere Projekte erproben etwa entlang mehrerer staatenübergreifender Transportkorridore ein gemeinsames Verkehrsmanagement, den Aufbau integrierter Verkehrssysteme und eine abgestimmte Erschließung regionaler Wirtschaftspotenziale.

Kooperationsräume mit deutscher Beteiligung

In Deutschland sind die Gemeinschaftsinitiative INTERREG II C und die Pilotaktionen nach Art. 10 EFRE bei Bund und Ländern auf eine positive Resonanz gestoßen. Deutschland beteiligt sich an fünf von insgesamt 13 Kooperationsprogrammen im Rahmen der Gemeinschaftsinitiative INTERREG II C:

- Ostseeraum
- Mitteleuropäischer, Adriatischer, Donau- und Südosteuropäischer Raum (CADSES)
- Nordseeraum
- Nordwesteuropäischer Metropolraum
- Programmraum Vorbeugender Hochwasserschutz Rhein-Maas (IRMA).

Darüber hinaus beteiligt sich Deutschland im Alpenraum an einer der vier innovativen Pilotaktionen nach Art. 10 EFRE.

Themenfelder

Betrachtet man die Themenfelder, auf die sich die Kooperationspartner in den einzelnen Räumen geeinigt haben, zeigen sich, wenn sich auch die in den jeweiligen Operationellen Programmen definierten Prioritäten und Maßnahmen im einzelnen unterscheiden, insgesamt große Übereinstimmungen ab. Die zentralen Themenfelder sind:

Städtische und regionale Systeme:

Die Maßnahmen in diesem Themenfeld zielen insbesondere darauf ab, ausgeglichene und nachhaltige Städtesysteme und Siedlungsstrukturen zu fördern. Vorgesehen sind beispielsweise:

- Entwicklung von regionalen und Städtenetzen
- Sicherung der Lebensqualität in Städten
- Entwicklung der Stadt-Land-Beziehungen

Raumordnerische Zusammenarbeit 219

Nordseeraum

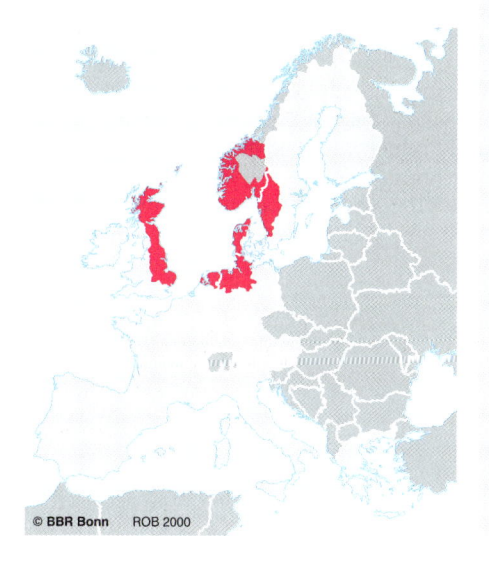

Der Nordseeraum ist gekennzeichnet durch eine gemeinsame kulturelle Identität und sozialen Zusammenhalt seiner Regionen. Neben dicht bevölkerten und belasteten Metropolregionen mit wichtigen Verkehrs- und Kommunikationszentren weist der Nordseeraum dünn besiedelte, periphere Regionen und einzigartige empfindliche Naturlandschaften auf. Die Nordsee als verbindendes Element ist gemeinsames Naturerbe und zugleich bedeutender Verkehrs- und Wirtschaftsraum. Im Mittelpunkt der raumordnerischen Kooperation steht die Sicherung und Entwicklung der mit der Nordsee verbundenen Entwicklungspotentiale unter Umwelt-, Verkehrs- und Wirtschaftsaspekten als Beitrag zu einer nachhaltigen Entwicklung des Nordseeraums.

Gesamtkosten: 34,512 Mio. EURO

Kontakt:
Interreg IIC North Sea Region Programme
crbip@vibamt.dk
http://www.northsea.org/interregiic

Ostseeraum

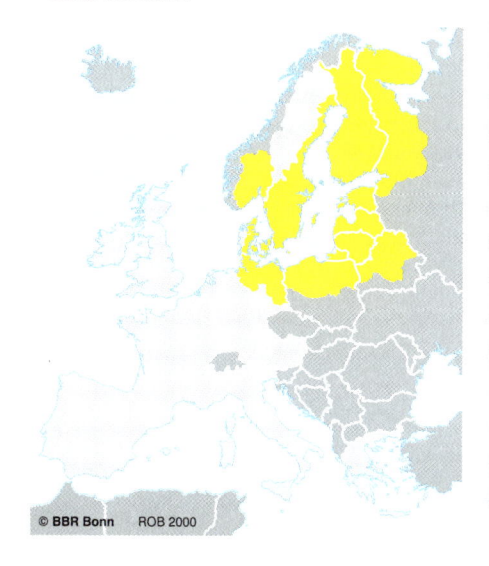

Der Ostseeraum ist gekennzeichnet durch erhebliche Disparitäten zwischen den Mitgliedstaaten und den Transformationsstaaten, einem starken Rückgang der industriellen und landwirtschaftlichen Erzeugung in den Transformationsstaaten und durch zunehmende Konflikte zwischen wirtschaftlicher Entwicklung und Naturschutz sowie Management natürlicher Ressourcen. Der Ostseeraum ist aber auch gekennzeichnet durch hohes Wirtschaftswachstum bei starken strukturellen Veränderungen sowie einem starken sozialen und kulturellen Zusammenhalt. Die Anrainerstaaten der Ostsee haben sich bereits 1994 mit dem Dokument „Vision and Strategies around the Baltic Sea 2010" auf räumliche Leitbilder der Raumentwicklung verständigt. Priorität hat deshalb nun die Umsetzung dieser Zielvorstellungen in konkreten Projekten.

Gesamtkosten: 47,508 Mio. EURO

Kontakt:
Baltic Spatial Development Agency
bsda@spatial.baltic.net
http://www.spatial.baltic.net

Abbildung 40a
INTERREG II C-Räume mit deutscher Beteiligung

Infrastruktur und Kommunikation:

Die Maßnahmen in diesem Themenbereich zielen vor allem darauf ab, effiziente und nachhaltige Verkehrs- und Kommunikationssysteme zu fördern. Vorgesehen sind beispielsweise:

- Multimodale Verbesserung von Teilen des Verkehrssystems
- Förderung der Internetnutzung und anderer moderner Informationstechnologien in der Raumordnung

Natürliche Ressourcen und kulturelles Erbe:

Hier zielen die Maßnahmen vor allem auf den Schutz, die Verbesserung und das Management der natürlichen Ressourcen und des kulturellen Erbes. Vorgesehen sind beispielsweise:

- Förderung eines integrierten Küstenzonenmanagements
- Schutz wertvoller grenzüberschreitender Naturräume und des kulturellen Erbes
- Förderung von Qualitätstourismus

Vorbeugender Hochwasserschutz Rhein-Maas (IRMA)

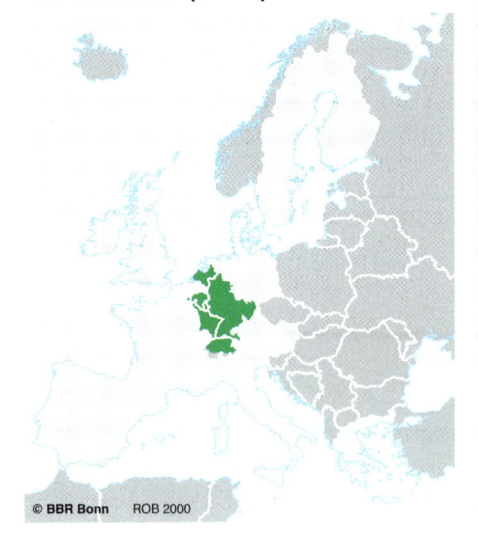

Bei den großen Jahrhunderthochwassern 1993 und 1995 an Rhein und Maas wurde die europäische Dimension eines vorbeugenden Hochwasserschutzes deutlich. Es wuchs die Einsicht, dass technische Schutzmaßnahmen in den betroffenen Gebieten allein nicht ausreichen, sondern dass vielmehr das gesamte Wassereinzugsgebiet mit allen Flächen und allen hochwasserfördernden Ursachen bei der Entwicklung einer langfristig tragfähigen Strategie für den Hochwasserschutz im Vordergrund stehen muss. Im Mittelpunkt der Kooperation steht daher die aufeinander abgestimmte Durchführung raumordnerischer Projekte im Einzugsgebiet der Flüsse.

Gesamtkosten: 427 Mio. EURO

Kontakt:
IRMA Programme Secretariat
E-mail: irma@ucb.rpd.minvrom.nl
http://www.irma-programme.org

CADSES

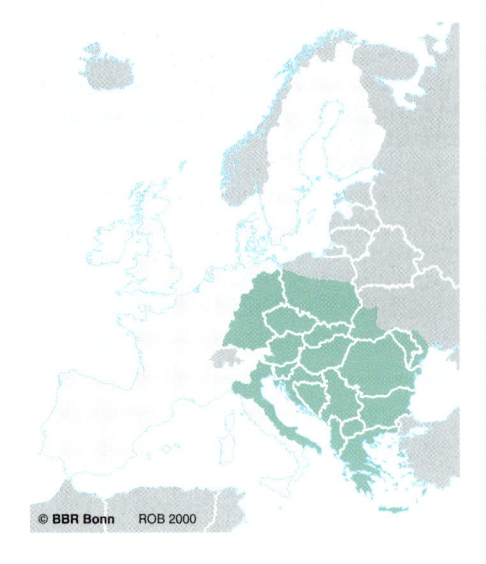

Dieser heterogene Kooperationsraum ist durch erhebliche gesellschaftliche und wirtschaftliche Ungleichgewichte gekennzeichnet. Die Mehrheit der Staaten befindet sich in einem schwierigen Transformationsprozeß. Mit einigen Staaten haben die Beitrittsverhandlungen zur Europäischen Union bereits begonnen. Gleichzeitig werden noch in einigen Gebieten des CADSES gewalttätige Konflikte ausgetragen. Wichtigstes Ziel ist der Beginn der Zusammenarbeit in der Raumentwicklung zur Erhöhung des sozialen und wirtschaftlichen Zusammenhalts und zur Stärkung der nachhaltigen Entwicklung. Darüber hinaus werden grundlegende Vorstellungen bezüglich eines zukünftigen Raumentwicklungskonzeptes erarbeitet. Die Zusammenarbeit ist ein wichtiges Element im Rahmen der Heranführungsstrategie der mittel- und osteuropäischen Staaten an die EU.
Gesamtkosten: 36,8 Mio. DM

Kontakt:
Deutsches Programmsekretariat CADSES
ulrich.graute@pop3.tu-dresden.de
http://www.tu-dresden.de/ioer

Abbildung 40b
INTERREG II C-Räume mit deutscher Beteiligung

Umsetzung der Programme

Für die fünf Kooperationsräume mit deutscher Beteiligung standen von den 415 Mio. EURO Fördermitteln des INTERREG II C-Programms rd. 229 Mio. EURO im Zeitraum von 1997–1999 zur Verfügung. Die Mittel der INTERREG II C-Programme müssen bis Ende 1999 gebunden, die Projekte bis Ende 2001 abgeschlossen werden. Einschließlich nationaler Kofinanzierungsbeiträge können damit in diesen fünf Räumen insgesamt rd. 597 Mio. EURO (davon im Programmraum Rhein-Maas rd. 274 Mio. EURO) für transnationale raumordnerische Projekte verausgabt werden.

In allen fünf Kooperationsräumen wurden zur Umsetzung der Programme transnationale Begleit- und Lenkungsausschüsse sowie transnationale Sekretariate geschaffen. Während es für den Ostseeraum, den Nordseeraum, den Nordwesteuropäischen Metropolraum und für IRMA jeweils ein gemeinsames Sekretariat gibt, wurde im CADSES-Raum ein Netzwerk von fünf nationalen Sekretariaten aufgebaut.

Die Durchführung der Operationellen Programme hat das starke Interesse regionaler und lokaler Gebietskörperschaften bei der transnationalen Zusammenarbeit verdeutlicht, die auch maßgeblich die Kofinanzie-

Alpenraum

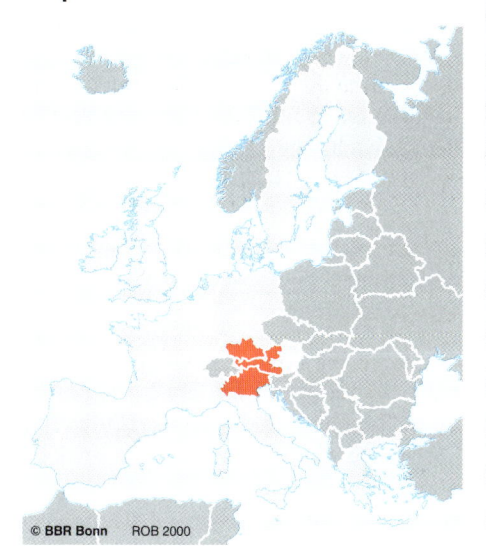

Der Alpenraum ist aufgrund seines empfindlichen Ökosystems Lebens- und Wirtschaftsraum mit besonderen Bedingungen. Die Konzentration von Verkehr, Tourismus und wirtschaftlicher Entwicklung auf kleinem Raum in den Haupttälern verursacht Probleme, deren Lösung eine transnationale Zusammenarbeit erfordert. Wirtschaftsentwicklung und Schutz der natürlichen Ressourcen weisen ein hohes Konfliktpotential auf. Es werden gemeinsame Visionen und Raumordnungsstrategien sowie transnationale und grenzüberschreitende Kooperationsnetzwerke entwickelt. Die Kooperation zielt auf die Lösung verkehrsbezogener Probleme, die Förderung eines nachhaltigeren Tourismus, auf die Erhaltung polyzentrischer und ausgewogener Siedlungsstrukturen sowie auf die Erhaltung des einzigartigen Natur- und Kulturerbes.

Gesamtkosten: 10,573 Mio EURO

Kontakt:
Deutsches Programmsekretariat Alpenraum
E-mail: efre@alpenforschung.de
Homepage: www.land-sbg.gv.at/sir/art.10index

Nordwesteuropäischer Metropolraum

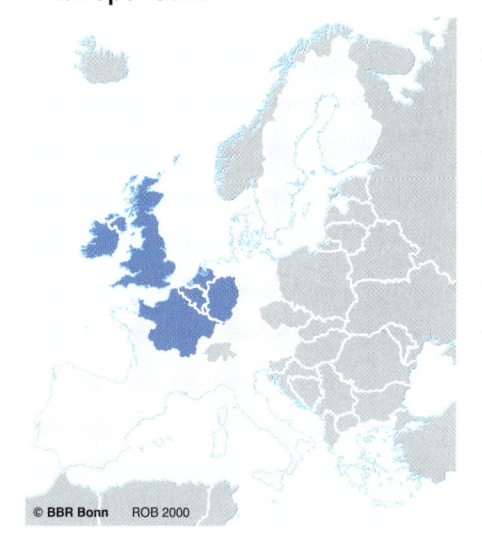

Der Nordwesteuropäische Metropolraum weist aufgrund seiner Bevölkerungszahldichte, des hohen Verstädterungsgrades, der Konzentration von Wirtschaftsaktivitäten und aufgrund seiner gut ausgebauten Infrastruktur eine dominante Position innerhalb der Europäischen Union auf. Damit sind auch negative Konsequenzen verbunden, wie Verkehrsstaus und Umweltverschmutzung, Druck auf die natürlichen Ressourcen und das kulturelle Erbe, Verschlechterung der Lebensqualität und Aushöhlung gerade des wirtschaftlichen Erfolgs der Region. Die Kooperation zielt daher auf eine nachhaltige Entwicklung, die Umweltschutz, wirtschaftliche Entwicklung und den notwendigen sozialen Fortschritt miteinander in Einklang bringt und zu einer Stärkung der räumlichen, wirtschaftlichen und sozialen Kohärenz sowie der regionalen Identität beiträgt.

Gesamtkosten: 56,634 Mio. DM

Kontakt:
NWMA Programmsekretariat
nwma@interregiic.demon.co.uk
http://www.nwmainterregiic.org

rung der Projekte übernommen haben. Die Bundesregierung unterstützt diese Aktivitäten durch flankierende Maßnahmen und Projekte im Rahmen des Bundesprogramms Modellvorhaben der Raumordnung. Bereits nach den ersten Entscheidungsrunden der transnationalen Lenkungsausschüsse hat sich eine finanzielle Überzeichnung einzelner Programme abgezeichnet.

Ausblick: INTERREG III B

In der *Agenda 2000* hat die Europäische Kommission ihre Vorstellungen hinsichtlich der Strukturpolitik für die kommende Programmplanungsperiode 2000–2006 formuliert. Der Europäische Rat hat am 24. und 25. März 1999 in Berlin eine Gesamteinigung über die Agenda 2000 erzielt. Danach ist auch eine Fortführung der Gemeinschaftsinitiative INTERREG vorgesehen.

Im Rahmen der neuen Gemeinschaftsinitiative INTERREG III konzentriert sich die Ausrichtung *INTERREG III B* auf *transnationale Zusammenarbeit* zwischen lokalen, regionalen und staatlichen Behörden im Hinblick auf die Förderung einer weiträumigeren europäischen Integration und einer nachhaltigen und ausgewogenen

Abbildung 40c
INTERREG II C-Räume
mit deutscher Beteiligung

Entwicklung. INTERREG III B stellt eine Fortsetzung der mit INTERREG II C begründeten Bemühungen dar und soll zur Entwicklung eines integrierten und weitergefassten räumlichen Ansatzes der Regionalpolitik beitragen.

Es wird angestrebt, die Verbindung von INTERREG mit Programmen der Gemeinschaft für Nichtmitgliedstaaten derart zu verbessern, dass Programme und Projekte zur Raumentwicklung „aus einer Hand" durchgeführt werden können. Bislang können Nichtmitgliedstaaten an INTERREG II C und Artikel-10-Pilotaktionen zwar teilnehmen, sie erhalten jedoch keine Förderung aus dem EFRE, sondern aus anderen Förderprogrammen (PHARE, TACIS). Die Kombination dieser verschiedenen Förderprogramme in einem gemeinsamen Kooperationsraum gestaltet sich in Folge der unterschiedlichen Verwaltungsvorschriften bislang sehr schwierig. Das INTERREG-Programm könnte als „Heranführungsinstrument" beitrittswilliger Staaten besser genutzt werden, wenn deren Teilnahme durch vereinfachte Verwaltungsstrukturen erleichtert würde.

CEMAT und die raumordnerische Zusammenarbeit im Rahmen des Europarates

Eine europäische Raumentwicklungsperspektive kann nicht an den Grenzen der Europäischen Union haltmachen. Um den Zielen eines schnelleren Zusammenwachsens der europäischen Teilräume und einer Stabilisierung der regionalen und lokalen Demokratien insbesondere in den Staaten Mittel- und Osteuropas näherzukommen, ist vielmehr eine enge Zusammenarbeit auf dem Gebiet der zukunftsfähigen Raumentwicklung in ganz Europa erforderlich. Der geeignete institutionelle Rahmen hierfür ist der Europarat, dem inzwischen fast alle europäischen Staaten angehören. Der Europarat hat sich in der Vergangenheit – auch vor dem Fall des Eisernen Vorhangs – mehrfach mit Fragen der Raumentwicklung in Europa befaßt. Bereits seit 1970 gibt es in etwa dreijährigem Turnus Konferenzen der Europäischen Raumordnungsministerkonferenz (EMKRO), die allerdings meist mit ihrer französischen Abkürzung CEMAT (Conférence Européenne des Ministres responsables pour l'Aménagement du Territoire) bezeichnet wird.

Die *12. Ministerkonferenz* findet unter deutschem Vorsitz am 7. und 8. September 2000 während der Weltausstellung EXPO 2000 in Hannover statt. Auf dieser Konferenz wollen die Minister „Leitlinien für eine nachhaltige räumliche Entwicklung auf dem europäischen Kontinent" beraten und verabschieden. Dieses Dokument wird derzeit im federführenden Ausschuss der Hohen Beamten der CEMAT erarbeitet, in dem Deutschland zwischen 1997 und 2000 den Vorsitz innehat.

Als Grundsätze einer nachhaltigen Raumentwicklungspolitik für den gesamten Kontinent benennt der bisherige Entwurf die Förderung einer ausgewogenen sozioökonomischen Entwicklung und die Verbesserung der Wettbewerbsfähigkeit der Regionen sowie den Schutz der natürlichen Lebensgrundlagen. Besonders betont wird auch die Bedeutung der regionalen Identität und Diversität und die Zusammenarbeit von Raumentwicklungspolitik und raumrelevanter Fachpolitiken.

Zwei Aspekte spielen für eine zukunftsorientierte Raumentwicklungspolitik für den europäischen Kontinent eine besondere Rolle. Zum einen ist dies die Globalisierung der Wirtschaft, der Umbruch in Mittel- und Osteuropa und damit verbunden die *Nutzbarmachung privater Investitionen*. Zum anderen betrifft es die zunehmende *Integration innerhalb europäischer Großräume*, wie zum Beispiel den Ostseeraum und die Europäischen Union.

Aufgrund der Knappheit der öffentlichen Finanzen zur Deckung der gesellschaftlichen Bedürfnisse – insbesondere im Bereich der Infrastrukturausstattung sowie der damit verbundenen Dienstleistungen – wird in den kommenden Jahren den privaten Investitionen bei der Verwirklichung räumlicher Entwicklungsziele größere Bedeutung zukommen. Die Raumentwicklungspolitik muss dazu beitragen, attraktive Rahmenbedingungen für private Investitionen auf lokaler und regionaler Ebene und zugleich einen Rahmen für ihre Kompatibilität mit den öffentlichen Belangen zu schaffen. In diesem Zusammenhang sollen *öffentlich-private Partnerschaften* unterstützt werden, die sich in Sektoren entwickeln, die in der Vergangenheit auf öffentliche Aktivitäten beschränkt waren. Hierzu zählen insbesondere Infrastruktur- und Dienstleistungsbereiche wie Verkehr, Telekommunikation, Wasserversorgung,

Raumordnerische Zusammenarbeit 223

Mitgliedstaaten des Europarates

Karte 107
Fast alle europäischen Staaten gehören dem Europarat an, der sich schon früh mit Fragen der Raumentwicklung in Europa befasst hat.

Gesundheit oder Ausbildung. Öffentlich-private Partnerschaften sollten als Ergänzung zu öffentlichen Dienstleistungen betrachtet werden, die weiterhin wichtige Funktionen zu erfüllen haben. Auch dem Wohnungsbau kommt wegen seiner gesellschaftlichen Funktion und seiner Multiplikatoreffekte auf die Wirtschaft eine besondere Stellung zu.

Eine zweite zentrale Aufgabe der Raumentwicklungspolitik auf kontinentaler Ebene besteht in der Integration europäischer Großräume. In diesem Zusammenhang sollen die durch die großen *Metropolregionen* ausgelösten Wachstumsimpulse, das besondere Potenzial der *„Gateway-Städte"*, die Rolle der mittleren und kleineren Zentren bei der Einbeziehung von ländlichen Regionen sowie die Erfordernisse einer nachhaltigen Verkehrsentwicklung besonders berücksichtigt werden. Langfristiges Ziel ist es, auf kontinentaler Ebene ein polyzentrisches Wachstums- und Entwicklungsmuster mit einer Reihe bedeutender Wachstumsgebiete in Form von *Städtenetzen* zu erreichen, das Dynamik und positive externe Effekte erzeugt und damit weitere Investitionen anzieht. Eine verstärkte Integration innerhalb der europäischen Großräume ist eine Voraussetzung für neue Wachstumsprozesse in der europäischen Peripherie, welche die Siedlungsstruktur dort langfristig konsolidieren und wettbewerbsfähig machen sollen. Besondere Beachtung wird daneben aber auch den Verbindungen zwischen den europäischen Großräumen wie dem Ausbau eines *paneuropäischen Verkehrsnetzes* geschenkt.

Die in Hannover zu verabschiedenden Leitlinien werden sich nicht auf die Formulierung von Grundsätzen beschränken. Vorgeschlagene Maßnahmen zur Umsetzung dieser Grundsätze umfassen beispielsweise:

- die Intensivierung der transnationalen und grenzüberschreitenden Kooperation als ein Instrument zur stärkeren Verzahnung von wirtschaftlicher Entwicklung und Raumplanung;
- die Zusammenarbeit zwischen Ost und West und technische Hilfe zugunsten der Länder Mittel- und Osteuropas, z.B. in Form von Trainingsprogrammen für öffentlich Bedienstete der neuen Mitgliedstaaten;
- die Entwicklung einer laufenden Raumbeobachtung, die einen Beitrag zur erforderlichen Regionalisierung räumlicher Informationen leisten kann;
- die Mobilisierung und Stärkung regionaler Initiativen, z.B. in Form von Vorschlägen für die Durchführung gemeinsamer Projekte mit europäischem Mehrwert und aufbauend auf den Erfahrungen aus der EU-Gemeinschaftsinitiative INTERREG II C.

Durch die Zusammenarbeit in der EMKRO werden die bestehenden Kooperationen in der Europäischen Union (EUREK) und anderen Teilräumen wie dem Ostseeraum oder dem Donauraum aufgegriffen und miteinander verzahnt.

Raumbedeutsame Fachplanungen und -politiken

Über ihre raumbedeutsamen Fachplanungen und -politiken üben alle staatlichen Ebenen einen starken Einfluss auf die Raumentwicklung aus. Es liegt auf der Hand, dass bei einer Staatsquote von etwa 50 % der Einfluss des öffentlichen Sektors auf die Regionen nicht vernachlässigt werden darf. Schließlich bedeutet dies, dass von jeder erwirtschafteten Mark rund 50 Pfennige durch öffentliche Haushalte fließen und entweder unmittelbar oder mittelbar raumstrukturelle Wirkungen haben. Die Intensität dieses Einflusses hängt vom Umfang des öffentlichen Engagements in der Region ab. Von daher ist eine transparente Darstellung der öffentlichen Finanzwirtschaft auf regionaler Ebene in Höhe und Struktur sinnvoll und notwendig. Dabei kommt es aus raumentwicklungspolitischer Sicht vor allem darauf an, nicht die verschiedenen Fachpolitiken mit ihren Einzelmaßnahmen isoliert zu untersuchen, sondern ihr Zusammenspiel näher zu betrachten. Die Bundesregierung hat daher ihrem gesetzlichen Auftrag folgend im Jahre 1995 einen ersten *Bericht zur Regionalisierung raumwirksamer Bundesmittel* vorgelegt (BT-Drs. 13/2941). In ihm wurden die wesentlichen investiven Leistungen des Bundes für den Zeitraum 1991 bis 1993 auf der Basis der 16 Länder zusammenfassend dargestellt. Im Mittelpunkt stand der Ost-West-Vergleich.

Nach § 3 Satz 6 des Raumordnungsgesetzes sind raumbedeutsame Planungen und Maßnahmen „Planungen einschließlich der Raumordnungspläne, Vorhaben und sonstige Maßnahmen, durch die Raum in Anspruch genommen oder die räumliche Entwicklung oder Funktion eines Gebietes beeinflusst wird, einschließlich des Einsatzes der hierfür vorgesehenen öffentlichen Finanzmittel". Werden raumbedeutsame Planungen und Maßnahmen realisiert, so werden aus diesen raumwirksame Maßnahmen. Raumwirksam heißt dann, dass durch die Maßnahmen räumliche Aktivitätsmuster in Wirtschaft und Gesellschaft und damit Flächennutzungen und Landschaftsbilder verändert, die Wettbewerbssituation oder räumliche Bedeutung einer Stadt oder Region im nationalen Wirtschafts- und Siedlungsgefüge beeinflusst werden.

Besondere Bedeutung kommt folgenden Politikbereichen zu, da sie unmittelbar Einfluss auf die Entwicklung in den Teilräumen Deutschlands nehmen:

- *Finanzausgleichspolitik*: Dieser Politikbereich greift unmittelbar in das Finanzgefüge zwischen den Ländern (Länderfinanzausgleich) oder den Gemeinden (kommunaler Finanzausgleich) mit dem Ziel ein, Länder und Gemeinden in die Lage zu versetzen, öffentlichen Aufgaben ohne größere regionale Unterschiede wahrnehmen zu können.

- *Großräumige Verkehrspolitik*: Die Bundesverkehrswegeplanung setzt mit dem Ausbau von Straßen-, Schienennetzen und Wasserstraßen auch regionale Akzente.

- *Regionale Wirtschaftspolitik*: Dieser Politikbereich will die unternehmerische Arbeitsplatzbasis in strukturschwachen Regionen stärken und großräumige Unterschiede in der Wirtschaftskraft ausgleichen. Bund und Länder wirken in der Gemeinschaftsaufgabe „Verbesserung der regionalen Wirtschaftsstruktur" zusammen.

Allerdings haben auch andere Fachpolitiken raumwirksamen Charakter, auch wenn dieser nicht unmittelbar auf der Grundlage eines räumlichen Bezugssystems zum Tragen kommt. Zu nennen sind vor allem die

- *Arbeitsmarktpolitik*, deren Maßnahmen finanzausgleichend wirken, da strukturstarke Regionen mit einer großen Zahl an Beitragszahlern Räume mit Anpassungsproblemen und einer großen Zahl an Empfangsberechtigten unterstützen;

- *Forschungs- und Entwicklungspolitik* mit ihrer hohen Bedeutung für die regionale und nationale Wettbewerbsfähigkeit;

- *Stadtentwicklungspolitik* mit ihrer gezielt städtischen Ausrichtung;

- *Wohnungspolitik* mit ihrer Wirkung auf das Standortwahlverhalten privater Haushalte;

- *Agrarpolitik* mit ihrer besonderen Verantwortung für die ländlichen Räume sowie

- die *Umweltpolitik* mit den Maßnahmen zum Schutz von Natur und Landschaft.

Raumbedeutsame Fachplanungen und -politiken in Deutschland

Einführung und Überblick

Ost-West-Unterschiede als förderpolitische Herausforderung

Auch zehn Jahre nach der deutschen Einheit steht die Überwindung der Ost-West-Unterschiede in der wirtschaftlichen Leistungsfähigkeit im Mittelpunkt der deutschen Politik. Der *Aufbau Ost* ist in vielen Bereichen schon weiter als globale Zahlen über Produktivitätslücken und Einkommensrückstände nahelegen. In Ostdeutschland stehen inzwischen moderne Schiffswerften und produktive Automobilfabriken. Neue Technologien und Projekte wie Hochleistungschips oder die Entwicklung von Luftschiffen für Schwertransporte sind beispielhaft für zukunftsweisende Entwicklungen in den neuen Ländern. Unternehmensgründungen in großer Zahl haben entscheidend dazu beigetragen, dass neue und leistungsfähige Strukturen entstanden sind. Beim Aufbau eines modernen, leistungsfähigen Kapitalstocks ist die ostdeutsche Wirtschaft ein gutes Stück voran gekommen. Nach Berechnungen des ifo-Instituts sind im Zeitraum von 1991 bis 1998 rd. 1 300 Mrd. DM in neue Anlagen investiert worden. Der Modernitätsgrad des ostdeutschen Anlagevermögens dürfte inzwischen sogar höher als in Westdeutschland sein.

Die wirtschaftliche Erneuerung verzeichnet große Fortschritte. Wichtig ist der Wiederaufbau des Mittelstandes. Derzeit gibt es etwa 550 000 mittelständische Unternehmen mit 3,2 Mio. Beschäftigten. Ein beachtlicher Kreis von Unternehmen verfügt über moderne Produktionsanlagen und kann sich voll im Wettbewerb behaupten. Die Kommunikationsanlagen sind inzwischen auf dem modernsten Stand. Auch bei der Verkehrsinfrastruktur, im Wohnungs- und Städtebau und bei der Beseitigung von Umweltschäden ist vieles erreicht. Im Bereich Forschung und Entwicklung (FuE) sind positive Entwicklungen sichtbar. So sind die Ausgaben für FuE nicht mehr rückläufig. Junge, innovative Unternehmen bestimmen zunehmend das Bild der Wirtschaft. Seit 1997 gibt es auch wieder mehr Forschungspersonal.

Die hohen Arbeitslosenzahlen in Ostdeutschland sind ein deutlicher Beleg für noch viele ungelöste Probleme. Die ostdeutsche Wirtschaft ist derzeit noch nicht in der Lage, genügend wettbewerbsfähige Arbeitsplätze zur Verfügung zu stellen. Es gibt noch zu wenig Industrie- und Dienstleistungsunternehmen, und größere Unternehmen sind die Ausnahme. Die ostdeutsche Unternehmenslandschaft ist geprägt von kleinen, jungen, oft sehr innovativen, aber auch noch nicht ausreichend wettbewerbsfähigen Unternehmen. Häufig ist aber gerade die unzureichende Wettbewerbsfähigkeit der Unternehmen auf zu kleine Betriebsgrößen zurückzuführen. Ungeachtet der großen Fortschritte bleibt die Produktivität der ostdeutschen Unternehmen in gesamtwirtschaftlicher Sicht noch immer spürbar hinter der westdeutschen Wirtschaft zurück. Neue Produkte müssen auf hart umkämpften Märkten etabliert und stabile Lieferbeziehungen erst kontinuierlich aufgebaut werden.

Mit der Einheit Deutschlands stand fest, dass die *förderpolitischen Anstrengungen* eine neue Dimension benötigten. Ging und geht es in den alten Ländern darum, einzelne Regionen oder Landstriche vor dem wirtschaftlichen Wegbrechen zu bewahren, so mussten mit der Einheit neue Quantitäten und Qualitäten struktureller Probleme bewältigt werden. Aus regional- und raumordnungspolitischer Sicht ist es wichtig zu betonen, dass der finanzielle Mitteleinsatz in den neuen Ländern von Beginn an flächendeckend erfolgte. Eine regionalpolitische Differenzierung, etwa dem Wachstumspolkonzept oder dem Konzept der axialen Entwicklungskorridore folgend, war politisch nicht vermittelbar und hätte den faktischen Problemen auch nicht entsprochen.

Aufgrund der Forderung des Grundgesetzes nach der Schaffung gleichwertiger Lebensverhältnisse musste ein ehemalig selbstständiges Staatsgebiet mit rund 17 Mio. Einwohnern an die wirtschaftlichen und sozialen Standards der alten Länder herangeführt werden. Eine nicht konkurrenzfähige Wirtschaft sowie eine völlig vernachlässigte Infrastruktur stellten die Haupthindernisse des wirtschaftlichen und sozialen Aufbaus dar. Ein zentraler Indikator für den Unterschied in der wirtschaftlichen Leistungskraft zwischen alten und neuen Ländern bildet das Bruttoinlandsprodukt je Einwohner. Nach der deutschen Vereinigung im Jahre 1991 erreichte die ostdeutsche Wirtschaft ein Leistungsniveau von rund 41 % der alten Länder. 1998 lag das Niveau bei 63 % der alten Länder. Auf der einen Seite belegt dieser Aufholprozess die Erfolge des wirtschaftspolitischen Handelns. Auf der anderen Seite zeigt dieser Abstand aber auch, dass der Weg zur Gleichwertigkeit der Lebensverhältnisse noch lang sein wird, zumal der Konvergenzprozess Mitte der 90er Jahre an Dynamik verloren hat.

Die finanzielle Hauptlast bei der Schaffung gleichwertiger Lebensverhältnisse liegt beim Bund. Diese Verantwortung wird darin deutlich, dass im Durchschnitt der Jahre 1991 bis 1998 rund 13 % des ostdeutschen Bruttoinlandsproduktes durch Bundeszahlungen gedeckt wurden. In den alten Ländern beträgt diese Abhängigkeit 2 %. Werden die beitragsfinanzierten Mittel der Arbeitsmarktpolitik sowie die Zahlungen im Länderfinanzausgleich und EU-Mittel hinzugerechnet, so wird in den neuen Ländern jede vierte Mark des Bruttoinlandsproduktes durch diese raumwirksamen Fördermittel gedeckt (alte Länder 4 %).

Raumwirksame Fördermittel im Überblick

Im folgenden wird insbesondere das raumwirksame Engagement des Bundes näher beleuchtet. Hierbei stehen die Politikbereiche

- Finanzkraftausgleichspolitik,
- großräumige Verkehrspolitik,
- Wirtschaftsförderung,
- Arbeitsmarktpolitik,
- Forschung und Entwicklung,
- Stadtentwicklung und Wohnen,
- Agrarpolitik sowie
- Umweltpolitik

im Mittelpunkt. Dabei muss berücksichtigt werden, dass im Rahmen der Arbeitsmarktpolitik und der Wirtschaftsförderung die Bundesmittel Zahlungen der Europäischen Union vielfach beinhalten. Die Regionalisierung erfolgt – wie im ersten Regionalisierungsbericht – auf der Basis der 16 Länder, wobei Berlin den neuen Ländern zugeordnet ist. Dort, wo die Datenquellen es zulassen, werden die Fachpolitiken einer regional tieferen Darstellung unterzogen. Bei den Angaben auf Länderbasis handelt es sich meist um Ist-Ausgaben bzw. um bewilligte zinsgünstige Darlehen im Zeitraum der Jahre 1991 bis 1998. Um die Bedeutung der Zahlungsströme im Ost-West-Vergleich vergleichen zu können, werden diese anhand der Einwohnerzahl relativiert. Bei Angaben unterhalb der Länderebene handelt es sich in der Regel um bewilligte Mittel oder um den Verpflichtungsrahmen.

Die Begrenzung auf diese direkt ausgabewirksamen Fördermittel verkennt nicht den raumwirksamen Förderungscharakter anderer Unterstützungsformen. Von ver-

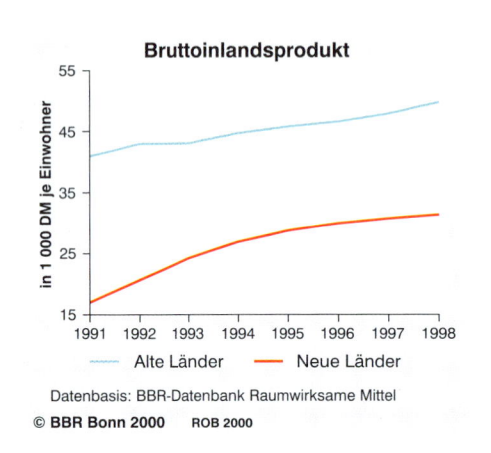

Abbildung 41
Entwicklung des Bruttoinlandsproduktes

Erläuterung: Am Aufbau Ost finanziell Beteiligte

Die enorme politische Herausforderung der deutschen Einheit hatte zur Folge, dass sich neben Bund, Ländern und Gemeinden auch alle sozialversicherungspflichtig Beschäftigen über die Bundesanstalt für Arbeit sowie die Europäische Union am Aufbau der neuen Länder beteiligen:

Aus dem Bundeshaushalt fließen netto jährlich insgesamt rund 140 Mrd. DM an die neuen Länder.

Die Treuhandanstalt im Besitz des Bundes und ihre Nachfolgegesellschaften, welche die früheren volkseigenen Betriebe wettbewerblich zu strukturieren und zu privatisieren hatten, haben allein zwischen 1990 und 1994 diesen Prozess mit netto rund 205 Mrd. DM unterstützt.

Die Förderbanken des Bundes unterstützen den wirtschaftlichen Aufbau mit jährlich gut 23 Mrd. DM durch zinsgünstige Darlehen. Hauptanliegen ist hier die Schaffung eines wettbewerbsfähigen Mittelstandes und eines attraktiven Wohnraumangebotes.

Die beitragsmittelfinanzierte Arbeitsmarktpolitik der Bundesanstalt für Arbeit schlägt mit jährlich rund 40 Mrd. DM zu Buche.

Die alten Länder mit ihren Gemeinden waren zwischen 1990 und 1994 an dem Fonds Deutsche Einheit mit einem Zuschuss von 16,1 Mrd. DM beteiligt und tragen ab 1995 gemeinsam mit dem Bund je zur Hälfte die Zins- und Tilgungslast dieses Sondervermögens. Ab dem Jahre 1995 sind die alten Länder über den Länderfinanzausgleich mit jährlich rund 10 Mrd. DM am Aufbau der neuen Länder direkt beteiligt. Darüber hinaus sind Bund, Länder und Gemeinden anteilsmäßig an den Steuerausfällen beteiligt, die sich aufgrund von steuerlichen Fördermaßnahmen ergeben. Allein 1997 waren dies rund 10. Mrd. DM.

Die Europäische Union hat die neuen Länder seit 1991 in ihre höchste Förderpriorität, vergleichbar mit Griechenland oder Portugal, aufgenommen. In der ersten Phase zwischen 1991 und 1993 flossen 3 Mrd. ECU oder rund 6 Mrd. DM aus Brüsseler Kassen in die neuen Länder. Zwischen 1994 und 1999 hat Europa sein Engagement zugunsten der neuen Länder mit 13,6 Mrd. ECU oder rund 27 Mrd. DM deutlich erhöht. Auch nach dem Jahre 2000 werden die neuen Länder mit rund 20 Mrd. EURO oder fast 40 Mrd. DM bis zum Jahre 2007 aus Brüssel unterstützt.

gleichbarer Wirkung sind vor allem Steuervergünstigungen, bei denen an die Stelle einer Ausgabe eine Mindereinnahme für den Staat tritt und Bürgschaften, bei denen der Staat das Ausfallrisiko einer Leistung oder Investition in einer gewissen Höhe trägt. Derartige Begünstigungen bzw. die in ihnen enthaltenen Subventionsäquivalente entziehen sich jedoch meist einer Regionalisierung.

Insgesamt können für den Zeitraum 1991 bis 1998 1 826 Mrd. DM an raumwirksamen Mitteln auf Länderebene dargestellt werden (s. Tab. 10, S. 230). In dieser Summe sind die zinsgünstigen Darlehen mit ihrem Förderwert berücksichtigt, der mit näherungsweise 4 % der Darlehenssumme angesetzt wird. An den 1 826 Mrd. DM partizipieren die neuen Länder mit 53 %. Pro Kopf der Bevölkerung entspricht dies einem Förderverhältnis neue zu alte Länder von 4 zu 1. Abzüglich der Länderfinanzausgleichsmittel, der Beitragsmittel der Bundesanstalt für Arbeit sowie der EU-Mittel verbleiben rund 930 Mrd. DM an raumwirksamen Bundesmitteln. Auch von dieser Summe fließen 53 % in die neuen Länder.

Dieser Förderpräferenzvorsprung beruht auf einer formalen Zuordnung der Zahlungsströme. Hierbei ist zu berücksichtigen, dass durch die räumlichen und wirtschaftlichen Interaktionen zwischen neuen und alten Ländern letztere durch das förderpolitische Engagement des Bundes in den neuen Ländern auch profitiert haben. Der zusammenfassende Ost-West-Vergleich verstellt zudem den Blick auf die Unterschiede zwischen den einzelnen Ländern. Wird in einem nächsten Schritt die Aggregatebene „neue und alte Länder" aufgebrochen, so ergibt sich eine Länder-pro-Kopf-Verteilung, wie sie in Abbildung 42, S. 231, dargestellt ist.

In den alten Ländern belegen Bremen und das Saarland in der Ausstattung mit raumwirksamen Fördermitteln – gemessen in DM je Einwohner – die ersten Plätze. Hierzu tragen vor allem die Bundesergänzungszuweisungen bei. Am anderen Ende stehen Bayern, Nordrhein-Westfalen, Baden-Württemberg und Hessen. In den neuen Ländern erreichen die strukturschwächeren Länder Mecklenburg-Vorpommern und Sachsen-Anhalt Spitzenwerte.

Wird die vergleichende Ost-West-Betrachtung um eine *differenzierte Maßnahmendarstellung* nach Ländern ergänzt, so ergibt

Methodische Hinweise:

Im Mittelpunkt dieser Darstellung steht die *formale Inzidenz*, d.h. die Darstellung der direkten monetären Zahlungsströme an die „Erstempfänger". Eine solche formale Inzidenzbetrachtung ist jedoch nicht unproblematisch. Denn grundsätzlich gilt:

Programme und Maßnahmen können nur in solchen Regionen greifen, in denen sich programmadäquate Antragsteller finden. Soweit die Förderung antragsgesteuert erfolgt, was für Zuweisungen und Zuschüsse des Staates üblicherweise zutrifft, müssen in der Regel Begünstigte innerhalb des Raums gewonnen und die begünstigenden Mittel eingeworben werden.

Nicht eingeworbene Mittel sind kein hinreichendes Indiz für fehlenden Handlungsbedarf. Eine unterdurchschnittliche Intensität der Programmanwendung kann neben dem zu geringen Besatz an potenziellen Antragstellern unter Umständen auf einen Mangel an Information und/oder Engagement sowohl der Zielgruppe als auch der mit Wirtschafts- und Strukturförderung betrauten Entscheidungsträger zurückzuführen sein. Es kann auch ein Indiz dafür sein, dass für ein bestimmtes Maßnahmenprogramm ein geringerer Bedarf besteht, da eine vorhandene Ausstattung bereits dem notwendigen Bedarf entspricht bzw. eine Anhebung auf das für notwendig erachtete Niveau mit geringerem Mitteleinsatz als in vergleichbaren Räumen zu erreichen ist.

Von einer unterdurchschnittlichen Förderung (pro Kopf) kann nicht von vornherein auf einen zugleich unterdurchschnittlichen Wirkungsgrad geschlossen werden. Zumindest ist denkbar, dass die Wirkungsgrade sowohl bei einem Programm zwischen verschiedenen Regionen als auch bei verschiedenen Programmen innerhalb einer Region voneinander abweichen können.

Ferner kann nicht ausgeschlossen werden, dass die formale Begünstigung eines Landes in einem anderen Land – etwa über induzierte Käufe – effektiv wirksam wird. Dies entzieht sich in Ermangelung regionaler Input-Output-Analysen einer gesicherten empirischen Erkenntnis, so dass sich die Betrachtung derzeit auf den originären Zufluss von Mitteln beschränken muss.

Insbesondere bei großräumig angelegten Infrastrukturinvestitionen erschweren Probleme der regionalen Zurechenbarkeit eine sachadäquate Interpretation der Ergebnisse. So bei den Verkehrsinvestitionen. Da es sich vorwiegend um linienhafte Infrastrukturmaßnahmen in Netzstrukturen handelt, können die regionalen Wirkungen (z.B. Erreichbarkeitseffekte und regionale Entwicklungseffekte) räumlich sehr weit auseinanderfallen. Dies gilt vor allem dann, wenn nach Erstellungs- und Nutzungsphase unterschieden wird.

Die regionale Mittelverteilung einer Fachpolitik muss zunächst fachpolitisch bewertet werden. Dies gilt insbesondere für jene Fachpolitiken, die keine ausgleichs-, sondern entwicklungspolitische Ziele aufweisen. Man denke etwa an die Forschungs- und Entwicklungspolitik, deren Auswahlkriterium das Exzellenzkriterium ist und die sich von daher nicht am regionalen Ausgleichsanliegen orientiert. Ähnliche Überlegungen gelten für Programme, die nur in bestimmten Räumen zur Anwendung kommen können, wie beispielsweise der Küstenschutz im Rahmen der Gemeinschaftsaufgabe „Verbesserung der Agrarstruktur und des Küstenschutzes".

Ferner darf nicht außer Acht gelassen werden, dass bestimmte Maßnahmen – etwa im Infrastrukturbereich – einen mehrjährigen Bezug aufweisen. Grundsätzlich müsste bei auf Mehrjährigkeit angelegten Maßnahmen der gesamte Durchführungszeitraum unter Berücksichtigung des tatsächlich ausgeschöpften Verpflichtungsrahmens untersucht werden. Eine jetzt unterdurchschnittliche Förderung kann unter Umständen auf einen regional unterschiedlichen Stand der Planungen oder Ausführungsarbeiten zurückzuführen sein.

sich auf der Basis einer pro-Kopf Analyse folgendes Bild:

- In den neuen Ländern zeigen sich nur Unterschiede im Niveau des raumwirksamen Mitteleinsatzes. Größere Schwerpunktunterschiede zwischen den Ländern können nicht erkannt werden. Die Mittelausstattung in den Politikfeldern ist zwischen den neuen Ländern durch-

Raumwirksame Bundesmittel	Zeitraum	gesamt	Alte Länder	Neue Länder	gesamt	Alte Länder	Neue Länder
		in Mrd. DM			in DM je Einwohner		
Finanzausgleichspolitik		**296,5**	**46,6**	**249,9**	**3 638**	**731**	**14 132**
Fonds Deutsche Einheit (Bundesanteil)	1991-94	85,1	0,0	85,1	1 044	0	4 814
Bundesergänzungszuweisungen	1991-98	119,9	46,6	73,3	1 471	731	4 145
Berlin-Förderung	1991-94	43,3	0,0	43,3	531	0	2 447
Aufbau Ost (1991-93 Gemeinschaftswerk)	1991-98	48,2	0,0	48,2	591	0	2 725
Großräumige Verkehrspolitik		**172,7**	**99,6**	**73,1**	**2 119**	**1 561**	**4 134**
Bundesfernstraßen	1991-98	68,4	43,0	25,4	839	674	1 437
Schienenwege	1991-98	63,0	27,7	35,3	773	434	1 996
Bundeswasserstraßen	1991-98	8,4	6,5	1,9	103	102	107
Regionalisierungsgesetz	1996-98	32,9	22,4	10,5	404	351	593
Arbeitsmarktpolitik		**189,7**	**112,3**	**77,5**	**2 328**	**1 759**	**4 382**
Leistungen nach dem Arbeitsförderungsgesetz [2]	1991-98	189,7	112,3	77,5	2 328	1 759	4 382
Wirtschaftsförderung [1]		**30,6**	**6,1**	**24,5**	**375**	**96**	**1 384**
GRW - Gewerbliche Wirtschaft [3]	1991-98	22,7	2,2	20,5	278	34	1 158
zinsgünstige Darlehensförderung:							
Kleine und mittlere Unternehmen		**176,1**	**86,6**	**89,5**	**2 161**	**1 357**	**5 064**
ERP-Existenzgründung	1991-98	34,6	11,3	23,3	424	176	1 317
KfW-Mittelstandsprogramm	1991-98	91,8	62,1	29,7	1 126	972	1 681
ERP-Aufbau- und Regionalprogramm	1991-98	27,2	8,9	18,3	334	140	1 035
Eigenkapitalhilfeprogramm	1991-98	22,6	4,4	18,2	277	68	1 031
Umweltprogramm							
ERP-Umweltprogramm	1991-98	22,4	12,2	10,3	275	190	582
Forschung und Hochschule [1]		**75,7**	**55,8**	**19,9**	**929**	**874**	**1 125**
Forschungsbereich		**42,9**	**31,6**	**11,3**	**526**	**495**	**638**
Wissenschaftliche Forschung (nach Art. 91b GG)	1991-98	22,7	14,3	8,3	278	225	470
Förderung der Großforschung (nach Art. 91b GG)	1991-98	20,1	17,1	3,0	246	268	167
zinsgünstige Darlehensförderung:							
ERP-Innovationsprogramm	1996-98	3,6	3,3	0,3	44	51	19
Hochschulbereich		**32,8**	**24,2**	**8,6**	**403**	**379**	**487**
GA Neu- und Ausbau der Hochschulen (nach Art. 91a GG)	1991-98	13,8	9,9	3,9	169	155	220
Hochschulsonderprogramme (nach Art. 91b GG)	1991-98	2,9	2,2	0,7	36	35	38
Ausbildungsförderung	1991-98	16,1	12,1	4,0	198	189	228
Stadtentwicklung und Wohnen [1]		**91,1**	**51,3**	**39,8**	**1 117**	**804**	**2 249**
Städtebauförderung	1991-98	6,6	2,2	4,4	81	35	246
Sozialer Wohnungsbau [4]	1991-98	19,4	14,0	5,4	238	220	303
Eigenheimzulage (nur Bundesanteil)	1995-98	5,2	3,9	1,2	63	62	69
Gemeindeverkehrsfinanzierungsgesetz	1991-98	42,2	29,0	13,2	518	454	747
GRW - Wirtschaftsnahe Infrastruktur [3]	1991-98	13,9	1,2	12,6	170	19	715
zinsgünstige Darlehensförderung:							
KfW-Wohnraummodernisierungsprogramm	1991-98	69,2	0,0	69,2	850	0	3 917
KfW-Programm zur CO_2-Minderung	1996-98	3,4	3,4	0,1	42	53	4
KfW-Programm für junge Familien	1997-98	5,9	5,6	0,3	72	87	19
KfW-Infrastrukturprogramm	1996-98	17,3	12,4	4,9	213	194	278
Agrarpolitik		**73,5**	**65,2**	**8,3**	**902**	**1 022**	**470**
GA Agrarstruktur und Küstenschutz	1991-98	20,1	12,2	7,9	246	191	445
Landwirtschaftliche Sozialpolitik [6]	1991-98	53,5	53,1	0,4	656	831	25
Bundesmittel insgesamt [1]		**929,9**	**437,0**	**492,9**	**11 408**	**6 847**	**27 876**
nachrichtlich: zinsgünstige Darlehen insgesamt		298,1	123,4	174,7	3 657	1 933	9 882
Raumwirksame Mittel anderer Institutionen							
Finanzausgleichspolitik der Länder		**53,6**	**-41,9**	**95,5**	**657**	**-656**	**5 400**
Fonds Deutsche Einheit (Länderanteil)	1991-94	53,6	0,0	53,6	657	0	3 031
Länderfinanzausgleich:	1991-98	0,0	-41,9	41,9	0	-656	2 369
Empfänger-Länder		62,6	20,3	42,3	768	318	2 393
Zahler-Länder		-62,6	-62,2	-0,4	-768	-975	-23
Arbeitsmarktpolitik der Bundesanstalt für Arbeit [2]	1991-98	**768,6**	**429,8**	**338,7**	**9 430**	**6 734**	**19 159**
allgemeine Arbeitsbeschaffungsmaßnahmen [4]		69,2	16,6	52,6	849	261	2 974
Berufliche Bildung [4]		133,6	65,2	68,4	1 639	1 021	3 869
Maßnahmen der EU	1991-98	**74,5**	**32,7**	**41,8**	**914**	**513**	**2 362**
EU-Strukturpolitik [5]		35,6	8,7	26,9	437	137	1 521
Gemeinsame Agrarpolitik-EAGFL, Abteilung Garantie [6]		38,9	24,0	14,9	477	376	841
Raumwirksame Mittel insgesamt [1]		**1 826,5**	**857,6**	**968,9**	**22 409**	**13 437**	**54 796**

Anmerkungen: [1] Darlehen mit Subventionsäquivalent von 4 % berücksichtigt; [2] ohne besondere Dienststellen; [3] Bewilligungsstatistik Bundesamt für Wirtschaft; [4] teilweise einschließlich Modernisierungsförderung; [5] geschätzt anhand indikativer Finanzplanung (Preisbasis 1994), Doppelzählung zur GRW in einzelnen Ländern möglich; [6] soweit regionalisierbar

Quelle: Angaben der Bundesressorts, Kreditanstalt für Wiederaufbau, Deutsche Ausgleichsbank, Bundesanstalt für Arbeit, Operationelle EU-Programme, eigene Berechnungen

© BBR Bonn 2000 ROB 2000

Tabelle 10
Raumwirksame Mittel im Zeitraum 1991–1998

- weg homogener als zwischen den alten Ländern. Dies gilt insbesondere für Mittel mit Finanzausgleichscharakter. Damit tragen diese Mittel zu einem eher gleichmäßigen Aufholprozess bei.
- Maßnahmen, die inhaltlich eng mit dem Bevölkerungsbesatz korrespondieren, variieren nicht oder kaum zwischen den einzelnen Ländern. Dies gilt für den Bereich Stadtentwicklung für neue und alte Länder gleichermaßen. Dieses Ergebnis resultiert nicht zuletzt daraus, dass die regionale Mittelverteilung unter anderem auf der Basis des Bevölkerungsanteils eines Landes an der Gesamtbevölkerung oder damit eng korrelierender Größen erfolgt.
- Maßnahmen, die inhaltlich an bestimmte Standortvoraussetzungen gebunden sind, streuen zwischen den einzelnen Ländern. Dies gilt zum Beispiel für die Bereiche Land- und Forstwirtschaft sowie Forschung und Entwicklung. Regionale Schwerpunkte der Land- und Forstwirtschaft sind die Länder Schleswig-Holstein, Niedersachsen, Rheinland-Pfalz, Bayern, Brandenburg und Mecklenburg-Vorpommern. Diese Länder kennzeichnet ein überdurchschnittlicher landwirtschaftlicher Erwerbstätigen- und Flächenbesatz. Eindeutige regionale Schwerpunkte der Ausgaben für Forschung und Entwicklung bilden die Länder Bayern, Nordrhein-Westfalen und Baden-Württemberg in Westdeutschland. Da Fördermittel für Forschung und Entwicklung nur dorthin fließen können, wo entsprechende Forschungskapazitäten (Hochschulen usw.) vorhanden sind, erklärt sich diese regionale Schwerpunktsetzung. In den neuen Ländern fokussieren sich die Ausgaben für Forschung und Entwicklung auf Berlin.

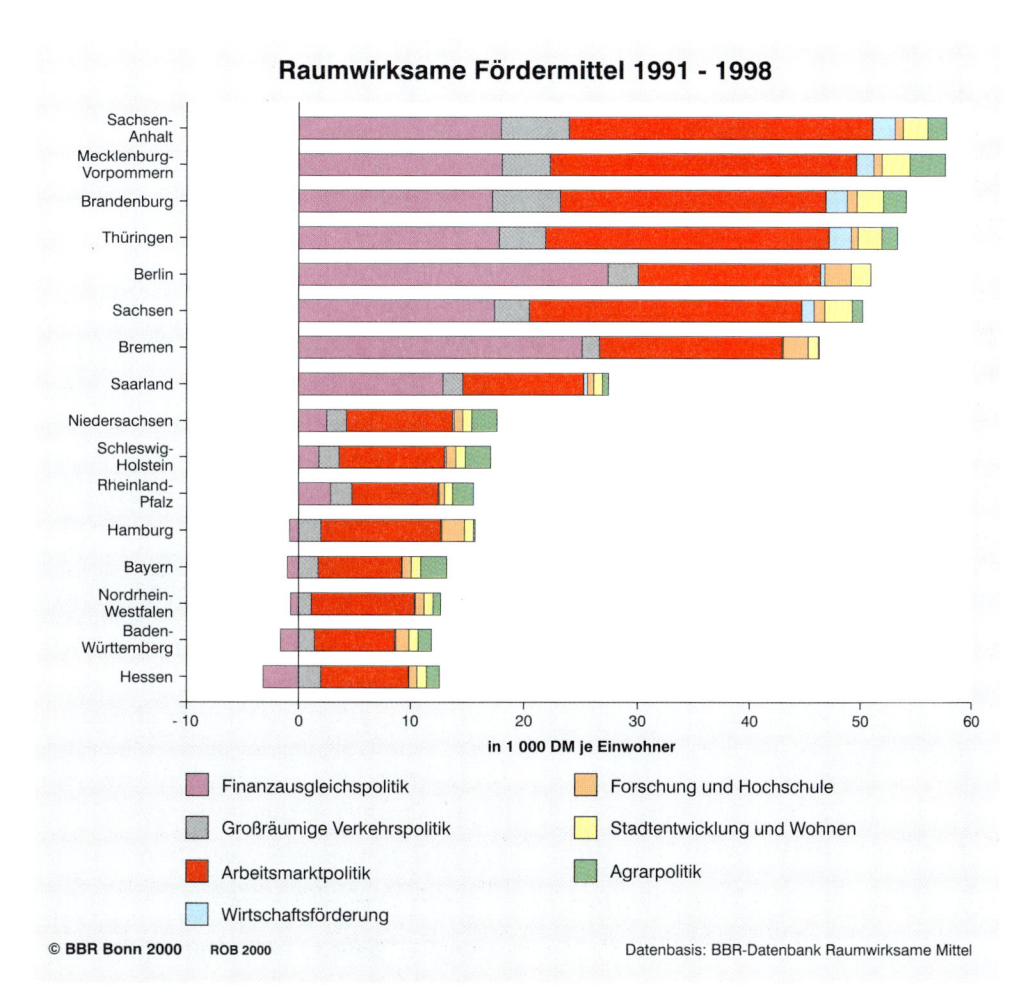

Abbildung 42
Raumwirksame Fördermittel 1991 bis 1998 in DM je Einwohner (ohne EU-Strukturpolitik)

Insgesamt belegt die Zusammenstellung der raumwirksamen Mittel die Schwerpunktsetzung zugunsten Ostdeutschlands und spiegelt das noch bestehende großräumige Disparitätenmuster wider. Das eindeutige Fördergefälle zugunsten der ostdeutschen Länder trägt den unterschiedlichen Ausgangssituationen und Problemlagen in Ost und West Rechnung. Geht es in Westdeutschland darum, Bestehendes zu pflegen, zu erhalten und Entwicklungsengpässe zu beseitigen, so verlangt der erfolgreiche Transformationsprozess in Ostdeutschland den Aufbau einer neuen und leistungsfähigen Wirtschafts- und Infrastruktur. Die damit notwendigerweise einhergehenden Verwerfungen alter Strukturen verlangen eine konsequente wirtschafts- und arbeitsmarktpolitische Flankierung.

Es besteht Einigkeit darüber, dass auch in den nächsten Jahren der wirtschaftliche Aufbau Ostdeutschlands im Mittelpunkt staatlichen Handelns stehen wird. Dabei dürfen jedoch die regionalen Problemlagen in den alten Ländern (z.B. Anpassungsprobleme der Stahl- und Bergbauregionen oder Rationalisierungsprozesse im Banken- und Versicherungsgewerbe) nicht außen vor bleiben. Gleichwohl darf die Bedeutung strukturstarker Regionen als gesamtwirtschaftliche Wachstumspole für die Entwicklung strukturschwacher Regionen nicht vernachlässigt werden. Beide Raumtypen müssen entsprechend ihrer Stärken und Schwächen am Mitteleinsatz der verschiedenen raumwirksamen Fachplanungen partizipieren.

Personal- und Standortpolitik des Bundes

Auch über die Personal- und Standortpolitik staatlicher Einrichtungen wird ein zum Teil beachtlicher Einfluss auf regionale Entwicklungsprozesse ausgeübt. Besonders deutlich wird dies in jenen Regionen, in denen öffentliche Arbeitgeber einen fühlbaren Anteil der Arbeitsplätze stellen. Mitte der 70er und 80er Jahre wurden „öffentliche Arbeitsplätze" als Instrument der regionalen Strukturpolitik eingesetzt. Seit Beginn der 90er Jahre verspüren viele Regionen den erheblichen Anpassungs- und Modernisierungsdruck auf Seiten von Bund, Ländern und Gemeinden. Deutlich wird dies zum einen durch

- Straffung und Modernisierung in bestehenden Einrichtungen,
- Zusammenlegung vormals selbstständiger Einrichtungen an einem Standort,
- Schließung ganzer Standorte und
- Privatisierung öffentlicher Unternehmen.

Im Zuge der notwendigen Anpassungsprozesse hat der Personalbestand des Bundes einschließlich Soldaten zwischen 1991 und 1998 nach Angaben des Statistischen Bundesamtes um 136 000 Stellen abgenommen. Das heißt, jeder fünfte Arbeitsplatz ist seit 1991 eingespart worden, wobei vor allem die alten Länder die Hauptlast getragen haben (-131 000). Besonders betroffen hiervon ist Niedersachsen mit einem Verlust von fast 33 000 Beschäftigten gefolgt von Bayern (-23 000), Schleswig-Holstein (-21 000) und Nordrhein-Westfalen (-16 000). In den neuen Ländern hat der Bund durch bescheidene Abbauraten oder Beschäftigungszuwächse seiner Verantwortung für den Stabilisierung des Arbeitsmarktes Rechnung getragen.

Zusätzliche Impulse werden die neuen Länder durch den *Regierungsumzug von Bonn nach Berlin* erhalten. Mit dem neuen Regierungssitz haben 5 500 Beschäftigte 1999 ihre Tätigkeit in Berlin aufgenommen.

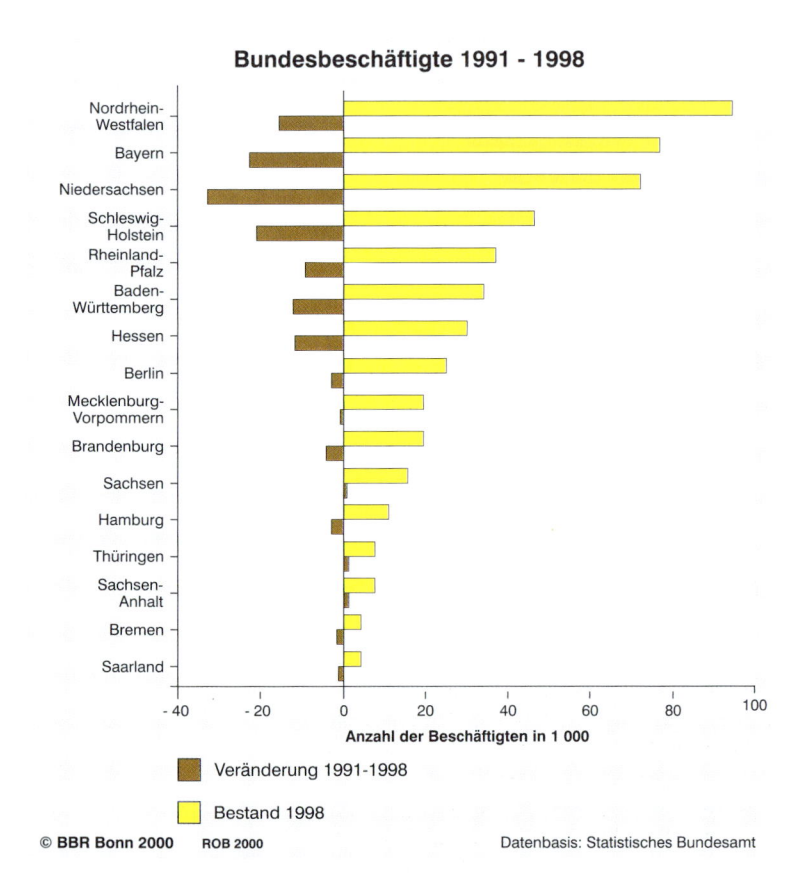

Abbildung 43
Bestand und Veränderung der Bundesbeschäftigten 1991–1998

Weitere 2 800 Beschäftigte folgten Anfang 2000.

Zur Sicherstellung der Funktionsfähigkeit *Berlins* als Bundeshauptstadt hat der Bund investive Maßnahmen mit einem Gesamtvolumen von mehr als 10 Mrd. DM durchgeführt. Auf Baumaßnahmen entfielen dabei etwa 6 Mrd. DM, auf Maßnahmen der Wohnungsversorgung in Berlin und Brandenburg etwa 1,6 Mrd. DM sowie auf umzugsbedingte Verkehrsinfrastrukturmaßnahmen rd. 1 Mrd DM. Über dieses Gesamtvolumen hinaus wurden bis Mitte 1999 weitere rd. 9 Mrd. DM in den sonstigen Ausbau der Verkehrsinfrastruktur Berlins investiert.

Bonn bleibt auch nach dem Wegzug von Parlament und Regierung Sitz von sechs Bundesministerien (Bildung, Wissenschaft, Forschung und Technologie – Umwelt, Naturschutz und Reaktorsicherheit – Gesundheit – Ernährung, Landwirtschaft und Forsten – Wirtschaftliche Zusammenarbeit und Entwicklung sowie Verteidigung); die nach Berlin verlagerten Ministerien belassen Aufgabenbereiche in der Bundesstadt Bonn. Darüber hinaus lassen die Ressorts Arbeit und Sozialordnung – Familie, Senioren, Frauen und Jugend sowie Verkehr den größten Teil ihrer Mitarbeiter in Bonn. Mit finanzieller Unterstützung des Bundes in einem Gesamtvolumen von 2,81 Mrd. DM sind die Übernahme und Ansiedlung neuer Funktionen und Institutionen von nationaler und internationaler Bedeutung (UN-Einrichtungen) im politischen, wissenschaftlichen und kulturellen Bereich ermöglicht sowie notwendige Umstrukturierungsmaßnahmen in der Region Köln–Bonn unterstützt worden.

Der volle Umfang des Regierungsumzuges und der räumlichen Auswirkungen auf die Regionen Bonn und Berlin ist z.Z. noch nicht darstellbar. Dies wird im nächsten Raumordnungsbericht erfolgen.

Beispiele für Verlagerungen und Veränderungen bei Bundesbehörden:

Das Bundesausgleichsamt wurde neu organisiert und durch eine Verwaltungsgemeinschaft mit dem Bundesverwaltungsamt verbunden.

Die Bundesbaudirektion und die Bundesforschungsanstalt für Landeskunde und Raumordnung wurden zum Bundesamt für Bauwesen und Raumordnung am Standort Bonn fusioniert.

Das Bundesamt für die Anerkennung ausländischer Flüchtlinge, das Eisenbahnbundesamt und das Bundesamt für Güterverkehr wurden reorganisiert.

21 Zoll- und Verbrauchssteuer- sowie 16 Bundesvermögensabteilungen bei den bundesweit 21 Oberfinanzdirektionen werden durch zum Teil länderübergreifende Zusammenlegungen zu 8 Zoll- und Verbrauchssteuerabteilungen und 8 Bundesvermögensabteilungen zusammengefasst. Diese Abteilungen werden langfristig nur noch 8 Oberfinanzdirektionen zugeordnet.

Die Bundesforschungsanstalten im Agrarbereich werden u.a. durch Reduzierung der Standorte von 56 auf 30 organisatorisch und personell gestrafft.

Die externe Finanzkontrolle wurde vollständig reorganisiert, die Vorprüfstellen wurden aufgelöst und Prüfungsämter im nachgeordneten Bereich des Bundesrechnungshofs eingerichtet.

Im Rahmen des Bonn-Berlin-Umzugs werden alle Bundesministerien ein Konzept zur Neustrukturierung ihrer Organisation vorlegen. Die in den Servicebereichen der Ministerien identifizierten Wirtschaftlichkeitspotenziale werden in Vorbereitung konsequent genutzt.

Am 1. Januar 1998 wurde eine umfassende Neuorganisation des Bundesgrenzschutzes in Kraft gesetzt, die den polizeilichen und sicherheitspolitischen Notwendigkeiten Rechnung trägt. Dabei erfolgte eine Verlagerung des Tätigkeitsschwerpunktes vorwiegend in grenz- und bahnpolizeiliche Aufgabenbereiche.

Ein weiterer Ansatz zur Modernisierung von Staat und Verwaltung erfolgte durch die Privatisierung staatlicher Unternehmen und Einrichtungen, z.B. von Bahn und Post.

Finanzausgleich und weitere Elemente der Ausgleichspolitik

Instrumente der Finanzausgleichspolitik:

Länderfinanzausgleich

Bundesergänzungszuweisungen (BEZ):
- Fehlbetrags-BEZ
- Sonderbedarfs-BEZ (Kosten politischer Führung)
- Übergangs-BEZ (alte Länder)
- Sonderbedarfs-BEZ (neue Länder)
- Sanierungs-BEZ (Bremen, Saarland)

Gemeinschaftswerk Aufschwung Ost/Investitionsförderungsgesetz Aufbau Ost (Bundesanteil)

Die *Schaffung gleichwertiger Lebensverhältnisse* steht im Mittelpunkt des bundesstaatlichen Handelns und hat durch die Vereinigung Deutschlands eine neue großräumige Dimension erhalten. Das zentrale Element dieser Ausgleichspolitik ist der bundesstaatliche Finanzausgleich. Das Ziel des Finanzausgleichs besteht darin, alle Länder finanziell in die Lage zu versetzen, ihre öffentlichen Aufgaben sachgerecht wahrnehmen zu können.

Im Einigungsvertrag vom 31.08.1990 sind wegen der gravierenden finanziellen Unterschiede zwischen alten und neuen Ländern Übergangsregelungen festgelegt worden. Anstelle eines gesamtdeutschen Finanzausgleichs wurde für die Zeit von 1990 bis Ende 1994 der Fonds Deutsche Einheit eingerichtet. Die Fondsmittel beliefen sich für diesen Zeitraum auf ein Gesamtvolumen von 161 Mrd. DM, wobei der Bund die Hauptlast trug. Im Hinblick auf die erheblichen Zuweisungen aus dem *Fonds Deutsche Einheit* wurden Bundesergänzungszuweisungen für die neuen Länder bis 1994 nicht geleistet. Die spezielle Berlin-Förderung des Bundes ist in diesem Zeitraum ausgelaufen.

Seit 1995 sind die neuen Länder einschließlich Berlin vollständig und gleichberechtigt in den gesamtdeutschen *Länderfinanzausgleich* einbezogen. Durch die Neuordnung des bundesstaatlichen Finanzausgleichs wurde für Ostdeutschland eine dauerhafte finanzielle Basis geschaffen, um in angemessener Zeit den infrastrukturellen Nachholbedarf abzubauen und Anschluss an die Lebensverhältnisse in Westdeutschland zu finden. Von den Leistungen im Länderfinanzausgleich in Höhe von 13,5 Mrd. DM in 1998 sind allein ca. 11 Mrd. DM in die neuen Länder geflossen.

Zudem gewährt der Bund seit 1995 erhebliche *Bundesergänzungszuweisungen* an alte und neue Länder, und zwar

- in Höhe von 90 % der nach Länderfinanzausgleich verbleibenden Fehlbeträge zur länderdurchschnittlichen Finanzkraft an finanzschwache alte und neue Länder (1995–1998: 20,8 Mrd. DM);

- den neuen Ländern und Berlin zum Abbau teilungsbedingter Sonderbelastungen sowie zum Ausgleich unterproportionaler kommunaler Finanzkraft von 1995 bis 2004 in Höhe von 14 Mrd. DM jährlich;

- kleineren west- und ostdeutschen Ländern im Hinblick auf ihre überproportionalen „Kosten politischer Führung" in Höhe von ca. 1,5 Mrd. DM jährlich;

- degressiv gestaltete Ergänzungszuweisungen an finanzschwache alte Länder zum Ausgleich überproportionaler Belastungen aus der Neuregelung des Finanzausgleichs (1995–1998: 4,6 Mrd. DM) sowie

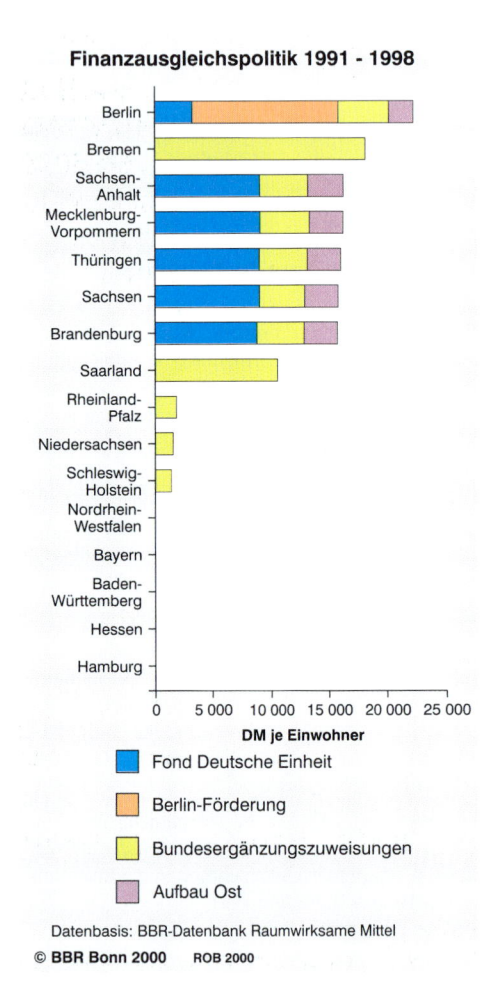

Abbildung 44
Ausgaben im Rahmen der Finanzausgleichspolitik 1991–1998 in DM je Einwohner (ohne Länderfinanzausgleich im engeren Sinne)

Finanzausgleichspolitik 1991 - 1998

(Balkendiagramm, DM je Einwohner, Kategorien: Fond Deutsche Einheit, Berlin-Förderung, Bundesergänzungszuweisungen, Aufbau Ost; Länder: Berlin, Bremen, Sachsen-Anhalt, Mecklenburg-Vorpommern, Thüringen, Sachsen, Brandenburg, Saarland, Rheinland-Pfalz, Niedersachsen, Schleswig-Holstein, Nordrhein-Westfalen, Bayern, Baden-Württemberg, Hessen, Hamburg)

Datenbasis: BBR-Datenbank Raumwirksame Mittel
© BBR Bonn 2000   ROB 2000

- Sonder-Bundesergänzungszuweisungen als Sanierungshilfen an Bremen und Saarland ab 1994 bis 1998 in Höhe von insgesamt jährlich 3,4 Mrd. DM, die degressiv gestaltet bis zum Jahr 2004 fortgeführt werden.

Der Fonds Deutsche Einheit wurde durch das 1993 ausgelaufene *Gemeinschaftswerk Aufschwung Ost* mit einem Volumen von 22 Mrd. DM flankiert. Von 1995 bis 2004 wird der Finanzausgleich durch Finanzhilfen des Bundes nach dem *Investitionsförderungsgesetz Aufbau Ost* (IfG) mit jährlich 6,6 Mrd. DM ergänzt. Die Finanzhilfen werden nach einem Einwohnerschlüssel auf die neuen Länder einschließlich Berlins verteilt. Durch diese Finanzhilfen zum Ausgleich unterschiedlicher Wirtschaftskraft werden folgende Investitionen gefördert:

- Maßnahmen zur Verbesserung der wirtschaftlichen Infrastruktur in den Bereichen Umweltschutz, Energie- und Trinkwasserversorgung, Verkehr, Erschließung und Sanierung von Industrie- und Gewerbeflächen sowie Fremdenverkehr,
- Maßnahmen zur Förderung des Wohnungsbaus, insbesondere zur Modernisierung und Instandsetzung, einschließlich des Studentenwohnraumbaus,
- Maßnahmen zur Förderung des Städtebaus, insbesondere zur Stadt- und Dorferneuerung, einschließlich Erhaltung und Erneuerung historischer Stadtkerne,
- Maßnahmen zur Förderung der Aus- und Weiterbildung im beruflichen Bereich unter Einschluss der Hochschulen und Fachhochschulen,
- Maßnahmen zur Förderung von Wissenschaft, Forschung und Entwicklung,
- für die wirtschaftliche Entwicklung bedeutsame Maßnahmen zur Förderung kommunaler Investitionen, insbesondere Investitionen zum Aufbau und zur Erneuerung von sozialen Einrichtungen.

Pro Kopf der Bevölkerung erhalten die neuen Länder damit im Rahmen der Finanzausgleichspolitik im weiteren Sinne – ohne Länderfinanzausgleich – fast 20-mal mehr Mittel als die alten Länder. Schwerpunkte der Zahlungen in den alten Ländern sind Bremen und das Saarland aufgrund von Bundesergänzungszuweisungen. Berlin hat im Zeitraum 1991 bis 1998 innerhalb der neuen Länder die Spitzenposition inne.

Großräumige Verkehrspolitik

Wesentliche finanzwirksame Maßnahmen der großräumigen Verkehrspolitik des Bundes:

- Bundesfernstraßen
- Bundesschienenwege
- Bundeswasserstraßen
- Regionalisierungsgesetz – Bundesanteil (Gemeindeverkehrsfinanzierungsgesetz – GVFG, s. S. 255)

Dem Verkehrsausbau kommt eine raumordnerische Schlüsselrolle zu. Die Verkehrsinfrastruktur erschließt den Raum in der Fläche und verbindet Siedlungen zu einem Siedlungssystem. Die langen Planungszeiträume bei Verkehrsinfrastrukturmaßnahmen und die gewaltigen Realisierungskosten erfordern einen Investitionsrahmenplan mit dem Ziel einer koordinierten Verkehrsplanung und einer Vernetzung der Verkehrssysteme. Für die Verkehrswegeinfrastrukturinvestitionen des Bundes wird diese Aufgabe durch die *Bundesverkehrswegeplanung (BVWP)* übernommen.

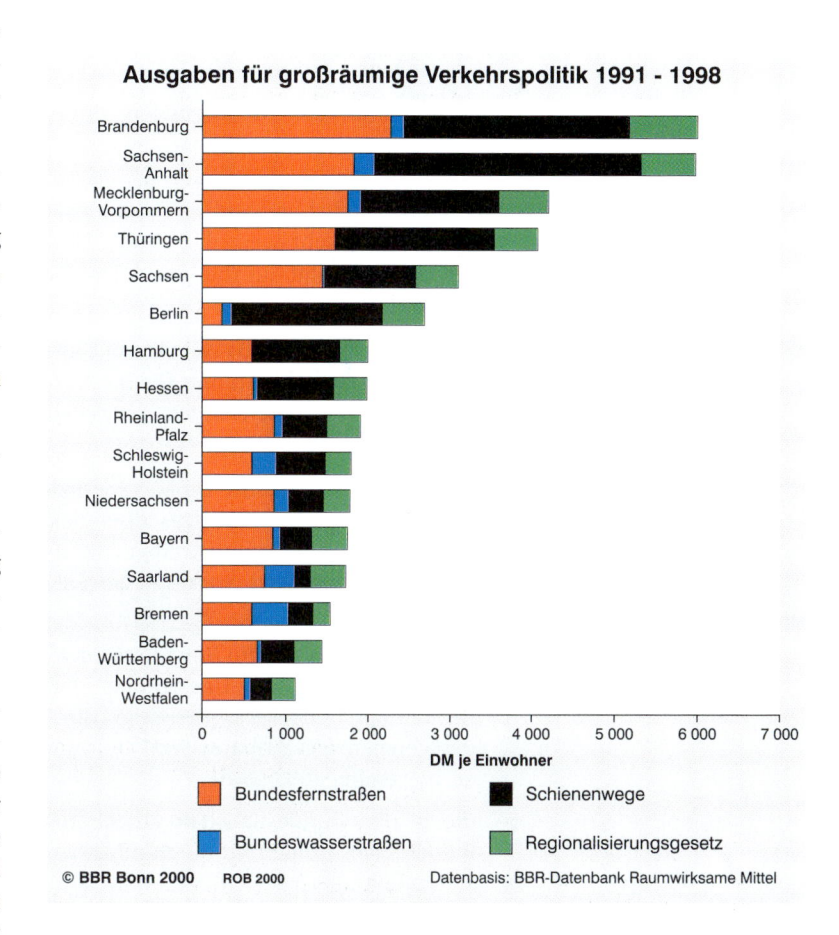

Abbildung 45
Ausgaben für die großräumige Verkehrspolitik 1991–1998 in DM je Einwohner

Karte 108

Die Verkehrsprojekte Deutsche Einheit sollen die vernachlässigte Verkehrsinfrastruktur in den neuen Ländern modernisieren, Lücken zwischen den Verkehrsnetzen der neuen und alten Länder schließen und vor allem die Ost-West-Verbindungen in den neuen Ländern verbessern. Die Karte zeigt die Funktion dieser Verkehrsprojekte vor dem Hintergrund der bestehenden Fernverkehrsinfrastruktur.

Verkehrsinfrastrukturinvestitionen des Bundes

Mit der Einheit Deutschlands und den damit verbundenen neuen Anforderungen an die Verkehrspolitik ergaben sich völlig neue Randbedingungen für eine zukünftige, den regionalen, nationalen und internationalen Verkehrsbedürfnissen entsprechende Verkehrsinfrastruktur. Der Verkehr nahm zu, insbesondere auf den in der Vergangenheit zum großen Teil unterbrochenen bzw. schlecht ausgebauten Ost-West-Verbindungen. Dazu kam eine gestiegene Motorisierung in den neuen Ländern.

Dem Verkehrszuwachs stand in den neuen Ländern ein quantitativ und qualitativ unzureichender Ausbauzustand der Verkehrswegenetze gegenüber. Vor allem fehlten ausreichende und leistungsfähige Verkehrswege zwischen den alten und den neuen Ländern, die für das Zusammenwachsen der beiden Teile Deutschlands und für die wirtschaftliche Entwicklung in Ostdeutschland unverzichtbar waren.

Diese veränderten Bedingungen führten 1992 zu der Aufstellung des ersten gesamtdeutschen *Bundesverkehrswegeplans (BVWP '92)*. Mit dem BVWP '92 wurde der Bundesverkehrswegeplan von 1985 fortgeschrieben und auf die neuen Länder erweitert.

Auf der Grundlage des BVWP '92 sind folgende aktuellen Bedarfspläne für die Verkehrsinvestitionen des Bundes entwickelt worden:

- der *Bedarfsplan für die Bundesfernstraßen* als Anlage des Gesetzes über den Ausbau der Bundesfernstraßen (Fernstraßenausbaugesetz) vom 15. November 1993,

- der *Bedarfsplan für die Bundesschienenwege* als Anlage zum Gesetz über den Ausbau der Bundesschienenwege (Bundesschienenwegeausbaugesetz) vom 15. November 1993 sowie

- die in den Bundeshaushalt aufgenommenen Investitionen für die Bundeswasserstraßen.

Der jetzige Investitionsrahmenplan, der noch geltende BVWP '92, der für den Zeitraum 1992 bis 2012 konzipiert worden ist, umfasst (mit Preisstand 1998) ein Investitionsvolumen von rd. 486 Mrd. DM für die Aus- und Neubauprojekte sowie für die Substanzerhaltung und Erneuerung der Bundesverkehrswege.

Zu den Schwerpunkten im BVWP '92 gehören die Grunderneuerung und der Ausbau der Verkehrsinfrastruktur in den neuen Ländern einschließlich der 17 Verkehrsprojekte Deutsche Einheit mit einem Gesamtinvestitionsvolumen von rd. 68 Mrd. DM, der Aufbau eines Hochgeschwindigkeitsnetzes der Eisenbahn mit einer Länge von rd. 3 200 km und für Geschwindigkeiten bis zu 300 km/h, der Abbau von Kapazitätsengpässen im bestehenden Schienennetz, der bedarfsgerechte Ausbau des Bundesfernstraßennetzes und der Bundeswasserstraßen sowie die Planung und der Bau der Magnetschwebebahn Transrapid. Darüber hinaus werden zur Verbesserung der Kooperation zwischen den Verkehrsträgern leistungsfähige Schnittstellen geschaffen sowie moderne Leit- und Informationssysteme gefördert.

Die Bundesregierung wird den BVWP '92 gemäß der Koalitionsvereinbarung vom 20. Oktober 1998 mit dem Ziel überarbeiten, die Investitionen in Verkehrswege und Umschlagplätze zur Umsetzung der ökonomischen und ökologischen Ziele in ein umfassendes Verkehrskonzept zu integrieren, das die Voraussetzungen für die Verlagerung möglichst hoher Anteile des Straßen- und Luftverkehrs auf Schiene und Wasserstraßen schafft. Zur anstehenden Überarbeitung des BVWP wird die Bewertungsmethodik modernisiert, wobei vor allem raumordnerische Belange, die Monetarisierung von Umwelteffekten sowie die Netzfunktion von Verkehrswegen besser berücksichtigt werden sollen. Insbesondere soll der neue BVWP auf eine realistische Finanzierungsbasis gestellt werden. Die ersten Schritte für die Überarbeitung des BVWP sind bereits getan.

Die Überprüfung und Fortschreibung des BVWP '92, die den Arbeitsschwerpunkt in dieser Legislaturperiode bildet, steht unter dem Leitbild der integrierten Verkehrspolitik, um die prognostizierten Verkehrsmengen unter Berücksichtigung von raumordnerischen Aspekten möglichst effizient und

Raumbedeutsame Fachplanungen und -politiken 237

Verkehrsprojekte Deutsche Einheit (VDE)

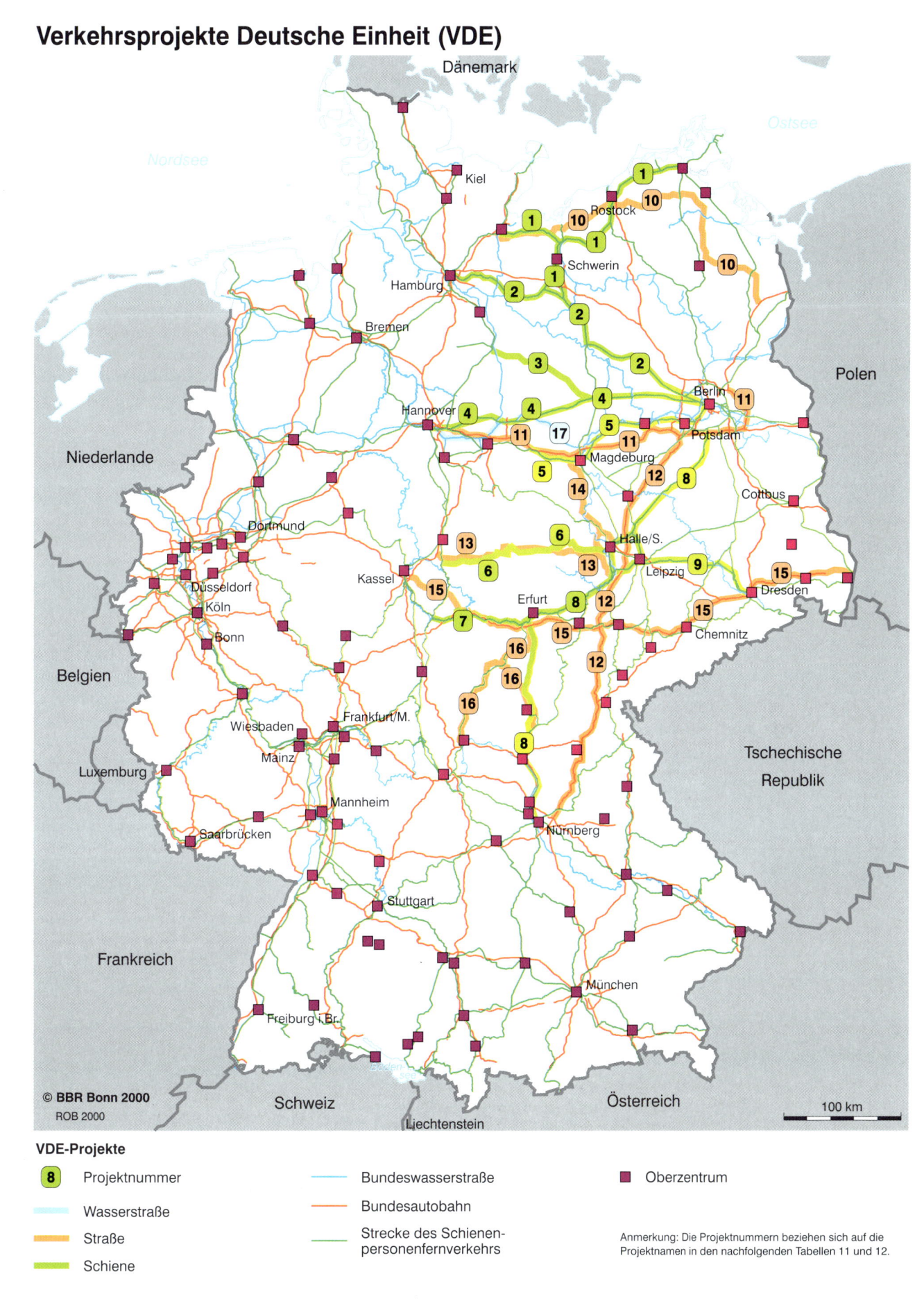

VDE-Projekte

- 8 Projektnummer
- Wasserstraße
- Straße
- Schiene
- Bundeswasserstraße
- Bundesautobahn
- Strecke des Schienenpersonenfernverkehrs
- Oberzentrum

Anmerkung: Die Projektnummern beziehen sich auf die Projektnamen in den nachfolgenden Tabellen 11 und 12.

© BBR Bonn 2000
ROB 2000

Datenbasis: Laufende Raumbeobachtung des BBR, Bundesministerium für Verkehr, Bau- und Wohnungswesen

umweltgerecht zu bewältigen. Im Gegensatz zur bisher separaten Betrachtung der einzelnen Verkehrsträger sollen nun alle Verkehrsträger systematisch im Verbund betrachtet werden, um die künftigen Kapazitäts- und Umweltprobleme bewältigen zu können. Die Verknüpfung der Verkehrsträger erfordert ein intelligentes Verkehrsmanagement (Telematik) sowie den Ausbau von leistungsfähigen Schnittstellen bzw. Knotenpunkten (u.a. Flughäfen, See- und Binnenhäfen, Bahnhöfe). Ein wesentliches Ziel ist die Verlagerung vor allem der Zuwächse im Straßengüterverkehr auf die Verkehrsträger Schiene und Wasserstraße unter besonderer Berücksichtigung des kombinierten Verkehrs und der verkehrsübergreifenden Schnittstellen. Zur Gewährleistung der Planungssicherheit in den Ländern und vor Ort ist bis zum Abschluss der Überarbeitung des BVWP '92 das *Investitionsprogramm 1999–2002*, sowie – zum Abbau der größten Verkehrsengpässe im Fernstraßennetz – ein „*Anti-Stauprogramm*" erarbeitet worden.

Bundesschienenwege

Die Ziele für den Ausbau der Schienenwege bestehen in der Schaffung von leistungsfähigen Eisenbahnverbindungen, insbesondere in den neuen und zu den alten Ländern. Von den 17 Verkehrsprojekten Deutsche Einheit (VDE) sind 9 Eisenbahnvorhaben.

Diesen Projekten kommt eine Schlüsselrolle beim Zusammenwachsen der alten und der neuen Länder zu; sie bilden einen wichtigen Baustein für den wirtschaftlichen Aufholprozess im östlichen Teil Deutschlands. In der Umsetzung der mit der Deutschen Bahn AG abgestimmten Investitionsstrategie – Netz 21 – werden beim Projekt Nr. 8 Nürnberg – Erfurt-Halle/Leipzig – Berlin die zur Zeit in Bau befindlichen Neubauabschnitte fertiggestellt und verkehrswirksam an vorhandene Strecken angebunden. Die Entscheidung über den Weiterbau in Richtung Süden wird zu einem späteren Zeitpunkt getroffen. Dazu bleibt das Baurecht bestehen.

Der Verkehrswegeplan enthält außerdem länderübergreifende Projekte des Schienenverkehrs. Diese Vorhaben im internationalen Bereich machen Vereinbarungen mit den jeweils betroffenen Nachbarländern erforderlich. Zu den Projekten behören

- die Verbindungen der Hochgeschwindigkeitsnetze zwischen Deutschland und Frankreich,
- deutsch-niederländische Vereinbarungen über eine Verbesserung des bilateralen Schienenverkehrs sowie die Errichtung einer Hochgeschwindigkeitsverbindung zwischen Amsterdam und Frankfurt am Main,
- Vereinbarungen mit der Tschechischen Republik, der Schweiz sowie Gespräche mit Österreich, Polen und Dänemark über länderübergreifende Projekte.

Beispiel: Ausbau Eisenbahnknoten – Hauptstadt Berlin

Im Eisenbahnknoten Berlin wurden die Arbeiten zur Sanierung und zum Ausbau des Streckennetzes fortgesetzt. Sie sind wesentliche Voraussetzung zur Erfüllung der künftigen Verkehrsaufgaben für die Hauptstadt und ihr Umland. Schwerpunkt waren die Arbeiten am Abschnitt der Schnellbahnverbindung Hannover – Berlin im Stadtgebiet von Berlin, an der neuen Nord-Süd-Verbindung und am Nördlichen Innenring/Nordkreuz. Die Grunderneuerung der S-Bahn Berlin, die der Bund im Zeitraum von 1994 bis 2002 mit insgesamt 3,5 Mrd. DM finanziert, wurde fortgesetzt. Mit den Abschnitten Westend – Jungfernheide, Neukölln – Treptow, Westkreuz – Pichelsberg, Spandau und Berlin-Tegel-Hennigsdorf konnten weitere Lücken im Berliner S-Bahn-Netz geschlossen werden. Insgesamt wurden bisher 82 km Strecke wiedereröffnet.

Der Schwerpunkt der Investitionstätigkeit lag 1998 wie bereits in den Vorjahren bei den *Verkehrsprojekten Deutsche Einheit (VDE)*, wo Streckenausbau- und Streckenerneuerung und insbesondere die Anhebung der Streckenhöchstgeschwindigkeit auf 160 km/h als Ausbaustandard im Vor-

---

Erläuterung: Maßnahmen zur Beschleunigung von Infrastrukturvorhaben

Um die Planungen für die Verkehrsinfrastrukturvorhaben in den neuen Ländern zu beschleunigen, wurden folgende Maßnahmen durchgeführt: Erstens wurde im Dezember 1991 vom Deutschen Bundestag mit Zustimmung des Bundesrates das „Gesetz zur Beschleunigung der Planungen für Verkehrswege in den neuen Ländern sowie im Land Berlin (Verkehrswegeplanungsbeschleunigungsgesetz)" beschlossen. Damit soll in den neuen Ländern einerseits der Zeitraum von der Entscheidung zum Bau großer Verkehrsprojekte bis zu ihrer Verwirklichung verkürzt werden, gleichzeitig sollen aber die rechtsstaatlich gebotenen Möglichkeiten zur Wahrung öffentlicher und privater Belange in den Planungsverfahren in vertretbarer Weise erhalten bleiben. Zweitens wurde durch die Gründung von Planungsgesellschaften ein Beitrag zum effektiven Ablauf der Planungs- und Bauverfahren nicht nur in den neuen Ländern, sondern auch in den alten geleistet. Diese Gesellschaften koordinieren die Planungen für die genannten Schienprojekte und sind für deren Realisierung und Überwachung beim Bau zuständig.

Verkehrsprojekte Deutsche Einheit - Schiene		Strecke insgesamt in km	Kosten in Mrd. DM	Ausgaben bis Ende 1998 in Mrd. DM
Nummer	Projekt			
1	Ausbau Lübeck/Hagenow Land-Rostock-Stralsund	242	1,6	0,6
2	Ausbau Hamburg-Büchen-Berlin	270	3,8	3,4
3	Ausbau und Lückenschluß Uelzen-Salzwedel-Stendal	113	0,9	0,43
4	Aus- und Neubau Hannover-Stendal-Berlin	264	5,1	4,7
5	Ausbau Helmstedt-Magdeburg-Berlin	163	2,4	fertig
6	Ausbau Eichenberg-Halle	170	0,5	fertig
7	Ausbau Bebra-Erfurt	104	2,0	1,7
8	Aus- und Neubau Nürnberg-Erfurt-Halle/Leipzig-Berlin	514	14,4	3,4
9	Ausbau Leipzig-Dresden	117	1,9	0,67

Anmerkung: Angaben zu Ausgaben bis Ende 1998 geschätzt
© BBR Bonn 2000   ROB 2000
Quelle: Bundesministerium für Verkehr, Bau- und Wohnungswesen

Tabelle 11
Stand der VDE-Schienenprojekte – April 1999

dergrund standen. Wesentliche Investitionen wurden 1998 auch für die Neubaustrecke Köln-Rhein/Main (1 212 Mio. DM) sowie für den Eisenbahnknoten Berlin (1 020 Mio. DM) getätigt. Neben den Investitionen in Ausbau- und Neubaustrecken wird gleichzeitig in die Leistungsfähigkeit im bestehenden Schienennetz investiert. Diese Investitionen umfassen etwa 40 % der gesamten Investitionsmittel. Im Rahmen der zwischen Bund und der DB AG abgestimmten Investitionsstrategie Netz 21 wird angestrebt, solche Investitionen stärker als bisher zu berücksichtigen.

Neben den VDE wurden weitere wichtige Investitionen realisiert: So wurden in den letzten Jahren weitere Strecken mit einer Länge von rund 500 km elektrifiziert. Alle Lückenschlüsse zwischen den alten und neuen Ländern sind in Betrieb. Daneben schreitet die Modernisierung der Stellwerks- und Betriebsleittechnik in den neuen Ländern zügig voran.

Insgesamt wurden von Seiten des Bundes im Zeitraum 1991–1998 63 Mrd. DM im Rahmen des Bundesschienenwegeausbaugesetzes in die Schienenwege investiert. Der Investitionsschwerpunkt lag mit 35,3 Mrd. DM deutlich in den neuen Ländern. Hier erhielten Sachsen-Anhalt, Berlin und Brandenburg die größten Anteile. Zusätzlich zu den Bundesmitteln stellt die DB AG erhebliche Eigenmittel zur Verfügung.

Schallschutz- und Landschaftspflegerische Begleitmaßnahmen

Für die Ausbau- und Neubaumaßnahmen sind sowohl Schallschutz- als auch landschaftspflegerische Begleitmaßnahmen Bestandteile der dargestellten Investitionen. Bei den Neubaumaßnahmen liegen die Investitionen für Maßnahmen des Schallschutzes und der Landschaftspflege zusammen in der Regel zwischen 1 und 2 Mio. DM/km. Neu- und Ausbaumaßnahmen stellen in der Regel auch Eingriffe in Natur und Landschaft dar. Diese Vorhaben unterliegen dem Gesetz über die Umweltverträglichkeitsprüfung (UVPG) vom 12. Februar 1990. Das Ergebnis der durchzuführenden Prüfung führt in der Regel dazu, dass das Vorhaben unter bestimmten Bedingungen bzw. Auflagen zugelassen wird. Hierzu gehören z.B. Maßnahmen zur Eingriffsminimierung (Abstand von Krankenhäusern und Schulen, flächensparende Bauweise, Freihaltung von Luftaustauschbahnen usw.) und die naturschutzrechtlichen Ausgleichs- und Ersatzmaßnahmen. Neben dem UVPG und dem BnatSchG hat der Verursacher eines Eingriffs weitere bundes- und landesrechtliche Bestimmungen zu Landschaftspflege und Naturschutz zu beachten. Die nach den Naturschutzgesetzen des Bundes und der Länder bisher bei den Vorhaben des Bedarfsplanes geplanten und vorgesehen landschaftspflegerischen Begleitmaßnahmen beinhalten ein Investitionsvolumen von ca. 300 Mio. DM.

Bundesfernstraßen

Von den sieben Straßenprojekten der Verkehrsprojekte Deutsche Einheit (VDE) wird erwartet, dass entscheidende Impulse zur Verbesserung der Verkehrsverhältnisse und zur Angleichung der Lebensverhältnisse der neuen Länder an die der alten Länder ausgehen. Wesentliche Teile dieser Projekte sollen schon in den nächsten Jahren verwirklicht werden (siehe Tab. 12, S. 240).

Schwerpunkte der Neu- und Ausbauinvestitionen außerhalb der VDE waren der Ausbau und die Erneuerung des übrigen Bundesstraßennetzes, insbesondere der Bau von Ortsumgehungen. Mit Investitio-

Verkehrsprojekte Deutsche Einheit - Straße		Strecke insgesamt in km	Kosten in Mrd. DM	Ausgaben bis Ende 1998 in Mrd. DM	fertige km	km im Bau
Nummer	Projekt					
10	Vierstreifiger Neubau der A 20 Lübeck-Stettin	324	3,9	0,6	27	120
11	Sechsstreifige Erweiterung der A 2 Hannover-Berlin und A 10 Berliner Süd- und Ostring	208 120	4,4	2,8	181	85
12	Sechsstreifige Erweiterung der A 9 Berlin-Nürnberg	371	5,2	3,0	203	57
13	Vierstreifiger Neubau der A 38 Göttingen-Halle (A 9) und A 143 Westumfahrung Halle	180 22	2,8	0,3	17	20
14	Vierstreifiger Neubau der A 14 Magdeburg-Halle	102	1,2	0,6	33	65
15	Neubau der A 44 Kassel-Eisenach und Erweiterung/Neubau A 4 Eisenach-Görlitz	64 387	8,1	2,8	175	79
16	Vierstreifiger Neubau der Autobahnen A 71 Erfurt-Schweinfurt und A 73 Suhl-Lichtenfels	152 71	5,1	0,4	26	20

Anmerkung: Angaben zu Ausgaben bis Ende 1998 geschätzt

Quelle: Bundesministerium für Verkehr, Bau- und Wohnungswesen

© BBR Bonn 2000   ROB 2000

Tabelle 12
Stand der VDE-Autobahnprojekte – April 1999

nen von rund 1 Mrd. DM wurden bis Ende 1997 über 30 Ortsumgehungen sowie weitere Bundesstraßenabschnitte fertiggestellt. Weitere 44 Ortsumgehungen sowie Bundesstraßenabschnitte mit einem Volumen von rd. 1,2 Mrd. DM werden im Verlaufe dieses Jahres in Bau sein. Diese tragen zur Entlastung der Städte vom Durchgangsverkehr bei.

Von den 1991–1998 insgesamt in die Bundesfernstraßen investierten 68,4 Mrd. DM flossen 25,4 Mrd. DM in die neuen Länder. Damit liegt auch hier angesichts des wesentlich geringeren Anteils an der gesamt deutschen Bevölkerung und der Fläche der Investitionsschwerpunkt. Investitionsschwerpunkte in den alten Ländern bilden Bayern und Nordrhein-Westfalen.

Bundeswasserstraßen

Der Ausbau der Wasserstraßenverbindung von Hannover über Magdeburg nach Berlin (VDE Nr. 17) umfasst 280 km mit einem geplanten Investitionsvolumen von rund 4,5 Mrd. DM. Er erfolgt schrittweise von West nach Ost. Bis Ende 1998 wurden 0,66 Mrd. DM verausgabt. Schwerpunkt sind der Mittellandkanal und das Wasserstraßenkreuz Magdeburg. Die Schleuse Rothensee ist im Bau, der Auftrag für den Neubau der Kanalbrücke über die Elbe – Kosten rund 210 Mio. DM – wurde im Dezember 1997 erteilt. Das Wasserstraßenkreuz und die Doppelschleuse Hohenwarthe (Baubeginn 1998 mit Investitionen in Höhe von rund 275 Mio. DM) sollen 2003 fertiggestellt sein. Bis 2002 soll der Streckenausbau westlich der Elbe mit Investitionen in Höhe von 800 Mio. DM sowie der Neubau der Schleuse Berlin-Charlottenburg (Baubeginn Herbst 1998) abgeschlossen werden.

Die Maßnahmen am übrigen Netz der Bundeswasserstraßen konzentrierten sich neben den Vorbereitungen für den erforderlichen Ausbau auf dringende Erhaltungs- und Neubauarbeiten an Schleusen und Wehren sowie auf die Ufersicherung.

Insgesamt wurden von 1991 bis 1998 8,4 Mrd. DM in Bundeswasserstraßen investiert, davon ein überwiegender Anteil (6,5 Mrd. DM) in den alten Ländern. Die höchsten Investitionen erfolgten in Niedersachsen und Nordrhein-Westfalen.

Förderung des Kombinierten Verkehrs

Der *Kombinierte Verkehr (KV)* nimmt in der Verkehrspolitik der Bundesregierung wegen seines Verlagerungseffektes von der Straße auf die umweltfreundlicheren Verkehrsträger Schiene und Wasserstraße einen wichtigen Stellenwert ein. Die Bundesregierung fördert den Kombinierten Verkehr durch ordnungspolitische Maßnahmen, so durch die Befreiung von der

Kfz-Steuer, Befreiung von Sonntags- und Ferienfahrverbot und durch Ausnahmen von Gewichtsbeschränkungen und Kontingentierungen. Sie wird diese Politik national wie auch in der EU fortsetzen. Darüber hinaus misst die Bundesregierung der investitionspolitischen Förderung des Ausbaus der Schnittstellen im Kombinierten Verkehr zwischen den Verkehrsträgern besondere Bedeutung bei. Die Bundesregierung fördert den Ausbau von Terminals des Kombinierten Ladungsverkehrs (KLV) auf Antrag der DB Netz AG nach dem Bundesschienenwegeausbaugesetz und auf Antrag von privaten Dritten (z.B. Güterverkehrszentren-Entwicklungsgesellschaften, Häfen, nicht bundeseigene Bahnen) nach der Förderrichtlinie Kombinierter Verkehr. Im Juli 1996 wurde zwischen der Bundesregierung und der DB AG eine erste Sammelfinanzierungsvereinbarung zum Bau von sieben KLV-Umschlagterminals in Kornwestheim, Karlsruhe, Basel, Erfurt, Köln-Eifeltor, Leipzig-Wahren und Großbeeren abgeschlossen. Mit Ausnahme von Köln-Eifeltor (Ende der langjährigen Ausbaumaßnahmen im Herbst 1999) und Leipzig-Wahren (Inbetriebnahme im 1. Halbjahr 2000) wurden diese Terminals im 2. Halbjahr 1998 bzw. im 1. Halbjahr 1999 in Betrieb genommen. Durch die Bewilligungsbehörden (Eisenbahn-Bundesamt und Wasser- und Schifffahrtsdirektion West) wurden Ende 1998/Anfang 1999 nach der Förderrichtlinie Kombinierter Verkehr die ersten Zuwendungsbescheide für den Bau von KLV-Terminals an private Investoren erteilt (z.B. KLV-Terminals auf dem BASF-Gelände, trimodale KLV-Umschlageinrichtungen für Hafen Koblenz).

Regionalisierung des Schienenpersonennahverkehrs im Zuge der Bahnreform

Zum 1. Januar 1996 ist als ein wichtiges Element der *Bahnstrukturreform* von 1994 das Gesetz zur Regionalisierung des öffentlichen Personennahverkehrs (Regionalisierungsgesetz) wirksam geworden. Ziel der Regionalisierung ist die Zusammenfassung der Zuständigkeiten für den gesamten *öffentlichen Personennahverkehr (ÖPNV)* auf regionaler Ebene, um vor Ort die öffentliche Nahverkehrsbedienung wirtschaftlicher und leistungsfähiger gestalten zu können. Um dieses Ziel zu erreichen, wurde die Verantwortung für den Schienenpersonennah-

Bundesprogramm „Verkehrsinfrastruktur" neue Länder 2000–2006

Für den Zeitraum 2000 bis 2006 hat die Bundesregierung im Mai 1999 ein Bundesprogramm Verkehrsinfrastrukturprogramm im Rahmen der EU-Strukturpolitik für die neuen Länder beschlossen. Das Förderziel, zum Ausgleich der wichtigsten regionalen Ungleichgewichte beizutragen, lässt sich in besonderem Maße mit einem Bundesprogramm „Verkehrsinfrastruktur" erreichen. Damit wird die verfassungsmäßige Zuständigkeit der Länder für die Regionalentwicklung nicht in Frage gestellt. Vielmehr beabsichtigt die Bundesregierung, zur Unterstützung der Wirtschaftsförderung in den neuen Ländern den Ausbau der Verkehrsinsfrastruktur durch wichtige, im verfassungsmäßigen Zuständigkeitsbereich des Bundes liegende Vorhaben des transeuropäischen Verkehrsnetzes mit strukturpolitischer Bedeutung in den Bereichen Straße, Wasserstraße und Schiene zu beschleunigen. Dies wird durch die Regelungen in den EU-Strukturfondsverordnungen abgedeckt. Die Ministerpräsidenten der neuen Länder haben am 12. Mai 1999 beschlossen, einem Bundesprogramm mit bis zu 3 Mrd. DM zuzustimmen. Die endgültige Festlegung der einzelnen Vorhaben und die Förderhöhe aus den EU-Strukturfonds erfolgt nach noch ausstehenden projektbezogenen Grundsatzentscheidungen zwischen dem Bundesministerium für Verkehr, Bau- und Wohnungswesen und den jeweiligen Ländern für Schienenvorhaben, nach Zustimmung zu Umschichtungen in der Mittelfristigen Finanzplanung bei Bundesfernstraßenvorhaben sowie im Verfahren der Prüfung und Genehmigung der von der Bundesrepublik Deutschland eingereichten Pläne und Programme durch die EU-Kommission.

verkehr der Eisenbahnen des Bundes auf die Länder übergeleitet. Bei der Umsetzung des Gesetzes in den Bundesländern kam es zu einer unterschiedlichen Ausgestaltung der ÖPNV-Gesetze, und zwar im Hinblick auf die Kompetenzverteilung, bei den verbindlichen Inhalten der als Planungsbasis dienenden Nahverkehrspläne und bei den künftigen Finanzregelungen.

Aus raumentwicklungspolitischer Sicht besteht ein Vorzug der Regionalisierung darin, die Gemeinden im Umland der Verdichtungsräume durch besonders leistungsfähige ÖPNV-Schnell-Verbindungen mit dem Regionszentrum zu verbinden. Durch die regionale oder lokale Verantwortung für die Bestellung von SPNV-Leistungen soll zudem eine bürgernähere Gestaltung des ÖPNV erreicht werden. Zuständig für die Gestaltung des ÖPNV mit allen Verkehrsträgern sind zunächst die Länder, die zur Aufgabenwahrnehmung geeignete Träger durch Landesrecht bestimmen und die Zuständigkeiten für Planung, Organisation und Finanzierung des ÖPNV zusammenführen müssen.

Den Ländern stehen nach dem Regionalisierungsgesetz für den ÖPNV aus dem Mineralölsteueraufkommen des Bundes 1996 8,7 Mrd. DM und ab 1997 jährlich 12 Mrd. DM zu. Ab 1998 steigen diese Mittel entsprechend dem Umsatzsteueraufkommen. 1996 und 1997 wurden zusätzlich je 100 Mio. DM aus dem Verkehrshaushalt bereitgestellt. Mit den Regionalisierungsmitteln sind insbesondere die Nahverkehrsleistungen auf der Schiene zu finanzieren. Die Aufgabenträger vereinbaren mit den Eisenbahnverkehrsunternehmen die zu erbringende Nahverkehrsleistung sowie die Höhe der hierfür zu zahlenden Bestellerentgelte. Außer für die Bestellung von Nahverkehrsleistungen können die Länder die Regionalisierungsmittel auch für Investitionen im gesamten ÖPNV verwenden. Zeitgleich mit der Anhebung der Regionalisierungsmittel von 8,7 auf 12 Mrd. DM wurde der befristet festgelegte Plafonds der Mittel nach dem Gemeindefinanzierungsgesetz (GVFG) von 6,28 auf 3,28 Mrd. abgesenkt.

Bilanz der wesentlichen Verkehrsausgaben des Bundes bis Ende 1998

Soweit regional verortbar wurden von 1991 bis 1998 in Deutschland 173 Mrd. DM in die großräumige Verkehrsinfrastruktur investiert. Die neuen Länder wurden überproportional berücksichtigt, denn im gleichen Zeitraum wurden hier 73 Mrd. DM, das sind 42 %, aller Verkehrsinfrastrukturinvestitionen des Bundes realisiert. Gemessen an dem Bevölkerungsanteil der neuen Länder mit 22 % ist dies ein weit überproportionaler Anteil. Über 35 Mrd. DM wurden in den Schienenbereich, 25,4 Mrd. DM in die Bundesfernstraßen und rund 2 Mrd. DM in die Bundeswasserstraßen investiert. Im Rahmen des Regionalisierungsgesetzes erhielten die neuen Länder zur Gestaltung des ÖPNV 1996 bis 1998 10,5 Mrd. DM. Bisher wurden – neben den notwendigen Ersatz- und Erhaltungsinvestitionen – etwa 5 400 km Schienenwege sowie insgesamt rund 11 700 km Straßen um-, neu- oder ausgebaut.

Die Verkehrsprojekte Deutsche Einheit (VDE) machen einen entscheidenden Teil der Verkehrsinvestitionen in den neuen Ländern aus. Ihre Finanzierung erfolgt vorrangig. Mit diesem Investitionsvolumen wurden Eisenbahnstrecken mit einer Länge von rund 1 150 km modernisiert, rund 70 km Autobahnen neu- bzw. rund 370 km ausgebaut. Weitere rund 480 km Autobahnen waren Ende 1998 im Bau. Wesentliche Teile der VDE sollen bis Anfang des nächsten Jahrzehnts fertiggestellt werden.

Pro Kopf der Bevölkerung erhalten die neuen Länder damit im Rahmen der großräumigen Verkehrspolitik (Bundesfernstraßen, Bundesschienenwege, Bundeswasserstraßen, Regionalisierungsgesetz) rund 4 100 DM je Einwohner. Dies entspricht einem Förderverhältnis neue zu alte Länder von 2,6 zu 1. Schwerpunkte in den alten Ländern sind Hamburg, Hessen und Rheinland-Pfalz. Brandenburg und Sachsen-Anhalt haben im Zeitraum 1991 bis 1998 innerhalb der neuen Länder die Spitzenposition inne. Zu diesem Ergebnis tragen insbesondere die Verkehrsverbindungen von und nach Berlin bei.

Ausbau der Telekommunikationsinfrastruktur in den neuen Ländern

Eine moderne und leistungsfähige Telekommunikationsinfrastruktur gehört zur Grundausstattung eines industrialisierten Landes und wird vielfach als selbstverständlich vorausgesetzt. Bedingt durch das Engagement der *Deutschen Telekom AG*, die bis Ende 1997 ca. 50 Mrd. DM in Ostdeutschland investierte, ist das dortige Telekommunikationsnetz inzwischen vollständig digitalisiert. Damit stehen in Ostdeutschland mehr als 8,7 Mio. Telefonanschlüsse zur Verfügung.

Arbeitsmarktpolitik

Wesentliche Instrumente der Arbeitsmarktpolitik:

im Rahmen der aktiven beitragsfinanzierten Arbeitsmarktpolitik durch die Bundesanstalt für Arbeit:

- Allgemeine Arbeitsbeschaffungsmaßnahmen
- produktive Lohnkostenzuschüsse
- Strukturanpassungsmaßnahmen
- Maßnahmen der beruflichen Fortbildung, Umschulung und Weiterbildung
- Leistungen zur Rehabilitation

im Rahmen der passiven Arbeitsmarktpolitik:

- Arbeitslosengeld
- Konkursausfallgeld, Insolvenzgeld
- Arbeitslosenhilfe (Bundesmittel)
- Altersübergangsgeld (Bundesmittel)

Die Arbeitsmarktpolitik unterstützt und flankiert den wirtschaftlichen Wandel. Sie trägt zur Realisierung eines möglichst hohen Beschäftigungsstandes und zur Verbesserung der Beschäftigungsstruktur bei. Der Arbeitsmarktpolitik stehen hierfür eine Vielzahl von Instrumenten zur Verfügung. Im Rahmen der *passiven Arbeitsmarktpolitik* zielen die Instrumente vor allem auf eine soziale Flankierung struktureller Wandlungsprozesse z.B. durch Vorruhestandsregelungen, Arbeitslosengeld und -hilfe. Die *aktive Arbeitsmarktpolitik* will hingegen die Beschäftigten auf die neuen Herausforderungen am Arbeitsmarkt vorbereiten und qualifizieren.

Ohne eine angemessene Absicherung der vom Beschäftigungsabbau betroffenen Personen und ohne den sinngebenden Charakter der Maßnahmen der aktiven Arbeitsmarktpolitik wäre in der Bevölkerung die notwendige Akzeptanz und Bereitschaft für die Belastungen des Strukturwandels nicht vorstellbar. Dies gilt insbesondere für Ostdeutschland, da bedingt durch die Probleme des Übergangs von der Plan- zur Marktwirtschaft ein Großteil der Arbeitsplätze weggefallen ist.

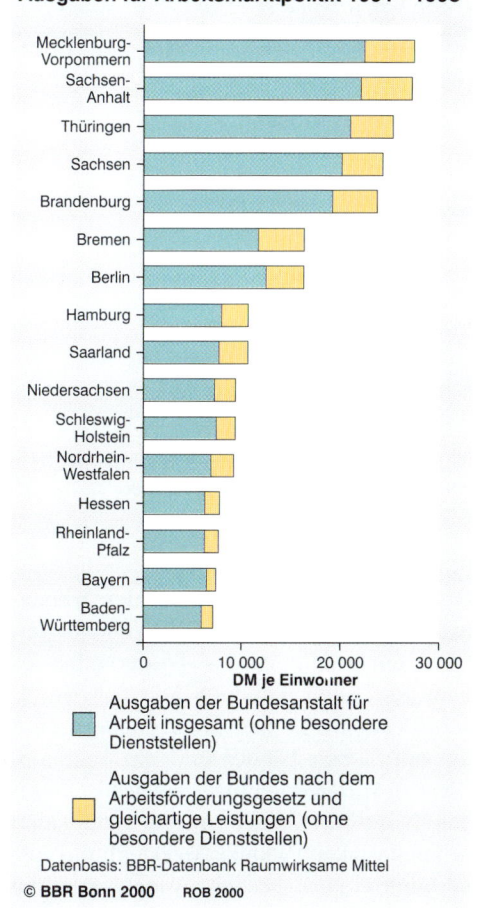

Abbildung 46
Ausgaben der Arbeitsmarktpolitik nach Ländern 1991–1998 in DM je Einwohner

Erläuterung: Verteilungsschlüssel für die Mittel der Arbeitsmarktpolitik

Der Schlüssel zur Verteilung der Mittel auf die einzelnen Regionen Deutschlands orientiert sich an den allgemeinen Zielen der Arbeitsmarktpolitik. Nach § 1 des bis Ende 1997 geltenden Arbeitsförderungsgesetzes zielen die Maßnahmen darauf ab „ . . . , dass ein hoher Beschäftigungsstand erzielt und aufrechterhalten, die Beschäftigungsstruktur ständig verbessert und damit das Wachstum der Wirtschaft gefördert wird." Die Mittelverteilung für die Zwecke der Arbeitsmarktförderung auf die Landesarbeitsämter und Arbeitsämter wurde bis Ende 1997 anhand von Indikatoren getrennt nach den Instrumenten – ABM und Fortbildung und Umschulung – durchgeführt.

Verteilung der ABM-Mittel:
In erster Linie sollen die Mittel in den Regionen eingesetzt werden, in denen die Arbeitsmarktprobleme besonders drängend sind. Die Mittelverteilung wurde anhand der multiplikativen Verknüpfung der Quote der Arbeitslosigkeit und der Langzeitarbeitslosigkeit vorgenommen.

Verteilung der Mittel für Fortbildung und Umschulung:
Die Mittel sollen in die Regionen fließen, in denen der Arbeitsmarkt eine gewisse Aufnahmefähigkeit aufweist. Um diesem Anspruch gerecht zu werden, werden die Mittel anhand einer Kombination von Teilindikatoren verteilt, die sowohl die Angebots- als auch die Nachfrageseite des Arbeitsmarktes abbilden. Die Teilindikatoren werden als Anteil der betreffenden Region an den Bundeswerten – getrennt für Ost- und Westdeutschland – verwendet und additiv miteinander verknüpft. Folgende Teilindikatoren werden berücksichtigt:

- Bestand der offenen Stellen im 12-Monatsdurchschnitt
- Zugang der offenen Stellen als Summe der letzten 12 Monate
- Anzahl der sozialversicherungspflichtig Beschäftigten
- Abgänge von Arbeitslosen in Arbeit
- Zugang an Arbeitslosen in der Summe der letzten 12 Monate
- Bestand an Arbeitslosen im 12-Monatsdurchschnitt
- Prognostizierte Arbeitslose für das nächste Jahr aus der IAB-Prognose

Um extreme Brüche bei der Mittelverteilung in den einzelnen Jahren zu vermeiden, geht mit einem Gewicht von 25 % ein sog. Stabilisierungsfaktor in den Gesamtindikator ein, der sich an der Mittelzuweisung der Vergangenheit orientiert.

Mit der Überführung des Arbeitsförderungsgesetzes in das Sozialgesetzbuch III hat sich der Verteilungsschlüssel der Mittel auf die Regionen geändert. In einer Übergangsphase von vier Jahren beginnend mit dem Jahr 1998 soll eine Kombination aus altem und neuem Verteilungsschlüssel zur Anwendung kommen.

Für Maßnahmen der aktiven und passiven Arbeitsmarktpolitik wurden im Zeitraum 1991–1998 rund 769 Mrd. DM aus Beitragsmitteln der *Bundesanstalt für Arbeit* bereitgestellt (ohne besondere Dienststellen). Davon entfielen rund 340 Mrd. DM auf Ostdeutschland (44 %). Im gesamtdeutschen Durchschnitt wurde etwa jede vierte Mark für Maßnahmen der aktiven Arbeitsmarktpolitik, d.h. für *berufliche Fortbildungs- und Umschulungsmaßnahmen* sowie *Arbeitsbeschaffungsmaßnahmen*, ausgegeben. Der Schwerpunkt der aktiven Arbeitsmarktpolitik liegt in Ostdeutschland, wo rd. 60 % der Mittel eingesetzt wurden. Auf einen Einwohner in Ostdeutschland entfällt ein Wert von rund 19 200 DM gegenüber 6 700 DM in Westdeutschland. Dies entspricht einem Förderverhältnis von fast 3 zu 1.

Zusätzlich wurden im Zeitraum 1991–1998 rund 190 Mrd. DM für Leistungen nach dem *Arbeitsförderungsgesetz* oder gleichartige Leistungen aus Mitteln des Bundes verausgabt (Kapitel 1112 des Bundeshaushaltes). Der inhaltliche Schwerpunkt liegt bei der Arbeitslosenhilfe und dem Altersübergangsgeld. Die regionale Verteilung der Mittel folgt der Zahl der empfangsberechtigten Personen, 41 % der Mittel flossen nach Ostdeutschland.

ABM

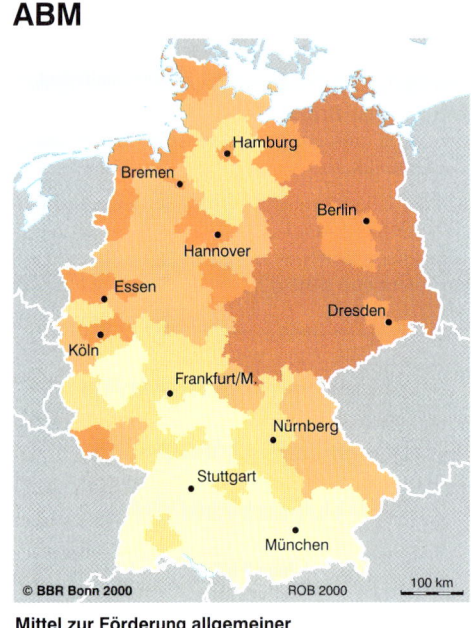

Mittel zur Förderung allgemeiner Arbeitsbeschaffungsmaßnahmen 1991-1997 in DM je Einwohner 1997

		bis unter	120
	120	bis unter	200
	200	bis unter	400
	400	bis unter	2 400
	2 400	und mehr	

Datenbasis: Laufende Raumbeobachtung des BBR
Raumordnungsregionen, Stand 1.1.1996

Karte 109
Der Schwerpunkt der ABM-Förderung in den vergangenen Jahren lag – entsprechend den wirtschaftlichen Umstrukturierungsprozessen vor allem in den neuen Ländern. Die Karte spiegelt aber auch die geringeren Arbeitsmarktprobleme in Süddeutschland wider.

Berufliche Bildung

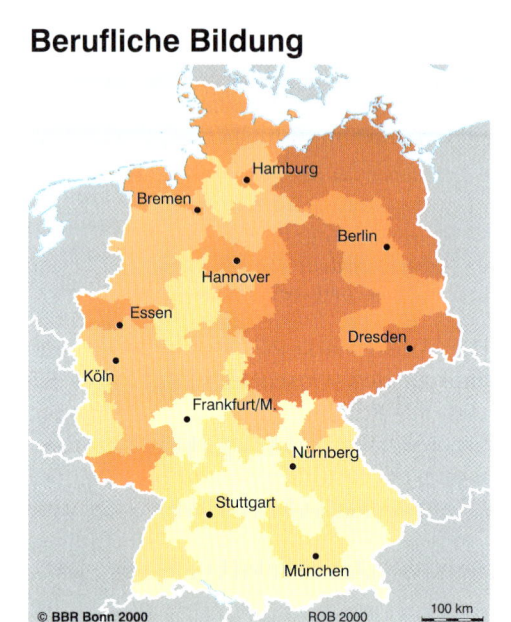

Mittel zur Förderung von Maßnahmen der beruflichen Bildung 1991-1997 in DM je Einwohner 1997

		bis unter	700
	700	bis unter	800
	800	bis unter	1 100
	1 100	bis unter	3 400
	3 400	und mehr	

Datenbasis: Laufende Raumbeobachtung des BBR
Raumordnungsregionen, Stand 1.1.1996

Karte 110
Analog zur ABM-Förderung flossen die Mittel für berufliche Bildungs- und Umschulungsmaßnahmen hauptsächlich nach Ostdeutschland und die nördlichen alten Länder.

Pro Kopf der Bevölkerung erhalten die neuen Länder damit im Rahmen der Arbeitsmarktpolitik rund 23 500 DM je Einwohner. Dies entspricht einem Förderverhältnis neue zu alten Ländern von 2,8 zu 1. Schwerpunkte in den alten Ländern sind die nördlichen Länder und das Saarland. Diese Mittelverteilung spiegelt damit das Nord-Süd-Gefälle in der regionalen Arbeitslosigkeit wider. Mecklenburg-Vorpommern und Sachsen-Anhalt erhalten aufgrund ihrer Arbeitsmarktsituation im Zeitraum 1991 bis 1998 innerhalb der neuen Länder die meisten Arbeitsmarktmittel je Einwohner.

Wirtschaftsförderungspolitik

Wesentliche ausgabenwirksame Instrumente der Wirtschaftsförderung

Hilfen an die Gewerbliche Wirtschaft im Rahmen der Bund-Länder-Gemeinschaftsaufgabe „Verbesserung der regionalen Wirtschaftsstruktur" (GRW) (Bundesanteil)

Darlehensförderung:
- ERP-Existenzgründungsprogramm
- KFW-Investitions- und Mittelstandsprogramm
- ERP-Aufbau- und Regionalprogramm
- Eigenkapitalhilfeprogramm
- ERP-Umweltprogramm

Erläuterung: ERP – European Recovery Program

Das ERP-Sondervermögen ist hervorgegangen aus der Marshall-Plan-Hilfe, die vor 50 Jahren zum Wiederaufbau für das zerstörte Europa von Amerika gewährt wurde. Es dient heute zur Vergabe von zinsgünstigen Krediten für die Weiterentwicklung von Betrieben der mittelständischen Wirtschaft.

Die Lösung der Arbeitsmarktprobleme bedingt öffentliche und private Investitionen für eine rasche Entwicklung wettbewerbsfähiger Strukturen. Dies gilt für die alten, aber im besonderen Maße für die neuen Länder. Der regionalen Wirtschaftsförderung kommt hierbei eine erhebliche Bedeutung zu. Im Rahmen der *Gemeinschaftsaufgabe „Verbesserung der regionalen Wirtschaftstruktur" (GRW)*, dem Standbein der regionalen Wirtschaftsförderung, hat sich die Bundesregierung im Zeitraum zwischen 1991 und 1998 mit rund 23 Mrd. DM an Ländermaßnahmen zur Förderung der gewerblichen Wirtschaft beteiligt (ohne Gemeinschaftswerk Aufschwung Ost). 20,5 Mrd. DM flossen hiervon in die neuen Länder. Seit 1995 werden die Mittel auch eingesetzt, um Fachprogramme der Länder zur Stärkung der Wettbewerbsfähigkeit und Innovationskraft kleiner und mittlerer Unternehmen zu flankieren. Folgende Bereiche kommen hierfür in Betracht:

- Beratungsmaßnahmen für Unternehmen
- Schulungsleistungen für Arbeitnehmer
- Bildung von Humankapital (Einstellung Hochqualifizierter)
- Forschung und Entwicklung

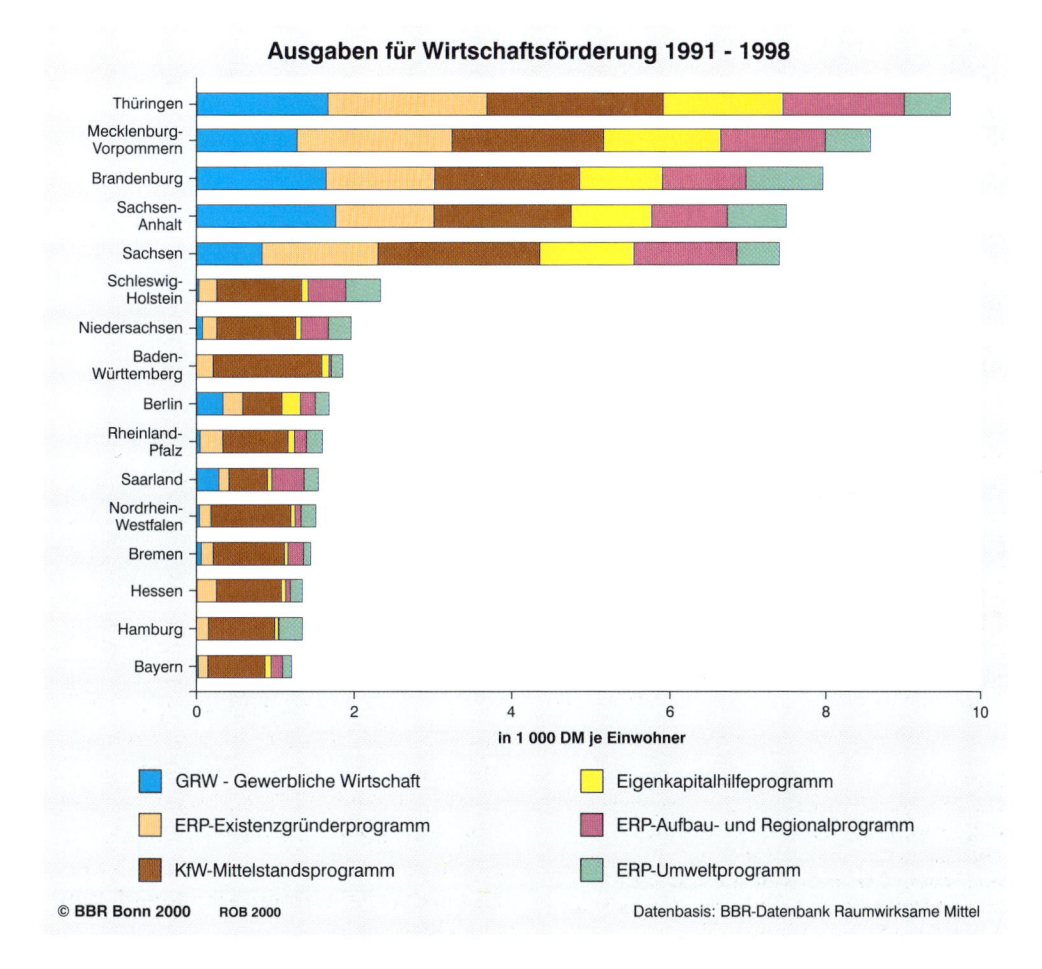

Abbildung 47
Ausgaben für Wirtschaftsförderung 1991–1998 in DM je Einwohner (ohne EU-Strukturpolitik)

Karte 111

Die Festlegung der Fördergebiete der Gemeinschaftsaufgabe „Verbesserung der regionalen Wirtschaftstruktur" erfolgt nach einem kriteriengestützten Verfahren zur Beurteilung der Strukturstärke bzw. Förderwürdigkeit der Arbeitsmarktregionen in Ost- und Westdeutschland (s. Erläuterungskasten). Danach erhalten alle neuen Länder Fördermittel. In den alten Ländern werden vorwiegend strukturschwache Regionen in Randlagen unterstützt.

Methodische Erläuterung:
Abgrenzung der Fördergebiete der GRW

Die räumliche Diagnoseeinheit der Abgrenzung sind Arbeitsmarktregionen. Der Bund entscheidet gemeinsam mit den Ländern im Planungsausschuss über die Abgrenzung der Fördergebiete. Mit Wirkung zum 1. Januar 2000 wurde ein neues Fördergebiet festgelegt. Die Neuabgrenzung ist inzwischen von der Europäischen Kommission genehmigt worden.

Die Überprüfung der Fördergebiete wurde getrennt für West- und Ostdeutschland anhand eines Gesamtindikatormodells vorgenommen. Bei einem Gesamtindikatormodell erhält jede Arbeitsmarktregion eine Kennziffer, die ihre Strukturstärke bzw. Förderbedürftigkeit zum Ausdruck bringt. Die Regionen lassen sich dann nach dieser Kennziffer in eine Rangfolge bringen.

Die Auswahl der Fördergebiete basiert auf vier Regionalindikatoren mit folgender Gewichtung:

- durchschnittliche Arbeitslosenquote (für alte Länder) 1996–1998 (40 %)
- durchschnittliche Unterbeschäftigungsquote (für neue Länder)
- Einkommen der sozialversicherungspflichtig Beschäftigten pro Kopf 1997 (40 %)
- Infrastrukturindikator (10 %)
- Erwerbstätigenprognose bis 2004 (10 %).

Die Indikatoren wurden standardisiert und multiplikativ verknüpft.

Um den Genehmigungsvoraussetzungen der EU-Kommission genüge zu tun, wurde das westdeutsche Fördergebiet im Umfang von 17,73 % der bundesdeutschen Bevölkerung ohne nachträglichen kleinräumigen Gebietsaustausch ausgewiesen. Das westdeutsche C-Fördergebiet umfasst danach die Regionen auf den Rangplätzen 1 bis 41 sowie Berlin, das beihilferechtlich als Gebiet nach Art. 87 Abs. 3c EG-Vertrag gilt. Die Regionen zwischen dem Gebietsplafonds 17,73 % und 23,4 % werden in einer weiteren Fördergebietskategorie als D-Fördergebiete zusammengefasst.

Die Abschneidegrenze zwischen A- und B-Fördergebieten wurde auf Grund der Tatsache, dass der Fördergebietsbevölkerungsumfang von 40 % auf 50 % in den vergleichsweise strukturstärkeren ostdeutschen B-Fördergebieten erhöht wurde, neu festgelegt. Dieser Schritt wurde unternommen, um das Ost-West-Fördergefälle dem Fortschritt beim wirtschaftlichen Aufbau anzupassen. Die Fördersätze sind dort auf 43 % für kleine und mittlere Unternehmen und 28 % für sonstige Unternehmen reduziert, wobei allerdings die sog. Öffnungsklausel für besonders strukturwirksame Investitionen im internationalen Standortwettbewerb weiterhin gilt. In allen anderen ostdeutschen Fördergebieten, die als A-Fördergebiet gelten, können gewerbliche Investitionen wie bisher mit bis zu 50 % bzw. 35 % gefördert werden. Die Fördersätze für die westdeutschen C-Fördergebiete betragen 28 % für KMU bzw. 18 % für sonstige Unternehmen. In den D-Fördergebieten betragen die Fördersätze für kleine Unternehmen 15 % und für mittlere 7,5 %. Die Fördermaßnahmen liegen in diesem Fördergebiet unterhalb der beihilferechtlichen Eingriffsschwelle der Europäischen Kommission und umfassen außerdem die Förderung von Infrastrukturmaßnahmen und de-minimis-Beihilfen.

Die Gemeinschaftsaufgabe „Verbesserung der regionalen Wirtschaftsstruktur" ermöglicht einen gezielten Einsatz der Mittel innerhalb ihrer Fördergebiete. Die Förderstatistik erlaubt eine Regionalisierung der Fördermittel auf Kreisebene. Die regionale Verteilung der geförderten *Investitionen der gewerblichen Wirtschaft* (ohne Fremdenverkehr) bestimmt sich maßgeblich durch die Standortpräferenzen der privaten Investoren und die Kapitalintensität der Vorhaben. So schlagen in bestimmten Regionen einzelne Großprojekte zu Buche, z.B. im Raum Halle-Dessau-Bitterfeld der Aufbau der ostdeutschen Chemieindustrie. Sowohl im klein- als auch großräumigen Maßstab bestehen deutliche Unterschiede in der Inanspruchnahme der einzelbetrieblichen Investitionsförderung. In Ostdeutschland partizipieren dünnbesiedelte und schwach industrialisierte Regionen nur unterdurchschnittlich, während vor allem großräumig gut erreichbare Regionen überdurchschnittliche Investitionsintensitäten aufweisen. Auffallend ist ferner das schlechte Abschneiden der östlichen Regionen entlang der Grenze zu Polen und der Tschechischen Republik. Entlang der ehemaligen innerdeutschen Grenze findet sich ein heterogenes Bild.

Im Rahmen der Gemeinschaftsaufgabe werden auch *private Investitionsvorhaben im Fremdenverkehr* gefördert. Die regionale Verteilung der hierfür bewilligten Fördermittel erlaubt indirekt Rückschlüsse auf die touristische Standortattraktivität der einzelnen Regionen. Bei der Interpretation ist zu beachten, dass viele klassische Fremdenverkehrsgebiete in Westdeutschland (z.B. im Schwarzwald oder den Voralpen) nicht zum Fördergebiet der Gemeinschaftsaufgabe „Verbesserung der regionalen Wirtschaftsstruktur" zählen und daher keine Mittel in Anspruch nehmen konnten. Umgekehrt schlagen in einzelnen Fördergebieten kapitalintensive Projekte mit einem überregionalen Einzugsbereich wie z.B. Golfplätze mit entsprechender Beherbergungsinfrastruktur, Erlebnisparks oder Freizeitcenter durch.

Ein zentraler Schwerpunkt im Bereich Wirtschaft liegt in der *Förderung kleiner und*

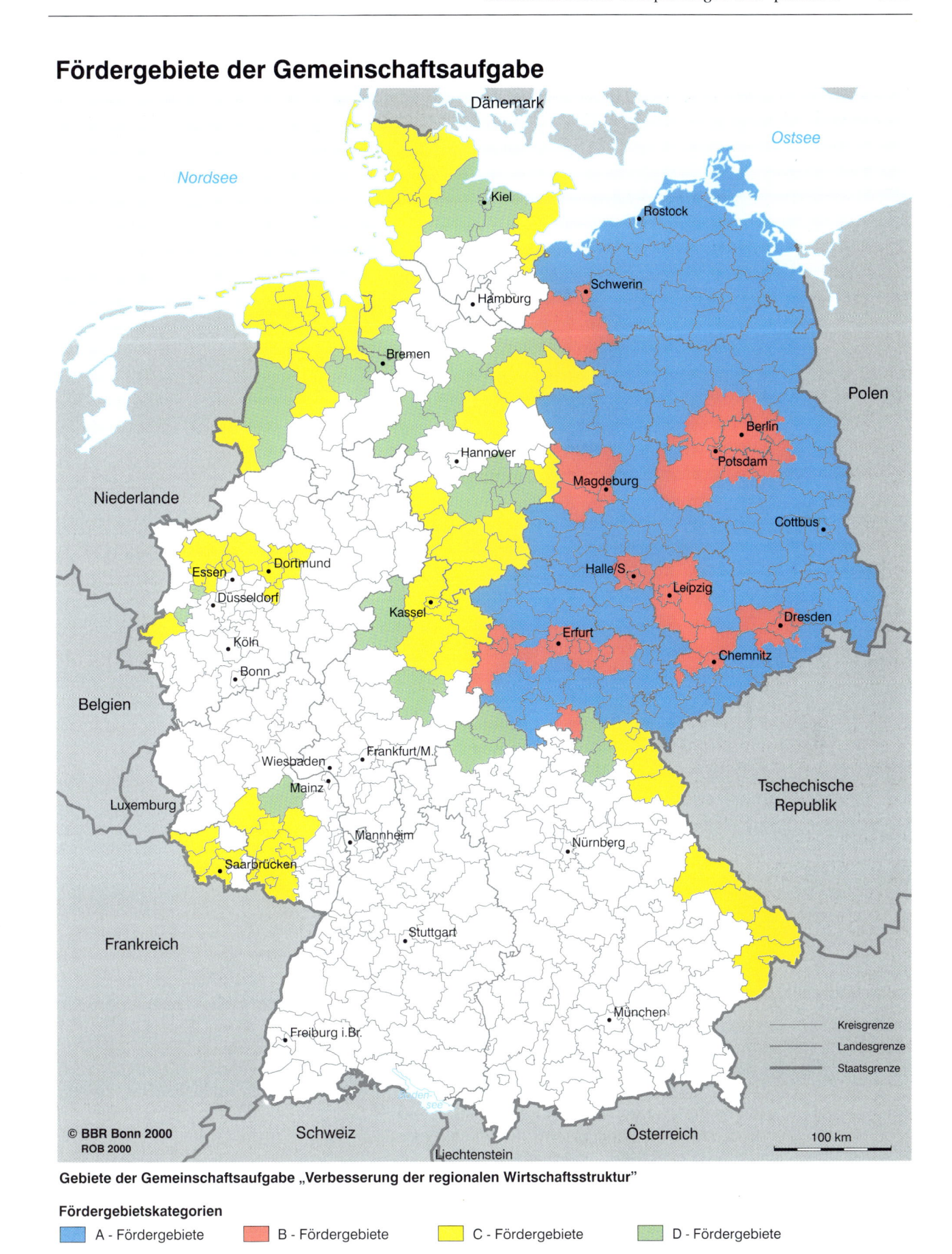

Raumbedeutsame Fachplanungen und -politiken 247

Fördergebiete der Gemeinschaftsaufgabe

Gebiete der Gemeinschaftsaufgabe „Verbesserung der regionalen Wirtschaftsstruktur"

Fördergebietskategorien

- A - Fördergebiete
- B - Fördergebiete
- C - Fördergebiete
- D - Fördergebiete

Anmerkung: Gemeindescharfe Abgrenzung der Fördergebiete (einige Städte bzw. Landkreise nur teilweise).
Die Abgrenzung der D - Fördergebiete unterliegt noch der Zustimmung der EU-Kommission,
Stand: 1/2000.

Datenbasis: Bundesministerium für Wirtschaft

Kreise, Stand: 1.1.2000

248 Teil II – Instrumente der Raumordnung

Karten 113–116
Die Karten zeigen die räumliche Verteilung der Mittel von Programmen zur zinsgünstigen Darlehensförderung, die vorwiegend kleineren und mittleren Unternehmen zugute kommen. Sie können im Unterschied zur GRW-Förderung im ganzen Bundesgebiet in Anspruch genommen werden. Trotzdem gibt es durch unterschiedlich hohe Nachfragen regionale Schwerpunkte der Förderung in den neuen Ländern und den ländlichen Räumen. Die regionale Verteilung der Fördermittel des ERP-Umweltprogramms spiegelt darüber hinaus die Industriestandorte mit hohem ökologischen Sanierungsbedarf wider.

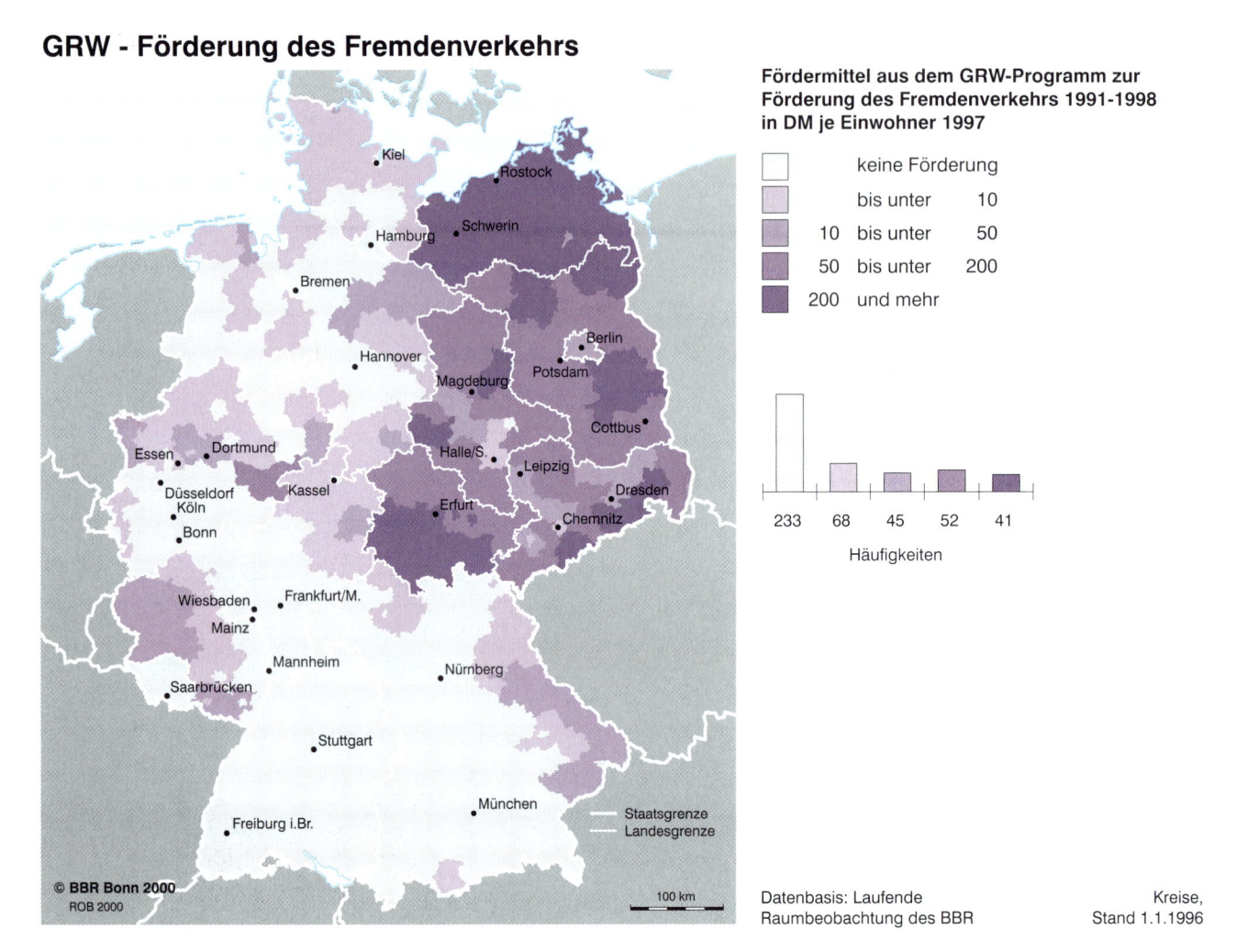

GRW - Förderung des Fremdenverkehrs

Fördermittel aus dem GRW-Programm zur Förderung des Fremdenverkehrs 1991-1998 in DM je Einwohner 1997

- keine Förderung
- bis unter 10
- 10 bis unter 50
- 50 bis unter 200
- 200 und mehr

Häufigkeiten: 233, 68, 45, 52, 41

Datenbasis: Laufende Raumbeobachtung des BBR
Kreise, Stand 1.1.1996

Karte 112
Die regionale Verteilung der GRW-Fördermittel für den Fremdenverker erlaubt indirekt Rückschlüsse auf die touristische Attraktivität der Regionen innerhalb der Fördergebietskulisse der GRW. Schwerpunkte der Förderung waren dementsprechend die Küsten- und Seengebiete sowie die Mittelgebirgsregionen der neuen Länder

mittlerer Unternehmen. Diese Schwerpunktsetzung wird mit der wirtschaftspolitischen Bedeutung begründet, die dem Mittelstand mit Blick auf den Wettbewerb und Strukturwandel zugeschrieben wird. Auch erwartet man von ihm einen wichtigen Beitrag zur Schaffung neuer Arbeitsplätze und Impulse für die Innovationsfähigkeit des wirtschaftlichen Gesamtsystems. Dies zeigt sich nicht zuletzt an dem Volumen zinsgünstiger Kredite, die für Vorhaben kleiner und mittlerer Unternehmen in West- und Ostdeutschland vergeben wurden. Im Zeitraum 1991–1998 waren dies insgesamt rund 176 Mrd. DM, wovon rund 90 Mrd. DM auf Vorhaben in Ostdeutschland entfielen. Innerhalb dieses Maßnahmenpakets kommt der öffentlichen Existenzgründungsförderung eine besondere Bedeutung zu. Das regionale Muster ihrer Inanspruchnahme lässt sich am Beispiel des *ERP-Existenzgründungsprogramms* verdeutlichen, da dieses Programm zumeist mit anderen Programmen wie z. B. dem Eigenkapitalhilfeprogramm, verschiedenen Länderprogrammen sowie kreditfinanzierter Programme der Deutschen Ausgleichsbank oder Kreditanstalt für Wiederaufbau (KfW) in Anspruch genommen wird (s. Karten 107–110). Die Inanspruchnahme der ERP-Fördermittel für Existenzgründungen ist in ländlichen Räumen höher als in verdichteten. Zur Erklärung des Süd-Nord-Gefälles

Raumbedeutsame Fachplanungen und -politiken

ERP-Existenzgründungskredite

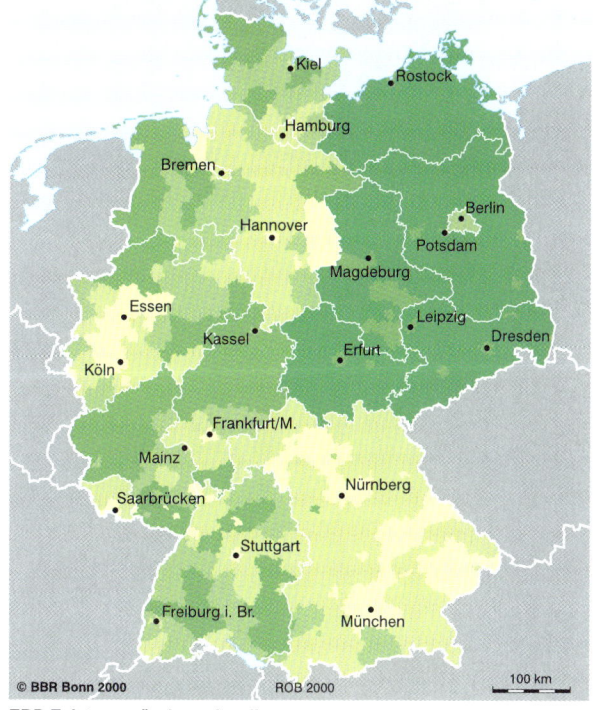

ERP-Existenzgründungskredite
1991-1998 in DM je Einwohner 1997

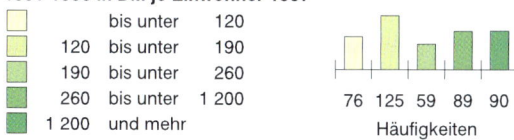

	bis unter	120
	120 bis unter	190
	190 bis unter	260
	260 bis unter	1 200
	1 200 und mehr	

76 125 59 89 90
Häufigkeiten

KfW-Mittelstandsprogramm

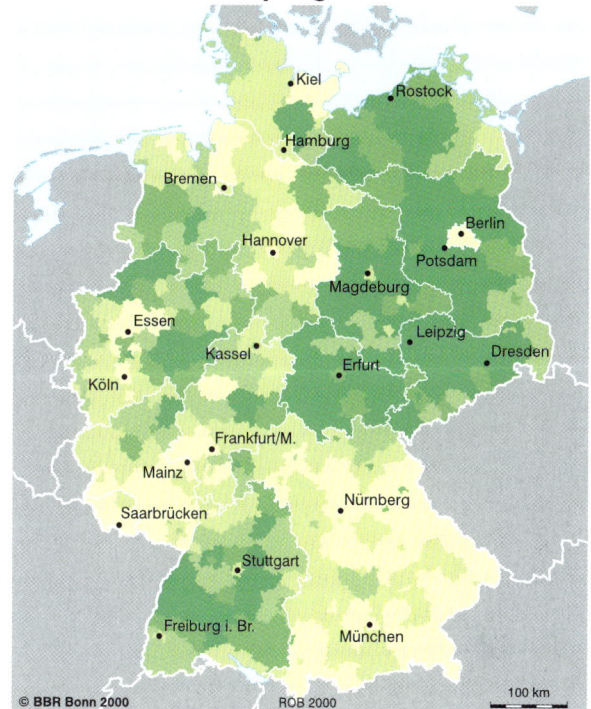

Fördermittel aus dem KfW-Mittelstandsprogramm 1991-1998
(einschl. Investitionskreditprogramm) in DM je Einwohner 1997

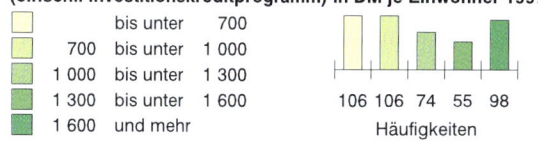

	bis unter	700
	700 bis unter	1 000
	1 000 bis unter	1 300
	1 300 bis unter	1 600
	1 600 und mehr	

106 106 74 55 98
Häufigkeiten

ERP-Programme

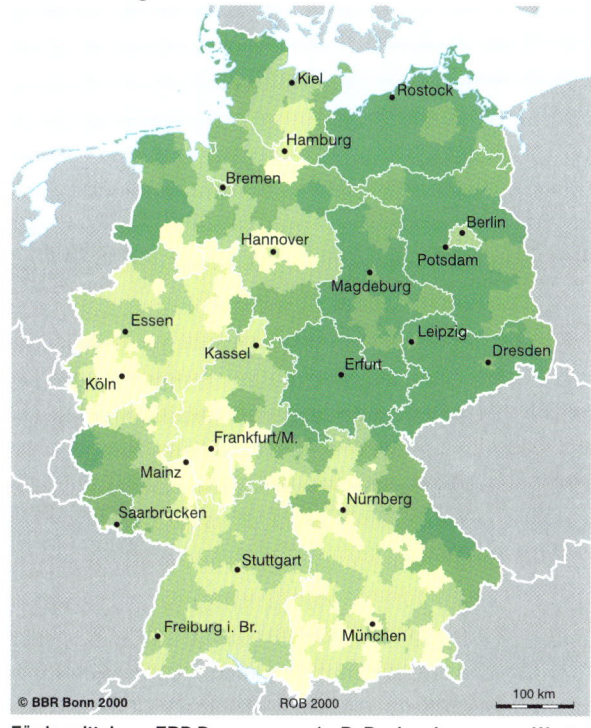

Fördermittel aus ERP-Programmen (z. B. Regionalprogramm West,
Aufbauprogramm Ost) 1991-1998 in DM je Einwohner 1997

	bis unter	5
	5 bis unter	20
	20 bis unter	300
	300 bis unter	800
	800 und mehr	

66 89 103 79 102
Häufigkeiten

ERP-Umweltprogramm

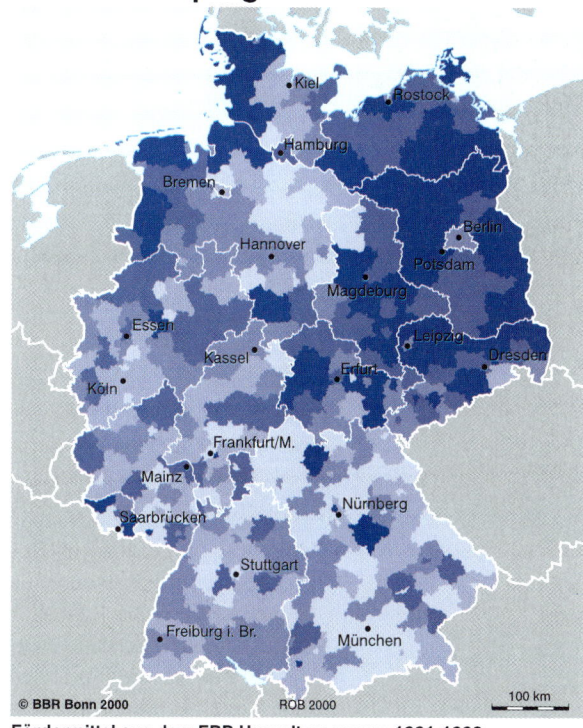

Fördermittel aus dem ERP-Umweltprogramm 1991-1998
(ohne 1997) in DM je Einwohner 1997

	bis unter	50
	50 bis unter	100
	100 bis unter	200
	200 bis unter	500
	500 und mehr	

93 94 95 83 74
Häufigkeiten

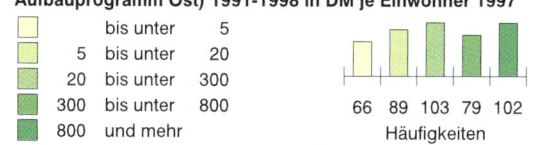

Datenbasis: Laufende Raumbeobachtung des BBR

Kreise, Stand 1.1.1998

GRW - Förderung der gewerblichen Wirtschaft

Fördermittel aus dem GRW-Programm zur Förderung der gewerblichen Wirtschaft (ohne Fremdenverkehr) 1991-1998 in DM je Einwohner 1997

- keine Förderung
- bis unter 100
- 100 bis unter 500
- 500 bis unter 2 000
- 2 000 und mehr

Häufigkeiten: 155, 82, 78, 65, 59

Datenbasis: Laufende Raumbeobachtung des BBR
Kreise, Stand 1.1.1996

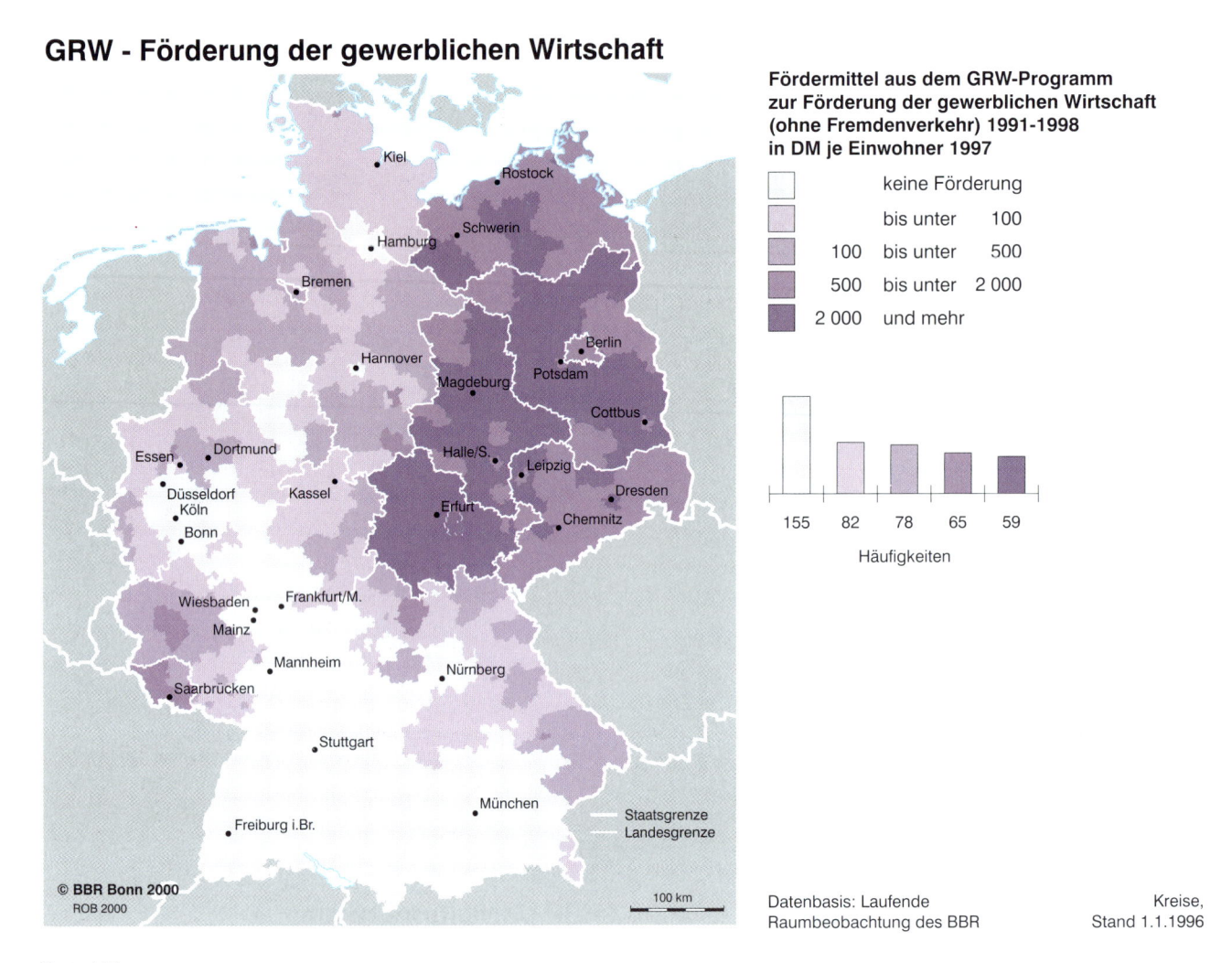

Karte 117
Entsprechend der Fördergebietskulisse der GRW lag der Schwerpunkt der Förderung in den neuen Ländern und dort vor allem in den ländlichen Räumen mit guten Erreichbarkeiten.

lassen sich einerseits wirtschaftshistorische Gründe anführen. So war der Mittelstand im Süden der neuen Länder nicht nur vor 1989, sondern bereits vor 1945 stark vertreten. Andererseits verläuft die ökonomische Entwicklung in Thüringen und Sachsen vergleichsweise günstig, wovon natürlich auch der Mittelstand z.B. über ein steigendes Kaufkraftniveau oder die Nachfrage von Großunternehmen nach Vorprodukten profitiert.

Zahlreiche Programme im Bereich der Wirtschaftsförderung dienen indirekt auch dem Umweltschutz. So leistet die Gemeinschaftsaufgabe „Verbesserung der regionalen Wirtschaftsstruktur" über die Förderung neuer Produktionsverfahren, die im Vergleich zu alten Anlagen weniger Ressourcen verbrauchen und Schadstoffe freisetzen, einen wichtigen Beitrag zu einer nachhaltigen Regionalentwicklung. Daneben existieren verschiedene Programme, deren primäre Zielbestimmung die Förderung von Umweltinvestitionen der Wirtschaft ist. Hierzu zählt insbesondere das *ERP-Umweltprogramm*, in dessen Rahmen im Zeitraum 1991–1998 insgesamt 22,4 Mrd. DM an Krediten für Umweltinvestitionen der gewerblichen Wirtschaft vergeben wurden. Bedingt durch den ökologischen Sanierungs- und Nachholbedarf der ostdeutschen Länder haben diese deutlich stärker an diesem Programm partizipiert als die westdeutschen Länder, in denen viele Unternehmen bereits in den 80er Jahren in Umweltschutzmaßnahmen investierten. Da die Vergabe der Mittel antragsgesteuert ist, weisen Räume, aus denen nur wenige Anträge kommen, eine entsprechend niedrige Inanspruchnahme auf. Bedeutsam sind ferner Unterschiede in der Wirtschafts- und Produktionsstruktur. So ist bedingt durch die intensiven Stoffverarbeitungsprozesse der Industrie für Regionen mit einem starken Industriebesatz in der Regel eine relativ hohe Inanspruchnahme prägend. Von Einfluss auf die regionale Verteilung der Mittel sind außerdem standortbedingte Faktoren wie unterschiedliche Schwerpunkte in der Umweltpolitik der Länder oder Informationsdefizite seitens der Adressaten.

Insgesamt hat die Bundesregierung im Bereich Wirtschaftsförderung rund 31 Mrd. DM verausgabt, wobei rund 25 Mrd. DM in den neuen Ländern wirksam wurden. Auf einen Einwohner in den neuen Länder entfällt somit ein Wert von rund 1 400 DM gegenüber rund 100 DM in den alten Ländern, was einem Verhältnis von 14 zu 1 entspricht. Schwerpunkte in den alten Ländern sind die nördlichen Länder Schleswig-Holstein und Niedersachsen. Aber auch Baden-Württemberg erreicht aufgrund einer weit überdurchschnittlichen Inanspruchnahme der kreditfinanzierten Mittelstandsförderung hohe Werte. Thüringen hat unter anderem aufgrund der hohen ERP-Existenzgründungsförderung im Zeitraum 1991 bis 1998 innerhalb der neuen Länder die meisten Mittel je Einwohner eingeworben.

Hochschulbereich und Forschung

Wesentliche Instrumente der Hochschul- und Forschungspolitik

Neu- und Ausbau von Hochschulen einschl. Hochschulkliniken (Bundesanteil)

Hochschulsonderprogramme (Bundesanteil)

Bundesausbildungsförderung (Bundesanteil)

Wissenschaftliche Forschung (Bundesanteil)

Förderung der Großforschung (Bundesanteil)

ERP-Innovationsprogramm

Die zur Förderung von *Forschung und Entwicklung* eingesetzten Mittel spielen eine wichtige Rolle bei der Bewältigung der strukturellen Probleme der Volkswirtschaft. Investitionen in diesen Bereichen gelten als strategischer Ansatzpunkt, um die Position der Bundesrepublik und ihrer Regionen im Prozess der Globalisierung zu stärken. Ziel ist es, eine international wettbewerbsfähige Forschung zu ermöglichen und über die Entwicklung neuer Produkte und Produktionsverfahren zur Sicherung des Wirtschaftsstandorts Deutschland beizutragen.

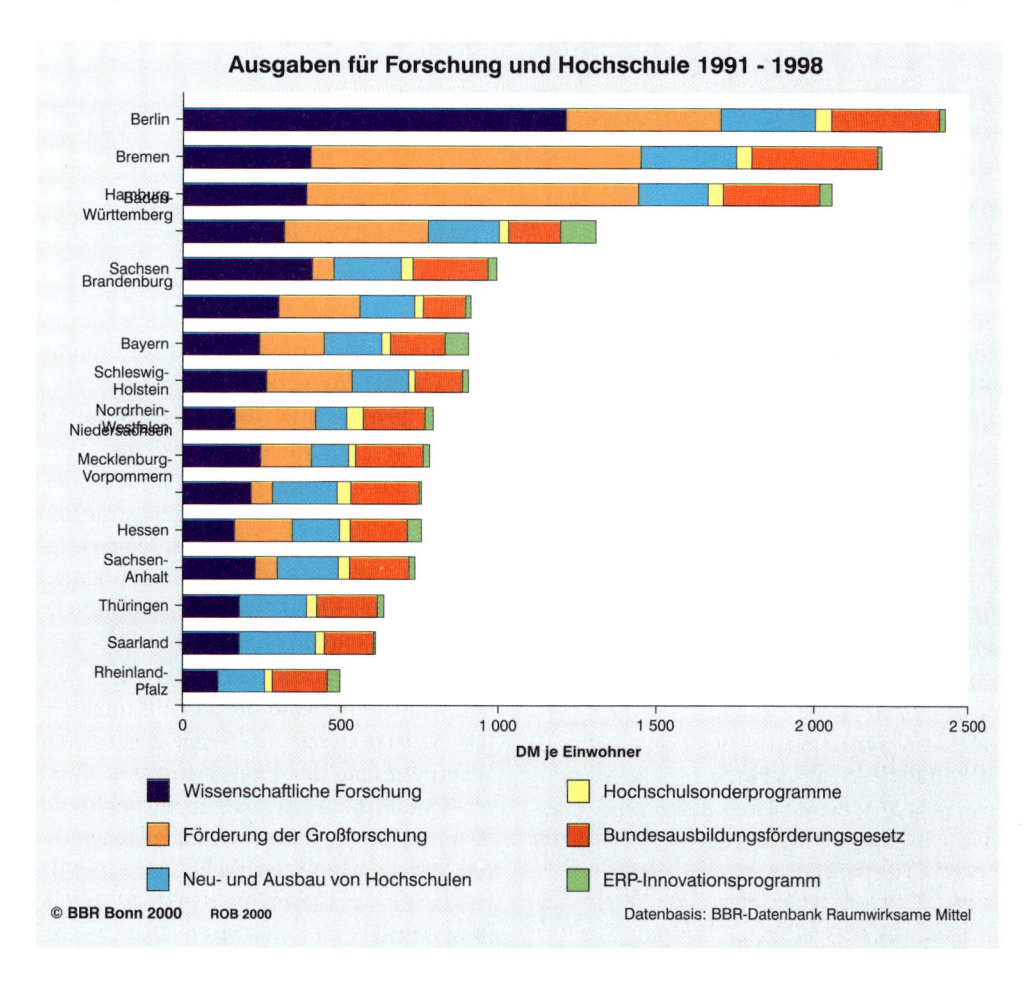

Abbildung 48
Ausgaben für Forschung und Hochschule 1991–1998 in DM je Einwohner

Hochschulbau

Fördermittel aus dem Programm „Gemeinschaftsaufgabe Ausbau und Neubau von Hochschulen einschließlich Hochschulkliniken" 1991-1997 in 1 000 DM

Datenbasis: Laufende Raumbeobachtung des BBR

Hochschulstandorte, Stand 1.1.1998

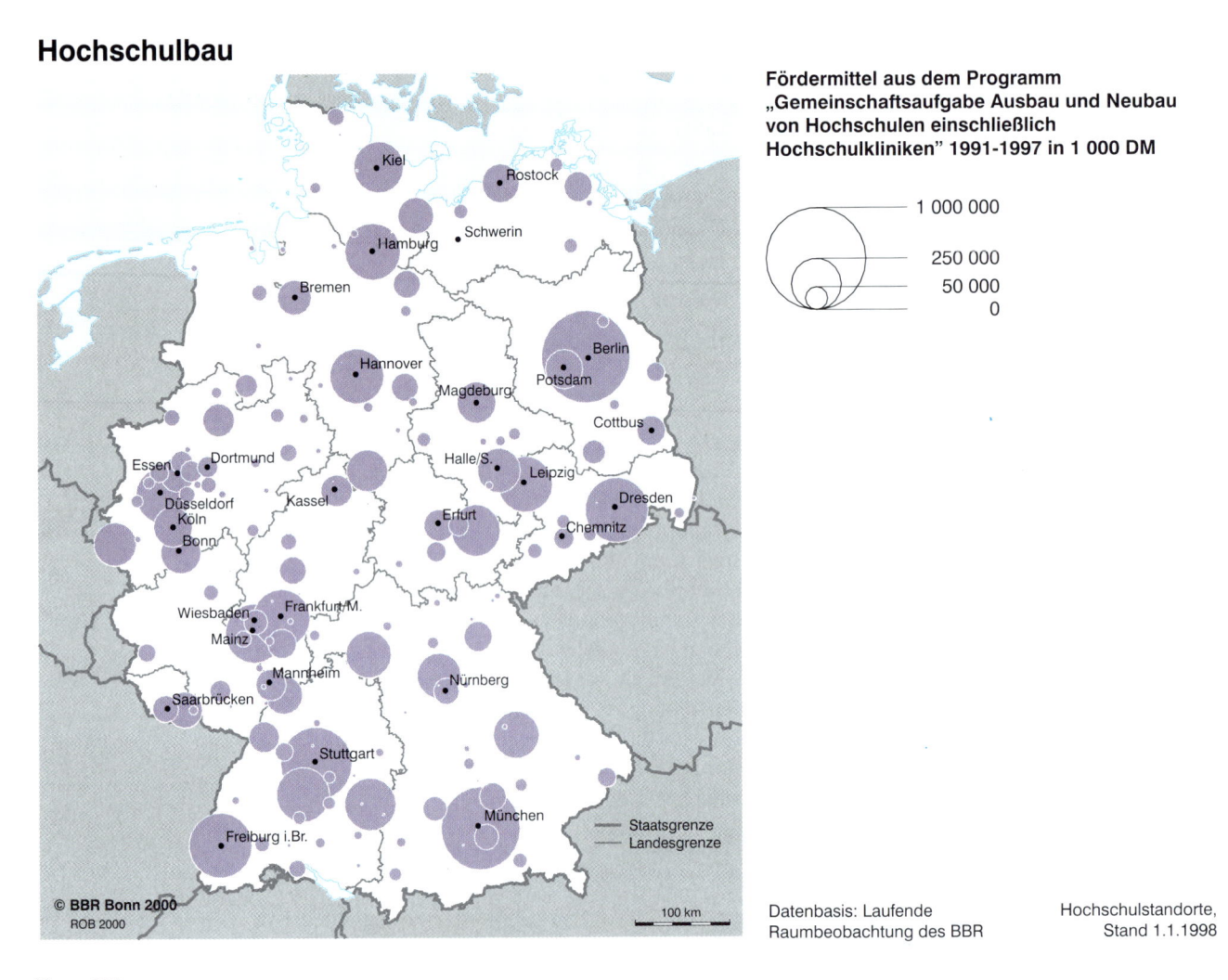

Karte 118
Die Fördermittel der „Gemeinschaftsaufgabe Ausbau und Neubau von Hochschulen" sind räumlich ausgewogen auf die Hochschulstandorte verteilt. Die Fördermittelhöhe steht dabei im direkten Zusammenhang mit den Studentenzahlen.

Neben finanziellen Förderprogrammen erfordert dies aber auch die Schaffung entsprechender Rahmenbedingungen auf der gesamtstaatlichen Ebene (z.B. Regulierungsdichte).

Die Raumwirksamkeit der Mittel für den *Ausbau des Hochschulwesens* und der wissenschaftlichen Forschung ist unbestritten. In der Vergangenheit wurden daher Hochschuleinrichtungen verstärkt in ländlichen oder strukturschwachen Räumen gegründet, um diesen Impulse für die regionale Entwicklung zu geben. Diese Zielsetzung spielte oftmals auch bei der Standortbestimmung öffentlich finanzierter Forschungseinrichtungen eine wichtige Rolle. Zur Verbesserung des Wissenstransfers zwischen wissenschaftlicher Forschung und der Wirtschaft sind inzwischen an fast allen Hochschulen und Forschungseinrichtungen entsprechende *Transfer- oder Forschungskontaktstellen* eingerichtet worden. Die Spannweite der institutionalisierten Ansätze reicht von der zusätzlichen Wahrnehmung der Transferfunktion durch einzelne Mitarbeiter bis zur mit mehreren Mitarbeitern besetzten Transferstelle. Deren Wirkungskreis erstreckt sich in vielen Fällen über das jeweilige regionale Umfeld hinaus und kann sich je nach Grad der Spezialisierung und fachlichen Ausrichtung auf die gesamte Bundesrepublik bis ins Ausland reichen. 1996 gab es in Deutschland

Beispiel: InnoRegio – Innovative Impulse für die Region

Die Bundesregierung will die Innovationskraft der Regionen in den neuen Ländern weiter stärken. Das Bundesministerium für Bildung und Forschung hat daher 1999 mit InnoRegio ein neues Förderprogramm für die Regionen Ostdeutschlands aufgelegt. Geplant ist, 500 Mio. DM bis zum Jahre 2005 für die Entwicklung von regionalen Zukunftsideen bereitzustellen. Ziel ist es, durch die Bündelung der bestehenden Potenziale von Bildungs- und Forschungseinrichtungen sowie Wirtschaft und Verwaltung neue Arbeitsplätze zu schaffen. Durch verstärkte Kooperation von Forschungseinrichtungen mit Betrieben sollen marktfähige Produkte und Dienstleistungen entwickelt werden.

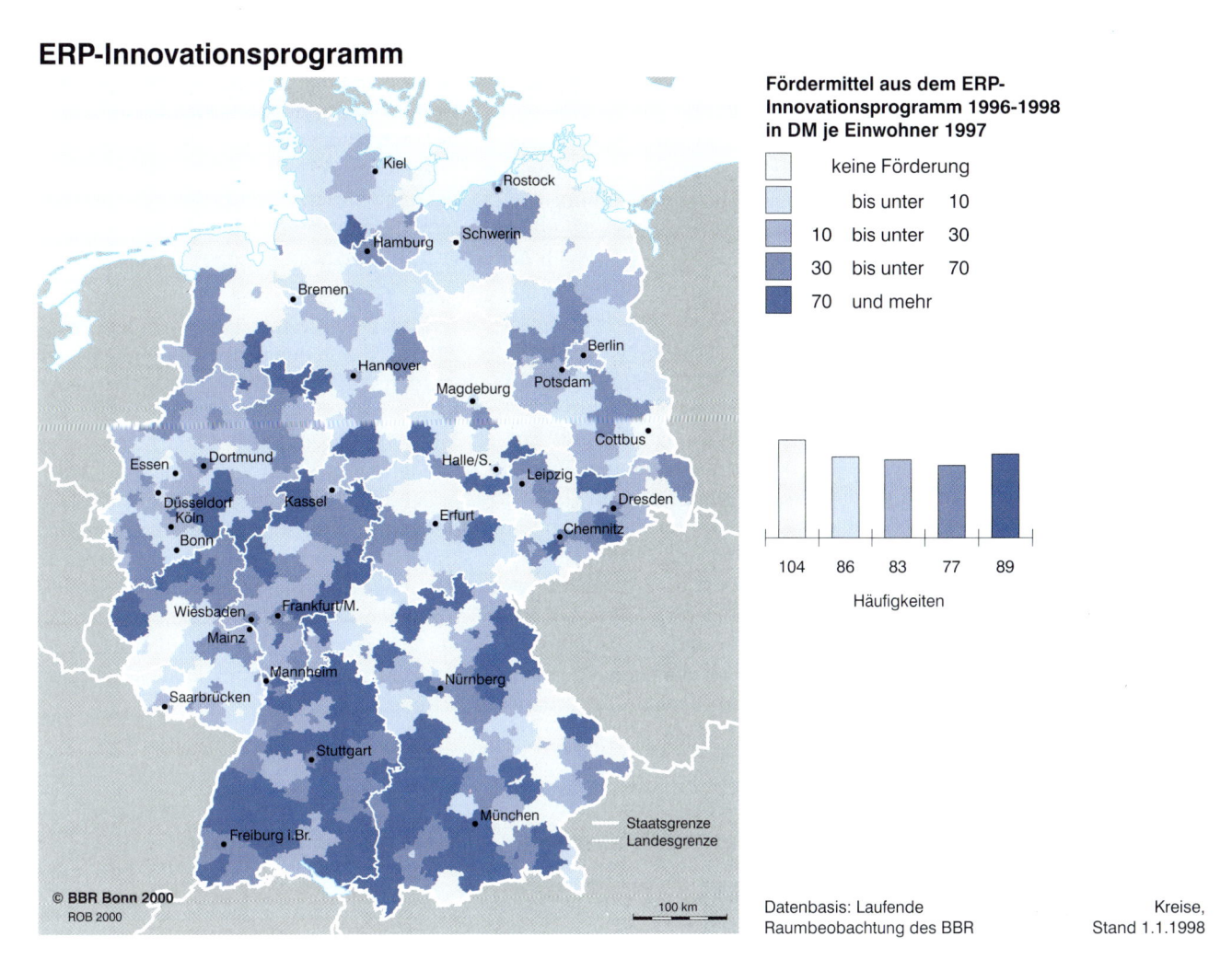

ERP-Innovationsprogramm

Fördermittel aus dem ERP-Innovationsprogramm 1996-1998 in DM je Einwohner 1997

- keine Förderung
- bis unter 10
- 10 bis unter 30
- 30 bis unter 70
- 70 und mehr

Häufigkeiten: 104, 86, 83, 77, 89

Datenbasis: Laufende Raumbeobachtung des BBR
Kreise, Stand 1.1.1998

Karte 119
Die Fördermittel aus dem ERP-Innovationsprogramm konzentrieren sich räumlich auf die Standorte der forschungs- und entwicklungsintensiven Betriebe im weiteren Einzugsbereich der Agglomerationsräume. Da es sich in der Mehrzahl um mittelständische Unternehmen handelt, erklärt sich die hohe Konzentration in Süddeutschland.

insgesamt 335 staatliche bzw. staatlich anerkannte Hochschulen, darunter 113 Universitäten und vergleichbare Einrichtungen.

Der *Aus- und Neubau von Hochschulen* einschließlich der Hochschulkliniken gehört zu den im Grundgesetz verankerten Gemeinschaftsaufgaben von Bund und Ländern. Der Bund beteiligt sich ferner an drei Hochschulsonderprogrammen. Bedingt durch die historisch gewachsene Struktur wurde der überwiegende Teil der Mittel für Hochschulen und wissenschaftliche Forschung in Westdeutschland ausgegeben. Der Aufbau der ostdeutschen Forschungs- und Hochschullandschaft ist inzwischen abgeschlossen. Im Zeitraum 1991–1998 wurden rund 17 Mrd. DM an Bundesmitteln für den Hochschulbereich ausgegeben. 4,6 Mrd. DM entfallen auf die neuen und 12,1 Mrd. DM auf die alten Länder. Im Kontext der harten Infrastrukturinvestitionen dürfen die Investitionen in Humankapital nicht vernachlässigt werden. Das Bundesausbildungsförderungsgesetz (BAFöG) trägt nicht nur zur gesellschaftlichen Chancengleichheit bei, sondern hat auch Zukunftsinvestitionscharakter. Im Zeitraum 1991–1998 wurden rund 16 Mrd. DM an Zahlungen geleistet.

Im Rahmen der gemeinsamen Forschungsförderung von Bund und Ländern nach Art. 91b GG beteiligt sich der Bund schwerpunktmäßig an der Grundfinanzierung gemeinsam getragener *Forschungseinrichtungen* (institutionelle Förderung). Hierzu zählen die Max-Planck-Gesellschaft, die Deutsche Forschungsgemeinschaft, die Fraunhofer-Gesellschaft, die Helmholtz-Zentren sowie die Einrichtungen der Blauen Liste. Neben der wissenschaftlichen Forschungsförderung wird insbesondere die Großforschung unterstützt.

Das Pendant zum öffentlich finanzierten Wissenschaftssektor ist der *Forschungs- und Entwicklungssektor innerhalb der Wirtschaft*. Er gilt als wesentlicher Bestandteil des Entwicklungspotenzials von Regionen und als maßgebliche Bestimmungsgröße der regionalen Wettbewerbsfähigkeit. Forschung und Entwicklung innerhalb der Wirtschaft wird daher im Rahmen verschiedener Fachprogramme gefördert. Diese Programme greifen nur in solchen Regionen, in denen sich programmadäquate Antragsteller finden. Bedingt durch die regionale Verteilung Forschung und Entwicklung treibender Unternehmen und der Unternehmenszentralen kann ein Großteil der Forschungsmittel – insbesondere im Rahmen der direkten und indirekten Projektförderung – formal den Verdichtungsräumen zugeordnet werden. Über betriebliche Verflechtungen und im Rahmen der räumlich-funktionalen Arbeitsteilung werden diese Mittel aber auch in anderen Regionen raumwirksam. Beim *ERP-Innovationsprogramm*, dessen Zielgruppe innovationsorientierte mittelständische Unternehmen sind, ergibt sich ein etwas anderes räumliches Verteilungsmuster, für das der regionale Besatz mit mittelständischen Unternehmen maßgeblich ist.

Insgesamt hat die Bundesregierung im Bereich Forschung und Hochschule rund 76 Mrd. DM verausgabt, wobei rund 20 Mrd. DM in den neuen Ländern wirksam wurden. Auf einen Einwohner in den neuen Länder entfällt somit ein Wert von 1 125 DM gegenüber 874 DM in den alten Ländern, was einem Verhältnis von 1,3 zu 1 entspricht. Schwerpunkte in den alten Ländern sind die Stadtstaaten Bremen und Hamburg sowie Baden-Württemberg. In den neuen Ländern fokussieren sich die Ausgaben auf Berlin. Von den Flächenländern entwickeln sich Brandenburg und Sachsen zu Schwerpunktländern der Forschung.

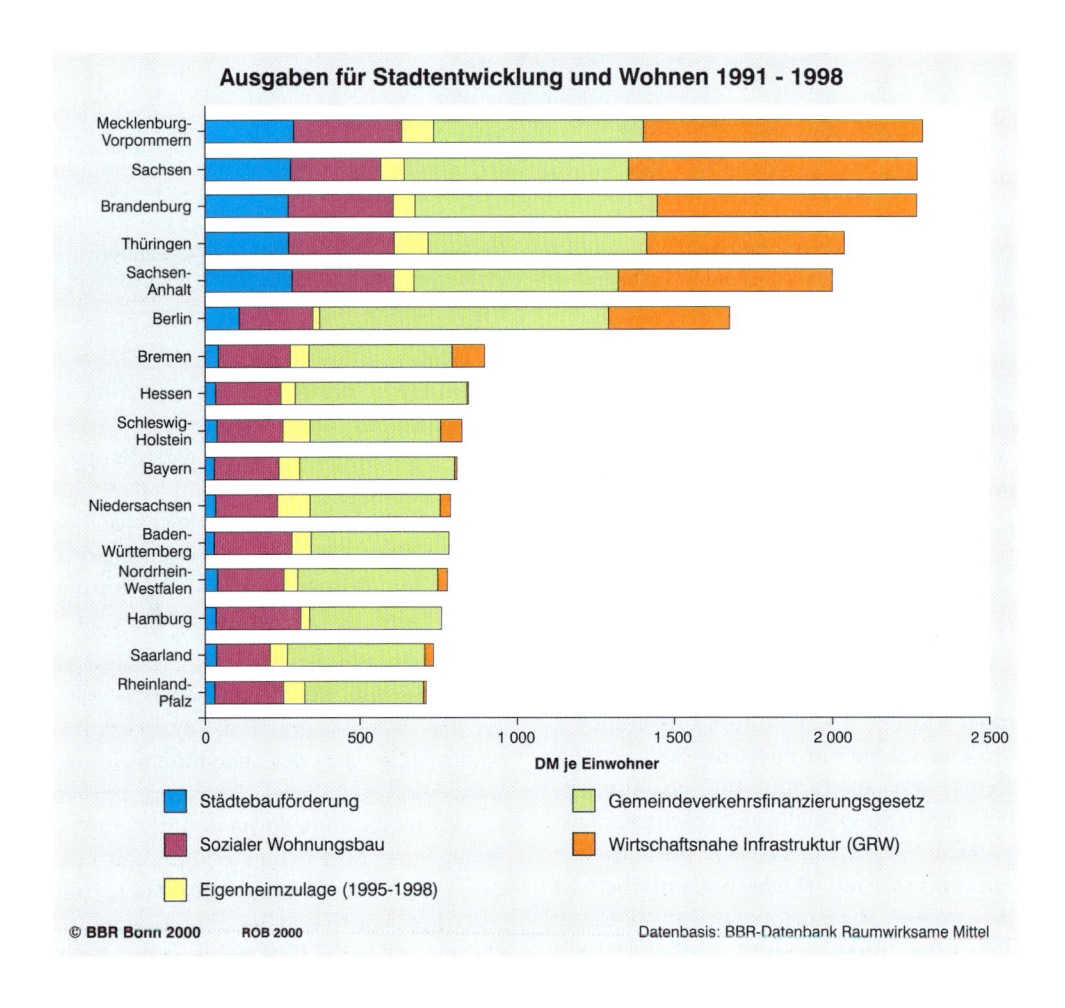

Abbildung 49
Ausgaben für Stadtentwicklung und Wohnen 1991–1998 in DM je Einwohner
(ohne Darlehensprogramme)

Stadtentwicklung und Wohnen

Wesentliche Instrumente der Stadtentwicklungspolitik:

im Bereich Wohnen:
- Sozialer Wohnungsbau (Bundesanteil)
- Eigenheimzulage (Bundesanteil)
- KfW-Darlehensprogramme

im Bereich Städtebau:
- Städtebauförderung (Bundesanteil)
- Gemeindeverkehrsfinanzierungsgesetz (Bundesanteil)
- Förderung der wirtschaftsnahen Infrastruktur im Rahmen der Bund-Länder-Gemeinschaftsaufgabe „Verbesserung der regionalen Wirtschaftsstruktur" (Bundesanteil)

Die Städte und die hochverdichten Räume sind die gesamtwirtschaftlichen Arbeitsmarktzentren und Wachstumspole, von denen im Zuge der räumlich-funktionalen Arbeitsteilung Impulse auf ihr Umland und andere Regionen ausstrahlen. Das Gros der Arbeitsplätze ist in Städten konzentriert. Städte sind in der Regel auch Standort von höherwertigen Wissenstransfereinrichtungen. Leistungsfähige und im überregionalen Standortwettbewerb konkurrenzfähige Städte bilden mit ihren Wachstumsgewinnen die fiskalische Grundlage für eine gesamtstaatliche Ausgleichspolitik. Bedingt durch die vielfältigen Probleme im Zuge des Transformationsprozesses (Mängel der technischen Infrastruktur, Verödung der Innenstädte, hoher Sockel an Arbeitslosigkeit und damit einhergehende soziale Probleme) können die ostdeutschen Städte diese Wachstumsfunktion nur begrenzt wahrnehmen, da ein Großteil ihrer finanziellen Leistungskraft für die Bewältigung innerstädtischer Probleme aufgebracht werden muss.

Stadtentwicklung beinhaltet ein vielfältiges Bündel an Einzelmaßnahmen, um entsprechend der jeweiligen Rahmenbedingungen Entwicklungsengpässe in den Städten abzubauen. Im Zeitraum 1991–1998 wurden rund 87 Mrd. DM an Zuschüssen und 96 Mrd. DM an Krediten im Maßnahmenfeld „Stadtentwicklung und Wohnen" investiert, wobei sich einwohnerbezogen ein deutliches Fördergefälle zugunsten der ostdeutschen Länder ergibt. Entsprechend den unterschiedlichen Ausgangssituationen in West und Ost wurden dabei differenzierte Akzente gesetzt.

Bereich Wohnen

Der Berichtszeitraum 1991–1998 war vor allem von der Transformation des Wohnungsmarktes in den neuen Ländern und der Bewältigung der massiven Wohnungsengpässe in den alten Ländern geprägt. Der Transformationsprozess in den neuen Ländern ist bereits weit vorangeschritten; es besteht aber weiterhin ein hoher Bedarf an nachholenden Bestandsinvestitionen. Neben der Ausrichtung auf die spezifische Situation in den neuen Ländern werden mit Einsatz der Fördermittel bundesweit die generellen wohnungspolitischen Ziele einer Verbesserung der Wohnungsversorgung zugunsten wichtiger Zielgruppen, einer ökologisch orientierten Bestandsmodernisierung sowie der Wohneigentumsförderung verfolgt. Einer Regionalisierung zugänglich sind insbesondere die Bereiche

- Sozialer Wohnungsbau
- Eigenheimzulage
- Darlehensförderung durch die bundeseigene Kreditanstalt für Wiederaufbau (KfW) im Bereich Wohnen.

Im Rahmen der genannten Instrumentenbereiche wurde im Berichtszeitraum 1991–1998 insgesamt ein Fördervolumen von rund 28 Mrd. DM an Bundesmitteln zur Verfügung gestellt. Dem hohen Mittelumfang sowie der Neueinführung von Förderinstrumenten im Berichtszeitraum entsprechend wird nachfolgend eine ausführlichere Darstellung des Einsatzes raumwirksamer Bundesmittel im Bereich Wohnen vorgenommen.

Sozialer Wohnungsbau:

Ziel des *Sozialen Wohnungsbaus* ist, für breite Schichten der Bevölkerung im Sinne des II. Wohnungsbaugesetzes (II WoBauG) eine ausreichende Wohnungsversorgung zu ermöglichen. Hierzu wird der Neubau von Mietwohnungen und Eigentumsmaßnahmen zugunsten von Haushalten, die aufgrund ihrer Einkommensverhältnisse hierzu selbst nicht in der Lage sind, und für besondere Bedarfsgruppen gefördert.

Für den Sozialen Wohnungsbau stellen der Bund und die Länder sowie Gemeinden Finanzmittel als Darlehen oder Zuschüsse für die Objektförderung bereit. Mit der Förderung sind in der Regel Belegungs-, im Mietwohnungsbau auch Mietpreisbindungen zugunsten von Haushalten verbunden, die in Abhängigkeit von der Haushaltsgröße bestimmte Einkommensgrenzen nicht überschreiten dürfen.

Der Bund beteiligt sich mit Finanzhilfen gemäß Artikel 104a Abs. 4 GG an der Förderung des Sozialen Wohnungsbaus. Die Finanzhilfen werden jährlich nach Maßgabe des Bundeshaushaltsplanes als Verpflichtungsrahmen – und zwar jeweils für die alten und die neuen Länder – bereitgestellt und im Rahmen einer Verwaltungsvereinbarung zwischen Bund und Ländern nach einem Schlüssel auf die Länder verteilt, der im Regelfall auf den Bevölkerungsanteilen der einzelnen Bundesländer beruht; bei Sonderprogrammen werden auch andere Verteilungsgrößen einbezogen. Die neuen Länder erhalten etwa das Doppelte an Finanzhilfen, als ihrem Bevölkerungsanteil entspricht. Landesmittel sind in mindestens dem Umfang einzusetzen, wie Bundesmittel in Anspruch genommen werden. Die meisten Länder setzen mehr Mittel ein; bundesweit liegt ihr Finanzierungsanteil über 85 %.

Die Durchführung der Wohnungsbauförderung ist Aufgabe der Länder, die hierzu Wohnungsbauprogramme mit entsprechenden wohnungspolitischen Gewichtungen aufstellen. Dabei können die Länder auch regionale Schwerpunkte setzen. Ein Rechtsanspruch auf Förderung besteht nicht. Entscheidend für die regionale Verteilung der Mittel sind daher die von den Investoren eingereichten und bewilligten Förderanträge.

Der Bund hat im Berichtszeitraum neben der gezielten Begünstigung der neuen gegenüber den alten Ländern regionale Schwerpunkte im Rahmen von Sonderprogrammen gesetzt. Im Berichtszeitraum war hier vor allem das Sonderprogramm für Regionen mit erhöhter Wohnungsnachfrage in den alten Ländern wirksam, das auf die Verdichtungsräume ausgerichtet war und einen besonderen Verteilungsschlüssel beinhaltete.

Von 1991 bis 1998 wurden insgesamt 19,4 Mrd. DM an Bundesmitteln eingesetzt. Dies entspricht einem Mitteleinsatz von 238 DM je Einwohner im Bundesdurchschnitt, wobei sich die neuen Länder entsprechend dem deutlich höheren Mittelansatz in den entsprechenden Verpflichtungsrahmen mit einem einwohnerbezogenen Förderniveau von 303 DM von den alten Ländern mit 220 DM je Einwohner abheben. Von 1991 bis einschließlich 1998 wurden der Neubau von insgesamt 969 391 Wohnungen und der Erwerb von 43 095 vorhandenen Wohnungen gefördert.

In den alten Ländern wurde hauptsächlich der *Neubau* gefördert, während in den neuen Ländern der Schwerpunkt bei *Instandsetzungs- und Modernisierungsmaßnahmen* sowie bei der Förderung von Eigentumsmaßnahmen lag. Bundesweit entfiel im Zeitraum 1991–1998 ein Drittel der Bewilligungen im Sozialen Wohnungsbau auf Wohnungen in Ein- und Zweifamilienhäusern; 1998 lag deren Anteil bei 42,7 %. In den neuen Ländern sind die Anteile der geförderten Wohnungen in Ein- und Zweifamilienhäusern mit Ausnahme Brandenburgs deutlich höher als in den alten. Zur Abbildung der regionalen Verteilungsmuster im Sozialen Wohnungsbau kann die auf Kreisebene vorliegende Bewilligungsstatistik herangezogen werden.

Die regionale Betrachtung nach Kreisen zeigt bei den neuen Ländern ein hohes Niveau der Bewilligungen im Sozialen Wohnungsbau vor allem in Sachsen mit 15 und mehr Wohnungen je 1 000 Einwohner sowie in großen Teilen von Mecklenburg-Vorpommern und Brandenburgs mit jeweils 12 und mehr Bewilligungen je 1 000 Einwohner von 1991–1998. In Sachsen werden auch in den großen Kernstädten Leipzig, Chemnitz und Dresden hohe Bewilligungsraten erreicht, während in Mecklenburg-Vorpommern die kreisfreien Städte Wismar, Rostock, Schwerin, Stralsund, Greifswald und Neubrandenburg geringe Werte erreichen. Dies zeigt die hohe Bedeutung des Sozialen Wohnungsbaus für die Eigentumsbildung in ländlichen Regionen. Während in Brandenburg und Thüringen die Unterschiede im Niveau zwischen den Kreisen relativ gering sind, unterscheiden sich in Sachsen-Anhalt die erzielten Bewilligungszahlen wesentlich stärker, wobei die beiden größten Kernstädte Magdeburg und Halle durch ein sehr niedriges Bewilligungsvolumen auffallen (im Umland von Halle ebenfalls gering, im Umland von Magdeburg hoch).

Auch innerhalb der alten Länder zeigen sich erhebliche regionale Unterschiede bei den Bewilligungszahlen je Einwohner. So fallen zum Beispiel in Niedersachsen die Kernstädte Hannover und Braunschweig sowie die Landkreise in Westniedersachsen mit einer hohen Entwicklungsdynamik (hohes Bevölkerungs- und Beschäftigungswachstum, hohe Baufertigstellungsraten insbesondere im Eigenheimbereich) durch hohe Bewilligungszahlen auf, während diese mit Ausnahme des Umlandes von Ham-

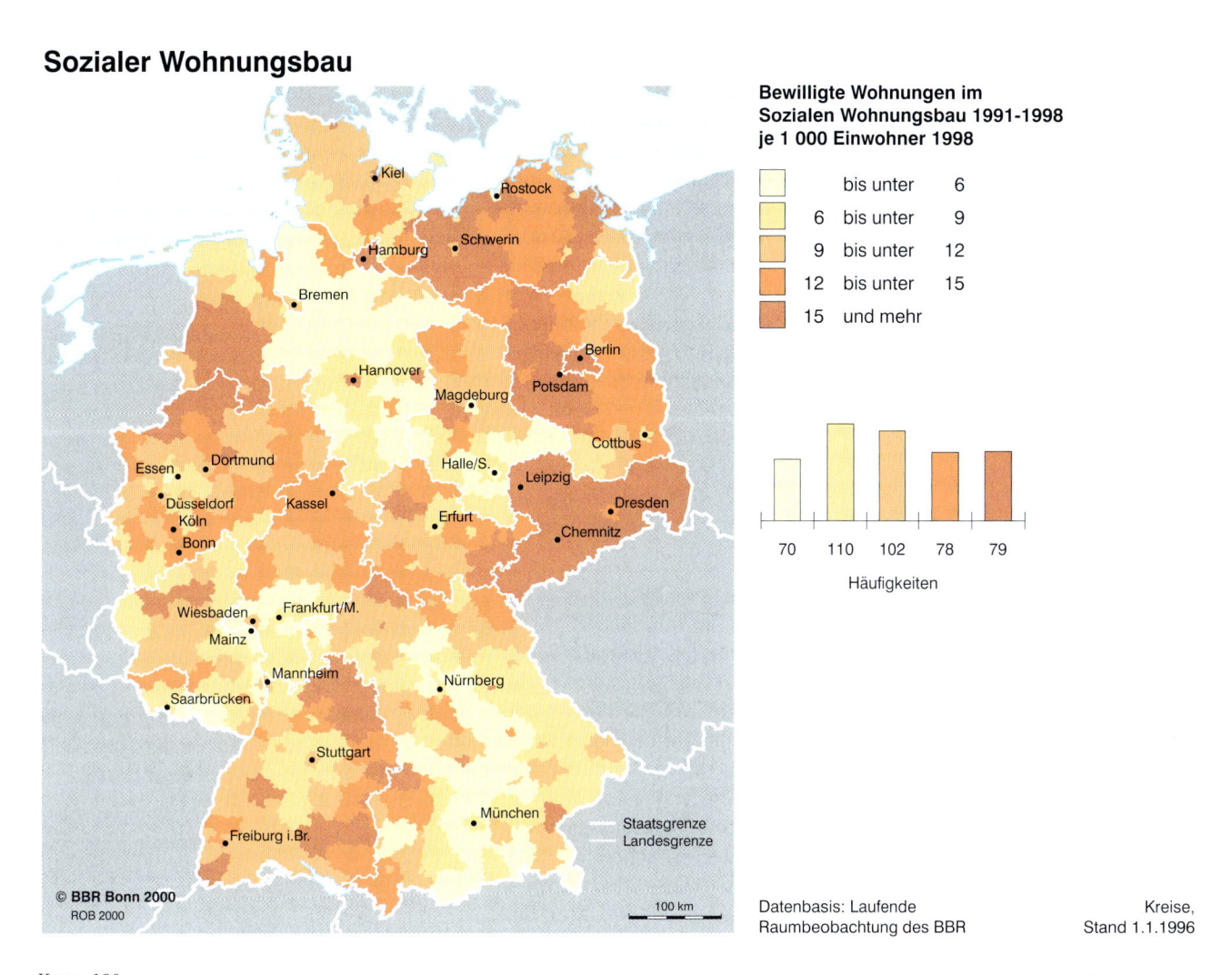

Raumbedeutsame Fachplanungen und -politiken   257

Sozialer Wohnungsbau

Bewilligte Wohnungen im Sozialen Wohnungsbau 1991-1998 je 1 000 Einwohner 1998

- bis unter 6
- 6 bis unter 9
- 9 bis unter 12
- 12 bis unter 15
- 15 und mehr

Häufigkeiten: 70, 110, 102, 78, 79

Staatsgrenze
Landesgrenze

© BBR Bonn 2000
ROB 2000

Datenbasis: Laufende Raumbeobachtung des BBR

Kreise, Stand 1.1.1996

Karte 120
Die im Sozialen Wohnungsbau geförderten Wohnungen streuen regional sehr stark und sind nicht unbedingt auf die Bevölkerungsscherpunkte konzentriert. Sie zeigen vielmehr die Räume mit hoher Entwicklungsdynamik. Die räumliche Verteilung ist auch durch die unterschiedliche Ausgestaltung der Wohnungsbauförderung in den einzelnen Ländern und unterschiedliche Inanspruchnahmen durch die Investoren geprägt.

burg und Hannover in den anderen Landesteilen sehr gering ausfallen. In Nordrhein-Westfalen weisen die Kernstädte des Ruhrgebiets geringe, die der Rheinschiene dagegen mittlere bis hohe Bewilligungszahlen auf, ebenso die Kreise mit einem hohen Anteil von Ein- und Zweifamilienhäusern an den Baufertigstellungen. In Hessen liegen die Schwerpunkte der Bautätigkeit im Sozialen Wohnungsbau vor allem in Nordhessen; in Baden-Württemberg wurden verhältnismäßig viele Wohnungen in den weniger verdichteten Kreisen im Osten des Landes bewilligt.

Insgesamt zeigt sich, dass die Förderung des Sozialen Wohnungsbaus keineswegs nur auf die Agglomerationsräume und Kernstädte gerichtet ist, sondern offenbar eine hohe Breitenwirkung und regionale Streuung erzielt, die stark durch die Ausgestaltung der Wohnungsbauförderung in den einzelnen Ländern und die Inanspruchnahme durch die Investoren geprägt ist.

Eigenheimzulage:

Innerhalb des Berichtszeitraumes wurde ab dem 1.1.1996 die Wohneigentumsförderung des Bundes von der progressionsabhängigen *Förderung nach § 10 e EStG auf die Gewährung einer progressionsunabhängigen Zulage nach dem Eigenheimzulagengesetz (EigZulG)* umgestellt. Mit dieser grundlegenden Reform wird insbesondere eine Stärkung der *Wohneigentumsbildung* von Schwellenhaushalten und jungen Familien erreicht; außerdem werden durch die Gewährung von Öko-Zulagen zusätzliche Anreize zugunsten der Energieeinsparung vermittelt. Darüber hinaus wird die Wohneigentumsförderung durch die Einführung der Eigenheimzulage erheblich einfacher und transparenter gestaltet.

Mit der Eigenheimzulage werden die Errichtung und der Erwerb selbstgenutzten Wohneigentums sowie Ausbau- und Erweiterungsmaßnahmen gefördert. Über den gesamten Förderzeitraum von acht Jahren hinweg wird eine im Voraus bekannte Grundförderung in Höhe von maximal 5 000 DM beim Neubau oder maximal 2 500 DM beim Bestandserwerb ausgezahlt, zu der gegebenenfalls noch die Kinderzulage (1 500 DM je Kind) und Ökozulagen (maximal 500 DM) pro Jahr hinzukommen. Die Einkommensgrenzen betrugen bis Ende 1999 120 000 DM pro Jahr bei Ledigen und 240 000 DM pro Jahr bei Verheirateten. Auf die Zahlung der Eigenheimzulage besteht bei Vorliegen der Voraussetzungen ein Rechtsanspruch.

Wegen des Rechtsanspruches kann bei der Eigenheimzulage kein räumlicher Verteilungsschlüssel zugrundegelegt werden. Die an die Antragsteller ausgezahlten Eigenheimzulagen werden in Form von Steuermindereinnahmen im Bundeshaushalt, in den Haushalten der Länder und der Gemeinden wirksam. Die Eigenheimzulage stellt damit eine steuerrechtliche Vergünstigung dar, bei der entsprechend der Verteilung der Einkommens- und Körperschaftssteuereinnahmen auf den Bund und die Länder jeweils 42,5 % und auf die Gemeinden 15 % der Ausgaben für die Eigenheimzulage entfallen.

Ausdrücklich sei jedoch darauf hingewiesen, dass es angesichts der bislang unveränderten Anteile an den Steuer(minder-)einnahmen zu keiner weiteren Differenzierung von Bundes-, Länder- und Gemeindeanteilen kommt, wie sie etwa bei den Finanzhilfen des Bundes zugunsten des Sozialen Wohnungsbaus gegeben ist. Die gezahlten Zulagen werden in der jeweiligen Gesamtsumme beim begünstigten Antragsteller wirksam, ohne dass von der Zurechnung zu den Einkommens- und Körperschaftssteueranteilen bei Bund, Ländern und Gemeinden eine spezifische sachliche oder regionale Steuerungswirkung ausgeht. Im folgenden werden grundsätzlich die dem *Bundesanteil entsprechenden Ausgaben* im Rahmen der Eigenheimzulage ausgewiesen, um eine Vergleichbarkeit mit anderen raumwirksamen Maßnahmen und Politikbereichen des Bundes im Sinne dieses Berichts vorzunehmen.

Die Inanspruchnahme der Eigenheimzulage lässt sich nach Ländern regionalisieren. Der Bezug zur Wohnungsbautätigkeit kann einen ersten Eindruck über die Hintergründe des räumlichen Verteilungsmusters vermitteln. Dabei ist allerdings zu beachten, dass es sich lediglich um landesspezifische Durchschnittswerte handelt, hinter denen im Einzelfall erhebliche regionale Diskrepanzen vor allem bei der Eigentümerquote stehen.

Während der Einführungsphase der Eigenheimzulage konnte die steuerliche Wohneigentumsförderung nach § 10 e (übergangsweise) weiter in Anspruch genommen werden, was in erster Linie für Neubauvorhaben relevant war, während für den Bestandserwerb die Eigenheimzulage dominierte. In den Jahren 1995 (rückwirkend) und 1996 sind die begünstigten Neubauwohnungen gegenüber dem Bestandserwerb in der Eigenheimzulage daher zwangsläufig überrepräsentiert. Aus diesem Grund werden für die Darstellung von Strukturindikatoren zur Eigenheimzulage, insbesondere in Relation zu Wohnungsfertigstellungen, die Ergebnisse der Jahre 1997 und 1998 herangezogen (siehe Tab. 13).

Im Zeitraum 1995 bis 1998 wurden rund 5,2 Mrd. DM an Bundesmitteln für die Eigenheimzulage aufgewandt; dabei konnte die Zulage in seltenen Fällen für bestimmte Vorhaben auch rückwirkend für das Jahr 1995 in Anspruch genommen werden. Im Bundesdurchschnitt wurde die Eigenheimzulage von 1995 bis 1998 in Höhe von 63 DM je Einwohner in Anspruch genommen. Dabei übertreffen die neuen Länder mit 69 DM/EW gegenüber 62 DM/EW die alten Länder. Weit unterschiedlicher fällt die Inanspruchnahme der Eigenheimzulage aber zwischen den einzelnen Bundesländern aus. Thüringen weist mit 107 DM/EW den höchsten Förderbetrag auf, die Stadtstaaten Berlin mit 22 DM/EW und Hamburg mit 29 DM/EW erwartungsgemäß die geringste Inanspruchnahme; Bremen als Stadtstaat liegt allerdings mit 60 DM/EW nur knapp unter dem Bundesdurchschnitt und damit auch über einigen Flächenländern. Erheblich über dem Bundesdurchschnitt liegen Niedersachsen (103 DM/EW) und Mecklenburg-Vorpommern mit 101 DM/EW sowie Schleswig-Holstein mit 87 DM/EW, während die anderen Länder deutlich geringere Werte aufweisen. Dies gilt zum Beispiel auch für die traditionell durch hohe Eigentümerquoten und eine starke Eigenheimbautätigkeit geprägten Länder Baden-Württemberg und Bayern sowie das vom Eigenheimbau

Eigenheimzulage

Land	Ausgaben 1995-1998 in Mrd. DM	Ausgaben 1995-1998 in DM je Einwohner	Wohnungsfertigstellungen in Ein- und Zweifamilienhäusern je 10 000 Einwohner im Durchschnitt p.a. 1997-1998
Baden-Württemberg	0,64	62	24,9
Bayern	0,79	67	31,5
Berlin	0,08	22	9,5
Brandenburg	0,18	69	60,2
Bremen	0,04	60	7,8
Hamburg	0,05	29	8,1
Hessen	0,28	47	19,5
Mecklenburg-Vorpommern	0,19	101	42,3
Niedersachsen	0,79	103	34,7
Nordrhein-Westfalen	0,79	44	19,3
Rheinland-Pfalz	0,27	67	29,4
Saarland	0,06	55	20,5
Sachsen	0,34	74	28,0
Sachsen-Anhalt	0,18	64	29,8
Schleswig-Holstein	0,23	87	35,8
Thüringen	0,27	107	28,9
Alte Länder	**3,94**	**62**	**25,3**
Neue Länder	**1,23**	**69**	**30,9**
Deutschland	**5,17**	**63**	**26,5**

Anmerkung: Die dargestellten DM-Beträge entsprechen 42,5 % der Gesamtausgaben.
© BBR Bonn 2000   ROB 2000

Quelle: Bundesministerium für Finanzen, Eigenheimzulagenstatistik; Laufende Raumbeobachtung des BBR

Tabelle 13
Eigenheimzulage 1995–1998 nach Ländern

im Berliner Umland stark beeinflusste Land Brandenburg.

Bei der Interpretation der unterschiedlich hohen Inanspruchnahme der Eigenheimzulage in den einzelnen Ländern sind die erheblichen siedlungsstrukturellen Unterschiede und die damit verbundenen unterschiedlich hohen Eigentümerquoten sowie die Unterschiede in der Intensität und Struktur der Wohnungsbautätigkeit zu berücksichtigen. Die Wohnungsbauintensität im Marktsegment Ein- und Zweifamilienhäuser lag im Jahresdurchschnitt der Jahre 1997/98 in den neuen Ländern mit 30,9 Wohnungen je 10 000 Einwohner durchaus beträchtlich über derjenigen in den alten Ländern von 25,3 WE. Besonders hohe Fertigstellungsraten bei Ein- und Zweifamilienhäusern weisen die Länder Brandenburg und Mecklenburg-Vorpommern auf, gefolgt von Schleswig-Holstein und Niedersachsen. Auch die Selbstnutzungsquoten bei Ein- und Zweifamilienhäusern unterscheiden sich regional z.T. beträchtlich (z.B. sehr niedrige Quoten im Berliner Umland).

Darüber hinaus sind eine Reihe weiterer Strukturfaktoren für die Inanspruchnahme der Eigenheimzulage maßgeblich, wie z.B. die demographische und sozioökonomische Struktur der Haushalte, die Verteilung der begünstigten Maßnahmen u.a. nach Neubau und Bestandserwerb und die Immobilienpreise.

Darlehensförderung der
Kreditanstalt für Wiederaufbau (KfW):

Im Rahmen der *Darlehensförderung der KfW* werden durch das seit 1990 laufende KfW-Wohnraummodernisierungsprogramm Ost sowie durch das 1996 aufgelegte KfW-Programm zur CO_2-Minderung für die alten Länder die *Bestandsinvestitionen* gefördert. Diese beiden KfW-Programme zur Bestandsförderung sind damit auf den jeweils spezifischen Erneuerungsbedarf in den alten und den neuen Ländern hin abgestellt. Insofern ergibt sich eine komplementäre Funktion der Programme, als mit dem KfW-Programm zur CO_2-Minderung für die alten Länder Maßnahmen zur Energieeinsparung begünstigt werden, die auch zum Spektrum des KfW-Wohnraummodernisierungsprogramm Ost gehören. Nachdem mit dem von 1989 bis Anfang 1993 laufenden KfW-Wohnungsbauprogramm West zur Schaffung von zusätzlichen Wohnungen im Bestand auf die damaligen gravierenden Wohnungsengpässe in den alten Ländern mit Erfolg reagiert wurde, wird durch das 1996/97 neu aufgelegte KfW-Programm „junge Familien" die Förderung des Wohneigentums bundesweit unterstützt (6 Mrd. DM). Darüber hinaus wird im Städtebau das KfW-Infrastrukturprogramm eingesetzt. Im Rahmen dieser Programme sind zwischen 1991 und 1998 rund 95 Mrd. DM an zinsgünstigen Darlehen bewilligt worden. Eindeutiger Schwerpunkt sind mit rund 75 Mrd. DM die neuen Länder (78 %). An diesem Ergebnis maßgeblich beteiligt ist das KfW-Wohnraummodernisierungsprogramm mit 69 Mrd. DM, welches nur in den neuen Ländern zur Anwendung kommt. Mit deutlichem Abstand kommt das KfW-Infrastrukturprogramm mit Schwerpunkt alte Länder (17 Mrd. DM).

Das seit 1990 bestehende *KfW-Wohnraummodernisierungsprogramm (Ost)* ist im Bereich „Stadtentwicklung und Wohnen" für die neuen Länder mit einem Darlehensvolumen von rund 3 900 DM je Einwohner im Zeitraum 1991–1998 die mit Abstand wichtigste Darlehensförderung.

Das Programm begünstigt über die Gewährung von zinsgünstigen Darlehen verschiedene Instandsetzungs- und Modernisierungsinvestitionen an Wohnungen und Gebäuden sowie eine Reihe zusätzlicher Maßnahmen in den neuen Ländern. Dazu gehören auch die Neuschaffung von Mietwohnungen im vorhandenen Gebäudebestand sowie Investitionen in das Wohnumfeld. Die Kreditobergrenze beträgt nach einer Anhebung rd. 800 DM pro m^2 Wohnfläche. Das KfW-Wohnraummodernisierungsprogramm wird durch Förderangebote der Länder ergänzt; darüber hinaus bestehen Kumulierungsmöglichkeiten mit anderen Förderungen.

Der Kreditrahmen des KfW-Wohnraummodernisierungsprogrammes von 60 Mrd. DM wurde 1997 auf 70 Mrd. aufgestockt. Er wurde bis Ende 1998 mit einem Zusagevolumen von 69,3 Mrd. DM fast ausgeschöpft und zunächst auf 75 Mrd. DM, dann auf 79 Mrd. DM erweitert.

Mit dem KfW-Wohnraummodernisierungsprogramm wurden im Berichtszeitraum Investitionen bei insgesamt 3,3 Mio. Wohnungen gefördert, was beinahe der Hälfte des gesamten Bestandes in den neuen Ländern entspricht. Damit hat das Programm eine außerordentlich hohe Breitenwirkung entfaltet, die derzeit von keiner anderen Förderung erreicht werden dürfte. Bei den begünstigten Maßnahmen dominieren die Instandsetzungsmaßnahmen mit einem Anteil von 58,4 %, gefolgt von Investitionen zur Energieeinsparung mit 24,6 %. Häufig wird allerdings eine Kombination verschiedener Maßnahmen vorgenommen.

Die räumliche Verteilung der Inanspruchnahme von Krediten aus der Wohnraummodernisierungsförderung der KfW zeigt in einer Betrachtung auf Länderebene, dass das Land Sachsen mit einem Wert von über 4 900 DM je Einwohner den Spitzenplatz belegt, gefolgt von Mecklenburg-Vorpommern mit 4 465 DM je Einwohner. Während Thüringen und Sachsen-Anhalt mit rund 4 000 DM je Einwohner in etwa gleichauf liegen, weicht der Wert für das Land Brandenburg doch deutlich nach unten ab.

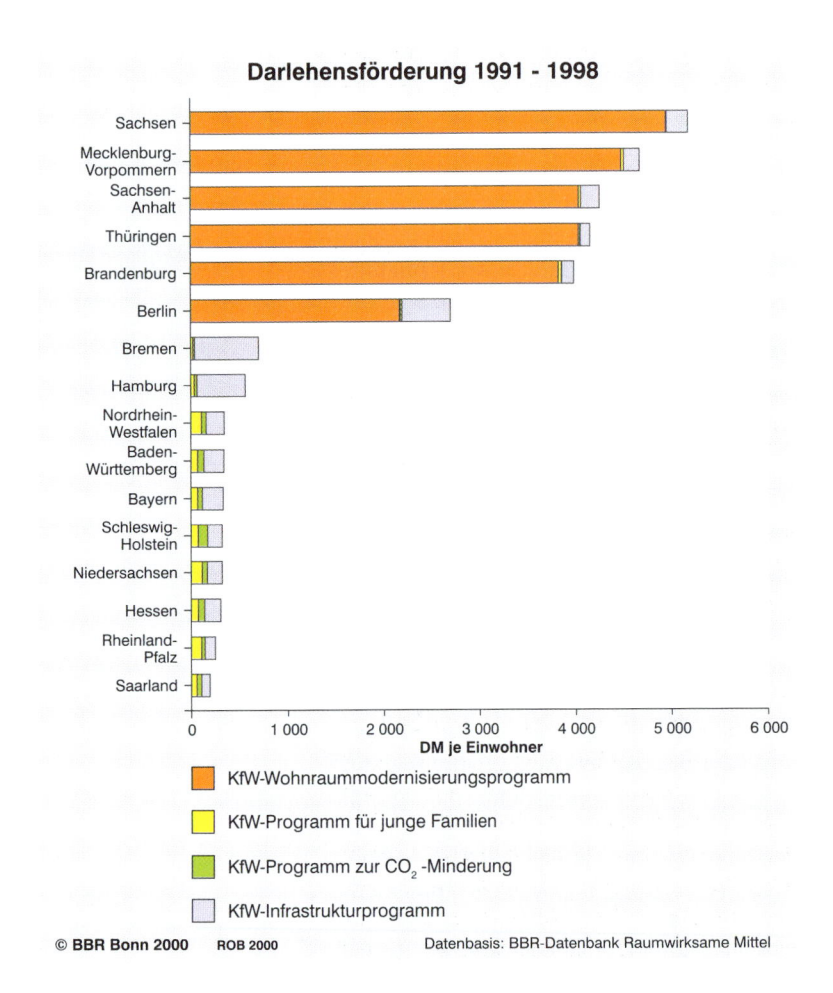

Abbildung 50
Darlehensförderung im Bereich Stadtentwicklung und Wohnen 1991–1998 in DM je Einwohner

Bei einer differenzierteren Betrachtung nach Kreisen zeigen sich innerhalb der Länder erhebliche Unterschiede in der einwohnerspezifischen Inanspruchnahme der KfW-Wohnraummodernisierungsförderung. Eine besonders hohe Förderintensität mit Werten von über 6 000 DM je Einwohner weisen die kreisfreien Städte auf, so zum Beispiel Leipzig, Schwerin, Cottbus und Dresden. Dagegen weisen einige der Berliner Umlandkreise (Potsdam Mittelmark, Märkisch Oderland, Oder-Spree und Oberhavel) eine sehr niedrige einwohnerspezifische Inanspruchnahme auf; diese Kreise sind aber durch eine sehr intensive Neubautätigkeit insbesondere im Eigenheimbereich gekennzeichnet. Andere Kreise mit einem geringen einwohnerspezifischen Investitionsniveau finden sich in Nordthüringen (z.B. Sömmerda, Kyffhäuserkreis), in Südthüringen (Hildburghausen, Schmalkalden-Meiningen) sowie in Sachsen-Anhalt im Umland von Halle (Bitterfeld, Saalkreis) und in Dessau.

Die höhere Inanspruchnahme in den Kernstädten dürfte vor allem auf den hohen Anteil an Mietwohnungen und darunter solche mit einem hohen nachholenden Instandsetzungs- und Modernisierungsbedarf zurückzuführen sein, während andere Kreise mit geringerer Inanspruchnahme stärker vom selbstgenutzten Wohneigentum mit geringerem Investitionsbedarf und geringerer Eigenkapitalausstattung der Eigentümer geprägt sind.

Das *KfW-Programm zur CO_2-Minderung* dient der zinsgünstigen, langfristigen Finanzierung von Investitionen zur CO_2-Minderung und zur Energieeinsparung in bestehenden Wohngebäuden (selbstgenutzt und vermietet) in den alten Ländern einschließlich Berlin (West). Der Zinssatz wird dabei in den ersten zehn Jahren verbilligt. Im Berichtszeitraum wurde bundesweit seit 1998 auch die Errichtung von Niedrigenergiehäusern gefördert. Angesichts der kurzen Laufzeit seit 1998 und der Beschränkung auf Niedrigenergiehäuser in den neuen Ländern muß die Verteilung der von 1996 bis 1998 in Anspruch genommenen Fördermittel aus dem CO_2-Minderungsprogramm nach Ländern für alte und neue Länder getrennt erfolgen. Insgesamt wurden von 1996 bis 1998 bundesweit Fördermittel aus dem CO_2-Minderungsprogramm in Höhe von 3,4 Mrd. DM ausgegeben. Der auf die neuen Länder (ab 1998) entfallende Anteil beträgt hierbei nur ca. 70 Mio. DM.

Das seit 1996/97 laufende *KfW-Programm zur Förderung des Wohneigentums für junge Familien* dient der langfristigen Finanzierung des Baus oder des Erwerbs von selbstgenutztem Wohneigentum durch zinsgünstige Darlehen für die auf den nachstelligen Beleihungszeitraum entfallenden Kosten. Es kann von jungen Familien, alleinstehenden Elternteilen mit Kind(ern) sowie jungen Ehepaaren im gesamten Bundesgebiet in Anspruch genommen werden. Der Finanzierungsanteil beträgt bis zu 20 % der angemessenen Gesamtkosten, höchstens 195 583 DM. Es bestehen Kumulierungsmöglichkeiten u.a. mit der Eigenheimzulage sowie mit der Wohneigentumsförderung des sozialen Wohnungsbaues.

Von Beginn des Programms im November 1996 bis Ende 1998 sind Kredite in Höhe von rund 5,9 Mrd. DM zugesagt worden; die Inanspruchnahme hat sich im Jahr 1998 gegenüber dem ersten vollen Jahr 1997 von 919 Mio. DM auf fast 5 Mrd. DM um ein Vielfaches erhöht. Vom gesamten Zusagevolumen entfällt mit 5,6 Mrd. DM der weitaus größte Teil auf die alten Länder, während der Anteil der neuen Länder mit 0,3 Mrd. DM sehr gering ausfällt.

Bei grundsätzlich gleichen Anspruchsvoraussetzungen in den neuen und alten Ländern erscheint dies bemerkenswert. Hierfür spielen vermutlich verschiedene Einflussfaktoren eine Rolle. So wirkt sich die demographische Zusammensetzung und ein höheres Durchschnittsalter der Eigentum bildenden Haushalte in den neuen Ländern hemmend auf die Inanspruchnahme des Programms aus. Auch die Finanzierungsstrukturen unterscheiden sich; unter anderem weil in den neuen Ländern relativ häufig für die Finanzierung des nachrangigen Beleihungszeitraumes Mittel des Sozialen Wohnungsbaus in Anspruch genommen werden. Das in der Regel höhere Preisniveau in den alten Ländern für Wohneigentum dürfte sich ebenfalls auf die einwohnerspezifische Förderintensität auswirken. Darüber hinaus könnte in den neuen Ländern auch ein gewisses Informationsdefizit über die Möglichkeiten der Förderung durch das KfW-Programm „junge Familien" bestehen.

Bereich Städtebau

Die *Städtebauförderung* umfasst *städtebauliche Sanierungs- und Entwicklungsmaßnahmen* in allen Ländern. Für die neuen Länder gibt es zusätzlich die Programmbereiche „Städtebaulicher Denkmalschutz" und „Städtebauliche Weiterentwicklung großer Neubaugebiete". Zugunsten der neuen Länder legte der Bund in den ersten Jahren nach der Einheit Deutschlands darüber hinaus verschiedene Sonderprogramme auf, nämlich für städtebauliche Modellvorhaben (1991–1994), für Erschließung von Wohngebieten (1993/94) für Städtebauliche Entwicklung von Wohngebieten (1993) und für städtebauliche Planungsleistungen (1991/92).

Als besonders wichtig sind die ökonomischen Impulse zu bewerten, die von den geförderten Maßnahmen auf den Aufbau des mittelständischen Baugewerbes in Ostdeutschland ausgehen. Insgesamt wurden im Zeitraum 1991–1998 für den Bereich der Städtebauförderung rund 6,6 Mrd. DM verausgabt. Die regionale Verteilung der Mittel bezogen auf die Einwohner dokumentiert den Fördervorsprung der ostdeutschen Länder. Mit 252 DM je Einwohner liegt Mecklenburg-Vorpommern auf dem ersten Platz, dicht gefolgt von den anderen ostdeutschen Ländern, die mit Ausnahme von Berlin (98 DM/EW) in etwa gleichem Maße an der Städtebauförderung partizipierten. In Westdeutschland erreicht Bremen mit 42 DM je Einwohner den ersten Platz und Bayern sowie Baden-Württemberg mit je rund 28 DM pro Kopf den letzten Platz. Im Jahr 1999 wird die Städtebauförderung auf dem Niveau der Vorjahre in Höhe von 600 Mio. DM fortgesetzt. Dem hohen Erneuerungsbedarf entsprechend liegt mit 520 Mio. DM der Schwerpunkt der Förderung in den neuen Ländern.

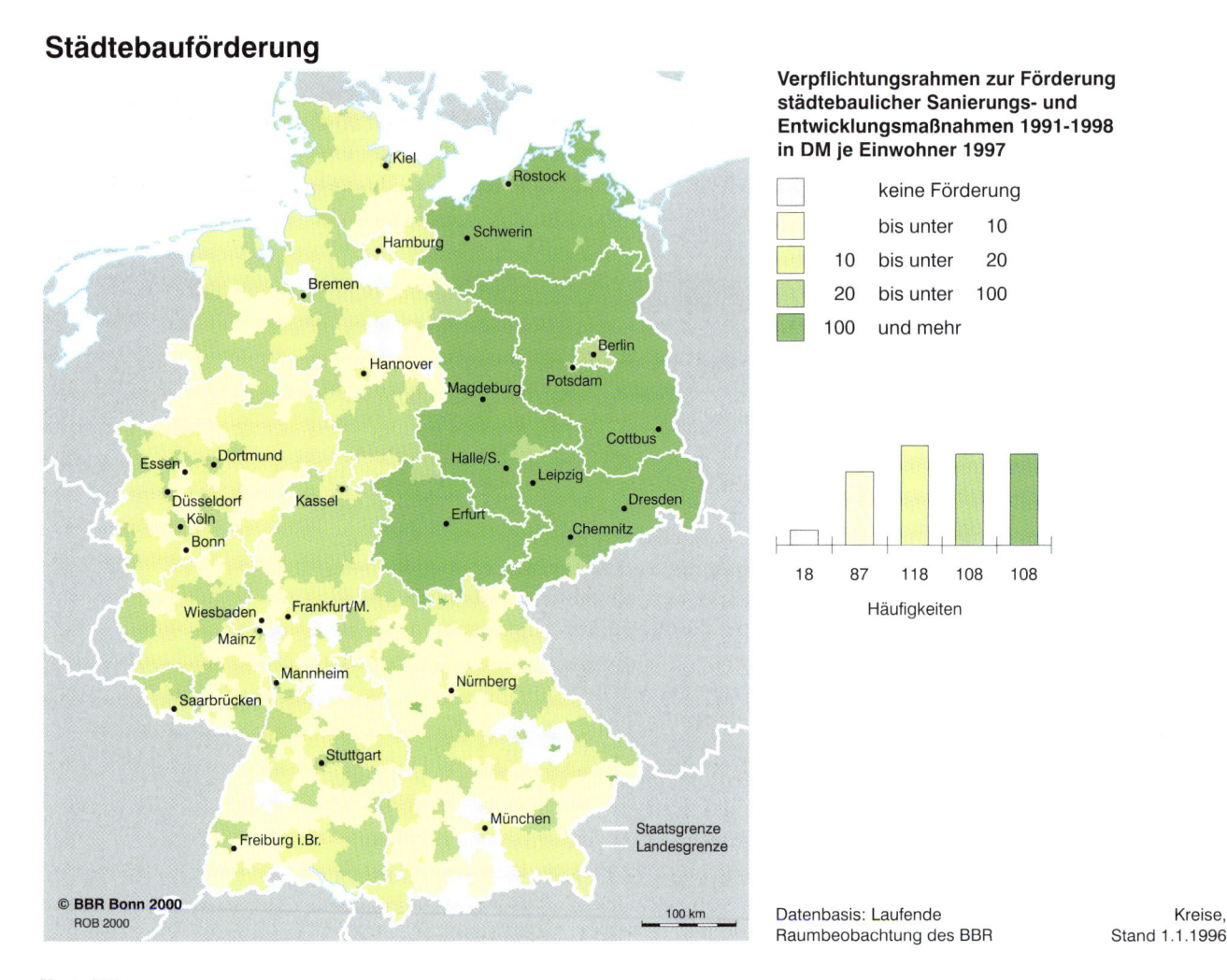

Städtebauförderung

Verpflichtungsrahmen zur Förderung städtebaulicher Sanierungs- und Entwicklungsmaßnahmen 1991-1998 in DM je Einwohner 1997

- keine Förderung
- bis unter 10
- 10 bis unter 20
- 20 bis unter 100
- 100 und mehr

Häufigkeiten: 18, 87, 118, 108, 108

Datenbasis: Laufende Raumbeobachtung des BBR
Kreise, Stand 1.1.1996

Karte 121
Dem hohen Erneuerungsbedarf entsprechend liegt der Schwerpunkt der Städtebauförderung in den neuen Ländern. Das differenzierte räumliche Verteilungsmuster in den alten Ländern zeigt den bereits hohen Erneuerungs- und Entwicklungsbedarf in den Zielgebieten der Suburbanisierung, den Umländern der Großstädte.

Zusätzlich veranschlagt der Bundeshaushalt 1999 für den Start des neuen Programmansatzes „Stadtteile mit besonderem Entwicklungsbedarf – *Die soziale Stadt*" (s. Erläuterungskasten) Finanzhilfen in Höhe von 100 Mio. DM, so dass 1999 an Bundesfinanzhilfen zur Förderung der städtebaulichen Erneuerung und Entwicklung insgesamt 700 Mio. DM als Verpflichtungsrahmen zur Verfügung stehen. Ziel des Programms ist es, Mittel investiver und personenbezogener Förderung im Rahmen integrierter Entwicklungskonzepte zur Erneuerung städtischer Problemgebiete zu bündeln. Der Regierungsentwurf zum Haushalt 2000 sieht vor, die Städtebauförderung und das Programm „Die soziale Stadt" auf dem hohen Niveau von 1999 fortzuführen und in der mittelfristigen Finanzplanung zu verstetigen.

Die Finanzhilfen nach dem *Gemeindeverkehrsfinanzierungsgesetz (GVFG)* dienen maßgeblich zur Verbesserung der Verkehrssituation in den Städten und Gemeinden. Die geförderten Maßnahmen können sowohl im kommunalen Straßenbau als auch im öffentlichen Personennahverkehr (ÖPNV) liegen. Die Mittel des Bundes sind eine wesentliche Voraussetzung zur Schaffung eines leistungsfähigen und attraktiven ÖPNV in Stadt und Land. Zwischen 1991–1998 hat die Bundesregierung 42,2 Mrd. DM in dieses Maßnahmenfeld investiert, wovon 13,2 Mrd. DM auf Ost- und 29 Mrd. DM auf Westdeutschland entfallen.

Die *Infrastrukturförderung der Gemeinschaftsaufgabe „Verbesserung der regionalen Wirtschaftsstruktur"* konzentriert sich auf den wirtschaftsnahen Bereich, der primär in der Zuständigkeit der Städte und Gemeinden liegt. Im Zeitraum 1991–1998 wurden rund 14 Mrd. DM an Bundesmitteln zur Verfügung gestellt. Diese Mittel dienten u.a. zur die Erschließung von Industrie- und Gewerbegebieten einschließlich der Wiedernutzbarmachung brachliegender Flächen, zur Errichtung oder Ausbau von Verkehrsanbindungen von Gewerbebetrieben an das Verkehrsnetz, zur Geländeerschließung für den Fremdenverkehr sowie öffentlicher Einrichtungen des Fremdenverkehrs und zur Errichtung von Forschungs-, Technologie- und Gründerzentren. Die Inanspruchnahme der Infrastrukturförderung erfolgt regional in unterschiedlicher Intensität. Das räumliche Muster spiegelt sowohl vorhandene Ausstattungsdefizite und wirtschaftsstrukturelle Potenziale als auch regionalpolitische Förderstrategien wider.

Erläuterung: Bund-Länder-Programm „Die soziale Stadt"

Die Stadtsanierung der vergangenen 25 Jahre musste sich darauf konzentrieren, städtebauliche Missstände zu beseitigen und die strukturellen Veränderungen sozial abzusichern. Mehrere Trends haben die Rahmenbedingungen deutlich verändert:

- Erhöhung der Arbeitslosigkeit (insbesondere Langzeitarbeitslosigkeit),
- Zunahme einkommensschwacher Haushalte (Anstieg der Zahl der Sozialhilfeempfänger u.a. bei Alleinerziehenden mit Kindern, wachsende Zahl von nicht in das Wirtschaftsleben integrierten Ausländern und Aussiedlern),
- zunehmende Perspektivlosigkeit unter Jugendlichen, die vieler Orts einhergeht mit wachsender Jugendarbeitslosigkeit, fehlenden beruflichen Chancen, steigender Kriminalität junger Menschen.

Diese Trends führen zu sozialen Problemlagen. Soziale Ungleichheit verteilt sich jedoch nicht gleichmäßig über das Stadtgebiet. Die sozioökonomischen Prozesse führen zur räumlichen Konzentration sozialer Problemlagen in den Städten. Stadtteile mit besonders hohem Anteil sozial gefährdeter Gruppen gibt es in fast allen europäischen Staaten. Frankreich, Großbritannien und die Niederlande haben für diese Problemkumulationsgebiete bereits Programme entwickelt. In Deutschland haben einige Länder auf die zunehmende soziale Polarisierung in den Städten reagiert (1995 Kabinettbeschluss NRW: Konzentrierte Förderung von Stadtteilen, Hamburg: Armutsbekämpfungsprogramm, Bremen: Wohnen in Nachbarschaften). 1997 hat die Ministerkonferenz der ARGEBAU zu einer „Gemeinschaftsinitiative soziale Stadt" aufgerufen. Gebündelt worden sind diese Aktivitäten in der Koalitionsvereinbarung vom 20. Oktober 1998 unter Punkt 8.: Bezahlbare Wohnungen und lebenswerte Städte: Die Städtebauförderung wird verstärkt. Sie verknüpft verschiedene Politikfelder mit einem neuen integrativen Ansatz. Sie wird ergänzt durch ein Programm „Stadtteile mit besonderem Entwicklungsbedarf – die soziale Stadt" für Innenstädte, Großsiedlungen und Stadtteilzentren. Das Ziel des Programms besteht aus zwei miteinander verknüpften Komponenten:

- nachhaltige Verbesserung der Lebenssituation der betroffenen Menschen in benachteiligten Stadtquartieren durch eine aktive und integrativ wirkende Stadtentwicklungspolitik,
- Erhöhung des Wirkungsgrades öffentlicher Maßnahmen durch frühzeitige Abstimmung und Bündelung öffentlicher und privater Finanzmittel auf Stadtteilebene.

Ende 1999 ist das Bund-Länder-Programm mit 162 Stadtteilen in 124 Städten angelaufen.

Die überdurchschnittliche Inanspruchnahme einzelner Räume in Mecklenburg-Vorpommern hängt mit deren unzureichender infrastrukturellen Ausstattung und der daraus resultierenden begrenzten Attraktivität für gewerbliche Investoren zusammen. Daneben ist eine überdurchschnittliche Inanspruchnahme der Infrastrukturförderung für Regionen in Sachsen festzustellen.

Insgesamt hat die Bundesregierung im Bereich der Stadtentwicklung und Wohnen rund 91 Mrd. DM verausgabt, wobei rund 40 Mrd. DM in den neuen Ländern wirksam wurden. Auf einen Einwohner in den neuen Länder entfällt somit ein Wert von rund 2 250 DM gegenüber 800 DM in den alten Ländern, was einem Verhältnis von 2,8 zu 1 entspricht. Während die Mittelverteilung innerhalb der alten Länder keine Besonderheiten zeigt, hat Sachsen in den neuen Ländern eine Spitzenposition inne. Zu diesem Ergebnis tragen insbesondere jene Mittel bei, die für die Förderung der wirtschaftsnahen Infrastruktur verausgabt werden.

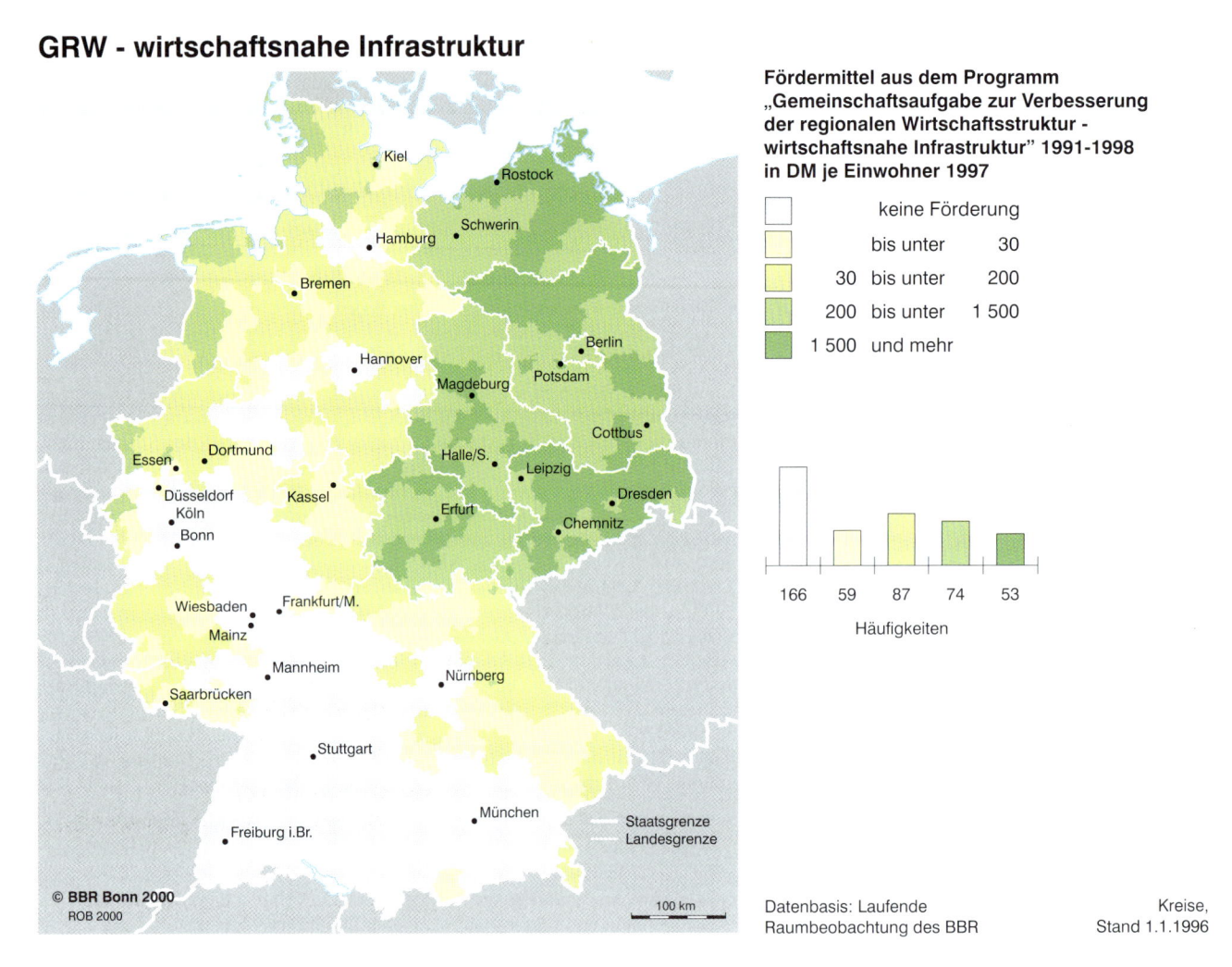

GRW - wirtschaftsnahe Infrastruktur

Fördermittel aus dem Programm „Gemeinschaftsaufgabe zur Verbesserung der regionalen Wirtschaftsstruktur - wirtschaftsnahe Infrastruktur" 1991-1998 in DM je Einwohner 1997

- keine Förderung
- bis unter 30
- 30 bis unter 200
- 200 bis unter 1 500
- 1 500 und mehr

Häufigkeiten: 166 | 59 | 87 | 74 | 53

Datenbasis: Laufende Raumbeobachtung des BBR
Kreise, Stand 1.1.1996

Karte 122
Die regional unterschiedliche Inanspruchnahme dieses – auf die GRW-Fördergebietskulisse beschränkten – Programms, erklärt sich aus vorhandenen infrastrukturellen Ausstattungsdefiziten bei gleichzeitig vorliegenden wirtschaftsstrukturellen Entwicklungspotenzialen. Dies sind vor allem ländliche Regionen in den neuen Ländern.

Agrarpolitik

Wesentliche Instrumente der Agrarpolitik:

Bund-Länder-Gemeinschaftsaufgabe „Verbesserung der Agrarstruktur und Küstenschutz" (Bundesanteil)

Landwirtschaftliche Sozialpolitik

Markt- und Preispolitik im Rahmen der Gemeinsamen Agrarpolitik der Europäischen Union

Die Agrarpolitik der Bundesregierung zielt darauf ab, die Wettbewerbsfähigkeit der Land- und Ernährungswirtschaft zu sichern und zu verbessern, sowie eine multifunktionale Landwirtschaft zu erhalten. Die Landwirtschaft soll darüber hinaus in die Lage versetzt werden, den hohen Anforderungen zum Schutz der Verbraucher, der Umwelt und der landwirtschaftlichen Nutztiere zu entsprechen. Die Agrarpolitik übernimmt damit eine besondere Verantwortung für den ländlichen Raum. Ein wesentliches Standbein dieser Politik besteht in der *Gemeinschaftsaufgabe „Verbesserung der Agrarstruktur und des Küstenschutzes"*. Die Bundesregierung hat durch diesen Einsatz den strukturellen Anpassungsprozess der Landwirtschaft durch eine Vielzahl von Maßnahmen begleitet. Im Rahmen der Gemeinschaftsaufgabe setzt die Bundesregierung insbesondere zur Stärkung leistungsfähiger Betriebe, zur Verbesserung der Infrastruktur im ländlichen Raum und zur Unterstützung der Landwirtschaft in benachteiligten Gebieten erhebliche Mittel ein. Die Gemeinschaftsaufgabe „Verbesserung der Agrarstruktur und des Küstenschutzes" zielt auf die Gewährleistung einer leistungsfähigen, umweltgerechten, auf künftige Anforderungen ausgerichteten und im gemeinsamen Markt wettbewerbsfähigen Land- und Forstwirtschaft sowie auf die Verbesserung des Küstenschutzes.

Die Zielgruppe sind landwirtschaftliche Unternehmen, öffentliche Körperschaften und private Unternehmen. Der Maßnahmenkatalog umfasst die Förderung

- einzelbetrieblicher Investitionen in der Landwirtschaft,
- landwirtschaftlicher Betriebe in benachteiligten Gebieten,
- einer markt- und standortangepassten Landbewirtschaftung,
- im Bereich der Marktstrukturverbesserung,
- der Dorferneuerung,
- wasserwirtschaftlicher, kulturbautechnischer und forstwirtschaftlicher Maßnahmen sowie
- des Küstenschutzes.

Im Berichtszeitraum hat die Bundesregierung im Rahmen der Gemeinschaftsaufgabe rund 20 Mrd. DM verausgabt, wovon etwa 8 Mrd. DM in den neuen Ländern eingesetzt wurden. Begleitet werden diese Fördermaßnahmen durch eine aktive landwirtschaftliche Sozialpolitik für bäuerliche Familienbetriebe.

Hauptpfeiler der Politik für die Land- und Forstwirtschaft ist die gemeinsame Agrarpolitik der Europäischen Union. Mit der Einheit Deutschlands ist diese Politik zügig auf die neuen Länder übertragen worden. Insbesondere die großbetrieblichen landwirtschaftlichen Strukturen in den neuen Länder tragen dazu bei, dass Pro-Kopf-Zahlungen im Rahmen der gemeinsamen Agrarpolitik dem zweifachen der alten Länder entsprechen.

Insgesamt hat die Bundesregierung im Bereich der Agrarpolitik einschließlich der EU-Markt- und Preispolitik im Zeitraum 1991 bis 1998 112,4 Mrd. DM verausgabt, wobei 23,2 Mrd. DM in den neuen Ländern wirksam wurden. Auf einen Einwohner in den neuen Länder entfällt somit ein Wert von 1 311 DM. Insgesamt ist das Förderverhältnis zu den alten Ländern damit fast ausgeglichen. Insbesondere aufgrund der großbetrieblich-gewerblichen Organisationsform partizipiert die ostdeutsche Landwirtschaft an der landwirtschaftlichen Sozialpolitik derzeit noch kaum. Förderschwerpunkte in den alten Ländern sind die Länder Bayern, Niedersachsen und Schleswig-Holstein. In den neuen Ländern erhält Mecklenburg-Vorpommern die größte finanzielle Unterstützung durch die hier aufgezeigten Instrumente.

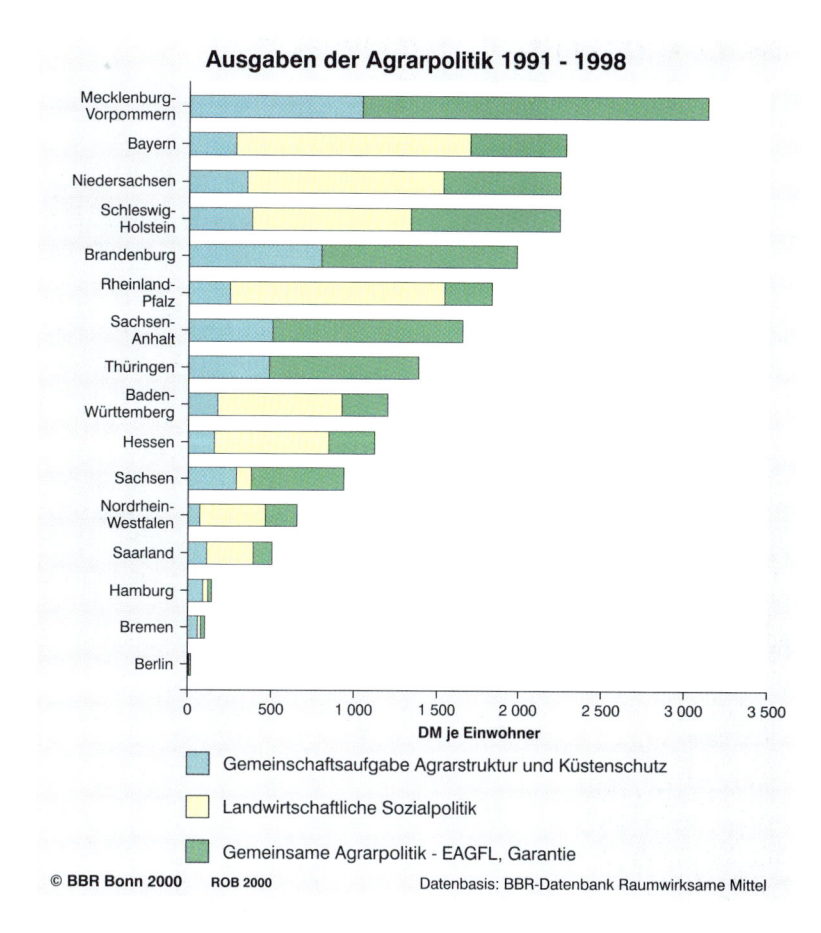

Abbildung 51
Ausgaben im Rahmen der Agrarpolitik 1991–1998 in DM je Einwohner

Umweltpolitik

Ausgewählte Instrumente der Umweltpolitik:

Großräumiger Natur- und Landschaftsschutz

Umweltbezogene und naturfördernde Maßnahmen auf Agrarflächen

Großräumiger und flächenhafter Natur- und Landschaftsschutz

Die Raumbedeutsamkeit des *Naturschutzes* ist durch ordnungspolitische Maßnahmen und Festlegungen wie z. B. die Ausweisung von Großschutzgebieten gekennzeichnet. In der dichtbesiedelten Bundesrepublik haben der Natur- und Landschaftsschutz eine lange Tradition. Für die unterschiedlichsten Schutzziele sind eine Vielzahl spezieller Schutzgebietskategorien entwickelt worden, deren Flächen sich zum Teil überlagern. Die unter Landschaftsschutz gestellte Fläche des Bundesgebietes beträgt bis zu 25 % der Landesfläche. Strenger geschützte Naturschutzgebiete umfassen nur 2,3 %.

Großschutzgebiete

Nationalparke und Biosphärenreservate

- ▇ Nationalpark
- ▨ Biosphärenreservat

N1 Bayerischer Wald
N2 Berchtesgaden
N3 Schleswig-Holsteinisches Wattenmeer
N4 Niedersächsisches Wattenmeer
N5 Hamburgisches Wattenmeer
N6 Jasmund
N7 Hochharz
N8 Sächsische Schweiz
N9 Müritz-Nationalpark
N10 Vorpommersche Boddenlandschaft
N11 Harz
N12 Unteres Odertal
N13 Hainich

B1 Flusslandschaft Elbe
B2 Pfälzer Wald
B3 Rhön
B4 Schorfheide Chorin
B5 Spreewald
B6 Südost-Rügen
B7 Vessertal-Thüringer Wald
B8 Oberlausitzer Heide- und Teichlandschaft
B9 Berchtesgaden
B10 Niedersächsisches Wattenmeer
B11 Schleswig-Holsteinisches Wattenmeer
B12 Hamburgisches Wattenmeer
B13 Bayerischer Wald

— Bundesautobahn   — Fluss
▢ Verdichtungsraum nach MKRO 1998

Quellen: LANIS, Bundesamt für Naturschutz, Okt. 1999 und Laufende Raumbeobachtung des BBR

Karte 123
Die Großschutzgebiete liegen in der Regel weitab der Verdichtungsräume. Sie bilden die größeren, zusammenhängenden Gebiete ab, in denen einzigartige Naturräume erhalten geblieben sind, wie Küsten- und Flusslandschaften und Mittelgebirgsregionen.

Zu den *Großschutzgebieten*, die im allgemeinen über 10 000 ha groß sind, zählen die 12 Nationalparke mit etwa 730 505 ha (mit Meer), 13 Biosphärenreservate, 78 Naturparke. Die Großschutzgebiete sind relativ homogen über das Bundesgebiet verteilt, wobei sich Nationalparke und Biosphärenreservate in den Grenzräumen und Naturparke in der Mittelgebirgsregion konzentrieren. Hinzu kommen 6 202 Naturschutzgebiete sowie weitere 6 159 Landschaftsschutzgebiete und Vogelschutzgebiete (vgl. Tab. 14).

Die zunehmende Ausweisung von Schutzgebieten hat die in sie gesetzten Hoffnungen noch nicht erfüllt. Eine Trendwende im Artenrückgang oder bei der Nivellierung der Landschaftsstruktur ist bisher nicht eingetreten. Die meisten der *Naturschutzgebiete* umfassen 20–50 ha. Durch die Ausweisung verhältnismäßig kleiner Schutzgebiete allein konnte die Biodiversität nicht erhalten werden. Außerdem sind die großräumig bedeutsamen ökologischen Funktionszusammenhänge im Naturhaushalt durch die Ausdehnung der Siedlungsbereiche, durch neue Trassen für Netzinfrastrukturen und durch die großräumige Intensivierung der landwirtschaftlichen Nutzung zunehmend gefährdet. Diese Entwicklungen erfordern eine neue Strategie und neue Ansätze bei der Sicherung der verbliebenen Freiräume und der wertvollen Kulturlandschaften. Der Schutz von Landschaft und Natur wird sich deshalb in Zukunft auch an der Größe der Schutzgebiete und neuen Leitbildern wie einem großräumigem Freiraum- und Biotopverbundsystem orientieren müssen.

Die Ministerkonferenz für Raumordnung (MKRO) hat in mehreren Entschließungen einen verbesserten Freiraumschutz und die Realisierung eines großräumigen Freiraumverbundes gefordert. In diesen Räumen soll danach eine weitgehend ungestörte Entwicklung von Flora und Fauna erfolgen, um die immer stärkere Isolation von Ökosystemen und Biotopen zu verhindern. Damit knüpft sie auch an die Forderungen der *Flora-Fauna-Habitat (FFH)-Richtlinie* (92/43/EWG v. 21.5.92) an, die mit Natura 2000 ein europaweites Netz natürlicher Lebensräume für den Arten- und Biotopschutz schaffen will.

Eine erste Bestandsaufnahme der *großräumig bedeutsamen Flächen für den Naturschutz* in Deutschland ist vom Bundesamt für Naturschutz (BfN) vorgenommen worden (vgl. Karte 124, S. 268). Hierbei handelt es sich überwiegend um Ländermeldungen (BB, BY, HE, MV, NI, RP, SL, ST und TH), ergänzt um Gebietsabgrenzungen des BfN für BW, SH, NW, NI, HH und HB. Viele der Flächen sind bereits mit einem Schutzstatus

Naturschutzflächen

Flächentyp	Anzahl	Fläche in ha	in % der Landesfläche	Stand
Naturschutzgebiet	6 202	824 161	2,3	31.12.1997
Nationalpark	13	730 505	2,0	01.07.1999
Biosphärenreservat	13	1 583 978	4,4	30.06.1999
Landschaftsschutzgebiet	ca. 6 159	ca. 8 897 232	24,9	31.12.1997
Naturpark	78	6 677 670	18,7	31.12.1998
Naturwaldreservat	678	25 016	<0,1	Dez. 1998
FFH-Gebiet nach 42/24 EWG	1 114	584 585	1,6	15.09.1999
Vogelschutzgebiet nach EG 79/409/EWG	554	855 984	2,4	15.09.1999
Feuchtgebiet internationaler Bedeutung (Ramsar)	29	671 204	1,9	31.05.1999
Europadiplomgebiet	8	103 876	0,3	01.07.1998
Europareservat	20	268 408	0,8	April 1998

Anmerkung: Die Flächenangaben der Naturschutzgebiete verstehen sich ohne Wasserflächen der Nord- und Ostsee; bei den Nationalparken und Feuchtgebieten beträgt der Anteil der Watt- und Wasserflächen ca. 80 %; die Flächenangaben der Flora-Fauna-Habitat-(FFH)-Gebiete bzw. Vogelschutzgebiete sind exclusive der Watt- und Wasserflächen (+509 109 ha bzw. +688 695 ha).

© BBR Bonn 2000   ROB 2000   Quelle: Bundesamt für Naturschutz 1999, nach Angaben der Bundesländer

Tabelle 14
Naturschutzflächen in Deutschland

nach Bundesnaturschutzgesetz gesichert. Diese national bedeutsamen Flächen für den Naturschutz sind eine wichtige Grundlage sowohl für die Entwicklung eines großräumigen Freiraum- und Biotopverbundes, eines Systems von europaweiten Schutzgebieten sowie von Gebieten für NATURA 2000 der FFH-Richtlinie. Der Kartenentwurf bedarf der weiteren Harmonisierung und Abstimmung, an der gearbeitet wird.

Die dargestellten Räume können entsprechend ihrer spezifischen Ausstattung und ihrer Zielsetzung entweder als Naturschutzgebiet, Landschaftsschutzgebiet, National- oder Naturpark Biosphärenreservat usw. gesichert sein. Diese Ausweisungen für einen speziellen Schutzzweck nach dem Bundesnaturschutzgesetz oder internationalen Vereinbarungen hatten jedoch noch nicht den gesamträumlich – funktionalen Zusammenhang im Blickfeld. Mit dem großräumigen Freiraumverbundsystem soll nunmehr diese Klammer geschaffen werden; es bedarf jedoch weiterer fach- und fachübergreifender Instrumente, um diese Funktionszusammenhänge planerisch zu sichern und auszubauen.

Der Naturschutz in Deutschland erscheint in seiner Vielzahl von Schutzgebietskategorien oft verwirrend. Internationale, nationale und Länderregelungen überschneiden sich vielfach. Insbesondere die unterschiedliche Handhabung beim Vollzug des Naturschutzes in den Bundesländern führt vielfach zu Problemen.

Land	FFH-Gebietsvorschläge der Bundesländer an den Bund			FFH-Gebietsmeldungen Deutschlands an die EU		
	Anzahl	Fläche in ha (ca.)	Fläche in % (ca.)	Anzahl	Fläche in ha (ca.)	Fläche in % (ca.)
Baden-Württemberg	150	52 920	1,5	150	52 920	1,5
Bayern	81	118 450	1,7	81	118 450	1,7
Berlin	9	1 820	2,0	9	1 820	2,0
Brandenburg	90	40 610	1,4	90	40 610	1,4
Bremen	1	450	1,1	1	450	1,1
Hamburg	12	4 320 (+11 350)	5,7 (15,0)	12	4 320 (+11 350)	5,7 (15,0)
Hessen	230	35 720	1,7	230	35 720	1,7
Mecklenburg-Vorpommern	136	108 417 (+73 400)	4,7 (3,2)	39	27 810 (+6 520)	1,2 (0,3)
Niedersachsen	171	93 240 (+216 230)	2,0 (4,5)	80	86 560 (+216 230)	1,8 (4,5)
Nordrhein-Westfalen	80	37 180	1,1	77	36 580	1,1
Rheinland-Pfalz	81	25 810	1,3	81	25 810	1,3
Saarland	13	2 910	1,1	13	2 910	1,1
Sachsen	89	64 211	3,5	64	47 170	2,6
Sachsen-Anhalt	86	65 950	3,5	78	56 190	2,8
Schleswig-Holstein	171	84 101 (+455 859)	5,3 (28,9)	93	27 460 (+292 650)	1,7 (18,6)
Thüringen	171	134 002	8,3	21	13 730	0,8
Deutschland	**1 571**	**870 111 (+756 839)**	**2,4 (2,1)**	**1 119**	**548 510 (+526 750)**	**1,6 (1,5)**

Anmerkung: Die Werte in Klammern stellen Watt- und Wasserflächen dar.
© BBR Bonn 2000   ROB 2000   Quelle: Bundesamt für Naturschutz

Tabelle 15
FFH-Gebietsvorschläge und -meldungen (Stand: 15.02.2000)

Vorrangflächen für den Naturschutz aus Bundessicht

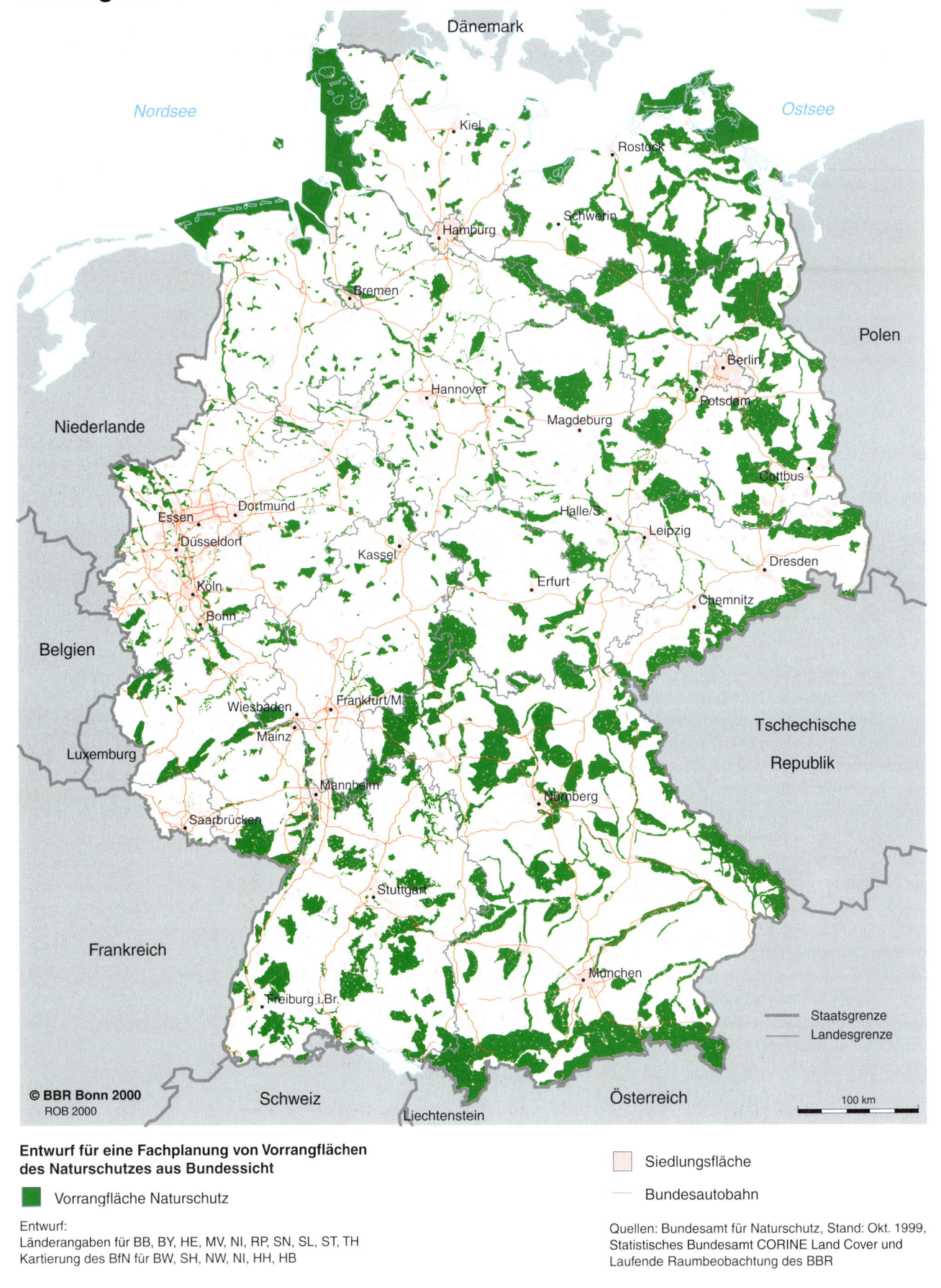

Entwurf für eine Fachplanung von Vorrangflächen des Naturschutzes aus Bundessicht

- Vorrangfläche Naturschutz

Entwurf:
Länderangaben für BB, BY, HE, MV, NI, RP, SN, SL, ST, TH
Kartierung des BfN für BW, SH, NW, NI, HH, HB

- Siedlungsfläche
- Bundesautobahn
- Staatsgrenze
- Landesgrenze

Quellen: Bundesamt für Naturschutz, Stand: Okt. 1999, Statistisches Bundesamt CORINE Land Cover und Laufende Raumbeobachtung des BBR

© BBR Bonn 2000
ROB 2000

Karte 124
Die Karte zeigt größere zusammenhängende Flächen von über 200 ha, die für den nationalen Naturschutz von besonderer Bedeutung sind. Es handelt sich um wertvolle Vorkommen von Flächen, die der Erhaltung der Arten, der Lebensraumdiversität und der Funktionsfähigkeit des Naturhaushaltes dienen. Aus Maßstabsgründen nicht einbezogen sind kleinere Flächen und auch Naturschutzgebiete, die durchaus von nationaler oder gar internationaler Bedeutung sein können. Viele dieser kleinen Gebiete befinden sich allerdings auch innerhalb der dargestellten Räume.

Umweltbezogene und naturfördernde Maßnahmen auf Agrarflächen

In den letzten Jahren wurden die umweltbezogenen und naturfördernden Maßnahmen auf Agrarflächen, auch außerhalb von Schutzgebieten, deutlich ausgeweitet. Rund 5,5 Mio. ha, das sind 32 % der 17,3 Mio. ha landwirtschaftlich genutzter Fläche Deutschlands, nahmen 1997 an *Agrarumweltprogrammen* teil, damit ca. 1 Mio. ha mehr als 1993/94. Gegenüber 1996 stieg die Fläche um 260 000 ha oder 5 % an.

Agrarumweltprogramme

Flächentyp	Fläche 1997 in ha	in % der Landwirtschaftsfläche
Anwendung der Verordnung 2078/92/EWG, darunter:	**5 567 753**	**32,1**
Wiesen- und Weideflächen	1 474 226	8,5
Ackerfläche	1 130 437	6,5
Dauerkulturen, Wein	53 639	0,3
Pflege aufgegebener Flächen	3 361	0,0
langfristige Flächenstilllegung (20 Jahre)	1 476	0,0
traditionelle Landbewirtschaftung	27 436	0,16
besonders naturschutzwürdige Flächen	82 806	0,5
ökologische Anbauverfahren 2092/91	229 486	1,3
umweltbezogene Grundförderung	2 549 103	14,7
Sonstige	15 783	0,09

Anmerkung: Angabe bei umweltbezogener Grundförderung exklusive Flächen mit anderen Maßnahmen

© BBR Bonn 2000 ROB 2000 Quelle: Bundesministerium für Ernährung, Landwirtschaft und Forsten

Tabelle 16
Flächenschutz durch Agrarumweltprogramme in Deutschland 1997

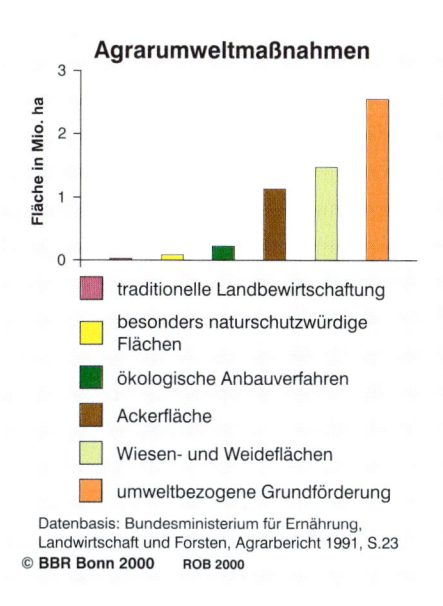

Abbildung 52
Geförderte Flächen im Rahmen von Agrarumweltmaßnahmen

Die Fördersumme für 25 *Agrarumweltprogramme* im Rahmen der *EU-Verordnung 2078/92 betrug 1998* ca. 900 Mio. DM. Dies sind ca. 5 % der Agrarausgaben in Deutschland, was allerdings nur ein kleiner Beitrag zum Umweltschutz im Agrarbereich ist. Sie liegen aber deutlich über dem Vergleichswert für die EU mit 3 %. Neben EU und Bund bieten die Bundesländer – mit finanzieller Beteiligung der EU und des Bundes – ökonomische Anreize zu gezielten Umwelt- und Naturschutzmaßnahmen unterschiedlichster Intensität. Die Durchführung erfolgt im Rahmen von Agrarumweltprogrammen der Länder, die u.a. Landschaftspflegemaßnahmen und Maßnahmen des Biotop- und Vertragsnaturschutzes vorsehen.

Trotz dieser aus Sicht von Ökologie und Naturschutz positiven Entwicklung bestehen allerdings Unsicherheiten hinsichtlich der Kontinuität, Langfristigkeit und Wirkung der Programme. Ein agrarpolitischer Strategiewechsel hin zu einer Förderung von Extensivierungsmaßnahmen und Aufgaben der Kulturlandschaftspflege deutet sich durch die Agenda 2000 an. Obwohl für 20 % der landwirtschaftlichen Nutzfläche in der EU zur Zeit Bewirtschaftungsverträge bestehen, bleibt die Inanspruchnahme der Programme in hochproduktiven, intensiv bewirtschafteten Agrarregionen in der Regel gering. In diesen Gebieten kann die Artenvielfalt unter immer stärkeren Druck geraten. Es wird also entscheidend sein, Mittel für eine umweltgerechte Landnutzung auch in den intensiv genutzten landwirtschaftlichen Regionen bereitzustellen.

Raumbedeutsame europäische Fachpolitiken

Über ihre raumwirksamen Fachpolitiken und die ihr zugewiesenen Kompetenzen nimmt die Europäische Union Einfluss auf die Ausgestaltung und Umsetzung nationaler und regionaler Raumentwicklungspolitiken und damit auf die Entwicklung der Regionen. Dieser Einfluss ist in den letzten Jahren stetig gestiegen. So hat z. B. der Vertrag über die Europäische Union vom 7. Februar 1992 (EU-Vertrag) die raumwirksamen sektoralen Kompetenzen der Union gestärkt. Dies betrifft die im Vertragswerk formulierten räumlichen Entwicklungsvorstellungen (speziell das Kohäsionsziel) sowie die damit verbundene Erweiterung der Kompetenzen, insbesondere für die Transeuropäischen Netze (Art. 129 b EVG), für den wirtschaftlichen und sozialen Zusammenhalt (Art. 130 a EVG) sowie für den Bereich der Umwelt (Art. 130 r-t EVG).

Im Zuge der Übertragung neuer Aufgaben, die zuvor in nationaler Verantwortung lagen, auf die Gemeinschaftsorgane ist es auch zu einer beträchtlichen Ausweitung des *EU-Haushaltvolumens* gekommen. Finanziell gesehen sind die gemeinschaftliche Agrarpolitik (GAP) und die Strukturfonds die wichtigsten politischen Maßnahmen der EU (vgl. Abb. 53). Auf diese beiden Bereiche entfielen 1997 83 % der Gemeinschaftsmittel.

Unter raumordnungspolitischen Aspekten kommt folgenden europäischen Fachpolitiken eine besondere Bedeutung zu, da sie unmittelbar Einfluss auf die Entwicklung der europäischen Regionen nehmen:

- Strukturfonds,
- Gemeinschaftliche Agrarpolitik (GAP),
- Transeuropäische Netze (TEN),
- Forschung, Technologie und Entwicklung (FTE),
- Umweltpolitik.

Die räumlichen Wirkungen der Gemeinschaftspolitiken ergänzen sich im Sinne einer stärker regional ausgewogenen Entwicklung jedoch keineswegs automatisch. Ohne gegenseitige Abstimmung können sie vielfach ungewollt regionale Entwicklungsunterschiede verstärken, da sie sich ausschließlich von sektoralen Fachzielen – ohne Raumbezug – leiten lassen. Die möglichst frühzeitige Berücksichtigung raumentwicklungspolitischer Ziele und Optionen bei der Formulierung und der Bewertung der gemeinschaftlichen Fachpolitiken kann sich daher positiv auf die Entwicklung der Gemeinden und Regionen auswirken. Darüber hinaus kann ein wachsendes Bewusstsein der lokalen und regionalen Ebene für die räumlichen Zusammenhänge der EU-Fachpolitiken dazu beitragen, dass sich die Entwicklungspolitik auf lokaler und regionaler Ebene besser mit den räumlichen Wirkungen der Gemeinschaftspolitiken ergänzen.

Künftig sollten die Gemeinschaftspolitiken daher die Ziele und politischen Optionen des *Europäischen Raumentwicklungskonzeptes (EUREK)* mit berücksichtigen. Mit der Mitteilung der Europäischen Kommission vom 1. Juli 1999 „Die Strukturfonds und ihre Koordinierung mit dem Kohäsionsfonds – Leitlinien für die Programme des Zeitraums 2000–2006" ist dieser Gedanken unter der Überschrift „Die Entwicklung der städtischen und ländlichen Gebiete und ihr Beitrag zu einer ausgewogenen Raumentwicklung" in die Umsetzung der Strukturpolitik schon eingeflossen. Die Mitgliedstaaten und die Kommission betrachten den raumentwicklungspolitischen Ansatz als wichtiges Mittel, um die Effizienz der Gemeinschaftspolitiken zu erhöhen.

Hinsichtlich der finanziellen Bedeutung der EU-Fachpolitiken für Deutschland ergibt sich ein eindeutiges Bild: Über die gemeinsame Agrarpolitik erzielt Deutschland mit Abstand die meisten Rückflüsse. Zwischen 1989 und 1998 hat Deutschland insgesamt 142 Mrd. DM aus Brüssel verein-

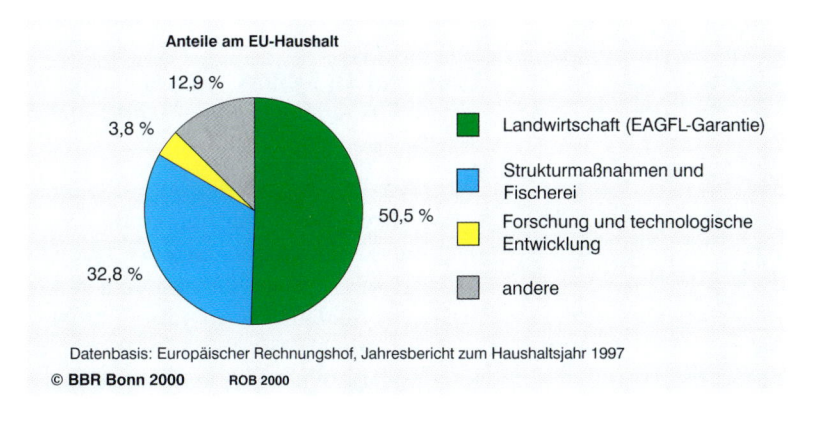

Abbildung 53
Haushalt der Europäischen Union 1997

Karte 125

Neben den neuen Ländern, die bis 1999 als Ganzes in die Fördergebietskulisse der EU-Strukturpolitik fielen, wurden in den alten Ländern vor allem ländliche Räume und altindustrialisierte Gebiete durch Mittel aus dem europäischen Fonds für regionale Entwicklung gefördert. Die Ausdehnung der EU-Fördergebiete ist in der Regel größer als die der nationalen Förderung durch die Gemeinschaftsaufgabe „Verbesserung der regionalen Wirtschaftsstruktur" GRW.

nahmt, davon entfallen rund 72 % auf den Agrarbereich. Dies entspricht einer jährlichen Summe von rund 10 Mrd. DM.

Europäische Strukturpolitik

Seit Jahren ist die europäische Gemeinschaft bemüht, das bestehende Wohlstandsgefälle und die damit verbundenen regionalen Ungleichgewichte zwischen den Städten und Regionen durch finanzielle Förderprogramme abzubauen. Zentrales Instrument bei der Angleichung der Lebensbedingungen in der EU sind die *Strukturfonds* und die darauf aufbauende Strukturpolitik. Seit dem Jahre 1989 sind diese Strukturfonds in ein Zielssystem eingebettet. Das Hauptziel besteht darin, den wirtschaftlichen Wohlstands- und Leistungsunterschied zwischen den Mitgliedstaaten und Regionen abzubauen. Dieses Hauptziel wird daher auch mit „Ziel 1" bezeichnet. Zu dieser Gebietskulisse zählen Regionen, deren Bruttoinlandsprodukt pro Einwohner unter 75 % des EU-Durchschnitts liegt. Großräumiger Schwerpunkt sind die südlichen Teile des Gemeinschaftsgebietes und die ostdeutschen Bundesländer. Daneben werden Regionen gefördert, die durch sektorale Anpassungsprozesse in wirtschaftliche Schwierigkeiten geraten sind (Ziel 2). Diese wirtschaftlichen Probleme müssen aber eine Intensität aufweisen, die ein europäisches Engagement rechtfertigen. Zu diesen Regionen zählen zum einen Gebiete mit industriellen Umstellungsschwierigkeiten, die meist in städtisch verdichteten Räumen liegen. Zum anderen fallen hierunter auch ländliche Räume, die im Rahmen der Gemeinsamen Agrarpolitik unter verstärkten Anpassungsdruck geraten sind.

Außerdem kommen Fördermittel, die ihren Schwerpunkt im arbeitsmarktpolitischen Instrumentarium aufweisen, auch flächendeckend zum Einsatz. Bezugspunkt dieser flächendeckenden EU-gestützen Arbeitsmarktpolitik bildet der Titel über Beschäftigung im Vertrag von Amsterdam, wonach die Schaffung und Sicherung von Beschäftigungsmöglichkeiten eine Angelegenheit von gemeinsamen Interesse ist. Dies beruht nicht zuletzt auf der Erkenntnis, dass in einem gemeinsamem Wirtschafts- und Währungsraum die gravierenden Arbeitsmarktprobleme gemeinsam angegangen und gelöst werden müssen.

Besonders betroffen von den Arbeitsmarktungleichgewichten sind die *Städte*. Eine europäische Raumentwicklungsstrategie muss daher die Funktionsfähigkeit der Städte sicherstellen. Denn aufgrund der Konzentration der wirtschaftlichen, materiellen und intellektuellen Ressourcen sind sie die Zentren der Kommunikation, der Kreativität und Innovation sowie des kulturellen Erbes. In welchem Ausmaß die Strukturfonds im Zeitraum 1994 bis 1999 auch eine besondere Bedeutung für die Städte Europas haben, belegt die Kommissionsmitteilung „Wege zur Stadtentwicklung in der europäischen Union"(KOM (97) 1197 vom 6.5.97). In Ziel-1-Regionen ist der Erfolg der städtischen Gebiete entscheidend für das Wachstum und die Entwicklung der gesamten Region. Maßnahmen in Ziel-2-Gebieten haben in vielen Mitgliedsstaaten ebenfalls häufig einen sehr städtischen Charakter.

In der Mitteilung „Nachhaltige Stadtentwicklung in der Europäischen Union: ein Aktionsrahmen" wird die Bedeutung der Städte für regionales Wachstum nochmals betont. In Zukunft sollen die Strukturfonds deshalb auch auf die städtischen Bedürfnisse und das städtische Potenzial in den Regionen ausgerichtet werden. Die Kommission hat Leitlinien für den zukünftigen Einsatz der Strukturfonds im Rahmen der Ziele 1 und 2 aufgestellt, mit denen ein integrierter, gebietsbezogener Ansatz zur Stadterneuerung gefördert wird. Dabei wird an erfolgreiche Versuche in den Mitgliedsstaaten sowie im Rahmen der bisherigen Gemeinschaftsinitiativen URBAN und INTEGRA und der städtischen Pilotprojekte des EFRE angeknüpft.

Die Ziele der europäischen Strukturpolitik werden außerdem durch Gemeinschaftsinitiativen verfolgt. Aus Sicht der Raumentwicklung ist die *Gemeinschaftsinitiative INTERREG* von besonderer Bedeutung, da mit ihr ein querschnittsorientierter Ansatz

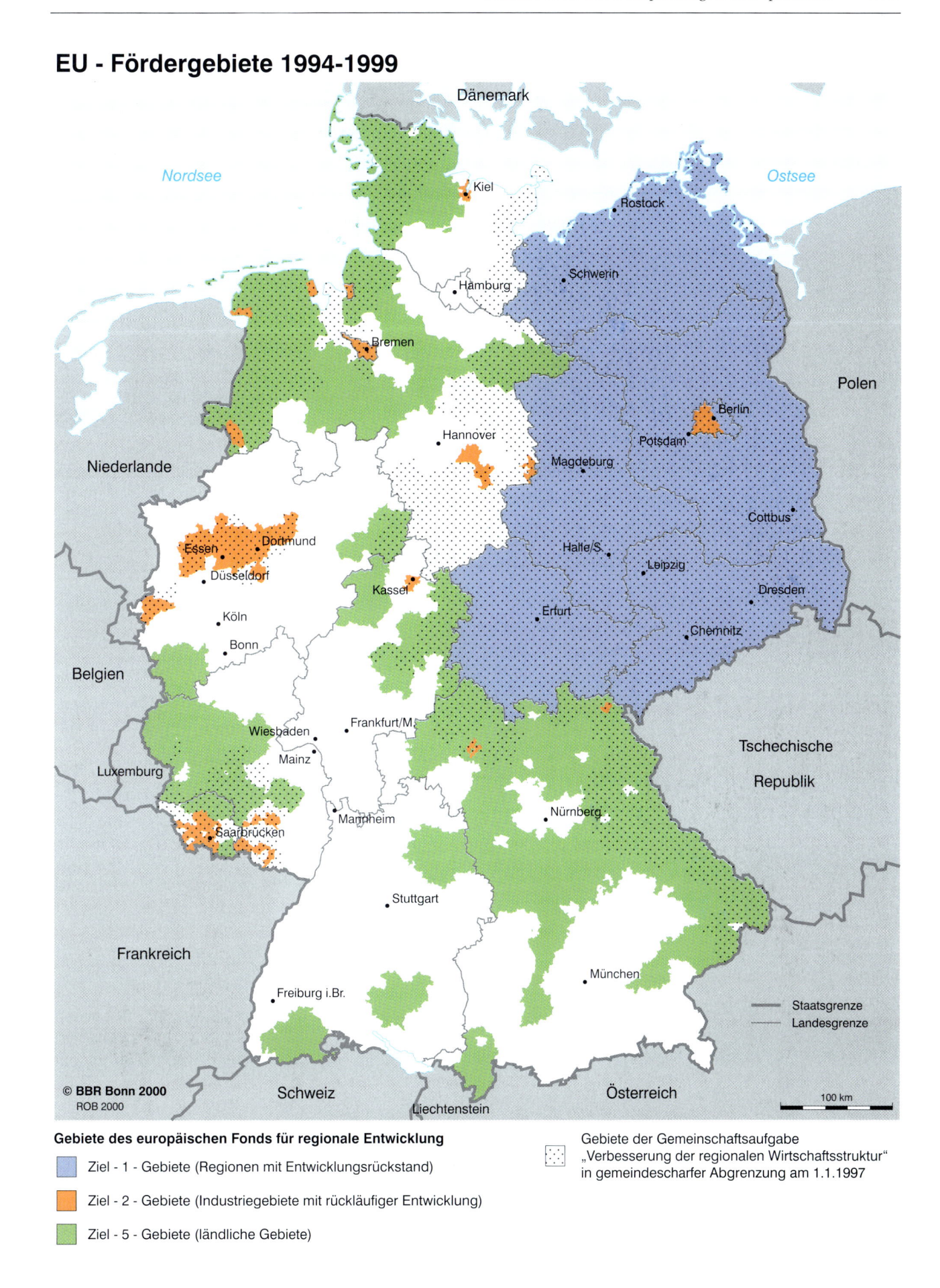

Raumbedeutsame Fachplanungen und -politiken 273

EU - Fördergebiete 1994-1999

Gebiete des europäischen Fonds für regionale Entwicklung

- Ziel - 1 - Gebiete (Regionen mit Entwicklungsrückstand)
- Ziel - 2 - Gebiete (Industriegebiete mit rückläufiger Entwicklung)
- Ziel - 5 - Gebiete (ländliche Gebiete)

Gebiete der Gemeinschaftsaufgabe „Verbesserung der regionalen Wirtschaftsstruktur" in gemeindescharfer Abgrenzung am 1.1.1997

Datenbasis: Laufende Raumbeobachtung des BBR

Gemeinden, Stand 1.1.1996

© BBR Bonn 2000
ROB 2000

zur Raumentwicklung verfolgt wird. Nicht einzelne Sektoren wie Schiffbau, Bergbau oder Textil stehen im Vordergrund, sondern das Zusammenspiel raumbeeinflussender Faktoren in einem integrierten Entwicklungsansatz in Grenzregionen und größeren transnationalen Kooperationsgebieten. Insgesamt erfährt das europäische strukturpolitische Instrumentarium durch grenzüberschreitende Maßnahmen eine bedeutsame inhaltliche Weiterentwicklung im Sinne einer raumentwicklungspolitischen Strategie.

Besondere Bedeutung erlangen die Strukturfonds zudem deshalb, da ihr Einsatz auf der Basis einer Programmfinanzierung erfolgt. Nicht die Einzelmaßnahme steht im Vordergrund, sondern deren Einbettung in eine regionale Entwicklungsstrategie. Diese Programmfinanzierung stellt das Ergebnis des partnerschaftlichen Austausches der an der regionalen Entwicklung beteiligten Institutionen und Personen im Gegenstromprinzip dar. Das Gegenstromprinzip begünstigt die Bildung solider regionaler Partnerschaften und bezieht die Akteure ein, die den besten Überblick über Entwicklungsprioritäten haben. Deshalb führt dieses Prinzip zu einer wirkungsvollen Abstimmung. Gleichzeitig trägt die Zusammenführung der regionalen Partnerschaften zu einer inhaltlichen und zeitlich abgestimmten Mittelbündelung auf regionaler Ebene bei. Hierdurch erhöht sich der Wirkungsgrad der strukturpolitischen Maßnahmen.

Insgesamt zeigt sich in der abgelaufenen Förderperiode 1994 bis 1999 für Deutschland folgendes Bild:

- 38 % der Einwohner in Deutschland leben in europäischen Fördergebieten.

	EU-Strukturfondsmittel in Mio. ECU in Preisen von 1994								
	Summe	Ziel 1	Ziel 2	Ziel 3	Ziel 4	Ziel 5a	Ziel 5b	Ziel 6	GI
EU der 15	152 220	93 970	15 352	12 938	2 246	6 136	6 859	698	14 021
Deutschland	**21 733**	13 639	1 566	1 682	260	1 145*	1 227	0	2 214
Anteil an EU der 15 in %	14,3	14,5	10,2	13,0	11,6	18,7	17,9	0,0	15,8
Neue Länder (NL)	**14 826**	13 639	0	0	0		0	0	1 187
Alte Länder (AL)	**5 762**	0	1 566	1 682	260		1 227	0	1 028
Sachsen	**3 767**	3 366							400
Sachsen-Anhalt	**2 503**	2 367							136
Brandenburg	**2 460**	2 169							291
Thüringen	**2 135**	2 003							133
Mecklenburg-Vorpommern	**1 974**	1 829							145
Berlin (Ost)	**795**	745							50
Länderübergreifend NL	**1 192**	1 160							32
Nordrhein-Westfalen	**1 503**		772	281	68		46		336
Bayern	**798**		31	57	5		560		144
Niedersachsen	**591**		91	121	17		245		117
Berlin (West)	**427**		338	51	13		0		25
Rheinland-Pfalz	**251**		50	30	6		111		54
Saarland	**237**		105	41	12		24		55
Hessen	**226**		46	50	9		81		42
Schleswig-Holstein	**213**		33	34	7		86		53
Baden-Württemberg	**193**		0	52	6		74		61
Bremen	**184**		100	40	10		0		34
Hamburg	**63**		0	39	10		0		14
Länderübergreifend AL	**1 079**		0	888	99		0		92

Anmerkung: GI=Europäische Gemeinschaftsinitiativen; * keine weiteren Angaben vorhanden; Abweichungen durch Rundungen
© BBR Bonn 2000   ROB 2000   Datenbasis: EU-Kommission, Bundesministerium für Wirtschaft, Bundesministerium für Arbeit und Sozialordnung

Tabelle 17
Verteilung der EU-Strukturfondsmittel auf die Länder 1994–1999

- Auf die Fläche bezogen erfolgen auf 60 % des Territoriums strukturpolitische Maßnahmen der Europäischen Union.
- Damit verbunden werden 179 Operationelle Programme bis Ende 2001 abgewickelt.
- Mit diesen 179 Programmen fließen zwischen 1994 und 1999 rund 43 Mrd. DM nach Deutschland. Hiervon entfallen rund 29 Mrd. DM auf die neuen Länder.

Mit der *AGENDA 2000* hat die Europäische Kommission ihre Vorstellungen hinsichtlich der Ausrichtung ihrer Strukturpolitik nach dem Jahre 2000 formuliert. Auf dem Berliner Gipfel am 24./25. März 1999 haben die Regierungschefs sich auf folgende Eckpunkte verständigt, wobei vor allem die Beschlüsse durch das Merkmal „Konzentration" und Sparsamkeit gekennzeichnet waren:

- Zusammenfassung der strukturpolitischen Ziele von sieben auf drei (s. Erläuterungskasten, S. 277);
- deutliche Rückführung der förderfähigen Bevölkerung in europäischen Fördergebieten von 51 % auf 40 % und
- starke Reduzierung der Zahl der Gemeinschaftsinitiativen von 14 auf vier.

Auch in der Förderperiode 2000 bis 2006 werden die Räume in Deutschland von den strukturpolitischen Maßnahmen der Union wieder stark beeinflusst werden:

1. Deutschland hat Gebiete der sogenannten *Ziel-1-Förderung*. Dieses Ziel dient der Förderung der Entwicklung und der strukturellen Anpassung der Regionen mit Entwicklungsrückstand. In Deutschland sind dies die neuen Länder. Ca. 19 Mrd. EURO stehen hier zur Verfügung. Berlin erhält als sogenanntes „Auslaufgebiet" eine Übergangsunterstützung bis 2005 in Höhe von 729 Mio. EURO.

2. Ebenso hat Deutschland Gebiete der sogenannten *Ziel-2-Förderung*. Dieses Ziel dient der Förderung der wirtschaftlichen und sozialen Umstellung der Gebiete mit Strukturproblemen. Die Fördergebietsbevölkerung sinkt im Vergleich zur Förderphase 1994–1999 von 14,8 auf 10,2 Mio. Einwohner (= 33 %). Ausscheidende Ziel-2- oder -5b-Gebiete werden noch bis zum Jahr 2005 finanziell unterstützt.

	EU-Strukturfondsmittel 2000-2006 in Mio. Euro (in Preisen von 1999)												
	Zielförderung							Europäische Gemeinschaftsinitiativen (GI)					
	Ziel 1	Übergang ehem. Ziel 1	Ziel 2	Übergang ehem. Ziel 2	Ziel 3	Fischerei (o. Ziel 1)	Summe Zielförderung	INTERREG	EQUAL	LEADER	URBAN	Summe GI	Summe Strukturfondsmittel
Spanien	37 744	352	2 553	98	2 140	200	**43 087**	900	485	467	106	**1 958**	45 045
Deutschland	**19 229**	**729**	**2 984**	**526**	**4 581**	**107**	**28 156**	**737**	**484**	**247**	**140**	**1 608**	**29 764**
Italien	21 935	187	2 145	377	3 744	96	**28 484**	426	371	267	108	**1 172**	29 656
Griechenland	20 961	0	0	0	0	0	**20 961**	568	98	172	24	**862**	21 823
Portugal	16 124	2 905	0	0	0	0	**19 029**	394	107	152	18	**671**	19 700
Großbritannien	5 085	1 166	3 989	706	4 568	121	**15 635**	362	376	106	117	**961**	16 596
Frankreich	3 254	551	5 437	613	4 540	225	**14 620**	397	301	252	96	**1 046**	15 666
Niederlande	0	123	676	119	1 686	31	**2 635**	349	196	78	28	**651**	3 286
Irland	1 315	1 773	0	0	0	0	**3 088**	84	32	45	5	**166**	3 254
Schweden	722	0	354	52	720	60	**1 908**	154	81	38	5	**278**	2 186
Finnland	913	0	459	30	403	31	**1 836**	129	68	52	5	**254**	2 090
Belgien	0	625	368	65	737	34	**1 829**	104	70	15	20	**209**	2 038
Österreich	261	0	578	102	528	4	**1 473**	183	96	71	8	**358**	1 831
Dänemark	0	0	156	27	365	197	**745**	31	28	16	5	**80**	825
Luxemburg	0	0	34	6	38	0	**78**	7	4	2	0	**13**	91
Netzwerke								50	50	40	15	**155**	155
EU der 15	**127 543**	**8 411**	**19 733**	**2 721**	**24 050**	**1 106**	**183 564**	**4 875**	**2 847**	**2 020**	**700**	**10 442**	**194 006**

© BBR Bonn 2000 ROB 2000 Quelle: Europäische Kommission

Tabelle 18
Strukturfondsmittel 2000–2006 nach Mitgliedstaaten (ohne Kohäsionsfonds)

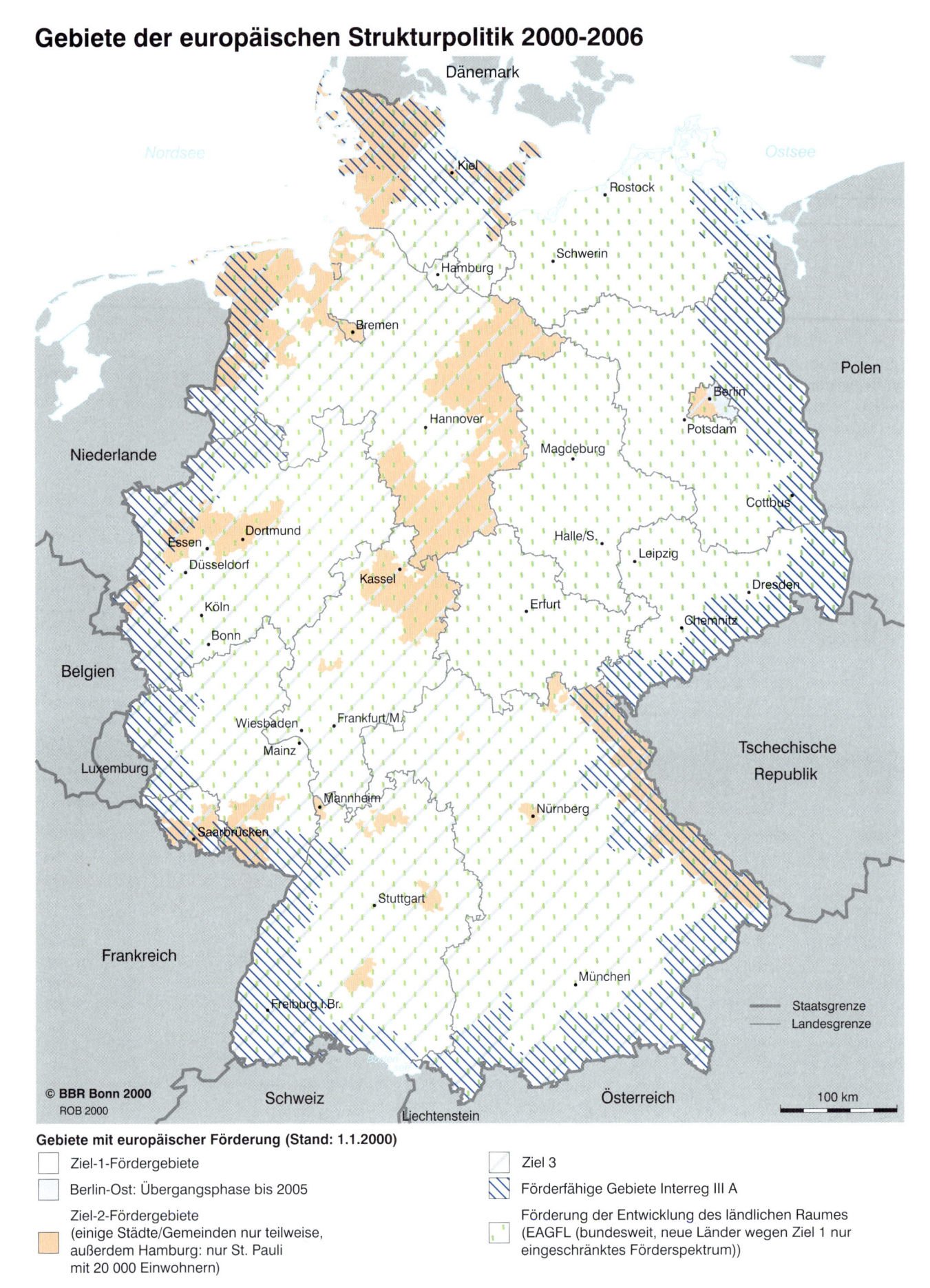

276 Teil II – Instrumente der Raumordnung

Gebiete der europäischen Strukturpolitik 2000-2006

Gebiete mit europäischer Förderung (Stand: 1.1.2000)

- Ziel-1-Fördergebiete
- Berlin-Ost: Übergangsphase bis 2005
- Ziel-2-Fördergebiete (einige Städte/Gemeinden nur teilweise, außerdem Hamburg: nur St. Pauli mit 20 000 Einwohnern)
- Ziel 3
- Förderfähige Gebiete Interreg III A
- Förderung der Entwicklung des ländlichen Raumes (EAGFL (bundesweit, neue Länder wegen Ziel 1 nur eingeschränktes Förderspektrum))

Anmerkung: Nicht dargestellt sind die Gemeinschaftsinitiativen LEADER, EQUAL und URBAN, sowie Interreg III B. Interreg III B gilt bundesweit.,
Datenbasis: Bundesministerium für Wirtschaft, EU-Kommission   Gemeinden, Stand 1.1.1999

Karte 126
Die Neuabgrenzung der Fördergebietskulisse für die EU-Strukturpolitik ab 2000 führte – mit Ausnahme in den neuen Ländern – zu einer Reduzierung der Fördergebiete.

3. Außerdem hat Deutschland die sogenannten *INTERREG-Gebiete*. Diese Gebiete teilen sich zum einen in Gebiete der direkt grenzüberschreitenden Zusammenarbeit auf (in Deutschland sind dies die Kreise), zum anderen in Gebiete der staatenübergreifenden Kooperation auf dem Gebiet der Raumentwicklung. Das Programm von INTERREG II C wird damit fortgesetzt werden. Deutschland wird sich zusätzlich noch an einem „Alpenraum" beteiligen. Der vorbeugende Hochwasserschutz ist in den Nordwesteuropäischen Kooperationsraum integriert worden. Die Finanzen werden für INTERREG III erhöht und mit der sogenannten INTERREG-III-C-Förderung erhält Deutschland ferner 44 Mio. EURO für die Bearbeitung von Forschungs- und Kooperationsfragen auf dem Gebiet der Raumentwicklung.

4. In den alten Ländern kommen flächendeckend die Instrumente der sogenannten *Ziel-3-Förderung* zum Einsatz. Dieses Ziel dient zur Förderung der Anpassung und Modernisierung der Bildungs-, Ausbildungs- und Beschäftigungspolitiken und -systeme und ist integraler Bestandteil der Ziel-1-Förderung in den neuen Ländern.

5. Flächendeckend hat Deutschland außerdem die Instrumente zur Förderung der Entwicklung des ländlichen Raums durch den *Europäischen Ausrichtungs- und Garantiefonds* für die Landwirtschaft (EAGFL).

6. Daneben werden noch die Gebiete der *LEADER-Förderung* sowie bis zu zehn oder zwölf Maßnahmen der URBAN-Förderung ihren räumlichen Niederschlag in Deutschland finden.

Aus raumentwicklungspolitischer Sicht wird es wichtig sein, dass eine Koordinierung dieser Aktivitäten nachprüfbar erfolgt.

Nach dem Auslaufen der Übergangsunterstützungen werden in Deutschland im Jahre 2006 noch ca. 30 % in europäischen Fördergebieten leben. Hinsichtlich der finanziellen Rückflüsse aus Brüssel liegt Deutschland hinter Spanien auf Rang 2 nahezu gleichauf mit Italien. Rund 30 Mrd. EURO wird Deutschland zwischen 2000 und 2006 an Strukturfondsmitteln erhalten. Der Anteil Deutschlands an den Strukturfonds steigt verglichen mit der Periode 1994–1999 von 14,3 % auf 15,3 % an.

Erläuterung: Vergleich der Förderziele der EU-Strukturpolitik vor und nach 2000

1994 bis 1999: sieben Förderziele

Ziel 1: Entwicklung und strukturelle Anpassung der Regionen mit Entwicklungsrückstand

Ziel 2: Umstellung der Regionen, die von der rückläufigen industriellen Entwicklung schwer betroffen sind

Ziel 3: Bekämpfung der Langzeitarbeitslosigkeit und Erleichterung der Eingliederung von Jugendlichen

Ziel 4: Erleichterung der Anpassung der Arbeitskräfte an die industriellen Wandlungsprozesse und an die Veränderung von Produktionssystemen

Ziel 5: Förderung der Entwicklung des ländlichen Raumes durch Anpassung der Agrarstrukturen (5a); durch Erleichterung der Entwicklung und der Strukturanpassung ländlicher Gebiete (5b)

Ziel 6: Förderung extrem dünn besiedelter Gebiete

2000 bis 2006: drei Förderziele

Ziel 1: Förderung der Entwicklung und der strukturellen Anpassung der Regionen mit Entwicklungsrückstand (altes Ziel 1 und Ziel 6)

Ziel 2: Förderung der wirtschaftlichen und sozialen Umstellung der Gebiete mit Strukturproblemen. Darunter fallen Industriegebiete, ländliche Gebiete, städtische Problemgebiete, Fischereiregionen (altes Ziel 2 und 5b)

Ziel 3: Förderung der Anpassung und Modernisierung der Bildungs-, Ausbildungs- und Beschäftigungspolitiken und -systeme (altes Ziel 3 und 4)

Erläuterung: Geht es im Rahmen von Ziel 1 um die Bekämpfung großräumiger Wohlstandsunterschiede insbesondere zwischen den Mitgliedstaaten, so liegt das Schwergewicht von Ziel 2 auf der Bekämpfung von wirtschaftsstrukturellen Anpassungsproblemen innerhalb der Mitgliedstaaten. Ziel-1- und 2-Regionen sind regional abgegrenzt und schließen sich einander aus. Ziel 3 ist arbeitsmarktpolitisch orientiert und kommt außerhalb von Ziel 1 zur Anwendung. Arbeitsmarktpolitische Maßnahmen sind in die Ziel-1-Förderung integriert.

Gemeinschaftliche Agrarpolitik

Die *gemeinschaftliche Agrarpolitik (GAP)*, die mit Abstand den höchsten Anteil des EU-Haushaltes auf sich vereinigt, ist primär sektoral auf eine gut funktionierende, im Weltmarkt konkurrenzfähige Landwirtschaft mit hohem Produktionsniveau ausgerichtet. Dies wird an den politischen Zielen der GAP deutlich:

- Steigerung der landwirtschaftlichen Produktivität;
- Steigerung des landwirtschaftlichen Pro-Kopf-Einkommens;
- Stabilisierung der Märkte;
- Sicherstellung der Versorgung der Bevölkerung mit Nahrungsmitteln;
- Sorge um angemessene Verbraucherpreise.

Mit der Reform der Gemeinsamen Agrarpolitik (GAP) wurde 1992 eine Neuausrichtung der EU-Agrarpolitik eingeleitet, die auf eine stärkere Markt- und Umweltorientierung ausgerichtet ist. Die staatlichen Stützpreise wurden zum Teil deutlich gesenkt. Zum Ausgleich der damit verbundenen Erzeugerpreissenkungen werden den Landwirten direkte, produktionsneutrale Preisausgleichszahlungen gewährt, die von historischen Referenzerträgen abgeleitet wurden und somit in Abhängigkeit vom regionalen Ertragsniveau in der Höhe regional unterschiedlich sein können. Die Inanspruchnahme der Ausgleichszahlungen ist mit der Verpflichtung zur Flächenstilllegung zum Zwecke der Marktentlastung verknüpft. Der Stilllegungssatz kann jährlich in Abhängigkeit von der Marktlage neu festgelegt werden. Er betrug 1998 5 % der prämienberechtigten Ackerfläche. Das entspricht in Deutschland einem Anteil von rund 500 000 ha. Mit den Beschlüssen zum Agrarteil der AGENDA 2000 wurde die mit der GAP-Reform 1992 eingeleitete Neuausrichtung konsequent weitergeführt.

Die regionalen Effekte der GAP hängen entscheidend von den regionalen Produktionsstrukturen, vom Niveau der Produktpreisstützung, den regionalen Handels- und Verbrauchsstrukturen sowie den regionalen Beiträgen zum EG-Haushalt ab. Untersuchungen über die räumlichen Auswirkungen der GAP auf Einkommen, Arbeitsmarkt, Infrastruktur und natürliche Ressourcen zeigen die besonders enge und spezifische Beziehung zwischen der Landwirtschaft und dem ländlichem Raum. Für die ländlichen Räume besitzt daher die GAP ein erhöhtes Maß an Verantwortung.

Es gibt europaweit jedoch erhebliche Unterschiede zwischen den ländlichen Räumen, sei es hinsichtlich des Arbeitsmarktes oder der Einkommen. Diese Unterschiede sind erklärbar teils durch verschiedene Ausgangslagen (Umwelt- und Wettbewerbs- sowie soziale und wirtschaftliche Bedingungen), teils durch differenzierte Auswirkungen je nach Produktionstypen und gemeinsamer Marktorganisationen. Veränderungen in der Ausgestaltung der Regelungen zur GAP können sich demnach regional recht unterschiedlich auswirken. Im Wesentlichen unabhängig von den regionalen Strukturunterschieden ländlicher Räume hat die Intensivierung, Konzentration und Spezialisierung der landwirtschaftlichen Produktion jedoch auch negative Folgen für die räumliche Entwicklung in ländlichen Regionen. Dazu gehören

- der Verlust an landschaftlicher Vielfalt,
- das Aufgeben traditioneller Bewirtschaftungsmethoden,

Erläuterung: AGENDA 2000 und Gemeinsame Agrarpolitik

„Der Europäische Rat begrüßt es, dass sich der Rat „Landwirtschaft" auf seiner Tagung im März auf eine gerechte und lohnende Reform der Gemeinsamen Agrarpolitik verständigt hat. Mit dem Inhalt dieser Reform wird sichergestellt, dass die Landwirtschaft multifunktional, nachhaltig und wettbewerbsfähig ist und sich über den gesamten europäischen Raum (einschließlich der Regionen mit besonderen Schwierigkeiten) verteilt, dass sie in der Lage ist, die Landschaft zu pflegen, die Naturräume zu erhalten und einen wesentlichen Beitrag zur Vitalität des ländlichen Raums zu leisten, und dass sie den Anliegen und Erwartungen der Verbraucher in Bezug auf die Qualität und die Sicherheit der Lebensmittel, den Umweltschutz und den Tierschutz gerecht wird.

Der Europäische Rat vertritt die Auffassung, dass diese Reform innerhalb eines Finanzrahmens von durchschnittlich 40,5 Mrd. Euro plus 14 Mrd. Euro im Planungszeitraum für die ländliche Entwicklung sowie für Veterinär- und Pflanzenschutzmaßnahmen durchgeführt werden kann. Dies würde der Höhe der tatsächlichen Ausgaben stärker entsprechen und auf eine Stabilisierung der Agrarausgaben im Planungszeitraum abzielen.

Um die angestrebte Stabilisierung der Agrarausgaben in realen Werten zu erreichen, hat der Europäische Rat folgende Maßnahmen beschlossen:

- Die Reform des Milchsektors tritt unbeschadet der Beschlüsse über die spezifischen zusätzlichen Milchquoten ab dem Wirtschaftsjahr 2005/2006 in Kraft.
- Der Interventionspreis für Getreide wird in den Wirtschaftsjahren 2000/2001 und 2001/2002 in zwei gleichen Stufen in Höhe von 7,5 % (des derzeitigen Interventionspreises) um 15 % gesenkt. Die Flächenzahlungen werden in zwei gleichen Stufen von 54 auf 63 Euro/t (multipliziert mit dem historischen regionalen Referenzertrag für Getreide) angehoben. Ein Beschluss über eine ab 2002/2003 anzuwendende letzte Verringerung des Interventionspreises wird im Lichte der Marktentwicklungen gefasst. Etwaige spätere Anhebungen der Flächenzahlungen erfolgen im selben Maße proportional zur Preissenkung wie bei den Anhebungen in den Jahren 2000/2001 und 2001/2002. Die Flächenzahlung ab 2002/2003 (Beihilfe je Tonne multipliziert mit dem historischen Referenzertrag für Getreide) gilt auch für Ölsaaten. Der Basissatz für die obligatorische Flächenstilllegung wird auf 10 % für den gesamten Zeitraum 2000–2006 festgesetzt. Die monatlichen Zuschläge werden auf dem derzeitigen Stand beibehalten.
- Der Europäische Rat ersucht die Kommission, die Entwicklungen auf dem Ölsaatenmarkt genau zu verfolgen und binnen zwei Jahren nach Beginn der Anwendung der neuen Regelung einen Bericht zu unterbreiten. Diesem Bericht sind erforderlichenfalls geeignete Vorschläge beizufügen, falls sich das Produktionspotenzial erheblich verschlechtern sollte.
- Intervention im Rindfleischsektor: Der Rat ersucht die Kommission, den europäischen Rindfleischmarkt genau zu beobachten und, insbesondere unter Anwendung des Artikels 34 des Entwurfs der Verordnung über die GMO für Rindfleisch, erforderlichenfalls die entsprechenden Maßnahmen zu treffen. Diese Maßnahmen könnten auch Ad-hoc-Interventionskäufe umfassen.
- Die Kommission und der Rat werden gebeten, weitere Einsparungen anzustreben, damit – unter Ausklammerung der Ausgaben für die Entwicklung des ländlichen Raums und der Veterinärausgaben – die Gesamtausgaben im Zeitraum 2000–2006 im Jahresdurchschnitt nicht höher als 40,5 Mrd. Euro sind. Der Europäische Rat ersucht daher die Kommission, dem Rat im Jahre 2002 einen Bericht über die Entwicklung der Agrarausgaben sowie, falls erforderlich, geeignete Vorschläge zu unterbreiten, und er fordert den Rat auf, im Einklang mit den Zielen der Reform die erforderlichen Beschlüsse zu fassen."

(Auszug aus den Beschlüssen des Europäischen Rates am 24. und 25. März 1999 in Berlin)

- die intensive landwirtschaftliche Nutzung großer Teile von Feuchtgebieten, Heidelandschaften und naturnahen Magerwiesen,
- die Wasserbelastung durch Einsatz von Pflanzenschutz- und Düngemitteln
- und der Rückgang der Artenvielfalt.

Seit nahezu zwei Jahrzehnten werden Versuche unternommen, die Agrarstrukturpolitik in einen größeren wirtschaftlichen und sozialen Kontext des ländlichen Raums einzubinden. Die Erfahrung zeigt, wie die Vielfalt der ländlichen Räume flexibel als notwendige Ergänzung zur Landwirtschaft genutzt werden kann. Bislang marginale Tätigkeiten, wie z.B. die Entwicklung und Vermarktung qualitativ hochwertiger Produkte, Agrartourismus, Investitionsvorhaben im Zusammenhang mit der Umwelt oder der regionalen Kultur, wurden ausgebaut und haben neue Perspektiven eröffnet.

In den letzten Jahren wurde die Förderung besonders umweltgerechter und den natürlichen Lebensraum schützender landwirtschaftlicher Produktionsverfahren im Rahmen der *Agrarumweltmaßnahmen* gemäß Verordnung (EG) Nr. 2078/92 deutlich ausgeweitet. 1998 wurden im Rahmen dieser Agrarumweltmaßnahmen rund 5 Mio. ha. gefördert, das sind 29 % der 17,3 Mio. ha. landwirtschaftlich genutzten Fläche Deutschlands.

Gefördert werden in diesem Rahmen insbesondere:

- extensive Produktionsweisen auf Ackerland, Grünland oder Dauerkulturen,
- die Umwandlung von Ackerflächen in extensiv zu nutzendes Grünland,
- der ökologische Landbau,
- Landschaftspflegemaßnahmen,
- Maßnahmen des Biotop- und Vertragsnaturschutzes.

Darüber hinaus werden umweltbezogene und naturfördernde Maßnahmen im Rahmen von Schutzgebietsverordnungen oder anderen Maßnahmen der Länder durchgeführt.

Die Fördersumme, die 1998 im Rahmen von 25 Agrarumweltprogrammen gemäß Verordnung (EG) Nr. 2078/92 verausgabt wurde, betrug rund 900 Mio. DM. Deutschland hat damit nahezu 96 % der Mittel für die flankierenden Maßnahmen (Aufforstung, Vorruhestand, Agrarumwelt) zur Förderung besonders umweltgerechter Produktionsverfahren verwendet. Die Mittel für die Agrarumweltmaßnahmen werden als Mischfinanzierung aus den Haushalten der EU, des Bundes und der Länder bereitgestellt.

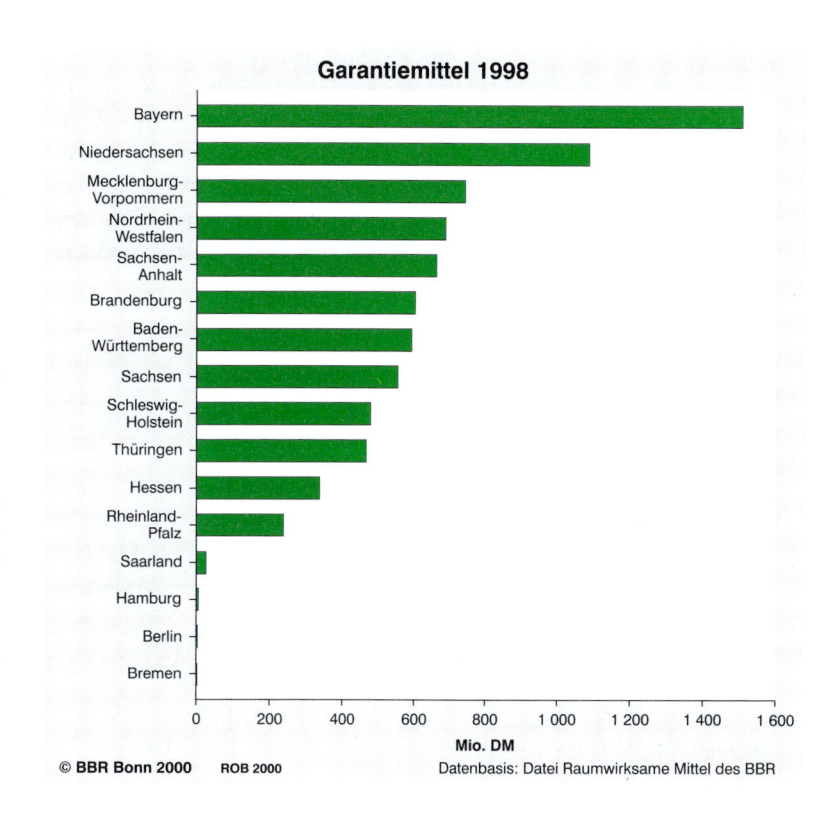

Abbildung 54
Garantiemittel 1998 nach Ländern

Die Durchführung erfolgt im Rahmen von *Agrarumweltprogrammen der Länder* (z.B. Kulturlandschaftsprogramme, Vertragsnaturschutzprogramme, Landschaftspflegeprogramme, Extensivierungsprogramme, Programme zur Förderung einer markt- und standortangepassten Landbewirtschaftung). Die in den verschiedenen Programmen zusammengefassten Fördermaßnahmen sind auf die gebietsspezifischen Umweltprobleme des jeweiligen Bundeslandes ausgerichtet.

Derzeit verbesserungsbedürftig ist die Akzeptanz von spezifischen Agrarumweltmaßnahmen in Gebieten mit hoher Produktivität. Ein wesentliches Ziel in diesen Gebieten, die naturgemäß intensiver genutzt werden als weniger begünstigte Landstriche, ist die Bereitstellung von Ausgleichsflächen. Dies kann zum Beispiel durch die Förderung einer gezielten mehrjährigen Stillegung von Ackerflächen erfolgen, auf denen beispielsweise Feldhecken, Feldholzinseln, Blühstreifen o.ä. angelegt werden. Zu diesem Zweck ist auf Initiative des Bundes auch die Förderung einer mehrjährigen Stilllegung in den Rahmenplan 2000 bis 2003 der Gemeinschaftsaufgabe „Verbesserung der Agrarstruktur und des Küstenschutzes" aufgenommen worden. Damit beteiligt sich auch der Bund finanziell an dieser Maßnahme.

Mit der Umsetzung der AGENDA 2000 ist die Fortführung und Weiterentwicklung der Agrarumweltmaßnahmen nach dem 01.01.2000 sichergestellt. Die neue Rechtsgrundlage, die Verordnung (EG) Nr. 1257/1999 für den ländlichen Raum, sieht dazu unter anderem ein Programmplanungsverfahren vor, mit dem Verfahren zur Erfolgskontrolle (Evaluierung) und kontinuierlichen Weiterentwicklung der Maßnahmen vereinheitlicht, systematischer und transparenter gestaltet werden sollen.

Erläuterung: Reform der Gemeinsamen Agrarpolitik GAP von 1992

Mit den Beschlüssen des Agrarministerrats der EG vom 21. Mai 1992 zur Reform der GAP wurde gemeinhin eine deutliche Abkehr vom bisherigen System der staatlichen Preisstützung eingeleitet. Statt der Finanzierung von Überschüssen (Erfassung, Lagerhaltung, subventionierter Export, Vernichtung) wurde ein höherer Teil der Mittel in den landwirtschaftlichen Haushalten unmittelbar einkommenswirksam. Lag vor der Reform von 1992 noch ein Schwergewicht auf Maßnahmen, welche zentral durch die Bundesanstalt für landwirtschaftliche Marktordnung (BALM) sowie das Bundesamt für Ernährung und Forstwirtschaft (BEF) durchgeführt wurden (nun vereinigt in der Bundesanstalt für Landwirtschaft und Ernährung – BLE), so überwiegen seit der Einführung von Direktzahlungen an die Landwirte Maßnahmen im Zuständigkeitsbereich der Länder. Betrug der Anteil der regionalisierbaren Ländermaßnahmen im Rahmen der Garantiezahlungen im Jahre 1992 nur 15 %, so hat sich dieser Wert im Jahre 1998 auf 73 % erhöht.

1998 erhielt Deutschland insgesamt Garantiemittel in Höhe von fast 11 Mrd. DM. Hiervon haben die Länder 8 Mrd. DM an Direktmaßnahmen an die Landwirte weitergeleitet. Die restlichen 3 Mrd. DM dienen nach wie vor der Stützung des gesamten Marktes und sind dem Handelsbereich im Rahmen von Exporterstattungen bei der Ausfuhr sowie etwa den Kosten für Lagerhaltung, welche sich nicht auf die jeweiligen Erzeuger zurechnen lassen, zugeflossen. In den alten Ländern ist Hauptempfänger der Garantieleistungen das Land Bayern, gefolgt von Niedersachsen. In den neuen Ländern erhält Mecklenburg-Vorpommern die meisten Garantiemittel im Jahre 1998.

Transeuropäische Netze (TEN)

Der Unionsvertrag verpflichtet die Gemeinschaft, zum Auf- und Ausbau von transeuropäischen Netzen in den Bereichen *Verkehr, Telekommunikation* und *Energieversorgungsinfrastrukturen* beizutragen. Dieser Auftrag soll insbesondere den Gemeinschaftszielen eines reibungslosen Funktionierens des Binnenmarktes sowie der Stärkung des wirtschaftlichen und sozialen Zusammenhaltes dienen. Um diesem Auftrag gerecht zu werden, soll die Integration der nationalen Netze sowie der Zugang zu den Netzen, insbesondere zur Anbindung insularer, eingeschlossener und peripherer Gebiete mit den zentralen Gebieten verbessert werden. Zur Erreichung der Ziele bedient sich die Gemeinschaft der Formulierung von Leitlinien. Mit diesen werden Prioritäten und Grundzüge zur Förderung transeuropäischer Netze festgelegt. Sie führt ferner Aktionen zur Förderung der Integration der Netze und zur Harmonisierung technischer Normen durch und kann Vorhaben von gemeinsamem Interesse finanziell unterstützen.

Auf der Grundlage der am 23. Juli 1996 vom Europäischen Parlament und dem Rat verabschiedeten „Gemeinschaftlichen Leitlinien für den Aufbau eines transeuropäischen Verkehrsnetzes" und der Verordnung (EG) Nr. 2236/96, geändert durch die Verordnung (EG) Nr. 1655/1999, über die Grundregeln für die Gewährung von Gemeinschaftszuschüssen für transeuropäische Netze kann die Gemeinschaft die finanziellen Anstrengungen der Mitgliedsstaaten bei Ausbau der Verkehrsinfrastruktur unterstützen. Für Deutschland werden alle wichtigen Aus- und Neubauvorhaben des nationalen Bundesverkehrswegeplanes – BVWP´92 in den entsprechenden Leitschemata ausgewiesen.

Verkehrsnetze

Die gemeinschaftlichen Leitlinien für den Aufbau eines transeuropäischen Verkehrsnetzes verfolgen neben den durch den Unionsvertrag vorgegebenen Zielen:

- die Entwicklung eines auf Dauer tragbaren Personen- und Güterverkehrs,
- einen verkehrsträgerübergreifenden Ansatz, bei dem alle Verkehrsträger unter Berücksichtigung ihrer arteigenen Vorteile zu einem umfassenden Gesamtverkehrsnetz zusammengeführt werden,
- eine effiziente Nutzung der vorhandenen Kapazitäten und
- eine qualitativ hochwertige Infrastruktur zu vertretbaren wirtschaftlichen Kosten und mit einer weitgehend betriebswirtschaftlichen Rentabilität.

Vorrangige Projekte der transeuropäischen Verkehrsnetze

1. Hochgeschwindigkeitsverbindung/ kombinierter Verkehr Nord-Süd
2. Hochgeschwindigkeitsverbindung PBKAL
3. Hochgeschwindigkeitsverbindung Süd
4. Hochgeschwindigkeitsverbindung Ost
5. Betuwe-Linie; konventionelle Schienen-Verbindung/kombinierter Verkehr
6. Hochgeschwindigkeitsverbindung/ kombinierter Verkehr Frankreich-Italien
7. Griechische Autobahnen Pathe und Via Egnata
8. Multimodale Verbindung Portugal-Spanien-Mitteleuropa
9. Konventionelle Schienenverbindung Cork-Dublin-Belfast-Larne-Stranraer
10. Flughafen Malpensa, Milano
11. Feste Øresund-Verbindung (Straße-Schiene) Dänemark-Schweden
12. Multimodaler Korridor Nordisches Dreieck
13. Straßenverbindung Irland/Vereinigtes Königreich/Benelux
14. Hauptstrecke Westküste

— Schiene
— Straße
✈ Flughafen
⚓ Hafen

Quelle: EU-Kommission GD VII

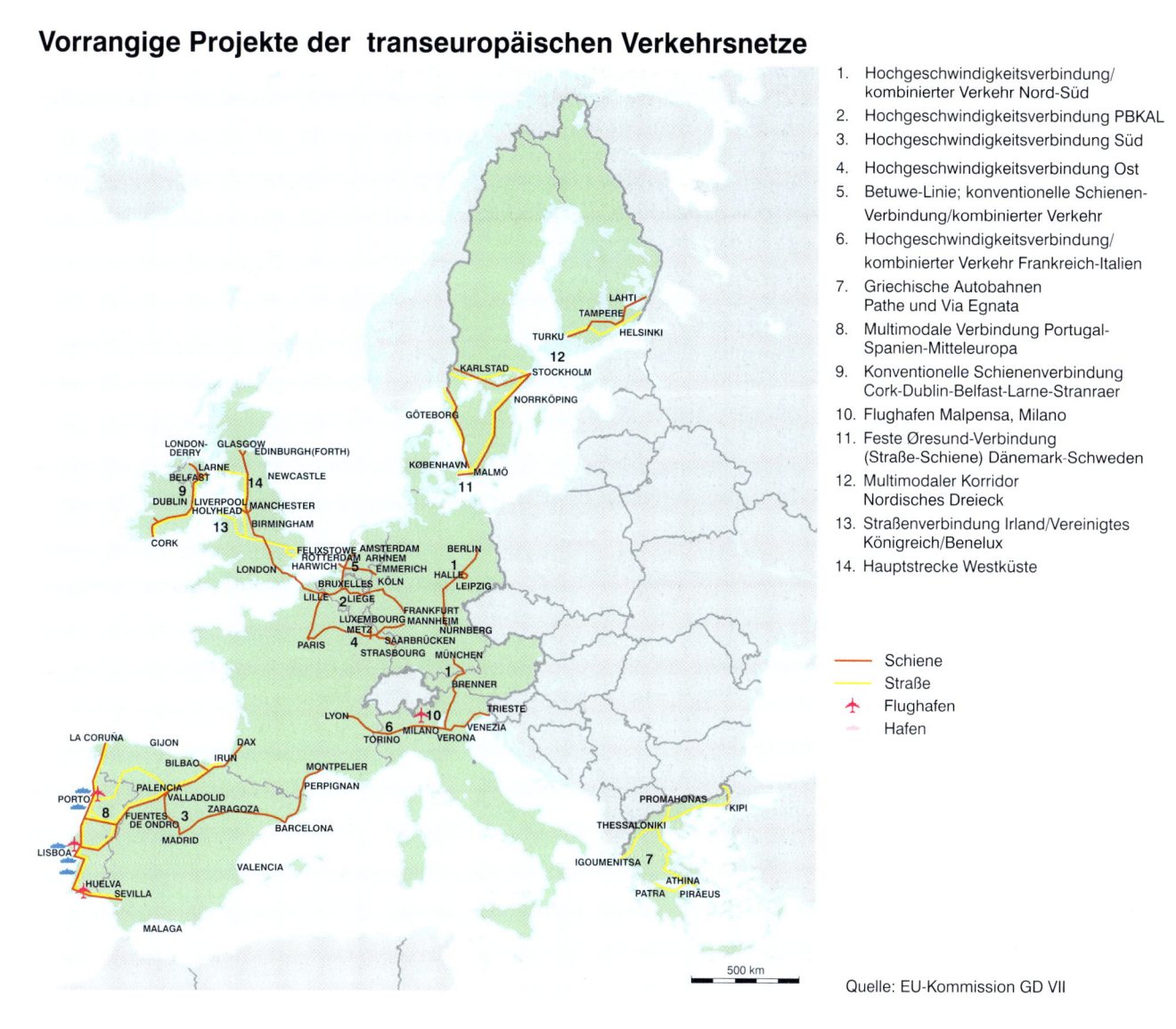

Karte 127
Bei den in der Karte dargestellten vorrangigen Verkehrsprojekten für den Aufbau eines transeuropäischen Verkehrsnetzes liegt der Schwerpunkt auf Schienenstrecken (insbesondere Hochgeschwindigkeitsstrecken), die die Bevölkerungsschwerpunkte der EU verbinden sollen. Die Straßenprojekte dienen in erster Linie der Anbindung peripherer Regionen.

Das *transeuropäische Verkehrsnetz* beschreibt die Netze aller Verkehrsträger auf der Grundlage nationaler Planungen unter Einbeziehung der Knotenpunkte See-, Flug- und Binnenhäfen sowie moderner Verkehrsmanagementsysteme. Es berücksichtigt die Verbindungen zu Netzen von Drittländern, insbesondere den mittel- und osteuropäischen Staaten auf der Grundlage der paneuropäischen Korridore.

Verkehrsinfrastrukturausgaben der EU wurden schon immer zur

- Erhöhung der Wettbewerbsfähigkeit von Regionen durch verbesserte Erreichbarkeit,
- Abmilderung von Randlagen sowie
- Verringerung von Unterschieden in den Lebensverhältnissen

eingesetzt. Spürbare Wirkungen entfalten sie insbesondere dann, wenn flankierende Maßnahmen vorgenommen werden, die neue Möglichkeiten für wirtschaftliche Entwicklung und sozialen Fortschritt eröffnen.

Zur Beschleunigung des Aufbaus der transeuropäischen Netze wurde eine Expertenkommission eingerichtet, die vorrangige Projekte von gemeinsamem Interesse ermittelt hat. Von den 14 *vorrangigen Projekten* befinden sich fünf in den vier Kohäsionsländern. Der Schwerpunkt bei den Verkehrsträgern liegt bei der Schiene, insbesondere bei den Hochgeschwindigkeitsstrecken. Die Straßenprojekte dienen in erster Linie der Anbindung peripherer Regionen. Ein Großteil der Investitionen in die transeuropäischen Netze geht dementsprechend derzeit in Hochgeschwindigkeitsstrecken, die die aufkommensstarken bevölkerungsreichen Räume miteinander verbinden. Die Strecken werden denjenigen Städten den höchsten Nutzen bringen, die in der Nähe von Haltepunkten des Hochgeschwindigkeitsverkehrs liegen und bisher über eine vergleichsweise schlechte Anbindung verfügen. In Räumen mit hoher Straßenverkehrsbelastung durch Fernverkehr können die Hochgeschwindigkeitsstrecken einen Anreiz für Verlagerungen auf die Schienen bieten und in der Folge zur Entlastung von Straßeninfrastruktur und Umwelt beitragen. Damit auch die Randlagen Vorteile erlangen, ist deren Zugang zu den Netzen zu verbessern, auch wenn Verkehrsinfrastrukturvorhaben in peripher gelegenen Regionen häufig wegen des geringen Verkehrsaufkommens ein schlechteres Kosten-Nutzen-Verhältnis haben als Projekte in zentralen, aufkommensstarken Gebieten. Dennoch ist es unerlässlich, dass auch die peripheren Regionen über einen angemessenen Zugang zur Verkehrsinfrastruktur verfügen. Durch entsprechende Sekundärnetze können der Zugang zu den großräumigen Infrastrukturen und die interregionalen Verbindungen verbessert werden.

Telekommunikation

Ein leistungsfähiges Angebot mit modernen *Telekommunikationsinfrastrukturen* ist notwendige Voraussetzung wirtschaftlicher Aktivität und hat wesentlichen Einfluss auf die Fähigkeit von Regionen, sich im großräumigen Standortwettbewerb zu behaupten. Ziel der Gemeinschaft beim Auf- und Ausbau transeuropäischer Telekommunikationsnetze ist es, den Umbau der Informationsnetze und ihre Nutzung in Europa aktiv zu fördern. Dabei beziehen sich die Politiken neben der Bereitstellung von Infrastruktur auf organisatorische und gesellschaftliche Initiativen.

Die EU fördert und unterstützt die Liberalisierung der Telekommunikation, um

- die Ausweitung und Verbreitung von Telekommunikationsnetzen zu beschleunigen,
- die Innovation bei Dienstleistungen und Netzen zu erleichtern und
- die Erschwinglichkeit für die Benutzer zu gewährleisten.

Sie möchte auf diese Weise neue Innovationszyklen und Produktentwicklungen fördern.

Die modernen Telekommunikationstechnologien und -dienstleistungen bieten die Möglichkeit, Entwicklungen in ländlichen oder unzugänglichen Regionen zu unterstützen. Telearbeit, -lernen und –shopping können in diesen Regionen die Lebenssituation sowie die Standortbedingungen verbessern und damit einen wichtigen Beitrag zum Abbau regionaler Defizite leisten. Die Initiativen der Gemeinschaft zielen deshalb darauf ab, die Verfügbarkeit von Universaldienstleistungen zu erschwinglichen Preisen auch in ländlichen oder peripheren Regionen zu sichern. Die seit der Öffnung der Telekommunikationsmärkte zu beobachtenden Entwicklungen zeigen, dass von den zahlreichen Markteintritten neuer Anbieter und damit einhergehender Qualitätsverbesserungen und Preissenkungen nicht nur die Ballungsräume profitieren, sondern auch andere Raumtypen, in denen die marktmäßige Nachfrage nach diesen Diensten weniger stark ausgeprägt ist. Die reine Verfügbarkeit von Informations- und Kommunikationstechnik zu günstigen Konditionen reicht jedoch nicht aus, um positive Entwicklungen auszulösen und Impulse für eine regionale Informations- und Medienwirtschaft zu schaffen. Hinzukommen müssen Medienkompetenz, Anpassungsfähigkeit der Arbeitnehmer und weitere unterstützende Elemente der Infrastruktur.

Energie

Energiepolitische Ziele der Gemeinschaft sind:

- die globale Wettbewerbsfähigkeit,
- eine verbesserte Versorgungssicherheit,
- der Umweltschutz.

Die Möglichkeit, ausreichend Energie zu günstigen Preisen zur Verfügung zu haben, ist eine wichtige Bedingung für die Wettbewerbsfähigkeit der Regionen im allgemeinen, doch vor allem für die Regionen mit unterdurchschnittlicher Entwicklung und die Randregionen. Rationelle Energienutzung und verstärkte Einsatz erneuerbarer Energien sind ebenfalls wichtige Überlegungen für die Raumentwicklung in der EU. Die Liberalisierungsmaßnahmen des Marktes auf dem Strom- und Erdgassektor sowie die transeuropäischen Energie-Netzwerke haben wichtige territoriale Auswirkungen bezüglich der Standortwahl von Betrieben.

Die Ziele auf dem Gebiet der *Stromversorgung* betreffen den Anschluss isolierter Netze sowie die Verbesserung der Zusammenschaltungen zwischen den Mitgliedstaaten und mit Drittländern. Das Hauptziel umfasst demzufolge die Zusammenschaltung von bestehenden überregionalen Systemen. Die Zusammenschaltung erfordert die Lösung von Problemen – auch auf der lokalen Ebene –, die bei den komplexen Genehmigungsverfahren, den vielfältigen technischen und ökologischen Sachzwängen und der Akzeptanz seitens der Bevölkerung auftreten. Aus diesem Grund hat die Kommission einen Entwurf einer Empfehlung zu den Genehmigungsverfahren erarbeitet.

Die Ziele bezüglich der *Gasversorgung* sind anders geartet. Sie umfassen die Zuleitung von Gas in neue Regionen, den Anschluss isolierter Netze, die Zunahme der Kapazitäten für Flüssig-Erdgas (LNG) und die unterirdische Lagerung in Speicheranlagen. Die Zuleitung von Erdgas in neue Regionen wirkt sich zweifelsohne positiv auf die Wirtschaft, die regionale Entwicklung und die Umwelt aus. Wie bei der Elektrizität treffen der Verlauf der Leitungen und die Planung der Anlagen häufig auf lokale Probleme, obwohl die Auswirkungen auf die Umwelt wesentlich geringer sind, da die Gasleitungen unterirdisch verlegt sind.

Die Kommission hat mit dem Weißbuch „Energie für die Zukunft: Erneuerbare Energieträger" ihre Vorstellungen zur Förderung neuer und *erneuerbarer Energien* vorgelegt. Um große Energiemengen aus Sonne, Wind, Wasser und Biomasse zu gewinnen, sind häufig große Flächen erforderlich. Doch die Bodennutzung ist nicht immer ein Argument gegen die Verwendung erneuerbarer Energien. Bei der Nutzung der Sonnenenergie ist das größte Hindernis, das es zu überwinden gilt, nicht der dadurch genutzte Boden, sondern die diskontinuierliche Produktion und die Schwierigkeiten einer wirtschaftlichen Speicherung. Bei dezentraler Nutzung der erneuerbaren Energien bestehen gute Möglichkeiten, dass man sich flexibel an die regionalen Nachfragesituationen anpassen kann.

Forschungs- und Technologiepolitik

Geleitet durch ein *mehrjähriges Rahmenprogramm*, das sich aus verschiedenen Forschungs- und Demonstrationsprogrammen zusammensetzt, fördert die Forschungs- und Technologiepolitik (FTE-Politik) der Gemeinschaft die Zusammenarbeit mit und zwischen Unternehmen, Forschungszentren und Universitäten. Das Augenmerk liegt dabei auf einer Stärkung der wissenschaftlichen und technologischen Grundlagen der Industrie und ihrer Wettbewerbsfähigkeit im weltweiten Maßstab. Weitere Vorgaben sind die Zusammenarbeit mit Drittstaaten und internationalen Organisationen, die Verbreitung und Anwendung von Ergebnissen der FTE-Politik und die Förderung von Ausbildung und Mobilität von Forschern aus der Gemeinschaft.

Regionalspezifische Auswahlkriterien gibt es nicht. Die regionale Verteilung der FTE-Mittel ergibt sich daher aus der geographischen Verteilung hochqualifizierter Forschungs- und Technologieeinrichtungen auf die Städte und Regionen in der EU. Es wäre jedoch ein voreiliger Schluß, daraus abzuleiten, dass die FTE-Politik die weniger entwickelten Regionen vernachlässigen würde und sich ausschließlich auf die hochentwickelten wirtschaftsstarken Regionen konzentriert, in denen naturgemäß die Mehrzahl der zu fördernden Einrichtungen liegt. Beispielsweise stammte von den zehntausenden von Institutionen, die in den letzten 15 Jahren gegründet und unterstützt wurden, eine bemerkenswert hohe Anzahl aus strukturschwächeren Regionen. Zudem bieten die Ausbildungs- und der Mobilitätsanreize für Forscher in benachteiligten Regionen größere Möglichkeiten mit Regionen zusammenzuarbeiten, die über vielfältige Forschungseinrichtungen verfügen. Die neue Struktur des fünften Rahmenprogramms wird die Entwicklung und Implementierung verschiedener Politiken der Gemeinschaft besser unterstützen, darunter auch jene mit einer deutlich räumlichen Ausrichtung.

Spezifische Programme innerhalb des *fünften Rahmenprogrammes* zielen speziell auf Forschungen zur räumlichen Entwicklung ab:

- die Stadt von morgen und das Kulturerbe,
- ein nachhaltiges Management von Land-, Forstwirtschaft und Fischerei, inklusive integrierter Entwicklung von ländlichen Gegenden,
- unentbehrliche Technologien und Infrastruktur,
- nachhaltige Mobilität und Intermodalität,
- Binnen- und Seetransporttechnologie,
- nachhaltiges Management und Wasserqualität,
- nachhaltiges Management der marinen Ökosysteme.

Strukturschwächere Regionen können durchaus Ziel der gemeinschaftlichen Forschungs-, Technologie- und Entwicklungspolitik sein. Erfahrungen (wie z.B. in Schottland oder in den neuen Ländern in Deutschland) zeigen, dass auch wirtschaftlich schwache Regionen in der Lage sind, leistungsfähige Forschungs- und Technologiezentren neu anzusiedeln und zu „halten". Hierzu bedarf es allerdings einer engen Kooperation nationaler, regionaler und lokaler Akteure und eines zielorientierten Regional- oder Stadtmarketings.

EU-Leitaktion: Die Stadt von morgen und das kulturelle Erbe

Das „Fünfte Rahmenprogramm" der Europäischen Gemeinschaft sieht unter dem Bereich „Energie, Umwelt und nachhaltige Entwicklung" eine Leitaktion zum Thema „Die Stadt von morgen und das kulturelle Erbe" vor. Das EU-Budget beträgt 170 Mio. EURO für die Laufzeit 1998–2002. Die geplanten Forschungsarbeiten sollen sich vorrangig auf folgende Punkte konzentrieren:

- Ausarbeitung von neuen Modellen für die nachhaltige Entwicklung der europäischen Städte und Ballungsgebiete und von mittel- und langfristigen sozioökonomischen Szenarien sowie Forschungs-, Entwicklungs- und Demonstrationstätigkeiten insbesondere mit folgenden Schwerpunkten bei der Unterstützung und Flankierung: Wettbewerbsfähigkeit, Städteplanung und Architektur, soziale Integration, Sicherheit, rationelle Energienutzung und Energieeinsparung (insbesondere in Gebäuden und im städtischen Verkehr) sowie Informationsnetze (Konzept der „digitalen Städte");
- Entwicklung und Demonstration von Technologien und Produkten für die Beurteilung, den Schutz, die Erhaltung, die Sanierung und die nachhaltige Nutzung des europäischen Kulturerbes, und zwar sowohl von beweglichen als auch unbeweglichen Kulturgütern, zur Steigerung ihres Nutzeffekts und zur Verbesserung der Lebensqualität;
- Entwicklung und Demonstration von Technologien für die wirtschaftliche, umweltfreundliche, effiziente und nachhaltige Erhaltung, Sanierung, Renovierung und Errichtung von Gebäuden, insbesondere für große Gebäudekomplexe;
- vergleichende Bewertung und kostengünstige Umsetzung von Strategien für nachhaltige Verkehrssysteme im städtischen Umfeld.

Umweltpolitik

Mit dem Amsterdamer Vertrag erhält die Umweltpolitik ein noch stärkeres Gewicht innerhalb der Gemeinschaftspolitiken. *Umweltschutzanforderungen* müssen in die Durchführung der Gemeinschaftspolitiken und -aktivitäten integriert sein, besonders unter Berücksichtigung der Förderung der nachhaltigen Entwicklung. Die Aufgaben der gemeinschaftlichen Umweltpolitik beinhalten Bestimmungen, die eine Verknüpfung mit der Raumentwicklung und insbesondere der Flächennutzung ausdrücklich betonen. Beispielsweise soll durch die EU-weite Ausweisung von Schutzgebieten ein Biotopverbundsystem entstehen, das die Bezeichnung „Natura 2000" trägt. Bestandteile dieses Biotopverbundsystems sind Vogelschutzgebiete und Fauna-, Flora-, Habitat-Schutzgebiete (FFH), in denen bestimmte Lebensräume und Arten geschützt werden sollen, wobei sozioökonomische und regionale Belange Berücksichtigung finden. Ziel der EG-Nitratregelung ist es, den Nitratgehalt landwirtschaftlicher Flächen zu reduzieren und weitere Verunreinigungen des Grundwassers zu vermeiden.

Eine Reihe anderer Gemeinschaftsaktivitäten wirkt sich indirekt auf die Flächennutzung bzw. Raumentwicklung aus, wie etwa die Richtlinie 85/337/EWG, welche die Durchführung und Veröffentlichung von *Umweltverträglichkeitsprüfungen* bei großen Projekten vorschreibt, eine Reihe weiterer Richtlinien, die Qualitätsstandards für naturnahe Gebiete festlegen, und die Regulierungen zur Verringerung der Emissionen.

Darüber hinaus hat die Kommission 1996 ein Demonstrationsprogramm über ein integriertes Management von Küstengebieten aufgelegt, das die Förderung eines nachhaltigen Managements durch Zusammenarbeit und integrierte Planung vorsieht. Alle relevanten Akteure werden auf einer geeigneten räumlichen Ebene einbezogen. Dies stellt einen Versuch dar, einen integrierten territorialen Ansatz auf Gemeinschaftsebene zu verfolgen sowie Empfehlungen für eine europäische Strategie für das integrierte Management von Küstengebieten zu entwickeln.

Im Verlauf der Jahre hat die Umweltpolitik der Gemeinschaft die Entwicklung städtischer Gebiete über die Gesetzgebung zur Abfall- und Abwasserbehandlung, Lärmbelastung und Umweltverschmutzung zuneh-

Ausweisung von FFH-Gebieten

Mitgliedsstaat	Fläche des Mitgliedsstaates in km²	Vogelschutz-Richtlinie			Habitat-Richtlinie		
		Anzahl	Fläche in km²	Fläche in %	Anzahl	Fläche in km²	Fläche in %
Belgien	30 519	36	4 313	14,1	102	913	3,0
Dänemark	43 093	111	9 601	22,3	194	10 259	23,8
Deutschland	**356 949**	**553**	**14 658**	**4,1**	**1 120**	**10 941**	**3,0**
Finnland	338 100	440	27 500	8,1	1 381	47 154	13,9
Frankreich	549 086	114	8 015	1,5	1 029	26 720	4,9
Griechenland	131 957	52	4 965	3,8	230	25 745	19,5
Großbritannien	244 139	196	7 887	3,2	340	17 628	7,2
Irland	70 283	109	2 226	3,2	138	2 060	2,9
Italien	301 281	243	10 561	3,5	2 506	49 355	16,4
Luxemburg	2 586	13	160	6,2	38	352	13,6
Niederlande	41 478	30	3 552	8,6	76	7 078	17,0
Österreich	83 900	73	11 931	14,2	113	9 450	11,2
Portugal	92 071	47	8 082	8,8	65	12 150	13,2
Schweden	450 000	301	22 820	5,1	1 919	46 300	10,3
Spanien	504 765	174	33 582	6,7	684	74 907	14,8
EU der 15	**3 240 207**	**2 492**	**169 823**	**5,2**	**9 935**	**341 012**	**10,3**

Anmerkung: Die Flächen der Vogelschutz-Richtlinie entsprechen einer SPA-Ausweisung (besonderes Schutzgebiet), die Flächen der Habitat-Richtlinie sind vorgeschlagene SCIs der I. Stufe, d.h. Gebiete von gemeinschaftlicher Bedeutung.
© BBR Bonn 2000   ROB 2000   Datenbasis: EU-Kommission, Generaldirektion XI

Tabelle 19
Stand der Ausweisung von FFH-Gebieten in Europa am 14.9.1999
(NATURA 2000 Barometer)

---

mend beeinflusst. Beispielsweise werden Belastungsgrenzen beim Lärm oft in nationale Gesetze und in Methoden zur Planung der Flächennutzung aufgenommen und beeinflussen damit neue Entwicklungen der Infrastruktur. In ähnlicher Weise können Grenzwerte für die luftverschmutzenden Stoffe direkte Auswirkungen auf die Entwicklung städtischer und industrieller Gebiete haben.

Die umweltpolitischen Anforderungen werden zu bedeutenden Standortfaktoren für die Unternehmensansiedlung. Diesbezügliche gemeinschaftsrechtliche Vorgaben sind für einige Mitgliedsstaaten nicht nur in ökologischer Hinsicht, sondern auch in ökonomischer Hinsicht erheblich.

Erläuterung: FFH und Natura 2000

Ein funktional zusammenhängendes Netz ökologisch bedeutsamer Freiräume kann maßgeblich zu einer ausgewogenen Raumstruktur beitragen. Ein Verbundnetz aus größeren zusammenhängenden Gebieten, in denen eine weitgehend ungestörte Erhaltung und Entwicklung von Flora und Fauna erfolgen kann, soll eine immer stärkere Isolation von Biotopen und ganzen Ökosystemen verhindern. Dieses raumplanerische Freiraumverbundsystem muss sich an den Anforderungen des europaweiten Netzes natürlicher Lebensräume für den Arten- und Biotopschutz (NATURA 2000) entsprechend der Flora-Fauna-Habitat-Richtlinie der EU (FFH-Richtlinie 92/43/EWG vom 21.9.1992) und der Vogelschutzrichtlinie (79/409/EWG vom 2.4.1979) orientieren und Verpflichtungen aus weiteren internationalen Übereinkommen berücksichtigen (z.B. Bonner Konvention v. 23.6.1979, Ramsar Konvention v. 2.2.1971).

Im Vertrag von Maastricht wurde die Verpflichtung eingegangen, den Umweltschutz in alle Bereiche der EU-Politik zu integrieren. Ziel ist u. a., die biologische Vielfalt in Europa durch den Aufbau eines europaweit vernetzten Schutzgebietssystems mit der Bezeichnung NATURA 2000 zu erhalten. Grundlage für die Ausweisung dieser Räume sind die FFH- und Vogelschutz-Richtlinie. In diesem Zusammenhang sollen Gebiete mit besonderer Bedeutung gesichert und in einem kohärenten Netz geschützt werden. Ein Verbundnetz ist deshalb wichtig, weil eine wesentliche Bedrohung für das Naturerbe von der zunehmenden Zersplitterung der wertvollen Räume verursacht wird. Die Wirksamkeit dieses Ansatzes hängt daher auch wesentlich von den Nutzungen in der Umgebung dieser wertvollen Naturgebiete ab.

Anhang

Stellungnahme der Bundesregierung zum Raumordnungsbericht 2000 des Bundesamtes für Bauwesen und Raumordnung

I. Grundsätzliche Bewertung des Berichts

Der Raumordnungsbericht 2000 des Bundesamtes für Bauwesen und Raumordnung vermittelt einen an den Fakten orientierten detaillierten Überblick über die räumliche und siedlungsstrukturelle Situation des Bundesgebietes und stellt wichtige Informationen für die Planungsträger von Bund, Ländern und Gemeinden sowie die Fachöffentlichkeit bereit. Er vermittelt ein zutreffendes Bild der zunehmenden räumlichen Verflechtungen und der Dynamik der räumlichen Entwicklungstrends. Die zahlreichen informativen Grafiken und Schaubilder erlauben ein leichteres Nachvollziehen dieser komplexen Sachverhalte. Der Bericht zeigt auf, dass

- die multizentrische Raumstruktur Deutschlands mit einer Vielzahl von Städten und Regionen ein wichtiges Kennzeichen und auch ein Standortvorteil Deutschlands im internationalen Maßstab ist, den es zu erhalten und auszubauen gilt;

- die Infrastruktur vielfach ein hohes Niveau aufweist und in den neuen Bundesländern in ganz erheblichem Umfang Defizite abgebaut und teilweise die Standards der alten Bundesländer erreicht werden konnten;

- die Angleichung der Lebensverhältnisse in Deutschland zwar erhebliche Fortschritte gemacht hat, aber in Teilbereichen und Teilräumen noch gravierende Unterschiede bestehen. Der Abbau dieser Defizite genießt hohe politische Priorität.

- die starken Unterschiede zwischen ländlichen Regionen und Verdichtungsregionen deutlich abnehmen und von einer allgemeinen Verstädterungstendenz gesprochen werden kann. Im Hinblick auf die weiteren Suburbanisierungstendenzen ist eine konsequente Flächenhaushaltspolitik und ein sparsamer Umgang mit der Ressource Boden erforderlich;

- in einigen Regionen – besonders in ländlichen Regionen in nicht zentraler Lage – der sich abzeichnende Bevölkerungsrückgang neue Strategien und Instrumente hinsichtlich der Organisation der Infrastruktur erfordert;

- das Prinzip der Nachhaltigkeit – in seiner ökologischen, ökonomischen, sozialen und kulturellen Dimension – an Bedeutung gewinnt und deshalb integratives Denken, Wissen und Handeln auf allen Ebenen für die Zukunftssicherung Deutschlands einen neuen Stellenwert erhält;

- aufgrund des wachsenden Anteils von Ausländern und Aussiedlern deren Integration eine wichtige gesellschaftliche Aufgabe darstellt;

- die europäische Ebene auf vielfältige Weise auf die Entwicklung der deutschen Raum- und Siedlungsstruktur einwirkt, so dass noch stärker auf eine abgestimmte Verzahnung der europäischen und nationalen Komponenten bei der Raumentwicklung zu achten ist;

- das gewachsene Siedlungsgefüge mit einer großen Vielfalt von gleichwertigen Städten und Regionen in Deutschland sich immer stärker differenziert, so dass künftig die regionale Ebene und deren Kompetenzen zu stärken sind;

- durch die Zusammenlegung des ehemaligen Bundesverkehrsministeriums und des Bundesbauministeriums zum Bundesministerium für Verkehr, Bau- und Wohnungswesen die Weichen für eine integrative Verkehrs- und Infrastrukturpolitik gestellt worden sind. Bei der Fortschreibung der Bundesverkehrswegeplanung wird die raumordnerische Bewertung einen hohen Stellenwert erhalten.

Die künftige Raumordnungspolitik steht vor zunehmenden Anforderungen, die neue Schritte und Lösungsansätze erforderlich machen. Hierzu gehört ein flexibles und kooperatives Planungsverständnis, das den zunehmenden räumlichen Verflechtungen Rechnung trägt. Raumordnung ist eine Zukunftsaufgabe, die bei den gegebenen Zuständigkeiten im föderativen Staat gleichermaßen von Bund, Ländern, Regionen und Gemeinden aktiv zu gestalten ist.

Die Bundesregierung wird ihren Beitrag leisten, um die Zukunftsfähigkeit und Modernisierung Deutschlands mit seiner großen Zahl gleichwertiger Städte und Regionen in allen Teilen des Bundesgebietes im europäischen Rahmen zu sichern und auszubauen. Den Zielen der Nachhaltigkeit und Gleichwertigkeit der Lebensverhältnisse kommt dabei eine wachsende Bedeutung zu.

II. Anlass und Grundlagen des Berichts

Mit der Vorlage des Raumordnungsberichtes 2000 des Bundesamtes für Bauwesen und Raumordnung (BBR) wird ein neuer Weg in der bewährten Raumberichterstattung des Bundes in Deutschland beschritten. Nach der Neufassung des Raumordnungsgesetzes vom 18. August 1997 wird dem Bundesamt gemäß § 21 die Aufgabe zugewiesen, in regelmäßigen Abständen dem für Raumordnung zuständigen Bundesministerium Berichte zur Vorlage an den Deutschen Bundestag über

1. die bei der räumlichen Entwicklung des Bundesgebietes zugrunde zulegenden Tatsachen (Bestandsaufnahme, Entwicklungstendenzen),

2. die im Rahmen der angestrebten räumlichen Entwicklung durchgeführten und beabsichtigten raumbedeutsamen Planungen und Maßnahmen,

3. die räumliche Verteilung der raumbedeutsamen Planungen und Maßnahmen des Bundes und der Europäischen Union im Bundesgebiet,

4. die Auswirkung der Politik der Europäischen Union auf die räumliche Entwicklung des Bundesgebietes

zu erstellen. Die Erarbeitung des vorliegenden Raumordnungsberichts 2000 liegt in der eigenständigen Verantwortung des Bundesamtes für Bauwesen und Raumordnung in Abstimmung mit dem zuständigen Bundesministerium für Verkehr, Bau- und Wohnungswesen.

Aufgrund des verhältnismäßig langen Zeitraums seit der Erstellung des letzten Raumordnungsberichtes von 1993 hat sich das Bundesamt für Bauwesen und Raumordnung in Absprache mit dem jetzt für die Raumordnung zuständigen Bundesministerium für Verkehr, Bau- und Wohnungswesen darauf verständigt, einen umfassenden Raumordnungsbericht 2000 vorzulegen, der alle vom Gesetz geforderten inhaltlichen Bereiche zusammenfassend behandelt.

III. Struktur und Rahmenbedingungen des Berichts

Der Raumordnungsbericht gliedert sich in zwei große Teilblöcke:

– Raumentwicklung und

– Instrumente der Raumordnung.

Aufgrund der uneinheitlichen Datenlage – entsprechend der großen inhaltlichen Breite des Berichts – ist der Berichtszeitraum unterschiedlich, wenngleich er schwerpunktmäßig die zweite Hälfte der 90er Jahre umfasst.

Im Teil „Raumentwicklung" werden die wichtigsten Faktoren und Komponenten der Raum- und Siedlungsstruktur in ihrer regionalen Ausprägung analysiert. Besonderer Wert wird auf die Analyse der vielfältigen regionalen Verflechtungen gelegt, da sich in diesen die zunehmende Komplexität gesellschaftlicher und ökonomischer Entwicklungen widerspiegelt.

Im Teilabschnitt „Ausblick: Tendenzen der künftigen Raumentwicklung" erfolgt eine Abschätzung der künftigen räumlichen Entwicklungstendenzen. Diese erfolgt nach dem Status-quo-Prinzip. Es wird unterstellt, dass im Prognosezeitraum über die bekannten Maßnahmen und Instrumente hinaus zusätzliches oder alternatives politisches Handeln zur Einflussnahme auf die Raumentwicklung unterbleibt. Auf diese Weise können Chancen, aber auch mögliche Gefährdungen für die Raumentwicklung bzw. der politische Handlungsbedarf aufgezeigt werden. Mit der Abschätzung von Entwicklungstendenzen verbindet sich also eine Frühwarnfunktion. Wünschenswert ist, dass die Diskussion über räumliche Entwicklungstendenzen künftig auf einer breiten Basis geführt und auch die europäische Dimension einbezogen wird. Dabei sollten die Annahmen transparent sein und auch die einzelnen Schritte, die zu den Ergebnissen führen, nachvollziehbar gemacht werden. Auch sollte der unterschiedliche Unsicherheitsgrad der einzelnen sektoralen Trendprognosen stärker herausgestellt werden, um die Ergebnisse und möglichen Konsequenzen besser einschätzen zu können.

Im Mittelpunkt des Teils „Instrumente der Raumordnung" stehen die raumordnerische Zusammenarbeit in Deutschland und Europa sowie die raumbedeutsamen Fachplanungen und -politiken. Erstmals wird im Rahmen eines Raumordnungsberichts die gesamte Breite des raumwirksamen Mitteleinsatzes dokumentiert.

Für die räumliche Entwicklung und auch die Politik sind folgende Faktoren maßgebend gewesen:
- die Weiterführung des Aufbaus im vereinten Deutschland zur Herstellung gleichwertiger Lebensverhältnisse,
- die Ausdehnung und Fortführung der europäischen Integration,
- die Auswirkungen der zunehmenden Globalisierung und Liberalisierung der Märkte,
- die gestiegene Bedeutung des Umweltschutzes im Sinne einer nachhaltigen Entwicklung.

Diese Faktoren haben ganz erhebliche Auswirkungen auf die Raumstruktur und das Siedlungsgefüge. Vertraute Wirkungszusammenhänge werden dabei teilweise aufgebrochen: Zentrale oder periphere Lagen verändern durch die Öffnung von Grenzen ihre Bedeutung, ehemals strukturschwache Räume entwickeln ihre Wachstumspotenziale, neue Informations- und Kommunikationstechnologien relativieren traditionelle Unterschiede zwischen städtischen und ländlichen Räumen. Jede Region hat eigene Stärken und Schwächen, die von den oben genannten Bestimmungsfaktoren beeinflusst werden. Auf diese Vielfalt von Entwicklungen hat die Politik beispielsweise durch die Fortentwicklung des Raumordnungsrechts des Bundes sowie durch neue Ansätze der Regionalpolitik bereits reagiert.

IV. Kernaussagen des Berichts

Nachfolgend werden die wichtigsten Ergebnisse des Berichts herausgestellt und in ihren Konsequenzen gewürdigt.

1 Bevölkerungsentwicklung

Die Bevölkerungsentwicklung in Deutschland wurde ganz wesentlich durch die Zuwanderung aus dem Ausland und die Aufnahme von Aussiedlern getragen. Die Ost-West-Wanderung innerhalb Deutschlands hat sich deutlich abgeschwächt und konsolidiert sich.

Deutschland hat – ähnlich wie andere westeuropäische Staaten – eine der niedrigsten Geburtenraten der Welt. Nur durch die natürliche Bevölkerungsentwicklung, ohne Zuwanderung von Ausländern, könnte der Bevölkerungsstand nicht gehalten werden.

Die Wanderungsverluste der einzelnen Kreise haben tendenziell abgenommen. Nur noch 20 % der Kreise in Deutschland haben Wanderungsverluste zu verzeichnen. Diese liegen vorwiegend in den neuen Ländern. Fast 50 % der Kreise haben – zum Teil hohe – Wanderungsgewinne, die im wesentlichen durch Zuwanderung von Ausländern getragen werden.

Die Integration von Ausländern und Aussiedlern ist ein zentrales Thema auch für die Zukunftsfähigkeit Deutschlands und betrifft besonders die nachwachsende Generation.

Das durch die Bundesregierung geänderte Staatsbürgerschaftsrecht zielt darauf ab, eine leichtere und verbesserte Eingliederung der ausländischen Mitbürger herbeizuführen.

2 Beschäftigungsentwicklung, Strukturwandel

Die großen Verdichtungsregionen bleiben die bedeutendsten Arbeitsplatzzentren. Sie waren jedoch überproportional vom Beschäftigungsabbau infolge des Strukturwandels betroffen. Eine rege Investitionstätigkeit findet aber, insbesondere in den neuen Ländern, auch außerhalb der großen Agglomerationen statt.

Die Erwerbsbeteiligung der Bevölkerung (der Beschäftigtenbesatz) hat sich in Ost- und Westdeutschland in etwa angeglichen (418 Erwerbstätige zu 427 Erwerbstätige je 1 000 Einwohner). Trotz Arbeitsplatzabbau ist die Konzentration der Arbeitslätze in den Agglomerationsräumen am höchsten (438 Erwerbstätige gegenüber z.B. 406 Erwerbstätigen je 1 000 Einwohner in den ländlichen Räumen).

Der Strukturwandel in den neuen Ländern läuft im wesentlichen über eine Erhöhung des Dienstleistungsanteils bei den Arbeitsplätzen, der mit 62 % im Beobachtungszeitraum seinen bisher höchsten Stand erreicht hat. Dienstleistungsarbeitsplätze sind – nach wie vor – in den Agglomerationsräumen und dort in den Kernstädten überdurchschnittlich hoch vertreten.

Bedingt durch die Transferzahlungen und den Aufholprozess liegen die Investitionen in den ostdeutschen Regionen über dem westdeutschen Durchschnitt.

Der Dienstleistungssektor wird auch in Zukunft ein entscheidender Wachstumsmotor sein, wenngleich auch die hochentwickelte Industriebasis nicht vernachlässigt werden darf, da Deutschland etwa im Maschinen- und Anlagenbau nach wie vor eine Weltspitzenstellung inne hat.

Die Bundesregierung unterstützt den Strukturwandel durch eine umfangreiche Palette an Fördermöglichkeiten und arbeitsmarktpolitischen Maßnahmen, insbesondere auch im Bereich der Forschungs- und Technologiepolitik sowie der beruflichen Qualifizierung.

Dabei zeigt sich, dass das dezentrale Standortgefüge in Deutschland eine gute Voraussetzung bildet, um möglichst alle Regionen in eine wirtschaftliche Aufschwungentwicklung einzubeziehen.

3 Anhaltender Verstädterungsprozess

Die Ausdehnung der Städte in das Umland und die gegenseitige Verflechtung zwischen Stadt und Umland nimmt zu. Die Suburbanisierung schreitet in den alten Ländern weiter voran und weitet sich räumlich aus. In den neuen Ländern ist eine ähnliche Tendenz, bei allerdings wesentlich niedrigerem Ausgangsniveau, feststellbar.

Bevölkerung und Arbeitsplätze nehmen in den Kernstädten um ca. 6 % ab (1993–1998) und im Umland der großen Verdichtungsregionen sowie in den ländlichen Räumen um ca. 4 % zu. Vor allem junge Familien sowie Handel und Dienstleistungen wandern ins Umland ab. Angesichts der besonderen Bedeutung des Einzelhandels für die Stadtentwicklung ist eine Politik der Innenstadtstärkung und -förderung notwendig, wenngleich es nicht darum gehen kann, politische Konzepte in Richtung einer Erhaltung bestimmter Handelsstrukturen zu entwickeln. Es kommt vornehmlich darauf an, die Bedingungen in den Städten selber zu verbessern. Die Wirtschaftspolitik genauso wie die Städtebau- und Raumordnungspolitik verfolgt dabei einen integrierten Ansatz.

Der Anteil der in den Kernstädten lebenden Bevölkerung ist in den neuen Ländern noch um ca. 10% höher als in den alten Ländern.

Die Suburbanisierung breitet sich auch in das weite ländliche Umland der Städte aus und führt tendenziell zu einer Gefahr der Zersiedelung. Der traditionelle Stadt-Land-Unterschied löst sich weiter auf, da sich die Lebensbedingungen tendenziell immer stärker angleichen.

Gleichzeitig nimmt die Siedlungsfläche zu und entwickelt sich dynamisch. Der gesamte Siedlungsflächenanteil beträgt 11,8 % (13,3 % in den alten, 8,4 % in den neuen Ländern). 85 % der Fläche sind land- und forstwirtschaftlich genutzt. Das Siedlungsflächenwachstum ist überproportional gegenüber der Bevölkerungszunahme. Die Siedlungsfläche steigt in den alten Ländern um ca. 1 % pro Jahr und in den neuen Ländern um 1,5 % pro Jahr, allerdings dort bei einem deutlich niedrigeren Ausgangsniveau.

Der sparsame Umgang mit Grund und Boden stellt eine wichtige Aufgabe dar, die durch das Ziel der Nachhaltigkeit neue Impulse erfahren hat. Durch die Anwendung von Raumordnungsverfahren und Umweltverträglichkeitsprüfungen ist eine konsequente Flächenhaushaltspolitik fortzuführen. Hierbei sind alle drei Ebenen von Bund, Ländern und Gemeinden gleichzeitig gefordert. Der Koordinierung der Flächenausweisung durch die Regionalplanung und kommunale Bauleitplanung kommt eine entscheidende Rolle zu. Zur Verhinderung der Zersiedlung ist eine konsequente Ausweisung von Bauland an Siedlungsschwerpunkten vorzunehmen. Dies führt zu einer ökonomisch effizienten Bündelung von Versorgungs- und Infrastruktureinrichtungen und schafft bessere Voraussetzungen für die Anbindung an den öffentlichen Personennahverkehr.

Der Bericht legt nahe, dass die regionale Koordination in den grossen Agglomerationsräumen weiter auszubauen ist. Die Bundesregierung sieht deshalb in der Neuordnung und Organisation der großen Agglomerationsgebiete eine weitere wichtige Aufgabe zur Sicherung der Funktionsfähigkeit dieser Räume und zu einer besseren Abstimmung innerhalb dieser Regionen. Als positive Beispiele sind weit vorangeschrittene Ansätze zur Neuorganisation der Regionen Hannover und Stuttgart zu nennen, die eine wesentlich bessere Abstimmung zwischen den kommunalen und regionalen Entscheidungsträgern herbeiführen. In diesem Zusammenhang wird auch auf das neue Instrument des regionalen Flächennutzungsplans nach dem novellierten Raumordnungsgesetz verwiesen, durch das ebenfalls eine bessere Koordination zwischen regionalen und kommunalen Planungsträgern in den Verdichtungsregionen herbeigeführt werden kann. Verstärkt werden auch Verträge zwischen öffentlichen Planungsträgern unter Einbeziehung privater Investoren und Initiativen zur Erreichung raumordnerischer Ziele einzusetzen sein. Hier zeichnet sich eine flexible Ergänzung des raumordnerischen Instrumentariums ab. Insbesondere die Länder sind gefordert, Umsetzungsschritte einzuleiten.

4 Entwicklung ländlicher Räume

Ländliche Räume sind heute durch die unterschiedlichsten Trends und Problemlagen charakterisiert. *Den* ländlichen Raum gibt es nicht mehr. Unterschiedlich geprägte ländliche Räume haben jeweils ihre eigenen Stärken und Schwächen. Insofern können ländliche Räume in Deutschland keinesfalls generell als Problemregionen angesehen werden.

Viele ländliche Regionen profitieren von der Entwicklung in den Verdichtungsräumen. Die im internationalen Vergleich ausgewogene Siedlungsstruktur Deutschlands bietet vielen Menschen in ländlichen Räumen außerlandwirtschaftliche Arbeitsplätze in akzeptabler Entfernung. Die Nachfrage nach bezahlbarem Wohnraum führt zu Bevölkerungswachstum und wirtschaftlicher Dynamik im Umland der Städte. So ist z.B. in den Umlandkreisen der ostdeutschen Agglomerationen mit 8,3 % von 1993 – 1998 eine überdurchschnittliche Beschäftigungsentwicklung festzustellen.

Als allgemeine Tendenz ist eine Angleichung der Lebensverhältnisse zwischen den Verdichtungsregionen und den ländlichen Regionen zu beobachten.

Die Betrachtung der (akzeptablen) durchschnittlichen Pendeldistanzen oder der (geringeren) Arbeitslosenquoten ländlicher Räume im Vergleich zu den Verdichtungsräumen täuscht aber leicht darüber hinweg, dass es nach wie vor ländliche Regionen mit erheblichen Strukturschwächen gibt. Insbesondere periphere Räume haben unter Mangel an Arbeitsplätzen, unzureichender Infrastruktur und geringer Attraktivität für junge Menschen zu leiden. Die Tendenz zu einer Vergrößerung der Defizite bis hin zu Abwanderung der Bevölkerung setzt sich in den besonders betroffenen Gebieten fort.

Zwar sind die besonders strukturschwachen ländlichen Räume i.d.R. durch landwirtschaftliche Nutzung geprägt. Gleichwohl ist der Anteil der in der Landwirtschaft Beschäftigten an den Gesamtbeschäftigen gering. Deshalb wird eine Konzentration auf die Landwirtschaft alleine die Probleme des Arbeitsmarktes nicht lösen.

Es ist eine politische Herausforderung, die Entwicklungsvoraussetzungen in strukturschwachen ländlichen Regionen gezielt zu verbessern. Vorrangiges Ziel muss hier die Schaffung von attraktiven außerlandwirtschaftlichen Arbeitsplätzen sowie eine langfristig gesicherte Versorgungsinfrastruktur sein. Die Standortvoraussetzungen in peripheren Regionen können sowohl durch moderne Telekommunikationstechnologien und -dienstleistungen wie z.B. Telearbeit, -lernen und -shopping als auch durch die Nutzung von Erwerbskombinationen, z.B durch die Verknüpfung von Landwirtschaft und Tourismus, verbessert werden.

Komplexe Probleme der regionalen Entwicklung und Umstrukturierung lassen sich nachhaltig am ehesten bewältigen, wenn die betroffene Region über ein integriertes regionales Entwicklungskonzept verfügt. Dabei sind aufeinander abgestimmte Anstrengungen der betroffenen Regionen, der Länder und des Bundes erforderlich. Die Bundesregierung wird entsprechend der Koalitionsvereinbarung hierzu eine integrierte regional- und strukturpolitische Anpassungsstrategie für ländliche Räume erarbeiten.

Notwendig ist darüberhinaus die Überprüfung des Zentrale-Orte-Systems hinsichtlich seiner Tragfähigkeit sowie der jeweiligen kommunalen Einzugsbereiche auf ihre Leistungsfähigkeit hin.

5 Großräumig bedeutsame Netzinfrastrukturen

Der Zugang zu großräumig bedeutsamen Netzinfrastrukturen (Verkehr, Energie, Telekommunikation) ist flächendeckend auf hohem Niveau gesichert. Es bestehen allerdings noch regionale Unterschiede in der Angebotsqualität.

Neben den Niederlanden und Belgien verfügt Deutschland, als Folge und Ausdruck der dezentral konzentrierten Siedlungsstruktur, über die höchste Netzdichte bei den Fernverkehrsinfrastrukturen in Europa. Alle Oberzentren sind in das Netz der Bundesverkehrswege eingebunden.

Der Motorisierungsgrad der Bevölkerung hat sich zwischen den alten und neuen Ländern fast angeglichen. Er ist in den Umländern der Großstädte und Verdichtungsräume größer als in den Kernstädten und den ländlichen Räumen.

Die Erschließung der Fläche mit Erdgas schreitet dynamisch voran. 1998 sind 42 % des Wohnungsbestandes mit Erdgas versorgt. Beim Neubau erhalten 73 % der Wohnungen Erdgasheizungen.

Die Versorgung mit den Telekommunikationsdienstleistungen hat sich seit 1997 in Ost- und Westdeutschland vollständig angeglichen.

Hervorzuheben ist, dass binnen zehn Jahren die bedeutsamsten überörtlichen Infrastrukturen in den neuen Ländern an das hohe Niveau der alten Länder herangeführt werden konnten. Dies hat insgesamt zu einer deutlichen Aufwertung und Attraktivität der Standortbedingungen in Ostdeutschland geführt, so dass die Verbesserung der Wettbewerbschancen im interregionalen Maßstab voranschreitet. In einigen Bereichen, wie etwa der Telekommunikation, haben die neuen Länder die weltweit modernste flächendeckende Ausstattung (Glasfaser).

Die Verkehrsprojekte Deutsche Einheit haben für die Bundesregierung in der mittelfristigen Investitionsplanung weiter höchste Priorität und werden den interregionalen und internationalen Leistungsaustausch dieser Regionen stärken. Im Zuge der Weiterentwicklung der Bundesverkehrswegeplanung wird auch eine stärkere Verzahnung zwischen verkehrlichen und raumordnerischen Erfordernissen erfolgen.

6 Unterschiede zwischen alten und neuen Ländern

Regionale Disparitäten beträchtlichen Ausmaßes bestehen vorrangig zwischen den alten und neuen Ländern. Dabei schwächen sich die Unterschiede zwischen den Regionstypen (z.B. verstädterte Regionen und ländlichen Regionen) jedoch tendenziell ab.

Der wirtschaftsstrukturelle Anpassungsprozess in den neuen Ländern ist noch nicht abgeschlossen. Die Anpassungsleistung, die seitens der Bevölkerung und der Wirtschaft hier erbracht worden ist, ist als außerordentlich hoch einzuschätzen. Trotz der zu verzeichnenden Erfolge ist ein selbsttragendes und in die Fläche wirkendes dauerhaftes Wachstum noch nicht erreicht. Größte Arbeitsplatzverluste gab es in der übersetzten Landwirtschaft und der Industrie. Inzwischen ist der Dienstleistungssektor der dominierende Bereich, da 62 % der ostdeutschen Beschäftigten bereits 1997 hier arbeiteten.

Die Wirtschaftskraft in den neuen Ländern steigt stetig. Es gibt aber noch keine Angleichung an die alten Länder (unterdurchschnittliches Bruttoinlandsprodukt: 11,4 % des gesamten Bruttoinlandsprodukt in Deutschland, niedrigeres Einkommensniveau, geringeres Steueraufkommen der Kommunen).

Die Umstrukturierungen auf dem Arbeitsmarkt sind noch im Gange. Arbeitslosigkeit ist in den neuen Ländern ein flächendeckendes Problem mit im Durchschnitt 18 % Arbeitslosen und Extremwerten der Arbeitslosenquote von über 20 %. In den alten Ländern sind bei insgesamt deutlich niedriger Arbeitslosenquote die regionalen Unterschiede ausgeprägter (Streuung der durchschnittlichen Arbeitslosenquote 1996 – 1998 von 5,8 % bis 16,8 %).

Die regionalen Entwicklungen zwischen dem Norden und dem Süden der neuen Länder sind ungleichmäßig. Investitionen und Betriebsgründungen sind verstärkt in den ehemals industriellen Kernbereichen in den südlichen Regionen sowie in Berlin zu finden.

Regionale Disparitäten in der Infrastrukturversorgung der privaten Haushalte, insbesondere in der sozialen und kulturellen Infrastruktur, sind kaum noch vorhanden. Signifikante Unterschiede zwischen den alten und neuen Ländern bestehen hier nicht. Defizite bestehen allerdings noch in der ÖPNV-Versorgung in den ländlichen Räumen, jedoch werden hier noch nicht ausgeschöpfte Optimierungsmöglichkeiten durch die örtlichen und regionalen Entscheidungsträger gesehen.

Die regionalen Wohnungsmärkte haben sich nach Abbau großer Nachfrageüberhänge in den alten Ländern und den Veränderungen des Wohnungsmarktes in den neuen Ländern (z.B. durch breit angelegte Wohnungsmodernisierung) insgesamt wieder beruhigt. In den neuen Ländern ist in unsanierten Altbauständen und zunehmend in unattraktiven Geschosswohnungsbeständen sowohl aufgrund der Wohneigentumsbildung als auch aufgrund der Bevölkerungsverluste in den besonders strukturschwachen Regionen ein hohes Maß von Wohnungsleerständen zu verzeichnen. Um dieser Problematik zu begegnen, hat die Bundesregierung eine Expertenkommission berufen, deren Ziel es ist, langfristig tragfähige Konzepte zu entwickeln, die die wohnungswirtschaftlichen, städtebaulichen und sozialen Aspekte des Wohnungsleerstands gleichermaßen berücksichtigen.

Jeder Bundesbürger verfügt heute über durchschnittlich 38 m² Wohnfläche mit immer noch erheblichen Unterschieden zwischen Ost- und Westdeutschland (alte Länder: 39,4 m²; neue Länder: 35,0 m²). Die Wohnungsbauintensität ist seit 1995 in den neuen Ländern höher als in den alten Ländern. Ein- und Zweifamilienhäuser werden vorwiegend außerhalb der Kernstädte und in den ländlichen Räumen gebaut.

Insgesamt ergibt sich, dass gemessen an der außerordentlich schwierigen und teilweise desolaten Ausgangslage (etwa im Bereich der Infrastruktur und der überalterten und überbesetzten Industriestruktur) wichtige Weichenstellungen für eine Standortverbesserung und die Modernisierung des Gesamtproduktionsapparates erfolgt sind. Die Bundesregierung misst dem wirtschaftlichen Aufbau in Ostdeutschland eine besondere Rolle zu und hält an der mittel- bis langfristigen Zielsetzung der Angleichung der Lebensverhältnisse in Gesamtdeutschland fest. Ostdeutschland, einschließlich Berlin, erhält bei den umfangreichen Fördermaßnahmen zur Umstrukturierung und Modernisierung von der Bundesregierung und der EU die höchsten Fördersätze.

7 Aktionsorientierte Raumordnungspolitik

Das zum 1. Januar 1998 novellierte Raumordnungsgesetz des Bundes enthält als neues, zentrales Leitbild die nachhaltige Raumentwicklung. Sie soll soziale und wirtschaftliche Ansprüche an den Raum mit seinen ökologischen Funktionen in Einklang bringen.

Die Bindungswirkung der raumordnerischen Ziele für öffentliche Träger von raumwirksamen Planungen und Maßnahmen wurde verstärkt und auf Personen des Privatrechts ausgedehnt, soweit sie näher definierte öffentliche Aufgaben wahrnehmen.

Für die Ordnung und Entwicklung in den Verdichtungsregionen wurde als neues Instrument der regionale Flächennutzungsplan geschaffen. Die Möglichkeit zur Schließung raumordnerischer Verträge, um zwischen verschiedenen Akteuren gemeinsame Handlungsziele zu erreichen, stellt ein weiteres neues Instrument dar.

Des weiteren wird die Bedeutung von informellen Instrumenten zur Verwirklichung von Raumordnungsplänen hervorgehoben, wie etwa regionale Entwicklungskonzepte und Städtenetze.

Die Weiterentwicklung und Umsetzung der Raumordnungspolitik zielt – wie der Bericht zutreffend erläutert – auf eine Stärkung der Region und regionaler Initiativen als räumliche Handlungsebene. Der interkommunalen, regionalen Zusammenarbeit kommt wachsende Bedeutung zu. Innovative regionale Handlungsansätze werden durch „Modellvorhaben der Raumordnung" im Sinne von Pilotfunktionen initiiert und gefördert. Dadurch werden auch seitens der Bundesraumordnung die regionalen Potenziale und Eigenkräfte gestärkt.

8 Raumwirksame Planungen und Maßnahmen

Die raumwirksamen Mittel, Maßnahmen und Planungen konzentrieren sich weit überproportional auf die neuen Länder. Damit wird der hohe Stellenwert des Ziels der gleichwertigen Lebensverhältnisse im vereinten Deutschland unterstrichen.

Im Zeitraum 1991–1998 sind 1 826 Mrd. DM an raumwirksamen Mitteln verausgabt worden. Abzüglich der Länderfinanzausgleichsmittel, der Beitragsmittel der Bundesanstalt für Arbeit sowie der EU-Mittel verbleiben rd. 930 Mrd. DM an raumwirksamen Bundesmitteln. Die neuen Länder erhielten davon 53 %.

Seit 1995 sind die neuen Länder vollständig und gleichberechtigt in den gesamtdeutschen Länderfinanzausgleich im engeren Sinne einbezogen. Von den gesamten Leistungen in Höhe von 13,5 Mrd. DM sind z. B. im Jahr 1998 ca. 11 Mrd. DM in die neuen Länder geflossen.

Zusammenfassend werden im Bericht folgende Bereiche erfasst und regionalisiert:

- Ein wesentlicher Investitionsschwerpunkt war die großräumige Verkehrsinfrastruktur mit ca. 173 Mrd. DM im Zeitraum 1991–1998. Ein – gemessen zur Fläche und Bevölkerung – überproportionaler Anteil von 42 % davon floss in die neuen Länder, insbesondere zum Ausbau der Verkehrsprojekte Deutsche Einheit. Im Rahmen des Regionalisierungsgesetzes erhielten die Länder zur Gestaltung des ÖPNV 1996 bis 1998 32,9 Mrd. DM, von denen 22,4 Mrd. DM den alten Ländern zukamen.

- Für Maßnahmen der aktiven und passiven Arbeitsmarktpolitik wurden im Zeitraum 1991 bis 1998 rd. 769 Mrd. DM aus Beitragsmitteln der Bundesanstalt für Arbeit bereitgestellt, wovon rd. 340 Mrd. DM (44 %) in die neuen Länder geflossen sind. Dort liegt auch der Schwerpunkt der aktiven Arbeitsmarktpolitik (berufliche Fort- und Umschulungsmaßnahmen sowie Arbeitsbeschaffungsmaßnahmen) mit 60 % der Mittel.

- Die neuen Länder gehören aufgrund ihrer besonderen Strukturprobleme in Gänze zum Fördergebiet der Gemeinschaftsaufgabe „Verbesserung der regionalen Wirtschaftsstruktur" – GRW. Die Bundesregierung hat sich im Zeitraum 1991 bis 1998 mit rd. 23 Mrd. DM an Ländermaßnahmen zur Förderung der gewerblichen Wirtschaft beteiligt. 20,5 Mrd. DM davon flossen in die neuen Länder.

- Aus den rd. 76 Mrd. DM, die der Bund im Rahmen der Gemeinschaftsaufgabe „Ausbau und Neubau von Hochschulen" sowie im Bereich Forschung und Entwicklung und der gemeinsamen Forschungsförderung von Bund und Ländern im Zeitraum 1991 bis 1998 ausgegeben hat, ergibt sich für die neuen Länder der Betrag pro Einwohner von 1125 DM und für die alten Länder der einwohnerbezogene Wert von 874 DM.

- Stadtentwicklung und Wohnen umfassen vielfältige Einzelmaßnahmen zum Abbau von Entwicklungsengpässen in den Städten. Um Stadtteile mit besonderem Entwicklungsbedarf vor einer Abseitsstellung zu bewahren, hat die Bundesregierung 1999 erstmals das Programm „Die soziale Stadt" aufgelegt. Das Programm faßt mit einem umfassenden Förderansatz investive und nichtinvestive Maßnahmen mit dem Schwerpunkt der städtebaulichen Erneuerung zusammen. Mit dem Programm soll erreicht werden, dass in städtischen Problemgebieten städtebauliche Maßnahmen mit Maßnahmen anderer Politikbereiche gebündelt werden.

- In den Bereichen Städtebauförderung, Sozialer Wohnungsbau, Eigenheimzulage, Gemeindeverkehrsfinanzierungsgesetz und Förderung der wirtschaftsnahen Infrastruktur (GRW – als Voraussetzung zur Verbesserung der kommunalen und regionale Standortfaktoren) hat die Bundesregierung im Zeitraum 1991 bis 1998 51 Mrd. DM in den alten und 40 Mrd. DM in den neuen Ländern eingesetzt.

- Im Bereich der Agrarpolitik, einschließlich der EU-Markt- und Preispolitik, sind insgesamt vom Bund 112,4 Mrd. DM ausgegeben worden, um die Wettbewerbsfähigkeit der Land- und Ernährungswirtschaft zu sichern und zu verbessern, sowie eine multifunktionale Landwirtschaft zu erhalten. Rd. 23 Mrd. DM flossen in die neuen Länder.

- Die Raumbedeutsamkeit des Umwelt- und Naturschutzes ist durch ordnungspolitische Maßnahmen und Festlegungen (z. B. die Ausweisung von Großschutzgebieten) sowie Umweltprogramme auf Agrarflächen gekennzeichnet. Die unter Natur- und Landschaftsschutz gestellte Fläche des Bundesgebietes umfasst 1999 ca. 25%. Strenger geschützte Naturschutzgebiete umfassen 2,3%. Die Fördersumme für 25 Agrarumweltprogramme der EU in Deutschland betrug 1998 900 Mio. DM.

- Über ihre raumwirksamen Fachpolitiken und Richtlinien nimmt auch die Europäische Union Einfluss auf die Ausgestaltung und Umsetzung nationaler und regionaler Raumentwicklungspolitiken. Dies betrifft insbesondere die europäischen Strukturfonds, die Gemeinsame Agrarpolitik, die Transeuropäischen Netze, den Bereich Forschung, Technologie und Entwicklung sowie die Umweltpolitik und hier insbesondere den Aufbau eines europäischen ökologischen Netzes „NATURA 2000". Zwischen 1989 und 1998 hat Deutschland insgesamt 142 Mrd. DM aus Brüssel vereinnahmt, wovon rd. 72 % auf den Agrarbereich entfallen. Räumlicher Schwerpunkt auch dieser Förderung sind die neuen Länder.

9 Raumordnerische Zusammenarbeit in Europa

Die raumordnerische Zusammenarbeit in Europa führte während der deutschen Ratspräsidentschaft zur Verabschiedung des Europäischen Raumentwicklungskonzeptes (EUREK).

Das EUREK ist – als rechtlich nicht bindendes Dokument – ein politischer Rahmen für eine bessere Zusammenarbeit zwischen Europäischer Kommission und den Mitgliedstaaten. Als Ergebnis eines jahrelangen Diskussionsprozesses wurde es am 11. Mai 1999 durch die für Raumordnung zuständigen Minister der EU-Staaten auf ihrem Treffen in Potsdam abschließend beraten.

Die Anwendung und Umsetzung der politischen Optionen des EUREK sollen durch verstärkte Zusammenarbeit einschließlich der regionalen und kommunalen Ebene sowie der verschiedenen Fachpolitiken untereinander erfolgen.

Die grenzüberschreitende Zusammenarbeit auf dem Gebiet der Raumordnung ist in den 90er Jahren durch Schaffung von rechtlichen Grundlagen (zwischenstaatliche Abkommen), neuen Organisationsformen (z.B. der Euregios als Zweckverbände) und intensiver Programmförderung (z.B. Gemeinschaftsinitiative INTERREG II A) erheblich intensiviert worden. Hier wird es durch die Fortführung und Weiterentwicklung im Rahmen der neu geschaffenen Gemeinschaftsinitiative INTERREG III A zu einer Verstetigung der bisherigen Arbeit kommen.

Des weiteren hat die transnationale raumordnerische Zusammenarbeit in europäischen Großräumen unter maßgeblicher deutscher Beteiligung eine wesentliche Intensivierung erfahren. Dieser Prozess wurde durch das Programm INTERREG II C der EU-Kommission gefördert und durch Mittel des Bundes – etwa über Modellvorhaben der Raumordnung – sowie Ländermittel flankiert. Die transnationale Zusammenarbeit wird im Rahmen der Gemeinschaftsinitiative INTERREG III B fortgesetzt und finanziell erheblich aufgestockt. Mit Hilfe von INTERREG III B wird auch ein Beitrag zur Umsetzung des EUREK geleistet.

V. Ausblick

Insgesamt stellt der vorliegende Raumordnungsbericht 2000 nach Auffassung der Bundesregierung eine fundierte Grundlage für darauf aufbauende künftige Berichte dar. Diese werden sich je nach aktuellem Erfordernis auch auf einzelne thematische Schwerpunkte konzentrieren. Des weiteren verstärkt das BBR seine Bemühungen, mit Unterstützung neuer Medien (Internet, CD-ROM) die Berichterstattung fortlaufend zu aktualisieren. Bei der Fortführung der räumlichen Berichterstattung wird der europäischen Dimension und den Fragen der Nachhaltigkeit sowie der Sicherung der regionalen Wettbewerbsfähigkeit und dem Ausbau der dezentralen Strukturen eine besondere Bedeutung zukommen.

Raumordnungsgesetz (ROG)

– Artikel 2 des Gesetzes zur Änderung des Baugesetzbuchs und zur Neuregelung des Rechts der Raumordnung (Bau- und Raumordnungsgesetz 1998 – BauROG) – vom 18. August 1997 (BGBl. I S. 2081, 2102), zuletzt geändert durch Gesetz vom 15. Dezember 1997 (BGBl. I S. 2902)

Inhaltsübersicht

Abschnitt 1
Allgemeine Vorschriften
§ 1 Aufgabe und Leitvorstellung der Raumordnung
§ 2 Grundsätze der Raumordnung
§ 3 Begriffsbestimmungen
§ 4 Bindungswirkungen der Erfordernisse der Raumordnung
§ 5 Bindungswirkungen bei besonderen Bundesmaßnahmen

Abschnitt 2
Raumordnung in den Ländern, Ermächtigung zum Erlaß von Rechtsverordnungen
§ 6 Rechtsgrundlagen der Länder
§ 7 Allgemeine Vorschriften über Raumordnungspläne
§ 8 Raumordnungsplan für das Landesgebiet
§ 9 Regionalpläne
§ 10 Planerhaltung
§ 11 Zielabweichungsverfahren
§ 12 Untersagung raumordnungswidriger Planungen und Maßnahmen
§ 13 Verwirklichung der Raumordnungspläne
§ 14 Abstimmung raumbedeutsamer Planungen und Maßnahmen
§ 15 Raumordnungsverfahren
§ 16 Grenzüberschreitende Abstimmung von raumbedeutsamen Planungen und Maßnahmen
§ 17 Ermächtigung zum Erlaß von Rechtsverordnungen

Abschnitt 3
Raumordnung im Bund
§ 18 Raumordnung im Bund
§ 19 Gegenseitige Unterrichtung und gemeinsame Beratung
§ 20 Beirat für Raumordnung
§ 21 Raumordnungsberichte

Abschnitt 4
Überleitungs- und Schlußvorschriften
§ 22 Anpassung des Landesrechts
§ 23 Überleitungsvorschriften

Abschnitt 1
Allgemeine Vorschriften

§ 1 Aufgabe und Leitvorstellung der Raumordnung

(1) Der Gesamtraum der Bundesrepublik Deutschland und seine Teilräume sind durch zusammenfassende, übergeordnete Raumordnungspläne und durch Abstimmung raumbedeutsamer Planungen und Maßnahmen zu entwickeln, zu ordnen und zu sichern. Dabei sind

1. unterschiedliche Anforderungen an den Raum aufeinander abzustimmen und die auf der jeweiligen Planungsebene auftretenden Konflikte auszugleichen,

2. Vorsorge für einzelne Raumfunktionen und Raumnutzungen zu treffen.

(2) Leitvorstellung bei der Erfüllung der Aufgabe nach Absatz 1 ist eine nachhaltige Raumentwicklung, die die sozialen und wirtschaftlichen Ansprüche an den Raum mit seinen ökologischen Funktionen in Einklang bringt und zu einer dauerhaften, großräumig ausgewogenen Ordnung führt. Dabei sind

1. die freie Entfaltung der Persönlichkeit in der Gemeinschaft und in der Verantwortung gegenüber künftigen Generationen zu gewährleisten,

2. die natürlichen Lebensgrundlagen zu schützen und zu entwickeln,

3. die Standortvoraussetzungen für wirtschaftliche Entwicklungen zu schaffen,

4. Gestaltungsmöglichkeiten der Raumnutzung langfristig offen zu halten,

5. die prägende Vielfalt der Teilräume zu stärken,

6. gleichwertige Lebensverhältnisse in allen Teilräumen herzustellen,

7. die räumlichen und strukturellen Ungleichgewichte zwischen den bis zur Herstellung der Einheit Deutschlands getrennten Gebieten auszugleichen,

8. die räumlichen Voraussetzungen für den Zusammenhalt in der Europäischen Gemeinschaft und im größeren europäischen Raum zu schaffen.

(3) Die Entwicklung, Ordnung und Sicherung der Teilräume soll sich in die Gegebenheiten und Erfordernisse des Gesamtraums einfügen; die Entwicklung, Ordnung und Sicherung des Gesamtraums soll die Gegebenheiten und Erfordernisse seiner Teilräume berücksichtigen (Gegenstromprinzip).

§ 2 Grundsätze der Raumordnung

(1) Die Grundsätze der Raumordnung sind im Sinne der Leitvorstellung einer nachhaltigen Raumentwicklung nach § 1 Abs. 2 anzuwenden.

(2) Grundsätze der Raumordnung sind:

1. Im Gesamtraum der Bundesrepublik Deutschland ist eine ausgewogene Siedlungs- und Freiraumstruktur zu entwickeln. Die Funktionsfähigkeit des Naturhaushalts im besiedelten und unbesiedelten Bereich ist zu sichern. In den jeweiligen Teilräumen sind ausgeglichene wirtschaftliche, infrastrukturelle, soziale, ökologische und kulturelle Verhältnisse anzustreben.

2. Die dezentrale Siedlungsstruktur des Gesamtraums mit ihrer Vielzahl leistungsfähiger Zentren und Stadtregionen ist zu erhalten. Die Siedlungstätigkeit ist räumlich zu konzentrieren und auf ein System leistungsfähiger Zentraler Orte auszurichten. Der Wiedernutzung brachgefallener Siedlungsflächen ist der Vorrang vor der Inanspruchnahme von Freiflächen zu geben.

3. Die großräumige und übergreifende Freiraumstruktur ist zu erhalten und zu entwickeln. Die Freiräume sind in ihrer Bedeutung für funktionsfähige Böden, für den Wasserhaushalt, die Tier- und Pflanzenwelt sowie das Klima zu sichern oder in ihrer Funktion wiederherzustellen. Wirtschaftliche und soziale Nutzungen des Freiraums sind unter Beachtung seiner ökologischen Funktionen zu gewährleisten.

4. Die Infrastruktur ist mit der Siedlungs- und Freiraumstruktur in Übereinstimmung zu bringen. Eine Grundversorgung der Bevölkerung mit technischen Infrastrukturleistungen der Ver- und Entsorgung ist flächendeckend sicherzustellen. Die soziale Infrastruktur ist vorrangig in Zentralen Orten zu bündeln.

5. Verdichtete Räume sind als Wohn-, Produktions- und Dienstleistungsschwerpunkte zu sichern. Die Siedlungsentwicklung ist durch Ausrichtung auf ein integriertes Verkehrssystem und die Sicherung von Freiräumen zu steuern. Die Attraktivität des öffentlichen Personennahverkehrs ist durch Ausgestaltung von Verkehrsverbünden und die Schaffung leistungsfähiger Schnittstellen zu erhöhen. Grünbereiche sind als Elemente eines Freiraumverbundes zu sichern und zusammenzuführen. Umweltbelastungen sind abzubauen.

6. Ländliche Räume sind als Lebens- und Wirtschaftsräume mit eigenständiger Bedeutung zu entwickeln. Eine ausgewogene Bevölkerungsstruktur ist zu fördern. Die Zentralen Orte der ländlichen Räume sind als Träger der teilräumlichen Entwicklung zu unterstützen. Die ökologischen Funktionen der ländlichen Räume sind auch in ihrer Bedeutung für den Gesamtraum zu erhalten.

7. In Räumen, in denen die Lebensbedingungen in ihrer Gesamtheit im Verhältnis zum Bundesdurchschnitt wesentlich zurückgeblieben sind oder ein solches Zurückbleiben zu befürchten ist (strukturschwache Räume), sind die Entwicklungsvoraussetzungen bevorzugt zu verbessern. Dazu gehören insbesondere ausreichende und qualifizierte Ausbildungs- und Erwerbsmöglichkeiten sowie eine Verbesserung der Umweltbedingungen und der Infrastrukturausstattung.

8. Natur und Landschaft einschließlich Gewässer und Wald sind zu schützen, zu pflegen und zu entwickeln. Dabei ist den Erfordernissen des Biotopverbundes Rechnung zu tragen. Die Naturgüter, insbesondere Wasser und Boden, sind sparsam und schonend in Anspruch zu nehmen; Grundwasservorkommen sind zu schützen. Beeinträchtigungen des Naturhaushalts sind auszugleichen. Bei dauerhaft nicht mehr genutzten Flächen soll der Boden in seiner Leistungsfähigkeit erhalten oder wiederhergestellt werden. Bei der Sicherung und Entwicklung der ökologischen Funktionen und landschaftsbezogenen Nutzungen sind auch die jeweiligen Wechselwirkungen zu berücksichtigen. Für den vorbeugenden Hochwasserschutz ist an der Küste und im Binnenland zu sorgen, im Binnenland vor allem durch Sicherung oder Rückgewinnung von Auen, Rückhalteflächen und überschwemmungsgefährdeten Bereichen. Der Schutz der Allgemeinheit vor Lärm und die Reinhaltung der Luft sind sicherzustellen.

9. Zu einer räumlich ausgewogenen, langfristig wettbewerbsfähigen Wirtschaftsstruktur sowie zu einem ausreichenden und vielfältigen Angebot an Arbeits- und Ausbildungsplätzen ist beizutragen. Zur Verbesserung der Standortbedingungen für die Wirtschaft sind in erforderlichem Umfang Flächen vorzuhalten, die wirtschaftsnahe Infrastruktur auszubauen sowie die Attraktivität der Standorte zu erhöhen. Für die vorsorgende Sicherung sowie die geordnete Aufsuchung und Gewinnung von standortgebundenen Rohstoffen sind die räumlichen Voraussetzungen zu schaffen.

10. Es sind die räumlichen Voraussetzungen dafür zu schaffen oder zu sichern, daß die Landwirtschaft als bäuerlich strukturierter, leistungsfähiger Wirtschaftszweig sich dem Wettbewerb entsprechend entwickeln kann und gemeinsam mit einer leistungsfähigen, nachhaltigen Forstwirtschaft dazu beiträgt, die natürlichen Lebensgrundlagen zu schützen sowie Natur und Landschaft zu pflegen und zu gestalten. Flächengebundene Landwirtschaft ist zu schützen; landwirtschaftlich und als Wald genutzte Flächen sind in ausreichendem Umfang zu erhalten. In den Teilräumen ist ein ausgewogenes Verhältnis landwirtschaftlich und als Wald genutzter Flächen anzustreben.

11. Dem Wohnbedarf der Bevölkerung ist Rechnung zu tragen. Die Eigenentwicklung der Gemeinden bei der Wohnraumversorgung ihrer Bevölkerung ist zu gewährleisten. Bei der Festlegung von Gebieten, in denen Arbeitsplätze geschaffen werden sollen, ist der dadurch voraussichtlich ausgelöste Wohnbedarf zu berücksichtigen; dabei ist auf eine funktional sinnvolle Zuordnung dieser Gebiete zu den Wohngebieten hinzuwirken.

12. Eine gute Erreichbarkeit aller Teilräume untereinander durch Personen- und Güterverkehr ist sicherzustellen. Vor allem in verkehrlich hoch belasteten Räumen und Korridoren sind die Voraussetzungen zur Verlagerung von Verkehr auf umweltverträglichere Verkehrsträger wie Schiene und Wasserstraße zu verbessern. Die Siedlungsentwicklung ist durch Zuordnung und Mischung der unterschiedlichen Raumnutzungen so zu gestalten, daß die Verkehrsbelastung verringert und zusätzlicher Verkehr vermieden wird.

13. Die geschichtlichen und kulturellen Zusammenhänge sowie die regionale Zusammengehörigkeit sind zu wahren. Die gewachsenen Kulturlandschaften sind in ihren prägenden Merkmalen sowie mit ihren Kultur- und Naturdenkmälern zu erhalten.

14. Für Erholung in Natur und Landschaft sowie für Freizeit und Sport sind geeignete Gebiete und Standorte zu sichern.

15. Den räumlichen Erfordernissen der zivilen und militärischen Verteidigung ist Rechnung zu tragen.

(3) Die Länder können weitere Grundsätze der Raumordnung aufstellen, soweit diese dem Absatz 2 und dem § 1 nicht widersprechen; hierzu gehören auch Grundsätze in Raumordnungsplänen.

§ 3 Begriffsbestimmungen

Im Sinne dieses Gesetzes sind

1. Erfordernisse der Raumordnung:
   Ziele der Raumordnung, Grundsätze der Raumordnung und sonstige Erfordernisse der Raumordnung,

2. Ziele der Raumordnung:
   verbindliche Vorgaben in Form von räumlich und sachlich bestimmten oder bestimmbaren, vom Träger der Landes- oder Regionalplanung abschließend abgewogenen textlichen oder zeichnerischen Festlegungen in Raumordnungsplänen zur Entwicklung, Ordnung und Sicherung des Raums,

3. Grundsätze der Raumordnung:
   allgemeine Aussagen zur Entwicklung, Ordnung und Sicherung des Raums in oder auf Grund von § 2 als Vorgaben für nachfolgende Abwägungs- oder Ermessensentscheidungen,

4. sonstige Erfordernisse der Raumordnung:
   in Aufstellung befindliche Ziele der Raumordnung, Ergebnisse förmlicher landesplanerischer Verfahren wie des Raumordnungsverfahrens und landesplanerische Stellungnahmen,

5. öffentliche Stellen:
   Behörden des Bundes und der Länder, kommunale Gebietskörperschaften, bundesunmittelbare und die der Aufsicht eines Landes unterstehenden Körperschaften, Anstalten und Stiftungen des öffentlichen Rechts,

6. raumbedeutsame Planungen und Maßnahmen:
   Planungen einschließlich der Raumordnungspläne, Vorhaben und sonstige Maßnahmen, durch die Raum in Anspruch genommen oder die räumliche Entwicklung oder Funktion eines Gebietes beeinflußt wird, einschließlich des Einsatzes der hierfür vorgesehenen öffentlichen Finanzmittel,

7. Raumordnungspläne:
   der Raumordnungsplan für das Landesgebiet nach § 8 und die Pläne für Teilräume der Länder (Regionalpläne) nach § 9.

§ 4 Bindungswirkungen der Erfordernisse der Raumordnung

(1) Ziele der Raumordnung sind von öffentlichen Stellen bei ihren raumbedeutsamen Planungen und Maßnahmen zu beachten. Dies gilt auch bei

1. Genehmigungen, Planfeststellungen und sonstigen behördlichen Entscheidungen über die Zulässigkeit raumbedeutsamer Maßnahmen öffentlicher Stellen,

2. Planfeststellungen und Genehmigungen mit der Rechtswirkung der Planfeststellung über die Zulässigkeit raumbedeutsamer Maßnahmen von Personen des Privatrechts.

(2) Die Grundsätze und sonstigen Erfordernisse der Raumordnung sind von öffentlichen Stellen bei raumbedeutsamen Planungen und Maßnahmen nach Absatz 1 in der Abwägung oder bei der Ermessensausübung nach Maßgabe der dafür geltenden Vorschriften zu berücksichtigen.

(3) Bei raumbedeutsamen Planungen und Maßnahmen, die Personen des Privatrechts in Wahrnehmung öffentlicher Aufgaben durchführen, gelten Absatz 1 Satz 1 und 2 Nr. 1 und Absatz 2 entsprechend, wenn
1. öffentliche Stellen an den Personen mehrheitlich beteiligt sind oder
2. die Planungen und Maßnahmen überwiegend mit öffentlichen Mitteln finanziert werden.

(4) Bei Genehmigungen, Planfeststellungen und sonstigen behördlichen Entscheidungen über die Zulässigkeit raumbedeutsamer Maßnahmen von Personen des Privatrechts sind die Erfordernisse der Raumordnung nach Maßgabe der für diese Entscheidungen geltenden Vorschriften zu berücksichtigen. Absatz 1 Satz 2 Nr. 2 bleibt unberührt. Bei Genehmigungen über die Errichtung und den Betrieb von öffentlich zugänglichen Abfallbeseitigungsanlagen von Personen des Privatrechts nach den Vorschriften des Bundes-Immissionsschutzgesetzes sind die Erfordernisse der Raumordnung zu berücksichtigen.

(5) Weitergehende Bindungswirkungen der Erfordernisse der Raumordnung auf Grund von Fachgesetzen bleiben unberührt.

§ 5 Bindungswirkungen bei besonderen Bundesmaßnahmen

(1) Bei raumbedeutsamen Planungen und Maßnahmen von öffentlichen Stellen des Bundes, von anderen öffentlichen Stellen, die im Auftrag des Bundes tätig sind, sowie von Personen des Privatrechts nach § 4 Abs. 3, die für den Bund öffentliche Aufgaben durchführen,
1. deren besondere öffentliche Zweckbestimmung einen bestimmten Standort oder eine bestimmte Linienführung erfordert oder
2. die auf Grundstücken durchgeführt werden sollen, die nach dem Landbeschaffungsgesetz oder nach dem Schutzbereichsgesetz in Anspruch genommen sind, oder
3. über die in einem Verfahren nach dem Bundesfernstraßengesetz, dem Allgemeinen Eisenbahngesetz, dem Magnetschwebebahnplanungsgesetz, dem Bundeswasserstraßengesetz, dem Luftverkehrsgesetz, dem Atomgesetz oder dem Personenbeförderungsgesetz zu entscheiden ist,

gilt die Bindungswirkung der Ziele der Raumordnung nach § 4 Abs. 1 oder 3 nur, wenn
a) die zuständige Stelle oder Person nach § 7 Abs. 5 beteiligt worden ist,
b) das Verfahren nach Absatz 2 zu keiner Einigung geführt hat und
c) die Stelle oder Person innerhalb einer Frist von zwei Monaten nach Mitteilung des rechtsverbindlichen Ziels nicht widersprochen hat.

(2) Macht eine Stelle oder Person nach Absatz 1 öffentliche Belange gegen ein in Aufstellung befindliches Ziel der Raumordnung geltend, die unter den Voraussetzungen des Absatzes 3 zum Widerspruch berechtigen würden, sollen sich der Träger der Planung und die Stelle oder Person unter Beteiligung der obersten Landesplanungsbehörde, des für Raumordnung zuständigen Bundesministeriums und des zuständigen Fachministeriums des Bundes innerhalb einer Frist von drei Monaten um eine einvernehmliche Lösung bemühen.

(3) Der Widerspruch nach Absatz 1 läßt die Bindungswirkung des Ziels der Raumordnung gegenüber der widersprechenden Stelle oder Person nicht entstehen, wenn dieses
1. auf einer fehlerhaften Abwägung beruht oder
2. mit der Zweckbestimmung des Vorhabens nicht in Einklang steht und das Vorhaben nicht auf einer anderen geeigneten Fläche durchgeführt werden kann.

(4) Macht eine Veränderung der Sachlage ein Abweichen von den Zielen der Raumordnung erforderlich, so kann die zuständige öffentliche Stelle oder Person nach Absatz 1 mit Zustimmung der nächst höheren Behörde innerhalb angemessener Frist, spätestens sechs Monate ab Kenntnis der veränderten Sachlage, unter den Voraussetzungen von Absatz 3 nachträglich widersprechen. Muß infolge des nachträglichen Widerspruchs der Raumordnungsplan geändert, ergänzt oder aufgehoben werden, hat die widersprechende öffentliche Stelle oder Person die dadurch entstehenden Kosten zu ersetzen.

Abschnitt 2
Raumordnung in den Ländern, Ermächtigung zum Erlaß von Rechtsverordnungen

§ 6 Rechtsgrundlagen der Länder

Die Länder schaffen Rechtsgrundlagen für eine Raumordnung in ihrem Gebiet (Landesplanung) im Rahmen der §§ 7 bis 16. Weitergehende und ins einzelne gehende landesrechtliche Vorschriften sind zulässig, soweit diese den §§ 7 bis 16 nicht widersprechen.

§ 7 Allgemeine Vorschriften über Raumordnungspläne

(1) Die Grundsätze der Raumordnung sind nach Maßgabe der Leitvorstellung und des Gegenstromprinzips des § 1 Abs. 2 und 3 für den jeweiligen Planungsraum und einen regelmäßig mittelfristigen Zeitraum durch Raumordnungspläne zu konkretisieren. Die Aufstellung räumlicher und sachlicher Teilpläne ist zulässig. In den Raumordnungsplänen sind Ziele der Raumordnung als solche zu kennzeichnen.

(2) Die Raumordnungspläne sollen Festlegungen zur Raumstruktur enthalten, insbesondere zu:

1. der anzustrebenden Siedlungsstruktur; hierzu können gehören
   a) Raumkategorien,
   b) Zentrale Orte,
   c) besondere Gemeindefunktionen, wie Entwicklungsschwerpunkte und Entlastungsorte,
   d) Siedlungsentwicklungen,
   e) Achsen,
2. der anzustrebenden Freiraumstruktur; hierzu können gehören
   a) großräumig übergreifende Freiräume und Freiraumschutz,
   b) Nutzungen im Freiraum, wie Standorte für die vorsorgende Sicherung sowie die geordnete Aufsuchung und Gewinnung von standortgebundenen Rohstoffen,
   c) Sanierung und Entwicklung von Raumfunktionen,
3. den zu sichernden Standorten und Trassen für Infrastruktur; hierzu können gehören
   a) Verkehrsinfrastruktur und Umschlaganlagen von Gütern,
   b) Ver- und Entsorgungsinfrastruktur.

Bei Festlegungen nach Satz 1 Nr. 2 kann zugleich bestimmt werden, daß in diesem Gebiet unvermeidbare Beeinträchtigungen der Leistungsfähigkeit des Naturhaushalts oder des Landschaftsbildes an anderer Stelle ausgeglichen, ersetzt oder gemindert werden können.

(3) Die Raumordnungspläne sollen auch diejenigen Festlegungen zu raumbedeutsamen Planungen und Maßnahmen von öffentlichen Stellen und Personen des Privatrechts nach § 4 Abs. 3 enthalten, die zur Aufnahme in Raumordnungspläne geeignet und nach Maßgabe von Absatz 7 zur Koordinierung von Raumansprüchen erforderlich sind und die durch Ziele oder Grundsätze der Raumordnung gesichert werden können. Neben den Darstellungen in Fachplänen des Verkehrsrechts sowie des Wasser- und Immissionsschutzrechts gehören hierzu insbesondere:

1. die raumbedeutsamen Erfordernisse und Maßnahmen des Naturschutzes und der Landschaftspflege in Landschaftsprogrammen und Landschaftsrahmenplänen auf Grund der Vorschriften des Bundesnaturschutzgesetzes; die Raumordnungspläne können auch die Funktion von Landschaftsprogrammen und Landschaftsrahmenplänen übernehmen,
2. die raumbedeutsamen Erfordernisse und Maßnahmen der forstlichen Rahmenpläne auf Grund der Vorschriften des Bundeswaldgesetzes,
3. die raumbedeutsamen Erfordernisse und Maßnahmen der Abfallwirtschaftsplanung nach den Vorschriften des Kreislaufwirtschafts- und Abfallgesetzes,
4. die raumbedeutsamen Erfordernisse und Maßnahmen der Vorplanung nach den Vorschriften des Gesetzes über die Gemeinschaftsaufgabe „Verbesserung der Agrarstruktur und des Küstenschutzes".

(4) Die Festlegungen nach den Absätzen 2 und 3 können auch Gebiete bezeichnen,

1. die für bestimmte, raumbedeutsame Funktionen oder Nutzungen vorgesehen sind und andere raumbedeutsame Nutzungen in diesem Gebiet ausschließen, soweit diese mit den vorrangigen Funktionen, Nutzungen oder Zielen der Raumordnung nicht vereinbar sind (Vorranggebiete),
2. in denen bestimmten, raumbedeutsamen Funktionen oder Nutzungen bei der Abwägung mit konkurrierenden raumbedeutsamen Nutzungen besonderes Gewicht beigemessen werden soll (Vorbehaltsgebiete),
3. die für bestimmte, raumbedeutsame Maßnahmen geeignet sind, die städtebaulich nach § 35 des Baugesetzbuchs zu beurteilen sind und an anderer Stelle im Planungsraum ausgeschlossen werden (Eignungsgebiete).

Es kann vorgesehen werden, daß Vorranggebiete für raumbedeutsame Nutzungen zugleich die Wirkung von Eignungsgebieten für raumbedeutsame Maßnahmen nach Satz 1 Nr. 3 haben können.

(5) Für die Aufstellung von Zielen der Raumordnung ist die Beteiligung der öffentlichen Stellen und Personen des Privatrechts, für die eine Beachtenspflicht nach § 4 Abs. 1 oder 3 begründet werden soll, vorzusehen.

(6) Es kann vorgesehen werden, daß die Öffentlichkeit bei der Aufstellung der Raumordnungspläne einzubeziehen oder zu beteiligen ist.

(7) Für die Aufstellung der Raumordnungspläne ist vorzusehen, daß die Grundsätze der Raumordnung gegeneinander und untereinander abzuwägen sind. Sonstige öffentliche Belange sowie private Belange sind in der Abwägung zu berücksichtigen, soweit sie auf der jeweiligen Planungsebene erkennbar und von Bedeutung sind. In der Abwägung sind auch die Erhaltungsziele oder der Schutzzweck der Gebiete von gemeinschaftlicher Bedeutung und der Europäischen Vogelschutzgebiete im Sinne des Bundesnaturschutzgesetzes zu berücksichtigen; soweit diese erheblich beeinträchtigt werden können, sind die Vorschriften des Bundesnaturschutzgesetzes über die Zulässigkeit oder Durchführung von derartigen Eingriffen sowie die Einholung der Stellungnahme der Kommission anzuwenden (Prüfung nach der Fauna-Flora-Habitat-Richtlinie).

(8) Es ist vorzusehen, daß den Raumordnungsplänen eine Begründung beizufügen ist.

§ 8 Raumordnungsplan für das Landesgebiet

(1) Für das Gebiet eines jeden Landes ist ein zusammenfassender und übergeordneter Plan aufzustellen. In den Ländern Berlin, Bremen und Hamburg kann ein Flächennutzungsplan nach § 5 des Baugesetzbuchs die Funktion eines Plans nach Satz 1 übernehmen; § 7 gilt entsprechend.

(2) Die Raumordnungspläne benachbarter Länder sind aufeinander abzustimmen.

§ 9 Regionalpläne

(1) In den Ländern, deren Gebiet die Verflechtungsbereiche mehrerer Zentraler Orte oberster Stufe umfaßt, sind Regionalpläne aufzustellen. Ist eine Planung angesichts bestehender Verflechtungen, insbesondere in einem verdichteten Raum, über die Grenzen eines Landes erforderlich, so sind im gegenseitigen Einvernehmen die notwendigen Maßnahmen, wie eine gemeinsame Regionalplanung oder eine gemeinsame informelle Planung, zu treffen.

(2) Die Regionalpläne sind aus dem Raumordnungsplan für das Landesgebiet nach § 8 zu entwickeln; § 4 Abs. 1 bleibt unberührt. Die Flächennutzungspläne und die Ergebnisse der von Gemeinden beschlossenen sonstigen städtebaulichen Planungen sind entsprechend § 1 Abs. 3 in der Abwägung nach § 7 Abs. 7 zu berücksichtigen.

(3) Die Regionalpläne benachbarter Planungsräume sind aufeinander abzustimmen.

(4) Soweit die Regionalplanung nicht durch Zusammenschlüsse von Gemeinden und Gemeindeverbänden zu regionalen Planungsgemeinschaften erfolgt, ist vorzusehen, daß die Gemeinden und Gemeindeverbände oder deren Zusammenschlüsse in einem förmlichen Verfahren beteiligt werden.

(5) Den Trägern der Regionalplanung können weitere Aufgaben übertragen werden.

(6) Erfolgt die Regionalplanung durch Zusammenschlüsse von Gemeinden und Gemeindeverbänden zu regionalen Planungsgemeinschaften, kann in verdichteten Räumen oder bei sonstigen raumstrukturellen Verflechtungen zugelassen werden, daß ein Plan zugleich die Funktion eines Regionalplans und eines gemeinsamen Flächennutzungsplans nach § 204 des Baugesetzbuchs übernimmt, wenn er den auf Grund des Abschnitts 2 dieses Gesetzes erlassenen Vorschriften und den Vorschriften des Baugesetzbuchs entspricht (regionaler Flächennutzungsplan). In den Plänen sind sowohl die Festlegungen im Sinne des § 7 Abs. 1 bis 4 als auch die Darstellungen im Sinne des § 5 des Baugesetzbuchs zu kennzeichnen. § 7 Abs. 1 Satz 2 ist hinsichtlich räumlicher Teilpläne nicht anzuwenden.

§ 10 Planerhaltung

(1) Zur Planerhaltung ist vorzusehen, daß die Beachtlichkeit einer Verletzung der für Raumordnungspläne geltenden Verfahrens- und Formvorschriften von der Einhaltung einer Rügefrist von längstens einem Jahr nach Bekanntmachung des Raumordnungsplanes abhängig gemacht wird.

(2) Die Beachtlichkeit einer Verletzung von Verfahrens- und Formvorschriften sowie von Abwägungsmängeln kann insbesondere ausgeschlossen werden bei
1. Unvollständigkeit der Begründung des Raumordnungsplanes,
2. Abwägungsmängeln, die weder offensichtlich noch auf das Abwägungsergebnis von Einfluß gewesen sind.

(3) Bei Abwägungsmängeln, die nicht nach Absatz 2 Nr. 2 unbeachtlich sind und die durch ein ergänzendes Verfahren behoben werden können, kann ausgeschlossen werden, daß sie zur Nichtigkeit des Plans führen, mit der Folge, daß der Plan bis zur Behebung der Mängel keine Bindungswirkungen entfaltet.

§ 11 Zielabweichungsverfahren

Von einem Ziel der Raumordnung kann in einem besonderen Verfahren abgewichen werden, wenn die Abweichung unter raumordnerischen Gesichtspunkten vertretbar ist und die Grundzüge der Planung nicht berührt werden. Es ist vorzusehen, daß antragsbefugt insbesondere die öffentlichen Stellen und Personen nach § 5 Abs. 1 sowie die kommunalen Gebietskörperschaften sind, die das Ziel der Raumordnung zu beachten haben.

§ 12 Untersagung raumordnungswidriger Planungen und Maßnahmen

(1) Es ist vorzusehen, daß raumbedeutsame Planungen und Maßnahmen, die von den Bindungswirkungen der Ziele der Raumordnung nach § 4 Abs. 1 und 3 erfaßt werden, untersagt werden können:
1. zeitlich unbefristet, wenn Ziele der Raumordnung entgegenstehen,
2. zeitlich befristet, wenn zu befürchten ist, daß die Verwirklichung in Aufstellung, Änderung, Ergänzung oder Aufhebung befindlicher Ziele der Raumordnung unmöglich gemacht oder wesentlich erschwert werden würde.

(2) Die befristete Untersagung kann in den Fällen des Absatzes 1 Satz 1 Nr. 2 auch bei behördlichen Entscheidungen über die Zulässigkeit raumbedeutsamer Maßnahmen von Personen des Privatrechts erfolgen, wenn die Ziele der Raumordnung bei der Genehmigung der Maßnahme nach § 4 Abs. 4 und 5 rechtserheblich sind.

(3) Widerspruch und Anfechtungsklage gegen eine Untersagung haben keine aufschiebende Wirkung.

(4) Die Höchstdauer der befristeten Untersagung darf zwei Jahre nicht überschreiten.

§ 13 Verwirklichung der Raumordnungspläne

Die Träger der Landes- und Regionalplanung wirken auf die Verwirklichung der Raumordnungspläne hin. Sie sollen die Zusammenarbeit der für die Verwirklichung maßgeblichen öffentlichen Stellen und Personen des Privatrechts fördern. Dies kann insbesondere im Rahmen von Entwicklungskonzepten für Teilräume erfolgen, durch die raumbedeutsame Planungen und Maßnahmen vorgeschlagen und aufeinander abgestimmt werden (regionale Entwicklungskonzepte). Die Zusammenarbeit von Gemeinden zur Stärkung teilräumlicher Entwicklungen (Städtenetze) ist zu unterstützen. Vertragliche Vereinbarungen zur Vorbereitung und Verwirklichung der Raumordnungspläne können geschlossen werden.

§ 14 Abstimmung raumbedeutsamer Planungen und Maßnahmen

Es ist vorzusehen, daß die öffentlichen Stellen und Personen des Privatrechts nach § 4 Abs. 3 ihre raumbedeutsamen Planungen und Maßnahmen aufeinander und untereinander abzustimmen haben. Inhalt und Umfang der Mitteilungs- und Auskunftspflicht über beabsichtigte raumbedeutsame Planungen und Maßnahmen und die Mitwirkung der für die Raumordnung zuständigen Behörden bei der Abstimmung sind zu regeln.

§ 15 Raumordnungsverfahren

(1) Raumbedeutsame Planungen und Maßnahmen sind in einem besonderen Verfahren untereinander und mit den Erfordernissen der Raumordnung abzustimmen (Raumordnungsverfahren). Durch das Raumordnungsverfahren wird festgestellt,
1. ob raumbedeutsame Planungen oder Maßnahmen mit den Erfordernissen der Raumordnung übereinstimmen und
2. wie raumbedeutsame Planungen und Maßnahmen unter den Gesichtspunkten der Raumordnung aufeinander abgestimmt oder durchgeführt werden können

(Raumverträglichkeitsprüfung). Im Raumordnungsverfahren sind die raumbedeutsamen Auswirkungen der Planung oder Maßnahme auf die in den Grundsätzen des § 2 Abs. 2 genannten Belange unter überörtlichen Gesichtspunkten zu prüfen. Die Feststellung nach Satz 2 schließt die Prüfung vom Träger der Planung oder Maßnahme eingeführter Standort- oder Trassenalternativen ein.

(2) Von einem Raumordnungsverfahren kann abgesehen werden, wenn die Beurteilung der Raumverträglichkeit der Planung oder Maßnahme bereits auf anderer raumordnerischer Grundlage hinreichend gewährleistet ist; dies gilt insbesondere, wenn die Planung oder Maßnahme

1. Zielen der Raumordnung entspricht oder widerspricht oder

2. den Darstellungen oder Festsetzungen eines den Zielen der Raumordnung angepaßten Flächennutzungsplans oder Bebauungsplans nach den Vorschriften des Baugesetzbuchs entspricht oder widerspricht und sich die Zulässigkeit dieser Planung oder Maßnahme nicht nach einem Planfeststellungsverfahren oder einem sonstigen Verfahren mit den Rechtswirkungen der Planfeststellung für raumbedeutsame Vorhaben bestimmt oder

3. in einem anderen gesetzlichen Abstimmungsverfahren unter Beteiligung der Landesplanungsbehörde festgelegt worden ist.

(3) Es sind Regelungen zur Einholung der erforderlichen Angaben für die Planung oder Maßnahme vorzusehen. Dabei sollen sich die Verfahrensunterlagen auf die Angaben beschränken, die notwendig sind, um eine Bewertung der raumbedeutsamen Auswirkungen des Vorhabens zu ermöglichen.

(4) Es ist vorzusehen, daß die öffentlichen Stellen zu unterrichten und zu beteiligen sind. Bei raumbedeutsamen Planungen und Maßnahmen von öffentlichen Stellen des Bundes, von anderen öffentlichen Stellen, die im Auftrag des Bundes tätig sind, sowie von Personen des Privatrechts nach § 5 Abs. 1 ist vorzusehen, daß im Benehmen mit der zuständigen Stelle oder Person über die Einleitung eines Raumordnungsverfahrens zu entscheiden ist.

(5) Bei raumbedeutsamen Planungen und Maßnahmen der militärischen Verteidigung entscheidet das zuständige Bundesministerium oder die von ihm bestimmte Stelle, bei raumbedeutsamen Planungen und Maßnahmen der zivilen Verteidigung die zuständige Stelle über Art und Umfang der Angaben für die Planung oder Maßnahme.

(6) Es kann vorgesehen werden, daß die Öffentlichkeit in die Durchführung eines Raumordnungsverfahrens einbezogen wird. Bei raumbedeutsamen Planungen und Maßnahmen nach Absatz 5 entscheiden darüber, ob und in welchem Umfang die Öffentlichkeit einbezogen wird, die dort genannten Stellen.

(7) Über die Notwendigkeit, ein Raumordnungsverfahren durchzuführen, ist innerhalb einer Frist von höchstens vier Wochen nach Einreichung der hierfür erforderlichen Unterlagen zu entscheiden. Das Raumordnungsverfahren ist nach Vorliegen der vollständigen Unterlagen innerhalb einer Frist von höchstens sechs Monaten abzuschließen.

(8) Für die Länder Berlin, Bremen und Hamburg gilt die Verpflichtung, Raumordnungsverfahren durchzuführen, nicht. Schaffen diese Länder allein oder gemeinsam mit anderen Ländern Rechtsgrundlagen für Raumordnungsverfahren, finden die Absätze 1 bis 7 Anwendung.

§ 16 Grenzüberschreitende Abstimmung von raumbedeutsamen Planungen und Maßnahmen

Raumbedeutsame Planungen und Maßnahmen, die erhebliche Auswirkungen auf Nachbarstaaten haben können, sind mit den betroffenen Nachbarstaaten nach den Grundsätzen der Gegenseitigkeit und Gleichwertigkeit abzustimmen.

§ 17 Ermächtigung zum Erlaß von Rechtsverordnungen

(1) Die Länder sehen vor, daß

1. in § 7 Abs. 2 aufgeführte Festlegungen in Raumordnungsplänen,

2. die dazu notwendigen Planzeichen mit einer von dem für Raumordnung zuständigen Bundesministerium durch Rechtsverordnung mit Zustimmung des Bundesrates bestimmten Bedeutung und Form verwendet werden.

(2) Die Bundesregierung bestimmt durch Rechtsverordnung mit Zustimmung des Bundesrates Planungen und Maßnahmen, für die ein Raumordnungsverfahren durchgeführt werden soll, wenn sie im Einzelfall raumbedeutsam sind und überörtliche Bedeutung haben.

Abschnitt 3
Raumordnung im Bund

§ 18 Raumordnung im Bund

(1) Das für Raumordnung zuständige Bundesministerium wirkt unbeschadet der Aufgaben und Zuständigkeiten der Länder auf die Verwirklichung der Grundsätze der Raumordnung des § 2 Abs. 2 nach Maßgabe der Leitvorstellung und des Gegenstromprinzips nach § 1 Abs. 2 und 3 hin. Es entwickelt auf der Grundlage der Raumordnungspläne und in Zusammenarbeit mit den für Raumordnung zuständigen obersten Landesbehörden insbesondere Leitbilder der räumlichen Entwicklung des Bundesgebietes oder von über die Länder hinausgreifenden Zusammenhängen als Grundlage für die Abstimmung raumbedeutsamer Planungen und Maßnahmen des Bundes und der Europäischen Gemeinschaft nach Maßgabe der dafür geltenden Vorschriften.

(2) Der Bund beteiligt sich in Zusammenarbeit mit den Ländern an einer Raumordnung in der Europäischen Gemeinschaft und im größeren europäischen Raum.

(3) Bund und Länder wirken bei der grenzüberschreitenden Zusammenarbeit mit den Nachbarstaaten im Bereich der Raumordnung eng zusammen.

(4) Der Bund hat darauf hinzuwirken, daß die Personen des Privatrechts, an denen der Bund beteiligt ist, im Rahmen der ihnen obliegenden Aufgaben bei raumbedeutsamen Planungen und Maßnahmen die Leitvorstellung des § 1 Abs. 2 und die Grundsätze des § 2 Abs. 2 berücksichtigen sowie Ziele der Raumordnung beachten.

(5) Das Bundesamt für Bauwesen und Raumordnung führt ein Informationssystem zur räumlichen Entwicklung im Bundesgebiet. Es ermittelt fortlaufend den allgemeinen Stand der räumlichen Entwicklung und seine Veränderungen sowie die Folgen solcher Veränderungen, wertet sie aus und bewertet sie. Das für Raumordnung zuständige Bundesministerium stellt den Ländern die Ergebnisse des Informationssystems zur Verfügung.

§ 19 Gegenseitige Unterrichtung und gemeinsame Beratung

(1) Die öffentlichen Stellen des Bundes und die Personen des Privatrechts nach § 5 Abs. 1 sind verpflichtet, dem für Raumordnung zuständigen Bundesministerium die erforderlichen Auskünfte über raumbedeutsame Planungen und Maßnahmen zu geben. Das für Raumordnung zuständige Bundesministerium unterrichtet die für Raumordnung zuständigen obersten Landesbehörden sowie die Personen des Privatrechts nach § 5 Abs. 1 über raumbedeutsame Planungen und Maßnahmen der öffentlichen Stellen des Bundes von wesentlicher Bedeutung.

(2) Die für Raumordnung zuständigen obersten Landesbehörden informieren das für Raumordnung zuständige Bundesministerium über
1. die in ihren Ländern aufzustellenden und aufgestellten Raumordnungspläne,
2. die beabsichtigten oder getroffenen sonstigen raumordnerischen Maßnahmen und Entscheidungen von wesentlicher Bedeutung.

(3) Bund und Länder sind verpflichtet, sich gegenseitig alle Auskünfte zu erteilen, die zur Durchführung der Aufgaben der Raumordnung notwendig sind.

(4) Grundsätzliche Fragen der Raumordnung und Zweifelsfragen sollen von dem für Raumordnung zuständigen Bundesministerium und den für Raumordnung zuständigen obersten Landesbehörden gemeinsam beraten werden. Hierzu gehören insbesondere:
1. Leitbilder der räumlichen Entwicklung nach § 18 Abs. 1,
2. Fragen einer Raumordnung in der Europäischen Gemeinschaft und im größeren europäischen Raum nach § 18 Abs. 2,
3. Grundsatzfragen der grenzüberschreitenden Zusammenarbeit in Fragen der Raumordnung nach § 18 Abs. 3,
4. Zweifelsfragen bei der Abstimmung von raumbedeutsamen Planungen und Maßnahmen nach § 14,
5. Zweifelsfragen über die Folgen der Verwirklichung von Erfordernissen der Raumordnung in benachbarten Ländern und im Bundesgebiet in seiner Gesamtheit.

§ 20 Beirat für Raumordnung

(1) Bei dem für Raumordnung zuständigen Bundesministerium ist ein Beirat zu bilden. Er hat die Aufgabe, das Bundesministerium in Grundsatzfragen der Raumordnung zu beraten.

(2) Das Bundesministerium beruft im Benehmen mit den zuständigen Spitzenverbänden in den Beirat neben Vertretern der kommunalen Selbstverwaltung Sachverständige insbesondere aus den Bereichen der Wissenschaft, der Landesplanung, des Städtebaus, der Wirtschaft, der Land- und Forstwirtschaft, des Naturschutzes und der Landschaftspflege, der Arbeitgeber, der Arbeitnehmer und des Sports.

§ 21 Raumordnungsberichte

Das Bundesamt für Bauwesen und Raumordnung erstattet in regelmäßigen Abständen gegenüber dem für Raumordnung zuständigen Bundesministerium zur Vorlage an den Deutschen Bundestag Berichte über

1. die bei der räumlichen Entwicklung des Bundesgebietes zugrunde zu legenden Tatsachen (Bestandsaufnahme, Entwicklungstendenzen),
2. die im Rahmen der angestrebten räumlichen Entwicklung durchgeführten und beabsichtigten raumbedeutsamen Planungen und Maßnahmen,
3. die räumliche Verteilung der raumbedeutsamen Planungen und Maßnahmen des Bundes und der Europäischen Gemeinschaft im Bundesgebiet,
4. die Auswirkungen der Politik der Europäischen Gemeinschaft auf die räumliche Entwicklung des Bundesgebietes.

Abschnitt 4
Überleitungs- und Schlußvorschriften

§ 22 Anpassung des Landesrechts

Die Verpflichtung der Länder gemäß Artikel 75 Abs. 3 des Grundgesetzes ist innerhalb von vier Jahren nach dem Inkrafttreten dieses Gesetzes zu erfüllen.

§ 23 Überleitungsvorschriften

(1) Ist mit der Einleitung, Aufstellung, Änderung, Ergänzung oder Aufhebung einer raumbedeutsamen Planung oder Maßnahme vor dem 1. Januar 1998 begonnen worden, sind die Vorschriften des Raumordnungsgesetzes in der bisherigen Fassung weiter anzuwenden.

(2) Bis zur Schaffung von Rechtsgrundlagen kann die für Raumordnung zuständige Landesbehörde im Einvernehmen mit den fachlich berührten Stellen und im Benehmen mit den betroffenen Gemeinden im Einzelfall Abweichungen von Zielen der Raumordnung nach Maßgabe des § 11 zulassen.

Das Gesetz zur Änderung des Baugesetzbuchs und zur Neuregelung des Rechts der Raumordnung (Bau- und Raumordnungsgesetz 1998 – BauROG) vom 18. August 1997 (BGBl. I S. 2081) enthält die folgende Inkraft- und Außerkrafttretensregelung:

Artikel 11
Inkrafttreten; Außerkrafttreten

(1) Dieses Gesetz tritt am 1. Januar 1998 in Kraft.

(2) Das Raumordnungsgesetz in der Fassung der Bekanntmachung vom 28. April 1993 (BGBl. I S. 630), zuletzt geändert durch Artikel 2 Abs. 3 des Gesetzes vom 23. November 1994 (BGBl. I S. 3486), und das Maßnahmengesetz zum Baugesetzbuch in der Fassung der Bekanntmachung vom 28. April 1993 (BGBl. I S. 622), geändert durch Artikel 6 des Gesetzes vom 1. November 1996 (BGBl. I S. 1626), treten mit dem Inkrafttreten dieses Gesetzes außer Kraft.

(3) Artikel 2 & § 23 Abs. 2 dieses Gesetzes tritt am 31. Dezember 2001 außer Kraft.

Kontaktadressen

Bundesregierung: Interministerieller Ausschuss für Raumordnung (IMARO)

Bundesministerium für Verkehr,
Bau- und Wohnungswesen
Robert-Schuman-Platz 1
53175 Bonn

Telefon: 01888 3 00 - 0
Telefax: 01888 3 00 - 34 28 / 34 29
E-Mail: poststelle@bmv.bund.de
http://www.bmvbw.de

Bundeskanzleramt
Schloßplatz 1
10178 Berlin

Telefon: (0 30) 4 00 - 0
Telefax: (0 30) 4 00 - 18 19
E-Mail: poststelle@bpa.bund.de
http://www.bundesregierung.de

Bundesministerium der Justiz
Heinemannstraße 6
53175 Bonn

Telefon: 01888 5 82 - 0
Telefax: 01888 5 82 - 45 25
E-Mail: poststelle@bmj.bund.de
http://www.bmj.bund.de

Bundesministerium der Finanzen
Graurheindorfer Straße 108
53117 Bonn

Telefon: (02 28) 6 82 - 0
Telefax: (02 28) 6 82 44 20
E-Mail: poststelle@bmf.bund.de
http://www.bundesfinanzministerium.de

Bundesministerium für Wirtschaft
und Technologie
Scharnhorststraße 34–37
10115 Berlin

Telefon: 01888 6 15 - 0
Telefax: 01888 20 14 - 70 10
E-Mail: info@bmwi.bund.de
http://www.bmwi.de

Bundesministerium für Verbraucher-
schutz, Ernährung und Landwirtschaft
Rochusstraße 1
53123 Bonn

Telefon: 01888 5 29- 0
Telefax: 01888 5 29 - 42 62
E-Mail: internet@bml.bund.de
http://www.bml.de

Bundesministerium für Arbeit
und Sozialordnung
Rochusstraße 1
53123 Bonn

Telefon: 01888 5 27- 0
Telefax: 01888 5 27 - 29 65
E-Mail: info@bma.bund.de
http://www.bma.de

Bundesministerium der Verteidigung
Fontainengraben 150
53123 Bonn

Telefon: (02 28) 12 00
Telefax: (02 28) 12 53 57
E-Mail: poststelle@bmvg.bund.de
http://www.bmvg.bund.de

Bundesministerium für Familie,
Senioren, Frauen und Jugend
Taubenstraße 42 / 43
10117 Berlin

Telefon: 01888 5 55 - 0
Telefax: 01888 5 55 - 11 45
E-Mail: info@bmfsfj.bund.de
http://www.bmfsfj.de

Bundesministerium für Gesundheit
Am Propsthof 78a
53121 Bonn

Telefon: 01888 4 41 - 0
Telefax: 01888 4 41 - 4 90 0
E-Mail: poststelle@bmg.bund.de
http://www.bmgesundheit.de

Bundesministerium für Bildung
und Forschung
Heinemannstraße 2
53175 Bonn

Telefon: 01888 57 - 0
Telefax: 01888 57 - 36 01
E-Mail: bmbf@bmbf.bund.de
http://www.bmbf.de

Bundesministerium für wirtschaftliche
Zusammenarbeit und Entwicklung
Friedrich-Ebert-Allee 40
53113 Bonn

Telefon: 01888 5 35 - 0
Telefax: 01888 53 - 5 35 00
E-Mail: poststelle@bmz.bund.de
http://www.bmz.de

Bundesministerium für Umwelt,
Naturschutz und Reaktorsicherheit
Kennedyallee 5
53175 Bonn

Telefon: (02 28) 3 05 - 0
Telefax: (02 28) 3 05 - 32 25
E-Mail: OEA-1000@bmu.de
http://www.bmu.de

Bundesministerium des Innern
Alt Moabit 101
10559 Berlin

Telefon: 01888 6 81 - 0
Telefax: 01888 6 81 - 29 26
E-Mail: posteingang@bmi.bund400.de
http://www.bmi.bund.de

Landesregierungen: Oberste Landesplanungsbehörden

Wirtschaftsministerium
des Landes Baden-Württemberg

Hausanschrift:
Theodor-Heuss-Straße 4
70174 Stuttgart

Postanschrift:
Postfach 10 34 51
70029 Stuttgart

Telefon: (07 11) 1 23 - 0
Telefax: (07 11) 1 23 - 20 50
E-Mail: poststelle@wm.bwl.de
http://www.wm.baden-wuerttemberg.de

Bayerisches Staatsministerium
für Landesentwicklung und Umweltfragen

Hausanschrift:
Rosenkavalierplatz 2
81925 München

Postanschrift:
Postfach 81 01 40
81901 München

Telefon: (0 89) 92 14 - 00
Telefax: (0 89)92 14 - 22 66
E-Mail: poststelle@stmlu.bayern.de
http://www.bayern.de/STMLU

Senatsverwaltung für Stadtentwicklung
des Landes Berlin
Württembergische Straße 6
10707 Berlin

Telefon: (0 30) 90 - 0
Telefax: (0 30) 90 25 - 11 04 / 05
E-Mail: oeffentlichkeit@SenStadt.Verwalt-
Berlin.de
http://www.berlin.de/home/Land/
SenStadt

Zweitadresse:
Abt. Gemeinsame Landesplanung (GL)
Lindenstraße 34a
14467 Potsdam
Telefon: (03 31) 8 66 - 0
Telefax: (03 31) 8 66 - 76 28

Ministerium für Landwirtschaft,
Umweltschutz und Raumordnung
des Landes Brandenburg
Heinrich-Mann-Allee 103
14473 Potsdam

Telefon: (03 31) 8 66 - 0
Telefax: (03 31) 8 66 - 70 69 / - 70 71
E-Mail: poststelle@mlur.brandenburg.de
http://www.brandenburg.de/land/mlur

Zweitadresse:
Abt. Gemeinsame Landesplanung (GL)
Lindenstraße 34a
14467 Potsdam
Telefon: (03 31) 8 66 - 0
Telefax: (03 31) 8 66 - 76 28

Der Senator für Bau, Verkehr
und Stadtentwicklung
der Freien Hansestadt Bremen
Ansgaritorstraße 2
28195 Bremen

Telefon: (04 21) 3 61- 65 15 / 65 16 / 49 51
Telefax: (04 21) 3 61 - 1 08 75
E-Mail: office@bau.bremen.de
http://www.bremen.de/info/bauressort

Freie und Hansestadt Hamburg
Stadtentwicklungsbehörde
Alter Steinweg 4
20459 Hamburg

Telefon: (0 40) 4 28 41 - 0
Telefax: (0 40) 4 28 41 - 30 10
E-Mail: steb@steb.hamburg.de
http://www.hamburg.de

Hessisches Ministerium für Wirtschaft,
Verkehr und Landesentwicklung

Hausanschrift:
Kaiser-Friedrich-Ring 75
65185 Wiesbaden

Postanschrift:
Postfach 31 20
65021 Wiesbaden

Telefon: (06 11) 8 15 - 0
Telefax: (06 11) 8 15 - 22 25
E-Mail: hmwvl@wirtschaft.hessen.de
http://www.hessen.de/Wirtschaft/homepage.htm

Zweitadresse:
Abt. I – Infrastruktur, Landesplanung,
Regionalentwicklung
Hölderlinstraße 1–3
65187 Wiesbaden
Telefon: (06 11) 8 17 - 0
Telefax: (06 11) 8 17 - 21 87

Ministerium für Arbeit und Bau
des Landes Mecklenburg-Vorpommern

Hausanschrift:
Schloßstraße 6–8
19053 Schwerin

Postanschrift:
19053 Schwerin

Telefon: (03 85) 5 88 - 0
Telefax: (03 85) 5 88 - 87 17
E-Mail: oeffentlichkeitsarbeit@am.mv-regierung.de
http://www.am.mv.regierung.de

Niedersächsische Staatskanzlei

Hausanschrift:
Planckstraße 2
30169 Hannover

Postanschrift:
Postfach 2 23
30002 Hannover

Telefon: (05 11) 1 20 - 0
Telefax: (05 11) 1 20 - 46 99
E-Mail: poststelle@stk.niedersachsen.de
http://www.niedersachsen.de

Staatskanzlei
des Landes Nordrhein-Westfalen
Stadttor 1
40190 Düsseldorf

Telefon: (02 11) 8 37 - 01
Telefax: (02 11) 8 37 - 11 50
E-Mail: webmaster@nrw.de
http://www.nrw.de

Ministerium des Innern und für Sport
Schillerplatz 3–5
55116 Mainz

Telefon: (0 61 31) 16 - 0
Telefax: (0 61 31) 16 - 35 95
E-Mail: poststelle@ism.rlp.de
http://www.ism.rlp.de/index2.htm

Ministerium für Umwelt des Saarlandes
Halbergstraße 50
66121 Saarbrücken

Telefon: (06 81) 5 01 - 00
Telefax: (06 81) 5 01 - 45 21 / 45 22
E-Mail: Presse@muev.saarland.de
http://www.umwelt.saarland.de

Sächsisches Staatsministerium
des Innern

Hausanschrift:
Wilhelm-Buck-Straße 2
01097 Dresden

Postanschrift:
01095 Dresden

Telefon: (03 51) 56 4 - 0
Telefax: (03 51) 56 4 - 22 09
E-Mail: info@smi.sachsen.de
http://www.sachsen.de

Ministerium für Raumordnung,
Landeswirtschaft und Umwelt
des Landes Sachsen-Anhalt
Olvenstedter Straße 4
39108 Magdeburg

Telefon: (03 91) 5 67 - 01
Telefax: (03 91) 5 67 - 17 27
E-Mail: blockhaus@mrlu.lsa-net.de
http://www.mrlu.sachsen-anhalt.de

Ministerium für ländliche Räume,
Landesplanung, Landwirtschaft
und Tourismus
des Landes Schleswig-Holstein
Düsternbrooker Weg 70
24105 Kiel

Telefon: (04 31) 9 88 - 0
Telefax: (04 31) 9 88 - 19 60
E-Mail: pressestelle.mlr@mlr.landsh.de
http://www.schleswig-holstein.de/landsh/mlr

Thüringer Staatskanzlei

Hausanschrift:
Steigerstraße 10
99096 Erfurt

Postanschrift:
Postfach 10 21 51
99021 Erfurt

Telefon: (03 61) 3 79 - 79 99
Telefax: (03 61) 3 79 - 21 07
E-Mail: poststelle@tsk.thueringen.de
http://www.thueringen.de

Raumwissenschaftliche Institute:

Bundesamt für Bauwesen
und Raumordnung (BBR)
Deichmanns Aue 31–37
53179 Bonn

Telefon: 01888 401 - 0
Telefax: 01888 401 - 22 66
E-Mail: info@bbr.bund.de
http://www.bbr.bund.de

Akademie für Raumforschung
und Landesplanung (ARL)
Hohenzollernstraße 11
30161 Hannover

Telefon: (05 11) 3 48 42 - 0
Telefax: (05 11) 3 48 42 - 41
E-Mail: arl@arl-net.de
http://www.arl-net.de

Deutsches Institut für Urbanistik (Difu)
Straße des 17. Juni 112
10623 Berlin

Telefon: (0 30) 3 90 01 - 0
Telefax: (0 30) 3 90 01 - 1 00
E-Mail: difu@difu.de
http://www.difu.de

Institut für Länderkunde (IfL)
Schongauerstraße 9
04329 Leipzig

Telefon: (03 41) 2 55 - 65 00
Telefax: (03 41) 2 55 - 65 98
E-Mail: info@ifl.uni-leipzig.de
http://www.uni-leipzig.de/ifl/

Institut für Landes-
und Stadtentwicklungsforschung
des Landes Nordrhein-Westfalen (ILS)
Königswall 38–40
44017 Dortmund

Telefon: (02 31) 90 51 - 0
Telefax: (02 31) 90 51 - 1 55
E-Mail: ils@ils.nrw.de
http://www.ils.nrw.de

Institut für
ökologische Raumentwicklung e.V. (IÖR)
Weberplatz 1
01217 Dresden

Telefon: (03 51) 46 79 - 0
Telefax: (03 51) 46 79 - 2 12
E-Mail:
raumentwicklung@Pop3.tu-dresden.de
http://www.tu-dresden.de

Institut für Regionalentwicklung
und Strukturplanung e.V. (IRS)
Flakenstraße 28–31
15537 Erkner

Telefon: (0 33 62) 7 93 - 0
Telefax: (0 33 62) 7 93 - 1 11
E-Mail: regional@irs.los.shuttle.de
http://www.los.shuttle.de/irs

Institut für Städtebau Berlin (ISB)
Stresemannstraße 90
10963 Berlin

Telefon: (0 30) 23 08 22 - 0
Telefax: (0 30) 23 08 22 - 22
E-Mail: info@staedtebau-berlin.de
http://www.staedtebau-berlin.de

Institut für Städtebau
und Wohnungswesen München (ISW)
Steinheilstraße 1
80333 München

Telefon: (0 89) 54 27 06 - 0
Telefax: (0 89) 54 27 06 - 23
E-Mail: isw-muenchen@t-online.de
http://www.isw.de

Institut für Stadtentwicklung und Wohnen
des Landes Brandenburg
Michendorfer Chaussee 114
14473 Potsdam

Telefon: (03 32 05) 4 37 01
Telefax: (03 32 05) 4 37 00

Umweltbundesamt (UBA)
Bismarckplatz 1
14193 Berlin

Telefon: (0 30) 89 03 - 0
Telefax: (0 30) 89 03 - 22 85
http://www.umweltbundesamt.de

Bundesamt für Naturschutz (BfN)
Konstantinstraße 110
53179 Bonn

Telefon: (02 28) 84 91 - 0
Telefax: (02 28) 84 91 - 2 00
E-Mail: pbox-bfn@bfn.de
http://www.bfn.de

Bundesinstitut
für Bevölkerungsforschung (BiB)
beim Statistischen Bundesamt
Postfach 5528
65180 Wiesbaden

Telefon: (06 11) 75 - 22 35
Telefax: (06 11) 75 - 39 60
E-Mail: BiB-2499@t-online.de
http://home.t-online.de\home\bib-2499

Institut für Arbeitsmarkt-
und Berufsforschung
der Bundesanstalt für Arbeit (IAB)
Regensburger Straße 104
90327 Nürnberg

Telefon: (09 11) 1 79 - 0
Telefax: (09 11) 1 79 - 32 58
E-Mail: iab.ba@t-online.de
http://www.iab.de

Europäische Institutionen:

Kommission der Europäischen Union
Generaldirektion XVI – Regionalpolitik
Rue de la loi 200
B-1049 Brüssel

Telefon: (0 03 22) 2 99 11 11
Telefax: (0 03 22) 2 95 01 49
E-Mail: dg16@intoregio.org
http://europa.eu.int/en/comm/dg16/

Statistisches Amt der EU (EUROSTAT)
Jean Monnet-Gebäude
Rue Alcide De Gasperi
L-2920 Luxemburg

Telefon: (0 03 52) 43 01 - 3 45 67
Telefax: (0 03 52) 43 01 - 3 25 94
E-Mail: info.desk@cec.eu.int
http://europa.eu.int/comm/eurostat/

Council of Europe / Europarat
Sekretariat der Europäischen Raumord-
nungsministerkonferenz (CEMAT)
F-67075 Straßburg Cedex

Telefon: (00 33) 3 88 41 20 00
Telefax: (00 33) 3 88 41 27 81
E-Mail: point_i@coe.int
http://www.coe.int

Glossar

Achsen

Instrument der Raumordnung, das durch eine Bündelung von Verkehrs- und Versorgungssträngen (Bandinfrastruktur) und durch eine Konzentration der Siedlungstätigkeit auf diese Achsen („punkt-axiales System") gekennzeichnet ist. Je nach Aufgabe und Ausprägung werden *Verbindungsachsen*, *Siedlungsachsen* und *Entwicklungsachsen* unterschieden.

Agglomerationsraum

Regionen mit hoher Bevölkerungs- und Arbeitsplatzdichte, die durch eine Mehrzahl von größeren Zentren geprägt sind, die räumlich stark verflochten sind.

Bauleitplanung

Im Baugesetzbuch (BauGB) geregeltes Verfahren in der Planungshoheit der Gemeinden zur vorausschauenden Ordnung der städtebaulichen Entwicklung, zu erwirken durch Regelungen zur baulichen und sonstigen Nutzung der Grundstücke. Die Bauleitplanung hat die Aufgabe, die Anforderungen der unterschiedlichen Fachplanungen aufzunehmen und gegeneinander abzuwägen. Es wird unterschieden zwischen vorbereitenden Bauleitplänen (*Flächennutzungspläne*) und verbindlichen Bauleitplänen (*Bebauungspläne*).

Bundesraumordnung

Ihre Aufgabe ist es, die für die räumliche Entwicklung maßgeblichen Aktivitäten der Gebietskörperschaften, also von Bund, Ländern und Kommunen, im Rahmen übergreifender Konzepte aufeinander abzustimmen. Dabei gilt es – entsprechend der im Raumordnungsgesetz (ROG) verankerten Prinzipien – zu einer bestmöglichen, regional ausgeglichenen Entwicklung des Raumes zu gelangen.

Dezentrale Konzentration

Diese Bezeichnung wird für zwei unterschiedliche planerische Vorstellungen verwendet:

(a) Einerseits wird damit eine *Entwicklungskonzeption* für Regionen in ländlichen Räumen gekennzeichnet, mit der regionale Potentiale und Entwicklungsaktivitäten auf den größten zentralen Ort der Region konzentriert werden sollen. Dieser soll damit u.a. mit einer größeren Versorgungsbreite ausgestattet werden und als Wachstumspol fungieren.

(b) Andererseits wird damit eine *Entlastungs- und Ordnungskonzeption* für große Verdichtungsräume und ihr weiteres Umland benannt. Ausgesuchte zentrale Orte (Entlastungsorte) in bevorzugten Raumlagen am Rand oder im weiteren Umland der Verdichtungsräume sollen Entlastungsfunktionen übernehmen und der siedlungsstrukturellen Dispersion im Umland entgegenwirken.

Disparitäten, regionale

Regionale Disparitäten bezeichnen die Unausgeglichenheiten in den Raumstrukturen eines Territoriums bzw. in den verschiedenen Regionen. Unausgeglichenheit äußert sich in unterschiedlichen Lebens- und Arbeitsbedingungen sowie in ungleichen wirtschaftlichen Entwicklungsmöglichkeiten.

Europäisches Raumentwicklungskonzept EUREK

Ergebnis der informellen Zusammenarbeit der Mitgliedstaaten der EU und der EU-Kommission auf dem Gebiet der Raumordnung. Es wurde am 11.Mai 1999 durch die für Raumordnung zuständigen Minister der EU-Mitgliedstaaten auf ihrem Treffen in Potsdam verabschiedet und enthält Ziele und Optionen für eine nachhaltige europäische Raumentwicklung. Die wesentlichen Instrumente der transnationalen und grenzüberschreitenden Zusammenarbeit auf dem Gebiet der Raumordnung in Europa werden dargestellt.

Europäische Regionalpolitik

Im weiteren Sinne werden darunter alle ordnungspolitischen, finanzpolitischen und investiven Maßnahmen der europäischen Union (EU) verstanden, welche auf die Erreichung räumlich differenzierender Entwicklungsziele gerichtet sind. Im engeren Sinne ist darunter die Schaffung und Anwendung eines speziellen Instrumentariums zu verstehen, das sich auf die Verbesserung der Voraussetzungen für die wirtschaftliche Entwicklung in entwicklungs- bzw. förderungsbedürftigen Regionen richtet.

Fachplanungen, raumwirksame

Aus der Sicht der Raumordnung sind darunter alle Planungen, Maßnahmen und sonstige Vorhaben der Fachressorts auf den verschiedenen Planungsebenen (EU, Bund, Länder, Kommunen) zu verstehen, durch die Raum in Anspruch genommen oder die räumliche Entwicklung oder Funktion eines Gebietes beeinflusst wird (z.B. die Sachbereiche Verkehr, technische Ver- und Entsorgung, Wirtschaftsförderung, Wohnungsbau und Stadtentwicklung, Agrar- und Umweltpolitik). Für größere raumbeanspruchende Vorhaben sind sog. „Raumordnungsverfahren" durchzuführen. Die verschiedenen Fachplanungsgesetze enthalten in der Regel auch Vorschriften über die Einhaltung raumordnerischer Ziele bei der Aufstellung und Feststellung von Fachplänen *(Raumordnungsklauseln)*.

Flächennutzungskonflikte

Diese entstehen beim Wettbewerb von Nutzungen auf Flächen in Raumkategorien, in denen ein hoher Flächenbedarf besteht. Das gilt vor allem für die Verdichtungsräume, in denen die Nutzungskonkurrenz zwischen den Funktionen Wohnen, Wirtschaften und Versorgen, aber auch zwischen den Versorgungsfunktionen untereinander stark ausgeprägt sind. Vor allem in den Randzonen der Verdichtungsräume besteht eine intensive Flächennutzungskonkurrenz zwischen *Siedlungsflächen* und – immer knapper werdenden – *Freiflächen*.

Freiflächen

Mit diesem Begriff werden Flächen oder Räume beschrieben, die zwar im Siedlungsbereich liegen, in der Regel aber nicht bebaut oder anderweitig aktiv genutzt werden. Sie sind zudem meistens durch Vegetation bestimmt und werden für Freizeit, Erholung und Naturerleben genutzt. Der Begriff wird synonym für die Bezeichnungen *Grünflächen, Grünräume, Grünanlagen* oder für Flächen mit ähnlicher Bedeutung verwendet.

Freiräume

In der Landschaftsplanung werden darunter großflächige Gebiete verstanden, die außerhalb von Gebieten liegen, für die eine verstärkte Überbauung und Siedlungsentwicklung existiert oder vorgesehen ist. Es handelt sich insbesondere um Flächen der *Land- und Forstwirtschaft* sowie um *ökologische Ausgleichsräume*.

Gebietskategorie

Aus raumordnerischer Sicht kann das Bundesgebiet in Gebiete unterschiedlicher struktureller Merkmale untergliedert werden. Es handelt sich z.B. um *ländliche Räume, Verdichtungsräume, verstädterte Räume* oder um *schwach strukturierte Räume* bzw. *Problemräume*. Die raumordnerischen Zielvorstellungen werden in der Regel nach diesen Gebietskategorien differenziert.

Gegenstromprinzip

Das Gegenstromprinzip kennzeichnet die wechselseitige Beeinflussung der verschiedenen räumlichen Planungsebenen von Bund, Ländern und Gemeinden. Gemäß Bundesraumordnungsgesetz soll sich die Ordnung der *Einzelräume* in die Ordnung des *Gesamtraumes* einfügen, die Ordnung des Gesamtraumes soll zugleich die Gegebenheiten und Erfordernisse seiner Einzelräume berücksichtigen.

Gleichwertigkeit der Lebensverhältnisse

Entsprechend dem Auftrag des Grundgesetzes und daraus folgenden Zielsetzungen des Raumordnungsgesetzes sollen in allen Teilräumen des Bundesgebiets gleichwertige Lebensverhältnisse hergestellt werden. So soll allen Bürgern ein ausreichendes Angebot an Wohnungen, Arbeitsplätzen und Infrastruktureinrichtungen zur Verfügung stehen und eine menschenwürdige Umwelt gesichert werden. Es sollen ausgewogene wirtschaftliche, soziale und kulturelle Verhältnisse angestrebt werden. Dabei ist Gleichwertigkeit nicht mit Gleichartigkeit zu verwechseln.

Grundsätze der Raumordnung

Allgemeine Aussagen zur Ordnung und Entwicklung des Raumes, die im Raumordnungsgesetz des Bundes, in Landesplanungsgesetzen sowie in Raumordnungsplänen enthalten sind. Sie müssen von allen öffentlichen Stellen (sowie unter bestimmten Voraussetzungen auch von Personen des Privatrechts) bei allen raumbedeutsamen Planungen und sonstigen Maßnahmen gegeneinander und untereinander abgewogen werden.

Grundzentrum/Kleinzentrum

Zentraler Ort unterer Stufe zur Abdeckung des Grundbedarfs der Bevölkerung im Nahbereich, i.d.R. im Rahmen von Regionalplänen festgelegt.

Indikatoren

Indikatoren, wie sie z.B. in räumlichen Informationssystemen genutzt werden, dienen in der raumbezogenen Planung und Politik zur Beschreibung von Zuständen und Entwicklungen – etwa der Lebensbedingungen – in den Raumeinheiten eines *räumlichen Analyserasters*. Mit Hilfe von raumbezogenen Indikatoren sollen vor allem Aspekte der Raumstruktur und der raumprägenden Prozesse, die nicht unmittelbar, auf direktem Wege, erfasst werden können, ermittelt und analysiert werden. Die Komplexität der regionalen Lebensbedingungen hat dazu geführt, eine Vielzahl von Indikatoren zu verwenden.

Infrastruktur

Infrastrukturen sind materielle Einrichtungen und personelle Ressourcen in einer Region, die die Grundlage für die Ausübung der menschlichen Grunddaseinsfunktionen (Wohnen, Arbeiten, Erholung, Verkehr, Kommunizieren usw.) bilden. Sie ermöglichen die soziale und wirtschaftliche Entwicklung des betreffenden Raumes. Konkret handelt es sich z.B. um Ver- und Entsorgungseinrichtungen, Verkehrs- und Kommunikationsnetze, Einrichtungen des Gesundheits- und Bildungswesens usw. Es sind im Wesentlichen Einrichtungen der *öffentlichen Daseinsvorsorge*. Durch Privatisierung öffentlicher Aufgaben werden immer mehr auch privatwirtschaftlich betriebene Versorgungseinrichtungen einbegriffen.

Konversion (militärische)

Umwandlung bisher militärisch genutzter Liegenschaften, Ressourcen und Kräfte in eine zivile Nutzung.

Landesentwicklungspläne

Sie konkretisieren die einzelnen raumordnerischen Grundsätze und legen Ziele für die Gesamtentwicklung des Landes fest. Für bestimmte sachliche oder teilräumlich begrenzte Aufgaben können auch *Teilpläne* aufgestellt werden.

Landesentwicklungsprogramm

Ein fachübergreifendes und integrierendes Programm der Länder zur Entwicklung des Landesgebietes, verschiedener Teilräume oder räumlicher Schwerpunkte. Es enthält Aussagen zu deren Sicherung, Ordnung und Entwicklung.

Landesplanung

Den Grundsätzen der Landesplanung entsprechende zusammenfassende, übergeordnete und überörtliche Planung. Ihre Aufgabe ist die Aufstellung von *Programmen* und *Plänen* auf der Ebene der Länder sowie die Abstimmung *raumbedeutsamer Planungen und Maßnahmen*.

Ländliche Räume

Im Unterschied zum *städtischen Raum* oder *Verdichtungsraum* sind es Gebiete, in denen dörfliche bis kleinstädtische Siedlungsstrukturen vorherrschen und die Bevölkerungsdichte relativ gering ist. Wegen des sozioökonomischen Strukturwandels in den Industriestaaten und der fortschreitenden *Suburbanisierung* ist eine Abgrenzung dieser Raumkategorie schwierig geworden. Städtische und ländliche Siedlungsstrukturen vermischen sich. In entwicklungstypologischer Hinsicht werden folgende Typen unterschieden: Ländliche Räume mit Entwicklungsdynamik im Umland von Verdichtungsräumen, ländliche Räume außerhalb der Verdichtungsräume mit Entwicklungsdynamik und ländliche Räume mit Entwicklungsansätzen sowie strukturschwache, periphere ländliche Räume.

Leitbild, raumordnerisches

Mit einem raumordnerischen Leitbild wird ein gewünschter künftiger Zustand eines Raumes als anzustrebendes Ziel charakterisiert. Bei diesem konzeptionell geprägten Sollzustand eines Raumes wird vorausgesetzt, dass das Ziel erreichbar ist. Ein Zeitraum für die Realisierung des Leitbildes ist in der Regel nicht festgelegt. Auf Bundesebene sind solche räumlichen Leitbilder z.B. im *Raumordnungspolitischen Orientierungsrahmen* von 1993 formuliert und kartographisch visualisiert.

Metropolregionen

Im wesentlichen handelt es sich um hochverdichtete *Agglomerationsräume* mit mindestens 1 Mio. Einwohner, die sich – gemessen an ökonomischen Kriterien wie Wettbewerbsfähigkeit, Wertschöpfung, Wirtschaftskraft und Einkommen - besonders dynamisch entwickeln und international gleichzeitig besonders herausgehoben und eingebunden sind. In Deutschland wurden durch die Ministerkonferenz für Raumordnung (MKRO) die Räume Hamburg, Rhein-Ruhr, Rhein-Main, Stuttgart, München, Berlin sowie das sog. „Sachsendreieck" (Dresden, Chemnitz, Leipzig / Halle) als Metropolregionen ausgewiesen.

Ministerkonferenz für Raumordnung (MKRO)

In diesem Gremium der Bund-Länder-Zusammenarbeit beraten die für Raumordnung und Landesplanung zuständigen Minister des Bundes und der Länder über grundsätzliche Fragen der Raumordnung und Landesplanung. Zu wichtigen Themen und Zweifelsfragen geben sie gemeinsam Empfehlungen ab.

Mittelzentrum

Zentraler Ort, der zur Versorgung mit Gütern und Diensten des gehobenen Bedarfs der Privathaushalte über den Bereich der Gemeinde selbst hinaus im sog. Mittelbereich dient. Die Mittelzentren werden in den Landesplänen festgelegt.

Mittel (Finanzmittel), raumwirksame

Die von den *raumwirksamen Fachplanungen* der verschiedenen Planungsebenen der EU, des Bundes, der Länder oder der Kommunen verausgabten Mittel und die damit finanzierten Projekte haben Auswirkungen auf die Raumstruktur und deren Entwicklung. Die regionale Verteilung dieser Mittel ist deshalb für die Raumordnung von besonderer Bedeutung. Vorrangige Sachgebiete beim Einsatz von Mitteln mit besonderer Raumwirksamkeit sind Wirtschaftsförderung, Verkehrsinfrastrukturen, Bildungs- und Hochschuleinrichtungen, Landwirtschaft, Umweltschutz und andere mehr.

Mobilität, räumliche

Im weitesten Sinne werden unter räumlicher Mobilität alle Bewegungsvorgänge zwischen Standorten menschlicher Aktivitäten gefasst, die sich in *räumlichen Verflechtungen* ausdrücken. Unter raumordnerischen Aspekten besonders bedeutsam gelten z.B. die Bevölkerungswanderungen, die mit einem Wohnstandortwechsel verbunden sind oder die Pendelverflechtungen zwischen Wohnort und Arbeitsplatz. Folge der räumlichen Mobilität von Wirtschaft und Bevölkerung ist der *Transport und Verkehr* zwischen Funktionsstandorten.

Nachhaltige Raumentwicklung

Eine nachhaltige Raumentwicklung ist im Raumordnungsgesetz eine besonders hervorgehobene Leitvorstellung. Danach sollen die *sozialen* und *wirtschaftlichen* Ansprüche an den Raum mit seinen *ökologischen* Funktionen in Einklang gebracht werden, um eine dauerhafte, großräumig ausgewogene Ordnung des Raumes herbeizuführen.

Oberzentrum

Zentraler Ort, der zur Deckung des spezialisierten höheren Bedarfs der Privathaushalte an Gütern und Dienstleistungen über den eigenen Ort hinaus für den sog. Oberbereich dient. Die Oberzentren werden in den Landesplänen festgelegt.

Planungsregion

Planungsraum unterhalb der Landesebene, der den Erfordernissen der Raumordnung und Landesplanung entsprechend gebildet wurde und für den ein eigener Plan, in der Regel ein *Regionalplan*, aufgestellt wird.

Planungsraum

Allgemeine Bezeichnung für eine räumliche Einheit, für den durch die öffentliche Hand geplant wird. Der Begriff kann sich auf Mikroräume (z.B. der durch den *Bebauungsplan* abgegrenzten Teilraum eines Ortes), Mesoräume (z.B. eine *Stadtregion*) und Makroräume (z.B. *Planungsregionen* oder ein gesamtes *Staatsgebiet*) beziehen.

Raumbeobachtung

Raumordnungspolitik auf allen Planungsebenen benötigt laufend frühzeitige Informationen über regionale Entwicklungen. Wesentliche Grundlage der laufenden Raumbeobachtung sind *Indikatoren*, die aus regional-statistischem Datenmaterial berechnet werden. Als laufende indikatorengestützte systematische und umfassende Berichterstattung über räumliche Entwicklungen wird Raumbeobachtung, die eine Daueraufgabe ist, auf allen Planungsebenen durchgeführt. Für die Bundesraumordnung ist damit das BBR beauftragt. Die wesentlichen Ergebnisse fließen ein in den Raumordnungsbericht.

Raumordnung

Zusammenfassende übergeordnete und überörtliche Planung zur Ordnung und Entwicklung des Staatsraumes. Durch Abstimmung und Ausgleich konkurrierender Nutzungsansprüche an den Raum wird zur Verwirklichung der raumordnerischen Grundsätze und Ziele für eine *nachhaltige und regional ausgeglichene Raumentwicklung* beigetragen. Auf bundesstaatlicher Ebene werden die Belange und Verfahren der Raumordnung durch das *Raumordnungsgesetz* geregelt. Die Ebenen für die Verwirklichung der Raumordnung sind vor allem die der *Landes- und Regionalplanung*.

Raumordnungsgesetz

Rahmengesetz des Bundes, das Grundsätze für die gesamträumliche Entwicklung enthält sowie Vorschriften über Aufgaben, Leitvorstellungen, Begriffsbestimmungen und Bindungswirkungen der Erfordernisse der Raumordnung im Bund und in den Ländern. Das Raumordnungsgesetz ist in neuer Fassung ab 1.1.1998 in Kraft.

Raumordnungsverfahren

Förmliches Verfahren zur Prüfung der Vereinbarkeit eines raumbedeutsamen Vorhabens mit den *Erfordernissen der Raumordnung* und Abstimmung mit raumbedeutsamen Vorhaben anderer öffentlicher und sonstiger Planungsträger untereinander.

Raumordnungsregion

Raumordnungsregionen sind Räume unterhalb der Länderebene, in denen sich der Hauptteil der alltäglichen Aktivitäten der Bevölkerung abspielt. Sie bilden das analytische Regionsraster in der *laufenden Raumbeobachtung* auf der Bundesebene, so auch z.B. im Rahmen des Raumordnungsberichtes. Die Abgrenzung der Raumordnungsregionen erfolgte in Anlehnung an die *Planungsregionen* der Länder; in einigen Fällen sind dies die Landkreise.

Raumstruktur

Das Erscheinungsbild eines größeren Gebietes wird geprägt durch die räumliche Verteilung von Bevölkerung, Arbeitsplätzen und Infrastrukturen in ihren *Standorten* und wechselseitigen *räumlichen Verflechtungen*. Die heute erkennbaren Raumstrukturen sind Ergebnisse von langfristigen Prozessen und Kräften, die die Raumentwicklung beeinflussen. Im engeren Sinne kann darunter auch eine *Flächennutzungsstruktur* verstanden werden. Sie beinhaltet Verteilungen, Dichten, Verbreitungen und Anteile bestimmter *Raumstrukturelemente* wie Wohn- und Gewerbesiedlungen, Verkehrsflächen, punkt- und bandförmige Infrastrukturanlagen, Freiflächen, land- und forstwirtschaftlich genutzte Flächen u.a.m. In einem weiter gefassten Sinne können in einen Raumstrukturbegriff auch Kapazitäten (z.B. der Wirtschaft), Potenziale und Tragfähigkeiten einbezogen werden.

Regionalplanung

Als zusammenfassende, übergeordnete und überörtliche Landesplanung für das Gebiet einer Region konkretisiert die Regionalplanung in Form von *Regionalplänen* die Grundsätze der Raumordnung und die in *Landesentwicklungsprogrammen* sowie in *Landesentwicklungsplänen* enthaltenen Ziele der Raumordnung, vor allem in den Bereichen Siedlung, Infrastruktur, Wirtschaft und Ökologie.

Regionalkonferenz

Basierend auf dem Prinzip *regionaler Kooperation*, ist es Ziel der Regionalkonferenz, auf der regionalen Ebene abgestimmte Entwicklungskonzepte und -strategien zu entwerfen. Dabei kooperieren vor allem die Akteure „vor Ort", aber auch Akteure der überörtlich bedeutsamen Planungsebenen. Arbeitsgruppen erarbeiten Leitbilder und Maßnahmen, die dann in der Regel zu einem „*Regionalen Entwicklungskonzept*" zusammengefasst und zur Diskussion gestellt werden. Auf der Bundesebene wurde die Idee der Regionalkonferenzen durch Pilotprojekte im Rahmen des Programms

„Modellvorhaben der Raumordnung" gefördert.

Städtenetze

Kooperationsformen von Kommunen einer Region oder benachbarter Regionen, die dadurch gekennzeichnet sind, dass die Kommunen als Partner agieren, d.h. freiwillig und gleichberechtigt ihre Fähigkeiten und Potenziale bündeln und ergänzen, um die Aufgaben gemeinsam besser erfüllen zu können.

Suburbanisierung

Prozess der Verlagerung von Bevölkerung, Dienstleistungen und Gewerbe aus den Städten heraus ins Umland.

Umland (auch Stadt-Umland)

Bezeichnung für einen nur unscharf abgegrenzten Raum außerhalb einer Stadt oder eines zentralen Ortes, der relativ enge sozioökonomische Verflechtungen mit dem Zentrum aufweist. Im Falle von zentralen Orten wird „Umland" zuweilen mit „Einzugsgebiet" bzw. „Verflechtungsraum" gleichgesetzt. Es ist üblich, im Fall größerer Städte insbesondere denjenigen Raum als Umland zu bezeichnen, der in den Prozess der *Suburbanisierung* einbezogen ist.

Verdichtungsraum

Regionale Konzentration von Einwohnern und Arbeitsplätzen mit städtisch geprägter Bebauung und Infrastruktur und mit intensiven internen sozioökonomischen Verflechtungen. Verdichtungsräume sind – nach Kriterien der *Ministerkonferenz für Raumordnung* (MKRO) – von den Ländern einheitlich für das ganze Bundesgebiet abgegrenzt.

Verflechtungen, räumliche

Dauerhafte funktionale Beziehungen zwischen Räumen oder zwischen Standorten oder Funktionsbereichen innerhalb eines Raumes. Neben den räumlichen Verflechtungen der privaten Haushalte z.B. zur Ausübung der beruflichen Tätigkeit und der Freizeit und der räumlichen Bezugs- und Lieferbeziehungen der Unternehmen gibt es z.B. historische, kulturelle, infrastrukturelle oder technische räumliche Verflechtungen. Wenn sich Verflechtungen innerhalb eines bestimmten Raumes besonders stark verdichten, entstehen Verflechtungsbereiche oder -räume, die sich gleichzeitig durch besonders intensive Verkehrs- und Kommunikationsbeziehungen auszeichnen.

Verflechtungsbereich

Gebiet, in dem Orte im Vergleich zu angrenzenden Gebieten durch besonders vielfältige Beziehungen des Arbeits-, Einkaufs-, Bildungs- und Freizeitverkehrs miteinander verbunden sind, wobei meist eine hierarchische (zentralörtliche) Ordnung vorliegt, beispielsweise die Orientierung auf eine zentrale Stadt mit übergeordneten Handels-, Dienstleistungs- und Infrastruktureinrichtungen.

Zentraler Ort

Gemeinde bzw. Ortsteil, der über die Versorgung der eigenen Bevölkerung hinaus entsprechend seiner jeweiligen Funktion im *zentralörtlichen System* überörtliche Versorgungsaufgaben für die Bevölkerung seines Verflechtungsbereiches wahrnimmt.

Zentralörtliche Gliederung

Raumplanerisch, in *Landes- und Regionalplänen* festgelegte zentralörtliche Siedlungsstruktur eines Landes auf der Grundlage einer Kategorisierung von zentralen Orten, die bestimmte Funktionen bei der Versorgung mit Gütern und Dienstleistungen ausüben oder erlangen sollen (z.B. *Ober-, Mittel- und Grundzentren*). Diese normierte Siedlungsstruktur bildet die Grundlage für Entscheidungen u.a. über den Einsatz öffentlicher Investitionen oder für die Ausweisung von Bau- und Gewerbeflächen.

Ziele der Raumordnung

Verbindliche Vorgaben in den *Programmen und Plänen der Landes- und Regionalplanung* in Form von räumlich und sachlich bestimmten textlichen oder zeichnerischen Festlegungen. Sie müssen bei allen raumbedeutsamen Planungen und Maßnahmen von den öffentlichen Planungsträgern – unter bestimmten Voraussetzungen auch von Personen des Privatrechts – beachtet werden. *Bauleitpläne* sind den Zielen der Raumordnung und Landesplanung anzupassen.